首任校长郭沫若塑像

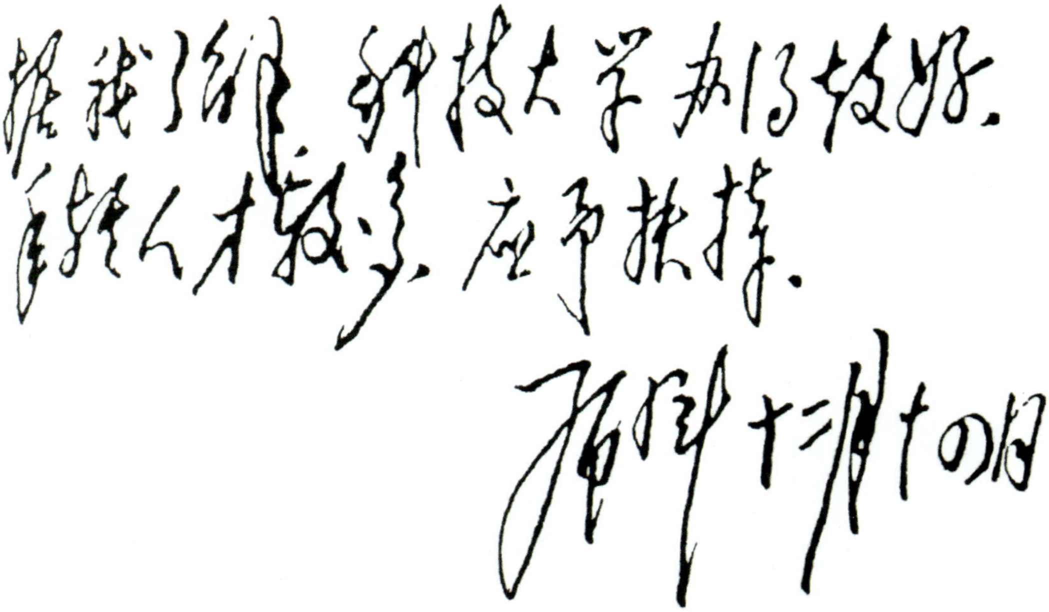

1983年12月，邓小平同志为中国科大题词

2016年4月，习近平总书记考察中国科大，与同学们亲切交流

校党委书记　舒歌群

校长、中国科学院院士　包信和

2021年4月12日，中国科学院院长侯建国（前排左五）考察中国科大

2021年12月3日，安徽省委书记郑栅洁（左二）考察中国科大

2021年3月18日，学校召开党史学习教育动员大会

2021年4月25日，学校召开“习近平总书记考察中国科大五周年”座谈会

2021年6月24日，学校与中国科学院上海有机化学研究所举行“所系结合研究生培养基地”签约暨揭牌仪式

2021年12月8日，学校首个校企合作创新实验室揭牌

2021年5月，学校成功研制量子计算原型机“祖冲之号”

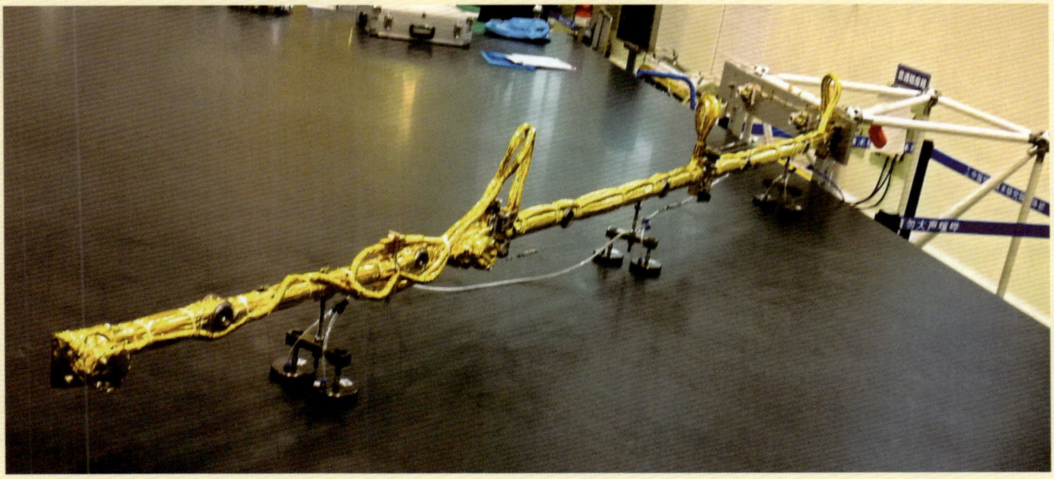

2021年5月，学校独立研制的“天问一号”火星磁强计伸杆成功在轨展开

2021年11月22日，学校与韩中科学技术合作中心、韩国高等研究院共同举办2021中韩量子信息研讨会

2021年12月29日，学校举办外国专家新年音乐会

双创竞赛

校园马拉松

新年音乐会

勤奋路

一鉴亭

孺子牛

雪松

中国科学技术大学年鉴

USTC Yearbook

2021

《中国科学技术大学年鉴》编委会　编

中国科学技术大学出版社

内 容 简 介

本书是全面反映 2021 年中国科学技术大学基本情况及各项建设事业改革与发展的史料性文献资料，收录了 2021 年学校主要活动和各项工作的重要文献、文件、统计数据等资料，内容共分 17 个部分，涉及学校概况、年度聚焦、重要文献、文件选辑、规章制度、机构与干部、学科专业、教学与人才培养、科学研究与科技产业、教职工队伍、国内外学术交流与合作、"全院办校、所系结合"、办学支撑条件、学院和国家实验室介绍等各个方面，并收录了党史学习教育专题文献、配合中央巡视工作及巡视整改专题文献和 2021 年大事记。

图书在版编目(CIP)数据

中国科学技术大学年鉴. 2021/《中国科学技术大学年鉴》编委会编. —合肥：中国科学技术大学出版社，2023. 1

ISBN 978-7-312-05557-7

Ⅰ. 中… Ⅱ. 中… Ⅲ. 中国科学技术大学—2021—年鉴 Ⅳ. G649. 285. 41-54

中国版本图书馆 CIP 数据核字(2022)第 241305 号

中国科学技术大学年鉴(2021)

ZHONGGUO KEXUE JISHU DAXUE NIANJIAN(2021)

出版 中国科学技术大学出版社
安徽省合肥市金寨路 96 号，230026
http://press. ustc. edu. cn
https://zgkxjsdxcbs. tmall. com

印刷 安徽国文彩印有限公司

发行 中国科学技术大学出版社

开本 787 mm×1092 mm 1/16

印张 43. 75

插页 6

字数 1083 千

版次 2023 年 1 月第 1 版

印次 2023 年 1 月第 1 次印刷

定价 100. 00 元

编　委　会

主　编　杜江峰

副主编　王　伟　方黑虎　马　壮　兰　荣

编　委（按姓氏笔画排序）

万　绚　马小艳　王　玮　孙　璐

吴　佳　汪　喆　陈　维　周宗源

谈世鑫　黄晟鹏　戴耀华

出版说明

一、《中国科学技术大学年鉴(2021)》(以下简称《年鉴》)是全面反映2021年中国科学技术大学基本情况及各项建设事业改革与发展的综合性资料工具书,收录了2021年学校主要活动和各项工作的重要文献和数据,部分统计资料的时间跨度有所延伸。

二、本《年鉴》内容共分17个部分,涉及学校概况、年度聚焦、重要文献、文件选辑、规章制度、机构与干部、学科专业、教学与人才培养、科学研究与科技产业、教职工队伍、国内外学术交流与合作、"全院办校、所系结合"、办学支撑条件、学院和国家实验室介绍等各个方面,并收录了党史学习教育专题文献、配合中央巡视工作及巡视整改专题文献和2021年大事记。除另有注明的以外,所有资料的截止时间均为2021年底。

三、本《年鉴》力求资料完整、内容翔实、数据准确。由于编辑力量和水平有限,疏漏、误差之处在所难免,读者如有发现,敬请批评指正。

四、本《年鉴》由中国科学技术大学档案文博院和党政办公室联合组织编写,得到了学校领导、各学院和国家实验室、机关各部门和各直属单位的大力支持与帮助,谨此一并致谢。

编　者

2022年9月

目　录

出版说明 …………………………………………………………………………………… (*001*)

一、学校概况 …………………………………………………………………………………… (001)

二、年度聚焦 …………………………………………………………………………………… (005)

深入开展党史学习教育，学党史、悟思想、办实事、开新局……………………………………… (007)

全力配合巡视，扎实开展巡视整改工作 ……………………………………………………… (007)

谋篇布局"十四五"，加快"双一流"建设 ……………………………………………………… (008)

学校入选教育部首批深化新时代教育评价改革试点高校………………………………………… (008)

潜心立德树人，人才培养再创佳绩 …………………………………………………………… (008)

执着攻关创新，科研成果不断涌现 …………………………………………………………… (009)

高新园区建设取得阶段性进展，师生正式入驻 ………………………………………………… (009)

三、党史学习教育专题文献 ……………………………………………………………………… (011)

中国科学技术大学党史学习教育实施方案……………………………………………………… (013)

中共中国科学技术大学委员会关于庆祝中国共产党成立100周年的工作方案………………… (017)

中国科学技术大学"我为师生办实事"实践活动工作方案…………………………………… (019)

中共中国科学技术大学委员会关于开展传承老科学家精神弘扬新时代科学家精神在行动专项工作方案……………………………………………………………………………………… (022)

关于组织开展"永远跟党走"群众性主题宣传教育活动的通知………………………………… (024)

中共中国科学技术大学委员会关于开展党史、新中国史、改革开放史、社会主义发展史宣传教育方案…………………………………………………………………………………………… (026)

四、配合中央巡视工作及巡视整改专题文献 ………………………………………………… (029)

关于成立配合中央巡视工作领导小组、工作组的通知 ………………………………………… (031)

关于成立巡视整改领导小组及其办公室的通知………………………………………………… (032)

中国科学技术大学党委巡视整改落实方案……………………………………………………… (033)

关于巡视整改任务对账销号的通知……………………………………………………………… (035)

五、重要文献 …… (037)
在统一战线纪念建党100周年座谈会上的讲话(党委书记　舒歌群)………………………………… (039)
弘扬伟大建党精神坚守“为党育人、为国育才”初心使命以一流党建引领一流大学建设——在中国科大庆祝中国共产党成立100周年暨七一表彰大会上的讲话(党委书记　舒歌群)………… (041)
在中央第二巡视组巡视中国科学技术大学党委情况反馈会议上的表态发言(党委书记　舒歌群)……… (046)
在2021年全校警示教育大会上的讲话(党委书记　舒歌群) ………………………………………… (050)
在2021年全面从严治党暨党风廉政建设和反腐败工作会议上的讲话(党委书记　舒歌群) …… (053)
凝聚共识谋发展　担当作为开新局　加快建设中国特色、科大风格的世界一流大学——中共中国科学技术大学第十二届代表大会2020年年会暨中国科学技术大学第十届教职工代表大会第二次会议行政工作报告………………………………………………………………………… (055)
燃动青春　执炬前行　做堪当民族复兴重任的时代新人——在2021年郭沫若奖学金颁奖典礼上的讲话(校长　包信和)……………………………………………………………………………… (066)
科教报国　追求卓越　加快构建一流大学体系——在学习习近平总书记考察清华大学重要讲话精神座谈会上的讲话(校长　包信和)………………………………………………………………… (068)
传承科大人的红色基因　在可为的时代做有为的青年——在2021年毕业典礼暨学位着装授予仪式上的讲话(校长　包信和)………………………………………………………………………… (070)
擎旗奋进　努力做科技强国先锋力量——在中国科大2021级本科新生开学典礼上的讲话(校长包信和) ……………………………………………………………………………………………………… (072)
在巡视整改工作动员部署会上的讲话(校长　包信和)……………………………………………… (074)
创寰宇学府　育天下英才——纪念严济慈先生诞辰120周年(校长　包信和)…………………… (076)
发扬“孺子牛”精神，把红旗插上科学高峰——中国科学技术大学校长包信和在全国科技工作会议上的发言……………………………………………………………………………………………… (077)
在合肥国家实验室建设工作座谈会上的讲话(校长　包信和)……………………………………… (078)
智汇安徽　才聚江淮　全力打造高水平人才中心和创新高地——在安徽省人才工作会议上的讲话(校长　包信和)………………………………………………………………………………………… (080)

六、文件选辑 …… (083)
中国科学技术大学2021年党委工作要点 ……………………………………………………………… (085)
中国科学技术大学2021年行政工作要点 ……………………………………………………………… (088)
关于学校领导班子成员工作分工的通知……………………………………………………………… (092)
中共中国科学技术大学委员会关于深入学习贯彻习近平总书记在清华大学考察时重要讲话精神的通知…………………………………………………………………………………………………… (093)
关于成立档案文博院的通知…………………………………………………………………………… (097)
关于成立中国科学技术大学期刊中心的通知………………………………………………………… (097)
关于成立实验室安全办公室的通知…………………………………………………………………… (097)
关于成立未来技术学院的通知………………………………………………………………………… (098)
关于成立中国科学技术大学知识产权信息服务中心的通知………………………………………… (098)
关于成立中国科学技术大学碳中和研究院的通知…………………………………………………… (099)
关于成立网络安全和信息化办公室的通知…………………………………………………………… (099)
关于成立苏州高等研究院党委的通知………………………………………………………………… (099)
关于成立中共中国科学技术大学高新园区工作委员会的通知……………………………………… (100)

关于地球和空间科学学院所属系更名的通知…………………………………………………………（100）
关于撤销管理学院党委下属党总支的通知……………………………………………………………（101）

七、规章制度 ………………………………………………………………………………（103）

中国科学技术大学党史学习教育实施方案……………………………………………………………（105）
中共中国科学技术大学委员会扎实开展“党旗在基层一线高高飘扬”活动方案………………………（109）
中国科学技术大学学院、实验室党组织作用发挥工程（“红专工程”）实施方案 ………………………（110）
中国科学技术大学推优入党工作实施细则（试行）……………………………………………………（112）
中国科学技术大学师生党支部建设标准………………………………………………………………（114）
中国科学技术大学党支部书记工作例会实施方案……………………………………………………（117）
关于院级党组织在重要工作中把好政治关的实施办法（试行）………………………………………（118）
中国科学技术大学中层领导人员请假规定……………………………………………………………（120）
落实选拔任用中层党政管理干部具有一线学生工作经历的办法（试行）……………………………（121）
中国科学技术大学校领导联系指导基层单位实施办法………………………………………………（122）
中国科学技术大学党委常委会会议议事规则…………………………………………………………（123）
中国科学技术大学校长工作会议议事规则……………………………………………………………（127）
中共中国科学技术大学委员会贯彻落实《中共中央关于加强对“一把手”和领导班子监督的意见》
的具体举措………………………………………………………………………………………（130）
中国科学技术大学党政领导人员选拔任用工作办法……………………………………………………（133）
中国科学技术大学中层干部队伍建设规划（2021～2025 年） ………………………………………（144）
中国科学技术大学关于贯彻落实“三重一大”决策制度的实施办法……………………………………（147）
中共中国科学技术大学委员会关于贯彻落实《中国共产党重大事项请示报告条例》的具体举措 …（151）
中共中国科学技术大学委员会关于列席院级单位党组织会议和党政联席会议的实施方案………（154）
中共中国科学技术大学委员会关于加强新形势下党外代表人士队伍建设的实施意见……………（156）
中国科学技术大学网络与信息安全工作管理办法（试行）……………………………………………（159）
中国科学技术大学网站建设运行管理办法（试行）……………………………………………………（161）
中共中国科学技术大学委员会巡视工作实施办法（试行）……………………………………………（164）
关于加强研究生思想政治工作体系建设的指导意见……………………………………………………（168）
中国科学技术大学研究生教育“德创”领军人才培养计划………………………………………………（172）
中国科学技术大学博士生导师岗位职责与管理办法……………………………………………………（180）
中国科学技术大学思想政治理论课教师在职攻读马克思主义理论博士学位暂行办法……………（185）
中国科学技术大学关于全面加强新时代劳动教育的实施方案（试行）………………………………（186）
中国科学技术大学体育工作提升方案（试行）…………………………………………………………（189）
中国科学技术大学艺术教育提升方案（试行）…………………………………………………………（191）
中国科学技术大学基础教育合作办学管理办法…………………………………………………………（193）
中国科学技术大学非学历教育管理办法…………………………………………………………………（196）
中国科学技术大学深化新时代教育评价改革试点工作方案……………………………………………（199）
中国科学技术大学教材工作委员会工作条例（试行）…………………………………………………（204）
中国科学技术大学教材管理规定…………………………………………………………………………（206）
中国科学技术大学教学事故认定及处理办法（试行）…………………………………………………（208）
中国科学技术大学教材建设管理和奖励办法（试行）…………………………………………………（210）
中国科学技术大学岗位绩效工资实施办法（试行）……………………………………………………（212）

中国科学技术大学教师、支撑岗位专业技术等级聘用实施办法(试行) …………………… (217)
中国科学技术大学职员岗位聘用管理办法(试行)………………………………………… (225)
中国科学技术大学因公临时出国(境)审批管理办法……………………………………… (231)
中国科学技术大学因公证照管理办法……………………………………………………… (236)
中国科学技术大学“大师讲席”教授岗位聘任实施办法…………………………………… (237)
中国科学技术大学退休人员返聘管理暂行办法…………………………………………… (239)
中国科学技术大学科技成果转移转化关联业务管理暂行规定(试行)…………………… (241)
中国科学技术大学赋予科研人员职务科技成果所有权或长期使用权试点工作方案……… (243)
中国科学技术大学国家知识产权示范高校工作方案……………………………………… (247)
中国科学技术大学科技成果转化管理办法(试行)………………………………………… (250)
中国科学技术大学关于加强执着攻关创新工作的指导性意见…………………………… (256)
“科大新医学”联合基金管理办法…………………………………………………………… (259)
中国科学技术大学国家重点实验室重组改革方案………………………………………… (261)
关于进一步加强科技成果转移转化工作的意见…………………………………………… (263)
中国科学技术大学原创探索类项目实施方案(试行)……………………………………… (266)
中国科学技术大学对外投资管理办法(试行)……………………………………………… (269)
中国科学技术大学财务审批管理办法(试行)……………………………………………… (274)
中国科学技术大学出国(境)经费管理暂行办法…………………………………………… (277)
中国科学技术大学内部审计工作规定……………………………………………………… (280)
中国科学技术大学基本建设管理办法……………………………………………………… (284)
中国科学技术大学维修改造管理办法……………………………………………………… (288)
中国科学技术大学工程变更管理办法……………………………………………………… (292)
中国科学技术大学科研用房使用安全管理实施办法……………………………………… (294)

八、机构与干部 ……………………………………………………………………………… (297)
学校党政领导………………………………………………………………………………… (299)
中共中国科学技术大学第十二届委员会常务委员会委员名单…………………………… (299)
中共中国科学技术大学第十二届委员会委员名单………………………………………… (299)
中共中国科学技术大学纪律检查委员会委员名单………………………………………… (300)
中国科学技术大学治理架构图……………………………………………………………… (300)
学部、学院和系设置 ………………………………………………………………………… (300)
机关部门和直属单位………………………………………………………………………… (302)
国家级科研平台、校地合作机构 …………………………………………………………… (304)
各类委员会(非常设机构)及其成员名单…………………………………………………… (304)
校部机关党政机构负责人名单……………………………………………………………… (319)
学院、系、教学部党政负责人名单…………………………………………………………… (324)
重点科研机构负责人名单…………………………………………………………………… (328)
其他单位负责人名单………………………………………………………………………… (329)
担任各级人大代表、政协委员以及各民主党派重要职务等人员名单 …………………… (330)

九、学科专业 ……………………………………………………………………………… (333)
院系及本科专业设置一览表………………………………………………………………… (335)

一级学科博士、硕士学位授权点 …………………………………………………………… (337)
专业学位授权点……………………………………………………………………………… (339)
博士后科研流动站学科……………………………………………………………………… (341)

十、教学与人才培养 ………………………………………………………………………… (347)

本科学生人数………………………………………………………………………………… (349)
在校研究生人数……………………………………………………………………………… (349)
接收外国留学生情况………………………………………………………………………… (350)
中国科学院优秀博士学位论文名录………………………………………………………… (351)
中国科学技术大学优秀博士学位论文名单………………………………………………… (352)
国家级课程思政示范课程、教学名师和团队一览表 ……………………………………… (354)
首届全国教材建设奖一览表………………………………………………………………… (354)
教学实验室一览表…………………………………………………………………………… (354)
2021 年“大学生研究计划”数据统计表 …………………………………………………… (358)
国家级人才培养基地………………………………………………………………………… (358)
国家级教师教学发展示范中心……………………………………………………………… (359)
国家级专业综合改革试点…………………………………………………………………… (359)
实验教学示范中心…………………………………………………………………………… (359)
虚拟仿真实验教学中心……………………………………………………………………… (360)
国家级一流本科课程一览表………………………………………………………………… (361)
国家级教学成果奖一览表…………………………………………………………………… (362)
我校 2018～2022 年教育部高等学校教学指导委员会委员名单 ………………………… (362)
国家级“新工科”研究与实践项目一览表…………………………………………………… (363)
各类奖教金获得者名单……………………………………………………………………… (364)
奖学金一览表………………………………………………………………………………… (367)
助学金一览表………………………………………………………………………………… (370)
国家奖学金、中国科学院院长奖、郭沫若奖学金获奖者名单…………………………… (371)
2021 年本科招生分省录取情况 …………………………………………………………… (372)
国家任务毕业生去向………………………………………………………………………… (373)
毕业生中的中国科学院院士………………………………………………………………… (374)
毕业生中的中国工程院院士………………………………………………………………… (377)

十一、科学研究与科技产业 ……………………………………………………………… (379)

创新平台……………………………………………………………………………………… (381)
科研项目……………………………………………………………………………………… (389)
2021 年职务专利授权一览表 ……………………………………………………………… (397)
2021 年获科技奖励情况一览表 …………………………………………………………… (450)
2004～2021 年入选国际重大进展成果一览表 …………………………………………… (452)
2001～2021 年入选中国、世界十大科技进展新闻一览表 ………………………………… (453)
1998～2021 年入选中国科学十大进展一览表 …………………………………………… (454)
1998～2021 年入选中国高校十大科技进展一览表 ……………………………………… (455)
2005～2021 年入选国内十大科技新闻一览表 …………………………………………… (456)

2021 年发表在《Science》《Nature》《Cell》上的论文一览表 …… (457)
2001～2020 年发表论文情况 …… (458)
2001～2020 年发表论文在全国高校排名情况 …… (459)
2012～2021 年国际论文 10 年段被引篇次和排名一览表 …… (460)
2016～2021 年自然指数(NI)一览表 …… (460)
2009～2021 年中国卓越国际论文情况 …… (461)
主办(承办)的学术刊物 …… (461)
持股企业情况 …… (462)

十二、教职工队伍 …… (465)
教职工人员结构情况 …… (467)
专任教师年龄、学历情况 …… (468)
专任教师教学领域分学科门类情况 …… (468)
中国科学院院士、中国工程院院士一览表 …… (469)
院士工作室名单 …… (472)
国家级教学名师一览表 …… (472)
杰出人才名单 …… (473)
正高级专业技术职务人员名单 …… (475)
我校教师担任第五届安徽省学位委员会委员名单 …… (479)
2021 年中国科学技术大学博士生导师一览表 …… (480)
国家自然科学基金委员会创新研究群体 …… (500)
近年来博士后人数变动情况 …… (501)
2020～2021 学年度在聘外籍语言教师情况 …… (501)

十三、国内外学术交流与合作 …… (503)
公派出访人员出国(境)情况 …… (505)
近年来接待外宾情况 …… (505)
与国(境)外机构签订交流协议情况 …… (506)
与国(境)外机构合作科研项目情况 …… (508)
主办、承办国际大型学术会议情况 …… (510)

十四、全院办校、所系结合 …… (511)
与中国科学院研究院所签署合作共建协议一览表 …… (513)
聘请中科院研究院所领导和专家兼任学校院系领导一览表 …… (514)
与中国科学院研究院所联合创办“科技英才班” …… (517)
近年来接收中国科学院研究院所代培研究生情况一览表 …… (518)
近年来向中国科学院研究院所推荐免试研究生情况一览表 …… (519)
近年来本科生在中国科学院研究院所开展实践教学情况一览表 …… (520)
中国科学院研究院所在学校设立奖学金一览表 …… (521)
近年来与中国科学院研究院所共建科教结合平台一览表 …… (522)
近年来与中国科学院研究院所共建实验室一览表 …… (523)
近年来与中国科学院研究院所共建科教融合学院一览表 …… (525)

十五、办学支撑条件 ························ (527)
图书馆馆藏情况 ························ (529)
出版社出版图书数据 ························ (531)
档案馆馆藏情况 ························ (531)
近年来校园网络建设情况 ························ (532)
年度举办展览情况 ························ (533)
年度教学科研仪器设备统计表 ························ (534)
年度办学经费收入情况统计表 ························ (539)
年度办学经费支出情况统计表 ························ (539)
年度定资产情况表 ························ (540)
年度经费到款情况表 ························ (540)
年度竣工和在建校舍情况 ························ (541)

十六、2021 年大事记 ························ (543)

十七、各学院、国家实验室介绍 ························ (591)
少年班学院 ························ (593)
数学科学学院 ························ (595)
物理学院 ························ (597)
化学与材料科学学院 ························ (599)
工程科学学院 ························ (601)
信息科学技术学院 ························ (605)
软件学院 ························ (609)
计算机科学与技术学院 ························ (612)
地球和空间科学学院 ························ (614)
生命科学与医学部 ························ (616)
管理学院 ························ (618)
公共事务学院 ························ (621)
人文与社会科学学院 ························ (624)
马克思主义学院 ························ (626)
环境科学与工程系 ························ (629)
环境科学与光电技术学院 ························ (632)
材料科学与工程学院 ························ (633)
创新创业学院 ························ (636)
国家同步辐射实验室 ························ (638)
合肥微尺度物质科学国家研究中心 ························ (641)

附录　新闻媒体有关我校的报道索引 ························ (645)
国际新闻媒体有关我校的报道索引 ························ (647)
国家级新闻媒体有关我校的报道索引 ························ (660)

一、学校概况

中国科学技术大学是中国科学院所属的一所以前沿科学和高新技术为主，兼有医学和特色文科的综合性全国重点大学。学校现有 31 个学院（学部），含 8 个科教融合学院；设有苏州高等研究院、上海研究院、北京研究院、先进技术研究院、国际金融研究院、附属第一医院（安徽省立医院）。

学校于 1958 年 9 月在北京创建，郭沫若为首任校长。这是我党亲手创办的红色大学，是为“两弹一星”事业而建立的大学，她的创办被称为“我国教育史和科学史上的一项重大事件”。建校后，中国科学院实施“全院办校、所系结合”的办学方针，高起点、宽口径培养新兴、边缘、交叉学科的尖端科技人才，汇集了严济慈、华罗庚、钱学森、赵忠尧、郭永怀、赵九章、贝时璋等一批著名科学家，建校第二年即被列为全国重点大学。

1970 年初，学校迁至安徽省合肥市。1978 年以来，学校锐意改革、大胆创新，在全国率先提出并实施一系列具有创新精神和前瞻意识的教育改革措施，创办少年班、首建研究生院、建设国家大科学工程、面向世界开放办学等，成为国家高质量人才培养和高水平科学研究的重要基地，是国家首批实施“985 工程”和“211 工程”的大学之一。2017 年 9 月，学校入选全国首批世界一流大学和世界一流学科建设高校，共有 11 个学科入选世界一流学科建设名单。建校 60 多年来，学校坚持红专并进、理实交融的校训，敢为人先，锐意进取，培养了大批德才兼备的优秀人才，取得了一系列举世瞩目的科研成果，为党和国家事业发展作出了重要贡献。

校党委坚持习近平新时代中国特色社会主义思想，全面贯彻党的教育方针，将习近平总书记关于中国科大系列重要指示精神作为办学发展的指南，深刻领会“两个确立”的决定性意义，不断增强“四个意识”、坚定“四个自信”、做到“两个维护”，围绕“潜心立德树人、执着攻关创新”两大核心任务，大力推进“双一流”建设，谋划“十四五”发展，努力办出中国特色、科大风格的世界一流大学。

二、年度聚焦

深入开展党史学习教育，学党史、悟思想、办实事、开新局

校党委按照“学史明理、学史增信、学史崇德、学史力行”总要求，紧扣“学党史、悟思想、办实事、开新局”，成立学校党史学习教育领导小组和四个指导组，制定《党史学习教育实施方案》《“我为师生办实事”实践活动工作方案》等 8 个工作方案，确保党史学习教育取得实效。

创新教育形式，推动走深走实。大力弘扬伟大建党精神，通过党员领导干部深入一线讲党课、成立习近平总书记“七一”重要讲话宣讲团和学习贯彻党的十九届六中全会宣讲团、邀请党史专家专题辅导等形式，用好红色资源和科学家精神资源，开展丰富多彩的党史专题宣讲活动。召开“七一”表彰大会，为老同志颁发“光荣在党 50 年”纪念章，对先进基层党组织、优秀党务工作者和优秀共产党员予以表彰。合肥微尺度物质科学国家研究中心党委荣获全国先进基层党组织，2 个基层党组织、3 名个人获省级“两优一先”表彰。

践行宗旨意识，扎实开展“我为师生办实事”实践活动。充分发挥基层党组织和党员作用，聚焦广大师生“急难愁盼”问题，明确 7 大类 39 项重点任务，紧抓 83 件重点民生实事。校党委书记、校长带头领办，以看得见的方式、摸得着的实惠回应群众期待，广大师生的获得感、幸福感、安全感不断增强。

全力配合巡视，扎实开展巡视整改工作

全力配合中央巡视组工作，确保巡视工作有序开展。根据中央统一安排，5 月 9 日至 7 月 5 日期间，中央第二巡视组对中国科学技术大学党委开展巡视。此次巡视充分体现了以习近平同志为核心的党中央对学校事业发展的重视和关心，也是对学校的鞭策和鼓舞，更是对各级党组织和党员干部的政治体检和党性洗礼。校党委成立配合中央巡视工作领导小组、工作组，由舒歌群书记、包信和校长担任领导小组组长，全力做好配合中央巡视各项工作，坚持“同题共答、同向发力”，有力推动学校各项事业发展。

把巡视整改作为重大政治任务抓紧抓实，扎实做好巡视“后半篇文章”。9 月 3 日，中央第二巡视组向校党委反馈了巡视情况，并提出了巡视整改要求。会后，校党委第一时间召开党委常委会会议，传达学习习近平总书记听取巡视情况汇报时的重要讲话精神和十九届中央第七轮巡视集中反馈会议精神，研究部署巡视整改工作。成立巡视整改领导小组及办公室，由舒歌群书记、包信和校长担任组长，制定了包含问题清单、任务清单、责任清单的巡视整改落实方案，确保条条有整改、件件有着落。成立由党委常委担任组长的 10 个巡视整改督导组，加强对各院级党组织巡视整改情况的督导。建立“整改督导”“例会调度”“简报交流”“对账销号”等工作机制，一周一调度、一事一汇总，切实在抓落实上见真章、动真格。集

中整改期间，128 项巡视整改任务均已按时完成，以实实在在的巡视整改成效向党中央和全校师生交上一份满意的答卷。

谋篇布局“十四五”，加快“双一流”建设

学校贯彻落实习近平总书记关于中国科大系列重要指示精神，紧扣“潜心立德树人、执着攻关创新”两大核心任务，谋划“十四五”发展，加快“双一流”建设，推动学校高质量发展。

科学编制“十四五”规划。在总结“十三五”期间取得成绩的基础上，启动“十四五”规划编制工作，面向全校师生员工广泛征求意见建议，编制《中国科学技术大学“十四五”规划和2035 年远景目标》。通过“十四五”期间持续建设，实现拔尖创新人才培养成效更加显著、科技创新领域取得更大突破、师资队伍建设达到更高水平、一流学科生态建设更加完善、现代大学治理体系更加健全，推动学校综合办学实力显著提升，成为支撑国家科技自立自强的重要战略科技力量，努力办出中国特色、科大风格的世界一流大学。

加快新一轮“双一流”建设。贯彻落实《关于深入推进世界一流大学和一流学科建设的若干意见》精神，围绕全面推进五大建设任务和五大改革任务，将“双一流”建设方案与“十四五”规划有机贯通、一体推进。“双一流”建设方案经中国科学院批复同意，正式上报教育部。在上一轮“双一流”建设周期总结中，评估专家组高度肯定学校“双一流”建设工作成效，一致认为学校建设工作与总体方案的符合度高，各项事业取得长足进步，创新人才和创新成果不断涌现，综合办学实力显著提升，全面达成预期建设目标。

学校入选教育部首批深化新时代教育评价改革试点高校

学校贯彻落实《深化新时代教育评价改革总体方案》精神，制定《中国科学技术大学深化新时代教育评价改革试点工作方案》，以教育评价改革为牵引，一体推进育人方式、办学模式、管理体制、保障体制改革，建立行之有效的科学评价体系，持续提升学校办学水平、育人质量。2021 年，学校入选教育部首批深化新时代教育评价改革试点高校。

潜心立德树人，人才培养再创佳绩

学校深化“三全育人”综合改革，全面推进思想政治工作体系建设，大力培养德智体美劳全面发展的“六有”大学生。深入实施“一流本科教育质量提升计划”行动纲领、研究生教育“德创”领军人才培养计划，首批建设未来技术学院，力学、计算机科学、天文学入选第二批拔

尖计划 2.0 基地。持续办好科技英才班、科教融合学院，不断完善“科教融合、所系结合”的创新人才培养体系，学生在国内外各类创新创业大赛中表现优异，5 位校友当选“两院”院士。

一流师资队伍不断壮大，各类高层次人才占固定教师比例达 38%。我校封东来教授，科教融合学院博士生导师史生才、万宝年研究员等当选中国科学院院士，客座教授凯瑟琳娜·科瑟-赫英郝斯当选中国科学院外籍院士。“九章”光量子计算原型机研制团队荣获“中国青年五四奖章集体”称号，叶邦角教授获得安徽省“教书育人楷模”称号。

执着攻关创新，科研成果不断涌现

学校坚持“四个面向”，全力支持国家实验室建设，积极联合国家实验室、合肥综合性国家科学中心相关力量承担国家重大任务。加快国家重点实验室体系重组，成立碳中和研究院，筹划建设深空探测实验室，推进合肥先进光源、空地一体量子精密测量实验设施等重大科技基础设施建设，加快临床研究医院发展。开展科技成果“五元”价值评价机制试点，积极引导科研人员在基础性和战略性工作上多下功夫，不断取得新突破。我校主持完成的多项成果入选国家“十三五”科技创新成就展，其中牵头研制的“九章”量子计算原型机位列面向世界科技前沿类成果首位。我校主导或参与完成的“‘祖冲之号’‘九章二号’量子计算原型机研制成功”“凯勒几何两大核心猜想被证明”“我国科学家观测到迄今宇宙中最高能量光子”“我国首次火星探测任务天问一号着陆火星”等多项成果入选 2021 年度国内和国际十大科技新闻。我校作为第一单位完成的 2 项成果获国家科学技术奖，其中自然科学二等奖 1 项、科技进步二等奖 1 项。

高新园区建设取得阶段性进展，师生正式入驻

在安徽省、合肥市的大力支持下，学校高新园区建设进展顺利。师生活动中心、图书教育中心、3 栋学生公寓、食堂、体育馆等单体建筑已投入使用。按照“边运行、边建设”思路，不断完善园区功能与设施。2021 年底，一期园区初步具备教学科研和行政办公的基本条件，3000 余名学生入住园区生活学习，高新园区运行平稳有序。

三、党史学习教育专题文献

中国科学技术大学党史学习教育实施方案

（党字〔2021〕30 号）

在全党开展党史学习教育，是党中央立足党的百年历史新起点、统筹中华民族伟大复兴战略全局和世界百年未有之大变局、为动员全党全国满怀信心投身全面建设社会主义现代化国家而作出的重大决策。为深入学习贯彻习近平新时代中国特色社会主义思想，巩固深化“不忘初心、牢记使命”主题教育成果，从党的百年伟大奋斗历程中汲取继续前进的智慧和力量，根据《中共中央关于在全党开展党史学习教育的通知》和习近平总书记在党史学习教育动员大会上的重要讲话精神，结合中国科学院、教育部、安徽省有关文件精神，联系学校实际，特制定本方案。

一、目标要求

坚持以马克思列宁主义、毛泽东思想、邓小平理论、“三个代表”重要思想、科学发展观、习近平新时代中国特色社会主义思想为指导，深入学习贯彻党的十九大和十九届二中、三中、四中、五中全会精神，紧紧围绕学懂弄通做实党的创新理论，坚持学习党史与学习新中国史、改革开放史、社会主义发展史相贯通，做到学史明理、学史增信、学史崇德、学史力行，引导全校党员干部和师生员工增强“四个意识”、坚定“四个自信”、做到“两个维护”，不断提高政治判断力、政治领悟力、政治执行力，把学习习近平新时代中国特色社会主义思想贯穿始终，实现学党史、悟思想、办实事、开新局，以昂扬姿态奋力开启全面建设社会主义现代化国家新征程，以优异成绩迎接建党 100 周年。

党中央决定在全党开展党史学习教育，就是为了用党的奋斗历程和伟大成就鼓舞斗志、明确方向，用党的光荣传统和优良作风坚定信念、凝聚力量，用党的实践创造和历史经验启迪智慧、砥砺品格。全校各级党组织和广大党员、干部在党史学习教育中要努力做到“四个聚焦、四个结合”。聚焦“学党史”，铭记辉煌历程、传承红色基因；聚焦“悟思想”，坚持理论武装头脑、增强“政治三力”；聚焦“办实事”，树牢宗旨意识、服务师生员工；聚焦“开新局”，坚持统筹兼顾、推动“十四五”建设。把学党史与强化党对教育和科技事业的领导结合起来，与学习贯彻习近平总书记关于中国科大系列重要指示精神结合起来，与“潜心立德树人、执着攻关创新”两大核心任务结合起来，与弘扬“两弹一星”精神和老一辈科学家精神结合起来，把学习成效转化为工作动力，以更加昂扬的精神状态和奋斗姿态，奋力谱写中国特色、科大风格的世界一流大学建设新篇章。

二、学习内容

深刻铭记中国共产党百年奋斗的光辉历程。中国共产党领导中国人民走过的百年历程，是光荣辉煌的一百年，也是艰苦卓绝的一百年；是奠基立业的一百年，也是开辟未来的一百年。深刻认识中国共产党为国家和民族作出的伟大贡献。在一百年的接续奋斗中，党领导人民创造了伟大历史，铸就了伟大精神，形成了宝贵经验，使中华民族迎来了从站起来、富起来到强起来的伟大飞跃，创造了中华民族发展史、人类社会进步史上的伟大奇迹。深刻感悟中国共产党始终不渝为人民的初心宗旨。党的百年历史是一部与人民心连心、同呼吸、共命运的历史，中国共产党始终保持马克思主义政党的鲜明本色，始终牢记为了谁、依靠谁、我是谁，牢记人民是真正的英雄。系统掌握中国共产党推进马克思主义中国化形成的重大理论成果。党在百年历程中不断推进马克思主义中国化，不断推进理论创新，在当代中国坚持和发展习近平新时代中国特色社会主义思想，就是真正坚持和发展马克思主义。学习传承中国共产党在长期奋斗中铸就的伟大精神。一代又一代的中国共产党人在百年奋斗历程中淬炼锻造了一系列伟大精神，构筑起了中国共产党人的精神谱系。深刻领会中国共产党成功推进革命、建设、改革的宝贵经验。充分认识中国共产党为什么"能"、马克思主义为什么"行"、中国特色社会主义为什么"好"，统筹中华民族伟大复兴战略全局和世界百年未有之大变局，认清形势、把握规律、抓住机遇、应对挑战，为实现第二个百年奋斗目标接续奋斗。

全校党员干部和师生员工在党史学习教育中要深入学习习近平总书记关于高等教育、人才培养、科技创新的重要论述，深入学习贯彻落实习近平总书记关于中国科大系列重要指示精神，大力弘扬"两弹一星"精神，深入学习老一辈科学家求真务实、科教报国、无私奉献的爱国情怀和高尚品格。通过学习教育，引导全校党员干部和师生员工坚定对马克思主义的信仰，对社会主义、共产主义的信念，对实现中华民族伟大复兴中国梦的信心，对建设教育强国、科技强国、办出世界一流大学的信心，砥砺践行和传承科教报国、追求卓越的初心使命，增强为党育人、为国育才的自觉性和坚定性。

三、工 作 安 排

党史学习教育贯穿 2021 年全年，面向全体党员，以处级以上领导干部为重点，突出学党史、悟思想、办实事、开新局，注重融入日常、抓在经常。从党中央召开动员大会到"七一"庆祝中国共产党成立 100 周年大会，全面学习党的百年奋斗史，以时间为基本线索，专题学习新民主主义革命时期、社会主义革命和建设时期、改革开放新时期、党的十八大以来四个阶段历史，结合学习习近平总书记重要著作篇目，深化对马克思主义中国化成果特别是习近平新时代中国特色社会主义思想的理解。从"七一"庆祝大会到党的十九届六中全会，同中国共产党成立 100 周年庆祝活动贯通起来，重点学习习近平总书记在庆祝中国共产党成立 100 周年大会上重要讲话精神，通过专题学习、交流研讨、宣传阐释、基层宣讲，掀起学习贯彻的高潮。从党的十九届六中全会到总结大会，结合十九届六中全会精神学习，认真学习习近平总书记在党史学习教育总结大会上的重要讲话精神，不断深化对党的历史的系统把握，明确继承传统、立足当前、开创未来的实践要求。

全校各级党组织要发扬马克思主义优良学风，明确学习要求、学习任务，推进内容、形式、方法的创新，扎实开展学习教育活动，重点抓好以下五个方面 13 项工作。

(一) 开展专题学习

1. 党员系统自学。全体党员系统学习党的历史，深入学习习近平总书记在党史学习教育动员大会、庆祝中国共产党成立100周年大会、党史学习教育总结大会上的重要讲话精神。认真学习中央指定的习近平《论中国共产党历史》、《毛泽东、邓小平、江泽民、胡锦涛关于中国共产党历史论述摘编》、《习近平新时代中国特色社会主义思想学习问答》、《中国共产党简史》等学习材料。认真学习《中国共产党的100年》以及《中华人民共和国简史》《改革开放简史》《社会主义发展简史》等重要参考材料。学习《深入学习习近平关于教育的重要论述》《习近平总书记教育重要论述讲义》,跟进学习习近平总书记关于教育的重要论述。组织广大青年学生学习教育部组织编写的《中国共产党历史大学生读本》《中华人民共和国史大学生读本》《改革开放史大学生读本》《社会主义发展史大学生读本》《道路何以自信》《理论何以自信》《制度何以自信》《文化何以自信》等书目。

2. 加强集中研讨。在自学基础上加强集中学习研讨,全校各级党组织、领导干部要采取理论学习中心组学习、举办读书班等形式,分专题开展学习研讨。校院两级党委理论学习中心组至少进行4次专题学习。基层党组织通过“三会一课”和主题党日等形式,结合实际开展主题突出、特色鲜明、形式多样的专题学习活动。引导统一战线组织和广大成员认真开展党史学习教育,坚守合作初心,筑牢团结奋斗的共同思想政治根基。

3. 讲好专题党课。“七一”前后,党员校领导和基层党组织书记围绕知史爱党、知史爱国、知史奋进、知史爱校等讲党史专题党课。

4. 组织座谈报告。举办学校庆祝建党100周年座谈会,学习传达习近平总书记在庆祝中国共产党成立100周年大会上的重要讲话精神。邀请党史、校史、科技史、教育史专家作专题辅导报告,引领广大师生从党的百年伟大奋斗历程中汲取继续前进的智慧和团结奋进的力量。

(二) 加强政治引领

5. 建好课堂阵地。把加强“四史”教育,特别是党史教育有机融入思政课教学中,开设“四史”类思政课选修课,将中央指定的学习读本和教育部组织编写的“四史”大学生读本作为“四史”类课程重要教学依据。在开学、毕业等重要时间节点,结合“典礼育人”,组织师生共上教育部组织的“党史大课”。

6. 弘扬红色精神。充分挖掘校史中的红色基因,编撰“两弹一星”精神学习材料,升级改造中国科学院“红专并进、科教报国”党员主题教育基地,拍摄中国科大老一辈科学家精神系列微电影,举办老科学家事迹纪念展,创新方式讲述老一辈科学家、当代模范、身边榜样的故事,梳理形成各具特色的“党史故事汇”。

(三) 开展专题培训

7. 开展校内培训。把党史学习教育作为2021年党员干部教育培训重点任务,开设专题班次或专门课程,年内完成学校党员干部全体轮训。

8. 参加示范培训。选派人员参加教育部组织的学校领导班子成员、党委组织部长、党委宣传部长、党委统战部长、院系党组织书记、党支部书记、辅导员、大学生党员骨干等示范培训。

9. 做好实地研学。用好本校本地革命旧址、历史人物等红色资源开展现场教学,组织党员干部和师生员工瞻仰参观革命遗址遗迹、革命博物馆、纪念场馆、爱国主义教育基地,强化党性修养。

(四) 实现学做结合

10. 开展实践活动。紧紧围绕落实立德树人根本任务、促进学校改革发展稳定、解决涉及师生切身利益的急难愁盼问题,开展"我为师生办实事"实践活动。各单位、各部门结合实际情况,分类明确实践任务和要求,制定实践活动方案。

11. 组织文艺活动。组织创作师生喜闻乐见的党史题材微电影、微党课、专题展览、文艺作品、出版物等。组织党史知识竞赛、党史诵读大赛、"传承红色基因,喜迎百年华诞"主题征文等群众性活动,积极参加"网上重走长征路"党史故事百所高校接力讲述,普及党史知识,推动党史学习教育深入师生、深入基层、深入人心。

(五) 巩固工作成果

12. 召开专题组织生活会和民主生活会。"七一"前后,以党史学习教育为主题召开一次专题组织生活会,开展党性分析,交流学习体会。领导干部要以普通党员身份参加所在党支部或党小组组织生活。年底,校、院两级党委领导班子围绕党史学习教育召开专题民主生活会,认真进行党性分析,开展批评和自我批评。

13. 做好工作总结。要认真做好党史学习教育总结工作,确保学习教育善始善终、善作善成。要汇集凝练成果,强化学习教育成果运用,使之成为学校党建与思想政治工作的生动教材,将学习教育好做法好经验固化形成长效机制,完善"不忘初心、牢记使命"常态化工作制度,把学习教育的成果转化为开展"双一流"新周期建设、落实"五大建设任务"和"五大改革任务"的切实举措,转化为校党委防范化解重大风险和全面从严治党的切实举措,不断推动全面从严治党向纵深发展。

四、组织领导

学校成立党史学习教育领导小组,党委书记舒歌群任组长,党委常务副书记蒋一,党委常委、副校长朱长飞任副组长,其他党员校领导为成员。领导小组下设办公室,具体负责日常工作。各院级党组织要成立相应组织机构和工作机构,切实加强对学习教育的组织领导。

(一) 压实工作责任

全校各级党组织要把开展党史学习教育作为一项重大政治任务,切实承担起主体责任,党组织主要负责同志亲自抓,履行好第一责任人职责,结合实际,高标准、高质量完成学习教育各项任务,切实把校党委部署要求落到实处。

(二) 把握正确导向

坚持马克思主义历史观,牢牢把握党的历史发展的主题和主线、主流和本质,以两个决议等党中央文件精神为依据,正确认识党史上的重大事件、重要人物、重要会议等。旗帜鲜明反对历史虚无主义,坚决抵制歪曲和丑化党的历史的错误倾向,引导广大师生树立正确的历史观、民族观、国家观、文化观,维护意识形态安全。

(三) 加强督促指导

为确保党史学习教育取得实效,校党史学习教育领导小组成立四个指导组,对全校各院级党组织、各单位开展党史学习教育情况督促指导。督促指导突出分类指导,突出对自选动作的指导,突出从严从实,突出督导结合,把学习党史同总结经验、观照现实、推动工作结合起来，把学习成效转化为工作动力。

（四）做好宣传报道

统筹运用好“报网微端屏”全媒体传播矩阵，充分利用校刊、理论学习网、中国科学技术大学学习强国号等平台，运用新闻报道、典型宣传等形式，深入宣传党中央精神和学校有关部署，及时宣传报道学校学习教育进展成效和创新做法，大力营造开展学习教育、喜迎建党百年的浓厚氛围。

中共中国科学技术大学委员会
关于庆祝中国共产党成立100周年的工作方案

（党字〔2021〕46号）

2021年是中国共产党成立100周年，是“十四五”开局之年。为激励和引领广大党员干部不忘初心、牢记使命，全面增强基层党组织政治功能和组织力，为建设中国特色、科大风格的世界一流大学，为夺取全面建设社会主义现代化国家新胜利、实现中华民族伟大复兴的中国梦贡献智慧和力量，校党委根据中央统一部署，结合学校实际，决定在全校开展庆祝中国共产党成立100周年系列活动，制定工作方案如下。

一、指导思想

坚持以马克思列宁主义、毛泽东思想、邓小平理论、“三个代表”重要思想、科学发展观、习近平新时代中国特色社会主义思想为指导，全面贯彻落实党的十九大和十九届二中、三中、四中、五中全会精神，增强“四个意识”、坚定“四个自信”、做到“两个维护”，紧紧围绕爱党爱国爱社会主义主题，激励党员干部师生紧密团结在以习近平同志为核心的党中央周围，坚定理想信念，弘扬家国情怀，确保“十四五”良好开局，加快建设中国特色、科大风格的世界一流大学，为开启全面建设社会主义现代化国家新征程不懈奋斗。

二、主要内容

1. 开展党史学习教育。结合巩固深化“不忘初心、牢记使命”主题教育成果，从党的百年伟大奋斗历程中汲取继续前进的智慧和力量，在全体党员中开展党史学习教育。党史学习教育贯穿2021年全年，总的要求是学史明理、学史增信、学史崇德、学史力行，教育引导党员干部学党史、悟思想、办实事、开新局。各级党组织要切实增强践行新时代党的组织路线的自觉性，组织好集体学习、开展好庆祝建党百年主题党日活动，全面提升各级党组织的组织力、凝聚力、战斗力。坚持立德树人根本任务，将党史学习教育作为加快推动“三全育人”综合改革的重要抓手，培养担当民族复兴大任的时代新人。

2. 召开“七一”表彰大会。隆重召开中国科学技术大学庆祝中国共产党成立100周年

“七一”表彰大会,表彰在学校发展和社会生活中发挥战斗堡垒作用和先锋模范作用的优秀党组织和共产党员,激励各级党组织和广大党员见贤思齐,崇尚先进、学习先进、争当先进。组织系列先进事迹报告会,弘扬宣传先进,营造干事创业氛围。

3. 举办主题展览。充分利用好中国科学院“红专并进、科教报国”党员主题教育基地等开展党史学习教育,举办严济慈先生诞辰120周年纪念展、钱学森先生诞辰110周年纪念展等专题展览,以创新方式讲述老一辈科学家的故事,大力弘扬“两弹一星”精神和老一辈科学家精神。

4. 举办系列文艺活动。举办“青春向党·奋斗强国”安徽省大学生文化艺术展演,引导广大青年学子学习党的光辉历史,感悟党的初心使命,领会党的创新理论,传承党的红色基因;举办“丹心映芳华　薪火永相传”主题云赏樱直播活动,由青年学子讲述“两弹一星”元勋的感人事迹,展现新时代优秀党员教师和当代大学生青春自信的精神风貌;举办“溯风”传统文化月活动,进一步加强新时代爱国主义教育,传承与弘扬中华优秀传统文化;举办“传承红色基因　喜迎百年华诞”“心向党　建新功”主题征文、“温百年风华　展美丽中国”红色题材电影展映、“红心永向党　奋斗新征程”教职工大合唱比赛、“翰墨忆初心　丹青颂党恩”书画作品展、“镜头记变迁　影像讲初心”摄影作品展等系列文化活动,把爱党爱国爱社会主义主题同师生喜闻乐见的各项活动结合起来,弘扬家国情怀,强化时代元素,突出思想内涵,感染和引导全校师生更加坚定跟党走中国特色社会主义道路的信心和决心。

5. 召开理论研讨会和座谈会。举办学校庆祝建党100周年座谈会,学习传达习近平总书记在庆祝中国共产党成立100周年大会上的重要讲话精神;召开习近平总书记考察中国科大五周年座谈会,牢记总书记嘱托,坚持潜心立德树人、执着攻关创新,坚持中国特色世界一流大学建设目标方向,为服务国家富强、民族复兴、人民幸福贡献力量;召开党建与思想政治工作研讨会,推动全校师生员工开展党建理论和实践问题研究、思想政治工作理论研究以及实践经验研讨交流;设立马克思主义研究专项,精心组织开展理论研究、理论阐释和理论传播;召开党外人士座谈会,引导统一战线组织和广大成员认真开展党史学习教育,坚守合作初心,筑牢团结奋斗的共同思想政治根基。

6. 开展“永远跟党走”群众性主题宣传教育活动。引导各级党组织紧紧围绕“潜心立德树人、执着攻关创新”两大核心任务,立足本部门本单位工作,奋发进取、建功立业;利用革命旧址、革命纪念馆、烈士陵园等红色资源,组织开展新党员宣誓和党员重温入党誓词活动;组织各级党组织书记讲党课,邀请党史、校史、科技史、教育史专家作专题辅导报告,引领广大师生从党的百年伟大奋斗历程中汲取继续前进的智慧和团结奋进的力量;开展“学党史、强信念、跟党走”学习教育,引导广大青少年加强政治理论学习,加强党史、新中国史、改革开放史、社会主义发展史学习,自觉做中国特色社会主义的坚定信仰者、忠实实践者;组织开展主题作品征集和展示展播活动。

7. 开展“我为师生办实事”实践活动。实践党的宗旨,走好群众路线,坚持以人民为中心的发展思想,充分发挥基层党组织战斗堡垒作用和共产党员先锋模范作用,扎实为师生办实事,增强师生员工获得感幸福感安全感。全心全意倾听师生意见,充分关心师生诉求,从最突出的问题着眼,从最具体的工作抓起,着力解决好师生最关心最直接最现实的“急难愁盼”问题。针对教学、科研、管理服务等不同岗位的党员情况,开展有针对性的实践活动,让全校师生心无旁骛、心情舒畅地投入工作和学习。

三、工作要求

1. 提高政治站位，坚持正确方向。要充分认识庆祝中国共产党成立100周年的重要意义，坚定不移同以习近平同志为核心的党中央保持高度一致，将庆祝活动与学习宣传贯彻习近平新时代中国特色社会主义思想和党的十九大精神结合起来，同师生的思想政治工作实际结合起来，同学校事业改革发展实践结合起来，突出政治性、思想性、实效性。

2. 坚持师生主体，激发群众智慧。要注重发挥师生的主体作用，发挥基层党组织的主动性和创造性，把统一组织与师生自发开展活动有机结合起来，将庆祝活动融入师生的学习工作生活，让庆祝活动成为全校师生自觉参与、自我教育、自我提高的过程，鼓舞和带动全校党员干部师生为进一步推动学校事业改革发展努力奋斗。

3. 加强组织领导，精心组织实施。成立中共中国科学技术大学委员会庆祝中国共产党成立100周年系列活动领导小组，党委书记舒歌群任组长，党员校领导任副组长，成员包括党政办公室、党委组织部、党委宣传部、党委教师工作部、党委学生工作部、研究生院、教务处、科研部、离退休干部工作处、校团委、校工会、档案文博院、马克思主义学院等主要负责人。领导小组下设办公室，朱长飞兼任办公室主任，王伟、邓建松、朱霁平兼任办公室副主任，具体负责日常工作。要注重工作统筹谋划，按照勤俭、务实、高效的原则，推动活动有序开展、分段推进、突出重点、贯穿全年。学校各相关部门要明确工作任务和责任分工，加强沟通协作，精心做好工作策划并有力推动落实。要依托全媒体平台，做好相关工作的宣传报道，大力宣传党的历史和伟大成就，大力宣传学校事业发展成果，大力宣传学校优秀党组织和共产党员先进事迹，形成广泛热烈的庆祝氛围。各项工作牵头单位要做好工作资料的归档。各院级党组织要根据校党委安排，结合自身实际，制定本单位庆祝工作方案，并及时将工作进展报送校党委。

中国科学技术大学“我为师生办实事”实践活动工作方案

（党字〔2021〕47号）

根据中央党史学习教育领导小组印发的《“我为群众办实事”实践活动工作方案》和教育部、中国科学院、安徽省有关文件精神，以及《中共中国科学技术大学委员会关于庆祝中国共产党成立100周年的工作方案》《中国科学技术大学党史学习教育实施方案》，结合学校实际，特制定本方案。

一、目标要求

坚持以习近平新时代中国特色社会主义思想为指导，全面贯彻落实习近平总书记在党史学习教育动员大会上的重要讲话精神，认真贯彻落实习近平总书记关于中国科大系列重要指示精神，通过开展“我为师生办实事”实践活动，把学习党史同总结经验、观照现实、推动工作结合起来，弘扬党的光荣传统、优良作风，践行党的初心使命、根本宗旨，强化公仆意识、为民情怀，发挥基层党组织战斗堡垒作用、党员先锋模范作用和党员领导干部表率作用，紧紧围绕“潜心立德树人、执着攻关创新”两大核心任务，立足本职岗位为全体师生员工服务，切实解决促进学校改革发展稳定和涉及师生员工切身利益的“急难愁盼”问题，增强广大师生员工的获得感幸福感安全感，激励全校师生员工以昂扬姿态为建设中国特色、科大风格的世界一流大学努力奋斗，开启全面建设社会主义现代化国家新征程。

二、重点任务

（一）贯彻新发展理念办实事

完整、准确、全面地贯彻新发展理念，认真贯彻落实习近平总书记关于中国科大系列重要指示精神，全面贯彻党的教育方针，坚持社会主义办学方向，统筹做好“十四五”发展规划，完善一流学科生态建设，培养和凝聚德才兼备的领军人才，着力建设一流重大科技基础设施，不断产出重大原创性科技成果。

（二）潜心立德树人办实事

打造青年骨干教师研修班、研究生导师研讨班、师说堂等培训品牌栏目，为跨学科、跨院系、跨年龄阶段的教师群体之间的交流与合作搭建平台，不断提高培训工作的针对性、实用性和吸引力。优化教学管理审批业务的流程，建设“教学管理业务网上审批系统”，方便师生教学工作，逐步推进教学管理全流程管理的规范化和透明化。建设带防伪功能的电子成绩单系统，支持官方认证功能，便于学生在国内外继续深造和求职中使用。改善师生教学环境，提升教学效果，为教学楼配备优质粉笔、板擦，为教学楼全面更新配备冷热饮水机。

（三）执着攻关创新办实事

大力弘扬科学家精神，加强作风学风建设，营造良好科研生态。深化学校科技评价制度改革，破除“五唯”，探索建立适应国家创新驱动发展战略要求、符合我校不同类型科技创新活动规律和特点的评价机制和标准。进一步深化“放管服”改革，推进基于绩效、诚信和能力的科研管理改革。

（四）优化管理效能办实事

推进机关部门转作风、提效能，深入开展“双联双促”联学共建，机关党支部与院系党支部两两结对，促进机关干部深入教学科研一线了解基层实际，提升机关服务基层的积极性和主动性，完善服务师生各项工作机制。持续深入整治“四风”老问题和新表现，对“四风”问题特别是形式主义、官僚主义突出问题进行自查自纠，针对问题立行立改，进一步提高机关办事效率和质量。优化办事流程、规范审批行为、提高办事效率，提升数字化智能化服务水平，最大程度方便师生员工办实事。积极推动“一网通办”建设，联合网络信息中心，在学校门户网站建立网上办事大厅，整合各部门业务，服务师生，让数据多跑腿，让师生少跑路。建立法律事务咨询中心，为全校师生、各职能部门提供更全面的法律咨询与服务。

（五）加强服务保障办实事

进一步规范和优化财务审批流程，通过研发财务审批信息系统和智能财务报销系统，实现PC端和移动端的财务审批和报销业务，节省师生办事时间，提升工作效率。优质高效完成各项维修项目，提升教学科研基础设施保障水平；努力做好校园现有房屋和基础设施常规维修及校园环卫服务工作；加强能源规划调配、节约型校园、学生公寓空调热水维护管理等工作。健全住房管理信息系统，面对广大教职工的周转住房需求，积极盘活存量用房。推进实施住宅楼加装电梯配套工程。

(六) 暖心帮扶帮困办实事

完善工会精准服务体系，促进教职工的身心健康，为教职工购买补充医疗保险。建立女教职工阳光家园，解决产假后的女教职工哺乳不方便问题。开展高龄空巢独居老人关爱行动，通过前期详细摸排，建立特殊群体关爱台账，制定关爱服务方案，有针对性地对老人开展系列个案服务，切实解决高龄空巢独居老年人家庭中存在的困难。

(七) 热心志愿服务办实事

进一步弘扬志愿服务精神，完善志愿服务激励机制，动员广大团员青年和青年志愿者围绕“立足校园、辐射周边、服务社会”三个领域，广泛参与到志愿服务实践活动，解决广大师生员工“急难愁盼”问题。针对学生成长需求，利用校团委群团组织优势，广泛联合各机关部门、直属单位、院系、学生会组织力量，在学生学术科研、生涯导航、选调培训、社区生活、权益服务等方面为学生解难题，做实事。

三、方法举措

(一) 深入了解师生需求

把深入了解需求作为“我为师生办实事”的第一步，党员干部特别是校领导、中层领导班子成员要走进基层、走近师生，以多种形式广泛听取意见、了解困难和需求，形成对单位发展、班子建设、职工状态的基本判断，更加精准对接发展所需、基层所盼、民心所向。

(二) 集中解决突出问题

加强分析研究，梳理出哪些是师生反映集中的共性需求和存在的普遍问题，哪些是亟待解决的痛点难点问题，哪些是长期未能解决的民生历史遗留问题，研究提出和实施“我为师生办实事”重点任务，建立工作台账，落实解决方案，推进具体举措，督促落实到位。

(三) 全面组织积极参与

建立党员先锋岗，推行设岗定责、承诺践诺，发挥党员先锋模范作用。建立志愿服务队，动员青年党员、团员发挥自身特长常态化参与志愿服务，带动志愿者和志愿服务组织共同行动，聚焦身边人身边事，开展助残助老、解难帮困等活动，多做助人为乐、雪中送炭的好事。群团组织结合自身职能定位，完善拓宽为民服务的制度化渠道。推动形成各级党组织聚焦聚力、广大党员积极行动、师生员工踊跃参与的良好局面。

四、组织领导

(一) 落实工作责任

各级党组织要切实加强组织领导，研究确定实践活动清单，协调推进重点任务。校领导结合分管工作和联系单位，深入基层调查研究，发现和解决问题。领导干部要发挥表率作用，以上率下，带头下基层听意见，带头出实招办实事，做好职工群众思想政治工作。要加强督促指导，对重点任务实施台账管理，及时跟进工作进度，认真验收评估，确保落到实处。要注意建立和完善长效工作机制，推动为师生办实事常态化。

（二）分层分类实施

机关部门重点在制定政策规章、推进重点项目、优化办事流程、提高服务水平上办实事求实效。各院级党组织要在强化责任、振奋精神、为师生和科研人员提供保障等方面发挥作用。党支部要结合实际发挥好战斗堡垒作用，为师生办实事解难题。群团组织要充分发挥桥梁纽带作用，形成合力，共同推动解决基层师生的"急难愁盼"问题。

（三）做好宣传引导

充分运用新闻报道、典型宣传等形式，深入宣传党中央决策部署和工作要求，充分反映基层党组织的好做法好经验好成果。及时总结推广实践中形成的鲜活经验，形成各级党组织聚焦聚力、广大党员积极行动、全体师生踊跃参与的良好局面。

（四）务求取得实效

坚持从实际出发，尊重实际和党员个体差异，尽力而为、量力而行，科学安排重点项目。力戒形式主义、官僚主义，防止把为群众办实事泛化为常规工作堆砌，切实把好事办实，把实事办好。

中共中国科学技术大学委员会关于开展传承老科学家精神弘扬新时代科学家精神在行动专项工作方案

（党字〔2021〕56 号）

为贯彻落实习近平总书记重要指示精神，推动全校广大党员干部师生接续光荣传统，牢记时代使命，矢志爱国奋斗，根据《中共中国科学院党组关于开展传承老科学家精神　弘扬新时代科学家精神在行动专项工作的通知》精神，结合学校实际，特制定本方案。

一、重要意义

2016 年 4 月 26 日，习近平总书记考察中国科大时，勉励学校要勇于创新、敢于超越、力争一流，在人才培养和创新领域取得更加骄人的成绩，为国家现代化建设作出更大的贡献。2019 年 11 月 1 日，习近平总书记在致中国科学院建院 70 周年贺信中指出，中国科学院几代科学家求真务实、报国为民、无私奉献的先进事迹充分展现出我国广大知识分子的爱国情怀和高尚品格。2021 年 2 月 5 日，习近平总书记在贵州考察工作时，勉励广大科技工作者以南仁东等杰出科学家为榜样，大力弘扬科学家精神，勇攀世界科技高峰，在一些领域实现并跑领跑，为加快建设科技强国、实现科技自立自强作出新的更大贡献。以"两弹一星"元勋为代表的我校老一辈科学家以毕生报国行动塑造的科学家精神，是我国科技事业过去发展壮大的精神密码，也是我们建设世界科技强国的动力源泉。

进入新时代，面对新形势新挑战，科技实力的竞赛，既是投入和智力的比拼，更是精神和意志的较量。开展传承老科学家精神，弘扬新时代科学家精神在行动专项工作，对我校传承科教报国、追求卓越的精神，瞄准世界科技前沿，立足国内重大需求，潜心立德树人，执着攻关创新，在基础性、战略性工作上多下功夫，努力办出中国特色世界一流大学具有重大而深远的意义。各级党组织和广大党员干部师生要增强“四个意识”、坚定“四个自信”、做到“两个维护”，深入传承老科学家精神，弘扬践行新时代科学家精神，为培养德智体美劳全面发展的社会主义建设者和接班人，为建设创新型国家、建设世界科技强国作出新的更大贡献。

二、重点工作

(一) 开展传承老科学家精神在行动专项工作

1. 大力加强老科学家精神挖掘创作。“两弹一星”精神激励和鼓舞了几代人，是中华民族的宝贵精神财富。23位“两弹一星”元勋中，在我校工作过的就有11位。为弘扬“两弹一星”精神，结合党史学习教育，组织挖掘整理创作一批题材多样的文化作品，作为学校各单位学习教育、对标践行的生动教材。

2. 深入推进老科学家精神学习宣传。深入学习习近平总书记重要论述精神，充分利用各类文化作品开展学习，举办展览、演讲，创作微电影、微视频。设立传承老科学家精神学习日和学习周，依托中国科学院“红专并进、科教报国”党员主题教育基地等开展示范活动，在全校营造深入学习的良好氛围。

3. 不断深化老科学家精神对标践行。在承担关键核心技术攻关任务和重大科技任务攻关的项目组中成立以对标老科学家冠名的突击队。鼓励青年科技工作者选择对标一位老科学家，通过读传记、讲党课、开组会等方式，在对照学习的基础上，确立行动标尺，查找差距不足，提出改进举措，推动传承践行。要充分发挥基层党组织的战斗堡垒作用，组织广大党员科技工作者在对标践行中当先锋作表率。

(二) 开展弘扬新时代科学家精神在行动专项工作

1. 举办先进事迹报告及展览。结合老科学家精神先进事迹宣讲和展览，在全校开展以南仁东、王逸平等“时代楷模”为代表的新时代科学家事迹报告会及展览，创新方式方法，增强宣讲和展览的感染力和吸引力。

2. 开展主题党日活动。各级党组织开展学习南仁东、王逸平先进事迹的主题党日活动，观看《中国天眼》电视剧和《逸事长流》专题纪念片等影视节目，深入学习南仁东、王逸平等杰出科学家勇担民族复兴大任、为科学事业奋斗终生的先进事迹。

三、组织领导

1. 履行主体责任。各单位要提高认识，将专项工作作为一项重要的政治任务，每年专题研究一次相关工作。要认真学习贯彻习近平总书记重要指示精神，深刻认识向老一辈科学家学习，弘扬新时代科学家精神的重要意义，把专项工作作为强化思想政治引领、加强作风学风建设、营造良好环境、激发创新活力的重要抓手，紧密结合科技创新实际，推动各项举措落实落地。

2. 形成工作合力。各单位要将专项工作与党史学习教育相结合，与实际工作相结合，充分发挥基层党组织的主动性和创造性，把统一组织与师生自发开展活动有机结合起来，充分发挥各方面力量，形成正向激励、典型引导的工作合力。

3. 加强考核交流。各单位要把专项工作落实举措列入年度党建工作要点，纳入年度党建述职考评。学校新闻网、官方公众号等将及时刊登各单位贯彻落实的好经验、好做法。

关于组织开展“永远跟党走”群众性主题宣传教育活动的通知

（党字〔2021〕58 号）

各院级党组织、附属医院党委，机关各部门：

为隆重庆祝中国共产党成立 100 周年，大力营造爱党爱国爱社会主义的浓厚氛围，中办印发关于组织开展“永远跟党走”群众性主题宣传教育活动的通知，中国科学院党的建设工作领导小组办公室印发关于组织开展“永远跟党走”群众性主题宣传教育活动的通知。根据上级要求，结合学校实际，现就在全校组织开展“永远跟党走”群众性主题宣传教育活动通知如下。

一、总 体 要 求

高举中国特色社会主义伟大旗帜，以马克思列宁主义、毛泽东思想、邓小平理论、“三个代表”重要思想、科学发展观、习近平新时代中国特色社会主义思想为指导，全面学习贯彻落实党的十九大和十九届二中、三中、四中、五中全会精神，以“永远跟党走”为主题，广泛开展形式多样、内容丰富的群众性主题宣传教育活动，不忘初心、牢记使命，开拓奋进、攻坚克难，立足本职岗位作贡献，把爱党爱国爱社会主义热情转化为实际行动，为实现习近平总书记对学校提出的“潜心立德树人、执着攻关创新”核心任务，办出中国特色世界一流大学，为建设世界科技强国、全面建设社会主义现代化国家作出新的更大贡献。

二、主 要 活 动

1. 开展党史学习教育，筑牢奋斗者的初心使命。结合巩固深化“不忘初心、牢记使命”主题教育成果，从党的百年伟大奋斗历程中汲取继续前进的智慧和力量，在全体党员中开展党史学习教育。党史学习教育贯穿 2021 年全年，总的要求是学史明理、学史增信、学史崇德、学史力行，教育引导党员干部学党史、悟思想、办实事、开新局。各级党组织要切实增强践行新时代党的组织路线的自觉性，组织好集体学习、开展好庆祝建党百年主题党日活动，全面提升各级党组织的组织力、凝聚力、战斗力。坚持立德树人根本任务，将党史学习教育作为加快推动“三全育人”综合改革的重要抓手，培养担当民族复兴大任的时代新人。

2. 召开“七一”表彰大会，励志笃行。隆重召开中国科学技术大学庆祝中国共产党成立100周年“七一”表彰大会，表彰在学校发展和社会生活中发挥战斗堡垒作用和先锋模范作用的优秀党组织和共产党员，激励各级党组织和广大党员见贤思齐，崇尚先进、学习先进、争当先进。组织系列先进事迹报告会，弘扬宣传先进，营造干事创业氛围。

3. 举办主题展览，以创新方式传承老科学家精神。充分利用中国科学院“红专并进、科教报国”党员主题教育基地等开展党史学习教育，举办严济慈先生诞辰120周年纪念展、钱学森先生诞辰110周年纪念展等专题展览，以创新方式讲述老一辈科学家的故事，大力弘扬“两弹一星”精神和老一辈科学家精神。

4. 举办系列文艺活动，弘扬家国情怀。举办“丹心映芳华　薪火永相传”主题云赏樱直播活动，由青年学子讲述“两弹一星”元勋的感人事迹，展现新时代优秀党员教师和当代大学生青春自信的精神风貌；举办“青春向党·奋斗强国”安徽省大学生文化艺术展演，引导广大青年学子学习党的光辉历史，感悟党的初心使命，领会党的创新理论，传承党的红色基因；举办“溯风”传统文化月活动，进一步加强新时代爱国主义教育，传承与弘扬中华优秀传统文化；举办“传承红色基因　喜迎百年华诞”“心向党　建新功”主题征文、“温百年风华　展美丽中国”红色题材电影展映、“红心永向党　奋斗新征程”教职工大合唱比赛、“翰墨忆初心　丹青颂党恩”书画作品展、“镜头记变迁　影像讲初心”摄影作品展等系列文化活动，把爱党爱国爱社会主义主题同师生喜闻乐见的各项活动结合起来，弘扬家国情怀，强化时代元素，突出思想内涵，感染和引导全校师生更加坚定跟党走中国特色社会主义道路的信心和决心。

5. 召开理论研讨会和座谈会，筑牢思想根基。召开习近平总书记考察中国科大五周年座谈会，牢记总书记嘱托，坚持潜心立德树人、执着攻关创新，坚持中国特色世界一流大学建设目标方向，为服务国家富强、民族复兴、人民幸福贡献力量；召开党建与思想政治工作研讨会，推动全校师生员工开展党建理论和实践问题研究、思想政治工作理论研究以及实践经验研讨交流；举办学校庆祝建党100周年座谈会，学习传达习近平总书记在庆祝中国共产党成立100周年大会上的重要讲话精神；设立马克思主义研究专项，精心组织开展理论研究、理论阐释和理论传播；召开党外人士座谈会，引导统一战线组织和广大成员认真开展党史学习教育，坚守合作初心，筑牢团结奋斗的共同思想政治根基。

6. 开展各类主题突出、特色鲜明的群众性主题宣传教育活动。引导各级党组织紧紧围绕“潜心立德树人、执着攻关创新”两大核心任务，立足本部门本单位工作，奋发进取、建功立业；利用革命旧址、革命纪念馆、烈士陵园等红色资源，组织开展新党员宣誓和党员重温入党誓词活动；组织各级党组织书记讲党课，邀请党史、校史、科技史、教育史专家作专题辅导报告，引领广大师生从党的百年伟大奋斗历程中汲取继续前进的智慧和团结奋进的力量；开展“学党史、强信念、跟党走”学习教育，引导广大青少年加强政治理论学习，加强党史、新中国史、改革开放史、社会主义发展史学习，自觉做中国特色社会主义的坚定信仰者、忠实实践者；组织开展主题作品征集和展示展播活动。

三、工作要求

1. 坚持正确方向。把主题宣传教育活动与深入学习宣传贯彻习近平新时代中国特色社会主义思想和党的十九大精神结合起来，集中展示中国共产党成立100年来党和国家事业发展取得的伟大成就，讲清楚成就背后的政治优势和制度因素。把主题宣传教育活动与创建世界一流大学结合起来，通过广泛开展主题宣传教育活动，振奋精神、鼓舞士气，引导全校干部群众围绕建设世界科技强国的宏伟目标团结一心向前进。

2. 加强组织领导。要精心组织安排，结合实际开展主题宣传教育活动，统筹推进年度党建重点任务、党史学习教育、“十四五”规划实施，确保取得实效。坚决防止形式主义，力戒铺张浪费。牢固树立安全意识，加强安全管理，做好校园常态化疫情防控工作。

3. 创新方式方法。注重增强仪式感、参与感、现代感，不断丰富和创新方法手段、内容形式，增强宣传教育的实效性和感染力。充分运用“报网微端屏”全媒体传播矩阵，利用好校刊、理论学习网、中国科学技术大学学习强国号等宣传教育平台，吸引广大师生员工踊跃参与。

中共中国科学技术大学委员会
2021年6月1日

中共中国科学技术大学委员会关于开展党史、新中国史、改革开放史、社会主义发展史宣传教育方案

（党字〔2021〕59号）

一、目标要求

高举中国特色社会主义伟大旗帜，以马克思列宁主义、毛泽东思想、邓小平理论、“三个代表”重要思想、科学发展观、习近平新时代中国特色社会主义思想为指导，深入学习贯彻落实党的十九大和十九届二中、三中、四中、五中全会精神，增强“四个意识”、坚定“四个自信”、做到“两个维护”，围绕庆祝中国共产党成立100周年，在全校开展党史、新中国史、改革开放史、社会主义发展史宣传教育，普及党史知识，推动党史学习教育深入群众、深入基层、深入人心，引导全校师生深刻认识中国共产党为国家和民族作出的伟大贡献，深刻感悟中国共产党始终不渝为人民的初心宗旨，学习中国共产党推进马克思主义中国化形成的重大理论成果，传承中国共产党在长期奋斗中铸就的伟大精神，坚定不移听党话、跟党走，在全面建设社会主义现代化国家伟大实践中建功立业。

二、宣传教育内容

以学习宣传贯彻习近平新时代中国特色社会主义思想为主线，结合党的百年奋斗历程特别是党的十八大以来党和国家各项事业取得的历史性成就、发生的历史性变革，准确把握这一重要思想的理论逻辑、历史逻辑、实践逻辑，深入领会这一重要思想的历史地位和重大意义，不断增进政治认同、思想认同、理论认同、情感认同。深入学习领会习近平总书记关于党史、新中国史、改革开放史、社会主义发展史的重要论述，特别是在党史学习教育动员大会、庆祝中国共产党成立 100 周年大会上的重要讲话精神，及时跟进学、前后贯通学、联系实际学。

党史宣传教育，突出中国共产党矢志践行初心使命、筚路蓝缕奠基立业、创造辉煌开辟未来的百年奋斗征程，引导广大师生员工深刻认识中国共产党领导是历史的选择、人民的选择，在新时代新征程上必须毫不动摇坚持和加强党的全面领导。

新中国史宣传教育，突出我们党团结带领人民发愤图强、艰苦创业，创造了“当惊世界殊”的发展成就，引导广大师生员工深刻认识建设社会主义现代化强国、实现中华民族伟大复兴是中华民族的最高利益和根本利益。

改革开放史宣传教育，突出我们党团结带领人民成功开辟、坚持和发展中国特色社会主义，引导广大师生员工深刻认识改革开放的历史意义、伟大成就、宝贵经验，了解新时代全面深化改革的总目标和战略部署。

社会主义发展史宣传教育，突出社会主义从空想到科学、从理论到实践、从一国实践到多国发展、从遭遇曲折到在 21 世纪中国焕发出强大生机活力的伟大发展历程，引导广大师生员工深刻认识社会主义必然代替资本主义是人类社会发展不可逆转的总趋势，认识中国特色社会主义从艰辛探索、创立发展到不断完善进程中所蕴含的历史规律。

开展党史、新中国史、改革开放史、社会主义发展史宣传教育，注重内容上融会贯通、逻辑上环环相扣，引导广大师生员工特别是青少年学生加深对党的历史的理解和把握，加深对党的理论的理解和认识。学好用好习近平《论中国共产党历史》、《毛泽东、邓小平、江泽民、胡锦涛关于中国共产党历史论述摘编》、《习近平新时代中国特色社会主义思想学习问答》、《中国共产党简史》等学习材料，结合学校组织编撰的《中国科大老一辈科学家精神事迹汇编》《在中国科大工作过的“两弹一星”元勋　科学家精神事迹选编》等参考资料，坚定对马克思主义的信仰，对社会主义、共产主义的信念，对实现中华民族伟大复兴中国梦的信心，砥砺践行和传承科教报国、追求卓越的初心使命。

三、方 案 安 排

1. 组织读书学史活动。开展好书荐读活动和“传承红色基因，诵读红色经典”图书馆朗读者读书沙龙活动，组织党建文献专题阅读学习活动。（责任单位：校团委、图书馆、马克思主义学院、各院级党组织）

2. 组织基层宣讲活动。结合“永远跟党走”群众性主题宣传教育活动、《传承老科学家

精神 弘扬新时代科学家精神在行动专项工作方案》，举办形势报告会、“四史”专题宣讲等，校领导深入基层带头作报告。（责任单位：党政办公室、党委宣传部、各院级党组织）

3. 开展学习体验活动。深入挖掘红色文化内涵，就近就便开展实地考察。组织升国旗仪式、成人仪式、入党入团仪式等教育活动，开展夏令营、体验营等活动，增强吸引力、互动性和参与感。开展大学生暑期支教志愿服务和“三下乡”社会实践活动，引导学生在实践锻炼中受教育、长才干、作贡献。（责任单位：校团委、各院级党组织）

4. 开展致敬革命先烈活动。结合烈士纪念日等重要纪念日及传统节日，组织师生员工特别是青少年学生集中开展祭扫烈士墓、敬献花篮等活动，缅怀革命先烈的感人事迹和崇高精神。（责任单位：校团委、各院级党组织）

5. 开展学习先进模范活动。开展党和国家功勋荣誉获得者、时代楷模、道德模范、最美人物等先进模范学习宣传活动。结合“我为师生办实事”实践活动，在七一、国庆节等重要时间节点，组织走访慰问老战士、老同志，帮助解决实际困难，形成崇尚英雄、学习英雄、关爱英雄的良好风尚。（责任单位：党委组织部、党委宣传部、工会、离退休干部工作处、各院级党组织）

6. 开展红色家风传承活动。充分发挥文明家庭、五好家庭、最美家庭的示范带动作用，组织开展家庭亲子阅读活动，传承优良家风，增进对党的感情和信赖。（责任单位：工会、各院级党组织）

7. 开展全民国防教育活动。组织国防主题演讲比赛，抓好学生军训，强化师生国防观念，营造尊重退役军人、尊崇军人的氛围。（责任单位：党委学生工作部、党委人民武装部、各院级党组织）

8. 组织群众性文化活动。组织主题征文、书画展、摄影展等主题作品创作征集和展示展播活动，开展知识竞赛、演讲比赛、艺术展演等文化活动，增强师生员工的参与感和获得感。（责任单位：党委宣传部、工会、校团委、离退休干部工作处、各院级党组织）

四、工作要求

1. 把握正确导向。树立正确历史观，坚持以《关于若干历史问题的决议》《关于建国以来党的若干历史问题的决议》和党中央有关精神为依据，准确把握党史、新中国史、改革开放史、社会主义发展史的主题主线、主流本质，严把舆论导向，加强思想引导和理论辨析。

2. 突出学生群体。把握学生群体的特点和习惯，增强宣传教育针对性和实效性，吸引青少年学生主动参与、深度参与，厚植爱党爱国爱社会主义的情感，传承科教报国、追求卓越的红色基因。

3. 丰富活动形式。充分利用好爱国主义教育基地，精心设计陈列内容，增强教育感染力。用好网络平台，及时转载中央主要新闻媒体报道，发挥“学习强国”、微博微信等平台的融媒体优势，形成联动传播，更好汇聚正能量，振奋精气神。

4. 加强统筹协调。高度重视“四史”宣传教育，同党史学习教育、“永远跟党走”群众性主题宣传教育活动等有机结合起来，党委宣传部履行主体责任，各有关部门和群团组织要发挥优势，形成合力，务求取得实效。

四、配合中央巡视工作及巡视整改专题文献

关于成立配合中央巡视工作领导小组、工作组的通知

（党字〔2021〕45号）

各院级党组织、附属医院党委，机关各部门：

根据中央巡视工作统一部署，中央巡视组将于近期来校开展巡视工作。为切实做好配合中央巡视各项工作，经校党委常委会会议研究，决定成立配合中央巡视工作领导小组。领导小组下设工作联络组、文宣组、信访组、后勤保障组。

一、领导小组

组　长：舒歌群　包信和

成　员：潘建伟　蒋　一　朱长飞　王晓平　杨金龙　杜江峰　毕金初　罗喜胜
　　　　黄素芳　褚家如　傅　尧　吴　枫　周丛照

二、工作组

1. 工作联络组

组　长：蒋　一

副组长：王　伟　邓建松　薛　天　杨　凡　汤　茜

主要责任单位：

党政办公室、机关党委、党委组织部、党委教师工作部、人力资源部、纪委办监察处、党委巡察工作办公室

主要职责：

负责与中央巡视组日常联系、行政接待和会务组织工作，统筹协调各工作组和校内相关部门、单位有关事项，做好相关联络。

2. 文宣组

组　长：朱长飞

副组长：王　伟　邓建松　朱霁平　薛　天　李　峰

主要责任单位：

党政办公室、机关党委、党委组织部、党委宣传部、党委教师工作部、人力资源部、党委学生工作部、党委巡察工作办公室、纪委办监察处、发展和改革办公室、发展规划处、研究生院、招生就业处、教务处、科研部、科技成果转移转化办公室、国际合作与交流部、审计处、资产与后勤保障处、基本建设处、团委、工会、档案文博院

主要职责：

负责巡视工作期间，各类文字材料准备、整理、撰写和档案资料查询，新闻宣传和思政教育工作，协助做好动员大会、反馈会议、整改会议等各项活动的宣传报道工作。

3. 信访组

组　长：毕金初

副组长：杨　凡　邓建松　薛　天　章　晨　尹　红

主要责任单位：

纪委办监察处、党政办公室、党委组织部、党委教师工作部、人力资源部、财务处、审计处、保卫与校园管理处、离退休干部工作处

主要职责：

负责制定巡视工作期间信访应急预案，做好巡视工作期间信访相关事件的处理工作等。

4. 后勤保障组

组　长：王晓平

副组长：顾　韬　洪　军　章　晨　方诗元　赵　钢

主要责任单位：

资产与后勤保障处、保卫与校园管理处、财务处、网络信息中心、校医院、饮食服务集团、公务交通管理服务中心

主要职责：

负责巡视工作期间安全保卫、生活保障、新冠肺炎疫情防控预案制定及实施、物资采购、通信网络、车辆保障等工作，落实相关经费。

特此通知。

中共中国科学技术大学委员会
2021 年 4 月 30 日

关于成立巡视整改领导小组及其办公室的通知

（党字〔2021〕97 号）

各院级党组织、附属医院党委，机关各部门、直属单位：

校党委把巡视整改作为当前和今后一个时期的重要政治任务，经 2021 年 9 月 3 日党委常委会会议研究，决定成立巡视整改领导小组，加强组织领导，统筹推进巡视整改相关工作。领导小组人员组成如下：

组　长：舒歌群　包信和

成　员：潘建伟　蒋　一　朱长飞　王晓平　杨金龙　杜江峰　毕金初　罗喜胜
傅　尧　黄素芳　褚家如　吴　枫　周丛照

领导小组下设办公室，协调推进相关工作。

主　任：蒋　一

副主任：王　伟

成　员（按姓氏笔画排序）：

邓建松　申成龙　朱霁平　刘连新　汤　茜　李　峰　杨　凡　龚流柱
曾长淦　薛　天

校党委坚决落实整改主体责任，将巡视整改作为管党治校的有力抓手，建立巡视整改工作联动机制，通过工作例会、工作调度等形式，及时掌握巡视整改进展，确保整改内容逐事逐项有序开展。各院级党组织、附属医院党委，机关各部门、直属单位要认真对照巡视反馈意见，按照巡视整改要求，梳理问题清单、任务清单、责任清单，制定整改方案，明确完成时间，压紧压实巡视整改责任。

校党委将成立巡视整改督导组，对全校基层党组织、单位的巡视整改情况进行督导，以巡促改、以巡促建、以巡促治，推动学校高质量发展，为努力办出中国特色、科大风格的世界一流大学开新局、立新功。

特此通知。

中共中国科学技术大学委员会

2021 年 9 月 7 日

中国科学技术大学党委巡视整改落实方案

（党字〔2021〕104 号）

根据党中央统一部署，2021 年 5 月 9 日至 7 月 5 日，中央第二巡视组对中国科学技术大学党委开展了常规巡视。此次巡视充分体现了以习近平同志为核心的党中央对学校事业发展的重视和关心，也是对学校工作的鞭策和鼓舞，更是对我校各级党组织和党员干部的政治体检和党性洗礼。9 月 3 日，中央第二巡视组向中国科学技术大学党委反馈了巡视情况，并提出了整改要求。

校党委深入学习领会习近平总书记关于巡视工作重要论述和听取巡视情况汇报时的重要讲话精神，切实担负起巡视整改的主体责任，把巡视整改作为当前和今后一个时期的重要政治任务抓紧抓好抓实。按照巡视整改要求，对照中管高校存在的“六个不足”突出问题，对照中央巡视反馈意见以及上次巡视、主题教育等整改不到位的地方，全面梳理、认真排查，明确整改的重点任务和主攻方向，形成了包含问题清单、任务清单、责任清单的巡视整改落实方案，真抓实改、全面整改、务求实效，确保巡视反馈意见条条有整改、件件有着落。

第一部分　总 体 要 求

一、指导思想

坚持以习近平新时代中国特色社会主义思想为指导，深入学习贯彻习近平总书记关于教育工作的重要论述，认真学习领会习近平总书记“七一”重要讲话精神，坚决贯彻落实习近平总书记听取巡视情况汇报时的重要讲话精神，立足“两个大局”，深刻领会习近平总书记对教育事业和高等学校寄予的殷切期望，深刻领会新时代新阶段中国科大所肩负的职责使命，把思想和行动统一到党中央精神上来，进一步增强巡视整改的政治自觉、思想自觉和行动自党，不断提高政治判断力、政治领悟力、政治执行力，增强“四个意识”、坚定“四个自信”、做到“两个维护”。

二、总体目标

进一步提高政治站位，认真履行中国科学技术大学作为党中央为“两弹一星”事业而创办的大学的职责使命，全面贯彻落实党的教育方针和党中央关于教育工作重大决策部署，坚持和加强党对学校的全面领导，潜心立德树人、执着攻关创新，不折不扣把习近平总书记关于中国科大系列重要指示精神落到实处。

坚定扛起巡视整改的主体责任，把巡视整改同开展党史学习教育相结合，同贯彻落实习近平总书记“七一”重要讲话精神相结合，同谋划学校“十四五”发展、推动新一轮“双一流”建设相结合，心系“国家事”、肩扛“国家责”，扎实做好巡视“后半篇文章”，推动学校高质量发展，为努力办出中国特色、科大风格的世界一流大学开新局、立新功。

三、基本原则

按照习近平总书记提出的“政治巡视发现的问题，必须从政治上解决”的要求，切实在坚持政治立场上下功夫、在提高政治站位上下功夫、在增强政治能力上下功夫、在强化政治责任上下功夫。

坚持以巡促改、以巡促建、以巡促治，把巡视整改的过程，变成全面查找问题、深入剖析问题、不断解决问题的过程，变成推动改革、促进发展的过程。坚持解决具体问题与推进制度建设相结合，把“当下改”与“长久立”相结合，扎实推进学校治理体系和治理能力现代化。

第二部分　主要整改任务和具体举措

对照习近平总书记提出的中管高校在加强政治建设、落实立德树人根本任务、执行党委领导下的校长负责制、做好新时代意识形态工作、深化从严管党治校、加强班子队伍和基层党组织建设等6个方面存在的突出问题，对照巡视反馈意见以及上次巡视、主题教育等整改不到位的地方，校党委严格“对标”“对表”，认真检视巡视发现的差距和不足，坚持全面整改、突出重点，抓住主要矛盾，明确整改的重点任务和主攻方向，通过抓重点问题整改带动全面整改，在整改落实上见真章、求实效。

制定整改落实清单，逐项对账销号。坚持问题导向，逐一对照巡视组反馈意见，全面梳理、认真排查，进一步细化为“问题清单、任务清单、责任清单”，聚焦16个方面进行整改，相应提出128项具体整改任务，由学校党政领导班子成员作为责任领导，逐条明确责任部门、责任人和整改时限，做到“全覆盖、无死角、零遗漏”，确保巡视反馈意见条条有整改、件件有着落。（详见巡视整改落实清单）

加强督促检查，压紧压实整改责任。坚持以上率下，对整改工作倒排工期、挂图作战，建立整改台账，及时跟踪掌握和督导推动整改落实情况。各院级党组织、基层单位结合整改任务，细化工作举措，责任落实到人，大力推动各项整改措施“实打实”“硬碰硬”落地见效，将高标准严要求贯穿巡视整改始终，以实实在在的整改成效体现政治担当。

第三部分　组 织 保 障

加强组织领导。成立巡视整改领导小组及其办公室,统筹推进巡视整改工作。通过工作例会、工作调度等机制,深入研究整改思路、明确方向,系统梳理重点难点问题、形成对策建议,对重点任务进行督促指导、强化责任落实,形成校党委统揽全局、各单位分工负责,上下联动、群策群力、合力攻坚的工作格局。

完善工作机制。在整改过程中,责任单位及责任人要根据任务分工,集中力量做好重点任务的细化分解和整改落实。牵头校领导、牵头责任单位及责任人要拧紧责任链条,主动担责、狠抓落实。集中整改期间,如出现分工和岗位调整,将进行相应调整,确保整改目标不变、力度不减。

强化督导落实。校党委成立巡视整改督导组,由党员校领导担任督导组组长,整改期间对各级党组织、基层单位的巡视整改情况进行督导,对跨单位的整改任务主动协调,切实做到在抓落实上见真章、动真格、求实效。

加强宣传引导。做好巡视整改成效的总结宣传,发挥正面引导作用,将巡视整改中形成的好方法、好做法予以坚持,把巡视整改的好经验、好成果与学校各项工作紧密结合,加快推进中国特色、科大风格的世界一流大学建设。

关于巡视整改任务对账销号的通知

（党字〔2021〕124 号）

各院级党组织、附属医院党委,机关各部门、直属单位:

校党委扎实推进巡视整改工作,制定整改落实清单,聚焦 16 个方面进行整改,相应提出 128 项具体整改任务,由学校党政领导班子成员作为责任领导,逐条明确责任部门、责任人和整改时限,按照时间节点稳步推进。

为确保巡视反馈意见"条条有整改、件件有着落",校党委实施"一表、一单、一档、一核"的工作机制,逐项对账销号:

建立台账表,对 128 项整改任务进展情况实行动态清单管理,每周向巡视整改领导小组汇报一次工作进展。

建立责任单,由责任校领导、责任单位及责任人层层负责,牵头校领导、牵头责任单位及责任人负总责,确保按时保质完成巡视整改任务。

建立档案库,牵头责任单位会同相关责任单位,根据整改工作实际,整理收集照片、图片、原始档案资料等,佐证固化整改的措施、进度及成效。

建立核查会审机制,牵头责任单位会同相关责任单位,对已完成的巡视整改任务,进行评估验收并形成报告,经责任校领导审核确认。由巡视整改领导小组定期召集相关责任单位负责人,对每项整改任务是否完成、能否交账逐一审核把关。

巡视整改领导小组聚焦整改时限、措施、责任、成效等要素，按照“责任单位自查自评—校领导、牵头责任单位评估审核—巡视整改领导小组审定—完成销号”的工作闭环，严格评估验收销号，对重点难点问题的销号加强抽查复核，对整改不严不实的严肃追责问责。党委巡察工作办公室及时掌握巡视整改落实情况，会同纪委办监察处，定期督促、跟进检查，确保巡视整改“全覆盖、无死角、零遗漏”。

11 月下旬，巡视整改领导小组将就巡视整改任务销号的整体情况，向党委常委会进行专门汇报。

特此通知。

中共中国科学技术大学委员会

2021 年 11 月 1 日

五、重要文献

在统一战线纪念建党100周年座谈会上的讲话

党委书记 舒歌群

各位老师、同志们：

下午好！今天，我们在这里召开统一战线纪念中国共产党成立100周年座谈会，共同回顾中国共产党的光辉历史和辉煌业绩，重温中国共产党与统一战线各界人士亲密合作、携手共进的奋斗历程，隆重庆祝中国共产党成立100周年。在此，我代表中共中国科学技术大学委员会对长期以来参与和支持学校建设和发展的各民主党派、无党派人士表示衷心感谢。

刚才，大家从不同方面回顾了各民主党派和无党派与中国共产党肝胆相照、荣辱与共的奋斗历程，热情讴歌了中国共产党领导中国革命、建设和改革开放事业取得的伟大成就，充分表达了广大统战成员对中国共产党、对多党合作事业的真挚感情和走中国特色社会主义道路的坚定信念。讲的大多是自己的亲身经历，说的都是肺腑之言，谈得非常好。我听了很受感动，深受启发。

再过几天，中国共产党就将迎来百年华诞。100年来，我们党始终站在时代潮流最前列、站在攻坚克难最前沿，紧紧依靠和团结全国各族人民，励精图治，艰苦奋斗，实现了民族独立和人民解放，确立了社会主义基本制度，开创了中国特色社会主义伟大事业。尤其是党的十八大以来，在以习近平同志为核心的党中央坚强领导下，党和国家事业发生历史性变革、取得历史性成就，中国特色社会主义进入新时代。中国共产党百年历史就是一部中国共产党人与各民主党派、无党派人士肝胆相照、携手前进的同心奋斗史，是中国共产党领导的爱国统一战线和多党合作不断巩固、蓬勃发展的历史。历史充分证明，没有中国共产党就没有新中国，就没有中国特色社会主义；中国共产党是中国特色社会主义事业的坚强领导核心，是实现中华民族伟大复兴的坚强领导核心。

与党的成长和发展历程休戚相关，我校统一战线也在发展中逐步壮大，在开拓中不断进取。办学60多年来，中国科大统战组织团结广大成员，高举爱国主义、社会主义伟大旗帜，牢牢把握大团结大联合的主题，围绕中心，服务大局，巩固和发展了最广泛的爱国统一战线，为学校事业发展做出了积极贡献。今天，学校统一战线召开纪念中国共产党成立100周年座谈会，就是要在回顾党的辉煌历程中坚定理想信念，在总结成功经验中把握发展规律，在展望美好未来中肩负历史使命，不断把统一战线事业推向前进。

下面，我就进一步加强学校统一战线事业，讲三点意见，与大家一起探讨。

第一，广大统一战线成员要深刻认识中国共产党的伟大历史贡献，毫不动摇地坚持中国共产党的领导，坚定不移地走中国特色社会主义道路。百年历史波澜壮阔，百年初心历久弥坚，百年成就催人奋进。全校统一战线要以庆祝中国共产党成立100周年为契机，重温与中国共产党团结合作、同舟共济的光辉历史，深刻认识中国共产党的伟大历史贡献，认真学习习近平新时代中国特色社会主义思想，深入开展中共党史学习教育，系统学习新中国史、改革开放史、社会主义发展史和多党合作史，做到学史明理、学史增信、学史崇德、学史力行；组织开展各种形式的纪念活动，深化“不忘合作初心，继续携手前进”主题教育成果，引领广大统战成员增强“四个意识”、坚定“四个自信”、做到“两个维护”，进一步增进对中国共产党和中国特色社会主义的政治认同、思想认同、理论认同、情感认同，坚持以党为师、以史为鉴，不断巩固共同团结奋斗的思想政治基础。

第二，要继续弘扬优良传统，坚守合作初心，推动新时代统一战线和多党合作事业蓬勃发展。坚持中国共产党的领导，这是历史的选择、人民的选择，是各民主党派、无党派自觉自愿的政治选择。经历血与火的洗礼，经受历史风雨的考验，中国共产党领导的多党合作和政治协商制度显示出独特的政治优势和强大的生命力。党的十八大以来，以习近平同志为核心的党中央，加强对多党合作事业的全面领导，作出一系列重大决策部署；党的十九大把坚持和完善中国共产党领导的多党合作和政治协商制度纳入党的基本方略。今年年初，习近平总书记在同党外人士共迎新春时指出，各民主党派和无党派人士要结合庆祝中国共产党成立 100 周年，全面回顾同中国共产党团结合作的奋斗历程，发扬光荣传统，坚守合作初心，加强自身建设。学校统一战线要充分发挥历史作为优良传统最丰富、最生动的教材作用，教育引导广大成员传承老一辈与中国共产党风雨同舟、肝胆相照的信念，坚守初心使命，坚定不移听党话，矢志不渝跟党走，始终与中国共产党同心同向，同向同行，推动新时代统一战线和多党合作事业再上新台阶。

第三，要充分发挥人才荟萃、智力密集优势，自觉肩负起历史赋予的科技创新重任，为实现科技自立自强贡献智慧和力量。党的十九大确立了到 2035 年跻身创新型国家前列的战略目标，党的十九届五中全会提出了坚持创新在我国现代化建设全局中的核心地位，把科技自立自强作为国家发展的战略支撑。习近平总书记在 5 月 28 日的“两院”院士大会、中国科协第十次全国代表大会上强调，创新不问出身，英雄不论出处。要改革重大科技项目立项和组织管理方式，实行“揭榜挂帅”“赛马”等制度。他指出，要让那些想干事、能干事、干成事的科技领军人才挂帅出征，要让有真才实学的科技人员英雄有用武之地！学校统一战线要充分发挥智力密集的人才优势，广泛团结凝聚统战成员心怀“国之大者”，立志做“大先生”，自觉肩负起历史赋予的重任，勇做新时代科技创新的排头兵，立足本职岗位，潜心立德树人，执着攻关创新，敢于“揭榜挂帅”，切实把“卡脖子”清单变成科研任务清单。支持统战成员围绕创新驱动的重大问题及科技创新的关键问题开展调研，争取在更高层面、更开放的视野上思考并提出具有前瞻性、科学性和可操作性的意见建议，在聚焦国家战略需要和学校改革发展中发挥重要作用。

各位老师、同志们，今年是中国共产党成立 100 周年，是开启全面建设社会主义现代化国家新征程的第一年，是“十四五”规划开局之年。站在“两个百年”重要历史交汇点，学校统一战线要立足新发展阶段，贯彻新发展理念，服务构建新发展格局，认真学习贯彻《中国共产党统一战线工作条例》，坚持守正创新，着力加强思想政治引领，着力服务中心大局，不断推动新时代统战工作高质量发展，扎实推进“双一流”大学建设，以优异成绩庆祝中国共产党成立 100 周年。

谢谢大家！

弘扬伟大建党精神坚守“为党育人、为国育才”初心使命以一流党建引领一流大学建设

——在中国科大庆祝中国共产党成立100周年暨七一表彰大会上的讲话

党委书记　舒歌群

老师们、同学们、同志们：

今天，我们隆重集会，热烈庆祝中国共产党成立100周年，学习贯彻习近平总书记在庆祝中国共产党成立100周年大会上的重要讲话精神，并颁发“光荣在党50年”纪念章，表彰优秀共产党员、优秀党务工作者和先进基层党组织，激励全校党员干部和师生员工立足“两个大局”，心怀“国之大者”，坚守“为党育人、为国育才”的初心使命，培养堪当民族复兴重任的时代新人，为办出中国特色、科大风格的世界一流大学不懈奋斗。

“七一”是党的生日，也是全体中国共产党党员的共同节日。在此，我代表校党委，向全校广大党员同志致以节日的问候！向获得光荣在党50年纪念章的老党员致以崇高的敬意！向受到表彰的优秀共产党员、优秀党务工作者和先进基层党组织表示诚挚的祝贺！

今天上午，习近平总书记在庆祝中国共产党成立100周年大会上发表了重要讲话，回顾了中国共产党百年奋斗的光辉历程，以史为鉴、开创未来，展望了中华民族伟大复兴的光明前景。庄严宣告“我们实现了第一个百年奋斗目标，在中华大地上全面建成了小康社会，历史性地解决了绝对贫困问题，正在意气风发向着全面建成社会主义现代化强国的第二个百年奋斗目标迈进”。

百年征程波澜壮阔，百年初心历久弥坚。从上海石库门到嘉兴南湖，一艘小小红船承载着人民的重托、民族的希望，越过急流险滩，穿过惊涛骇浪，成为领航中国行稳致远的巍巍巨轮。一代又一代中国共产党人，满怀赤子之心，顽强拼搏、接续奋斗，历经无数艰难曲折，取得举世瞩目的巨大成就，造就中华民族发展史和人类文明进步史上的奇迹！一百年来，中国共产党团结带领中国人民进行的一切奋斗、一切牺牲、一切创造，归结起来就是一个主题：实现中华民族伟大复兴。

我相信，每一位党员都为党和国家的辉煌成就感到由衷的自豪，为中华民族伟大复兴的光明前景感到无比的振奋。作为一名共产党员，我们感到无上的光荣和骄傲，让我们用热烈的掌声，把真挚的祝福献给伟大的中国共产党，祝生日快乐、永远风华正茂！

老师们、同学们、同志们！

习近平总书记指出，“我们要建设的世界一流大学是中国特色社会主义的一流大学，我们社会主义教育就是要培养德智体美劳全面发展的社会主义建设者和接班人”。

中国科大是我党为“两弹一星”事业而创办的一所红色大学，建校六十多年来，校党委始终坚持“为党育人、为国育才”，与祖国共进、与时代同行。

1956年，党中央发出“向科学进军”的号召，经过短短数月的筹备，1958年9月20日中

国科大成立暨开学典礼隆重举行，聂荣臻元帅作了题为《把中国科学技术大学办成一所共产主义的新型大学》的报告。学校第一次党代会就提出要“加强党的领导，紧密团结全校党员和师生员工，贯彻党的教育方针，提高教育质量，争取三年打好基础、五年成型，为把学校建成一所共产主义大学而努力奋斗”。校党委紧紧围绕以“两弹一星”为核心的国家战略需求，设立了13个系41个专业，创造性地把理科与工科即前沿科学与高新技术相结合，汇集了严济慈、华罗庚、钱学森、赵忠尧、郭永怀、赵九章、贝时璋等一批国内最有声望的科学家，建校第二年即被列为全国首批重点高校。

1970年，学校南迁合肥，开始了二次创业的征程。1978年，我们迎来了“科学的春天”，校党委带领全校师生员工锐意改革、大胆创新，在全国率先创办少年班、首建研究生院、建设国家大科学工程、面向世界开放办学等，学校成为高等教育改革的先行者和排头兵。步入新世纪以来，校党委积极响应“科教兴国”“人才强国”战略，紧紧抓住“985工程”、“211工程”、知识创新工程等重大发展机遇，深化教育教学改革，推进与中国科学院院属科研院所的全面合作，不断开创一流研究型大学建设新局面。2017年9月，学校入选全国首批世界一流大学和世界一流学科建设高校。

建校60多年来，校党委坚持“红专并进、理实交融”的校训，敢为人先，锐意进取，培养了大批德才兼备的优秀人才，取得了一系列举世瞩目的科研成果，为党和国家事业发展作出了重要贡献。60多年来，校党委领导学校取得的一切成绩，都离不开全体党员干部和师生员工的辛勤付出。在这里，我代表校党委，向各个时期为学校发展作出贡献的党员同志们致以崇高的敬意，向全校师生员工表示衷心的感谢！

老师们、同学们、同志们！

习近平总书记三次考察我校，多次对学校的工作给予了充分肯定，并殷切期望学校“瞄准世界科技前沿，立足国内重大需求，潜心立德树人，执着攻关创新，在基础性、战略性工作上多下功夫，努力办出中国特色世界一流大学，为培养德智体美劳全面发展的社会主义建设者和接班人，为建设创新型国家、建设世界科技强国作出新的更大的贡献”，这为学校的事业发展指明了前进方向，提供了根本遵循。

近年来，校党委以习近平新时代中国特色社会主义思想为指导，全面贯彻落实党的教育方针，贯彻落实习近平总书记关于中国科大系列重要指示精神，切实担负起管党治党、办学治校主体责任，学校党的建设和各项事业蓬勃发展，中国特色、世界一流大学建设取得可喜成绩。

——党的领导成为学校改革发展的“定海神针”。校党委切实履行管党治党、办学治校主体责任，牢牢把握社会主义办学方向，坚持和完善党委领导下的校长负责制，使党的领导覆盖办学治校各领域、贯穿改革发展各环节、融入人才培养各方面。始终把党的政治建设摆在首位，牢牢把握意识形态工作领导权、管理权、话语权，坚持和巩固马克思主义指导地位。紧扣习近平总书记提出的“潜心立德树人、执着攻关创新”两大核心任务，以一流党建引领一流大学建设，综合办学实力显著提升，“十三五”圆满收官，积极谋划“十四五”发展。2021年1月，首批全国党建工作示范高校建设顺利通过教育部验收。

——基层党组织屡获殊荣。校党委落实新时代党的组织路线，扎实开展党建“双创”，2

个党组织入选全国和安徽省党建工作标杆院系，5 个党组织入选全国和安徽省党建工作样板支部，2 个党组织入选首批全国高校“双带头人”教师党支部书记工作室。充分发挥“两个作用”，涌现出一批先进集体和个人，获得 2 项集体、2 名个人抗击疫情国家级表彰。在 6 月 28 日举行的全国“两优一先”表彰大会上，合肥微尺度物质科学国家研究中心党委荣获全国先进基层党组织。此外，附属第一医院神经内科第一党支部、中科院材料力学行为和设计重点实验室教工党支部荣获安徽省高校先进基层党组织，陈宇翱、陈小平两位同志获得安徽省优秀共产党员和安徽省高校优秀共产党员荣誉称号。在此，向他们表示热烈的祝贺！

——潜心立德树人持续深入。校党委贯彻落实“四个服务”要求，深化“三全育人”综合改革，深入实施“一流本科教育质量提升计划”行动纲领、研究生教育“德创”领军人才培养计划，大力培养德智体美劳全面发展的“六有”大学生。紧紧围绕国家战略需求，增强学科设置针对性，大力推进科大“新工科”“新医学”和特色文科建设，加大基础学科人才和紧缺人才培养力度。今年 5 月，学校成为首批建设未来技术学院的 12 所高校之一。

——执着攻关创新提速增效。校党委坚持“四个面向”，努力打造国家战略科技力量，集全校之力支持国家实验室建设，推动国家重点实验室体系重组，积极争取建设基础学科研究中心。制定《关于加强执着攻关创新工作的指导性意见》，引导科研人员在基础性和战略性工作上多下功夫，在推动科技自立自强方面不断取得新突破。在今年“两院”院士大会上，习近平总书记提到的重大科技成果中，我校牵头四项、参与四项，展现了中国科大攻关创新的硬核力量。

——全面从严治党向纵深发展。认真履行党委主体责任和纪委监督责任，扎实开展五轮校内巡察工作。坚持每年开展巡视整改落实情况“再总结”工作，持续巩固巡视整改成果。严格落实党风廉政建设和反腐倡廉责任制，与各级领导干部、业务骨干签订新一轮个性化责任书，督促领导干部切实落实“一岗双责”，将党风廉政建设与业务工作同部署、同落实、同检查、同考核。认真贯彻落实中央八项规定及其实施细则精神，锲而不舍反对“四风”，营造了风清气正的良好办学环境。

老师们、同学们、同志们！

雄关漫道真如铁，而今迈步从头越。今年 4 月 19 日，习近平总书记到清华大学考察时强调，我国高等教育要立足“两个大局”、心怀“国之大者”，敢于担当，善于作为，为服务国家富强、民族复兴、人民幸福贡献力量。5 月 28 日，习近平总书记在“两院”院士大会上的重要讲话中指出，广大科技工作者要以与时俱进的精神、革故鼎新的勇气、坚忍不拔的定力，面向世界科技前沿、面向经济主战场、面向国家重大需求、面向人民生命健康，把握大势、抢占先机，直面问题、迎难而上，肩负起时代赋予的重任，努力实现高水平科技自立自强！今天上午，习近平总书记在讲话中提出，未来属于青年，希望寄予青年，新时代的中国青年要以实现中华民族伟大复兴为己任，增强做中国人的志气、骨气、底气，不负时代，不负韶华，不负党和人民的殷切期望！中国科大被视为“英才之摇篮、创新之重镇”，重任在肩、使命光荣。

百年大计，教育为本。随着全面建设社会主义现代化强国新征程开启，党和国家事业发展对高等教育的需要，对科学知识和优秀人才的需要，比以往任何时候都更为迫切。作为高水平研究型大学，中国科大承担着发展科技第一生产力、培养人才第一资源、增强创新第一动力的重大历史使命，要努力成为基础研究的主力军和重大科技突破的生力军。我们必须保持强烈的忧患意识，做好充分的思想准备和工作准备。

一是坚定社会主义办学方向，把党的政治建设摆在首位。要旗帜鲜明讲政治，以习近平新时代中国特色社会主义思想为指导，全面贯彻党的教育方针，坚持和巩固马克思主义指导地位，统筹谋划好学校 2035 年远景目标，高质量完成“十四五”规划编制。校党委要切实履行好管党治党、办学治校主体责任，深入落实《中国共产党普通高校基层组织工作条例》，充分发挥把方向、管大局、作决策、抓班子、带队伍、保落实的领导作用。各级党组织要认真落实《党委意识形态工作责任制实施细则》，形成完善的责任体系和制度体系，确保意识形态工作全覆盖、无盲区。

二是坚定贯彻落实新时代党的组织路线，不断提升基层党建质量水平。要以提升组织力为重点，突出政治功能，全面加强党的建设。巩固深化全国党建工作示范高校培育创建成果，努力形成一批党建工作品牌。积极推进“基层组织提升年”活动和“四强”党支部创建工作。加大力度做好党员发展工作，不断优化结构、提升质量。推动党建与中心工作深度融合，全面提升基层党建工作水平。加强高素质干部队伍建设，进一步提升干事创业能力，建设政治过硬、领导现代化建设能力强的干部队伍。

三是坚定围绕“潜心立德树人、执着攻关创新”核心任务，加快“双一流”建设。要把立德树人成效作为检验学校一切工作的根本标准，贯彻落实《深化新时代教育评价改革总体方案》，围绕建设高质量教育体系，以教育评价改革为牵引，统筹推进育人方式、办学模式、管理体制、保障机制改革，进一步加强教育改革的系统性、整体性、协同性，持续向改革要动力，更加尊重教育规律和人才成长规律，坚决破除“五唯”顽瘴痼疾，推动教育理念、教育评价、教育管理等不断完善。

要自觉履行高水平科技自立自强的使命担当，强化国家战略科技力量，加强对卓越科技创新体系的顶层设计，以组建国家实验室、重组国家重点实验室为契机，以“四个面向”中的重大科学问题和关键核心技术为导向，打破院系和学科壁垒，打造面向国家重大战略需求的国家级科研平台，产出更多能够真正解决“卡脖子”问题的理论和技术突破。

要坚持党管人才、引育并重，尊重人才成长规律和科研活动自身规律，加大对“科大新医学”“新工科”“特色文科”等领域急需人才的引进力度，精准支持青年人才成长，培养造就一批具有国际水平的战略科技人才、科技领军人才、创新团队，做到人尽其才、才尽其用。

老师们、同学们、同志们！

习近平总书记在庆祝中国共产党成立 100 周年大会上指出：“一百年前，中国共产党的先驱们创建了中国共产党，形成了坚持真理、坚守理想，践行初心、担当使命，不怕牺牲、英勇斗争，对党忠诚、不负人民的伟大建党精神，这是中国共产党的精神之源。”

今年党史学习教育开展以来，校党委高度重视、周密部署、紧抓落实，突出“学党史、悟思想、办实事、开新局”，广大党员干部在党史学习教育中传承科大红色基因，赓续科大精神谱系，从党的光辉历史中汲取奋进新时代的力量，切实将党和国家事业对科学知识和优秀人才的迫切需要变成坚定自觉的实际行动，努力办出中国特色、科大风格的世界一流大学。

心有所信，方能行远！现在，中国共产党团结带领中国人民又踏上了实现第二个百年奋斗目标新的赶考之路。习近平总书记号召全体党员，“牢记初心使命，坚定理想信念，践行党的宗旨，永远保持同人民群众的血肉联系，始终同人民想在一起、干在一起，风雨同舟、同甘共苦，继续为实现人民对美好生活的向往不懈努力，努力为党和人民争取更大光荣！”我们全体党员，要坚决响应党中央号召，铭记奋斗历程、担当历史使命，弘扬伟大建党精神，以史为鉴、开创未来！

同志们，为了更好地深入学习贯彻习近平总书记在庆祝中国共产党成立100周年大会上的重要讲话精神，在此，我代表学校党委提几点希望和要求。

一是进一步提高政治站位，深刻领会习近平总书记重要讲话精神的丰富内涵和重大意义。习近平总书记在庆祝中国共产党成立100周年大会上的重要讲话高屋建瓴、视野宏阔，内涵丰富、思想深刻，通篇闪耀着马克思主义真理光芒，是党在第二个百年开启新征程、引领新航向、续写新篇章的政治宣言和行动纲领。全校上下要把学习贯彻落实习近平总书记在庆祝中国共产党成立100周年大会上的重要讲话精神，作为当前和今后一个时期的首要政治任务，坚持在学懂弄通做实上下功夫，不断提高政治判断力、政治领悟力、政治执行力，增强“四个意识”、坚定“四个自信”、做到“两个维护”。

二是进一步加强组织领导，迅速兴起学习贯彻习近平总书记重要讲话精神的热潮。全校各级党组织要以高度的政治责任感，加强组织领导，落实工作责任，抓紧抓实，确保成效。要将习近平总书记重要讲话作为党委会、党委理论学习中心组学习、干部培训的重要内容，组织开展“大学习、大讨论”，通过座谈会、“三会一课”、党团日活动等多种形式，做到及时跟进学、原原本本学、联系实际学。要把习近平总书记重要讲话作为党史学习教育的重要内容，纳入党史学习教育的总体安排，以习近平总书记重要讲话精神为指引，增强“干实事”“解难事”“谋大事”“创新事”“长本事”的思想自觉和行动自觉。

三是进一步统一思想认识，对标对表习近平总书记重要讲话精神，理思路、定目标、谋发展。习近平总书记在庆祝中国共产党成立100周年大会上的重要讲话精神，为我们抢抓机遇、乘势而上，加快推进中国特色、科大风格世界一流大学建设明确了发展方向、提供了思想武器、注入了强大动力。全校师生党员要努力做到学思用贯通、知信行统一，筑牢信仰之基、补足精神之钙、把稳思想之舵，更加紧密地团结在以习近平同志为核心的党中央周围，把个人的理想追求融入党和国家的事业之中，在这个催人奋进的伟大时代中，为前无古人的伟大事业不懈奋斗。

四是进一步抓牢中心工作，用习近平总书记重要讲话精神指导实践，以一流党建引领一流大学建设。我们要把贯彻落实习近平总书记在庆祝中国共产党成立100周年大会上的重要讲话精神，与学习贯彻习近平总书记在清华大学考察、在“两院”院士大会上的重要讲话精神相结合，与落实习近平总书记关于中国科大系列重要指示精神相结合，与落实“潜心立德树人、执着攻关创新”两大核心任务相结合，与落实“人才强校”主战略相结合，立足“两个大局”，心怀“国之大者”，坚守“为党育人、为国育才”的初心使命，以一流党建引领一流大学建设，在“办实事、开新局”上多下功夫，推动党史学习教育走深走实，为“十四五”开好局、起好步。要拿出勇气和干劲，创造属于我们自己的无愧于时代、无愧于人民、无愧于先辈的宏伟功绩，以实际行动为党的百年华诞增光添彩。

老师们、同学们、同志们！

风起百年成巨业，志立千秋启新局。让我们更加紧密地团结在以习近平同志为核心的党中央周围，坚持以习近平新时代中国特色社会主义思想为指导，弘扬伟大建党精神，不忘初心、牢记使命，为党育人、为国育才，努力办出中国特色、科大风格的世界一流大学，为实现全面建成社会主义现代化强国的目标、为实现中华民族伟大复兴的中国梦，作出新的更大的贡献！

谢谢大家！

在中央第二巡视组巡视中国科学技术大学党委情况反馈会议上的表态发言

党委书记 舒歌群

同志们：

根据中央统一安排，5 月 9 日至 7 月 5 日期间，中央第二巡视组对我校党委开展巡视。此次巡视充分体现了以习近平同志为核心的党中央对学校事业发展的重视和关心，也是对我们的鞭策和鼓舞，更是对我校各级党组织和党员干部的政治体检和党性洗礼。两个月期间，王新哲组长带领巡视组的同志们工作认真负责、实事求是，与我们一起重温习近平总书记考察中国科大系列重要指示精神，深入一线监督检查贯彻落实情况；与院士、学科带头人进行座谈交流，充分听取师生员工意见建议，与学校党委“同题共答、同向发力”，为推动学校事业发展和加强党的建设付出了很大努力，我们深受触动、深受教育。在此，我代表校党委对中央第二巡视组的两个月辛勤工作表示衷心感谢！

9 月 2 日，十九届中央第七轮巡视集中反馈会议传达了习近平总书记关于巡视工作重要指示和听取汇报时的重要讲话精神，指出了这次巡视所发现的一些共性问题和深层次问题，在加强党的建设、落实立德树人根本任务、执行党委领导下的校长负责制、做好新时代意识形态工作、从严管党治校、加强班子队伍和基层党组织建设等方面还有不足。习近平总书记指出，政治巡视反映的问题要从政治上解决，要严肃反馈巡视发现的问题，压实整改主体责任，高校党委要把整改作为管党治校的有力抓手，坚持全面整改、突出重点，切实解决问题。要以整改为契机，坚持和加强党对高校的全面领导，以巡促改、以巡促建、以巡促治，推动新时代高等教育高质量发展。习近平总书记关于巡视工作重要指示和听取汇报时的重要讲话精神，思想深邃、内涵丰富，充分体现了以习近平同志为核心的党中央坚持全面从严治党的鲜明立场和坚定决心，以及对高校切实加强党的全面领导，加强党建和思想政治工作的高度重视。

刚才，王新哲组长代表中央第二巡视组向我们反馈了巡视意见，既充分肯定了近年来学校工作成效，又实事求是、一针见血指出了学校当前事业发展中存在的突出问题，并提出了针对性很强的整改要求，校党委诚恳接受、照单全收、坚决整改。要深入学习领会习近平总书记关于巡视工作重要论述和听取汇报时的重要讲话精神，增强“四个意识”、坚定“四个自信”、做到“两个维护”，不断提高政治判断力、政治领悟力、政治执行力，以对党负责、对学校事业发展负责、对全体师生员工负责的态度，把巡视整改作为当前和今后一个时期的重要政治任务抓紧抓好抓实。

一、坚决贯彻落实习近平总书记关于巡视工作重要论述和听取汇报时的重要讲话精神，提高政治站位，进一步增强巡视整改工作的责任感、使命感

习近平总书记指出，巡视发现问题的目的是解决问题，发现问题不解决，比不巡视的效果还坏，做好巡视“后半篇文章”关键要在整改上发力。为期两个月的巡视是“政治体检”，接下来的巡视整改则是“政治大考”，这张考卷只有“必答题”。要把巡视整改工作作为对党忠诚的重要体现和“试金石”，一定要认真作答，必须答好。

按照习近平总书记提出的“政治巡视反映的问题要从政治上解决”的要求，切实在坚持政治立场上下功夫、在提高政治站位上下功夫、在增强政治能力上下功夫、在强化政治责任上下功夫，要坚决担负起巡视整改的使命。坚持以习近平新时代中国特色社会主义思想为指导，在“两个维护”上做表率，坚决把党中央的要求落实到履行职责使命上来。中国科大作为党中央为“两弹一星”事业而创办的一所红色大学，“科教报国、追求卓越”是科大人的初心使命。要提高政治站位，深入学习领会习近平总书记“七一”重要讲话，以及在“两院”院士大会中国科协十大上、考察清华大学时重要讲话等精神，重温习近平总书记关于中国科大系列重要指示精神，立足“两个大局”深刻领会新时代新阶段中国科大所肩负的职责使命。必须传承“两弹一星”精神和老一辈科学家精神，切实担负起为党育人为国育才的使命，想国家之所想、急国家之所急、应国家之所需，潜心立德树人、执着攻关创新，努力打造国家战略科技力量，践行高水平科技自立自强使命担当，把红旗插上科学的高峰，决不辜负习近平总书记的嘱托和期望。

要以习近平总书记关于巡视工作重要论述和听取汇报时的重要讲话精神为遵循，进一步增强巡视整改工作的责任感、使命感，坚决把党中央的要求落实到推动学校事业高质量发展上来。要深刻领会巡视整改对促进学校发展的重要意义，把巡视整改的过程，变成全面查找问题、深入剖析问题、不断解决问题的过程，变成推动改革、促进发展的过程。要心系“国家事”、肩扛“国家责”，明晰学校的职责使命，紧扣时代脉搏，心怀“国之大者”，把党和国家事业对科学知识和优秀人才的迫切需要变成坚定自觉的实际行动，敢于担当、善于作为，用更大的贡献成就一流大学建设的新高度。要认真检视巡视发现的差距和不足，深化学校综合改革，以治理体系和治理能力的提升，破解制约学校发展难题，推动学校事业迈上新台阶。

二、坚决扛起主体责任，勇于直面问题，敢于动真碰硬，全力推动巡视整改工作取得实效

此次中央巡视，紧扣贯彻党的教育方针、坚持社会主义办学方向、落实立德树人根本任务、落实全面从严治党要求、贯彻新时代党的组织路线等方面，深入查找和推动解决制约影响高等教育高质量发展的主要矛盾、深层次问题。对于这些在政治“显微镜”、政治“探照灯”下发现的“病灶”，一定要以刀刃向内的勇气，直面问题、深挖根源，在抓整改落实上见真章、动真格、求实效。

校党委坚决扛起巡视整改主体责任，作为党委书记，我将坚决扛起“第一责任人”责任，带领学校党政领导班子成员履行“一岗双责”,抓好分管、联系单位的巡视整改工作。校党委将成立巡视整改工作领导小组,加强对巡视整改工作的组织领导,把抓整改融入日常工作、融入深化改革、融入全面从严治党、融入班子队伍建设。认真对照巡视反馈意见,围绕巡视反馈的问题和整改意见建议,逐条逐项梳理分解,明确问题清单、任务清单、责任清单,迅速制定整改落实方案。校党委将以上率下,层层压紧压实整改责任,对整改工作倒排工期、挂图作战,建立整改台账,及时跟踪掌握和督导推动整改落实情况。各单位要结合整改任务,细化工作举措,责任落实到人,着力推动各项整改措施“实打实”“硬碰硬”落地见效,将高标准严要求贯穿巡视整改始终,以实实在在的整改成效体现政治担当。

要聚焦贯彻落实习近平总书记关于教育工作重要论述和对中国科大重要指示、贺信精神存在的差距不足,抓好整改落实。对标对表习近平总书记重要指示批示精神,扎实推进“潜心立德树人、执着攻关创新”两大核心任务,定期开展贯彻落实习近平总书记考察中国科大重要指示精神情况督促检查,确保各项任务落到实处。积极谋划新一轮“双一流”建设,统筹规划学科建设,加快基础学科“率先一流”建设,努力办好少年班,推进科大“新医学”“新工科”“特色文科”发展,固优势、补短板、强弱项。

要聚焦落实立德树人根本任务存在的差距不足,抓好整改落实。深化“三全育人”综合改革,加强学生理想信念教育,加快构建学校思想政治工作体系。做好马克思主义学院建设,配齐建强思政课教师队伍。深化思想政治理论课改革创新,全面推动习近平新时代中国特色社会主义思想进教材进课堂进学生头脑。深入实施“一流本科教育质量提升计划”行动纲领、研究生教育“德创”领军人才培养计划,加强教材体系建设,大力培养德智体美劳全面发展的“六有”大学生。

要聚焦“国之大者”、服务国家重大发展战略存在的差距不足,抓好整改落实。坚持“四个面向”,执着攻关创新,在基础性、战略性工作上多下功夫,全面参与国家实验室、合肥综合性国家科学中心建设,积极参与国家重点实验室体系重组、基础学科研究中心建设,加大重大科技基础设施和交叉前沿平台建设,努力形成特色鲜明的卓越科技创新体系,打造高水平科技自立自强的国家战略力量。主动融入长三角一体化发展国家战略,积极参与“科大硅谷”建设,形成“立足合肥、覆盖安徽、辐射全国”的科技成果转移转化体系,推动科技成果向现实生产力转化。

要聚焦加强党对学校的全面领导、落实党委领导下的校长负责制方面存在的差距不足,抓好整改落实。党委领导下的校长负责制是党对高校全面领导的根本制度,必须毫不动摇、长期坚持和完善党委领导下的校长负责制。认真贯彻民主集中制,完善党委常委会会议、校长工作会议等议事决策规则,健全学校重大事项决策机制,把党的领导贯穿学校工作的各个环节。落实《中国共产党普通高等学校基层组织工作条例》,督促指导院级党组织充分发挥政治功能。依法修订具有科大特色的大学章程,完善学校规章制度体系,推进学校治理体系和治理能力现代化。

要聚焦做好新时代意识形态工作存在的差距不足,抓好整改落实。高校是意识形态工作的前沿阵地,意识形态工作涉及国家政治安全。坚持和加强党对意识形态工作的全面领导,按照“一岗双责、党政同责”的要求,认真落实各级领导班子和领导干部的意识形态工作责任,加强意识形态阵地建设和管理,做到守土有责、守土负责、守土尽责。完善网络安全和信息化制度体系，着力加强对校园网站、新媒体等网络意识形态阵地管理，积极防范化解重大风险。打造爱国主义教育体系，总结老一辈科学家科教报国、无私奉献的先进事迹，充分利用学校的红色资源，讲好“科大故事”。

要聚焦全面从严治党存在的差距不足，抓好整改落实。坚决落实全面从严治党“两个责任”，加强“一把手”和领导班子的监督，做好附属医院、异地办学机构等重点领域的廉洁风险防控和问题严肃整改。不断完善校内巡察制度体系，探索构建巡视巡察上下联动的工作格局。扎实推进作风建设，对违反中央八项规定精神和形式主义、官僚主义的突出问题，紧盯不放、举一反三，建立长效机制。结合党史学习教育，开展“我为师生办实事”实践活动，解决好师生员工的“急难愁盼”问题。

要聚焦贯彻落实新时代党的组织路线存在的差距不足，抓好整改落实。巩固深化全国党建工作示范高校培育创建成果，落实党建工作责任制，持续开展党建“双创”工作，积极开展“基层组织提升年”活动和“四强”党支部创建工作，加大力度在本科生、优秀人才中做好发展党员工作，构建高质量的党建工作体系。加强领导班子和高素质干部队伍建设，完善科学精准的选人用人机制，加大优秀年轻干部选拔力度，提升干事创业能力。创新人才工作体制机制，统筹各类人才队伍建设，教育引导教师成为“大先生”，做学生为学、为事、为人的示范。

三、坚决充分运用巡视整改成果，以巡促改、以巡促建、以巡促治，推动学校高质量发展，为努力办出中国特色、科大风格的世界一流大学开新局、立新功

当前，国家即将启动新一轮“双一流”建设，学校的发展正处于一个关键期。校党委将以巡视整改为契机，把巡视整改同开展党史学习教育相结合，同贯彻落实习近平总书记“七一”重要讲话精神相结合，同谋划学校“十四五”发展、推动新一轮“双一流”建设相结合，扎实做好巡视“后半篇文章”，切实将巡视整改成效转化为推动学校事业发展的强劲动力，推动中国特色、科大风格的世界一流大学建设开新局、立新功。

要通过巡视整改，实现党对学校的全面领导更加牢固。坚持和完善党委领导下的校长负责制，充分发挥校党委把方向、管大局、作决策、抓班子、带队伍、保落实的领导作用，推动党建工作与学校事业发展深度融合，把政治标准和要求内化到党的建设和改革发展中，落实到各个岗位职责里，体现在日常实际行动上，坚决将党的教育方针和党中央关于高校的决策部署落到实处。

要通过巡视整改，实现党的建设更加有力。落实《中国共产党普通高等学校基层组织工作条例》，扎实开展“红专工程”，全面提升党组织的组织力，把基层党组织建设成为宣传党的主张、贯彻党的决定、领导基层治理、团结动员群众、推动改革发展的坚强战斗堡垒，为创建世界一流大学、培养德智体美劳全面发展的社会主义建设者和接班人提供坚强组织保证。

要通过巡视整改，实现意识形态阵地更加巩固。牢牢把握意识形态工作领导权、管理权、话语权，认真落实党委意识形态工作责任制，党委书记、校长带头抓意识形态工作，形成完善的责任体系和制度体系，筑牢守稳意识形态阵地，确保意识形态工作全覆盖、无盲区，牢固树立马克思主义在意识形态领域的指导地位。

要通过巡视整改，实现履行职责使命更加执着。坚守“科教报国、追求卓越”的初心使命，扎实开展党史学习教育，教育引导党员干部、师生员工传承“两弹一星”精神和老一辈科学家精神，在潜心立德树人、培养一流人才中追求卓越，在执着攻关创新、实现高水平科技自立自强中勇挑重担，在深化改革、构建中国特色社会主义一流大学体系中奋楫争先。

要通过巡视整改，实现潜心立德树人更加坚定。牢牢抓住"坚持社会主义办学方向，落实立德树人，培养德智体美劳全面发展的社会主义建设者和接班人"的主责主业，深化教育教学改革，全面提升思想政治工作质量，大力培养担当民族复兴大任的时代新人。加强师德师风建设，努力打造政治素质过硬、业务能力精湛、育人水平高超的高素质教师队伍。

要通过巡视整改，实现执着攻关创新更加自觉。把服务国家作为最高追求，充分发挥"一流大学是基础研究的主力军和重大科技突破的策源地"作用，加强基础研究和科技创新，勇闯科研"无人区"，实现更多"从 0 到 1"的原始创新；组织科研人员"揭榜挂帅"，把"卡脖子"问题清单和国家重大需求变成科研目标任务，实现高水平科技自立自强，打造国家战略科技力量。加强产学研深度融合，大力推动科技成果转移转化，构建学校服务国家和区域经济发展新格局。

要通过巡视整改，实现深化改革更加深入。以深化新时代教育评价改革为牵引，把立德树人的成效作为检验学校一切工作的根本标准，统筹推进育人方式、办学模式、管理体制、保障机制等改革任务，建设高质量教育体系。坚持依法治校，把"当下改"与"长久立"相结合，加快形成以大学章程为核心，规范统一、分类科学、层次清晰、运行高效的制度体系，扎实推进学校治理体系和治理能力现代化。

要通过巡视整改，实现校园氛围更加清廉。压实全面从严治党"两个责任"，督促"一把手"和领导班子正确履责用权。持之以恒正风肃纪，加强重点领域的廉洁风险防控，举一反三、杜绝漏洞。坚决落实中央八项规定精神，持续整治"四风"，为学校事业发展营造风清气正的良好氛围。

同志们！

巡视整改是党中央交给我们的重大政治任务，我们一定按时高质量完成巡视整改。按照要求，坚决把自己摆进去、把职责摆进去、把工作摆进去，自觉为党担责、为党尽责、为党负责，主动认领责任，带头落实整改，一定真认账、真反思、真整改、真负责，以实实在在的巡视整改成效向党和人民交上一份满意的答卷！

在 2021 年全校警示教育大会上的讲话

党委书记　舒歌群

同志们：

在全校上下全力推动巡视整改工作走深走实之际，我们在这里召开 2021 年警示教育大会，这是学校党委贯彻落实习近平总书记关于全面从严治党的系列重要指示精神、"七一"重要讲话精神和在听取中央第七轮巡视情况汇报时的重要讲话精神，进一步加强党风廉政建设和反腐败斗争的关键举措，也是聚焦中央巡视反馈我校在全面从严治党存在的差距不足，抓好整改落实的重要内容。

党的十八大以来，反腐败斗争取得压倒性胜利并全面巩固，全面从严治党取得历史性、开创性成就，但形势依然严峻复杂。在庆祝中国共产党成立 100 周年大会上，习近平总书记强调，要“坚定不移推进党风廉政建设和反腐败斗争，坚决清除一切损害党的先进性和纯洁性的因素，清除一切侵蚀党的健康肌体的病毒，确保党不变质、不变色、不变味，确保党在新时代坚持和发展中国特色社会主义的历史进程中始终成为坚强领导核心！”

随着全面建设社会主义现代化国家新征程开启，高等教育事业改革发展在党的坚强领导下进入新阶段，国家对高等教育的投入持续增加，高校所面临的廉洁风险也在不断增大。刚才，毕金初同志和周丛照同志分别通报了违规违纪违法典型案例和师德失范典型案例，这些“身边人、身边事”无不警示我们，高校并不是廉洁净土。全面从严治党，高校不能例外，没有特殊，“象牙塔”更需要风清气正。下面，我就进一步推进学校党的政治建设、落实全面从严治党主体责任、充分发挥巡视巡察利剑作用、着力加强师德师风建设等方面提几点要求。

一、要把党的政治建设摆在首位，永葆对党忠诚的政治本色。

习近平总书记在十九届中央纪委五次全会上指出：“全面从严治党首先要从政治上看，不断提高政治判断力、政治领悟力、政治执行力。”旗帜鲜明讲政治，确保高校的社会主义办学方向，是新时代高校党的政治建设的核心内容。全校各级党组织和党员领导干部要深入学习贯彻习近平总书记重要讲话精神，坚持以习近平新时代中国特色社会主义思想为指导，全面贯彻党的十九大和十九届二中、三中、四中、五中全会精神，加强党性教育和党性锻炼，不断提升政治觉悟和政治能力，强化宗旨意识与担当意识，巩固马克思主义世界观、人生观和价值观，增强“四个意识”、坚定“四个自信”、做到“两个维护”。

全面从严治党是我们党自我革命的关键举措，是党领导社会革命的引领和保障。全面从严治党的成效，关乎党的生死存亡、关乎国家事业的成败兴衰、关乎人民幸福福祉、关乎中华民族前途命运。要深刻认识全面从严治党在破除阻碍改革发展的利益藩篱中的“先锋”作用，和坚守政治底线、化解政治风险、确保政治安全的“后盾”作用，深刻认识严肃党内政治生活、加强党内监督是每一个共产党员的责任和义务。全校党员领导干部要以案为鉴、吸取教训、深刻警醒，知敬畏、存戒惧、守底线，坚守理想信念，增强纪律意识和责任意识，敢于向错误思想言论亮剑，向师生身边的微腐败现象和不正之风亮剑，做新时代忠诚、干净、担当的共产党员。

二、要切实履行党风廉政建设的主体责任，抓好“牛鼻子”、种好“责任田”。

习近平总书记指出，抓好党风廉政建设和反腐败斗争，必须全党动手。各级党委对职责范围内的党风廉政建设负有全面领导责任，党委主要负责人是第一责任人。党委能否落实好主体责任直接关系党风廉政建设成效，而主体责任履行的成效，又取决于“第一责任人”是否真正做到“亲自抓、主动抓、具体抓、经常抓”，真正做到“管好自己、领好班子、带好队伍”。作为此次巡视整改的一项重要举措，学校党委正在制定《中共中国科学技术大学委员会贯彻落实〈中共中央关于加强对“一把手”和领导班子监督的意见〉的具体举措》，重点突出“5 个强化”，切实加强学校领导班子建设。

从中央巡视、校内巡查以及近期发现的一些问题来看，一些基层党组织管党治党“宽松软”的现象依然存在，落实全面从严治党部署不够有力，对苗头性、倾向性问题“早发现、早处理”仍有不足。各级党组织和党员领导干部要深刻认识到，主体责任是政治责任，是分内责任，更是全面责任。坚持“一岗双责”“党政同责”，既要抓好业务工作，又要加强对分管领域党风廉政建设的指导和监督，切实做到守土有责、守土尽责。要以敢于担当为根本，履行主体责任，讲党性、讲原则、讲正气，做到敢抓敢管、严抓严管，要把党的领导体现到日常管理监督当中，敢于较真、注重日常，抓早抓小、防微杜渐，体现出组织的严格要求和关心爱护，决不能在消极腐败现象面前当“老好人”，坐看自己的同志在错误的道路上越滑越远。

三、要充分发挥巡视巡察利剑作用，高质量完成中央巡视整改工作。

各单位要严格贯彻习近平总书记提出的“政治巡视反映的问题要从政治上解决”的要求，以刀刃向内的勇气，直面问题、深挖根源，在抓整改落实上见真章、动真格、求实效。认真落实巡视整改方案和任务清单，细化举措，责任到人，着力推动各项整改措施“实打实”“硬碰硬”落地见效，将高标准严要求贯穿巡视整改始终，以实实在在的整改成效体现政治担当。

要认真检视巡视发现的差距和不足，对标对表习近平总书记重要指示批示精神，扎实推进“潜心立德树人、执着攻关创新”两大核心任务。心怀“国之大者”，切实担负起为党育人为国育才的使命，想国家之所想、急国家之所急、应国家之所需，努力打造国家战略科技力量，践行高水平科技自立自强使命担当。

要以此次巡视整改为契机，持之以恒正风肃纪，加强异地办学机构、非学历教育、基础教育合作办学、校办企业以及附属医院等重点领域的廉洁风险防控，举一反三、杜绝漏洞。坚决落实中央八项规定精神，持续整治“四风”，为学校事业的发展营造风清气正的良好氛围。

现在巡视整改的三个月期限已经过半，据不完全统计，目前整改完成的任务还没有过半。各单位要以更加强烈的责任感和紧迫感，从严、从实、从速推进巡视整改工作。充分运用巡视整改成果，以巡促改、以巡促建、以巡促治，切实把整改的成效转化为推动学校事业发展的强劲动力。

四、要深入开展党史学习教育，大力弘扬老一辈科学家精神，加强师德师风建设，构建良好教育生态。

习近平总书记在党史学习教育动员大会上强调，要教育引导全党通过总结历史经验教训，着眼于解决党的建设的现实问题，不断提高党的领导水平和执政水平、增强拒腐防变和抵御风险能力。针对当前高校师德师风领域风险多发态势，我们要坚持不懈从党的伟大历史经验中汲取智慧和力量，向老一辈科学家们学习，努力成为大先生，做学生为学、为事、为人的示范，促进学生成长为全面发展的人。

要继续推进实施《关于加强和改进新时代师德师风建设的意见》，坚持思想铸魂、价值导向、党建引领，充分发挥课堂主渠道作用，守好课堂主阵地；进一步宣传师德师风模范人物典型事迹，引导广大教师以德立身、以德立学、以德施教，做新时代的“四有”好老师；要以对师德失范行为零容忍的态度，划红线、树底线、筑防线，对于违规违纪行为，严把执纪尺度，坚决做到发现一起、查处一起。

同志们，今年是“十四五”规划开局之年，也是新一轮“双一流”建设起步之年。我们要着力加强党的政治建设，深化中管高校纪检监察体制改革，推动全面从严治党党风廉政建设和反腐败斗争向纵深发展，以敢于斗争、敢于胜利的大无畏气概，坚决扫清阻碍学校高质量发展的风险和障碍。把中国科大加快建设成为中国特色科大风格的世界一流大学，为实现全面建成社会主义现代化强国的目标、实现中华民族伟大复兴的中国梦作出新的更大贡献！

谢谢大家！

在2021年全面从严治党暨党风廉政建设和反腐败工作会议上的讲话

党委书记　舒歌群

同志们：

今天，我们在这里隆重召开2021年全面从严治党暨党风廉政建设和反腐败工作会议，深入贯彻习近平总书记关于听取中央第七轮巡视综合情况汇报时的重要讲话精神，全面总结回顾本年度学校党风廉政建设和反腐败工作情况。

2021年是中国共产党成立100周年，是“十四五”规划开局之年，也是学校“双一流”建设迈向新征程的起步之年。过去一年里，学校坚持以习近平新时代中国特色社会主义思想为指导，切实担负起管党治党、办学治校主体责任，潜心立德树人，执着攻关创新，在基础性、战略性工作上多下功夫，党的建设和各项事业蓬勃发展，中国特色世界一流大学建设取得可喜的成绩。

但是，与党和国家对高等教育、对高校党建工作提出的新的更高要求相比，与学校实现高质量内涵式发展、党的建设迈上新台阶的迫切需求相比，学校全面从严治党工作还存在不小差距。主要表现在从政治上认识和抓好全面从严治党不够到位，党的政治建设融入办学治校各环节还存在不足；履行全面从严治党主体责任不够实，院级党组织发挥政治功能亟须强化；监督体系不够健全，各类监督贯通协调机制不完善；部分工作中形式主义、官僚主义问题依然存在，深入群众、关心群众、依靠群众的优良传统弘扬得不够。

全面从严治党永远在路上。习近平总书记强调：“党和人民事业发展到什么阶段，全面从严治党就要跟进到什么阶段，坚持严字当头，把严的要求贯穿管党治党全过程，以自我革命的政治勇气着力解决党内存在的突出问题，做到管党有方、治党有力、建党有效。”在新的征程上，我们要从党的百年奋斗历史中汲取前进力量，牢记打铁必须自身硬的道理，严格遵循党章，全面贯彻新时代党的建设总要求和新时代党的组织路线，弘扬伟大建党精神，以党的政治建设为统领，继续推进新时代党的建设新的伟大工程，全面落实党建工作责任制，把各级党组织建设得更加坚强、更加有力，营造风清气正的良好政治生态。

一是切实把忠诚践行“两个维护”作为根本政治要求。发自内心、表里如一、言行一致，坚决维护习近平总书记党中央的核心、全党的核心地位，坚决维护党中央权威和集中统一领导，不断提高政治判断力、政治领悟力、政治执行力。坚决贯彻落实习近平总书记重要指示批示精神和党中央决策部署，自觉对标对表，及时校准偏差，党中央提倡的坚决响应，党中央决定的坚决执行，党中央禁止的坚决不做。坚持把习近平总书记重要指示批示作为党内政治要件，健全贯彻党中央重大决策部署督查问责机制，不断完善保障“两个维护”的制度机制。

二是切实把党的政治建设摆在首位。建立健全坚持和加强党的全面领导的制度体系，把党的领导贯穿各项工作的全过程、各方面，必须始终在思想上政治上行动上同以习近平同志为核心的党中央保持高度一致。深入贯彻党内政治生活若干准则，认真执行民主集中制，坚决贯彻党委领导下的校长负责制，进一步完善党委常委会会议、校长工作会议议事规则和决策机制，做到讲政治、知敬畏、守规矩、守底线，坚决防止“七个有之”、做到“五个必须”。严明党的政治纪律和政治规矩，严格落实请示报告制度。加强党员干部政治能力训练和政治实践历练，提高把握方向、把握大势、把握全局的能力和辨别政治是非、保持政治定力、驾驭政治局面、防范政治风险的能力。

三是切实强化党的创新理论武装。一以贯之学懂弄通做实习近平新时代中国特色社会主义思想，确保理想信念更加坚定、党性修养更加过硬、政治忠诚更加纯洁。充分发挥党委理论学习中心组领学促学作用，加强党的创新理论研究阐释。高度重视思想政治教育，充分发挥思想政治课堂教学主渠道作用，持续推进课程思政建设，把习近平新时代中国特色社会主义思想进教材、进课堂、进头脑做深做实。深化党史学习教育，建立爱国主义教育体系，用足用好用活校史红色资源，大力传承弘扬“两弹一星”和“老一辈科学家精神”，坚守马克思主义信仰、共产主义远大理想、中国特色社会主义共同理想。

四是切实履行新时代党的组织路线。强化领导班子自身建设，增强担当作为意识，严肃党内政治生活，着力打造政治过硬、具备领导现代化建设能力、忠诚干净担当的领导班子。严格落实党管干部、党管人才原则。树立面向基层、突出实干的用人导向，选拔重用善谋划、重实干、肯担当、出实效的干部，以实绩论英雄、凭实绩用干部。研究落实新时代人才强国战略，强化人才引进的政治把关。加强师生党支部建设，强化政治吸纳和政治引领，充分发挥党员先锋模范作用，把基层党组织建成宣传党的主张、贯彻党的决定、领导基层治理、团结动员群众、推动改革发展的坚强战斗堡垒。

五是切实发扬党的优良传统，驰而不息加强作风建设。党的作风就是党的形象，关系人心向背，关系党的生死存亡。要以全面从严治党带动从严治校、从严治学。持之以恒贯彻执行中央八项规定及实施细则精神，毫不松懈纠治“四风”，持续巩固作风建设成果，坚决防止“四风”问题反弹回潮。要进一步为基层减负，警惕和遏制“指尖上的形式主义”。深入基层一线，坚持走好群众路线，深入推进“我为群众办实事”活动。通过校领导联系基层、院系党委委员联系基层党支部等方式，深入开展调查研究，认真听取意见建议，对群众反映强烈的问题，抓紧督察督办，做到立行立改。不断强化师德师风建设，对照习近平总书记提出的“教师要成为‘大先生’，做学生为学、为事、为人的示范”的要求，坚持对师德失范行为零容忍的态度，建立师德师风建设长效机制，大力宣传师德师风模范人物典型事迹，引导广大教师以德立身、以德立学、以德施教，做新时代的“四有”好老师。

六是切实深化反腐败斗争，建立党委领导、全面覆盖、权威高效的监督体系。要清醒认识新阶段高校全面从严治党的形势和任务，坚决克服“高校特殊论”。不断加强对“一把手”和领导班子的监督，改进党内同级监督，充分发挥院级党组织纪委委员作用，完善党委全面监督、党的工作部门职能监督、院级党组织日常监督等党内监督体系，促进各类监督贯通融合，形成监督合力。加强对异地办学机构、非学历教育、基础教育合作办学、校办企业、附属医院等重点领域的廉洁风险防控。发挥好内部巡视巡察的利剑作用，不断完善校内巡视巡察制度体系，探索构建巡视巡察上下联动的工作格局。校纪委要认真履行监督责任，切实解决巡视指出的不敢监督、不愿监督、不会监督等问题，进一步加强自身建设，不断提高履职能力和水平，综合发挥好惩治震慑、惩戒挽救、教育警醒的功效，深化运用执纪“四种形态”。要加强思想道德和党纪国法教育，引导党员干部怀德自重、洁身自好，永葆清正廉洁的政治本色。

同志们，当前巡视整改工作已经进入了最为关键的攻坚阶段。在这里我再次强调，巡视整改是党中央交给我们的重大政治任务，一定要按时高质量完成巡视整改。各单位党政主要负责同志要坚决扛起政治责任，按完成时限倒排时间表，把每项整改任务分解到具体人、细化到具体事，明确职责分工、工作要求、时间节点，严格按照巡视整改任务的对账销号机制，一条条兑现、一件件解决、一项项完成，确保按时、全面完成整改任务。各院级领导班子要认真开好专题民主生活会，按照要求，坚决把自己摆进去、把职责摆进去、把工作摆进去，自觉为党担责、为党尽责、为党负责，主动认领责任，深入剖析原因、切实推进整改。

我们要以此次巡视整改为契机，实现党对学校的全面领导更加牢固，党的建设更加有力，切实将巡视整改成效转化为学校事业向前发展的强劲动力，推动中国特色、科大风格的世界一流大学建设开新局、立新功。通过全面从严治党引领学校高质量发展，保障中心工作扎实有效推进，以实实在在的巡视整改成效向党和人民交上一份满意的答卷！

谢谢大家！

凝聚共识谋发展　担当作为开新局
加快建设中国特色、科大风格的世界一流大学

——中共中国科学技术大学第十二届代表大会2020年年会
暨中国科学技术大学第十届教职工代表大会第二次会议行政工作报告

2016年4月26日，习近平总书记考察中国科大，赞扬学校“这些年抓科技创新动作快、力度大、成效明显，值得肯定”，殷切期望学校要“勇于创新、敢于超越、力争一流，在人才培养和创新领域取得更加骄人的成绩”。2018年9月20日，习近平总书记在我校建校六十周年之际，充分肯定了六十年的办学成就，勉励学校要“瞄准世界科技前沿，立足国内重大需求，潜心立德树人，执着攻关创新，在基础性、战略性工作上多下功夫，努力办出中国特色世界一流大学”。

五年来，学校领导班子牢记习近平总书记的嘱托，团结带领全校广大师生员工，潜心立德树人，执着攻关创新，全面推进中国特色、科大风格的世界一流大学建设，学校各项事业取得了可喜成绩，学校“十三五”规划目标全面完成。

第一部分　“十三五”期间主要工作回顾

一、聚力“双一流”，世界一流大学建设稳步推进

2017年9月，学校入选全国首批世界一流大学和世界一流学科建设高校，共有11个学科入选世界一流学科建设名单，成为唯一一所“数理化天地生材”学科均入选的高校。学校

成立“双一流”建设领导小组、工作小组和监理委员会，统筹推进“双一流”建设，加快推进“建设一流师资队伍、培养拔尖创新人才、提升科学研究水平、传承创新优秀文化、着力推进成果转化”五大建设任务，如期完成“双一流”建设周期目标。

一流学科布局不断优化。按照“扶优扶需扶特扶新”的发展理念，加快基础学科“率先一流”建设，推动物理、化学、材料等高峰学科率先进入世界前列，推进科大“新医学”“新工科”“特色文科”建设。

基础学科“率先一流”。加强支撑平台建设，设立几何与物理中心、理论物理中心等，依托合肥微尺度物质科学国家研究中心的基础学科交叉研究不断取得突破，物理、化学、材料等高峰学科率先进入世界前列。

推进“科大新医学”建设。成立生命科学与医学部，安徽省立医院成为中国科大附属第一医院，形成“理工医交叉融合、医教研协同创新、生命科学与医学一体化发展”的“科大新医学”模式，生命科学与临床医学呈现蓬勃发展态势。

加强“科大新工科”建设。成立大数据学院、网络空间安全学院和微电子学院，与信息、计算机、软件学院整合建设信息与智能学部；成立环境科学与工程系，调整核科学技术学院管理模式，恢复应用化学系，实现工程高技术学科跨越式发展。

启动“特色文科”建设。推进马克思主义学院实体化建设；管理学院相继通过一系列国际认证，成立国际金融研究院，成立“中国科学技术大学长三角科技战略前沿研究中心”；完成人文与社会科学学院系部设置调整，打造“科”字当头的特色文科。

二、潜心立德树人，一流人才培养体系加快形成

学校全面贯彻党的教育方针，始终坚持立德树人根本任务，深化教育教学改革，构建“三全育人”新格局，大力培养德智体美劳全面发展的社会主义建设者和接班人。

思想政治工作体系加快构建。贯彻《关于加快构建高校思想政治工作体系的意见》，制定工作方案，全面提升学校思想政治工作质量。以入选教育部第二批“三全育人”综合改革试点高校为契机，推动“十大育人”体系协调发展。配齐建强思政课教师队伍，加快以习近平新时代中国特色社会主义思想为核心内容的思政课课程群建设，发挥“一院一课”示范带动作用，构建思政课程和课程思政协同育人体系。

一流本科教育质量稳步提升。学校制定“六有”大学生培养方案，颁布实施“一流本科教育质量提升计划”行动纲领，完善通识教育与专业教育有机融合的“2＋X”培养模式，促进学生德智体美劳全面发展。设立本科生院，打造具有中国科大特色的本科生书院，发扬教授为本科生授课的优良传统，大力营造“教师乐教、学生乐学、教学相长”的氛围。

扎实推进“拔尖计划 2.0”，我校数学、物理学、化学、生物科学、地球物理学 5 个学科成为首批拔尖计划 2.0 基地。不断探索和实践创新人才培养模式，加强同相关科研院所、高科技企业的合作共建，现有 17 个校级科技英才班，拔尖人才培养成效明显，毕业生继续深造率为 97.9％，远高于全校平均深造率，“中国科大英才班人才培养模式探索”获 2020 年中国科学院教育教学成果奖特等奖。组建创新创业学院，以“金课”（课程）、“金牌”（赛事）、“金奖”（项目）为牵引，着力打造具有中国科大特色的创新创业教育体系。充分发挥学生社团在立德树人中的重要作用，促进“第二课堂”与“第一课堂”相衔接，将爱国主义、劳动教育等融入育人全过程。完善多维度学生评价标准，打破“唯 GPA”论，鼓励和引导学生积极参与学生社团活动，全面提升学生的综合素质。

研究生综合教育改革不断深化。以入选教育部博士研究生教育综合改革试点为契机，深化研究生培养机制改革，推进研究生教育“德创”领军人才培养计划，大力培养科技领军人才。分类修订研究生培养方案，完善课程体系，加强科学道德和学风建设，持续实施博士论文创优支持计划，提升研究生创新能力。实施校级“优秀博士生出国留学资助计划”，扩大国际联合培养范围。加强学位授予过程监控，提升学术型学位授予标准，修订专业学位授予实施细则，健全学位授予质量监督反馈机制。持续加强科教融合学院、所系结合研究生培养基地建设，新建能源科学与技术学院、生物医学工程学院、稀土学院等科教融合学院，现有 8 个科教融合学院、1 个所系结合研究生培养基地。

完善招生选拔机制，保证生源质量。以“招收适合到中国科大学习的学生”为目标，深化本科生招生体制机制改革，通过少年班、创新试点班等招收具有创新潜质的优秀学生，总体生源质量位于全国高校前列。2020 年学校成为全国首批开展“强基计划”的试点高校之一。面向国家关键急需领域和学校学科发展需求，推进研究生招生体制机制改革，实行博士研究生招生“申请一考核”制，入选全国首批科研经费博士试点，举办研究生夏令营，重点实施精准招生计划，研究生招生选拔力度和生源质量不断提升。

五年来，我校累计授予博士学位 6025 人，科学学位硕士 4886 人，专业学位硕士 10086 人，学士累计 9063 人(其中双学士学位 208 人)。加强与国家重点行业、关键领域及重点区域、重点用人单位的交流合作，积极拓展就业市场，强化职业生涯规划和就业指导，引导和鼓励更多毕业生赴国家需要的地方建功立业。2020 年实现博士生初次就业率为 96.9%，硕士生初次就业率为 96.9%，本科生初次就业率为 89.9%(国内外深造率为 73.0%)。吕松同学入选首届全国“最美大学生”，张璟鹤同学荣获第十五届中国大学生年度人物提名奖。科大学子在国内外创新创业竞赛中表现优异。27 位校友当选“两院”院士，占新当选院士总数的 10%，体现了“千生一院士”的人才培养佳绩。多位校友荣获“最美奋斗者”、全国创新争先奖、全国先进工作者、陈嘉庚科学奖、何梁何利奖科学与技术进步奖、科学探索奖、求是杰出青年学者奖等殊荣。

三、坚持人才强校主战略，一流师资队伍不断壮大

学校注重师德引领，持续深化人事制度改革，打造高素质的教学科研、管理、支撑三支队伍，为世界一流大学建设提供强有力的人才支撑。

引育并重，建设高层次人才队伍。通过校领导赴海外招聘、“墨子论坛”等形式，结合院士工作室、院士合作研究中心、大师讲席、客座(荣誉)教授、兼职教授等引智计划，持续吸引海内外高层次人才来校工作。五年来，新增各类高层次人才不重复统计 205 人。截至目前，学校各类高层次人才不重复统计 496 人，占固定教师总数的 37%，占比较五年前提高了 7 个百分点。“四青”人才不重复统计 299 人，占高层次人才总数的 60%，优秀青年人才比重大幅提升。

多措并举，支持青年教师成长。充分利用各项人才政策资源，精准支持青年教师成长。继续实施“青年教师出国研修计划”“学术领军人才培养计划”，启动实施“仲英青年学者”项目，积极争取中国科学院“青年创新促进会”支持，有效提升了青年教师的学术水平与科研竞争力。五年来，共支持 392 名青年教师。

持续加强聘期制科研队伍建设。以中国科学院实施特别研究助理制度为契机，启动实施“墨子杰出青年特资津贴”，全面提高聘期制科研队伍薪酬待遇。开设聘期制人员选聘固定教职通道，激发聘期制人员创新活力。目前，学校聘期制队伍规模已达 1185 人，较 2016 年初增长约 75%，共有 174 位转聘为固定教职，60 位获国家优秀青年科学基金支持，成为科研产出的生力军和后备人才资源库。

深化人事制度改革。推动机关管理岗位定岗定编工作，深化教学科研、支撑岗位聘用制度改革，细化岗位分类评价标准，理顺各类人才的晋升通道和发展方向，推进教学科研、管理、支撑三支队伍协调发展。扎实推进事业单位岗位绩效工资制度改革，不断完善以岗位分类评价为核心的收入分配机制。完成事业单位养老保险参保登记工作，稳步推进学校养老保险制度改革。

四、坚持“四个面向”，攻关创新取得重大突破

学校将“执着攻关创新，在基础性、战略性工作上多下功夫”作为科技创新着力点，加快卓越科技创新体系建设，原创性科技成果不断涌现。

卓越科技创新体系不断健全。全面参与国家实验室、合肥综合性国家科学中心建设，牵头或参与建设合肥综合性国家科学中心人工智能研究院、大健康研究院、能源研究院及中国科学院临床研究医院（合肥），稳步推进合肥先进光源预研、未来网络试验设施（合肥分中心）等重大科技基础设施建设。加快推动合肥微尺度物质科学国家研究中心、类脑智能技术和应用国家工程实验室、中国科学院比较行星学卓越创新中心、无膜细胞器与细胞动力学教育部重点实验室建设。目前，学校共有 11 个国家级科研机构、24 个中国科学院重点科研机构、45 个其他省部级科研平台和 22 个所系联合实验室、40 个校级科研机构，主持或参与 4 个国家重大科技基础设施建设。

承担国家重大科研任务的能力不断提升。五年来，学校科研经费快速增长，2020 年科研经费达到 31.03 亿元，是 2016 年的 1.39 倍，年均到款经费达到 29.95 亿元，较前五年年均到款经费翻一番。自国家重点研发计划启动以来，获批重点研发计划项目 75 项，获批经费 17.8 亿元，位居全国高校前列。国家自然科学基金面上和青年项目获批率保持全国主要高校前列，基金项目年均获批经费达 4.69 亿元，较五年前增长 43.2%。

重大原创性科技成果不断涌现。在数学、量子科学、凝聚态物理、天文学、化学与材料、地球科学、生命科学与医学等领域产出一系列重大原创性成果，得到党和国家的高度认可和社会各界的充分肯定。我校牵头或参与的“墨子号”量子科学实验卫星、“悟空号”暗物质粒子探测卫星、光量子计算机、“天问一号”火星探测器、“奋斗者”号载人深潜、“嫦娥五号”探月工程等多项工作入选习近平总书记新年贺词。“微分几何学两大核心猜想 20 多年后终获证”“‘九章’量子计算机问世引发世界关注”入选 2020 年国内十大科技新闻。五年来，我校成果入选中国十大科技进展新闻 6 次、中国科学十大进展 7 次，入选次数居全国高校前列。以第一完成单位共获国家科学技术奖 11 项（其中国家自然科学一等奖 1 项），国家技术发明奖实现零的突破。“托珠单抗＋常规治疗”的“中国科大方案”在国内外广泛应用，有效提高了危重症患者的治愈率，获得国际社会广泛关注和认可。在中国科学院凝练总结的 59 项“率先行动”计划第一阶段重大科技成果及标志性进展中，我校 7 项研究成果入选，是全院入选最多的单位。

科技成果转移转化成效显著提升。学校大力推动科技成果转移转化，获批“高等学校科技成果转化和技术转移基地”“国家知识产权示范高校”，入选全国首批“赋予科研人员职务科技成果所有权或长期使用权试点单位”。学校与华为、延长石油、国网电力、招商银行等国企及行业龙头民营企业联合开展重大关键技术攻关，共建13个校企联合实验室。五年来，共落实横向科研项目1133项、合同总金额9.42亿元，创历史新高。专利申请及授权稳定增长，2020年申请专利1136件，其中发明专利占84.3%，获得授权797件；申请国际专利(PCT)25件，授权2件，专利申请质量不断提升。学校加快将“科技之花”转化为“产业之果”，在量子科技、人工智能、先进材料等领域培育出一批高技术企业，2020年国盾量子成功上市科创板。

五、坚持开放办学，国际化水平稳步提升

学校坚持“科研国际化带动人才培养国际化”战略，加快国际学院实体化建设，逐渐形成人才培养、师资引进、课程建设、国际宣传、科研国际合作五位一体的“大外事”格局，稳步提升学校国际化水平。

建立国际化工作体系。成立学校外事领导小组、国际合作与交流委员会，加强国际化顶层设计，推进制度建设。整合全校国际交流和合作资源，设立USTC Fellowship，统筹推进国际师资队伍建设、英语课程体系建设、海外合作交流、国际学生培养等工作。获批外事审批权限，建立外事审批制度，优化外事审批流程及管理体系。

国际合作交流不断深入。加强与世界一流大学、著名科研机构的实质性合作，打造有影响力的国际交流与合作品牌。开设“国际访问教授计划”“国际杰出学者系列讲座”“大师论坛”等，邀请一批诺贝尔奖获得者在内的国际高端学者来校访问。利用学校优质科研资源，与国外高水平大学、顶尖科研机构共建国际合作联合实验室、研究中心等，推进相关领域的国际合作交流。加强与中国科学院海外平台的联系，拓展海外科研合作。积极引进世界顶级名校项目资源，进一步拓展高水平学生国际交流品牌项目，举办未来科学家国际夏令营、斯坦福大学国际高校设计联盟(SUGAR)全球启动活动等各类夏令营，吸引国际学生来校短期访问。五年来，与61所国际知名大学和机构达成合作意向，学生赴海外学习和交流的人数持续增长，教师出访与境外专家来访人数稳中有升，附属第一医院南山教授曾荣获2019年“中国政府友谊奖”，Zachary Smith教授获2020年“合肥友谊奖”。

国际学院实体化加快建设。加强对外招生宣传，利用海外社交媒体，扩大国际影响力及国际声誉。积极响应国家“一带一路”倡议，引进海外优质资源，拓展留学生招生渠道，提升生源质量。加强留学生的精细化管理，统筹推进英语课程体系建设、提高国(境)外高水平教师授课比例、建立健全留学生培养方案和学位标准，培养“知华、友华、爱华”的未来科学家。国际楼投入使用，为国际学院实体化运行提供硬件保障。学校现有国际师资人数超过513人，其中长期聘用的国际师资超过125人；现有849名留学生，其中博士学历生比例达70%，实现了留学生质量和规模的明显提升。

六、对接国家战略，服务区域经济社会发展

学校紧紧围绕国家战略需求，立足长三角，充分发挥科教优势，汇聚创新资源，服务区域经济社会发展。

拓展办学资源，提升服务能力。中国科学院审核通过学校“率先建成世界一流大学”的总体考虑，安徽省出台关于全力支持中国科大办出中国特色世界一流大学的意见，全力支持学校“双一流”建设。学校与浙江省、山西省、福建省、苏州市、湖州市等省市开展战略合作，加强与科研院所、国有重点企业、高技术企业的合作，实现互利共赢。充分发挥校友会、教育基金会的作用，积极争取校友及社会资源的支持，实现学校办学资源多元化。五年来，学校各类办学资源大幅增长，总收入从2016年的48.19亿元增至2020年的61.59亿元，年均增长率为6.84%，总资产从2016年的126.02亿元增至2020年的180.16亿元，年均增长率为9.5%。

主动融入长三角一体化发展。建强上海研究院，推动上海量子科学研究中心常态化运行，支撑国家实验室建设。与苏州市合作共建，推动苏州研究院升级，做好与中国科学院苏州纳米所、苏州医工所的科教融合，规划建设苏州高等研究院。推进先进技术研究院法定机构建设试点，构建“立足合肥、覆盖安徽、辐射全国”的科技成果转移转化体系。与地方共建中国科大国际金融研究院、智慧城市研究院（芜湖）、德清阿尔法创新研究院，提升我校服务长三角区域一体化发展的能力。

充分发挥科教优势，强化社会担当。学校定点帮扶贵州省六枝特区、安徽省金寨县燕子河镇龙马村。2019年，实现两地脱贫“摘帽”“出列”目标，为两地实施乡村振兴奠定坚实基础。统筹推进对口支援西南科技大学和新疆师范大学工作，对江西理工大学、闽江学院和六盘水师范学院开展帮扶，有力地提升了相关学校办学水平和当地高等教育质量。

七、加快美丽校园建设，建设文明和谐的育人环境

学校以建设与一流大学相匹配的“园区精致、功能完善、设施先进、交流便利”的现代大学校园为目标，加快推进园区规划与建设，办学条件不断改善。

“十二五”规划项目竣工交付，“十三五”规划项目加快推进。“十二五”规划建设的物质科学教研楼、生命科学楼扩建、中校区综合体育中心、西区特种实验楼等已建成投入使用。所有完工项目均获得省市“优质结构”奖项，其中物质科学教研楼项目通过“鲁班奖”过程验收，荣获2020年“中国建筑工程装饰奖”等多个国家奖项。“十三五”建设4个项目，总建筑面积约16.5万平方米，总投资约8.6亿元，正在加快合肥综合性国家科学中心协同创新交叉研究平台（地球和空间科学前沿研究中心、物质科学交叉前沿研究中心、医学前沿科学和计算智能前沿技术研究中心）、上海科技创新中心协同创新交叉研究平台-量子信息技术协同创新平台、新建新光源预研科研用房建设。

积极推动校园老旧建筑及基础设施升级改造。五年来，共实施维修改造项目170项，零星维修每年100余项，总投资约5.8亿元。完成教学科研楼、实验平台、学生宿舍、体育设施、食堂、校园环境、道路管网、供配电、基础设施等综合改造。通过对原有建筑和基础设施的维修升级改造，创造优美教学、科研、生活环境，校园面貌焕然一新。

抢抓机遇，开拓发展空间。在安徽省、合肥市的大力支持下，完成量子信息与量子科技创新研究院暨中国科大高新园区选址及建设规划。高新园区规划总用地约1180亩，规划总建筑面积约73.2万平方米。一期项目建设进展顺利，总建筑面积约49万平方米，图书教育中心、宿舍、食堂、体育馆等8栋单体建筑封顶。

八、全面依法治校，推动学校治理体系和治理能力现代化

坚持全面依法治校，以制度建设为抓手，深化综合改革，推进学校治理体系和治理能力现代化。

把制度建设作为办学治校的重要保障。坚持和完善党委领导下的校长负责制，修订党委全委会议、党委常委会会议、校长工作会议议事规则，定期开展对上级和学校决策部署的督办落实。完善学校法人治理结构，构建系统完备的学校规章制度体系，全面推进依法治校。积极探索学部管理体制，成立生命科学与医学部、信息与智能学部，制定生命科学与医学部工作条例。修订学院、实验室的党委会会议、党政联席会议议事规则，注重发挥学院和重点科研机构在办学中的主体作用，实现管理重心下移。制定《校地合作机构管理办法（试行）》，规范校地合作机构运行机制。充分发挥学术委员会、学位评定委员会、教学委员会在学校学术事务中的决策咨询作用，强化预算专家委员会、优秀人才引进学术委员会、国际合作与交流委员会等在民主办学中的重要作用。进一步健全师生员工参与民主管理和监督的工作机制，发挥教职工代表大会、工会以及群众组织作用。进一步完善信息公开平台，推进校务公开的常态化、系统化和规范化。

深化"放管服"改革，提高管理效能。优化机关部门和内设机构设置，通过信息化手段，提供"一站式"服务，提高办公效率。大力落实科研相关自主权政策，开展"基于绩效、诚信和能力的科研管理改革试点"，赋予创新领军人才更大科研自主权。坚持以创新质量和贡献为导向的评价体系，坚决"破五唯"，健全符合岗位特色的分类评价机制，做到人尽其才、才尽其用。制定《所属分支机构财务监管暂行办法》，强化财务全面管理。加快财务转型，实施业财融合，在高校首创全生命周期的经济合同管理服务平台（一期工程），让师生少跑、不跑的同时，实现服务效能、风险控制、决策参考三效提升。加强财务预决算管理，积极争取并合理配置政策和经济资源。积极贯彻中央全面预算绩效管理要求，推进校内预算项目绩效评价工作，强化"花钱问效"责任意识。建立固定资产管理制度，保障固定资产的安全完整。实施公务用车制度改革，进一步规范公务用车管理。强化内部审计监督职能，以审促改，发挥内审机构"免疫"作用。

九、坚持以人为本，让师生共享改革发展成果

学校坚持以人为本、关爱师生，扎实推进发展共享工程，不断改善师生员工的学习、工作和生活条件，让师生共享学校改革创新发展成果。

公共服务支撑体系稳步发展。持续推进公共实验中心仪器设备开放共享，为教学科研提供有力保障。加强信息化建设的顶层规划，优化网络基础设施，加强网络安全等级保护，打造智慧校园。不断完善图书馆文献资源，为"双一流"学科建设提供文献资源保障。

增强师生获得感、幸福感、安全感。解决师生"急难愁盼"问题，不断提升后勤服务保障水平，为师生提供优质、便利的学习、工作和生活环境。实施新的研究生奖助方案，提高学生助学金和助教助研费用。改善学生住宿条件，启用中校区学生宿舍，稳步开展学生宿舍楼翻新改造。适度提高教职员工的薪酬水平，加大教学工作的增量额度，加强对教学工作的激励。发放离退休人员一次性补贴，切实提高离退休老同志待遇。优化公用房统筹调配，满足各类引进人才和教职工周转住房需求，住房公积金和住房补贴逐年提高。老旧小区改造和既有住宅加装电梯工作取得成效，居住条件得到改善。成立基础教育集团，在高新园区建设附中、幼儿园分校，充分利用社会资源解决教职工子女入学、入托问题。深入开展新时代爱国卫生运动，倡导健康文明生活方式，积极做好新冠肺炎疫情防控工作。加强校园交通整治，强化实验室安全和危化品管理，推进园区主要道路改造和绿化工程，升级校园部分区域照明、监控设施，推进各校区和科大花园雨污分流工程，美化校园环境，建设平安和谐校园。

五年来，在以习近平同志为核心的党中央坚强领导下，在中国科学院、教育部等国家部委，安徽省、合肥市的大力支持下，在广大师生员工和海内外校友的共同努力下，学校的“双一流”建设取得了可喜成绩：办学经费稳步增长，学科建设持续增强，学校综合实力和办学声誉在国际主要排行榜中稳居国内外高校前列，2020 年自然指数跃居中国高校第 1 位、全球高校第 4 位，“双一流”建设周期目标全面达成，“十三五”规划圆满收官。来之不易的成绩凝结着全校师生员工的辛劳汗水，饱含着各级领导、海内外校友和社会各界的关心支持。大家为学校的建设发展奉献了智慧、付出了心血、作出了贡献，在此，我谨代表学校领导班子，向大家表示衷心的感谢和崇高的敬意！

第二部分　当前形势与发展目标

成绩来之不易，未来振奋人心。党的十九届五中全会站在“两个一百年”奋斗目标的历史交汇点上，擘画了中国面向未来的宏伟蓝图，开启全面建设社会主义现代化国家新征程，吹响向第二个百年奋斗目标进军的号角。“十四五”时期，国家进入高质量发展阶段，加快实现科技自立自强，正由科教大国向科教强国迈进，对卓越人才和科技创新的渴求比以往任何时候都更加强烈，中国科大作为“英才之摇篮、创新之重镇”，在国家科教大格局中应有新担当、新作为。

习近平总书记曾三次考察中国科大，对我校的人才培养和科技创新作出一系列重要指示，对学校未来发展提出了新期望和新要求并指明了方向。根据新形势和新要求，在学校第十二次党代会的部署和“双一流”建设的基础上，全校上下深入思考、群策群力，明确了学校未来的指导思想和发展目标。

指导思想：高举习近平新时代中国特色社会主义思想伟大旗帜，深入学习贯彻党的十九大和十九届二中、三中、四中、五中全会精神，贯彻落实习近平总书记关于中国科大系列重要指示精神，全面贯彻党的教育方针，坚持社会主义办学方向，潜心立德树人，执着攻关创新，努力办出中国特色、科大风格的世界一流大学，为培养德智体美劳全面发展的社会主义建设者和接班人，为建设创新型国家、建设世界科技强国作出新的更大的贡献。

“十四五”建设目标：到 2025 年，学校综合办学实力显著提升，优势学科进入世界前列，与科研机构深度融合，建设一批国际一流的重大科技基础设施集群，创新人才和创新成果不断涌现，领军人才集聚，学术生态优异，成为支撑国家科技自立自强的重要国家战略科技力量，办出中国特色、科大风格的世界一流大学。

2035 年远景目标：学校整体办学水平实现跨越式发展，主要学科达到世界一流，若干重点建设学科引领该领域国际前沿，在基础性、战略性工作上成为代表国家水平、承载国家使命的重要力量，成为人才辈出、成果丰硕、贡献卓著的中国特色、科大风格的世界一流大学，主要办学指标和办学声誉进入世界一流大学前列。

锚定 2035 年远景目标和“十四五”建设目标，我们要传承发扬学校的宝贵办学传统和科大风格：坚持“全院办校、所系结合”的办学方针；坚持“红专并进、理实交融”的校训精神；坚持“科教报国、追求卓越”的初心使命；坚持“民主办学、学术优先”的治学理念；坚持“潜心立德树人、执着攻关创新”的核心任务，勇做中国高等教育改革开放的排头兵和先行者，为夺取全面建设社会主义现代化国家新胜利作出新的更大贡献。

第三部分　关于“十四五”建设任务的思考

学校把习近平总书记关于中国科大系列重要指示精神作为办学治校的根本指南，聚焦“潜心立德树人、执着攻关创新”两大核心任务，积极谋划“十四五”发展，努力办出中国特色、科大风格的世界一流大学，以实际行动决不辜负党中央的期待和重托。

一、坚持潜心立德树人，大力培养德智体美劳全面发展的“六有”大学生

1. 构建“三全育人”新格局。坚持以习近平新时代中国特色社会主义思想铸魂育人，构建目标明确、内容完善、标准健全、运行科学、保障有力、成效显著的学校思想政治工作体系。贯彻落实《新时代学校思想政治理论课改革创新实施方案》，深化思想政治理论课改革。打造具有中国科大特色的马克思主义学院，配齐建强思政课教师队伍。完善“六有”大学生培养方案，深化“三全育人”综合改革，构建“十大”育人体系，打造育人共同体。

2. 深入实施“一流本科教育质量提升计划”行动纲领。坚持“基础宽厚实，专业精新活”的培养特色，深化教育教学改革。建强本科生院，打造具有中国科大特色的本科生书院、创新创业学院，不断完善大类教育、专业培养的“2＋X”培养模式。坚持“因材施教、个性化培养”理念，办好各类英才班，建强少年班学院，谋划建设未来技术学院、现代产业学院，积极探索复合型拔尖创新人才培养新模式。坚持“五育并举”，充分发挥学生社团作用，推动“第二课堂”与“第一课堂”相衔接，促进学生德智体美劳全面发展。

3. 推进实施研究生教育“德创”领军人才培养计划。贯彻落实《关于加快新时代研究生教育改革发展的意见》精神，加强研究生导师队伍建设，提升研究生生源选拔质量，完善研究生思政教育及课程教学培养体系，打造研究生科研实践创新平台，优化学术及综合文化环境，构建研究生培养质量保障体系，大力培养具有全球视野、社会担当、科学情怀、创新精神的科技领军人才。

二、坚持人才强校主战略，打造一流师资队伍

4. 强化师德师风引领。贯彻落实《关于加强和改进新时代师德师风建设的意见》精神，把师德师风作为评价教师队伍素质的第一标准，建立健全师德师风建设长效机制。注重发现和宣传一线教师的先进代表和典型，打造“教师荣誉日”，充分发挥榜样的示范引领作用，建设一支“有理想信念、有道德情操、有扎实学识、有仁爱之心”的优秀教师队伍。教育引导教师落实新时代教师职业行为十项准则，实行师德师风“一票否决”制。

5. 坚持引育并重，打造一流师资队伍。紧密结合国家重大战略需求，根据学校学科建设和发展需要，优化各学科师资队伍比例和结构。完善高层次人才引进机制，加大战略型科学家、教育家、高层次领军人物和创新团队的引进力度。推进学术荣誉体系教师队伍建设，建立人才全学术生命周期内的荣誉晋升和激励机制。探索各层次、全部梯队的人才支持模式，激发创新活力。重视青年教师培养，持续推进学校、学院和青年教师“三位一体”的青年人才培养工程。加强聘期制科研队伍建设，统筹实施“墨子杰出青年特资津贴”、中国科学院特别研究助理资助等项目,支持聘期制科研人员成长。

6. 深化人才分类评价改革。推进岗位分类管理,分类制定科学合理的考核评价标准和指标体系,理顺各类人员的晋升通道和发展方向,推进教学科研、管理、支撑三支队伍协调发展。完善以教学科研岗为主体,兼有教学岗和科研岗的多元教师岗位分类管理体系和考核评价机制,建设一支世界一流的教师队伍。推进管理岗位定岗定编,探索轮岗交流制度,完善职员制度,建设一支精干高效的管理队伍。建立不同系列的支撑岗位聘用管理机制,探索推行聘期制工程技术人员管理制度,建设一支保障有力的支撑队伍。

7. 深化薪酬分配制度改革。深化人事分配制度改革,建立与学校发展水平和特点相适应的岗位绩效工资制度,扎实推进三元结构薪酬制度向岗位绩效工资制度平稳过渡和有机衔接。根据人才队伍建设需要,继续实行协议薪酬制、工程绩效等灵活多样的分配形式。坚持岗位分类管理,不断健全完善以岗位分类评价为核心的绩效考核与收入分配机制。

三、优化学科布局,构建一流学科生态

8. 坚持学科引领、优化布局,以一流学科建设推动一流大学建设。着力优化学科体系结构,凝练学科发展方向,以团队和基地建设为抓手,构筑学科高峰,力争基础前沿学科率先进入国际前列,探索科大"新工科""新医学""特色文科",实现工程高技术学科、生命科学和医学跨越式发展,管理和人文学科特色鲜明。促进交叉学科深度融合,培育新的学科增长点,布局量子科学与技术、人工智能、储能技术、行星科学与技术等交叉学科。加强学科评估,充分发挥"双一流"动态监测作用,完善学科质量监控评价体系。

四、坚持"四个面向",完善科研生态,执着攻关创新

9. 优化科研布局。瞄准世界科技前沿,立足国内重大需求,执着攻关创新,在基础性、战略性工作上多下功夫。谋划建设国家基础学科研究中心,提升基础研究的原始创新能力。围绕解决工程前沿的重大问题,推进人工智能、新材料、新能源、火灾科学与公共安全等领域发展,带动工程技术科研整体实力提升。依托大科学装置,建设公共卫生与预防医学创新与转化平台,开展生理机制基础研究。建设基础性科学交叉创新平台,加强基础理论与交叉应用融合。

10. 强化国家战略科技力量的使命担当。积极参与国家实验室、合肥综合性国家科学中心建设,加快合肥综合性国家科学中心人工智能研究院、大健康研究院、能源研究院及中国科学院临床研究医院(合肥)建设,继续支持国家同步辐射实验室、合肥微尺度物质科学国家研究中心、火灾科学国家重点实验室、核探测与核电子学国家重点实验室,语言及语言信息处理、类脑智能技术及应用国家工程实验室以及国家级、省部级等重点科研机构和平台发展。推动大科学装置集群建设,谋划建设合肥先进光源、大视场巡天望远镜、超级陶-粲装置(STCF)等大科学装置。

11. 优化学术生态。健全以创新能力、质量、实效、贡献为导向的综合学术评价体系,推动科研活动回归学术初心,净化学术风气,优化学术生态。改革科研成果评价体系,注重标志性成果的质量、贡献和影响,积极发挥学术同行评价作用。加强科研诚信建设,健全科研诚信管理制度和工作机制,把科研诚信、科研伦理作为学术评价的前提条件。建设期刊中心,推进学术期刊发展,扩大学校学术影响。推进校科协建设,凝聚和团结全校广大科技工作者。

五、坚持"全院办校、所系结合"的办学方针，开创新时代科教融合新格局

12. 建立分层分类的"所系结合、科教融合"体系，探索科教融合的新机制、新模式、新方法。积极争取中国科学院出台关于进一步支持学校在新时代贯彻"全院办校、所系结合"办学方针的意见，加快学校世界一流大学建设。积极与中国科学院所属研究机构探索建设"所系结合"共建单元，以建设科教融合共建学院为突破口，拓展科教融合模式的学科校外发展空间。完善人才培养、学科建设、科学研究、队伍建设四位一体的"所系结合、科教融合"体系，形成科研机构与大学紧密结合的办学模式。

六、积极服务社会，承担高校责任

13. 加快成果转移转化。推进科技成果分级分类运营实施，构建全方位科技成果转化运营体系，加快赋权改革多路径高效转化。扎实推进"国家知识产权示范高校""高等学校科技成果转化和技术转移基地""国家技术转移中心""国家级科技企业孵化器"等技术转移孵化平台建设。优化学校科技成果使用、处置与收益分配工作，激励科技成果优先省内转化。建立校地、校企产学研合作新模式，加强校企联合研发协同创新平台建设。建立"立足合肥、覆盖安徽、辐射全国"的技术转移网络体系，打造"科大硅谷"。

14. 推动校地合作，服务国家和区域发展。积极参与京津冀协同发展、长江经济带、长三角区域一体化发展、海南自由贸易港、粤港澳大湾区、成渝地区双城经济圈等重大区域发展战略。立足长三角，布局 G60 科创走廊，汇聚创新资源，建强上海研究院，加快苏州高等研究院规划建设，推进先进技术研究院法定机构建设试点，办好国际金融研究院、智慧城市研究院(芜湖)、德清阿尔法创新研究院等校地合作机构，服务区域经济社会发展。

七、坚持国际视野、开放办学，不断提升国际化水平

15. 完善大外事格局，构建国际合作网络。构建人才培养、师资引进、课程建设、国际宣传、科研国际合作五位一体的"大外事"格局，不断提升学校国际化水平。服务国家战略，依托 USTC Fellowship，拓展与"一带一路"国家以及对华友好国家地区的合作交流，构建"全方位、深层次、多样化"的国际合作伙伴网络，不断提升学校的办学竞争力和国际影响力。充分利用中国科学院海外中心等资源渠道，建立若干海外科教基地，在全球范围打造优势学科人才培养的高地，形成"走出去""引进来"双向交流机制。深化国际科研合作交流，依托大科学装置，搭建科研国际合作平台。打造重点引智品牌，加强国际杰出专家和优秀科学家的引进。

16. 加快国际学院建设。精准定向筛选优质生源，招收优质留学生。积极拓展来访暑期夏令营、暑期学校、学期交换、科研实习等项目，吸引优质国际生源来校交流。完善专业英文课程建设，力争在多个一级学科领域建立与国际接轨的全英文学位课程体系。提升留学生"精细化"管理，培养知华友华爱华的留学生。

八、着力提升治学环境，建设精致智慧平安和谐的现代大学校园

17. 建设精致校园。按照"园区精致、功能完善、设施先进、交流便利"的理念，优化校区功能布局。建立健全园区规划建设机制，创新基建管理模式，加快"十三五"规划项目建设，启动"十四五"园区规划制定，着力完善已有园区配套。争取早日建成中国科大高新园区一期并投入使用，启动高新园区二期建设。

18. 建设智慧校园。推动信息化建设，以做好数据中心、数字中台、服务聚合、网络安全四大工程为切入点，建设"数智一体"的智慧校园，实现数字资源的开放共享和综合利用。

19. 建设平安校园。实施校园平安工程，构建校园综合安全防范体系，建立和完善信息安全、网络舆情监测预警与联动机制，提升防范化解重大风险的能力。

20. 建设和谐校园。完善资源配置，健全阳光采购管理机制，改革公用房管理体系，深化后勤社会化改革，提升后勤服务水平。加强周转房调配管理，努力满足教职工周转住房需求。持续改善就餐环境，为师生提供更优质丰富的餐饮服务。统筹发挥附属医院和校医院的保障职能，为师生提供更优质的健康医疗卫生服务。继续做好离退休教职工工作，进一步改善老同志的生活条件，实现老有所学、老有所为、老有所乐。推动基础教育集团发展，解决好教职工后顾之忧。

九、坚持依法治校，推动治理体系和治理能力现代化

21. 完善内部治理结构，提升治理能力。坚持党委领导下的校长负责制，进一步完善"党委领导、校长负责、教授治学、民主管理"的内部治理架构。全面依法治校，推动形成以大学章程为核心，规范统一、分类科学、层次清晰、运行高效的学校制度体系。深化新时代教育评价改革，打造具有中国科大特色的教育评价体系。优化资源配置模式和审批程序，探索建立资源配置的绩效评价制度，加大资源共享，推进科研项目的全成本核算。

22. 构建科大特色的社会参与机制。多渠道筹集办学资源，坚持中央财政投入为主导的办学资源保障机制，积极探索政府对高校内涵式发展经费支持的改革和研究。进一步落实中国科学院、教育部、安徽省共建经费投入与配套机制。加强学校与国家重大区域发展战略的融合，拓展学校发展资源。充分利用校友资源，拓展社会筹资渠道。

十、打造红专并进、科教报国、追求卓越的校园文化

23. 坚定文化自信和教育自信，传承科大传统，提升学校文化软实力。贯彻落实《新时代爱国主义教育实施纲要》，深入开展爱国主义教育，弘扬科学家精神，秉承"红专并进、理实交融"的校训，围绕"潜心立德树人、执着攻关创新"，深耕科大文化传统中的品牌价值要素，不断赋予科大文化新的时代内涵。讲好科大故事，树立一流大学文化品牌形象，为建设世界一流大学营造良好舆论氛围。

凝聚共识谋发展，担当作为开新局。新征程已经开启，让我们迎接着永恒的东风，把红旗高举起来，插上科学的高峰！让我们以习近平新时代中国特色社会主义思想为指导，牢记习近平总书记的嘱托，潜心立德树人，执着攻关创新，努力办出中国特色、科大风格的世界一流大学，以优异的成绩迎接建党100周年！

燃动青春　执炬前行　做堪当民族复兴重任的时代新人

——在2021年郭沫若奖学金颁奖典礼上的讲话

校长　包信和

尊敬的各位老师、各位嘉宾，亲爱的同学们：

大家下午好！

在这春意盎然的季节，我们欢聚在美丽的科大校园，举行2021年中国科大郭沫若奖学金颁奖典礼。我谨代表中国科大全体师生员工，向荣获第 39 届、第 40 届郭沫若奖学金的 65 位同学，表示热烈的祝贺！同时，我也向远道而来的各位家长、各位中学校长和老师，以及各位来宾表示诚挚的欢迎和衷心的感谢！向长期以来对郭奖给予热情关心和大力支持的校友和社会各界朋友表示衷心的感谢！

郭沫若奖学金是以我校首任校长郭沫若先生生前交给中科院党组的 15 万元稿费设立的专项奖学金，该奖项专门用以激励科大学子勇攀科学高峰，是新中国第一个以个人名义命名的奖学金，在国内外享有崇高声誉，是每一位科大学子梦寐以求的崇高荣誉。自 1981 年第一届郭沫若奖学金颁发至今，共有 1010 位科大学子获此殊荣。在此，再一次祝贺你们加入到这个群星璀璨的集体！我校历届郭沫若奖学金获得者中，涌现了一大批杰出校友，他们在科研、教育、管理、金融、IT 等领域取得了令人瞩目的成就！比如，今天的嘉宾、首届郭奖获得者、777 校友唐明学长，他研发的颠覆性的实验室产品，攻克了重重技术难关，助力全球实验室安全提升，实现大幅节能。

俗话说，自古英雄出少年。生于 1996 年的“后浪”、我校 10 级少年班校友、第 33 届郭奖获得者曹原，本科期间在科大的学习和科研打下了坚实的基础，毕业后进入麻省理工学院继续深造，凭借着对物理的浓厚兴趣和执着的努力，在魔角石墨烯领域连续取得重大研究进展，先后在顶级期刊《Nature》《Science》上发表 8 篇文章，开辟了凝聚态物理新领域，轰动了国际学界。9312 校友、现任我校应用化学系主任、斯坦福能源中心主任崔屹带领团队发明的新型热电池、新型冷却布料、纳米电击杀菌，入选《科学美国人》评选的“十大改变世界的技术”，悄然改变着人类的生活。希望同学们以他们为榜样，凭着初生牛犊不怕虎的锐气，燃动青春，锐意创新，闯出一片新天地。

同学们，你们是与新时代同向同行、共同前进的一代，生逢盛世，肩负重任。今年，恰逢中国共产党百年华诞。一百年前，在国家民族危急存亡之际，一批有知识、有理想、有抱负的“新青年”高擎信仰的旗帜，点燃革命的星火，挑起时代的重担，披荆斩棘，执炬前行，书写了一部青年“超燃”励志创业史。百年征程波澜壮阔，百年初心历久弥坚。一百年后的今天，在全面推进中华民族伟大复兴历史伟业的关键时刻，作为新时代的新青年，作为社会主义建设者和接班人的同学们，更要立志明德，心怀“国之大者”，勇担时代大任，与国家同频共振，跑好时代的接力棒。

同学们，希望你们在前行的道路上，永葆科大人的本色，用实际行动践行“红专并进、理实交融”的校训精神，坚守“科教报国、追求卓越”的初心使命，甘当新时代“孺子牛”，不畏艰险，不怕困难，将红旗插上科学的高峰，在为祖国、为民族、为人民、为人类的不懈奋斗中，绽放绚丽之花！

谢谢大家！

科教报国　追求卓越　加快构建一流大学体系

——在学习习近平总书记考察清华大学重要讲话精神座谈会上的讲话

校长　包信和

各位同事、各位同学：

大家上午好！

今天在这里，我们再一次学习习近平总书记 4 月 19 日考察清华大学的重要讲话精神，对于深刻理解中央关于高等教育的指示精神，凝聚共识共谋发展路径，指导现阶段工作具有重要意义。总书记在清华大学的讲话强调，党和国家事业发展对高等教育，对科学研究和优秀人才培养的需要，比以往任何时候都更为迫切，要求我国高等教育要统筹“两个大局”，心怀“国之大者”，敢于担当，善于作为，为服务国家富强、民族复兴、人民幸福贡献力量。2018 年 9 月习近平总书记致我校 60 周年贺信勉励中国科大“潜心立德树人，执着攻关创新，在基础性、战略性工作上多下功夫，努力办出中国特色世界一流大学”。3 年来，学校上下牢记总书记嘱托，全面推进世界一流大学建设，各项事业取得了可喜成绩。

教育大计，百年树人。学校全面贯彻党的教育方针，始终坚持立德树人根本任务，为党育人、为国育才，培养德智体美劳全面发展的社会主义建设者和接班人。中国科大的学生培养一直有非常好的传承，始终不忘“科技报国、追求卓越”的初心使命和“红专并进、理实交融”的校训精神，形成了“基础宽厚实、专业精新活”鲜明特色。“千生一院士、八百硕博士”，我们培养的学生有些成为世界上学术界的“大先生”，在企业界、金融界、AI 界大批的校友成长为行业领军人物，为中国科大在海内外赢得了崇高盛誉。新形势下，我们一定要顺应时代发展的需求，牢记总书记在考察清华大学对广大青年学生提出的“爱国爱民、锤炼品德、勇于创新、实学实干”的要求，踏踏实实做好我们的各项工作。

本科教育是高等教育的重中之重，是人生观、世界观、价值观形成的关键时期。去年 5 月，在充分调研、论证的基础上，学校正式发布《“一流本科教育质量提升计划”行动纲领》，就是要持续夯实我们的本科生培养质量。学校加强构建高质量的思政工作体系，持续加强专兼职思政队伍建设，打造系列思政“金课”，构建思政课程和课程思政协同育人体系。学校创立本科生院，校党委任命我担任本科生院院长，一年来我和同事们一起努力，成立了面向一、二年级的四个特色本科生书院，聘请了教学名师、德高望重的教授作为书院院长，组织同学们开展丰富多彩的书院活动，为进入大学校园的学生扣好人生“第一粒扣子”。在教学上认真梳理课程体系，进一步优化“2＋X”培养体系，在不减弱数理要求的基础上，增加了计算思维，增强了选课自主性。成立通识教育中心、艺术教学中心、体育教学中心等，建设了包括哲学与社会、艺术与审美、历史与文化等在内的 8 大通识课程模块，努力提升学生的文化艺术品味，以体育人、以文化人。

服务国家需求，建设战略科技力量。总书记指出：“自力更生是中华民族自立于世界民族之林的奋斗基点，自主创新是我们攀登世界科技高峰的必由之路。”当前，国际形势风云变幻，早日实现科技自立自强是国家应对大变局的根本底气。作为大学，尤其是像中国科大这样以“科教报国、追求卓越”为初心使命的一流大学，就应该面向国家需求，想国家之所想、急国家之所急、应国家之所需，这也是心怀“国之大者”的重要内涵之一。

我校“量子 GDP”团队（郭光灿、杜江峰、潘建伟）从基础研究入手，瞄准量子科技前沿，从量子保密通信“京沪干线”到世界首颗量子科学实验卫星“墨子号”，再到量子计算原型机“九章”，在量子通信、量子计算、量子精密测量等领域取得了一系列重大突破，催生了以“国盾量子”为代表的一批量子高新技术企业，把中国科大打造成为了具有全球影响力“量子中心”，牵头建设合肥实验室，成为重要的国家战略科技力量。未来，学校将继续全力支持国家实验室建设，助力抢占量子科技制高点，引领新一轮科技革命和产业变革方向。

近年来，学校生命科学与医学成为新的学科增长点。2017 年 12 月，在各方的大力支持下，中国科大生命科学与医学部正式成立。3 年来，生医部取得了以科技抗疫“科大方案”、两获中国生命科学十大进展为代表的突出成绩，附属医院在国家卫健委公布的全国三级公立医院绩效考核中实现连续跨越式前进，跃升至全国第 24 位，彰显出“理工医交叉融合、医教研协同创新、生命科学与医学一体化发展”的“科大新医学”发展的强劲动力。面向人民生命健康，为人民谋福祉，是我们办好“科大新医学”的动力源泉。当前，我们正在积极筹建公共卫生与生物安全研究院，加快建设生物医学工程学院、中科院临床研究院、区域医疗中心，牵头组建合肥综合性国家科学大健康研究院等。我们希望能发挥在物理、化学、生命科学、材料、大数据、人工智能等方面的优势，促进理工医深度交叉融合，大力发展新医学，产出与国家需求丝丝相扣的杰出成果，服务地方医疗卫生事业，落实“健康中国”战略。

弘扬科学家精神，立志成为“大先生”。卓越的科学成就离不开强大的精神支撑。以“两弹一星”元勋为代表的老一辈科学家舍弃功名、深入茫茫戈壁，甚至献出生命。刚刚离开我们的“共和国勋章”获得者袁隆平和“中国肝胆外科之父”吴孟超，一生爱党爱国、热爱人民，以祖国和人民需要为己任，一辈子躬耕田野和服务人民健康，把科技论文写在祖国大地上。他们淡泊名利、胸怀祖国、潜心向学，是真正的“大先生”，是我们为人做事的楷模。我们向先辈致敬、向大师学习，要着眼世界学术前沿和国家重大需求，做真学问，研究真问题，做出大贡献。总书记在考察清华大学时饱含信心地说道“中国是能够培养出大师来的”，他勉励广大青年要肩负历史使命，坚定前进信心，立大志、明大德、成大才、担大任，与时代同向同行，努力成为堪当民族复兴重任的时代新人。在此，希望我们全体同学一定要牢记总书记的谆谆教诲，培根铸魂，启智润心，深刻理解和把握时代潮流、国家需要，践行科大“红专并进、理实交融”的校训精神，勇于把红旗插上科学的高峰。

坚强党的全面领导是我们建成世界一流大学的根本保证。我们要坚持以习近平新时代中国特色社会主义思想为指导，毫不动摇地坚持和加强党的全面领导，增强“四个意识”、坚定“四个自信”、做到“两个维护”。在校党委的领导下，学校各部门、各单位要以踏石有印、抓铁有痕的作风，以钉钉子的精神狠抓工作落实，一步一个脚印，以服务国家需求为最高目标，培养一流创新人才、构建一流大学体系、提升原始创新能力，突破关键科学问题，对接区域发展战略，早日办出中国特色、科大风格的世界一流大学，向总书记、党中央和人民交出满意的“科大答卷”，以实际行动向党的百年华诞献礼！

传承科大人的红色基因 在可为的时代做有为的青年

——在2021年毕业典礼暨学位着装授予仪式上的讲话

校长 包信和

亲爱的同学们、老师们，亲友们，来宾们：

大家上午好！

今天，我们欢聚在学校新落成的宏伟漂亮的体育中心，隆重举行中国科学技术大学2021年毕业典礼暨学位着装授予仪式，共同祝贺4800多名同学圆满完成学业，顺利获得学位，成功开启人生的新征途。在此，我谨代表全校教职员工，向亲爱的同学们，以及你们的亲朋好友表示最热烈的祝贺！向悉心指导你们的老师表示最衷心的感谢！

同学们，再过几天，全国人民将迎来伟大的中国共产党百年华诞。一百年前，一叶红船满载人民的重托和民族的希望，劈波斩浪、扬帆起航，成为领航中华民族行稳致远的巍巍巨轮。在风云激荡的历史大潮中，中国共产党人初心不改，从石库门到天安门，从兴业路到复兴路，坚定带领中国人民从站起来、富起来到强起来，实现第一个百年奋斗宏伟目标，创造了举世瞩目的光辉伟业。

国家的进步，镌刻着青年的足迹。很多同学都追过热播剧《觉醒年代》，在那个激情燃烧的年代，一批心怀“国之大者”的“新青年”高举信仰旗帜，点燃革命星火，挑起时代重担，书写了“超燃”的青年励志创业史。每一代青年都在时代的大潮中追寻青春的意义和生命的价值。在战火纷飞的革命年代，青年们沙场报国、救民水火、开天辟地；在百废待兴的建设年代，青年们改造山河、建功立业、改天换地；在开拓创新的改革开放年代，青年们敢闯敢试、实干兴邦、翻天覆地。

民族的未来，寄望于青春的力量。不久前，习近平总书记在清华大学考察时指出：“广大青年要肩负历史使命，坚定前进信心，立大志、明大德、成大才、担大任，努力成为堪当民族复兴重任的时代新人，让青春在为祖国、为民族、为人民、为人类的不懈奋斗中绽放绚丽之花。”同学们，你们站在“两个一百年”奋斗目标的历史交汇点，到本世纪中叶，中国将建成社会主义现代化强国，你们正逢其时，第二个百年奋斗目标将在你们手上实现，“中国的前途是你们的，世界的前途是你们的，希望寄托在你们身上”。

希望大家传承红色基因，坚守科教报国的信仰。一寸丹心图报国，今年是我们的老校长严济慈先生诞辰120周年。青年时期的严济慈怀揣“舍科学无以救国”“要使科学在中国的土地上生根”的信仰，远渡重洋赴法留学。归国后，他在极其简陋的工作条件下，发愤图强，夜以继日地从事科学研究，在压电晶体学、光谱学和大气物理学等方面取得了一系列重要成果，他精确测定的臭氧紫外吸收系数，被世界各国气象学家使用了长达30年之久。抗战时期，他毅然放弃自己热爱的基础研究工作，全力投入应用光学研究，为抗战胜利贡献了科学的力量。1958年，年近花甲的严老满腔热情回到讲台，参与筹建中国科大，将学校视为掌上明珠，立下“创寰宇学府、育天下英才”的宏愿。年逾古稀，他如愿加入中国共产党，“求得光荣的归宿”。严老是一位忠诚的爱国主义者，一生追求真理和进步，“科学之光”照亮着无数追求理想的青年前行之路。

“红专并进、理实交融”的校训精神已经深深融入每一位科大人的血脉，希望同学们坚定“科教报国”的初心和使命，将个人理想和价值追求，自觉融入党和国家的伟大事业中去，在小我和大我的碰撞融合中，不断校正个人发展的航向，成功地实现你们的人生崇高价值。

希望大家追随红色足迹，涵养自立自强的志气。东风破晓，气贯长虹。20 世纪 50 年代，面对帝国主义的核威胁、核讹诈，党中央果断决定研制原子弹、导弹、人造地球卫星，中国科大就是我党为“两弹一星”事业而创办的红色大学。近期，学校创办了中国科大与“两弹一星”纪念展，生动展现了在我校工作过的钱学森、郭永怀、赵九章、周光召等 11 位“两弹一星”功勋奖章获得者的丰功伟绩。“外国人能搞的，中国人也一定能搞”，这是先辈们的坚定信念。在经济落后、工业和科研基础薄弱、资金和设备极端困难的条件下，他们勇敢地攻克了一个个技术难关，他们成功地将一个个“不可能”变成了“可能”，实现了一个个震惊世界的伟大壮举。从第一朵蘑菇云升腾在罗布泊上空，到《东方红》乐曲响彻寰宇，再到如今的北斗、嫦娥、天宫等属于中国的“星辰”闪耀太空，“天问一号”传回高清火星影像图，“神舟十二号”顺利发射，中国航天员迈进了中国人自己的空间站，昂首步入航天强国的序列。一代代中国人正是靠着自力更生、奋发图强的不懈精神，一次次赢得世人瞩目，一步步走向世界舞台中央。希望同学们要以先辈为榜样，增强做中国人的志气、骨气、底气，心怀自立自强之志，紧密结合国家重大战略需求，找准努力方向，“敢上九天揽月，敢下五洋捉鳖”，把青春华章写在祖国大地上。

希望大家汲取红色力量，扛起舍我其谁的担当。青年强国，舍我其谁。袁隆平院士一稻济世、万家粮足，26 岁就获得《水稻的雄性不孕性》的创新突破成果，冲破了陈旧理论的束缚，证明了培育杂交水稻的理论设想的科学性和可行性，开创了在世界上具有创新意义的研究领域。他“毕生的追求就是让所有人远离饥饿”，让中国人把饭碗牢牢端在自己手里；吴孟超院士披肝沥胆、医者仁心，年轻时就立志“卧薪尝胆、走向世界”，在肝脏方寸之地破译生命密码，开创性地完成了中国第一例肝脏外科手术，创造了中国肝胆外科的无数个第一，带领中国肝胆外科迈向世界前列，把自己的一生献给了人民。

前不久，习近平总书记在“两院”院士大会的讲话中，高度称赞了科大人参与的“天问一号”火星探测，76 个光子的量子计算原型机“九章”和 62 比特可编程超导量子计算原型机“祖冲之号”成功问世，“墨子号”实现无中继千公里级量子密钥分发，“神威 · 太湖之光”首次实现千万核心并行第一性原理计算模拟等众多创新成果。今天在场的你们中就有不少人作为亲历者参与研究和攻关，你们充分展现了当代青年的聪明才智和责任担当。志不求易者成，事不避难者进。希望同学们以“孺子牛”的精神扛起舍我其谁的担当，在勇于创新中攀登科学高峰，在实学实干中肩负时代重任，为实现中华民族伟大复兴的中国梦奋力前行！

科学的瀚海辽阔深邃，祖国的未来美景可期。同学们，你们生逢盛世，肩负重任。愿你们心怀“国之大者”，传承科大的红色基因，在可为的时代做有为的青年，让青春之花绽放在祖国最需要的地方，让青春之歌在新时代响彻云天！

祝同学们前程似锦，万事如意！

谢谢大家！

擎旗奋进　努力做科技强国先锋力量

——在中国科大2021级本科新生开学典礼上的讲话

校长　包信和

亲爱的同学们、老师们、朋友们：

大家上午好！

金秋代表收获，金秋也孕育希望。今天，我们欢聚一堂，隆重举行2021级本科新生开学典礼，共同欢迎1900余名同学加入中国科大大家庭！首先，我谨代表全校师生员工，向所有努力拼搏、圆梦科大的同学们致以热烈的欢迎和衷心的祝贺，向辛勤培育你们的父母师长、悉心呵护你们的亲朋好友致以诚挚的感谢！

未来属于青年，希望寄予青年。今年是中国共产党成立100周年，"100"象征着圆满，又赋予了希望，同学们在今年进入大学校园、开启求学奋斗之路有着特殊的历史意义。百年风雨百年征程，一代代有志青年在党的领导下，以青春之我创造青春之中国，为新中国的诞生、建设和改革付出了热血和生命，为社会发展和民族复兴奠定了历史基础、铸就了时代辉煌。在庆祝中国共产党成立100周年大会上，青年们以"请党放心、强国有我"的铿锵誓言向习近平总书记庄严承诺，响亮的青春号角在天安门广场上久久激荡。今日之中国朝气蓬勃，你们作为新百年的执炬者和传薪者，一定要牢记习近平总书记的嘱托，努力将青春奋斗融入党和人民的事业，成为实现中华民族伟大复兴的先锋力量！

国有所需、我有所应。中国科大自诞生之日起就与国家同呼吸共命运，是一所为"两弹一星"事业而创办的大学，是一所"将红旗插上科学高峰"的大学，是一所"创寰宇学府、育天下英才"的大学，六十多年的红色校史映照了一代代科大人红心向党、科教报国的光辉历程。今天，同学们在欢庆成为新科大人之时，也是在新的赶考路上继往开来，擎旗奋进，争做科技强国先锋力量的新起点。在此，我向大家提三点希望，愿你们知责力行，拥抱时代，开启丰富多彩的大学生活。

希望你们勇担责任，做不忘初心、胸怀祖国的科大人。今日之中国，神舟飞天、嫦娥奔月、天宫升腾、天问探火，鼓舞了无数海内外中华儿女，这背后是汗水、是信念，更是身为中国人的责任所系、使命所向。同学们入校的时候，都收到了《百位著名科学家入党志愿书》这本书，老一辈科学家们入党誓词质朴动人、铿锵有力，他们的爱国奋斗、献身祖国的光荣事迹惊天动地、可歌可泣。我们的创校元勋、自动化系首任副主任、"七一"勋章获得者陆元九院士，在炮火连天中远渡重洋赴美留学，选择惯性导航这一前沿军事科研领域作为自己研究方向，成为世界第一位惯性导航博士。

"我是个中国人"，面对留在美国的威逼利诱，他不为所动，拒绝加入美国国籍。新中国成立后，他历经坎坷、几经辗转，终于回到祖国的怀抱。归国后，他肩扛重任、无私奉献，是世界上最早提出"回收卫星"概念的中国人，为"两弹一星"工程及航天重大工程建设作出了卓越贡献，极大地推动了我国惯性制导技术发展。在中国科大，他参与招生计划和教学大纲制订，亲自讲授专业课程，利用周末时间为学生补课，培养了一大批自动化领域杰出人才。他心怀祖国、勇担责任，将一生的心血投入到尖端航天领域，书写了为党育人、为国育才的光荣诗篇，是一位“顶天立地”的中国人！

对党和国家无限热爱、对科技攻关使命必达，早已融入我们科大人的血脉灵魂。怀抱真理，披荆斩棘，敢教日月换新天是一代代科大人践行“红专并进、理实交融”校训精神的最生动写照。希望同学们未来勇挑大梁、知责守责，努力做到心中有国、我将无我，交出一份“顶天立地”的人生答卷，书写你们的辉煌。

希望你们苦练本领，做矢志奋斗、敢于探索的科大人。古人云：黑发不知勤学早，白首方悔读书迟。考上大学只是人生的一小步，往后的人生大考需要你们携本领以担当。我们的少年班校友曹原，因发现石墨烯超导角度轰动国际学界，开辟了凝聚态物理研究的新领域，成为《Nature》杂志创刊 149 年来以第一作者身份发表论文的最年轻中国学者，前不久荣获了 2021 年凝聚态物理领域青年物理学家最高奖。

细数求学生涯，曹原校友的“开挂人生”并不只是靠运气。作为学生，他专心科研，对自己的学业有着非常清晰的规划，18 岁时便获得了我校本科生最高荣誉“郭沫若奖学金”。读博时，他毅然选择充满挑战的石墨烯超导技术作为自己的研究方向。“当实验进展不顺利时不要太过伤心，失败再正常不过”，他的实验室总是灯火通明，难题面前的失败困扰，并没有给这个开朗的大男孩带来阴霾。反而，通过发展爱好、沟通交流，他不断地纾解压力，在研究工作上取得了一系列重大突破，这背后饱含着选择、毅力与实干。

当今社会，上大学不是进入保险柜，不等于万事大吉。科学技术迅猛发展的今天，苟日新、日日新、又日新。希望同学们在接下来的时间里，不仅仅成为“梦想派”，更要成为“行动派”，认真做好求学之路的规划，努力发扬科大人“孺子牛”的牛劲，苦练本领、充实自我，勇闯科研无人区和深水区，在奋斗中挑起重担，在探索中追求卓越。

希望你们拥抱时代，做紧跟时代、开放包容的科大人。以“科教报国”为己任的中国科大，始终坚守为党育人为国育才的初心使命，紧跟时代、开放办学，培养了一大批各行各业领军人才。特别是近年来，科大人在基础数学、量子科技、凝聚态物理、天文学、化学与材料、地球科学、人工智能、生命科学与医学等多领域取得重大突破，书写一个又一个科大奇迹。

在北京初创时，中国科大创造性践行“全院办校、所系结合”的办学方针，实行理工结合，为“两弹一星”事业培养尖端人才。改革开放后，从首创少年班、研究生院，到建成我国高校中第一个大科学装置——同步辐射加速器，再到开放办学派出大批师生出国进修，中国科大始终引领时代风气之先。新时代以来，学校从原创科技成果蓬勃涌现，到参与建设国家战略科技力量；从“悟空号”“墨子号”翱翔九天，到“托珠单抗＋常规治疗”为抗疫提供科技支撑，置身时代浪潮中的科大人更加自信、更加开放、更加包容。

每一所学校都有自己的品格和气质，这些终将融入她的学生的生命。作为科大人，我们在开放中兼容并蓄、在包容中坚守底线，努力在时代的潮头拥抱未来。希望同学们在未来几年的求学生涯中砥砺精神，以优秀的学兄学姐、师兄师姐们为榜样，博闻广识、增强心智，发现志趣、挖掘潜能，在探索世界科技前沿中找准时代定位，在解决国家战略难题中实现自立自强，努力做拥抱时代的科大人。

同学们，习近平总书记对广大青年提出了殷切期望，立大志、明大德、成大才、担大任，努力成为堪当民族复兴重任的时代新人。希望你们牢记总书记嘱托，在中华民族的伟大复兴之路上，擎旗奋进，努力做科技强国的先锋力量，把红旗插上科学的高峰！

最后，祝同学们在中国科大学习愉快、生活愉快、梦想成真！

谢谢大家！

在巡视整改工作动员部署会上的讲话

校长　包信和

各位同事：

大家下午好！

根据党中央统一部署，今年共派出了15个中央巡视组，对教育部和31所中管高校开展了第七轮常规巡视。5月9日至7月5日，中央第二巡视组对我校党委开展了为期2个月的巡视，对选人用人工作、落实意识形态工作责任制情况进行专项巡视，对附属医院进行延伸调研，对成果转化工作进行专题调研。

习近平总书记听取了中央第七轮巡视综合情况汇报，并发表重要讲话，他对教育工作和高等教育发展取得成绩给予了肯定，同时深刻指出了中管高校在加强政治建设、落实立德树人根本任务、执行党委领导下的校长负责制、做好新时代意识形态工作、深化从严管党治校、加强班子队伍和基层党组织建设等6个方面存在的不足，对抓好巡视整改落实和成果运用作出重要指示，提出严肃要求。9月2日，中央巡视工作领导小组召开了集中反馈会议，校领导和相关部门负责人参加了视频会议。9月3日，中央第二巡视组来校"一对一"反馈，对学校提出了6个方面的主要问题，并对学校下一步整改工作提出了明确要求，待会儿舒书记会代表党委作重要指示，下面就巡视整改工作，我想提几点要求：

一、坚持和加强党的领导，进一步提高政治站位。要坚决贯彻落实习近平总书记关于中央巡视工作的重要指示精神，尤其是要聚焦总书记指出的6个方面存在的不足，要按照中央巡视工作领导小组关于巡视整改工作要求，把抓好巡视整改作为重要政治任务，全面贯彻落实党的领导，增强"四个意识"、坚定"四个自信"、做到"两个维护"。

教育是党之大计、国之大计。立足两个大局，党和国家事业发展对高等教育的需要，对科学知识和优秀人才的需求，比以往任何时候都更为迫切。中国科大是中国高等教育的排头兵，正在朝着中国特色、科大风格的世界一流大学迈近，服务国家需求始终是我们的最高追求。

今天在座的都是中层以上管理干部，有不少还是"双肩挑"的干部，你们是学校的中流砥柱，承上启下，一定要对"国之大者"有责无旁贷的使命担当，要主动适应新时代要求，促进内涵式高质量发展。

二、强化巡视整改落实，做好巡视的"后半篇文章"。习近平总书记多次强调：巡视发现问题的目的是解决问题，发现问题不解决，比不巡视的效果还坏。做好巡视的后半篇文章，关键要在整改上发力。

刚才蒋一书记对整改工作进行了详细部署，会后学校会印发详细的整改任务清单等，各单位要结合巡视发现的问题，把自己摆进去，把工作摆进去，把职责摆进去，按照巡视整改方案明确的问题清单、任务清单和责任清单，全力以赴集中攻坚，确保各项整改任务真改、实改、彻底改。责任领导和责任部门负责人要层层传递压力、层层压实责任，部门之间要紧密配合，要以钉钉子精神持续抓好各项任务的推进，确保各项整改任务高质量高标准完成。以整改为契机，强化举一反三，类似的问题严查严改，以巡促改、以巡促建、以巡促治，建立和完善长效机制，将巡视整改成效转化为推动学校改革创新发展的强大动力。

三、坚决贯彻严的主基调，营造风气气正的校园环境。习近平总书记指出，教育领域全面从严治党取得了一定成效，但责任压力传导还不到底，严的氛围还没有完全形成。中央巡视组反馈了我校在关键岗位、重点领域的廉洁问题，作风建设问题；从意识形态的角度反馈部分教师师德师风出现问题；从选人用人的角度反馈干部日常监管存在薄弱环节。总体而言，领导干部落实“一岗双责”还有不足，廉政建设还有差距，纪委落实监督责任还有短板。相关单位要对巡视指出问题、风险，有针对性的加强监督，健全权力运行监督制约机制。各位领导干部要以身作则、加强作风建设，教师要言行雅正、为人师表，共同营造良好的校风、学风，为世界一流大学建设提供环境保障。

四、综合用好巡视成果，加快建设中国特色、科大风格的世界一流大学。通过巡视和整改，发现问题、解决问题，目的都是为了提高学校的治理能力、完善治理体系，推动学校办学治校工作取得新进步。因此，在压实整改责任、如期高质量完成整改任务的同时，也要考虑综合运用好巡视成果，推动学校各项事业进步。

习近平总书记指出，高校的中心工作是教书育人，根本任务是立德树人。立德树人是一个系统工程，涉及思政、教材、教学、校园文化建设等方方面面，必须从政治上高度重视。中央巡视组从思政教育、教材建设、“五育并举”几个方面反馈了我校的突出问题。相关单位要结合问题，深入实施“一流本科教育质量提升行动纲领”和“研究生教育德创领军人才培养计划”，加强学生思政教育，打造高水平思政课程，引导师生弘扬老一辈科学家精神，传承红色基因，厚植家国情怀，践行精忠报国。学校要高度重视教材建设，打造培根铸魂、启智增慧的精品教材，发挥少年班学院拔尖人才培养作用，构建德智体美劳全面培养的教育体系。

关于科技创新工作，中央巡视组反馈学校各学科协调发展和组织攻克关键核心技术用力不够，科技创新服务经济社会发展还有不足。我希望相关单位、每一位科研人员，都认真地思考，如何立足自身工作，践行坚持“四个面向”，基础研究还是要坚持问题导向，尤其要面向国家需求；应用基础研究更要勇于攻克关键核心技术，很多“卡脖子”关键技术问题，根子还是基础理论研究不够；有应用前景的研究要想办法把他转化成经济效益，推动经济社会发展，学校已经建立了比较成熟的成果转移转化的政策和体系。相关单位要抢抓机遇，闻令而动，围绕国家的战略需求，比如“双碳”、“深空探索”、国防军工等领域精心组织力量，以重点科研平台和重大项目为牵引，促进各学科融合发展，百花齐放。

最后，希望大家进一步增强巡视整改工作的责任感、使命感，将巡视整改与“十四五”规划实施、“双一流”建设、教育评价改革结合起来，扎实推进各项工作。中秋佳节将至，借此机会祝愿大家节日愉快，也提醒大家，如有出行计划，务必做好疫情防控。

创寰宇学府　育天下英才

——纪念严济慈先生诞辰 120 周年

校长　包信和

尊敬的维华副委员长、尊敬的建国院长，严济慈先生的亲属和好友，各位领导、各位来宾：

大家上午好！

今天，我们在这里隆重举行纪念严济慈先生诞辰 120 周年座谈会暨严济慈教育思想研讨会，深切缅怀和追思我们尊敬的老校长严济慈先生，瞻仰他的光辉业绩，追忆他的人生之旅，探讨他的科学、教育思想，以此来纪念严济慈先生。严老是我国著名物理学家和教育家，是我国现代物理学研究开创人和光学仪器工业的奠基者之一，“让科学研究在中国大地生根”是他一生为之奋斗的理想。他关心学生和同事们成长，不遗余力提携后学，为国家培养了大批卓越的科技人才。

1958 年，严老担任中国科学技术大学筹备委员会委员，自此近 40 年历任学校副校长、校长、名誉校长等职。1978 年，中国科大研究生院在北京正式成立，严老出任中国首个研究生院的首任院长。1979 年，严老与李政道联合发起、共同建立了中美联合招考赴美物理研究生项目 CUSPEA，培养年轻的物理学留学人才。

1988 年，中国科大建校 30 周年之际，严老亲自为学校题词：“创寰宇学府，育天下英才。”这一题词寄托了老校长的深情厚望，成为学校发展的宏伟目标。

严老所说的“创寰宇学府”，就是要坚持创新立校，办出中国特色、科大风格的世界一流大学。

中国科大是一所因创新而屹立的大学，始终以创新立校、以创新为魂。1980 年，严老根据自己在科大上台执教的经历和思考，在《人民教育》上发表了《谈谈读书、教学和做科学研究》一文，认为科研工作最大的特点在于探索未知，必须有所创新，创新是做学问的核心。这一思想深刻地影响着科大发展，从光量子计算机到“九章”量子计算原型机，从“科大新医学”到“托珠单抗”的“科大方案”，从“墨子”“悟空”卫星到“天问一号”火星探测器，建校 60 余年来，中国科大始终不忘“科教报国，追求卓越”的初心使命，立足世界科技前沿，聚焦国家重大战略需求，执着攻关创新，在量子信息、高温超导、单分子科学、人工智能、纳米材料等领域创造了一系列世界瞩目的原始创新成果。

严老所说的“育天下英才”，就是要潜心立德树人，培养德智体美劳全面发展的社会主义建设者和接班人。

严老认为中国科大必须办出特色，他提出要办一个国际上没有的 00 班，入学不分专业，鼓励学生重视基础课学习，打牢数理基础，进一步拓宽知识面。他提倡大学的教学和科研要结合起来，实现教学相长，推动研究所和学校各系之间的深入合作。严老的这些教育思想深刻地引领着学校的办学理念，是科大“基础宽厚实、专业精新活”“两段式、三结合、长周期”的人才培养模式以及“精品办学、精英教育”办学特色的渊源，而少年班、科技英才班和百分百自由选专业等措施，已成为科大人才培养的名片。自2019年起，学校在总结严老等先辈们60余年办学成果的基础上，历经一年多的广泛研讨、凝聚共识，制定了《中国科学技术大学“一流本科教育质量提升计划”行动纲领》，力争在本科教育领域续写辉煌，再谱新篇。

严老始终以科大为家，视科大为“掌上明珠”。1991年12月，91岁的严老不顾漫天飞雪的恶劣天气，虽然行动不便，但仍然坚持要回到学校，参加国家同步辐射实验室在合肥举行的国家鉴定和验收仪式。在仪式上，他动情地说：“我今年过了90岁，很少出远门，但是我特别喜欢来安徽，回科大。到科大，我就觉得年轻多了，因为中国科大是安徽省和全国人民以及中国科学院的骄傲，也是我的掌上明珠，我每次来都看到她放出新的光彩。”

严老的一生是追求真理的一生，是献身科学和教育事业的一生，是为党和人民事业奋斗不息的一生，是我们学习的楷模。斯人已去，思想长存。我们永远怀念敬爱的老校长，大力弘扬他爱国奉献、淡泊名利的崇高品德，严谨求实、科学民主的优良作风，专心治学、献身科学的钻研精神，培养人才、甘为人梯的高尚情操，努力在实践中将他的科学和教育思想不断发扬光大。

下一步，学校将贯彻落实习近平总书记关于中国科大的系列重要指示精神，在中科院的坚强领导下，潜心立德树人，执着攻关创新，坚持“四个面向”，努力办出中国特色、科大风格的世界一流大学，为中科院全面实现“率先行动”计划任务目标增添动能，为建设世界科技强国贡献力量，不负严老的谆谆教导和殷切期望。

最后，春节将至，预祝大家在新的一年里，身体健康，工作顺利，和顺致祥，幸福美满！

谢谢大家！

发扬“孺子牛”精神，把红旗插上科学高峰

——中国科学技术大学校长包信和在全国科技工作会议上的发言

基础研究是科学之本和创新之源，是建设世界科技强国的基石。习近平总书记在去年的科学家座谈会上强调：“我们要把原始创新能力提升摆在更加突出的位置，努力实现更多‘从0到1’的突破。”加强原始创新是增强竞争新优势的关键，也是在新一轮激烈的国际竞争中把握战略主动的机遇所在。

中国科大是为“两弹一星”事业而创办的一所大学，“科教报国、追求卓越”始终是科大人坚守的初心和使命。60多年来，学校紧紧围绕国家发展战略，勇于创新、敢于超越、力争一流，在基础性、原创性工作方面做了一些有益尝试和探索。

一、优化布局，构筑卓越创新体系

中国科大牢记习近平总书记的嘱托，在基础性、战略性工作上多下功夫，着力优化学科布局，确立了基础学科加快“率先一流”建设，“新工科”“新医学”和“特色文科”持续推进的学科发展战略。“科大新医学”坚持“理工医交叉融合、医教研协同创新，生命科学与医学一体化发展”的理念，疫情暴发后，学校将多年的免疫学研究基础应用到临床，创新性地提出了“托珠单抗＋常规治疗”的“中国科大方案”，列入国家第七版、第八版诊疗方案在全国推广，

并应用于20多个国家，为全球科技抗疫贡献硬核力量，受到了国家表彰。

学校从促进学生全面发展、推动自然科学进步、坚定文化自信的角度，高度重视人文学科的发展，结合中国科大自身特色，打造"科"字当头的"特色文科"，与"理工医"深度交叉融合，成为引领科研"无人区"探索的指路明灯，推动科学研究跨越式发展。

二、鼓励创新，营造良好学术生态

学校始终坚持创新立校，尊重首创精神，"潜心基础研究，敢啃硬骨头"已融入到科大人的血液里。陈仙辉院士在铁基超导领域甘心坐"冷板凳"，"十年磨一剑"，终于问鼎国家自然科学一等奖。陈秀雄、王兵教授从写作到发表历时11年，在国际顶级数学期刊发表长篇论文，成功证明了两个国际数学界20多年悬而未决的核心猜想。这些都是科大潜心基础研究的真实写照，集中体现了科大人的"孺子牛"精神气质和"把红旗插上科学高峰"的科研志向。

三、学科交叉，培育新兴研究方向

新一轮科技革命和产业变革加速演进，新的学科分支和新增长点不断涌现，学科深度交叉融合势不可挡。合肥微尺度物质科学国家研究中心作为典型的多学科交叉平台，通过体制机制创新，整合物理、化学、材料、生物和信息的研究力量，聚焦微观尺度科学，学科充分交叉融合，形成了量子信息、单分子科学、纳米科技等十多个重要研究方向，取得了一系列重大原创性成果，荣获了2项国家自然科学一等奖，11项国家自然科学二等奖，16次入选"中国十大科技进展新闻"，彰显了学科交叉的强劲动力，孕育了学科发展无限生机。

四、厚积薄发，催生新兴产业发展

今年是中国科大量子起航二十年，科大"量子GDP"团队（郭光灿、杜江峰、潘建伟）从基础研究入手，瞄准量子科技前沿，从量子保密通信"京沪干线"到世界首颗量子科学实验卫星"墨子号"，再到量子计算原型机"九章"，在量子通信、量子计算、量子精密测量等领域取得了一系列重大突破。在党中央和相关部门的信任和指导下，团队作为核心科技力量，参与国家战略科技力量建设。变革性技术催生新兴产业，中国科大催生了一批量子技术企业，打造了具有全球影响力"量子中心"，生动诠释了科教报国的使命和担当。

进入"十四五"，我们踏上了全面建设社会主义现代化国家的新征程。我们将全面贯彻落实习近平总书记关于中国科大发展的系列重要指示精神，在科技部、中科院、教育部和安徽省的坚强领导下，坚持"四个面向"，潜心基础研究，执着创新攻关，努力取得新的、更大的成绩，为建设世界科技强国贡献中国科大力量，以优异成绩迎接中国共产党建党100周年。

在合肥国家实验室建设工作座谈会上的讲话

校长　包信和

尊敬的锦斌书记、清宪省长、昌尔主席、黄卫副部长、克强秘书长，尊敬的向阳书记、建伟主任，各位领导、各位同事：

大家上午好！

在合肥国家实验室成立一周年之际，我们重温习近平总书记贺信，了解实验室的相关工作进展情况，倍感振奋、备受鼓舞。中国科学技术大学是合肥国家实验室的重要参建单位之一，我谨代表中国科大对合肥国家实验室成立以来取得的成绩表示热烈的祝贺，向关心、支持实验室建设和发展的上级部门、省市地方各级领导、相关单位表示衷心的感谢！

党中央历来高度重视科技创新工作，党的十八大以来，坚持把创新作为引领发展的第一动力；进入"十四五"，全面开启建设现代化国家新征程，更是把创新放在我国现代化建设全局中的核心地位。习近平总书记在全国科技创新大会、"两院"院士大会等重要会议上多次提出要发挥新型举国体制优势，强化国家战略科技力量。国家实验室位于国家战略科技力量的金字塔尖端，是统筹国家发展和安全的"定海神针"，是实现高水平科技自立自强、构建新发展格局的重要保证。合肥国家实验室是我国首批首个正式挂牌的新型国家实验室，这体现了党中央的关心和厚爱，更体现出对量子科技的信任和期待。经过一年的建设发展，在科技部、中科院、安徽省等各方的支持下，合肥国家实验室聚焦量子科技发展，整合创新资源和优势力量，创新协同攻关体制机制，取得了一系列的重要成果，对新型实验室建设、深化科技体制改革具有重要的借鉴意义。

中国科大是一所具有"红色基因"的大学，建校 60 多年来，始终坚持"科教报国、追求卓越"的初心使命，为党育人、为国育才，把服务国家需求作为最高追求。一年来，学校全力支持合肥国家实验室建设，我和建伟主任代表双方共同签署了"战略合作协议"，在人员交流互聘、学生培养、资源共用、成果共享等方面建立了长效合作机制。中国科大派出了一支高素质的管理干部队伍，全面参与实验室的人事、科技、财务、资产等工作的设计、规划；有相关领域的 200 多位教授、研究员正在履行双聘的手续；双方共同建设未来技术学院，着力培养引领未来发展的技术创新领军人才；谋划共建科研平台，推动仪器设备共享。此外，安徽省、合肥市在高层次人才住房、基础教育等方面给予了学校和实验室极大的支持，确保人才引得来、留得住。可以说，中国科大和合肥国家实验室的合作已步入正轨，渐入佳境。

下一步，中国科大将持续深化落实习近平总书记关于科大的系列重要指示精神，潜心立德树人、执着攻关创新，在基础性、战略性工作上多下功夫，努力办出中国特色、科大风格的世界一流大学。同时，学校还会不遗余力地支持合肥国家实验室建设和发展。我相信，在党中央和国务院的亲切关怀下，在科技部、中科院和安徽省的悉心指导下，合肥国家实验室一定会不负重托，抢占量子科技制高点，形成量子科学的国际引领优势，发展成为体现国家意志、实现国家使命、代表国家水平的战略科技力量，为我国建设世界科技强国作出应有的贡献。

智汇安徽　才聚江淮
全力打造高水平人才中心和创新高地
——在安徽省人才工作会议上的讲话

校长　包信和

尊敬的栅洁书记、清宪省长、各位领导：

大家下午好！

我非常荣幸作为高校代表参加安徽省人才工作会议，并结合中国科大的人才工作向各位领导作汇报、交流。

今年9月，中央人才工作会议胜利召开，习近平总书记在会上指出，人才是衡量一个国家综合国力的重要指标。国家发展靠人才，民族振兴靠人才。要加快建设世界重要人才中心和创新高地；要深化人才发展体制机制改革；要打造大批一流科技领军人才和创新团队；要下大力气全方位培养、引进、用好人才。总书记的重要指示为我们新时代人才工作指明了发展方向，提供了根本遵循。安徽省委省政府高度重视人才工作，省第十一次党代会报告提出"切实全方位培养引进使用人才。坚持人才引领发展的战略地位，大力实施人才强省战略"。10月8日，栅洁书记上任伊始就来到科大专程调研人才工作，12月3日，栅洁书记来校宣讲十九届六中全会精神，提出四个"全力支持"，广大师生反响强烈，倍感鼓舞。清宪省长也先后多次来校调研和指导人才工作。在此，我代表中国科大全体师生向省、市各位领导对学校长期以来的关心和支持表示衷心的感谢。

中国科大是党中央为"两弹一星"事业而创办的红色大学，历来重视人才工作。建校之初，以"全院办校、所系结合"为办学方针，汇聚了钱学森、华罗庚、郭永怀等一大批大师，23位两弹一星"功勋奖章"获得者中，有11人曾在中国科大任教。南迁合肥后，中国科大率先开放办学，选拔优秀学生、优秀青年教师出国学习、进修，他们学成归来后成为学校发展的中坚力量。进入新世纪，国家启动海外高层次人才引进计划，学校抢抓机遇，率先部署，青年人才入选人数连续4年位居全国第一。2018年建校60周年之际，习近平总书记亲致贺信，对学校取得的办学成绩给予了充分肯定，并对我们努力办出中国特色世界一流大学寄予厚望：中国科大坚持红专并进、理实交融的校训，敢为人先，锐意进取，培养了大批德才兼备的优秀人才，取得了一系列举世瞩目的科研成果，为党和国家事业发展作出了重要贡献。

近年来，学校深入贯彻落实习近平总书记对中国科大的系列指示批示精神以及关于新时代人才工作的新理念、新战略、新举措，充分发挥高水平研究型大学国家队作用，坚持党管人才原则，坚持人才强校主战略，努力做好引进、培养和使用人才。目前，学校拥有一支高水平师资队伍，在编教师1400余人，"两院"院士、国家杰青等国家级高层次人才530余人，占比达38%，位居国内高校首位。

中国要建成世界重要人才中心，中国大学必须担负历史重任，心怀国之大者，全力打造高水平人才中心和创新高地，下面我结合学校实际谈几点想法。

一、聚天下英才而用之，打造汇聚人才的强磁场

1. 优越的引才政策是人才工作的坚实基础。近年来，安徽省相继出台了“江淮英才计划”“科学中心人才10条”等人才政策，涵养了近悦远来的人才发展环境。学校坚持全球引才，统筹用好国家、省市各层次引才计划，着力打造国际一流的高水平师资队伍。学校充分发挥海外校友的优势，通过组织海外宣讲、举办“墨子论坛”等多种渠道，全方位招引高层次人才，引才的质量和数量实现“双提升”。2016年以来，学校从海外引进人才400余人；国家创新人才计划青年项目设立以来，中国科大入选总人数位居全国第四。海外引进的人才已经成为推动学校事业发展的核心力量。

2. 一流的科研平台是人才成长的事业舞台。学校充分发挥重大平台的牵引作用，吸引和培养了一大批杰出学者。“十三五”期间，我校“两院”院士增选人数，杰青、优青入选人数均位居“双一流”高校前三。平台促进人才成长，人才推动平台发展。近年，学校引进凝聚态物理领域著名学者封东来教授，推动合肥先进光源预研工作，经过大家的共同努力，先进光源项目成功立项，获批国家“十四五”重大科技基础设施，他本人也于今年当选中科院院士。我们相信在省市持续支持下，合肥先进光源能汇聚更多人才团队，服务地方经济社会发展。

二、立足科技自立自强，夯实人才自主培养

3. 人才自主培养是实现高水平科技自立自强的根基。学校坚持潜心立德树人，深入实施“一流本科教育质量提升计划”行动纲领、研究生教育“德创”领军人才培养计划，践行“基础宽厚实，专业精新活”人才培养理念，形成拔尖创新人才自主培养的“科大模式”。近年来，学校坚持科教融合的办学特色，与中科院合肥物质科学研究院、苏州纳米所等多家研究院所共建科教融合学院，形成了以人才培养、学科建设、科学研究为核心内涵的“科教融合、所系结合”新模式。近五年，我校博士研究生有35%留在安徽就业，为安徽的科创提供了强有力的人才保障。前不久，在省市大力支持下，我们成功举办了“全球科大人”创新创业大赛，吸引了240余项双创项目，为安徽省创新发展战略贡献了科大人的创新力量。

三、人才聚合引发创新聚变，引领地方产业升级

4. 科技创新是引领产业发展的原动力。近年来，学校在量子通信、人工智能、深空探测、“双碳”、新材料、生物医药等领域汇聚一大批高水平科研团队，产出了一系列重大原创性成果。创新于我校的语音成果，孕育了以科大讯飞为代表的一批人工智能企业，造就了“中国声谷”；发轫于我校的量子成果，打造出国盾量子、本源量子、国仪量子“三驾马车”，形成了具有全球影响力的“量子中心”。近期，学校和国家航天局、安徽省共同谋划建设深空探测实验室，未来将吸引更多的航天领域海外顶尖人才，助力合肥打造国际航天高地。此外，我们以“赋权改革试点”为契机，出台优惠政策，鼓励科技成果优先在皖转化，为安徽的产业转型升级提供强大科技支撑。

5. “科大硅谷”是推动区域经济发展的新引擎。我们全力配合省市建设“科大硅谷”，服务安徽省“三地一区”建设。中国科大知名校友除了供职于国内外顶尖研究机构外，很多人活跃在高新技术企业、金融和IT行业，美国旧金山、西雅图、洛杉矶等地工作创业的科大校友超过6600人，上交所科创板科大校友企业上市市值占比达10%，人工智能领域独角兽企业，科大系占据半壁江山。未来，我们希望配合省市一起，共同吸引更多的校友高新企业逐梦合肥，圆梦安徽。

人才是第一资源，为了做好新时代人才工作的高校答卷，我想结合实际提两点建议：一是建立安徽省顶尖人才计划，遴选一批活跃在创新创业一线的战略科学家，在项目经费、奖励津贴、事业平台等方面给予全力支持和个性化保障；二是优化外籍高端人才来皖工作政策体系，营造国际化的社会软环境，提升海外人才在皖工作便利度、舒适度，增强获得感、幸福感。

智汇安徽，才聚江淮！中国科大将持续深入贯彻落实习近平总书记在中央人才工作会议上的重要讲话精神，奋力打造具有重要影响力人才中心和创新高地。我坚信，安徽因人才更精彩，人才因安徽更出彩！

谢谢大家！

六、文件选辑

中国科学技术大学2021年党委工作要点

（党字〔2021〕24号）

2021年是中国共产党成立100周年，是第一个百年奋斗目标的实现之年，也是“十四五”规划的开局之年。在学校党代会2020年年会暨十届二次教代会广泛征求意见建议、2021年春季务虚会充分研讨的基础上，校党委深入研究了今年的主要工作，明确了指导思想和工作重点。2021年校党委工作的指导思想是：以习近平新时代中国特色社会主义思想为指导，深入贯彻落实党的十九大和十九届二中、三中、四中、五中全会精神，增强“四个意识”、坚定“四个自信”、做到“两个维护”，以党的政治建设为统领全面推进党的建设，贯彻落实习近平总书记关于中国科大系列重要指示精神，潜心立德树人，执着攻关创新，加快建设中国特色、科大风格的世界一流大学，以优异成绩庆祝中国共产党成立100周年。

一、深入学习贯彻落实党的十九届五中全会精神，积极谋划学校“十四五”发展

1. 深入学习贯彻落实习近平新时代中国特色社会主义思想，在校内开展党的十九届五中全会精神集中宣讲，确保将全会精神传达到每一位师生员工。（主要责任单位：党委宣传部）

2. 紧扣“潜心立德树人、执着攻关创新”两大核心任务，开展习近平总书记考察中国科大五周年回顾、贯彻落实习近平总书记重要指示批示情况总结工作。（主要责任单位：党政办公室、党委宣传部）

3. 以十九届五中全会精神和国家、中国科学院“十四五”规划为指导，高质量完成学校“十四五”规划编制，探索建立学校“十四五”规划执行落实的监督和评价机制。（主要责任单位：发展和改革办公室）

二、扎实开展党史学习教育，巩固“不忘初心、牢记使命”主题教育成果，持续落实高校党建重点任务

4. 在全校开展党史学习教育，激励全体师生员工不忘初心、牢记使命，在新时代不断加强党的建设。开展庆祝中国共产党成立100周年系列活动，做好“两优一先”表彰工作，增强广大党员的荣誉感和责任感。（主要责任单位：党委宣传部、党委组织部）

5. 贯彻落实《中共中国科学技术大学委员会关于巩固深化“不忘初心、牢记使命”主题教育成果的实施意见》，督促检查各级党组织问题整改落实情况和专项整治情况，持续巩固深化主题教育成果。（主要责任单位：党委组织部）

6. 坚持党对学校的全面领导，巩固深化全国党建工作示范高校培育创建成果，持续开展党建“双创”工作，努力形成一批党建工作品牌。积极开展“基层组织提升年”活动和“四强”党支部创建工作。召开发展党员工作专项会议，加大在大学生、优秀人才中发展党员力度。树立大抓基层的鲜明导向，深化党建与中心工作深度融合，抓实“三会一课”和主题党日，抓好党务工作者多层级精准培训，全面提升基层党建工作水平。（主要责任单位：党委组织部）

7. 深入贯彻落实新时代党的组织路线，以建设政治过硬、具备领导现代化建设能力的干部队伍为关键，以正确用人导向引领干事创业导向。持续落实《2019—2023 年全国党政领导班子建设规划纲要》，不断优化中层班子结构、增强整体功能。扎实开展干部教育培训，加强后备干部队伍建设，做好关键岗位干部交流轮岗，开展校内挂职锻炼，坚持从严管理监督干部。（主要责任单位：党委组织部）

三、坚持依法治校，推动学校治理体系和治理能力现代化

8. 坚持和完善党委领导下的校长负责制，贯彻落实《中国科学技术大学领导班子工作规则（试行）》，完善党委全委会议、党委常委会会议、校长工作会议等议事决策机制，坚持上级部门和学校重大决策部署、会议决议事项落实情况的督导和报告制度。（主要责任单位：党政办公室）

9. 全面依法治校，落实《教育部关于进一步加强高等学校法治工作的意见》。启动“治理能力提升年”行动，推进制度的废改立工作，加快形成以大学章程为核心，规范统一、分类科学、层次清晰、运行高效的学校制度体系。深入推进政治机关建设和模范机关创建专项工作，持续加强机关效能建设。成立高新园区管理机构，确保高新园区顺利启用，探索多校区协调运行的合理机制。加强异地机构建设和管理。（主要责任单位：党政办公室、机关党委）

10. 学习贯彻落实《中国共产党普通高等学校基层党组织工作条例》，进一步完善院级党组织党委会会议、党政联席会议议事规则，组织开展交流和培训，切实推动各院级单位治理体系和治理能力现代化。（主要责任单位：党委组织部）

四、深化教育评价改革，为落实“潜心立德树人、执着攻关创新”两大核心任务提供良好保障

11. 落实《深化新时代教育评价改革总体方案》，完善工作任务清单，明确责任单位，加快推进学校教育评价改革工作。（主要责任单位：学校深化新时代教育评价改革领导小组、工作组）

12. 深化人事制度改革，坚决“破五唯”，健全符合岗位特色的分类评价机制，做到人尽其才、才尽其用。坚持党管人才，强化师德师风建设，把建设政治素质过硬、业务能力精湛、育人水平高超的高素质教师队伍作为学校的基础性工作。积极选树和宣传优秀教师典型，充分发挥先锋模范典型带动作用。（主要责任单位：党委教师工作部、人力资源部）

13. 深入实施“一流本科教育质量提升计划”行动纲领、研究生教育“德创”领军人才培养计划，打造高质量人才培养体系。深化“三全育人”综合改革，提升思想政治工作质量，建立研究生思想政治工作体系，实施《中国科学技术大学关于加快构建思想政治工作体系的方案》。加快马克思主义学院建设，配齐建强思政课教师队伍，深化思想政治理论课改革创新，探索思政课程和课程思政有机结合。发挥共青团的价值引领作用，加强对学生会、研究生会、学生社团和青年志愿服务组织的领导，促进青年学生成长成才。（主要责任单位：学生工作部（处）、本科生院、研究生院、团委、马克思主义学院）

14. 加强基础研究，执着攻关创新，建设国家战略科技力量。坚持“四个面向”，制定《关于加强执着攻关创新工作的指导性意见》，激发科研活力，提升创新能力。加强各级各类学术组织建设，充分发挥各级各类学术组织的作用，严把学术质量关、严把科研道德关，打造风清气正的学术科研环境。（主要责任单位：科研部）

五、落实意识形态工作责任制，做好新闻宣传工作，营造良好舆论氛围

15. 围绕庆祝中国共产党成立100周年、党史学习教育和习近平总书记考察中国科大五周年等重大选题，组织开展系列理论学习和宣传活动，大力弘扬“两弹一星”精神和老一辈科学家精神，拍摄相应题材微电影，利用“报网微端屏”全媒体传播矩阵和展览阵地，提升学校办学声誉和社会影响力。（主要责任单位：党委宣传部）

16. 落实意识形态工作责任制，健全意识形态工作会商和应急管理机制，加强各类意识形态阵地管理，做好对二级党组织意识形态工作的监督和指导。（主要责任单位：党委宣传部）

17. 完善网信工作体制机制，加强制度建设，做好网站和信息系统清查工作，推进全面落实网络安全等级保护制度。（主要责任单位：网信办、网络信息中心）

18. 加强爱国主义教育，整合全校爱国主义教育资源，打造爱国主义教育体系。建设档案文博院，推进档案馆、校史馆、博物馆三馆合一工作，系统构建科大文化养成、研究和传播体系。（主要责任单位：党委宣传部、档案文博院）

六、加强党风廉政建设，推动全面从严治党向纵深发展

19. 落实全面从严治党的党委主体责任，坚持开展“不忘初心、牢记使命”主题教育“回头看”暨中央专项巡视整改落实情况“再总结”工作，定期召开全校警示教育大会，认真落实党风廉政建设和反腐倡廉责任制，督促落实“一岗双责”，推动全面从严治党向纵深发展。持之以恒落实中央八项规定精神，持续整治“四风”，营造风清气正的良好氛围。（主要责任单位：党政办公室、纪委办公室监察处）

20. 落实全面从严治党的纪委监督责任，根据中管高校纪检监察体制改革精神和要求，试点派驻纪检专员或纪检工作组，着力破解“熟人社会”监督难题，打造一支政治素质高、专业化能力强、敢于善于监督的纪检干部队伍。聚焦“潜心立德树人”，深入推进廉洁教育，厚植校园廉洁文化根基。持续巩固“三转”，主动强化专责监督和再监督职能，完善权力运行和监督制约机制。（主要责任单位：纪委办公室监察处）

21. 深入贯彻落实中央关于巡视巡察工作的部署和要求，坚定不移深化政治巡察，完成校内巡察全覆盖任务，持续提升巡察质效。不断完善巡察制度体系，主动对接上级巡视机关，探索构建巡视巡察上下联动的工作格局。结合我校实际，有针对性地开展专项巡察、“机动式”巡察和“回头看”。进一步强化巡察整改落实，认真做好巡察“后半篇文章”。（主要责任单位：党委巡察工作办公室、党委组织部、纪委办公室监察处）

七、抓好常态化校园疫情防控工作，坚决防范化解重大风险

22. 落实党中央、国务院关于疫情防控的决策部署和安徽省、中国科学院、教育部的工作要求，按照“党委统一领导、党政齐抓共管、部门联防联控、校院上下协同、师生全面覆盖”的工作机制，充分发挥“两个作用”，科学精准抓好校园疫情防控，确保师生员工生命健康安全。（主要责任单位：学校疫情防控暨应急处置工作领导小组、工作组）

23. 坚持底线思维，增强忧患意识，做好校园维稳、实验室安全、食品卫生等工作，提高防范化解风险的能力。落实学校保密工作责任制。加强保密宣传教育，组织开展重点人群保密教育轮训，做好保密审查和检查，杜绝各类泄密事件的发生。（主要责任单位：保卫与校园管理处、饮食服务集团、保密办公室）

八、加强统战和离退休工作，支持工会建设，巩固脱贫成效，做好对口支援

24. 深入学习贯彻《中国共产党统一战线工作条例》精神，组织召开座谈会、专题报告会、主题实践教育活动等，开展政治共识教育，共同庆祝中国共产党成立 100 周年。推进实施"1421 计划"，加强党外代表人士队伍建设。加强部门联动，做好侨务和民族宗教工作，形成工作合力。（主要责任单位：党委统战部）

25. 充分发挥工会的作用，围绕庆祝中国共产党成立 100 周年举办系列活动，引领广大教职工听党话、跟党走。深化工会改革创新，完善工会精准服务体系建设，组织实施教职工疗休养、购买教职工补充医疗保险等，保护和促进教职工的身心健康，增强凝聚力和向心力。（主要责任单位：工会）

26. 持续做好离退休党建工作，利用关工委、老科协、老年大学、金秋艺术团、老年体协五大平台，送温暖、办实事，不断提升离退休教职工服务管理质量和水平。（主要责任单位：离退休干部工作处）

27. 坚决贯彻落实党中央关于巩固拓展脱贫攻坚成果、全面推进乡村振兴的决策部署，做到"四个不摘"，继续做好各项帮扶工作，为贵州省六枝特区、安徽省金寨县龙马村巩固脱贫成效、推进乡村振兴奠定坚实基础。（主要责任单位：扶贫开发工作领导小组办公室）

28. 深化对口支援工作机制，按照精准支援、合作共赢的工作思路，进一步加大支援力度，助力对口支援高校综合实力提升。（主要责任单位：党政办公室）

中国科学技术大学 2021 年行政工作要点

（校字〔2021〕37 号）

2021 年是中国共产党成立 100 周年，是第一个百年奋斗目标的实现之年，也是"十四五"规划的开局之年。在学校党代会 2020 年年会暨十届二次教代会广泛征求意见建议、2021 年春季务虚会充分研讨的基础上，学校深入研究了今年的主要工作，明确了指导思想和工作重点。2021 年学校行政工作的指导思想是：以习近平新时代中国特色社会主义思想为指导，深入贯彻落实党的十九大和十九届二中、三中、四中、五中全会精神，增强"四个意识"、坚定"四个自信"、做到"两个维护"，贯彻落实习近平总书记关于中国科大系列重要指示精神，潜心立德树人，执着攻关创新，为学校"十四五"发展开新局、谋新篇，努力办出中国特色、科大风格的世界一流大学，以优异成绩庆祝中国共产党成立 100 周年。

一、积极谋划学校"十四五"发展，加快"双一流"建设

1. 以十九届五中全会精神和国家、中国科学院"十四五"规划为指导，高质量完成学校"十四五"规划的编制，探索建立学校"十四五"规划执行落实的监督和评价机制。（主要责任单位：发展和改革办公室）

2. 启动"双一流"建设新周期，以第五轮学科评估为契机，进一步凝练学科发展方向，持续优化学科布局，推动各学科协调发展。启动实施基础学科深化建设行动，努力实现基础学科率先一流，继续推动科大"新医学""新工科""特色文科"建设。（主要责任单位：发展和改

革办公室、研究生院）

3. 积极拓展科教融合模式的学科校外发展空间，进一步完善集人才培养、学科建设、科学研究、队伍建设四位一体的“所系结合、科教融合”体系，持续巩固优势学科地位，促进潜力学科提升，推动战略新兴学科发展，服务学校“双一流”建设。（主要责任单位：研究生院）

二、潜心立德树人，健全“五育并举”的人才培养体系

4. 落实《深化新时代教育评价改革总体方案》，完善工作任务清单，明确责任单位，加快推进学校教育评价改革工作。（主要责任单位：学校深化新时代教育评价改革领导小组、工作组）

5. 提升思想政治工作质量，实施《中国科学技术大学关于加快构建思想政治工作体系的方案》，深化“三全育人”综合改革。加快马克思主义学院建设，配齐建强思政课教师队伍，深化思想政治理论课改革创新，探索思政课程和课程思政有机结合。（主要责任单位：学生工作部（处）、教务处、研究生院、团委、马克思主义学院）

6. 深入实施“一流本科教育质量提升计划”行动纲领，修订人才培养方案，建强本科生院，逐步打造特色书院，不断完善大类教育、专业培养的“2＋X”培养模式。坚持“因材施教、个性化培养”理念，办好少年班学院、各类英才班，持续优化拔尖创新人才培养体系。充分发挥各级团学组织作用，打造更多校园文化品牌活动。（主要责任单位：本科生院、少年班学院、团委）

7. 推进实施研究生教育“德创”领军人才培养计划，启动研究生教育教学重大成果培育工程，做好学位授予质量监控，构建研究生培养质量保障体系。加快德创导师学校建设，构建导师分类聘用管理和评价机制。加强科教融合学院、所系结合研究生培养基地建设。（主要责任单位：研究生院）

8. 加强创新创业学院建设，以双创基金、双创大赛为抓手，汇聚各类资源，开发高质量双创教育课程和教材，组建“双创导师工作室”，打造具有中国科大特色的双创教育体系。（主要责任单位：创新创业学院、团委）

9. 面向国家战略需求，结合学校发展实际，不断完善“强基计划”，谋划设立少年班“少年数学英才班”、未来技术学院，探索在更多省开展“三位一体”综合评价录取。实施硕士研究生招生考试初试科目改革，部分基础学科继续试点直博招生并适时扩大范围。统筹推进考试中心建设，逐步实现招考分离。（主要责任单位：招生就业处、研究生院）

10. 加强毕业生就业指导和服务体系建设，鼓励就业渠道多元化。扩大与国防军工、重点地区、重点单位的合作，做好选调生工作，引导更多毕业生赴西部和基层就业，探索国际化就业，提升毕业生的初次就业率和就业质量。（主要责任单位：招生就业处）

三、执着攻关创新，构建“四个面向”的卓越创新体系

11. 加强基础研究，执着攻关创新，建设国家战略科技力量。做好重大任务组织和管理，实施关键核心技术攻关工程，深入谋划推进国家重点研发计划，提前布局“量子通信和量子计算机”“新一代人工智能”“脑科学与类脑研究”等科技创新 2030-重大项目，做好“精准化学”“粒子和空间物理探测”等中国科学院先导专项的组织和培育。加强科研平台分类建设，积极参与国家实验室、合肥综合性国家科学中心建设，加快合肥综合性国家科学中心人工智能研究院、大健康研究院、能源研究院及中国科学院临床研究医院（合肥）等建设，推动国家重点实验室的重组和新建，建设国家级应用数学中心（安徽），筹建中国科学院精准化学、先进智能计算卓越创新中心。推动大科学装置集群建设，谋划启动合肥先进光源建设，推进大视场巡天望远镜、超级陶-粲装置（STCF）预研等工作。建设前沿技术研究院，加强战略高技术领域的统筹规划和需求引导。（主要责任单位：科研部、发展和改革办公室）

12. 优化学术生态，制定《关于加强执着攻关创新工作的指导性意见》。修订科研绩效管理办法，设立重大成果培育基金，健全以创新能力、质量、实效、贡献为导向的综合学术评价体系。加强科研诚信建设，健全科研诚信管理制度和工作机制。加强各级各类学术组织建设，充分发挥各级各类学术组织的作用，推动学术交流和科学普及。整合校内期刊资源，建设期刊中心，打造高质量科技期刊。（主要责任单位：科研部）

四、坚持人才强校主战略，打造一流师资队伍

13. 大力做好高层次人才引进工作。拓宽引才渠道，健全引才工作奖励机制，组织第五届"墨子·云论坛"学术品牌活动，吸引海外优秀青年人才加盟。用好引才政策，做好优青海外项目、中国科学院人才计划等推荐申报工作，加强与国家实验室协同引才，健全大师讲席、客座（兼职）教授等引智政策，注重引进急需人才，推动各学科均衡发展。积极争取省市、中国科学院的资源支持，解决优秀人才住房待遇。（主要责任单位：人力资源部）

14. 做好青年人才培养，加强聘期制人才队伍建设，统筹实施墨子杰出青年特资津贴、中国科学院特别研究助理资助等项目，做好"选聘—聘期管理—终期考核"全流程管理，支持聘期制科研人员成长。（主要责任单位：人力资源部）

15. 稳步推进学术荣誉体系教师队伍建设，建立人才全学术生命周期内的荣誉晋升和激励机制。做好首批讲席教授的评审及聘用工作，适时启动首批杰出讲席教授聘用工作，遴选出一批在教学、科研、社会服务等方面取得突出成绩的专家学者。（主要责任单位：人力资源部）

16. 深化人才分类评价改革，理顺各类人员的晋升通道和发展方向，推进教学科研、管理、支撑三支队伍协调发展。完善以教学科研岗为主体，兼有教学岗和科研岗的多元教师岗位分类管理体系和考核评价机制。推进管理岗位定岗定编，探索轮岗交流制度，完善职员制度，建设一支精干高效的管理队伍。建立不同系列的支撑岗位聘用管理机制，探索推行聘期制工程技术人员管理制度，建设一支保障有力的支撑队伍。（主要责任单位：人力资源部）

17. 深化人事分配制度改革，建立与学校发展水平和特点相适应的岗位绩效工资制度。坚持岗位分类管理，不断健全完善以岗位分类评价为核心的绩效考核与收入分配机制。（主要责任单位：人力资源部）

五、坚持国际视野、开放办学，不断提升国际化水平

18. 构建人才培养、师资引进、课程建设、国际宣传、科研国际合作五位一体的"大外事"格局，不断提升学校国际化水平。制定 USTC Fellowship 章程，打造 USTC Fellowship 品牌，为提升学校国际化水平提供资源保障。加强对外宣传，持续推进英文网站和海外社交媒体建设，办好 2021APRU 大学联盟科研副校长年会。以承接外事审批权为契机，推进外事服务的制度化、信息化、专业化。（主要责任单位：国际合作与交流部、国际学院）

19. 健全国际学院实体化运行体系，加快国际学院建设。精准定向筛选优质生源，招收优质留学生。积极拓展来访暑期夏令营、暑期学校、学期交换、科研实习等项目，吸引优质国际生源来校交流。完善专业英文课程建设，力争在多个一级学科领域建立与国际接轨的全英文学位课程体系。提升留学生“精细化”管理，培养知华友华爱华的留学生。（主要责任单位：国际合作与交流部、国际学院）

六、加快园区规划建设，深化后勤综合改革，持续改善办学环境

20. “十二五”建设项目验收交付使用，全面完成东区物质科学教研楼、综合体育中心项目竣工结算审计工作，确保西区特种实验楼、国家同步辐射实验室新光源预研科研用房项目竣工投入使用。加快推进“十三五”规划项目合肥综合性国家科学中心协同创新交叉研究平台三个项目及上海量子信息技术协同创新平台项目建设。推进中国科学院临床研究医院（合肥）、国际交流中心设计与建设；高新园区一期部分建成并逐步投入使用。启动“十四五”园区规划设计，推进高新园区二期学生宿舍、食堂和教学楼以及东区少年班学院大楼、地下停车库的项目立项和方案设计。（主要责任单位：基本建设处）

21. 深化后勤社会化改革，加强信息化建设，提升后勤服务水平。健全阳光采购管理机制，规范固定资产管理。改革公用房管理体系，加强周转房调配管理，努力满足教职工用房需求。持续改善就餐条件，为师生提供更优质丰富的餐饮服务。统筹发挥附属第一医院和校医院的保障职能，为师生提供更优质的健康医疗卫生服务。实施校园平安工程，加强校园环境综合治理。关心和改善离退休老同志生活。（主要责任单位：资产与后勤保障处、保卫与校园管理处、离退休干部工作处、附属第一医院、校医院、饮食服务集团）

七、争取优质办学资源，服务国家战略和区域经济社会发展

22. 对接国家重大战略，推动校地合作。立足长三角，建强上海研究院，加快苏州高等研究院规划建设，深化先进技术研究院法定机构建设试点，服务区域经济社会发展。打造具有科大特色的教育基金会、校友（总）会品牌形象，充分利用校友和社会资源，拓宽筹资渠道。加快基础教育集团内涵式发展，探索多方共建合作办学的新模式。（主要责任单位：党政办公室、发展和改革办公室、对外联络与基金事务处、上海研究院、苏州高等研究院、先进技术研究院、基础教育集团）

23. 加快科技成果转移转化，推进校企改革，加快科技成果赋权改革落地。扎实推进各类国家级技术转移孵化平台建设，优化学校科技成果使用、处置与收益分配工作，鼓励科技成果优先省内转化。建立“立足合肥、覆盖安徽、辐射全国”的技术转移转化网络体系，助力合肥打造“量子中心”和“科大硅谷”。（主要责任单位：科技成果转移转化办公室、中科大资产经营有限责任公司、先进技术研究院）

八、坚持依法治校，推动学校治理体系和治理能力现代化

24. 坚持和完善党委领导下的校长负责制，贯彻落实《中国科学技术大学领导班子工作规则（试行）》，完善党委全委会议、党委常委会会议、校长工作会议等议事决策机制，坚持上级部门和学校重大决策部署、会议决议事项落实情况的督导和报告制度。（主要责任单位：党政办公室）

25. 全面依法治校，落实《教育部关于进一步加强高等学校法治工作的意见》。启动“治理能力提升年”行动，推进制度的废改立工作，加快形成以大学章程为核心，规范统一、分类科学、层次清晰、运行高效的学校制度体系。强化学校法务力量，加大事关学校声誉、形象、品牌、商标等无形资产权益的宣传和保护。（主要责任单位：党政办公室、机关党委）

26. 成立高新园区管理机构,确保高新园区顺利启用,探索多校区协调运行的合理机制。加强异地机构建设和管理。(主要责任单位:党政办公室、机关相关部门)

27. 优化资源配置,将省部级及以上科研平台基础条件改造纳入学校综合预算支持范围。强化绩效引导,探索建立资源配置的绩效评价制度,持续盘活存量资金。修订学校内部审计工作规定,扎实开展扶贫资金专项审计、财务收支审计、科研经济业务真实性合法性审计,施工过程造价跟踪审计以及专项审计,以审促改,建立长效监督机制。(主要责任单位:财务处、审计处)

28. 加强公共服务支撑体系建设。优化公共实验中心软硬件条件,加快平台提升、技术提升与服务提升。通过高新园区图书馆建设,带动校本部三座馆舍的空间再造和功能重新定位,进一步增强其服务学校教学和科研的能力。以做好数据中心、数字中台、服务聚合、网络安全四大工程为切入点,建设"数智一体"的智慧校园,为师生提供便捷、全面的一站式信息服务。(主要责任单位:公共实验中心、图书馆、网络信息中心)

关于学校领导班子成员工作分工的通知

(党字〔2021〕81 号)

各院级党组织、附属医院党委,机关各部门:

根据工作需要,校党委近期对学校领导班子成员分工进行了调整,经党委常委会会议研究,并向上级党组织报备,学校领导班子成员工作分工如下:

党委书记舒歌群:主持并全面领导学校党委工作。兼任教育基金会理事长、校务委员会主席。负责统战、党委巡察工作。

校长包信和:主持并全面领导学校行政工作,履行学校法定代表人的职责。兼任本科生院院长、校友会会长。负责教学、招生就业、审计工作,分管审计处。

常务副校长潘建伟:兼任研究生院院长。负责师资队伍建设、量子信息与量子科技创新研究院暨中国科大高新园区总体工作,分管上海研究院。

党委常务副书记蒋一:兼任党委组织部部长。负责党的建设、干部、人事工作,分管党委组织部、党委教师工作部、人力资源部。

党委常委、副校长朱长飞:兼任机关党委书记。负责校地合作和公共关系、校友、保密工作,协助国家实验室建设工作,分管党政办公室、对外联络与基金事务处、保密办公室、北京教学与管理部、档案文博院。

党委常委、副校长王晓平:负责资产、后勤保障与服务、基本建设、安全保卫、校园综合治理、物业管理工作,分管资产与后勤保障处、基本建设处、保卫与校园管理处、饮食服务集团、校医院以及后勤保障与服务相关单位。

副校长杨金龙:兼任合肥物质科学研究院副院长。负责学位与研究生教育、所系结合和科教融合工作,分管研究生院、校学位委员会办公室、所系结合和科教融合办公室。

党委常委、副校长杜江峰:兼任国际学院院长、苏州高等研究院院长。负责外事工作、公共服务体系，分管国际合作与交流部（含港澳台办公室）、图书馆、网络信息中心、公共实验中心、苏州高等研究院。

党委副书记、纪委书记毕金初：负责纪律检查工作，协管党委巡察工作。主持纪委工作，分管纪委办公室监察处、党委巡察工作办公室。

党委常委、副校长罗喜胜：负责发展与规划、科学研究、军民融合、实验室及科研平台、质量体系建设工作，分管发展和改革办公室、发展规划处、科研部。

党委副书记傅尧：兼任党委宣传部部长、高新园区党工委书记。负责新闻宣传、校园文化、学生管理、团学、创新创业、离退休干部、工会工作，以及定点帮扶工作，分管党委宣传部（新闻中心）、党委学生工作部、学生工作处、党委人民武装部、离退休干部工作处、工会、团委、创新创业学院。

党委常委、总会计师黄素芳：负责财务管理和会计核算、资产登记管理工作，以及所属分支机构的财务监督和指导，分管财务处。

党委常委褚家如：兼任党委统战部部长、苏州高等研究院执行院长。主持苏州高等研究院日常工作，分管党委统战部、民主党派办公室。

校长助理吴枫：兼任先进技术研究院法定代表人、高新园区建设与管理委员会主任。负责科技合作和科技成果转移转化、经营性资产工作，分管科技成果转移转化办公室、先进技术研究院、北京研究院、资产经营有限责任公司、出版社。

校长助理周丛照：兼任教务长。协管本科教学、招生就业，负责基础教育工作，分管教务处、招生就业处、基础教育集团。

特此通知。

中共中国科学技术大学委员会
2021 年 7 月 11 日

中共中国科学技术大学委员会关于深入学习贯彻习近平总书记在清华大学考察时重要讲话精神的通知

（党字〔2021〕55 号）

各院级党组织、附属医院党委，机关各部门：

2021 年 4 月 19 日，习近平总书记到清华大学考察并发表重要讲话。深入学习贯彻习近平总书记重要讲话精神，对于切实落实“潜心立德树人、执着攻关创新”两大核心任务，建设中国特色、科大风格的世界一流大学，着力培养德智体美劳全面发展的社会主义建设者和接班人，具有十分重要的意义。现就有关要求通知如下。

一、深刻领会习近平总书记重要讲话精神的丰富内涵和重大意义

习近平总书记在清华大学考察时的重要讲话是一篇指导新时代高等教育改革发展的纲领性文献，深刻揭示了新时代高等教育的历史使命，科学概括了建设世界一流大学的任务要求，对广大青年学生和教师提出了殷切期望和谆谆教导。党的十八大以来，以习近平同志为核心的党中央高度重视教育工作，把教育摆在优先发展战略地位。习近平总书记在治国理政中，对教育工作提出了一系列富有创见的新理念新思想新观点，系统回答了一系列方向性、全局性、战略性重大问题，形成了习近平总书记关于教育的重要论述，标志着我们党对教育规律的认识达到了新高度，为推进新时代教育改革发展提供了强大思想武器。

这些重要论述是一个有机整体，集中体现了习近平总书记对社会主义大学办学规律、教书育人规律、科技创新规律、学生成长规律的深刻把握，是习近平新时代中国特色社会主义思想的重要内容，具有很强的战略性、政治性、思想性和针对性，为办好新时代中国高等教育提供了根本遵循、指明了前进方向。全校上下要把学习宣传和贯彻落实习近平总书记在清华大学考察时重要讲话精神、关于中国科大系列指示精神和一系列重要论述作为当前和今后一个时期的首要政治任务，锚定习近平总书记指明的目标奋力前行，聚焦习近平总书记划出的重点真抓实干，善用习近平总书记教给的方法开拓进取，遵照习近平总书记明确的提点攻坚克难，推进我校改革发展各项事业高质量发展。

二、以“单元式”学习为抓手，切实把习近平总书记关于高等教育的新任务新要求落到实处

学习贯彻习近平总书记重要讲话精神和一系列重要论述，必须突出重点、整体推进，围绕有关高等教育发展、改革和高校青年、师德、党建五个单元，不断推动各项工作向纵深发展。

1. 学好“发展”单元：更加坚定信心，全面把握大势，更好善作善成。习近平总书记指出：“新中国成立以来，我国高等教育办学规模、培养质量、服务能力实现历史性跃升，特别是党的十八大以来，我国高等教育与祖国共进、与时代同行，创造了举世瞩目的发展成就。”办好新时代高等教育，在目标定位上，习近平总书记强调：“高等教育要抓住历史机遇，紧扣时代脉搏，立足新发展阶段、贯彻新发展理念、服务构建新发展格局。”“想国家之所想、急国家之所急、应国家之所需。”在方法路径上，习近平总书记指出：“不求最大、但求最优、但求适应社会需要。”“把发展科技第一生产力、培养人才第一资源、增强创新第一动力更好结合起来。”在攻关重点上，习近平总书记强调要培养一流人才方阵，构建一流大学体系，提升原始创新能力，用好学科交叉融合的“催化剂”。要以习近平总书记有关重要要求为指引，在基础性、战略性工作上下功夫，加快中国特色、科大风格的世界一流大学建设步伐，要完善学校创新体系，勇于攻克“卡脖子”的关键核心技术，加强产学研深度融合，促进科技成果转化，要瞄准学科前沿和关键领域，持续推进科大“新工科”“新医学”“特色文科”建设。

2. 学好“改革”单元：坚持守正创新，全面迸发活力，做到蹄疾步稳。习近平总书记充分肯定了高校在全面深化教育领域综合改革所取得的成效，强调“把深化改革作为强大动力”。在改革方向上，习近平总书记强调：“全面贯彻党的教育方针，紧扣落实立德树人根本任务深化教育改革，努力构建德智体美劳全面培养的教育体系。”在改革方法上，习近平总书记指出：“增强教育改革的系统性、整体性、协同性。”在改革重点上，习近平总书记强调：“围绕建设高质量教育体系，以教育评价改革为牵引，统筹推进育人方式、办学模式、管理体制、保障机制改革。”“坚持开放合作。”要以习近平总书记有关重要要求为指引，持续向改革要动力、向开放要活力。要全面贯彻落实《深化新时代教育评价改革总体方案》，尊重教育规律和人才成长规律，坚决破除“五唯”顽瘴痼疾，推动教育理念、教育评价、教育管理等不断完善，推进学校治理体系和治理能力现代化。要着力推进国际合作与交流，深化国际人文交流基础，以更加开放共享的理念参与构建人类命运共同体，共同迎接挑战，增进人类福祉。

3. 学好“青年”单元：落实立德树人，全面成长成才，勇于担当大任。习近平总书记高度重视青年学生成长发展，在时代定位上，习近平总书记强调：“当代中国青年是与新时代同向同行、共同前进的一代，生逢盛世，肩负重任。”在群体特点上，习近平总书记指出：“当代青年思想活跃、思维敏捷，观念新颖、兴趣广泛，探索未知劲头足，接受新生事物快，主体意识、参与意识强。”在为人为学上，习近平总书记殷切期望“树立为祖国为人民永久奋斗、赤诚奉献的坚定理想”“如饥似渴、孜孜不倦学习，既多读有字之书，也多读无字之书，注重学习人生经验和社会知识”“坚持德智体美劳全面发展”。要以习近平总书记有关重要要求为指引，深入推进理想信念教育、持续深化爱国主义教育、全面开展党史学习教育，引导学生坚定信仰信念。注重培育高尚品格，教育引导广大青年学生懂得为人先于为学的道理，切实用好开学典礼、毕业典礼等途径深入引导青年自觉树立和践行社会主义核心价值观。大力培养过硬本领，教育引导青年学生注重实学实干，自觉增强严谨求学、勇于创新的精神，努力学习掌握科学知识，面向世界科技前沿、面向经济主战场、面向国家重大需求、面向人民生命健康开展科研攻关，矢志为国攀登科技高峰，奉献更多智慧和力量。不断提升学生综合素质，重视体育和美育，大力开展劳动教育，促进学生德智体美劳全面发展。

4. 学好“师德”单元：全面做好示范，践行初心使命，更好教书育人。习近平总书记高度重视教师队伍建设，多次强调教师是立教之本、兴教之源，是教育工作的中坚力量，是国家富强、民族振兴、人民幸福的重要基石；谆谆嘱咐广大教师要教书育人，育人重于教书，要成为“大先生”，做学生为学、为事、为人的示范。在理想信念上，习近平总书记强调：“教师要始终同党和人民站在一起，自觉做中国特色社会主义的坚定信仰者和忠实实践者。”在道德修为上，习近平总书记指出：教师要“有道德情操”“保持家国情怀，心里装着国家和民族”。在素质能力上，习近平总书记强调：教师要“有扎实学识”“研究真问题，善于学习新知识、新技术、新理论”。要以习近平总书记有关重要要求为指引，持续深化教师队伍建设。加强师德师风建设，落实好《新时代高校教师职业行为十项准则》，完善教师荣誉表彰制度体系，开展好师德传统教育、师德榜样教育。加强教师政治把关、理论学习、国情教育、实践锻炼、人文关怀等工作，引导广大教师践行育人使命，把“培根铸魂、启智润心”的理念融入教育的各领域、全过程。完善高质量教师培养体系，深化人事制度改革，引导广大教师不断提高教育教学和科研水平以及社会服务能力，为国家和区域发展贡献力量。

5. 学好“党建”单元：加强政治建设，落实全面领导，夯实基层党建。习近平总书记多次强调：“必须毫不动摇坚持和加强党对高校的全面领导。”“以政治建设为统领全面加强高校党建工作。”在加强党对高校的全面领导上，习近平总书记指出：“要坚持党管办学方向、党管改革发展、党管干部、党管人才、党管意识形态，从组织上、制度上、机制上确保高校党组织的领导地位。”在加强高校党的政治建设上，习近平总书记强调：“要以政治建设为统领。”“切实提高政治判断力、政治领悟力、政治执行力。”在夯实高校基层党建上，习近平总书记指出：“高校党的基层组织建设要适应高校发展趋势，遵循高校特点和规律，创新体制机制，改进工作方式。”要以习近平总书记有关重要要求为指引，不断加强学校党的建设工作，推动构建高质量党建工作体系。强化院级党组织和师生党支部政治功能，把党的集中统一领导落实到办学治校全过程各方面。加强政治建设要在提升政治判断力、政治领悟力、政治执行力上下功夫，把政治标准和政治要求贯穿学校党的建设始终，落实好意识形态工作责任制，强化干部考核评价。提升学校基层党建要在质量水平上下功夫，坚持抓基层强基础，推动基层党建示范创建和质量创优，充分发挥基层党支部的战斗堡垒作用，更好教育管理党员，有效引领带动师生，不断激发师生的积极性和创造性，全面增强基层党组织生机活力。加强全面从严治党要在强化责任监督上下功夫，纵深推进全面从严治党，持之以恒正风肃纪，建立巡视整改长效机制，打好作风建设持久战。

三、迅速掀起学习贯彻习近平总书记重要讲话精神热潮

全校各级党组织要以高度的政治责任感，把学习贯彻习近平总书记重要讲话精神作为重大政治任务，加强组织领导，落实工作责任，抓紧抓实，确保成效。

1. 及时开展学习研讨。要迅速组织开展学习研讨，做到及时跟进学、原原本本学、联系实际学。要组织开展学习贯彻大讨论，将习近平总书记重要讲话作为党委会、党委理论学习中心组学习、干部培训的重要内容，通过座谈会、主题班会、党团日活动等多种形式，引导全体党员干部、青年师生主动开展体系式学习，广泛开展融合式讨论。

2. 融入党史学习教育。要把习近平总书记重要讲话作为党史学习教育的重要内容，纳入党史学习教育的总体安排，以习近平总书记重要讲话精神为指引，增强“干实事”“解难事”“谋大事”“创新事”“长本事”的思想自觉和行动自觉。要聚焦“一流大学建设”“一流人才培养”“一流教师队伍建设”要求，对照习近平总书记在党史学习教育动员大会上重要讲话，对照习近平总书记关于教育的重要论述，对照习近平总书记关于中国科大系列重要指示精神和给高校师生一系列重要贺信回信精神，积极研究发掘百年来党对教育的领导史、党对青年学生的教育培养史、高校党的建设制度史和思想政治工作史等，切实做到学讲话、感党恩、促发展、见行动。

3. 广泛做好宣传研究。要结合实际情况，不断创新学习方式方法，深入挖掘好的经验做法，用富有时代特色和广大青年师生喜闻乐见的鲜活方式做好宣传，迅速营造良好氛围，掀起学习高潮。学校有关学科、专家应围绕办好中国特色世界一流大学、培养社会主义合格建设者和接班人等重大理论和现实问题，对习近平总书记重要讲话精神进行全方位、深层次、多角度的研究阐释。

4. 切实加强组织领导。各级党组织要切实担负起领导责任，主要负责同志要承担起第一责任人职责，紧密结合工作实际，紧密联系广大青年师生的思想实际，开展好学习研讨，学做结合推动改革攻坚，加强日常指导，定期开展督导，将学习成效切实转化为推动学校各项事业改革发展的动力。

中共中国科学技术大学委员会

2021 年 5 月 23 日

关于成立档案文博院的通知

（校字〔2021〕24号）

各院、系、重点科研机构、直属单位、附属医院，机关各部门：

为“构筑历史记忆、传承大学文脉”，逐步构建多馆并存，具有科大风格的档案、校史、文博“三位一体”的工作体系，经2021年2月4日校党委常委会会议研究，决定整合设立档案文博院，现档案馆、校史馆和博物馆归口档案文博院统一管理。同时，为了更好履行相关职能，做好与上级机关及社会各界的工作对接，保留档案馆、校史馆、博物馆的场馆机构和名称。

档案文博院为正处级建制，撤销档案馆的正处级建制，档案馆、博物馆现有人员纳入档案文博院统一管理。

特此通知。

中国科学技术大学
2021年2月4日

关于成立中国科学技术大学期刊中心的通知

（校科字〔2021〕29号）

各院、系、重点科研机构、直属单位、附属医院，机关各部门：

为统筹学校学术期刊建设，促进全校学术期刊发展，助力学校“双一流”建设，提升学校学术影响力，经2021年2月3日校长工作会议研究，决定成立中国科学技术大学期刊中心，挂靠科研部。

特此通知。

中国科学技术大学
2021年3月2日

关于成立实验室安全办公室的通知

（校办字〔2021〕78号）

各院、系、重点科研机构、直属单位、附属医院，机关各部门：

为切实加强学校实验室安全管理，积极防范化解重大风险，保障学校各项事业的安全发展，经2021年4月30日校党委常委会会议研究，决定成立实验室安全办公室(副处级建制，与保卫与校园管理处合署办公)。

实验室安全办公室负责建立健全学校实验室安全管理制度，开展实验室安全评估、检查和整改督导，组织和监督各学院、重点科研机构开展实验室安全管理、教育培训。

特此通知。

中国科学技术大学

2021年5月19日

关于成立未来技术学院的通知

(校字〔2021〕117号)

各院、系、重点科研机构、直属单位、附属医院，机关各部门：

根据《教育部办公厅关于公布首批未来技术学院名单的通知》(教高厅函〔2021〕16号)，学校入选首批未来技术学院建设高校名单。经2021年6月25日校长工作会议审议、党委常委会会议研究，决定成立未来技术学院，打造学校体系化、高层次未来技术人才培养平台，加快中国特色、科大风格的世界一流大学建设。

特此通知。

中国科学技术大学

2021年7月11日

关于成立中国科学技术大学知识产权信息服务中心的通知

(校办字〔2021〕124号)

各院、系、重点科研机构、直属单位、附属医院，机关各部门：

为深入实施国家创新驱动发展战略，完善知识产权信息公共服务网络，提升学校创新能力，支持学校“双一流”建设，经2021年6月18日校长工作会议审议、党委常委会会议研究，决定成立中国科学技术大学知识产权信息服务中心，挂靠图书馆。

特此通知。

中国科学技术大学

2021年7月23日

关于成立中国科学技术大学碳中和研究院的通知

（校字〔2021〕176 号）

各院、系、重点科研机构、直属单位、附属医院，机关各部门：

为进一步服务国家“碳达峰、碳中和”战略目标，强化学校作为国家战略科技力量的使命担当，充分发挥学校基础研究深厚、学科交叉和科教融合的优势，汇聚科研力量开展协同攻关，经 2021 年 10 月 13 日校长工作会议、10 月 26 日党委常委会会议研究，决定成立中国科学技术大学碳中和研究院，推动基础研究向实际应用转化和工程示范推广。

特此通知。

中国科学技术大学

2021 年 11 月 16 日

关于成立网络安全和信息化办公室的通知

（党字〔2021〕136 号）

各院级党组织、附属医院党委，机关各部门：

为进一步建立健全网络安全和信息化工作体系，不断加强和改进网络意识形态工作，加快智慧校园建设，经 2021 年 11 月 11 日校党委常委会会议研究，决定在网络安全和信息化领导小组办公室基础上，成立网络安全和信息化办公室（与党政办公室合署办公）。

特此通知。

中共中国科学技术大学委员会

2021 年 11 月 11 日

关于成立苏州高等研究院党委的通知

（党组字〔2021〕19 号）

各院级党组织、附属医院党委，机关各部门：

为加强基层组织建设和党员教育管理，经 2021 年 2 月 4 日校党委常委会会议研究，决定成立中共中国科学技术大学苏州高等研究院委员会。

特此通知。

中共中国科学技术大学委员会
2021 年 2 月 10 日

关于成立中共中国科学技术大学高新园区工作委员会的通知

（党组字〔2021〕85 号）

各院级党组织、附属医院党委，机关各部门：

为加强学校高新园区基层党组织建设和党员教育管理，经 2021 年 7 月 14 日校党委常委会会议研究，决定成立中共中国科学技术大学高新园区工作委员会。

特此通知。

中共中国科学技术大学委员会
2021 年 7 月 19 日

关于地球和空间科学学院所属系更名的通知

（校字〔2021〕39 号）

各院、系、重点科研机构、直属单位、附属医院，机关各部门：

为推动地球和空间科学等相关学科建设与发展，经 2021 年 3 月 17 日校长工作会议研究决定，学校对地球和空间科学学院所属系进行更名：

原“地球物理与行星科学技术系”更名为“地球物理与空间科学技术系”；

原“地球化学与环境科学系”更名为“地球化学与行星科学系”。

特此通知。

中国科学技术大学
2021 年 3 月 23 日

关于撤销管理学院党委下属党总支的通知

（党组字〔2021〕43号）

各院级党组织、附属医院党委，机关各部门：

经2021年4月30日校党委常委会会议研究，决定撤销中共中国科学技术大学管理学院本科生总支部委员会、中共中国科学技术大学管理学院研究生总支部委员会，相应负责人职务自然免去。

特此通知。

中共中国科学技术大学委员会

2021年5月8日

七、规章制度

中国科学技术大学党史学习教育实施方案

（党字〔2021〕30号，2021年3月28日）

在全党开展党史学习教育，是党中央立足党的百年历史新起点、统筹中华民族伟大复兴战略全局和世界百年未有之大变局、为动员全党全国满怀信心投身全面建设社会主义现代化国家而作出的重大决策。为深入学习贯彻习近平新时代中国特色社会主义思想，巩固深化“不忘初心、牢记使命”主题教育成果，从党的百年伟大奋斗历程中汲取继续前进的智慧和力量，根据《中共中央关于在全党开展党史学习教育的通知》和习近平总书记在党史学习教育动员大会上的重要讲话精神，结合中国科学院、教育部、安徽省有关文件精神，联系学校实际，特制定本方案。

一、目标要求

坚持以马克思列宁主义、毛泽东思想、邓小平理论、“三个代表”重要思想、科学发展观、习近平新时代中国特色社会主义思想为指导，深入学习贯彻党的十九大和十九届二中、三中、四中、五中全会精神，紧紧围绕学懂弄通做实党的创新理论，坚持学习党史与学习新中国史、改革开放史、社会主义发展史相贯通，做到学史明理、学史增信、学史崇德、学史力行，引导全校党员干部和师生员工增强“四个意识”、坚定“四个自信”、做到“两个维护”，不断提高政治判断力、政治领悟力、政治执行力，把学习习近平新时代中国特色社会主义思想贯穿始终，实现学党史、悟思想、办实事、开新局，以昂扬姿态奋力开启全面建设社会主义现代化国家新征程，以优异成绩迎接建党100周年。

党中央决定在全党开展党史学习教育，就是为了用党的奋斗历程和伟大成就鼓舞斗志、明确方向，用党的光荣传统和优良作风坚定信念、凝聚力量，用党的实践创造和历史经验启迪智慧、砥砺品格。全校各级党组织和广大党员、干部在党史学习教育中要努力做到“四个聚焦、四个结合”。聚焦“学党史”，铭记辉煌历程、传承红色基因；聚焦“悟思想”，坚持理论武装头脑、增强“政治三力”；聚焦“办实事”，树牢宗旨意识、服务师生员工；聚焦“开新局”，坚持统筹兼顾、推动“十四五”建设。把学党史与强化党对教育和科技事业的领导结合起来，与学习贯彻习近平总书记关于中国科大系列重要指示精神结合起来，与“潜心立德树人、执着攻关创新”两大核心任务结合起来，与弘扬“两弹一星”精神和老一辈科学家精神结合起来，把学习成效转化为工作动力，以更加昂扬的精神状态和奋斗姿态，奋力谱写中国特色、科大风格的世界一流大学建设新篇章。

二、学习内容

深刻铭记中国共产党百年奋斗的光辉历程。中国共产党领导中国人民走过的百年历程，是光荣辉煌的一百年，也是艰苦卓绝的一百年；是奠基立业的一百年，也是开辟未来的一百年。深刻认识中国共产党为国家和民族作出的伟大贡献。在一百年的接续奋斗中，党领导人民创造了伟大历史，铸就了伟大精神，形成了宝贵经验，使中华民族迎来了从站起来、富起来到强起来的伟大飞跃，创造了中华民族发展史、人类社会进步史上的伟大奇迹。深刻感悟中国共产党始终不渝为人民的初心宗旨。党的百年历史是一部与人民心连心、同呼吸、共命运的历史，中国共产党始终保持马克思主义政党的鲜明本色，始终牢记为了谁、依靠谁、我是谁，牢记人民是真正的英雄。系统掌握中国共产党推进马克思主义中国化形成的重大理论成果。党在百年历程中不断推进马克思主义中国化，不断推进理论创新，在当代中国坚持和发展习近平新时代中国特色社会主义思想，就是真正坚持和发展马克思主义。学习传承中国共产党在长期奋斗中铸就的伟大精神。一代又一代的中国共产党人在百年奋斗历程中淬炼锻造了一系列伟大精神，构筑起了中国共产党人的精神谱系。深刻领会中国共产党成功推进革命、建设、改革的宝贵经验。充分认识中国共产党为什么“能”、马克思主义为什么“行”、中国特色社会主义为什么“好”，统筹中华民族伟大复兴战略全局和世界百年未有之大变局，认清形势、把握规律、抓住机遇、应对挑战，为实现第二个百年奋斗目标接续奋斗。

全校党员干部和师生员工在党史学习教育中要深入学习习近平总书记关于高等教育、人才培养、科技创新的重要论述，深入学习贯彻落实习近平总书记关于中国科大系列重要指示精神，大力弘扬“两弹一星”精神，深入学习老一辈科学家求真务实、科教报国、无私奉献的爱国情怀和高尚品格。通过学习教育，引导全校党员干部和师生员工坚定对马克思主义的信仰，对社会主义、共产主义的信念，对实现中华民族伟大复兴中国梦的信心，对建设教育强国、科技强国、办出世界一流大学的信心，砥砺践行和传承科教报国、追求卓越的初心使命，增强为党育人、为国育才的自觉性和坚定性。

三、工作安排

党史学习教育贯穿 2021 年全年，面向全体党员、以处级以上领导干部为重点，突出学党史、悟思想、办实事、开新局，注重融入日常、抓在经常。从党中央召开动员大会到“七一”庆祝中国共产党成立 100 周年大会，全面学习党的百年奋斗史，以时间为基本线索，专题学习新民主主义革命时期、社会主义革命和建设时期、改革开放新时期、党的十八大以来四个阶段历史，结合学习习近平总书记重要著作篇目，深化对马克思主义中国化成果特别是习近平新时代中国特色社会主义思想的理解。从“七一”庆祝大会到党的十九届六中全会，同中国共产党成立 100 周年庆祝活动贯通起来，重点学习习近平总书记在庆祝中国共产党成立 100 周年大会上重要讲话精神，通过专题学习、交流研讨、宣传阐释、基层宣讲，掀起学习贯彻的高潮。从党的十九届六中全会到总结大会，结合十九届六中全会精神学习，认真学习习近平总书记在党史学习教育总结大会上的重要讲话精神，不断深化对党的历史的系统把握，明确继承传统、立足当前、开创未来的实践要求。

全校各级党组织要发扬马克思主义优良学风，明确学习要求、学习任务，推进内容、形式、方法的创新，扎实开展学习教育活动，重点抓好以下五个方面 13 项工作。

（一）开展专题学习

1. 党员系统自学。全体党员系统学习党的历史，深入学习习近平总书记在党史学习教育动员大会、庆祝中国共产党成立 100 周年大会、党史学习教育总结大会上的重要讲话精神。认真学习中央指定的习近平《论中国共产党历史》、《毛泽东、邓小平、江泽民、胡锦涛关于中国共产党历史论述摘编》、《习近平新时代中国特色社会主义思想学习问答》、《中国共产党简史》等学习材料。认真学习《中国共产党的 100 年》以及《中华人民共和国简史》《改革开放简史》《社会主义发展简史》等重要参考材料。学习《深入学习习近平关于教育的重要论述》《习近平总书记教育重要论述讲义》，跟进学习习近平总书记关于教育的重要论述。组织广大青年学生学习教育部组织编写的《中国共产党历史大学生读本》《中华人民共和国史大学生读本》《改革开放史大学生读本》《社会主义发展史大学生读本》《道路何以自信》《理论何以自信》《制度何以自信》《文化何以自信》等书目。

2. 加强集中研讨。在自学基础上加强集中学习研讨，全校各级党组织、领导干部要采取理论学习中心组学习、举办读书班等形式，分专题开展学习研讨。校院两级党委理论学习中心组至少进行4次专题学习。基层党组织通过“三会一课”和主题党日等形式，结合实际开展主题突出、特色鲜明、形式多样的专题学习活动。引导统一战线组织和广大成员认真开展党史学习教育，坚守合作初心，筑牢团结奋斗的共同思想政治根基。

3. 讲好专题党课。“七一”前后，党员校领导和基层党组织书记围绕知史爱党、知史爱国、知史奋进、知史爱校等讲党史专题党课。

4. 组织座谈报告。举办学校庆祝建党100周年座谈会，学习传达习近平总书记在庆祝中国共产党成立100周年大会上的重要讲话精神。邀请党史、校史、科技史、教育史专家作专题辅导报告，引领广大师生从党的百年伟大奋斗历程中汲取继续前进的智慧和团结奋进的力量。

（二）加强政治引领

5. 建好课堂阵地。把加强“四史”教育，特别是党史教育有机融入思政课教学中，开设“四史”类思政课选修课，将中央指定的学习读本和教育部组织编写的“四史”大学生读本作为“四史”类课程重要教学依据。在开学、毕业等重要时间节点，结合“典礼育人”，组织师生共上教育部组织的“党史大课”。

6. 弘扬红色精神。充分挖掘校史中的红色基因，编撰“两弹一星”精神学习材料，升级改造中国科学院“红专并进、科教报国”党员主题教育基地，拍摄中国科大老一辈科学家精神系列微电影，举办老科学家事迹纪念展，创新方式讲述老一辈科学家、当代模范、身边榜样的故事，梳理形成各具特色的“党史故事汇”。

（三）开展专题培训

7. 开展校内培训。把党史学习教育作为2021年党员干部教育培训重点任务，开设专题班次或专门课程，年内完成学校党员干部全体轮训。

8. 参加示范培训。选派人员参加教育部组织的学校领导班子成员、党委组织部长、党委宣传部长、党委统战部长、院系党组织书记、党支部书记、辅导员、大学生党员骨干等示范培训。

9. 做好实地研学。用好本校本地革命旧址、历史人物等红色资源开展现场教学，组织党员干部和师生员工瞻仰参观革命遗址遗迹、革命博物馆、纪念场馆、爱国主义教育基地，强化党性修养。

（四）实现学做结合

10. 开展实践活动。紧紧围绕落实立德树人根本任务、促进学校改革发展稳定、解决涉及师生切身利益的急难愁盼问题，开展“我为师生办实事”实践活动。各单位、各部门结合实际情况，分类明确实践任务和要求，制定实践活动方案。

11. 组织文艺活动。组织创作师生喜闻乐见的党史题材微电影、微党课、专题展览、文艺作品、出版物等。组织党史知识竞赛、党史诵读大赛、“传承红色基因，喜迎百年华诞”主题征文等群众性活动，积极参加“网上重走长征路”党史故事百所高校接力讲述，普及党史知识，推动党史学习教育深入师生、深入基层、深入人心。

（五）巩固工作成果

12. 召开专题组织生活会和民主生活会。“七一”前后，以党史学习教育为主题召开一次专题组织生活会，开展党性分析，交流学习体会。领导干部要以普通党员身份参加所在党支部或党小组组织生活。年底，校、院两级党委领导班子围绕党史学习教育召开专题民主生活会，认真进行党性分析，开展批评和自我批评。

13. 做好工作总结。要认真做好党史学习教育总结工作，确保学习教育善始善终、善作善成。要汇集凝练成果，强化学习教育成果运用，使之成为学校党建与思想政治工作的生动教材，将学习教育好做法好经验固化形成长效机制，完善“不忘初心、牢记使命”常态化工作制度，把学习教育的成果转化为开展“双一流”新周期建设、落实“五大建设任务”和“五大改革任务”的切实举措，转化为校党委防范化解重大风险和全面从严治党的切实举措，不断推动全面从严治党向纵深发展。

四、组织领导

学校成立党史学习教育领导小组，党委书记舒歌群任组长，党委常务副书记蒋一，党委常委、副校长朱长飞任副组长，其他党员校领导为成员。领导小组下设办公室，具体负责日常工作。各院级党组织要成立相应组织机构和工作机构，切实加强对学习教育的组织领导。

（一）压实工作责任

全校各级党组织要把开展党史学习教育作为一项重大政治任务，切实承担起主体责任，党组织主要负责同志亲自抓，履行好第一责任人职责，结合实际，高标准、高质量完成学习教育各项任务，切实把校党委部署要求落到实处。

（二）把握正确导向

坚持马克思主义历史观，牢牢把握党的历史发展的主题和主线、主流和本质，以两个决议等党中央文件精神为依据，正确认识党史上的重大事件、重要人物、重要会议等。旗帜鲜明反对历史虚无主义，坚决抵制歪曲和丑化党的历史的错误倾向，引导广大师生树立正确的历史观、民族观、国家观、文化观，维护意识形态安全。

（三）加强督促指导

为确保党史学习教育取得实效，校党史学习教育领导小组成立四个指导组，对全校各院级党组织、各单位开展党史学习教育情况开展督促指导。督促指导突出分类指导，突出对自选动作的指导，突出从严从实，突出督导结合，把学习党史同总结经验、观照现实、推动工作结合起来，把学习成效转化为工作动力。

（四）做好宣传报道

统筹运用好“报网微端屏”全媒体传播矩阵，充分利用校刊、理论学习网、中国科学技术大学学习强国号等平台，运用新闻报道、典型宣传等形式，深入宣传党中央精神和学校有关部署，及时宣传报道学校学习教育进展成效和创新做法，大力营造开展学习教育、喜迎建党百年的浓厚氛围。

中共中国科学技术大学委员会
扎实开展“党旗在基层一线高高飘扬”活动方案

（党组字〔2021〕62号，2021年6月10日）

根据中共安徽省委组织部《扎实开展“党旗在基层一线高高飘扬”活动方案》精神，结合《中共中国科学技术大学委员会关于庆祝中国共产党成立100周年的工作方案》，现就开展“党旗在基层一线高高飘扬”活动，制定如下方案。

一、总体目标

坚持以习近平新时代中国特色社会主义思想为指导，持续贯彻落实习近平总书记关于中国科大系列重要指示精神，聚焦“建强组织筑堡垒、服务中心作贡献、为民办事解难题”，创新形式、精心组织、务求实效，进一步激励动员基层党组织团结带领党员师生不忘初心、牢记使命，为加快建设中国特色、科大风格的世界一流大学，为开启全面建设社会主义现代化国家新征程不懈奋斗。

二、主要任务

1. 充分发挥基层党组织战斗堡垒作用。推动各基层党组织紧紧围绕学校中心工作，围绕单位改革发展，勇挑重担、攻坚克难，当好群众的“主心骨”。一是推动教学科研单位基层党组织紧密结合“潜心立德树人、执着攻关创新”两大核心任务，牢记“国家队”“国家人”职责，心系“国家事”，肩扛“国家责”，在提升人才培养质量、教育教学水平、科学研究能力等方面开展活动、发挥作用；二是推动学生基层党组织围绕“六有”大学生培养目标、研究生教育“德创”领军人才培养计划，在加强班级建设，引领学生刻苦学习、团结进步、健康成长等方面开展活动、发挥作用；三是推动机关基层党组织围绕增强服务意识，提升管理水平，解决师生关注的实际问题开展活动、发挥作用；四是认真贯彻落实《中国共产党普通高等学校基层组织工作条例》，深化基层党组织标准化规范化建设，持续推进党支部建设提升行动。

2. 充分发挥广大党员先锋模范作用。推动基层党组织针对不同群体党员情况，设计开展活动载体、搭建发挥作用平台，组织引导广大党员立足本职岗位、争创一流业绩、提供优质服务、团结凝聚群众。一是建立党员先锋岗、责任区，推动广大党员在本职工作中走在前、作表率，利用自己专长，服务身边人、办好身边事；二是推动窗口服务单位党员亮身份、树形象，提供优质服务；三是健全重大突发事件党员、干部应急动员发挥作用机制，在完成急难险重任务中，设立党员突击队、攻关组，组织党员冲锋在前、战斗在先；四是做好党员干部直接联系服务师生工作，开展结对帮扶，解决实际问题；五是扎实做好发展党员和党员教育管理工作，把政治标准放在首位，做好党员激励关怀帮扶工作，组织好评选表彰和走访慰问活动。

3. 充分发挥党员领导干部表率作用。推动党员领导干部带头践行党的群众路线，从最困难的师生入手、从最突出的问题抓起、从最现实的利益出发，解决一批师生“急难愁盼”的具体问题，增强师生的获得感、幸福感、安全感。一是结合开展党史学习教育，推动党员领导干部深入基层师生、深入基层单位，调查研究，找准查实基层和师生的操心事、烦心事、揪心事；二是结合学校开展的“我为师生办实事”实践活动，推动党员领导干部带头落实推进一流大学建设的举措，带头落实为师生服务的硬招实招；三是推动党员领导干部指导分管部门、联系单位和基层党组织，切实解决基层的困难事、师生的烦心事；四是推动各院级党组织书记带头、带动班子成员深入基层党支部工作联系点，落实联系党支部制度；五是推动党员领导干部以普通党员身份参加所在党支部组织生活，落实“一岗双责”，履行好管党治党政治责任。

三、工作要求

开展好“党旗在基层一线高高飘扬”活动，要加强统筹协调，与党史学习教育“我为师生办实事”实践活动统筹安排，与中国科学院“基层组织提升年”活动紧密结合、一体推进；坚持务求实效，从实际出发，结合本单位特点，尽力而为、量力而行；营造良好氛围，及时上报活动进展情况，加强舆论引导和典型示范，推动活动深入开展。各院级党组织分别于6月中旬和12月中旬将活动开展情况报党委组织部。

中国科学技术大学学院、实验室党组织作用发挥工程（“红专工程”）实施方案

（党组字〔2021〕88号，2021年7月21日）

为认真贯彻落实新修订的《中国共产党普通高等学校基层组织工作条例》，充分发挥党组织和党员作用，全面提升党组织的组织力，促进党组织全面进步全面过硬，根据《中共安徽省委教育工委关于印发〈高校院（系）党组织作用发挥工程实施方案〉的通知》精神，结合学校实际，特制定本方案。

一、目标任务

坚持和加强党的全面领导，全面贯彻党的教育方针，以提升组织力为重点，突出政治功能，不断创新体制机制，优化组织设置，完善和落实相关制度，配强工作力量，夯实基础保障，落实工作责任，把学院、实验室党组织建设成为宣传党的主张、贯彻党的决定、领导基层治理、团结动员群众、推动改革发展的坚强战斗堡垒，为创建世界一流大学、培养德智体美劳全面发展的社会主义建设者和接班人提供坚强组织保证。

二、主要措施

（一）强化政治功能

认真贯彻新修订的《中国共产党普通高等学校基层组织工作条例》，充分发挥学院、实验室党组织作用；执行校党委《关于巩固深化“不忘初心、牢记使命”主题教育成果的实施意见》，落实学院、实验室党组织会议“第一议题”制度，加强对领导干部及广大党员的教育培训，抓好习近平新时代中国特色社会主义思想特别是习近平总书记关于党的建设和教育工作的重要论述的学习宣传。扎实开展党史学习教育，提高领导干部党性修养和理论素养，切实增强宗旨意识和党要管党、从严治党的责任意识，真正把抓好党建作为最大的政绩，以一流党建引领单位高质量发展。

(二) 完善工作机制

规范执行学院、实验室党组织会议和党政联席会议制度，健全学院、实验室集体领导、党政分工合作、协调运行的工作机制，不断强化党组织对重要事项的参与决策职能。建立“双带头人”党组织负责人参加教学委员会、学术委员会、学位评定委员会、职称评聘委员会的工作制度，形成党组织参与制定政策、积极协调落实、服务发展大局的工作格局。

(三) 建强党务队伍

配齐建强党务工作队伍，每个学院、实验室至少配备 1 名党务秘书，把党务秘书纳入专职组织员，专心专责抓党建。认真执行校党委《关于加强教师党支部书记“双带头人”队伍建设的实施意见》，加强对教师党支部“双带头人”党支部书记的选配力度，做到教师党支部“双带头人”党支部书记全覆盖。突出党性强、品行优、愿意奉献的要求，选优配强学生党支部书记。加强对党务队伍的培训力度，重点进行能力培养和业务培训，提高党务工作水平以及应对新形势下党建工作新问题的能力，不断提升党建工作质量。

(四) 强化政治把关

严格落实意识形态工作责任制，在教师引进、课程建设、教材选用、学术活动等重大问题上把好政治关。严格执行“一会一报”“一事一报”制度，加强哲学社会科学类报告会、研讨会、论坛等审批把关。在基层党组织建设方面把好政治关，在全体师生党员、院系各层级工作、党支部职责、党内政治生活、发展党员等方面把好关，切实强化党组织政治引领作用。

(五) 加强支部建设

认真落实校党委《关于进一步加强党支部建设的通知》，规范开展“三会一课”和主题党日活动，优化党支部设置，党员人数较多的党支部可合理划分党小组；认真落实党员领导干部、教师联系党支部制度，加强对师生党支部工作的指导推动，建立健全党支部书记工作例会等制度；认真做好发展党员工作，落实《中国共产党党员教育管理工作条例》要求，加强党员规范管理；认真执行《中共中国科学技术大学委员会党支部工作考核办法(试行)》，压实党建责任，加强督促检查，推动学校党的建设各项任务落到师生支部、取得实际成效。

(六) 创新方法载体

创新基层党建工作方法，推动党建工作从满足量的需求到注重质的提升的转变。推动基层党建融入学院、实验室中心工作，党组织活动围绕立德树人、科研攻关、学科建设等工作有效组织开展。搭建工作平台，组织师生党员充分发挥先锋模范作用，带头攻坚克难，承担重大改革发展稳定任务，积极做好联系服务群众工作，努力帮助师生解决实际问题。丰富党建工作内容，突出时代感，增强针对性，用模范人物及其事迹来鼓舞、感动和教育广大党员，提高党建工作的吸引力和时效性。增强党组织工作的深度和力度，将理论与实际相结合，大力提高科学决策和组织协调的科学性、有效性。充分发挥互联网作用，及时更新维护好全国党员管理信息系统，推进组织关系网上转接等工作。善于结合师生特点，运用新媒体微信、微博、APP 等方式开展党建工作，增强影响力和吸引力。

(七) 强化压力传导

对标新时代高校党建标杆院系“五个到位”要求，实行党建工作目标管理，落实到具体负责人，让党务工作有抓手，将“软任务”变成“硬指标”。建立考核机制，定期检查、考核基层支部工作，持续推动师生党支部书记向学院、实验室党组织述职。建立党内奖惩机制，对基层党建工作有创新、业务能力强的予以奖励;对疏于党员管理、工作积极性不高的予以批评,并督促其改正。

三、相关要求

各学院、实验室党组织要进一步提高政治站位,加强组织领导,党组织主要负责同志要把该项工作作为今年党建工作重点任务亲自抓,精心谋划,周密部署,扎实推动,确保取得实效。要着力在创新党组织活动方式、提升组织力、发挥党组织和党员作用等方面下功夫,坚持问题导向,认真排查自身在党的领导、党的建设弱化淡化虚化边缘化问题;组织生活不经常、不规范、不严肃问题;党组织职责定位不清、党务力量不足、压力传导不到位问题;党建与业务融合不够,引领保障发展乏力等问题,形成问题整改清单,扎实开展整改,并将整改情况报党委组织部。

中国科学技术大学推优入党工作实施细则(试行)

(党学字〔2021〕96 号,2021 年 9 月 7 日)

第一章 总 则

第一条 推荐优秀共青团员作党的发展对象(以下简称"推优"),是党赋予共青团组织的光荣任务,是共青团组织充分发挥党的助手和后备军作用的重要体现,是广大团员青年健康成长的迫切需要。为加强和改进学校党团建设工作、推进"推优"工作进一步规范化、制度化,依据《中国共产党发展党员工作细则》《普通高等学校学生党建工作标准》《共青团推优入党工作实施办法(试行)》,结合学校实际,特制定本细则。

第二条 "推优"工作应在各级党组织的统一领导下进行。团组织应不断加强自身建设,夯实"推优"工作基础。团组织既可推荐团员中的入党申请人成为入党积极分子,也可以推荐团员中的入党积极分子成为党的发展对象。

第三条 28 周岁以下青年入党,一般应从团员中发展;发展团员入党,一般应经过团组织推荐。使"推优"工作逐步成为党组织发展青年党员的主要渠道,使共青团员成为党组织发展青年党员的主要来源。28 周岁至 35 周岁青年入党,一般应听取所在团组织意见。"推优"工作应当坚持党章规定的党员标准,始终把政治标准放在首位;坚持入党自愿原则和个别推荐原则,成熟一个,推荐一个。

第二章 "推优"对象和推荐条件

第四条 团的基层组织应当推荐具有马克思主义信仰、共产主义觉悟和中国特色社会主义信念,自觉践行社会主义核心价值观的优秀团员入党。

第五条 凡年龄在 18 周岁以上、自愿申请加入中国共产党、递交了入党申请书的团员,经团校结业,所在团支部评议报上级团组织通过,均可推荐作为入党积极分子。

第六条 凡属下列情况之一者,优先推荐:在德、智、体、美、劳等方面成绩突出,得到广大师生认可;在政治思想、道德品行、发挥作用、执行纪律上起到引领示范作用;获得校优秀共青团员、优秀共青团干部等荣誉称号;在弘扬社会主义核心价值观方面表现优异,能够树立榜样。

第七条 凡属下列情况之一者,不予"推优":对马克思主义缺乏信仰、不具有共产主义觉悟的;在重大政治斗争中立场不坚定、态度不坚决的;传播反党反社会主义言论的;有违反校规校纪或国家法律法规行为的;不能起到带头引领作用,同学意见较大的;不积极参加"三会两制一课"、不按时缴纳团费、不接受团组织安排的工作任务的。

第三章 "推优"工作程序

第八条 申请入党的团员向党组织递交入党申请书,同时由所在团支部登记备案。团支部应审查入党申请人情况,推荐尚未团校结业的申请人参加团校学习,对符合"推优"条件的申请人及时召开"推优"大会,向党组织推荐。

第九条 团支部提出召开"推优"大会申请,经上级团组织批准同意后,由团支部书记主持召开。上级团组织负责"推优"工作的监督考核,确保"推优"工作标准严格、流程规范。

第十条 "推优"大会的流程是:

(一) 清点参加"推优"大会的团员人数,须有半数以上有表决权的团员到会方可进行。

(二) 团支部委员会介绍符合"推优"条件的候选人情况。

(三) 候选人从思想政治、道德品行、作用发挥、执行纪律等方面进行自我评述,重点介绍入党动机和接受培养教育的体会认识。

(四) 参会人员通过无记名投票的方式进行民主评议,赞成人数超过应到会有表决权团员的半数以上的候选人,进入考察环节。

(五) 团支部委员会对推选出的候选人进行考察,考察不唯票,结合平时掌握的情况,提出组织意见,形成书面材料。

(六) "推优"情况在一定范围内进行公示,公示期一般不少于 5 个工作日,公示期内如有异议可向上级团组织反映。

第十一条 公示无异议后将有关材料报上级团组织审核。

第十二条 上级团组织审核团支部推荐意见和相关材料,对被推荐对象进行进一步考察。对符合条件的,填写《推荐团员中的入党申请人成为入党积极分子审核表》向党支部推荐。

第四章 其　他

第十三条 各级团组织应主动争取党组织的关心和支持。要依据同级党组织年度发展党员工作计划制定"推优"计划。

第十四条 各级团组织要加强对团员的培养教育,提高团员的思想政治素质,引导团员青年积极申请加入党组织;严格按照本实施细则规定的条件、程序做好"推优"工作。"推优"

工作作为团组织的重要工作职责纳入团组织年度考核指标。

第十五条 推荐团员中的入党积极分子成为党的发展对象，参照本细则执行，填写《推荐团员中的入党积极分子成为党的发展对象审核表》向党支部推荐。

第十六条 本细则自印发之日起施行，由校团委负责解释。原《中国科学技术大学推荐优秀团员作入党积极分子和党的发展对象工作实施细则》（党学字〔2017〕89 号）同时废止。

中国科学技术大学师生党支部建设标准

（党组字〔2021〕121 号，2021 年 10 月 30 日）

第一章 总 则

第一条 为进一步加强和改进师生党支部建设，根据《中国共产党章程》《中国共产党支部工作条例（试行）》《中国共产党普通高等学校基层组织工作条例》等党内法规，结合学校实际，制定本标准。

第二条 本标准适用于党组织关系隶属于学校党委的各教学科研机构、管理机构、后勤服务机构、附属机构、资产公司等师生党支部。

第三条 师生党支部是党在学校的基础组织，是联系师生、服务师生的桥梁纽带，是团结带领广大师生员工落实“潜心立德树人、执着攻关创新”核心任务、推进学校改革发展和“双一流”建设的战斗堡垒，是办好中国特色社会主义大学的重要支撑。

第四条 师生党支部要坚持以马克思列宁主义、毛泽东思想、邓小平理论、“三个代表”重要思想、科学发展观、习近平新时代中国特色社会主义思想为指导，增强“四个意识”、坚定“四个自信”、做到“两个维护”。全面贯彻落实新时代党的建设总要求和新时代党的组织路线，以政治建设为统领，以质量攻坚为动力，以提升组织力为重点，以推动事业发展为落脚点，全面推进党的政治建设、思想建设、组织建设、作风建设、纪律建设，严格做到教育党员有力、管理党员有力、监督党员有力，组织师生有力、宣传师生有力、凝聚师生有力、服务师生有力（简称七个有力），夯实党建基础，凝练支部特色，积极争创先进，为建设中国特色、科大风格的世界一流大学提供坚强组织保证。

第二章 组织设置和支委会建设

第五条 凡是有正式党员 3 人以上的，都应当成立党支部。正式党员不足 3 人的，可以与业务相近的部门或者单位成立联合党支部。党支部党员人数一般不超过 50 人，人数较多的党支部应当根据党员分布情况和工作需要合理设置党小组。

党支部的设置应当主动适应学校事业发展的需要，按照有利于促进党建与单位事业发展紧密结合、有利于发挥党支部战斗堡垒作用和党员先锋模范作用、有利于开展党员教育管理和监督等原则进行。教学科研机构的教职工党支部一般按内设的教学、科研机构设置，机关、医院、附属单位、公司、后勤等机构的教职工党支部一般按部门、科室或公司设置。本科生党支部一般跨年级纵向设置，研究生党支部一般按照学科专业或年级班级设置。

党支部的成立，一般由基层单位提出申请，上级党组织召开会议研究决定并批复，批复时间一般不超过1个月。根据工作需要，上级党委可以直接作出在基层单位成立党支部的决定。对因党员人数或者所在单位发生变化，不再符合设立条件的党支部，上级党组织应当及时予以调整或者撤销。

为执行某项任务临时组建的机构，党员组织关系不转接的，经上级党组织批准，可以成立临时党支部。

第六条 有正式党员7人以上的党支部，应当设立党支部委员会。党支部委员会由3至5人组成，一般不超过7人。党支部委员会设书记和组织委员、宣传委员、纪检委员等(其中纪检委员必须设立)，必要时可以设1名副书记。不设委员会的党支部，应指定专人负责纪检工作。正式党员不足7人的党支部，设1名书记，必要时可以设1名副书记。

第七条 党支部委员会每届任期3年。党支部委员会由党支部党员大会选举产生，党支部书记、副书记一般由党支部委员会会议选举产生，不设委员会的党支部书记、副书记由党支部党员大会选举产生。选出的党支部委员，要报上级党组织备案；党支部书记、副书记，要报上级党组织批准。党支部书记、副书记、委员出现空缺，应当及时进行补选。确有必要时，上级党组织可以指派党支部书记或者副书记。

建立健全党支部按期换届提醒督促机制。对需要延期或者提前换届的，上级党组织应当认真审核、从严把关，延长或者提前期限一般不超过1年。

第八条 党支部委员会应当不断加强自身建设，每学期制定党支部工作计划，定期分析党支部情况，研究处理党支部的重要问题，不断推进工作进展和创新，增强党支部的凝聚力和创造力。党支部委员应当带头学习，努力工作，分工协作，开拓进取，共同做好党支部工作。

第九条 教职工党支部书记应当由政治素质好、工作能力强、富于进取精神、群众威信高、热心党的工作、善于做思想政治工作的正式党员担任。机关、医院、附属单位、公司、后勤等机构的教职工党支部书记原则上由本单位的党员负责人担任；教学科研机构的教职工党支部书记应当按照“党建带头人、学术带头人”(以下简称“双带头人”)标准，从具有副高级以上专业技术职务(职称)或者博士研究生学历学位的优秀党员教师中选任，“双带头人”党支部换届、调整要将党支部书记人选提前与校党委组织部沟通。

本科生党支部书记由党性强、业务精、有威信、肯奉献的党员教职工担任，优先从联系党支部的党员教职工、辅导员或班主任中选任，本科生党支部副书记、支委一般由本科生担任。推行部分研究生党支部书记从专职辅导员、党员班主任或党员教师中选任，研究生党支部副书记、支委由研究生担任。

党支部书记一般应当具有1年以上党龄。主动参加各级各类任职培训和其他各类教育培训活动，不断提升责任意识和工作能力，努力成为政治站位高、群众威信高，履职能力强、奉献精神强(“双高双强”)的党支部书记。

第三章　党支部职责与任务

第十条　党支部要突出政治功能，强化党员思想教育。坚持用习近平新时代中国特色社会主义思想武装党员头脑、指导实践、推动工作。认真贯彻落实党的路线方针政策，及时学习传达上级党组织的决议，结合本单位实际抓好组织落实。巩固马克思主义在高校意识形态领域的指导地位，有效防止各类错误思想文化侵蚀，教育引导师生在课堂教学、论坛讲座等活动中坚持正确的政治立场、政治方向、政治原则、政治道路。

第十一条　党支部要严格“三会一课”基本组织生活制度，创新活动形式，做到形式多样、氛围庄重。每月召开1次党小组会和党支部委员会会议，每季度召开1次党支部党员大会。党员领导干部按规定过好双重组织生活，应当定期为基层党员讲党课，院级党组织书记每年至少讲1次党课。

每月开展1次主题党日活动，组织党员集中学习、过组织生活、进行民主议事、开展志愿服务等活动。教学科研机构的教职工党支部要紧密结合“潜心立德树人、执着攻关创新”核心任务，牢记“国家队”“国家人”职责，心系“国家事”，肩扛“国家责”，在提升人才培养质量、教育教学水平、科学研究能力等方面开展活动、发挥作用；机关、医院、附属单位、公司、后勤等机构的教职工党支部要围绕增强服务意识，提升管理水平，解决师生关注的实际问题开展活动、发挥作用；学生党支部要围绕“六有”大学生培养目标、研究生教育“德创”领军人才培养计划，在加强班级建设，引领学生刻苦学习、团结进步、健康成长等方面开展活动、发挥作用。

第十二条　党支部要做好发展党员工作，强化党员教育培训管理。坚持党员发展标准，严格党员发展程序，注重政治合格，端正师生入党动机。教职工党支部要积极团结凝聚高层次人才、优秀青年教师、海外留学归国教师，符合条件的及时吸收入党。学生党支部把“推荐优秀团员作为入党积极分子人选”作为重要渠道，严把“质量关”，加大在低年级本科生中发展党员力度。

每年安排1次党章专题学习交流。通过“三会一课”、主题党日活动等形式，按年度组织党员开展集中学习培训，时间不少于32个学时。党支部书记和支委每年参加集中培训和集体学习时间不少于56学时、至少参加1次集中培训。

按规定做好党员党组织关系接转、流动党员和出国（境）党员管理，对出国（境）学习研究党员，每半年至少与其联系1次。严格落实党费收缴、使用和管理工作，每月按期收缴党费，每半年公布1次党费收缴情况。

第十三条　党支部要强化纪律意识，加强党员监督。严格用党章党规党纪规范党员行为，教育引导党员模范遵守教师职业道德规范、践行学术道德、严守纪律底线，为推动形成优良党风、校风、学风作贡献。落实谈心谈话制度，党支部委员之间、党支部委员和党员之间、党员和党员之间，每年谈心谈话一般不少于1次。

及时掌握了解党员思想动态，善于发现苗头性倾向性问题，让“咬耳扯袖”成为常态。党支部每年至少召开1次组织生活会，一般安排在第四季度。组织生活会一般以党支部党员大会、党支部委员会或者党小组会议形式召开，严肃开展批评和自我批评，认真查摆和解决问题。党支部一般每年开展1次民主评议党员，组织党员对照合格党员标准、对照入党誓词，联系个人实际进行党性分析。建立健全党员退出机制，依规稳妥处置不合格党员。

党支部书记定期参加院级党组织组织召开的党支部书记工作例会，定期向院级党组织报告党支部工作，每年年底接受院级党组织党建考核。

第十四条 党支部要密切联系群众，凝聚服务师生。坚持以支部党的建设带动所在单位团组织、工会组织建设，常态化做好联系、服务师生工作。健全困难师生关心帮扶机制，把解决思想问题和解决实际问题相结合，积极开展服务、帮扶、慰问等活动。搭建交流平台，丰富服务载体，及时了解、听取、回应师生意见和诉求，把党支部建成党员之家、师生之家，增强师生归属感获得感。

第四章 组织领导与条件保障

第十五条 各院级党组织应当加强对党支部工作的领导，有针对性地指导党支部过好组织生活和开展各项活动。每学期初应当审阅指导各党支部制定的工作计划，定期召开党支部书记工作例会。将党支部建设情况纳入院级党组织书记抓基层党建述职评议考核的重要内容。校党委组织部定期检查并通报党支部组织生活开展情况。

第十六条 坚持校、院两级党委委员联系党支部制度，党委委员每人联系1个师生党支部，每学期至少参加1次联系师生党支部的组织生活。

第十七条 校党委通过基层党建专项经费、留存党费等加大对党支部工作的经费支持力度。

第十八条 支持各院级党组织建设“党员之家”，为党支部经常性开展活动提供场所保障，提倡一室多用。

第五章 附 则

第十九条 离退休教职工党支部工作按照《中共中国科学院党组关于进一步加强和改进离退休干部工作的实施意见》执行。

第二十条 本标准自印发之日起施行，由校党委组织部负责解释。

中国科学技术大学党支部书记工作例会实施方案

（党组字〔2021〕122号，2021年10月30日）

为牢固树立党的一切工作到党支部的鲜明导向，切实加强党支部建设，不断提高新形势下党支部工作水平，更好发挥党支部战斗堡垒作用，根据《中国共产党普通高等学校基层组织工作条例》等精神，结合学校实际，制定本实施方案。

一、会议时间

党支部书记工作例会原则上每季度召开1次，因工作需要，可随时召开。

二、会议组织

党支部书记工作例会由各院级党组织负责组织，由院级党组织书记或副书记主持，党务秘书做好人员通知、会议议程、会议记录、会议纪要等相关会务工作。会议参加人员为院级党组织所属全体党支部书记，也可根据实际情况扩大人员范围，邀请有关行政负责人参加。各院级党组织可根据实际情况将党支部书记工作例会与有关会议合并召开。

三、会议内容

1. 集体学习贯彻习近平新时代中国特色社会主义思想，落实党的路线方针政策和上级党组织决策部署的重要事项。
2. 传达上级党组织有关文件和会议精神，布置专项工作。
3. 研究院级党组织年度党建工作计划和党建专项工作。
4. 听取党支部工作情况汇报，就思想政治教育、意识形态等加强和改进党的建设工作听取意见和建议。
5. 梳理党支部工作存在的问题，研究分析新形势下加强党支部建设的主要思路和具体举措。
6. 开展党建工作培训，围绕专题开展座谈交流，总结工作经验，提炼党支部工作特色，推荐校级样板党支部。
7. 推荐院级党内表彰、奖励和上级党组织重要表彰、奖励人选。
8. 听取党支部工作计划汇报，对党支部工作进行年度考核。
9. 落实党的纪律检查工作、党风廉政建设和巡视巡察整改工作的重要事项。
10. 其他需要在党支部书记工作例会上通报或明确的事项。

四、组织领导

各院级党组织要高度重视，加强领导，精心组织，加大对党支部工作的指导力度。建立健全党支部书记工作例会制度，规范开好党支部书记工作例会，充分发挥党支部书记工作例会在加强党支部建设、落实党建重点任务、促进单位事业发展等方面的重要作用，切实提升议事决策水平，真正把抓好党建作为最大的政绩，以一流党建引领单位高质量发展。

关于院级党组织在重要工作中把好政治关的实施办法(试行)

(党组字〔2021〕130号，2021年11月15日)

第一条 根据《中国共产党普通高等学校基层组织工作条例》等有关精神，为进一步推动院级党组织强化政治功能，履行政治责任，在发展规划、课程建设、教材选用、学术活动、教师引进、职务聘用、考核奖励等重要工作中把好政治关，明确相关工作流程，结合学校实际，制定本办法。

第二条 院级党组织在院(系)发展规划、学科专业建设规划中把好政治关。在院(系)

发展规划、学科专业建设规划制定过程中，全面贯彻执行党的理论和路线方针政策，提高政治站位、把准政治方向，科学设定发展目标，贯彻落实党中央在人才培养、科学研究、师资队伍建设、学科建设、国内外交流合作等方面的决策部署，提出切实举措。院级党组织每年召开党组织会议，专题总结院（系）发展规划、学科专业建设规划年度完成情况，部署下一年度规划落实的关键事项。

第三条 院级党组织在学科和专业调整、学生培养方案以及课程建设、教学管理、教材选用等重要事项中把好政治关。院级党组织每学期召开党组织会议或扩大会议，对学科和专业调整方案、学生培养方案进行审查，确保培养德智体美劳全面发展的社会主义建设者和接班人的根本任务不动摇；对学院新建课程、课程修订进行审查，确保课程价值导向遵循社会主义核心价值观；持续推动学院开设的本、研课程开展课程思政，实现各类各门课程协同育人，形成课程思政建设的政治保障力；落实学校教材管理的相关要求，定期组织开展学院教材梳理排查，对本学院选用的教材进行政治审查，确保教材体现正确的政治方向和价值导向。学院学科和专业调整方案、学生培养方案以及课程建设、课程修订、课程思政教学方案、教材梳理排查结果等应经学院党委会会议政治把关，依次经学院教学委员会、党政联席会审议后报学校相关部门。

第四条 院级党组织在学术报告活动中把好政治关。按照“谁主办、谁负责、谁审批、谁监管”原则，实行报告会、研讨会、讲座、论坛、集体演讲等“一会一报制”，严把场地、人员、内容等关键环节，确保正确的政治方向。自然科学类学术报告活动由学院党委严格审批，哲学社会科学类学术报告活动根据《中国科学技术大学形势报告会和哲学社会科学报告会、研讨会、讲座管理办法》《关于将我校集体演讲纳入形势报告会和哲学社会科学报告会、研讨会、讲座范围加强管理的通知》，按照“分类管理，分级审批”原则，审批后报党委宣传部备案。对于规模较大、有境外人员作报告、以线上形式举办、网络直播等情况之一的学术报告活动，应提前做好应急处置预案，指定专人负责对意识形态把关。

第五条 院级党组织在教师引进中把好政治关。通过考察谈话及网调、外调、阅档、查阅公开发表的学术成果和相关文章中的观点言论、向原工作学习单位、导师和同事、学术同行等了解情况等方式，对拟引进教师的思想政治、师德师风、科研诚信、遵纪守法、海外风险等情况进行全面考察。经学院党委会会议审议，形成对拟引进教师的审查结论，出具书面考察报告和鉴定意见报人力资源部。

第六条 院级党组织在教师岗位专业技术职务聘用中把好政治关。通过个别访谈、年度考核、师生反映和平时了解等方式，对申报人员的思想政治、师德师风等方面表现进行综合考察，经学院党委会会议审议，出具考察鉴定意见报人力资源部。

第七条 院级党组织在年度考核、评优奖励工作中把好政治关。通过个别访谈、师生反映和平时了解、年度考核等方式，对考核对象或者拟推荐人选的思想政治、师德师风等方面表现进行综合考察，经学院党委会会议审议，出具考察鉴定意见报党委教师工作部、人力资源部。

第八条 院级党组织班子成员原则上在院级学术委员会、学位委员会、教学委员会、教授委员会、人才引进委员会和其他管理、咨询类组织的数量应超过班子成员总数的1/2，在具体工作过程中把好政治关。院级党组织书记是第一责任人，要在对学院重大问题把好政治关上履行主体责任。院级党组织班子其他成员要按照工作分工,切实担负起政治把关的具体责任,做到守土有责、守土负责、守土尽责,努力形成把关有力、协调统一的工作机制。校党委把院级党组织在重要工作中把好政治关作为院级党组织书记抓基层党建述职评议考核重要内容。

第九条 本办法适用于学院、重点科研机构、直属系等院级党组织,未尽事宜由相关职能部门负责解释。

中国科学技术大学中层领导人员请假规定

(党办字〔2021〕2号,2021年1月1日)

为落实全面从严治党要求,强化中层领导人员的组织观念和纪律意识,进一步规范中层领导人员的请假程序,根据国家有关法规,结合学校实际,特制定本规定。

一、适用对象

本规定适用于学校全体中层领导人员,包括相应岗位的聘任、兼职和挂职人员。

二、适用情形

本规定所称请假是指中层领导人员因公或因私请假。

1. 因公请假包括:因工作原因外出(含国、境外)开会、学习、合作研究、招生宣传等。

2. 因私请假包括:病假、事假、婚假、丧假、探亲假、生育假等。

三、境内请假程序

(一) 机关部门、直属单位处级领导人员

1. 单位主要负责人由分管校领导审批。

2. 单位副职由主要负责人审批,报备分管校领导。

(二) 学院(实验室)处级领导人员

1. 党政正职原则上不得同时外出,确因工作需要同时外出的,应事前征得联系校领导同意。

2. 正职由联系校领导审批。

3. 副职由正职审批。

四、出国(境)请假程序

(一) 机关部门、直属单位处级领导人员

1. 单位主要负责人由分管校领导预批,校党委书记或校长审批。

2. 单位副职由主要负责人预批,报备分管校领导,由分管干部工作的校党委副书记审批。

(二) 学院(实验室)处级领导人员

1. 党政正职原则上不得同时外出,确因工作需要同时外出的,应事前征得联系校领导同意。

2. 正职由联系校领导预批,校党委书记或校长审批。

3. 副职由正职预批，分管干部工作的校党委副书记审批。

五、纪律要求

1. 中层领导人员不得擅自离岗，经批准并妥善安排好工作后方可外出。

2. 外出期间，应保持通讯畅通。凡不按要求履行请假手续的中层领导人员，校党委将视情节轻重，采取提醒、责令检查、通报批评、诫勉或组织处理等方式问责。

3. 请假手续应在外出前完成。如遇特殊紧急情况，或需要延长请假期限，可先口头请假，事后按照本规定补办手续并加以说明。

4. 在周末或国家法定节假日，若学校或单位没有工作要求或安排，因私境内出行可不请假。

六、其他

1. 学校无行政级别的直属单位主要负责人，参照上述条款中的单位主要负责人规定执行。

2. 本规定自印发之日起施行，由党委组织部负责解释。原《中国科学技术大学中层领导人员请假规定(试行)》(党办字〔2019〕69 号)同时废止。

落实选拔任用中层党政管理干部具有一线学生工作经历的办法(试行)

(党组字〔2021〕50 号，2021 年 4 月 30 日)

为贯彻落实中共中央、国务院《深化新时代教育评价改革总体方案》中提出的相关要求，推动年轻干部主动参与一线学生工作，根据《中国科学技术大学贯彻落实〈深化新时代教育评价改革总体方案〉的工作方案》有关规定，结合学校实际，特制定本办法。

一、目标要求

明确落实中央关于“完善学校党政管理干部选拔任用机制，原则上应有思政课教师、辅导员或班主任等学生工作经历”的要求。根据学校实际情况，逐步将担任思政课教师、辅导员或班主任等学生工作经历作为重要条件，完善学校党政管理干部选拔任用标准条件。

到 2024 年学校中层干部集中换届，原则上新提拔任用的中层党政管理干部应全部具有思政课教师、辅导员或班主任等学生工作经历，推动年轻干部主动参与一线学生工作。

二、方法途径

鼓励具有思政课教学资质的机关、直属单位管理岗人员参加思政课教学。思政课教师的校内聘用和考核由马克思主义学院负责。

校党委将有计划地通过多种途径积极推动缺乏一线学生工作经历的学院(实验室)、机关部门、直属单位的后备干部和年轻教职员工兼职担任辅导员、班主任工作 1—2 年，熟悉一线学生工作情况。辅导员和班主任的聘用与考核由党委学生工作部负责。

三、资格条件

党委学生工作部、马克思主义学院等有关部门对年轻干部、教师兼职担任辅导员、班主任和思政课教师进行科学、合理的考评，建立准入和退出机制。

自 2024 年中层领导班子换届开始，在职人员中新提拔的中层党政管理干部应满足下述条件之一：

1. 主讲思政课 60 学时，并且考核合格；

2. 担任辅导员或者班主任工作一年，并且考核合格。

四、组织领导

各有关单位党组织要站在全局的高度，充分认识这项工作的重要意义，切实加强组织领导，形成长效机制，积极推动在全校树立重视一线学生工作经历的用人导向。

中国科学技术大学校领导联系指导基层单位实施办法

（党办字〔2021〕115 号，2021 年 10 月 19 日）

为深入贯彻落实习近平新时代中国特色社会主义思想，全面贯彻党的教育方针，坚持和加强党对学校工作的全面领导，强化校党委对基层单位的领导，建立校领导联系指导基层单位制度。

一、受校党委指派，校领导班子成员对于基层单位工作实行联系指导。

二、校领导督促指导基层单位严格执行重大事项请示报告制度，聚焦贯彻落实习近平新时代中国特色社会主义思想、党的教育方针、习近平总书记关于中国科大系列重要指示精神等，重点联系指导以下内容：

（一）基层单位贯彻落实习近平总书记重要讲话和指示批示精神、党中央国务院和上级部门重大决策部署，以及学校重点工作部署要求情况。

（二）基层单位贯彻落实部署学校年度党委和行政工作要点、履行全面从严治党责任、意识形态工作责任、安全稳定工作责任等，推动落实“一岗双责”情况。

（三）基层单位完善内部治理和议事决策规则，把党的领导融入人才培养、科学研究、队伍建设等情况。

（四）基层单位推进重大项目、重要改革的情况，以及其他需要请示报告的重大事项。

三、校领导联系指导基层单位，可采取以下方式进行：

（一）面上了解。采取审阅书面材料、调阅相关资料等方式进行，侧重了解基层单位总体情况、党建和教学、科研等方面工作开展情况等。

（二）专题调研。围绕学校改革创新发展的共性问题确定调研主题，采取听取汇报、座谈研讨、个别谈话等方式进行。

（三）专项督导。根据校党委重要工作安排部署，结合参加联系指导单位党员领导班子民主生活会、校党委巡察意见反馈等，开展专项工作督促指导。

各基层单位根据联系指导的内容或调研主题，做好相关支撑保障工作。

四、基层单位党政班子要提高政治站位、增强责任意识，及时建立相关工作机制，通过报送本单位年度工作计划（或要点）、工作总结和党委会、党政联席会议纪要，报告落实校党委重要工作部署进展情况的方式，主动听取联系校领导的指导意见。对正常开展的业务和行政性工作、属于自身职权范围内的日常工作、具体事务性工作，不应作为请示报告内容。

基层单位应向校党委请示报告的重大事项须按相关规定执行。党政办公室在批办时，应同时呈报联系指导相关单位的校领导。

五、校领导在联系指导基层单位的同时，注重听取基层单位和一线党员干部的意见建议，为师生群众办实事解难题，总结先进经验和共性问题，为校党委决策提供参考。

六、校领导对联系指导工作中基层单位反映有关问题的合理意见和建议，属于职责范围内的，应及时帮助解决；不属于职责范围或需要学校层面研究解决的，可报学校主要领导批示后，转相关部门研究办理。

七、校领导联系指导基层单位，要认真贯彻中央八项规定及其实施细则精神，向群众学习、向实践学习，力求联系指导基层单位深入、务实、高效，切忌走过场，搞形式主义。

八、本办法自印发之日起施行，由校党委授权党政办公室负责解释。

中国科学技术大学党委常委会会议议事规则

（党字〔2021〕140 号，2021 年 11 月 17 日）

一、总　　则

第一条　根据《中国共产党章程》《中华人民共和国高等教育法》《中国共产党普通高等学校基层组织工作条例》《关于坚持和完善普通高等学校党委领导下的校长负责制的实施意见》和《中国科学技术大学章程》等精神，制定本规则。

第二条　坚持和加强党对学校工作的全面领导，以政治建设为统领全面加强党的建设，全面贯彻党的教育方针，坚持社会主义办学方向，落实立德树人根本任务，把党的领导贯穿办学治校、教书育人全过程。

第三条　坚持党委领导下的校长负责制。学校党的委员会对学校工作实行全面领导，履行管党治党、办学治校的主体责任，发挥把方向、管大局、作决策、抓班子、带队伍、保落实的领导作用，支持校长依法独立负责地行使职权，保证以人才培养为中心的各项任务完成。

第四条　坚持民主集中制，实行集体领导和个人分工负责相结合的制度。凡属重大问题必须按照集体领导、民主集中、个别酝酿、会议决定的原则，由党委集体研究决定。

第五条　学校党的委员会经党员代表大会选举产生，对党员代表大会负责并报告工作。学校党的委员会全体会议在党员代表大会闭会期间领导学校工作。党的委员会设立常务委员会（以下简称“党委常委会”），由党委常委会主持党委经常工作。

二、议事决策范围

第六条　学校党委通过召开全体会议的方式，讨论决定以下事项：

（一）学习贯彻习近平新时代中国特色社会主义思想、落实党中央和上级党组织决策部署、执行学校党员代表大会决议决定的重大措施。

（二）学校章程、学校总体发展规划、综合改革方案等事关学校改革发展稳定的重大事项。

（三）学校党的建设的重大事项。

（四）学校党委及领导班子任期目标，党委工作报告、纪委工作报告、校长工作报告等。

（五）决定召开学校党员代表大会和党代表会议，并对提议事项先行审议、提出意见。

（六）选举学校党委书记、副书记和常委会其他委员；通过学校纪委全体会议选举产生的书记、副书记；增补和撤销党委委员等。

（七）推选出席上级党的代表大会或代表会议的代表。

（八）事关师生员工切身利益的重大事项。

（九）需要由党委全体会议决定的其他重要事项。

第七条 党委常委会会议讨论决定以下事项：

（一）学校党的建设重要事项。

1. 学习贯彻习近平新时代中国特色社会主义思想，落实党的路线方针政策和上级党组织决策部署的重要措施。

2. 加强党的政治建设的重要事项、重要措施。

3. 学校党建工作规划和年度工作计划。

4. 师生思想政治工作、师德师风建设的重要事项。

5. 意识形态工作和民族宗教工作的重要事项。

6. 基层党组织和党员队伍建设的重要事项。

7. 党的纪律检查工作、党风廉政建设和巡察工作的重要事项。

8. 加强对学校工会、共青团、学生会、研究生会、学生社团等群众组织，学术委员会、学位评定委员会、教学委员会等学术组织，教职工代表大会、统一战线、老干部和离退休等工作领导的重要事项。

（二）事关学校改革发展稳定及教学、科研、管理工作的重要事项。

1. 教师队伍建设、学生培养、学科建设、校园建设等学校内涵发展的重要工作规划和工作计划，重要改革措施，重要规章制度。

2. 学校内部组织机构和人员编制的设置与调整。

3. 学校年度财务预算方案、决算情况的审定，大额度支出和年度追加预算，重大捐赠，以及其他大额度资金动作事项。

4. 学校重要资产处置、重要办学资源配置、无形资产授权使用方案。

5. 国家或地方各类重点建设项目、国内国（境）外科学技术文化交流与合作重要项目、重大合资合作项目、重要设备和大宗物资采购或购买服务、重大基本建设和大额度基建修缮项目等学校重大项目设立和安排方案。

6. 学术委员会、学位评定委员会、教学委员会等学术组织建设，以及学校学术评价、审议、评定工作中的重要事项。

7. 省部级以上重大表彰推荐，校级重大表彰事项。

8. 学校安全稳定重要事项和重大突发事件的处理。

（三）干部选拔任用和干部队伍建设的重要事项。

1. 学校干部队伍建设规划和干部教育、管理、监督的重要事项。

2. 学校党政机构、学院（系）、直属附属机构、科研机构等内部组织机构领导班子成员的选拔任用。

3. 学校全资、控股企业校方董事、监事及企业主要负责人人选。

4. 学校中层以上干部在企业、社会团体的兼任职务。

5. 推荐优秀年轻干部和上级党代会代表、人大代表、政协委员等人选。

（四）人才工作的重要事项。

1. 学校人才工作规划、重要人才政策和重要人才工程计划。

2. 人才工作体制机制创新、人才成长环境优化的重要措施。

3. 人才政治把关的重要措施。

（五）大学文化建设和校风教风学风建设的重要事项。

（六）教职工薪酬体系、收入分配及福利待遇、奖励、惩处和其他事关师生员工切身利益的重要事项。

（七）决定召开党委全体会议，并对提议事项先行审议、提出意见。

（八）需要党委常委会会议讨论决定的其他事项。

三、议事决策原则和程序

第八条 党委常委会会议一般每 2 周召开 1 次，遇有重要情况经党委书记同意可以随时召开。会议由党委书记召集并主持。党委书记不能参加会议的，可以委托党委副书记召集并主持。

第九条 党委常委会会议的出席成员为党委常委。会议必须有半数以上党委常委到会方可召开；讨论决定干部任免等重要事项，必须有 2/3 以上党委常委到会。党委常委因故不能出席时，须在会前向党委书记请假。

非党委常委的校领导列席会议；讨论干部议题时，非党委常委的校长助理应当回避。党委书记根据工作需要，可以安排有关人员列席会议。议题相关单位负责人可以列席会议，涉及师生切身利益的重大议题可以邀请师生代表列席。列席人员有发言权，没有表决权。

第十条 党委常委会会议议题由党委书记提出，也可以由党委常委会其他委员或学校领导班子其他成员提出建议、经党委书记综合考虑后确定。重要议题党委书记应当在会前听取校长意见，意见不一致的议题应暂缓上会，待进一步交换意见、取得共识后再提交会议讨论。集体决定重大事项前，党委书记、校长和有关领导班子成员要个别酝酿、充分沟通。

凡属学校党委常委自身职权范围内决定的事项，一般不提交党委常委会会议研究讨论。

第十一条 党委常委会会议应当健全决策咨询机制，对拟研究讨论的重要事项，议题相关单位应深入开展调查研究，充分听取各方面意见，进行合法合规性审查和风险评估。对专业性、技术性较强的重要事项，应经过专家评估及技术、政策、法律咨询，涉及学术事务的重要事项，应充分听取学术委员会等学术组织意见；对事关师生员工切身利益的重要事项，应通过教职工代表大会或其他方式，广泛听取师生员工的意见。

第十二条 党委常委会会议议题实行一事一报制度，涉及两个以上部门的事项，须由主办部门牵头，有关部门共同研究，形成一致意见并会签后，报分管校领导审核确认。议题汇报材料应提前送至党政办公室，由党政办公室对议题进行排序，拟定会议议程，报党委书记审核确定。

第十三条 党委常委会会议按既定议程逐项进行，无特殊情况或未经会议主持人同意，一般不临时动议议题。

第十四条 议题的汇报人员应是提出该议题的分管校领导，议题的提出人缺席会议时，该议题不予讨论。根据工作需要，相关部门负责同志可参加该议题的汇报。

第十五条 党委常委会会议实行一题一议，其程序为：一般由议题的主要提出人作简要汇报；与会人员充分讨论、发表意见，对建议方案应表示同意、不同意或缓议的意见，并说明理由；会议主持人最后发表结论性意见。

第十六条 党委常委会会议议事和决策实行民主集中制，在充分讨论的基础上，按照少数服从多数的原则形成决议或决定。如对重要问题发生较大意见分歧，一般应当暂缓作出决定。党委书记、校长应当最后表态。

第十七条 党委常委会会议讨论决定重要事项时应当进行表决，表决可以根据讨论和决定事项的不同，采用口头、举手、无记名投票或者记名投票等方式进行，赞成票超过应到会党委常委半数为通过。未到会党委常委的意见可以用书面表达，但不得计入票数。会议讨论和决定多个事项，应当逐项表决；决定多名干部任免时，应当逐人表决。

第十八条 紧急情况下不能及时召开党委常委会会议决策的，党委书记、副书记或者其他党委常委可以临机处置，事后应当及时向党委常委会报告并按程序予以确认。

第十九条 党委常委会会议议题审议时应当通知相关单位负责人到会，听取意见，回答问询。

第二十条 党委常委会会议决议分为以下几种：批准或通过；原则批准或通过，按要求作相应修改后实施或发布；暂不形成决议，责成相关单位另行提出意见再行研究；不予批准。

第二十一条 党委常委会会议议题涉及与会人员本人及其亲属的，本人必须回避。

第二十二条 党委常委会会议作出的决定或决议，适合公开的应当依据有关规定及时公开。对需保密的会议内容和尚未正式公布的会议决定，参会人员应当遵守保密规定。

四、议定事项传达、督办与执行

第二十三条 党委常委会会议通过的决议，由党委书记授权以文件、会议纪要等形式传达，学校各单位和个人必须执行和服从。

第二十四条 党委常委会会议决定的事项，由学校分管领导或相关单位负责组织实施，应明确承办人或牵头人(牵头单位)，以及办理期限。

第二十五条 党政办公室要安排专人负责会议决定事项的跟踪、督导，及时将落实情况反馈给校领导。

第二十六条 在执行过程中，对会议决定的事项如需变更、调整，应根据决策程序进行复议。

五、附则

第二十七条 党政办公室负责党委常委会会议的会务工作，主要包括：收集议题，印发会议材料，通知参会人员，做好会议记录，编发会议纪要，分送学校领导和有关单位，归档会议材料。

第二十八条 本规则由党委常委会负责解释，自印发之日起施行。原《中国科学技术大学党委常委会会议议事规则》（党字〔2019〕20 号）同时废止。

中国科学技术大学校长工作会议议事规则

（党字〔2021〕140 号，2021 年 11 月 17 日）

一、总　　则

第一条 根据《中华人民共和国高等教育法》《中国共产党普通高等学校基层组织工作条例》《关于坚持和完善普通高等学校党委领导下的校长负责制的实施意见》和《中国科学技术大学章程》等精神，制定本规则。

第二条 坚持党委领导下的校长负责制。校长在学校党委领导下，组织实施学校党委有关决议，行使高等教育法等规定的各项职权，全面负责教学、科研、行政管理工作。

第三条 校长工作会议是学校行政议事决策机构，坚持全面贯彻党的教育方针，坚持社会主义办学方向，落实立德树人根本任务，紧密围绕学校改革发展稳定，科学决策、民主决策、依法决策，推进学校人才培养、科学研究、社会服务、文化传承创新、国际交流合作等工作。

二、议事决策范围

第四条 校长工作会议主要研究提出拟由党委常委会会议讨论决定的重要事项方案，具体部署落实党委常委会决议的有关措施，研究决定教学、科研、行政管理工作。

第五条 校长工作会议研究提议的重要事项：

1. 教师队伍建设、学生培养、学科建设、校园建设等学校内涵发展的重要工作规划，学校教学、科研、行政管理的重要改革措施、重要规章制度、重要工作计划等。

2. 学校行政管理机构和人员编制的设置与调整方案，学术组织的设置与调整方案。

3. 学校人才工作规划、重要人才政策、重要人才工程计划，涉及人才工作体制机制创新、人才成长环境优化等重要事项。

4. 学校年度财务预算方案、决算情况的审定，未列入学校年度预算的预算追加和大额度支出，重大捐赠，以及其他大额度资金运作事项。

5. 学校重要资产处置、重要办学资源配置、无形资产授权使用方案。

6. 国家或地方各类重点建设项目、国内国(境)外科学技术文化交流与合作重要项目、重大合资合作项目、重要设备和大宗物资采购或购买服务、重大基本建设和大额度基建修缮项目等学校重大项目设立和安排方案。

7. 学术委员会、学位评定委员会、教学委员会等学术组织建设，以及学校学术评价、审议、评定工作中的重要事项。

8. 教学、科研、行政管理的省部级以上重大表彰推荐和校级重大表彰事项。

9. 大学文化建设和校风教风学风建设的重要事项。

10. 教职工薪酬体系、收入分配及福利待遇、奖励、惩处和其他事关师生员工切身利益的重要事项。

11. 校长认为需要提交党委常委会会议讨论决定的其他事项。

12. 党委常委会会议认为需要先由校长工作会议审议的事项。

第六条 校长工作会议讨论决定的事项：

1. 贯彻落实党的教育工作方针政策以及上级部门决策部署，加强教学、科研、行政管理的工作措施。

2. 执行学校党委常委会会议决定或决议事项的实施方案和重要措施。

3. 学校教学、科研、行政管理等具体规章制度和工作计划安排。

4. 学校人才引进、培养、使用工作的重要事项。

5. 学校教师以及内部其他工作人员的人事聘任、解聘、考核、晋升、管理等重要事项。

6. 学校年度财务预算方案的执行，大额度支出和年度追加预算的执行，大额度资金调动、使用和运作的具体安排，以及财务管理与监督审计的重要事项。

7. 学校重要资产处置、重要办学资源配置、无形资产授权使用方案实施中的重要事项。

8. 学校重大建设、合作、采购项目实施中的重要事项。

9. 学校年度审计计划安排、重点审计项目执行等年度审计事项。

10. 学校学科设置、建设与评估，专业设置与调整，学位授权点的申报与建设等重要事项。

11. 人才培养方案制定与修订，课程体系建设和调整，教材编审，年度招生就业和学生毕业等重要事项。

12. 科研项目设立，科研经费管理，科研成果申报、奖励与转化等重要事项。

13. 学校服务国家和地方经济社会发展的重要事项。

14. 学校对外交流与合作的重要事项。

15. 实施思想品德教育，推进课程思政建设和教师、学生社会实践的重要措施。

16. 学校学术委员会、学位评定委员会、教学委员会等学术组织提交审议的相关事项。

17. 教师及内部其他工作人员政纪处分，学生学籍管理、奖励及违规处理等重要事项。

18. 学校安全稳定和后勤保障工作的重要事项。

19. 教职工代表大会、学生代表大会、研究生代表大会、工会会员代表大会和团员代表大会有关行政工作的提案、意见办理事项。

20. 其他事关学校事业发展、师生员工切身利益的重要行政事项。

21. 按规定需要由校长工作会议审议的其他事项。

三、议事决策原则和程序

第七条 校长工作会议一般每 2 周召开 1 次，遇有重要情况经校长同意可以随时召开。会议由校长召集并主持。校长不能参加会议的，可以委托副校长召集并主持。

第八条 校长工作会议的出席成员为学校党政领导班子成员（包括党委常委、总会计师、校长助理等）。会议必须有半数以上成员到会方可召开。校长工作会议成员因故不能参加时，须在会前向校长请假。一般除遇到给学生上课、上级主管部门主要领导召集会议、重大课题答辩、重要外事活动等特殊原因，并经校长批准外，不得无故缺席会议。

校长根据工作需要，可以安排有关人员列席会议。议题相关单位负责人可以列席会议，涉及师生切身利益的重大议题可以邀请师生代表列席。

第九条 校长工作会议议题由分管校领导提出，根据实际情况，分管校领导需与校长事先进行讨论，最终由校长确定是否上会讨论。重要议题校长应当在会前听取党委书记意见，意见不一致的议题应暂缓上会，待进一步交换意见、取得共识后再提交会议讨论。集体决定重大事项前，党委书记、校长和有关领导班子成员要个别酝酿、充分沟通。

凡属学校行政领导班子成员自身职权范围内决定的事项，一般不提交校长工作会议研究讨论。

第十条 校长工作会议应当健全决策咨询机制，对拟研究讨论的重要事项，议题相关单位应深入开展调查研究，充分听取各方面意见，进行合法合规性审查和风险评估。对专业性、技术性较强的重要事项，应经过专家评估及技术、政策、法律咨询，涉及学术事务的重要事项，应充分听取学术委员会等学术组织意见；对事关师生员工切身利益的重要事项，应通过教职工代表大会或其他方式，广泛听取师生员工的意见。

第十一条 校长工作会议议题实行一事一报制度，涉及两个以上部门的事项，须由主办部门牵头，有关部门共同研究，形成一致意见并会签后，报分管校领导审核确认。议题汇报材料应提前送至党政办公室，由党政办公室对议题进行排序，拟定会议议程，报校长审核确定。

第十二条 校长工作会议按既定议程逐项进行。无特殊情况或未经会议主持人同意，一般不临时动议议题。

第十三条 议题的汇报人员应是提出该议题的分管校领导，议题的提出人缺席会议时，该议题不予讨论。根据工作需要，相关部门负责同志可参加该议题的汇报。

第十四条 校长工作会议实行一题一议，其程序为：一般由议题的主要提出人作简要汇报；与会人员充分讨论、发表意见，对建议方案应表示同意、不同意或缓议的意见，并说明理由；会议主持人最后发表结论性意见。

第十五条 校长工作会议研究讨论议题时，校长应当广泛听取与会人员意见建议，未到会领导班子成员的意见可以书面形式表达，在此基础上对研究讨论的事项作出决定。如对重要问题发生较大意见分歧，一般应当暂缓作出决定。

第十六条 紧急情况下不能及时提交校长工作会议研究讨论的事项，可由校长与分管校领导共同商议临机处置，事后应及时向校长工作会议通报。

第十七条 校长工作会议审议议题时应当通知相关单位负责人到会，听取意见，回答问询。

第十八条 校长工作会议议题涉及与会人员本人及其亲属的，本人必须回避。

第十九条 校长工作会议作出的决定，适合公开的应当依据有关规定及时公开。对需保密的会议内容和尚未正式公布的会议决定，参会人员应当遵守保密规定。

四、议定事项传达、督办与执行

第二十条 校长工作会议通过的决议，由校长授权以文件、会议纪要等形式传达，学校各单位和个人必须执行和服从。

第二十一条 校长工作会议决定事项，由学校分管领导或相关单位负责组织实施，应明确承办人或牵头人（牵头单位），以及办理期限。

第二十二条 党政办公室安排专人负责会议决定事项的跟踪、督导，及时将落实情况反馈给校领导。

第二十三条 在执行过程中，对会议决定的事项如需变更、调整，应根据决策程序进行复议。

五、附　则

第二十四条 党政办公室负责校长工作会议的会务工作，主要包括：收集议题，印发会议材料，通知参会人员，做好会议记录编发会议纪要，分送校领导和有关部门，归档会议材料。

第二十五条 本规则由校长工作会议负责解释，自印发之日起施行。原《中国科学技术大学校长工作会议议事规则》（党字〔2019〕20 号）同时废止。

中共中国科学技术大学委员会贯彻落实《中共中央关于加强对“一把手”和领导班子监督的意见》的具体举措

（党字〔2021〕141 号，2021 年 11 月 17 日）

为贯彻落实《中共中央关于加强对“一把手”和领导班子监督的意见》《中共中国科学院党组贯彻落实〈中共中央关于加强对“一把手”和领导班子监督的意见〉的具体举措》，按照“五个强化”要求，切实履行管党治党、办学治校的主体责任，校党委结合学校实际，制定以下 18 条具体举措，进一步加强对学校各级“一把手”和领导班子监督。

各级党组织要充分认识加强对“一把手”和领导班子监督的极端重要性和现实紧迫性，强化上级党组织监督，做实做细同级监督，推动党员领导干部增强政治意识，不断提高政治判断力、政治领悟力、政治执行力，增强“四个意识”、坚定“四个自信”、做到“两个维护”。各级领导干部要从政治上认识领导职责中包含监督职责，增强监督意识，履行监督责任，主动接受监督。

一、加强对“一把手”的监督

（一）“一把手”要以身作则，自觉接受监督。“一把手”必须旗帜鲜明讲政治，带头做到“两个维护”，带头落实党内监督各项制度，在履行管党治党责任、严格自律上当标杆、作表率，既要自觉接受监督，又要敢于担当作为。各级领导干部要带头遵守政治纪律和政治规矩，主动向党组织请示报告工作，严格落实中央八项规定及其实施细则精神，廉洁治家，自觉反对特权思想、特权现象，始终保持共产党人清正廉洁的政治本色。

（二）加强校党委自上而下的监督，上级“一把手”必须抓好下级“一把手”。校党委书记对新任职的机关部门、直属单位主要负责人、院级单位党政主要负责人，在两个月内开展任职谈话，提出履职要求。学校领导班子及时了解分管部门、联系单位的全面从严治党情况，切实履行“一岗双责”；同下级“一把手”定期开展监督谈话，对存在苗头性、倾向性问题的进行批评教育，对存在轻微违纪问题的及时予以诫勉。约谈要直面问题、指出错误、提出批评，被约谈人要作出深刻反省，约谈工作要形成文字记录，存档备查。上级“一把手”要将监督下级“一把手”情况作为每年述职的重点内容。

（三）严格执行全面从严治党责任制度，落实“一把手”第一责任人职责。校党委加强对落实全面从严治党责任制度执行情况的监督检查，对下级“一把手”落实责任不到位、问题比较突出的及时约谈。在年度基层党建述职考核、中层领导班子和领导人员考核中，将落实全面从严治党责任情况作为重要考核内容，考核结果作为对本单位“一把手”选拔任用、实绩评价、激励约束的重要依据。对履行第一责任人职责不担当、不作为的，依规依纪追究责任。

（四）贯彻执行民主集中制，完善“三重一大”决策监督机制。学校领导班子成员认真执行党委常委会会议、校长工作会议的议事规则，贯彻落实“三重一大”决策制度，学校党政主要领导严格执行末位表态制。督促各院级单位贯彻落实民主集中制，完善并认真执行党组织委员会会议、党政联席会议的议事规则，严格实行“一把手”末位表态制。每年至少开展1次对院级党组织规范运行党组织委员会会议、党政联席会议情况的督查，并把“三重一大”决策制度执行情况作为校内巡察、审计监督、专项督查的重要内容。

（五）校内巡视工作要紧盯“一把手”，及时发现问题。校内巡察在聚焦被巡察单位关键少数的基础上，进一步紧盯“一把手”。进驻前应向纪委办监察处、党委组织部、党委教师工作部、人力资源部、审计处等相关部门深入了解情况。校内巡察谈话应当将“一把手”工作、生活情况作为必谈内容，对反映的重要问题深入了解。校内巡察报告应重点列出“一把手”贯彻执行民主集中制、“三重一大”决策制度情况和廉洁自律情况，提出明确意见和整改要求。

（六）及时掌握对“一把手”的反映，建立健全述责述廉制度。校党委加强对下级“一把手”的日常监督，全面掌握其思想、工作、作风、生活状况。结合中层领导班子和领导人员考核，做好下级“一把手”向校党委述责述廉、接受评议工作，述责述廉报告和评议结果在一定范围内公开，并接受纪检监督和群众监督。对履行第一责任人职责不担当、不作为、问题较突出的，由党委组织部、纪委办监察处等进行追责问责。

二、加强同级领导班子监督

（七）加强领导班子成员相互监督，提高发现和解决自身问题的能力。学校领导班子带头执行《中共中国科学技术大学委员会关于进一步加强学校领导班子建设的意见》《中国科学技术大学领导班子工作规则（试行）》，严守政治纪律和政治规矩。“一把手”要管好班子、带好队伍，经常开展谈心谈话，切实履行好教育、管理、监督责任；对领导班子其他成员所作的函询说明签署意见时，要进行教育提醒，不能“一签了之”。领导班子成员之间应当经常交换意见，发现问题坦诚向对方提出，发现“一把手”或领导班子其他成员有问题的，应及时如实按程序向上级党组织反映和报告。坚持民主生活会和组织生活会制度，“一把手”带头开展批评和自我批评，领导班子成员按规定对个人有关事项以及群众反映、巡察反馈、组织约谈函询的问题实事求是作出说明。

（八）坚持集体领导制度，严格按规则和程序办事。规范领导班子权力运行，领导班子分工及时向上级党组织报备。领导班子讨论重要事项时，班子成员应充分表达意见，意见分歧较大时应暂缓表决，对会议表决情况和不同意见应当如实记录、存档备查。院级党组织纪委书记（纪检委员）应列席所在单位党政联席会议等重要会议，对“三重一大”事项决策过程、民主集中制贯彻落实等情况进行现场监督，做好对集体领导制度执行情况的监督检查。

（九）督促领导班子其他成员履行“一岗双责”，抓好职责范围内管党治党、办学治校工作。校党委制定党风廉政建设和反腐败年度工作要点，学校领导班子成员带头认真落实。“一把手”定期听取领导班子其他成员履行“一岗双责”情况汇报，发现责任落实不到位的及时约谈。校纪委书记结合校内巡察、信访举报等相关情况，向学校领导班子成员适时通报其分管领域党员和领导干部遵守党规党纪、廉洁自律等情况，并督促落实“一岗双责”。严格执行领导干部插手干预重大事项记录制度，发现问题及时报告。

（十）建立健全政治生态分析研判机制，分领域形成党风廉政建设情况报告。校党委定期分析学校的政治生态状况，经常听取纪委办监察处、党委组织部、党委巡察工作办公室等部门的相关报告，认真查找存在的突出问题，采取有力措施加以解决。

（十一）完善纪委书记谈话提醒和报告制度，如实报告领导班子成员履职尽责和廉洁自律情况。校纪委书记加强对学校领导班子成员履职尽责和廉洁自律情况的监督。院级党组织纪委书记（纪检委员）发现同级领导班子成员存在苗头性、倾向性问题，应及时进行谈话提醒。发现存在重要问题，应及时向上级纪委和同级党委主要负责人报告，全面准确反映情况。

三、加强对下级领导班子的监督

（十二）落实上级党组织对下级党组织的监督责任，把管理和监督寓于实施领导的全过程。校党委综合运用抽查检查、谈心谈话、指导民主生活会、督促问题整改等方式，加强对下级领导班子及其成员特别是“一把手”的监督，发现相关问题，及时督促整改。

（十三）扎紧制度笼子，推进监督工作规范化。校党委加强制度建设，坚持任职回避、定期轮岗、干部交流制度，进一步规范领导干部的管理。坚持和完善领导干部报告个人有关事项制度，“一把手”个人有关事项以适当形式在领导班子中公开；对“一把手”兼职、成果转化激励等日常管理，从严审批、从严管理，相关事项在审批或履行相应手续前，应经所在单位领导班子集体研究后提出明确意见。

（十四）规范领导干部家属从业行为。学校领导班子成员要带头执行规范配偶、子女及其配偶经商办企业行为规定。各级领导干部与企业家交往必须守住底线、把好分寸，“一把手”要带头落实“亲”“清”要求，管住管好自己的家属亲友。

（十五）加强对中层领导班子民主生活会的指导，提高民主生活会质量。学校领导班子成员每年至少参加1个分管部门、联系单位的领导班子年度民主生活会；对分管部门、联系单位发生重大问题的，督促其领导班子及时召开专题民主生活会。党委组织部、纪委办监察处对中层领导班子民主生活会进行督促检查和指导，重点检查“一把手”开展批评和自我批评是否态度鲜明，民主生活会是否真正红脸出汗。对不按规定召开的严肃指出并纠正，对走过场的责令重新召开。

（十六）强化选人用人的组织把关，落实干部考察考核制度。校党委加强对干部选拔任用工作全过程监督，严格执行《中国科学技术大学中层领导人员选拔任用工作办法》，着力加强对“一把手”的政治考察。党委组织部按照好干部标准，严格“凡提四必”程序，全面考察干部。纪检机关应当动态更新领导干部廉政档案，严把党风廉政意见回复关。结合中层领导班子和领导人员考核，校党委对中层领导班子及其成员进行全面客观评价。

（十七）定期分析研判信访举报情况，对群众反映多的领导干部及时敲响警钟。校纪委定期对信访举报等情况进行研判，建立多部门会商机制，及时提出有针对性的处置意见。对涉及“一把手”和领导班子其他成员的信访举报问题进行专题分析，对反映问题较多、群众评价较差的领导干部情况及时报告，对一般性问题参与或督促及时谈心谈话。对信访举报比较集中或发生严重违纪违法等重大问题的单位，通过制发纪律检查建议书等方式，督促查找分析原因，责令限时整改，并严肃追究相关领导责任。必要时，责令召开单位领导班子专题民主生活会。

（十八）推动问题整改常态化。校党委坚持校内巡察“全覆盖”，坚持“发现问题、形成震慑、推动改革、促进发展”的工作方针，坚守政治巡视定位，查找政治偏差，做到“以巡促改，以巡促建，以巡促治”，推动学校事业高质量发展。校纪委加强对纪律检查建议书落实情况进行督促检查，发现整改问题不及时不到位甚至拒不整改的，依规依纪严肃处理，对典型问题在一定范围内进行通报，做到“以案示警，以案为戒，以案促改”。

中国科学技术大学党政领导人员选拔任用工作办法

（党组字〔2021〕142号，2021年11月29日）

第一章 总　　则

第一条 为了坚持和加强党的全面领导，深入贯彻新时代党的组织路线和干部工作方针政策，落实党要管党、全面从严治党特别是从严管理干部的要求，坚持新时期好干部标准，建立科学规范的党政领导人员选拔任用制度，形成有效管用、简便易行、有利于优秀人才脱颖而出的选人用人机制，推进干部队伍革命化、年轻化、知识化、专业化，建设一支高举中国特色社会主义伟大旗帜，以马克思列宁主义、毛泽东思想、邓小平理论、“三个代表”重要思想、科学发展观、习近平新时代中国特色社会主义思想为指导，忠诚干净担当的高素质专业化党政领导人员队伍，保证党的基本理论、基本路线、基本方略和教育方针在学校创建世界一流大学进程中得以全面贯彻执行，根据中共中央印发的《党政领导干部选拔任用工作条例》，结合学校实际，制定本办法。

第二条　选拔任用党政领导人员，必须坚持下列原则：

（一）党管干部；

（二）德才兼备、以德为先，五湖四海、任人唯贤；

（三）事业为上、人岗相适、人事相宜；

（四）公道正派、注重实绩、群众公认；

（五）民主集中制；

（六）依法依规办事。

第三条　选拔任用党政领导人员，必须把政治标准放在首位，符合将领导班子建设成为坚持党的基本理论、基本路线、基本方略，全心全意为师生员工服务，具有推进创建世界一流大学和新时代中国特色社会主义事业发展的能力，结构合理、团结坚强的领导集体的要求。

1. 树立注重基层和实践的导向，大力选拔敢于负责、勇于担当、善于作为、实绩突出的领导人员。

2. 注重发现和培养选拔优秀年轻领导人员，用好各年龄段领导人员。

3. 统筹做好培养选拔女性领导人员、少数民族领导人员和党外领导人员工作。

4. 对不适宜担任现职的领导人员应当进行调整，推进领导人员能上能下。

5. 全校中层党政领导人员职数与全校在岗教职工总量比例不超过1∶15配备。

第四条　本办法适用于选拔任用学校直接管理的正副处级党政领导人员。

第五条　校党委及党委组织部按照干部管理权限履行选拔任用党政领导人员职责，切实发挥把关作用，负责本办法的组织实施。

校党委成立党委书记任组长的学校干部工作小组，研究干部工作。

第二章　选拔任用条件

第六条　党政领导人员必须信念坚定、为民服务、勤政务实、敢于担当、清正廉洁，具备下列基本条件：

（一）自觉坚持以马克思列宁主义、毛泽东思想、邓小平理论、“三个代表”重要思想、科学发展观、习近平新时代中国特色社会主义思想为指导，努力用马克思主义立场、观点、方法分析和解决实际问题，坚持讲学习、讲政治、讲正气，牢固树立政治意识、大局意识、核心意识、看齐意识，坚决维护习近平总书记核心地位，坚决维护党中央权威和集中统一领导，自觉在思想上政治上行动上同党中央保持高度一致，经得起各种风浪考验；

（二）具有共产主义远大理想和中国特色社会主义坚定信念，坚定道路自信、理论自信、制度自信、文化自信，全面贯彻党的教育方针，坚持社会主义办学方向，忠于党的教育事业，围绕潜心立德树人、执着攻关创新核心任务，在教学、科研和管理等各项工作中艰苦创业，实绩突出；

（三）坚持解放思想，实事求是，与时俱进，求真务实，认真调查研究，能够把党的方针政策同学校实际相结合，卓有成效地开展工作，落实“三严三实”要求，主动担当作为，真抓实干，讲实话，办实事，求实效；

（四）有强烈的革命事业心、政治责任感和历史使命感，热爱教育事业，有斗争精神和斗争本领，熟悉高等教育工作和相关政策法规，对人才培养、科学研究基本规律有较好的认识，具有一定的实践经验，有胜任领导工作的组织能力、文化水平和专业素养；

（五）正确行使权力，坚持原则，敢抓敢管，依法办事，以身作则，艰苦朴素，勤俭节约，坚持党的群众路线，密切联系师生员工，自觉接受党和群众的批评、监督，加强道德修养，恪守职业道德，为人师表，讲党性、重品行、作表率，带头践行社会主义核心价值观，廉洁从政、廉洁用权、廉洁修身、廉洁齐家，做到自重自省自警自励，反对形式主义、官僚主义、享乐主义和奢靡之风，反对任何滥用职权、谋求私利的行为；

（六）坚持和维护党的民主集中制，自觉坚持党委领导下的校长负责制，有民主作风，有全局观念，善于团结同志，包括团结同自己有不同意见的同志一道工作。

第七条 提拔担任党政领导职务的，应当具备下列基本资格：

（一）提任正处级领导职务的，一般应当在副处级岗位工作 2 年以上。因工作需要，由教师担任正处级领导职务的，可不受在副处级岗位工作年限限制，但应当具有正高级专业技术职务。

（二）提任副处级领导职务的，应当在科级岗任职满 3 年；或者具有 2 个岗位、5 年以上工作经历，任七级职员满 3 年或中级专业技术职务满 4 年。具有高级专业技术职务或博士学位者，可适当放宽前述要求。

（三）提任处级领导职务的，一般应当具有研究生学历或硕士及以上学位，应当经过党校（行政学院）、干部学院或者党委组织部认可的其他培训机构的培训，确因特殊情况在提任前未达到培训要求的，应当在提任后一年内完成培训。

（四）具有正常履行职责的身体条件。

（五）符合有关法律规定的资格要求；提任党的领导职务的，一般应有 3 年以上党龄。

（六）具备职位规定的其他任职资格要求。

第八条 党政领导人员应当逐级提拔，特别优秀的年轻干部或者工作特殊需要的，可以突破任职资格规定或者越级提拔担任领导职务。

破格或越级提拔的，应当品行端正、业绩突出、群众公认，并按照有关规定报上级部门审批。

破格提拔干部必须从严掌握。不得突破本办法第六条规定的基本条件和第七条第五项规定的资格要求。任职试用期未满或者提拔任职不满 1 年的，不得破格提拔。

第九条 领导班子或领导人员个别调整，应当充分发挥校党委的领导和把关作用，坚持正确选人用人导向，严格标准条件和程序。应立足长远，充分研判班子建设需要，精准科学选人用人，注重优化领导班子结构，形成性别、年龄、经历、专长、党派、学科等方面的合理配备,增强班子整体功能。

第十条 拓宽选人视野和渠道,加强后备干部队伍建设,选拔任用领导人员注重从后备干部中产生。把抓基层党建述职评议考核结果作为干部选用的重要参考。

学院(重点科研机构)从严设置助理职务,确因工作需要设置的,应报党委组织部审批。机关、直属单位不得设置助理岗位。系主任、重点实验室主任等其他由学校任免的领导人员,应参照本办法执行。

第三章 分析研判和动议

第十一条 党委组织部应当深化对干部的日常了解,坚持知事识人,把功夫下在平时,全方位、多角度、近距离了解干部。根据日常了解情况,对领导班子和领导人员进行综合分析研判,为校党委选人用人提供依据和参考。

第十二条 校党委或者党委组织部根据工作需要和领导班子建设实际,结合综合分析研判情况,提出启动领导人员选拔任用工作意见。

第十三条 党委组织部综合有关方面建议和平时了解掌握的情况,对领导班子和领导人员进行动议分析,就选拔任用的职位、条件、范围、方式、程序和人选意向等提出初步建议。

个人向校党委推荐领导人员人选,必须负责地写出推荐材料并署名。

第十四条 党委组织部将初步建议向校党委主要领导成员汇报,对初步建议进行完善,在一定范围内进行沟通酝酿,形成工作方案。

对动议的人选严格把关,根据工作需要,可以提前核查有关事项。

第十五条 研判和动议时,根据工作需要和实际情况,如确有必要,也可以把公开选拔、竞争上岗作为产生人选的一种方式。领导职位出现空缺且本部门没有合适人选的,特别是需要补充紧缺专业人才或者配备结构需要干部的,可以通过公开选拔产生人选;领导职位出现空缺,学校符合资格条件人数较多且需要进一步比选择优的,可以通过竞争上岗产生人选。公开选拔、竞争上岗一般适用于副职领导职位。

公开选拔、竞争上岗应当结合岗位特点,坚持组织把关,突出政治素质、专业素养、工作实绩和一贯表现,防止简单以分数、票数取人。

公开选拔、竞争上岗设置的资格条件突破规定的,应当事先报上级组织(人事)部门审核同意。

第四章 民 主 推 荐

第十六条 选拔任用党政领导人员,应当经过民主推荐。民主推荐包括谈话调研推荐和会议推荐,推荐结果作为选拔任用的重要参考,在 1 年内有效。

第十七条 领导班子换届,民主推荐按照职位设置全额定向推荐;个别提拔任职或者进一步使用,可以按照拟任职位进行定向推荐,也可以根据拟任职位的具体情况进行非定向推荐;进一步使用的,可以采取听取意见的方式进行,其中正职也可以参照个别提拔任职进行民主推荐。

第十八条 领导班子换届，民主推荐应当经过下列程序：

（一）进行谈话调研推荐，提前向谈话对象提供谈话提纲、换届政策说明、人员名册等相关材料，提出有关要求，提高谈话质量；

（二）综合考虑谈话调研推荐情况以及人选条件、岗位要求、班子结构等，差额提出会议推荐参考人选；

（三）召开推荐会议，考察组说明换届有关政策，介绍参考人选产生情况，提出有关要求，组织填写推荐表；

（四）对民主推荐情况进行综合分析；

（五）向校党委汇报民主推荐情况。

第十九条 领导班子换届，参加谈话调研推荐人员一般包括：

（一）选拔学院（重点科研机构）、直属单位、附属单位领导人员：所在单位领导班子成员，教学、科研和管理骨干代表。

（二）选拔机关部门领导人员：所在单位全体人员或管理骨干。

（三）根据知情度、关联度和代表性原则确定的其他需要参加的人员。

选拔学院（重点科研机构）、直属单位、附属单位领导人员的会议推荐，参加人员应是本单位的全体人员或教学、科研和管理骨干。选拔机关部门领导人员的会议推荐，应在本单位全体工作人员范围内进行，或者在分管校领导、工作联系较多的单位或主要服务对象范围内进行。

各分党委、党总支、直属党支部换届按照《中国共产党章程》《中国共产党普通高等学校基层组织工作条例》和《中国共产党基层组织选举工作条例》规定的程序进行选举工作。

第二十条 个别提拔任职，或者进一步使用需要进行民主推荐的，民主推荐程序可以参照本办法第十八条规定进行；必要时也可以先进行会议推荐，再进行谈话调研推荐。先进行谈话调研推荐的，可以提出会议推荐参考人选，参考人选应当差额提出。单位人数较少、参加会议推荐人员范围与谈话调研推荐人员范围基本相同，且谈话调研推荐意见集中的，根据实际情况，可以不再进行会议推荐。

根据工作需要，可以在民主推荐前对推荐职位、条件、范围以及符合职位要求和任职条件的人选，在人选所在单位领导班子范围内进行沟通。

第二十一条 个别提拔任职，或者进一步使用需要进行民主推荐的，参加民主推荐人员根据人选所在单位参照本办法第十九条规定执行。

第二十二条 个别特殊需要的党政领导人员人选，可以由校党委或党委组织部推荐提名，报上级组织（人事）部门同意后作为考察对象。

第五章 考 察

第二十三条 确定考察对象，应当根据工作需要和干部德才条件，将民主推荐与日常了解、综合分析研判以及岗位匹配度等情况综合考虑，深入分析、比较择优，防止把推荐票等同于选举票、简单以推荐票取人。

第二十四条 有下列情形之一的，不得列为考察对象：

（一）违反政治纪律和政治规矩的；

（二）群众公认度不高的；

（三）上一年年度考核结果为基本称职以下等次的；

（四）有跑官、拉票等非组织行为的；

（五）除特殊岗位需要外，配偶已移居国（境）外，或者没有配偶但子女均已移居国（境）外的；

（六）受到诫勉、组织处理或者党纪政务处分等影响期未满或者期满影响使用的；

（七）其他原因不宜提拔或者进一步使用的。

第二十五条 校党委在民主推荐的基础上确定考察对象。考察对象人数一般应当多于拟任职务人数，个别提拔任职或者进一步使用时意见比较集中的，也可以等额确定考察对象。

第二十六条 对确定的考察对象，由党委组织部进行严格考察。

双重管理干部的考察工作，由主管方负责组织实施，根据工作需要会同协管方进行。

第二十七条 考察党政领导职务拟任人选，必须依据领导人员选拔任用条件和不同领导职务的职责要求，全面考察其德、能、勤、绩、廉，严把政治关、品行关、能力关、作风关、廉洁关。

1. 突出政治标准，注重了解政治理论学习情况，深入考察政治忠诚、政治定力、政治担当、政治能力、政治自律等方面的情况。

2. 深入考察道德品行，加强对工作时间之外表现的考察，注重了解社会公德、职业道德、家庭美德、个人品德等方面的情况。

3. 强化专业素养考察，深入了解专业知识、专业能力、专业作风、专业精神等方面的情况。

4. 注重考察工作实绩和管理经验，围绕贯彻落实党中央重大决策部署，全面推进学校两大核心任务和着力推动四大支撑工程，深入了解履行岗位职责、完善大学治理体系、深化学校综合改革、推动学校内涵式发展取得的实际成效。考察学院（重点科研机构）党政领导人员，应当把党的建设、学科建设、人才队伍建设、教育教学工作、科研工作等作为考察评价的重要内容。考察机关部门、直属单位、附属单位领导人员，应当把贯彻执行学校政策、完成学校重点工作和专项工作情况、全心全意服务师生员工、协作配合、工作质量与效率、外部资源争取等作为评价的重要内容。

5. 加强作风考察，深入了解为师生员工服务、求真务实、勤勉敬业、敢于担当、奋发有为，遵守中央八项规定精神，反对形式主义、官僚主义、享乐主义和奢靡之风等情况。

6. 强化廉政情况考察，深入了解遵守廉洁自律有关规定，保持高尚情操和健康情趣，慎独慎微，秉公用权，清正廉洁，不谋私利和严格要求亲属等情况。

7. 根据实际需要，针对不同层级、不同岗位考察对象，实行差异化考察，对党政正职人选，坚持更高标准、更严要求，突出把握政治方向、驾驭全局、抓班子带队伍等方面情况的考察。

第二十八条 考察党政领导职务拟任人选，应当保证充足的考察时间，经过下列程序：

（一）制定考察工作方案；

（二）同考察对象所在单位分管校领导（考察对象为正职）或所在单位党政主要领导（考察对象为副职）就考察工作方案沟通情况，征求意见；

（三）根据考察对象的不同情况，通过适当方式在一定范围内发布干部考察预告；

（四）采取个别谈话、发放征求意见表、民主测评、实地走访、查阅干部人事档案和工作资料等方法，广泛深入地了解情况，根据需要进行专项调查、延伸考察等，注意了解考察对象生活圈、社交圈情况；

（五）同考察对象面谈，进一步了解其政治立场、思想品质、价值取向、见识见解、适应能力、性格特点、心理素质等方面情况，以及缺点和不足，鉴别印证有关问题，深化对考察对象的研判；

（六）综合分析考察情况，与考察对象的一贯表现进行比较、相互印证，全面准确地对考察对象作出评价；

（七）党委组织部同考察对象所在单位分管校领导或所在单位党政主要领导反馈考察情况，并交换意见；

（八）党委组织部集体研究提出任用建议方案，向校党委报告。

第二十九条 考察党政领导职务拟任人选，个别谈话和征求意见的范围一般为：

（一）考察人选来源于学院（重点科研机构）、直属单位、附属单位：所在单位领导班子成员，教学、科研和管理骨干，熟悉人选的有关人员；

（二）考察人选来源于机关部门：所在单位全体工作人员或管理骨干；

（三）对人员较少的单位，应根据知情度、关联度和代表性原则适当拓展参加考察谈话的人员范围。

第三十条 考察党政领导职务拟任人选，应当听取纪检监察部门的意见，根据需要可以听取巡察、审计和其他相关部门意见。

党委组织部必须严格审核考察对象的干部人事档案，根据规定查核个人有关事项报告，就党风廉政情况听取纪检监察部门意见，对反映问题线索具体、有可查性的信访举报进行核查。纪检监察部门对考察对象应当出具廉洁自律情况结论性意见。

对需要进行经济责任审计的考察对象，应当事先按照有关规定进行审计。

第三十一条 考察党政领导职务拟任人选，必须形成书面考察材料，建立考察文书档案。已经任职的，考察材料归入本人干部人事档案。考察材料必须写实，评判应当全面、准确、客观，用具体事例反映考察对象的情况，包括下列内容：

（一）德、能、勤、绩、廉方面的主要表现以及主要特长、行为特征；

（二）主要缺点和不足；

（三）民主推荐、民主测评、考察谈话情况；

（四）审核干部人事档案、查核个人有关事项报告、听取纪检监察部门意见、核查信访举报等情况的结论。

第三十二条 党委组织部选派具有较高素质的人员组建考察组，考察组由 2 名以上成员组成。考察组负责人应当由思想政治素质好、具有较丰富工作经验并熟悉干部工作的人员担任。

实行干部考察工作责任制。考察组必须坚持原则，公道正派，深入细致，如实反映考察情况和意见，对考察材料负责，履行干部选拔任用风气监督职责。

第六章 讨论决定

第三十三条 党政领导职务拟任人选，在讨论决定或者决定呈报前，应当充分酝酿，并征求分管校领导和相关领导人员的意见。非中共党员拟任人选，应当征求党委统战部的意见。

双重管理领导人员的任免，以学校党委为主管方的，应当事先征求协管方意见，进行酝酿。征求意见一般采用书面形式进行。协管方自收到主管方意见之日起 1 个月内未予答复的，视为同意。

第三十四条 选拔任用党政领导人员，应当按照干部管理权限由党委常委会集体讨论作出任免决定。对拟破格提拔的人选在讨论决定前，必须报经上级组织（人事）部门同意。越级提拔或者不经过民主推荐列为破格提拔人选的，应当在考察前报告，经批复同意后方可进行。

第三十五条 有下列情形之一的，不得提交会议讨论：

（一）没有按照规定进行民主推荐、考察的；

（二）纪检监察部门对拟任人选没有作出廉洁自律情况结论性意见的，或者未反馈意见的，或者有不同意见的；

（三）个人有关事项报告未按规定进行查核或者经查核存疑尚未查清的；

（四）线索具体、有可查性的信访举报尚未调查清楚的；

（五）干部人事档案中身份、年龄、工龄、党龄、学历、经历等存疑尚未查清的；

（六）巡视巡察、审计等工作中发现重大问题尚未作出结论的；

（七）没有按照规定向上级报告或者报告后未经批复同意的干部任免事项；

（八）其他原因不宜提交会议讨论的。

第三十六条 党委常委会讨论决定领导人员任免事项，必须有 2/3 以上成员到会，并保证与会成员有足够的时间听取情况介绍、充分发表意见。与会成员对任免事项应当逐一发表同意、不同意或者缓议等明确意见，党委书记应当最后表态。在充分讨论的基础上，采取无记名投票方式进行表决。意见分歧较大时，暂缓进行表决。

党委常委会有关领导人员任免的决定，需要复议的，应当经党委常委超过半数成员同意后方可进行。

第三十七条 党委常委会讨论决定干部任免事项，应当按照下列程序进行：

（一）校党委分管组织工作的领导成员或者党委组织部负责人，逐个介绍领导职务拟任人选的推荐、考察和任免理由等情况，其中涉及破格提拔等需要按照要求事先向上级组织（人事）部门报告的选拔任用有关工作事项，应当说明具体事由和征求上级组织（人事）部门意见的情况；

（二）参加会议人员进行充分讨论；

（三）进行表决，以党委常委会应到会成员超过半数同意形成决定。

第三十八条 需要报上级备案的干部，应当按照规定及时向上级组织（人事）部门备案。

第七章 任 职

第三十九条 党政领导职务实行选任制、委任制,部分有特别需要的领导职务可以实行聘任制。

第四十条 实行党政领导人员任职前公示制度。

对拟提拔任职的党政领导人员,除在换届考察时已进行过公示的人选外,在党委常委会讨论决定后、下发任职通知前,应当在一定范围内进行公示。公示内容应当真实准确,便于监督,涉及破格提拔的,还应当说明破格的具体情形和理由。公示期不少于5个工作日。公示结果不影响任职的,办理任职手续。

第四十一条 实行党政领导人员任职试用期制度。

提拔担任非选举产生的领导职务的,实行任职试用期制度,试用期为1年。任职试用期内,领导人员履行所任职务的职责,享受相应职务的待遇。试用期满后,由学校考核组对其进行考核。考核胜任现职的,正式任职;不胜任的,免去试任职务,一般按照试任前职级或者职务层次安排工作。

第四十二条 实行党政领导人员职务任期制,每届任期5年。任期届满经考核胜任的干部,且因工作需要,可以连任,同一职位连续任职一般不超过10年。

第四十三条 实行任职谈话制度。对决定任用的领导人员,由党委指定专人同本人谈话,肯定成绩,指出不足,提出要求和需要注意的问题。

第四十四条 党政领导职务的任职时间,自党委常委会决定之日起计算;经换届选举产生的领导人员,任职时间自当选之日起计算。

第八章 交流、回避

第四十五条 实行党政领导人员交流制度。

干部交流包括多岗位锻炼干部的培养性交流、任职期满的常规性交流、优化领导班子结构的调整性交流,以及加强领导班子廉政建设的必要交流等。干部交流轮岗主要在校内各单位进行,同时应积极推进校内干部参加校外交流和挂职锻炼。

在同一岗位任满10年的中层领导人员一般应进行轮岗或交流,在组织、人事、财务、纪监审、招生、招标采购、基建等部门任职的中层领导人员,任满10年必须进行轮岗或交流。财务、后勤、基建、保卫、资产经营、饮食服务等部门主要负责人任职一般不超过5年。

党委组织部根据全校领导人员队伍情况制定交流计划,拟定交流方案,经党委常委会集体讨论决定。对校党委经过充分酝酿、郑重作出的关于领导人员交流的决定,单位和部门须坚决执行,领导人员本人须服从组织作出的交流安排。

干部个人不得自行联系交流事宜,领导干部不得指定交流人选。同一领导人员不宜频繁交流。

第四十六条 实行党政领导人员任职回避制度。

党政领导人员任职回避的亲属关系为:夫妻关系、直系血亲关系、三代以内旁系血亲以及近姻亲关系。有上列亲属关系的，不得在同一单位担任双方直接隶属于同一领导人员的职务或者有直接上下级领导关系的职务，也不得在其中一方担任领导职务的单位从事组织、人事、纪检、监察、审计、财务工作。

第四十七条 实行党政领导人员选拔任用工作回避制度。

党委常委会、党委组织部讨论干部任免，涉及与会人员本人及其亲属的，本人必须回避。

干部考察组成员在干部考察工作中涉及其亲属的，本人必须回避。

第九章 免职、辞职、降职

第四十八条 党政领导人员有下列情形之一的，一般应当免去现职：

（一）达到任职年龄界限或者退休年龄界限的；

（二）受到责任追究应当免职的；

（三）不适宜担任现职应当免职的；

（四）因违纪违法应当免职的；

（五）辞职或者调出的；

（六）非组织选派，个人申请离职学习期限超过 1 年的；

（七）因健康原因，无法正常履行工作职责 1 年以上的；

（八）因工作需要或者其他原因应当免去现职的。

第四十九条 实行党政领导人员辞职制度。辞职包括因公辞职、自愿辞职、引咎辞职和责令辞职。

辞职应当符合有关规定，手续依照法律或者有关规定程序办理。

第五十条 引咎辞职、责令辞职和因问责被免职的党政领导人员，1 年内不安排领导职务，2 年内不得担任高于原任职务层次的领导职务。同时受到党纪政务处分的，按照影响期长的规定执行。

第五十一条 实行党政领导人员降职制度。党政领导人员在年度考核中被确定为不称职的，因工作能力较弱、受到组织处理或者其他原因不适宜担任现职务层次的，应当降职使用。降职使用的干部，其待遇按照新任职务职级的标准执行。

第五十二条 因不适宜担任现职调离岗位、免职的，1 年内不得提拔。降职使用的领导人员重新提拔，按照有关规定执行。

重新任职或者提拔任职，应当根据具体情形、工作需要和个人情况综合考虑，合理安排使用。

对符合有关规定给予容错的领导人员，应当客观公正对待。

第十章 纪律和监督

第五十三条 选拔任用党政领导人员，必须严格执行本办法的各项规定，并遵守下列纪律：

（一）不准超职数配备、超机构规格提拔领导人员、超审批权限设置机构配备领导人员，或者违反规定擅自设置职务名称、提高领导人员职务职级待遇；

（二）不准采取不正当手段为本人或者他人谋取职务、提高职级待遇；

（三）不准违反规定程序动议、推荐、考察、讨论决定任免干部，或者由主要领导成员个人决定任免干部；

（四）不准私自泄露研判、动议、民主推荐、民主测评、考察、酝酿、讨论决定干部等有关情况；

（五）不准在干部考察工作中隐瞒或者歪曲事实真相；

（六）不准在民主推荐、民主测评、组织考察和选举中搞拉票、助选等非组织活动；

（七）不准利用职务便利私自干预下级或者原任职单位领导人员选拔任用工作；

（八）不准在机构变动，主要领导成员即将达到任职年龄界限、退休年龄界限或者已经明确即将离任时，突击提拔、调整干部；

（九）不准在领导人员选拔任用工作中任人唯亲、排斥异己、封官许愿，拉帮结派、搞团团伙伙，营私舞弊；

（十）不准篡改、伪造干部人事档案，或者在干部身份、年龄、工龄、党龄、学历、经历等方面弄虚作假。

第五十四条 加强领导人员选拔任用工作全程监督，严格执行领导人员选拔任用全程纪实和任前事项报告、“一报告两评议”、专项检查、离任检查、立项督查、“带病提拔”问题倒查等制度。严肃查处违反组织（人事）纪律的行为。对违反本办法规定的事项，按照有关规定对主要责任人以及其他直接责任人作出组织处理或者纪律处分；涉嫌违法犯罪的，移送有关国家机关依法处理。

对无正当理由拒不服从组织调动或者交流决定的，依规依纪依法予以免职或者降职使用，并视情节轻重给予处分。

第五十五条 实行党政领导人员选拔任用工作责任追究制度。凡用人失察失误造成严重后果的，用人上的不正之风严重、干部师生员工反映强烈以及对违反组织（人事）纪律的行为查处不力的，应当根据具体情况，严肃追究主要责任人以及其他直接责任人的责任。

第五十六条 校党委、党委组织部对领导人员选拔任用工作和贯彻执行本办法的情况进行监督检查，认真受理有关领导人员选拔任用工作的举报、申诉，制止、纠正违反本办法的行为，并对有关责任人提出处理意见或者处理建议。

纪检监察和巡察部门按照有关规定，加强对领导人员选拔任用工作的监督检查。

第五十七条 实行党委组织部和纪检监察、巡察、审计等有关部门联席会议制度，就加强对领导人员选拔任用工作的监督，沟通信息、交流情况、研究问题，提出意见和建议。联席会议由党委组织部召集。

第五十八条 校党委、党委组织部在领导人员选拔任用工作中，必须严格执行本办法，坚持出以公心、公正用人，严格规范履职用权行为，自觉接受党内监督、社会监督、群众监督。党员、干部、师生员工对领导人员选拔任用工作中的违纪违规行为，有权向校党委、纪委、党委组织部举报、申诉，受理部门应当按照有关规定核实处理。

第十一章　附　　则

第五十九条　本办法由党委组织部负责解释。

第六十条　本办法自印发之日起施行。原《中国科学技术大学党政领导人员选拔任用工作办法》(党组字〔2017〕78号)同时废止。

中国科学技术大学中层干部队伍建设规划(2021～2025年)

(党组字〔2021〕145号,2021年11月11日)

为坚持和加强党的全面领导,深入贯彻落实新时代党的组织路线和干部工作方针政策,围绕世界一流大学建设目标任务,统筹推进中层领导班子和干部队伍建设,根据《中国共产党组织工作条例》《2019—2023年全国党政领导班子建设规划纲要》等党内政策法规,结合学校实际,制定本规划。

一、指导思想

以习近平新时代中国特色社会主义思想为指导,深入贯彻落实党的十九大和十九届二中、三中、四中、五中、六中全会精神,增强"四个意识"、坚定"四个自信"、做到"两个维护",贯彻落实习近平总书记关于中国科大系列重要指示精神,坚持新时期好干部标准,坚持正确选人用人导向,以提高领导干部政治判断力、政治领悟力、政治执行力为核心,按照学校第十二次党代会工作部署,着眼于学校2035年远景目标和"十四五"时期建设目标需要,着力培养忠诚干净担当的高素质干部队伍,为实现"中国特色、科大风格"世界一流大学建设目标提供坚强的组织保证。

二、建设目标

到2025年,通过建立健全素质培养、知事识人、选拔任用、从严管理、正向激励的中层干部工作体系,推动中层干部理想信念更加坚定,担当尽责意识持续强化,专业素养全面提升,遵规守纪自觉性进一步增强,政治判断力、政治领悟力、政治执行力不断增强;推动班子结构不断优化,整体功能进一步增强。

(一)提升素质能力。突出政治素质培养,加强思想淬炼、政治历练、实践锻炼、专业训练,把思想理论武装、理想信念教育、知识结构改善、能力素质提升贯穿干部成长全过程。整合并统筹校内外资源,注重分类分级,坚持源头培养、跟踪培养、全过程培养,构建干部队伍分层分类培养体系。注重在基层一线培养锻炼干部,增强斗争精神,提高治理能力,使中层干部政治素养、理论水平、专业能力、实践本领跟上新时代发展步伐。

(二)完善选任机制。加强顶层设计和总体规划,强化政治素质和专业能力要求,树立重实干重实绩的选人用人导向,拓宽选人用人视野,重视一线学生工作经历。健全干部选任工作领导决策和监督机制,强化基层党组织在干部选任过程中的政治把关作用。突出干部选任政治标准,强化政治把关,坚持"一时"与"一贯"相结合、定性与定量相结合,健全干部政治素质识别和评价机制。

（三）优化队伍结构。优化领导班子配备，选优配强党政正职，增强班子整体功能。持续优化干部学缘、地缘结构，注重发现和培养选拔优秀年轻干部，防止急用现找。坚持老中青相结合的梯次配备，统筹用好各年龄段干部。中层班子中45岁左右的正处级干部和40岁左右的副处级干部，总体上按照相应层级干部总数的1/5到1/4的比例统筹把握。正处级干部的平均年龄一般不超过50岁，副处级干部的平均年龄一般不超过45岁。合理配备女干部、少数民族干部和党外干部。

（四）完善考核评价。严格落实《党政领导干部考核工作条例》，重点关注双肩挑干部对管理工作的投入情况，把区分优劣、奖优罚劣、激励担当、促进发展作为基本任务，优化考核内容和考核指标体系，完善考核方式方法，统筹开展平时考核、年度考核、专项考核、任期考核，全方位、多渠道了解干部，注意掌握干部在重大任务中的担当表现。强化考核结果运用，把考核结果与干部选拔任用、教育培养、管理监督、激励约束、问责追责等结合起来，推动形成能者上、优者奖、庸者下、劣者汰的正确导向。

（五）严格日常管理。健全管思想、管工作、管作风、管纪律的从严管理体系，聚焦领导干部特别是党政正职，突出对干部做到"两个维护"、遵守党章党规党纪和宪法法律法规、执行党的路线方针政策、贯彻落实党中央决策部署、遵守党内政治生活准则等情况的政治监督。坚持抓早抓小抓经常，加强日常管理和对履职尽责、担当作为的监督，推动广大干部严格按照制度履行职责、行使权力、开展工作。

三、主要措施

（一）增强干部教育培训的针对性有效性

1. 坚持用党的科学理论凝心铸魂，全面深入开展习近平新时代中国特色社会主义思想教育培训。落实《2018—2022年全国干部教育培训规划》，把习近平新时代中国特色社会主义思想学习培训作为首要政治任务，坚持精准培训、全员覆盖，完善党委理论学习中心组学习、理论宣讲等各项制度，深入开展党史学习教育，力求特色鲜明、形式多样。大力弘扬理论联系实际的学风，重点抓好各单位主要负责人读书班、处级干部培训班、青年骨干教师研修班、管理骨干培训班、科级干部培训班等班次，进一步加强对领导干部和后备干部的理想信念教育，坚持真学真懂真信真用，做习近平新时代中国特色社会主义思想的坚定信仰者、忠实实践者。巩固拓展"不忘初心、牢记使命"主题教育成果，把不忘初心、牢记使命作为加强领导班子建设永恒课题，作为领导干部终身课题，形成长效机制。

2. 坚持按需施教，全面提高培训质量和实效。紧紧围绕学校事业发展需要，突出组织需求和岗位需求，把需求调研贯穿训前、训中、训后全过程。针对优秀年轻人才、党总支书记、系主任、科级干部等不同群体的需求进行收集与分析研究，结合干部岗位职责和健康成长需求，改进方式方法、增强吸引力感染力，完善考核评估办法，提高培训满意率。充分运用现代信息技术，加大网络培训力度，推动干部掌握新精神、把握新要求、投身新实践。

3. 加强学员管理与学风建设，完善干部培训考核评价机制。大力弘扬理论联系实际的马克思主义学风，做到学以致用、用以促学、知行合一。落实意识形态工作责任制，把讲政治贯穿教学管理全过程，坚持艰苦奋斗、勤俭办学。严格教师管理，严肃教师讲课纪律要求，旗帜鲜明反对和抵制各种错误观点。加强学员管理，严格纪律要求，强化对干部参学参训情况的监督和考核，将干部教育培训情况作为干部考核的重要内容和任职、晋升的重要依据。

(二) 优化干部选拔任用工作机制

4. 聚焦“两个维护”强化政治忠诚，以正确用人导向引领干事创业。把政治标准放在首位，加强和改进领导干部政治素质考察，把定性评价与具体事例相结合，制定政治素质考察测评表和负面清单，深入考察政治忠诚、政治定力、政治担当、政治能力、政治自律。把坚决落实“两个维护”作为最高政治原则，推动党员干部对党忠诚老实，自觉在政治立场、政治方向、政治原则、政治道路上同以习近平同志为核心的党中央保持高度一致。

5. 深入贯彻新时期党的干部工作方针政策，积极构建有活力的后备干部选拔培养体系。根据新时期《党政领导干部选拔任用工作条例》，组织修订《中国科学技术大学党政领导人员选拔任用工作办法》，进一步加强校党委对选人用人的领导，加强顶层设计和总体规划，优化干部选拔任用工作机制。进一步规范机构设置与干部职数配备，全校中层党政领导人员职数与全校在岗教职工总量比例不超过 1∶15。充分发挥学校干部工作小组职能，坚持党管干部原则，在研究制定选人用人工作方案同时，强化干部队伍建设阶段性工作规划。加强对系主任和党总支书记的严选和政治把关，注重对教师党支部书记的遴选和教育培训，规范科级干部队伍建设。学院(重点科研机构)从严设置助理职务，机关、直属单位不得设置助理岗位。

6. 坚持干部任期和交流制度，多举措提高干部工作能力。严格执行党政领导人员职务任期制，提前做好统筹规划，在同一岗位任满 10 年的中层领导人员一般应进行轮岗或交流，在组织、人事、财务、纪监审、招生、招标采购、基建等部门任职的中层领导人员，任满 10 年必须进行轮岗或交流。财务、后勤、基建、保卫、资产经营、饮食服务等部门主要负责人任职一般不超过 5 年。拓宽选人用人视野，分批次开展优秀青年教师校内挂职锻炼工作，综合运用援派、挂职等方式，加大对国家重大战略选派干部支持力度。

7. 选优配强党政正职，增强中层领导班子整体功能。注重选拔政治上强、能够驾驭全局、善于抓班子带队伍、民主作风好、敢于担当、廉洁自律的优秀干部担任党政正职。综合考虑年龄、经历、专长等方面因素配备党政正职，做到经验能力互补、性格气质相容。加大统筹力度，注重适时使用，破除论资排辈，对各方面条件比较成熟的干部及时提拔使用。从严管理监督，加强跟踪了解，实行优进绌退、动态管理。

8. 实行党委组织部和纪检监察、巡察、审计等有关部门联席会议制度。每学期党委组织部召集一次联席会议，相关部门就加强对领导人员选拔任用工作的监督，沟通信息、交流情况、研究问题，提出意见和建议。通过联席会议制度的实行，进一步推动《中国科学技术大学党政领导人员选拔任用工作办法》的贯彻执行，增强监督的整体效能，助力党委组织部精准科学地掌握领导班子、领导干部的政治立场、思想作风、道德品质、廉洁勤政和是否违纪违法等方面的情况。

(三) 以制度建设提升干部管理监督工作规范化水平

9. 扎实开展干部考核工作，促进提高干部队伍执行力。深入贯彻落实干部考核工作条例，制定年度考核方案，以年度为周期对领导班子和领导干部进行综合性考核。针对不同类型的单位，设置不同的考核要点：对于学部、学院、直属系、国家(重点)实验室，重点考核人才引进与教师培养，本科教学与研究生培养，科研工作(项目组织、平台建设、科研成果)，创新举措，团结稳定；对于机关各部门，主要考核重点工作和专项工作完成情况，团结协作，服务意识，工作质量与效率；对于直属单位，主要考核重点工作和专项工作完成情况，团结协作，工作绩效和服务质量，管理创新。考核结果作为中层领导班子建设和人员选拔任用、培养教育、管理监督以及薪酬评定的重要依据。

10. 着力管纪律，促进干部管理监督常态化。巩固领导干部个人有关事项报告专项整治工作成果，定期开展培训，做好政策宣传，严格执行个人事项报告的“两项法规”，落实个人及家庭情况发生重大变化及时报告制度，稳步提高报告工作质量，促进干部廉洁从业。严格执行《中层领导人员请假规定》，规范领导人员出国（境）请假审批程序，严肃组织纪律和工作纪律。完善集中保管处级干部因私出（国）境证件管理办法，优化证件集中管理和审批办法。坚持“凡提四必”，做好选任监督。严格执行干部兼职制度，推动兼职规范有序。

11. 强化正向激励，推动干部担当作为。强化考核结果运用，把抓基层党建述职评议考核结果作为干部选用的重要参考。构建常态化宣传教育机制，激励干部在事业发展中磨炼党性，在服务大局中履职尽责，在砥砺奋进中实现价值。加强对外派人员的管理，对援派干部，以及参与对口支援等挂职任务的干部教师在成长发展和待遇方面给予倾斜。

四、组织保障

学校党委要充分发挥领导作用，把落实《中层干部队伍建设规划（2021—2025 年）》纳入中层领导班子和干部队伍建设整体布局，统筹谋划，压实责任，加强领导，每年至少听取一次组织工作专题报告，研究推动解决有关问题。党委主要负责同志要带头落实干部队伍建设规划，班子其他成员要落实分管领域抓班子带队伍的责任。组织部门要与其他有关部门密切配合，形成统筹协调、齐抓共管工作格局。各单位要增强大局意识，协助校党委抓好中层领导班子和干部队伍建设，积极营造有利于干部队伍建设和优秀干部健康成长的良好环境。

中国科学技术大学关于贯彻落实“三重一大”决策制度的实施办法

（党字〔2021〕148 号，2021 年 11 月 23 日）

第一章　总　　则

第一条　为全面贯彻党的教育方针，加强党对学校的全面领导，根据《教育部关于进一步推进直属高校贯彻落实“三重一大”决策制度的意见》（教监〔2011〕7 号）以及上级有关文件精神，落实中共中央关于重大决策、重要干部任免、重要项目安排和大额度资金使用（以下简称“三重一大”）事项必须由领导班子集体研究做出决定的制度，促进领导班子决策的科学化、民主化和规范化，结合学校实际，制定本办法。

第二条　“三重一大”事项决策要坚持“集体领导、民主集中、个别酝酿、会议决定”，凡属“三重一大”事项必须由校党委常委会集体研究决定。

第三条　“三重一大”事项决策必须遵守党规党纪、国家法律法规和有关政策，充分发扬民主，广泛听取意见，坚持师生参与、专家论证、风险评估和集体讨论决定相结合，进一步完善决策机制、优化决策程序。

第四条 “三重一大”事项实行清单管理，学校确定“三重一大”事项主要内容并动态调整。

第二章 “三重一大”事项主要内容

第五条 重大决策事项。

重大决策事项是指事关学校改革发展稳定全局和广大师生员工切身利益，依据有关规定应当由学校领导班子集体研究决定的重要事项。主要包括：

（一）学习贯彻习近平新时代中国特色社会主义思想、落实党中央和上级党组织决策部署、执行学校党代表大会决议决定的重大措施；

（二）学校党的建设的重要事项；

（三）学校领导班子自身建设、干部队伍建设等；

（四）意识形态工作、民族宗教工作的重要事项；

（五）师生思想政治工作、师德师风建设的重要事项；

（六）校园文化建设和校风教风学风建设的重要事项；

（七）党的纪律检查工作、党风廉政建设和巡视工作的重要事项；

（八）学校章程、学校总体发展规划、综合改革方案等事关学校改革发展稳定的重大事项；

（九）教师队伍建设、学生培养、学科建设、校园建设与管理等重要工作规划、计划，重要改革措施，重要规章制度；

（十）学校内部组织机构和人员编制的设置与调整；

（十一）教职工薪酬体系、收入分配及福利待遇、奖励、惩处和其他事关师生员工切身利益的重要事项；

（十二）省部级以上重大表彰推荐，校级重大表彰事项；

（十三）学校年度财务预算方案、预算调整方案、财务决算情况的审定；

（十四）学校重要资产处置、重要办学资源配置；

（十五）加强对学校党的群团组织，学术委员会、学位评定委员会等学术组织，教职工代表大会、统一战线、老干部和离退休等工作领导的重要事项；

（十六）校园安全稳定、重大突发事件及法律纠纷的处理；

（十七）应当由集体决定的其他重大决策事项。

第六条 重要人事任免事项。

重要人事任免事项是指学校中层及以上干部的任免和需要报送上级机关审批的重要人事事项。主要包括：

（一）校级后备干部的推荐、选拔；

（二）学校内部组织机构领导班子成员以及享受相应待遇的非领导职务人员的任免、党纪政纪处分；

（三）校外重要机构任职人选的推荐；

（四）各级党代会代表、人大代表、政协委员、政府参事以及民主党派重要职务等人选的推荐；

（五）学校全资、控股企业校方董事、监事及经理人选的确定；

（六）学校学术委员会、学位评定委员会、教学委员会等各类委员会的换届和组成人员调整；

（七）应当由集体决定的其他重要干部人事任免事项。

第七条 重大项目安排事项。

重大项目安排事项，是指对学校规模条件、办学质量等产生重要影响的项目设立和安排。主要包括：

（一）重大专项资金建设项目，如上级资金安排的专项以及学校自筹资金安排的项目；

（二）以学校名义的对外合作与交流重要项目；

（三）不动产购置，土地、房屋性质变更；

（四）重大基本建设和大额度基建修缮项目的立项、变更；

（五）学校重大无形资产转让和授权使用，以及学校以现金和资产进行的对外投资项目；

（六）应当由集体决定的其他重大项目安排事项。

第八条 大额度资金使用事项。

大额度资金使用事项，是指超过学校所规定的党政领导人员有权调动、使用的资金限额的资金调动和使用。

（一）50万元（含）以上涉诉、涉仲经济事项的款项支付；

（二）未列入学校年度预算，200万元以上的临时应急项目经费支出；

（三）重大捐赠的获取与使用；

（四）应当由集体决定的其他大额度资金运作事项。

第三章 “三重一大”事项决策程序

第九条 需要提请校党委常委会会议讨论决定的“三重一大”事项，由各单位提出建议，经分管校领导审核同意，报校党委书记确定后提请校党委常委会会议研究决定，所研究事项不得临时动议。

第十条 调查研究与征求意见。

“三重一大”事项提交集体决策前，应进行深入细致的研究论证，广泛听取并充分吸收各方面的意见。

（一）选拔任免中层领导干部，应按照《中国科学技术大学党政领导人员选拔任用工作办法》中确定的程序执行，并书面征求纪检监察部门的意见；

（二）与师生员工利益密切相关的事项，要通过教职工代表大会或其他形式听取广大师生员工意见和建议，在会议决策之前要提交教代会审议通过；

（三）涉及学校改革发展全局和师生切身利益的重要制度，在会议决策之前，要按照法律法规和学校规章制度要求，进行事前合法合规性审查；

（四）与学术、学位、教学等相关的重大事项，在会议决策之前要提交相应委员会咨询、审议；

（五）对专业性、技术性较强的重要事项，应事先进行专家评估论证，技术、政策法律咨询，提交论证报告或立项报告；

（六）对大额度资金使用，应建立绩效分析制度，在决策前对必要性、预期效益、风险规避等进行分析，提交分析报告；

（七）对学校专项工作领导小组负责的事项，在会议决策之前，应提交相应专项工作领导小组审议通过。

第十一条 “三重一大”事项应以会议的形式集体研究决策，不得以传阅会签或个别征求意见等方式代替会议决定。“三重一大”事项提交党委常委会会议审议前，相关单位应当事先做好充分准备，可以根据内容在校长工作会议上进行讨论，形成比较成熟的意见。

第十二条 “三重一大”事项的决策程序和实施应严格按照《中国科学技术大学党委常委会会议议事规则》有关规定执行。

第十三条 “三重一大”事项决策情况，包括参加人员、发表意见、表决结果等内容，应真实、完整、详细记录，并形成会议纪要。会议记录、会议纪要、议题材料包括论证报告、合法合规性评估材料等一并存档备查。

第四章 “三重一大”决策保障机制

第十四条 “三重一大”事项一经校党委常委会会议研究决定，必须坚决执行，不得打折扣搞变通，确因发生特殊情况难以执行的，应由相关部门提出调整建议，经分管校领导审核提出意见，报学校党政主要领导审批。重大调整应当召开校党委常委会会议重新作出决策。

第十五条 建立“三重一大”决策回避制度。如有涉及本人或亲属利害关系，或其他可能影响公正决策的情形，参与决策或列席人员应当回避。

第十六条 建立“三重一大”决策公开与查询制度。除涉密事项外，“三重一大”决策事项根据工作需要，按照《高等学校信息公开办法》《中国科学技术大学信息公开实施细则》在一定范围内予以公开，接受查询。

第十七条 建立“三重一大”执行决策的督查监督制度和决策报告制度。学校领导班子成员贯彻落实“三重一大”决策制度的执行情况，应当接受监督，并作为领导班子民主生活会和述职述廉的重要内容。

党政办公室负责跟踪、督查“三重一大”决策事项执行情况，及时向校领导反馈。

第十八条 建立“三重一大”决策责任追究制度。违反本办法，不履行或不正确履行“三重一大”决策制度；不执行或擅自改变集体决定；未经集体讨论而个人决策；未提供全面真实情况而直接造成决策失误；执行决策后发现可能造成失误或损失而不及时采取措施纠正，造成重大经济损失和严重后果的，要依纪依法分别追究相关责任人的责任。

第五章 附 则

第十九条 各院级单位应参照本办法制定本单位党政领导班子落实“三重一大”决策制度的实施细则，并报党政办公室备案。

第二十条 本办法由学校党委常委会授权党政办公室负责解释。

第二十一条 本办法自印发之日起施行。

中共中国科学技术大学委员会关于贯彻落实《中国共产党重大事项请示报告条例》的具体举措

（党字〔2021〕149 号，2021 年 11 月 23 日）

第一章 总 则

第一条 为进一步加强校党委向党中央以及中共中国科学院党组、教育部党组、中共安徽省委等上级党组织做好重大事项的请示报告工作，根据《中国共产党章程》《关于新形势下党内政治生活的若干准则》《中国共产党重大事项请示报告条例》等及《中共中国科学院党组关于贯彻落实〈中国共产党重大事项请示报告条例〉的具体举措》，结合学校实际，制定本举措。

第二条 重大事项请示报告工作应坚持以习近平新时代中国特色社会主义思想为指导，加强党对学校的全面领导，坚持从严管党治校，贯彻民主集中制，增强“四个意识”、坚定“四个自信”、做到“两个维护”，确保党中央关于教育的决策部署落实到位。

第二章 请示报告的主要事项

第三条 涉及学校改革发展全局、党的建设中的重大原则和问题，以及其他只能由上级党组织决策决定的重大事项，应以校党委名义向上级党组织请示报告。

第四条 请示的主要事项包括：

（一）学校贯彻落实党中央和上级党组织决策部署中的重要情况和问题，需要作出调整的政策措施，需要支持解决的特殊困难；

（二）学校重大改革措施、重大体制变动、重大项目推进、重大突发事件、重大机构调整、重要干部任免、重大违纪违法和复杂敏感案件处理等；

（三）上级党组织明确规定需要请示的重要会议、重要活动、重要文件等；

（四）重大活动、重要政策的宣传报道口径，新闻宣传和意识形态工作中的全局性问题和不易把握的问题；

（五）出台重大创新举措，特别是遇到新情况新问题且无明文规定、需要先行先试，或者创新举措可能与现行规定相冲突、需经授权才能实施的情况；

（六）属于职权范围内但事关重大或者特殊敏感的事项；

（七）重大决策时存在较大意见分歧的情况；

（八）跨区域、跨领域、跨行业、跨系统工作中需要上级党组织统筹推进的重大事项；

（九）调整党中央文件、会议精神的传达知悉范围，使用中央领导同志未公开的讲话、音像资料等；

（十）其他应当请示的重大事项。

第五条 报告的主要事项包括：

（一）学校学习贯彻习近平新时代中国特色社会主义思想，统筹推进“五位一体”总体布局和协调推进“四个全面”战略布局的重要情况；

（二）党中央以及上级党组织重要会议、重要文件、重大决策部署贯彻落实情况，贯彻落实习近平总书记重要指示批示，特别是关于中国科大系列重要指示精神贯彻落实情况，上级党组织负责同志交办事项的研究办理情况；

（三）学校加强党的建设，履行全面从严治党责任，包括集中学习教育活动、意识形态工作、党组织设置及隶属关系调整、民主生活会、党风廉政建设、落实中央八项规定精神、党员干部直接联系群众、巡视巡察整改、发现重大违纪违法问题等情况；

（四）重大专项科技任务进展、重大创新成果产出、重大科教改革举措推进等情况，以及有推广价值的经验做法和意见建议；

（五）对涉及国家经济社会发展特别重大问题的意见建议，以及对国家科教规划、科教政策、科教决策等方面的重要意见建议；

（六）明确规定应报告的重要事项，如年度工作计划和总结，重大专项工作开展情况，以及校内重大敏感事件、突发事件、重大舆情和群体性事件应对处置情况等；

（七）其他应报告的重大事项。

第六条 报备的主要事项包括：

（一）学校印发的规范性文件；

（二）学校领导班子成员分工、收入分配制度；

（三）有关干部任免；

（四）党委委员职务的辞去、免去或者自动终止；

（五）其他应当报备的重大事项。

第三章 请示报告程序与时限

第七条 向上级党组织请示报告的具体事项、责任部门、审批程序、报送时限等，应由党政办公室制定清单，经校党委常委会会议审议或报请学校党政主要负责人签批后实施。

第八条 按照请示报告事项清单的分工安排，由责任部门牵头起草请示报告文件，报分管校领导审核，一般应经学校领导班子成员集体研究或者传批审定，由学校党政主要负责人签发。必要时应当事先经上级分管部门负责同志同意。

第九条 与校外相关党组织或单位联合请示报告的，应当协商一致后呈报。未取得一致意见的，应当对有关情况作出说明。

第十条 向上级党组织请示重大事项，必须事前请示，给上级党组织以充足研判和决策时间。情况紧急来不及请示必须临机处置的，应当按照规定履职尽责，并及时进行后续请示报告。

第十一条 定期报告按照规定时间进行。专题报告根据工作进展情况适时进行，学习贯彻党中央重要会议和文件精神的专题报告应注重反映落实成效，避免一味求快。对党中央和上级党组织交办的重大事项，应按照时限要求报告。突发性重大事件应及时报告，并根据事件发展处置情况做好续报工作。

第四章 请示报告内容与形式

第十二条 请示报告要坚持问题导向，确保客观真实。起草过程中要深入调查研究，充分征求意见，突出政治性、思想性、针对性和可操作性，全面如实请示报告工作、反映情况、分析问题、提出建议，减少一般性工作情况汇报，做到既报喜又报忧、既报功又报过、既报结果又报过程。

第十三条 请示报告要详细阐明背景，全面反映情况，提出明确意见和可行方案供党中央或上级党组织决策参考。

第十四条 向上级党组织请示报告工作一般应当以校党委名义进行。特殊情况下，可以根据工作需要以校党委书记名义代表校党委请示报告。

第十五条 校党委请示报告工作应当根据重大事项类型和缓急程度，利用电话、文件、传真、网络等多种载体进行。采用口头、书面等方式按照《中国共产党重大事项请示报告条例》第五章的有关规定进行。对于口头请示报告，做好记录和资料留存，确保有据可查。

第十六条 严格执行党中央关于精简文件简报、切实改进文风的规定，提高请示报告的质量和处理效率。报告应当简明扼要、文风质朴，上报的综合性报告一般不超过5000字，专项报告一般不超过3000字，情况复杂、确有必要详细报告的有关内容可以通过附件反映。

第十七条 严格执行《党政机关公文处理工作条例》等规定，请示报告应当逐级进行，一般不得越级请示报告。报送请示应当一文一事，不得在报告等非请示性公文中夹带请示事项。

第十八条 请示报告工作中的涉密事项应当按照有关保密规定执行。

第五章 组织领导与责任

第十九条 校党委书记是重大事项请示报告的第一责任人，对向党中央和上级党组织请示报告工作要亲自抓、负总责，对重大事项请示报告要亲自研究部署、审改把关。要检查请示报告制度执行情况，确保纪律刚性约束。

第二十条 分管校领导对分管工作重大事项的请示报告及其内容负直接责任，督促和约束责任部门做到重大问题、重要事项该报告的必须报告，该请示的必须请示，该履行的职责必须履行，该承担的责任必须承担。

第二十一条 各责任部门主要负责人对本部门职责范围内的重大进展、重要问题和挑战等事项应高度关注,及时提出请示报告的建议,并对牵头承办请示报告事项的政治性、真实性、准确性、时效性等负责,严格落实重大事项请示报告的各项程序要求。

第二十二条 党政办公室履行文件审核把关责任,对牵头起草的责任部门提醒督促,加强文件流转、排版印刷、文件报送等工作的规范化管理与业务指导。

第六章 责任落实与追究

第二十三条 各级党组织和党员、领导干部必须充分认识落实重大事项请示报告工作的重要性,将其作为增强"四个意识"、坚定"四个自信"、做到"两个维护"的具体体现,作为严明党的政治纪律和组织纪律的基本要求,不折不扣地执行。

第二十四条 校党委执行重大事项请示报告工作开展情况纳入向上一级党组织报告工作的重要内容。

第二十五条 校党委建立健全重大事项请示报告工作督查机制,并将执行重大事项请示报告制度情况纳入日常监督和巡视巡察范围。

第二十六条 校党委对各级党组织及其主要负责同志履行重大事项请示报告工作情况进行考核评价,与党风廉政建设责任制检查考核、党建工作考核等相结合,结果应当以适当方式通报。

第二十七条 校党委落实重大事项请示报告责任追究制度,按照《中国共产党重大事项请示报告条例》第七章有关规定,依规依纪严肃追究有关党组织和党员、领导干部以及工作人员的责任。

第七章 附 则

第二十八条 各级领导干部个人请示报告工作中的重大问题和个人有关事项,应严格按照《中国共产党重大事项请示报告条例》等有关规定执行。

第二十九条 本举措经校党委常委会会议审议通过后实施,由学校党委常委会授权党政办公室负责解释。

中共中国科学技术大学委员会关于列席院级单位党组织会议和党政联席会议的实施方案

(党组字〔2021〕158号,2021年12月1日)

为深入学习贯彻习近平新时代中国特色社会主义思想,贯彻落实新时代党的建设总要求和新时代党的组织路线,贯彻落实《中国共产党普通高等学校基层组织工作条例》,加强校党委对院级单位的领导,强化院级党组织政治功能、履行政治责任,根据《中国共产党党内监督条例》《中共中央关于加强对“一把手”和领导班子监督的意见》《中共中央组织部 中共教育部党组关于印发普通高等学校院(系)党委会会议和党政联席会议议事规则示范文本的通知》有关要求,结合学校实际,制定本实施方案。

一、列席工作流程

请各院级党组织会前2天,将拟召开的党组织会议和党政联席会议时间、地点等情况,通过“院级两会”一周会议表系统进行填报。操作程序:信息门户—办事大厅—“院级两会”一周会议表,网址:https://dj.ustc.edu.cn/lianghui/home。

校领导结合分工和联系单位情况,采取事前不打招呼的方式列席院级单位党组织会议或党政联席会议(以下简称“两个会议”),一般每年至少列席1次相关单位的党组织会议或党政联席会议,作为贯彻落实《中国科学技术大学校领导联系指导基层单位实施办法》的重要举措。

党委组织部根据工作需要随机列席“两个会议”,作为每年至少1次对院级党组织规范运行党组织会议和党政联席会议情况的督查措施。

存在以下情况的党组织应作为重点列席单位:

1. 党的领导弱化、党的建设缺失、管党治党宽松软的;
2. 落实主体责任不力、推动工作不到位的;
3. 领导班子团结协作意识较差、民主生活会召开质量不高的;
4. 本单位违纪违法行为多发的;
5. 巡视巡察、审计发现问题突出,举报、反映问题较多的;
6. 党组织书记或者行政主要负责人任职时间较短,或者临近法定退休年龄的;
7. 有其他需要重点关注情形的。

二、重点关注议题

(一) 党组织会议

1. 党的建设事项;
2. 干部队伍建设事项;
3. 对人才的政治引领、政治吸纳和教育管理、联系服务的重要事项;
4. 思政课程、课程思政建设等师生思想政治工作中的重要事项;
5. 教风学风和师德师风建设中的重要事项;
6. 意识形态、统一战线、安全稳定等工作中的重要事项;
7. 加强对工会、共青团、学生会(研究生会)、学生社团等群众组织,各类学术组织和教职工代表大会,以及老干部和离退休等工作领导的重要事项;
8. 对于涉及办学方向、教师队伍建设、师生员工切身利益等重大事项,在党政联席会议决定前,党组织会议对政治原则、政治立场、政治方向先行把关的事项。

(二) 党政联席会议

1. 事关本单位改革发展稳定的事项;
2. 事关教师队伍建设的事项;
3. 事关学生培养的事项;
4. 科研平台、科研团队建设,科研项目、科研经费管理,科研成果转化、科研奖励中的重要事项；

5. 开展国（境）内外教学、科研和学术交流合作中的重要事项；

6. 学术委员会、教学委员会、教授委员会、学位评定分委员会和其他管理、咨询类组织组成人员和负责人选任等重要事项；

7. 单位表彰、奖励，上级重要表彰、奖励人选推荐等重要事项；

8. 由党组织会议研究形成决议或决定，提交党政联席会议成员共同研究落实的事项。

三、重点关注事项

列席会议应当重点关注以下问题：

1. 到会人数是否符合规定要求，因故未能参加的是否提前履行请假手续。

2. 党组织会议是否由党组织书记主持，党组织书记是否按规定最后表态；党政联席会议是否主要由行政主要负责人主持（根据议题需要也可以由书记主持），行政主要负责人或党组织书记是否按规定最后表态；是否存在“一言堂”等违反民主集中制原则问题。

3. 会议是否按既定议程逐项进行，内容是否与会议议题相符，是否存在临时动议问题。

4. 汇报人员介绍情况是否全面；与会成员是否充分讨论，是否逐一发表明确意见，是否存在走过场、流于形式或者议而不决等现象。

5. 研究决定多个事项的，是否按规定逐项进行表决；是否以应到会成员超过半数同意形成决定；是否违反规定将未到会成员的意见计入票数；采取票决的，程序是否规范。

6. 会议是否指定专门人员进行记录，会议记录是否完整规范。

7. 会议内容涉及与会人员（包括参会人员、列席人员、记录人员）本人或者其亲属以及其他可能影响公正决策的情形，本人是否回避。

8. 其他需要关注的问题。

四、列席工作要求

列席人员一般不超过2人。校领导列席时，一般由专人作工作记录。党委组织部列席时，不在主会议桌就座，不由他人陪同，不作介绍。所有列席人员应当严格遵守保密规定，不得对外透露列席单位“两个会议”讨论内容、发言及表决情况。失密泄密的，严肃追究有关责任人责任。

党委组织部应当及时对列席情况梳理，校党委定期进行分析研判。“两个会议”的召开情况要作为对领导班子和领导干部考核评价的参考。发现重大问题，需要追究责任的，按照有关规定和程序对有关党组织和相关责任人进行追责问责。

中共中国科学技术大学委员会关于加强新形势下党外代表人士队伍建设的实施意见

（党字〔2021〕3号，2021年1月4日）

为深入贯彻落实党的十九大和十九届二中、三中、四中、五中全会精神，进一步加强新形势下学校党外代表人士队伍建设，推动统一战线事业不断向前发展，根据《中国共产党统一战线工作条例》《中共中央关于加强新形势下党外代表人士队伍建设的意见》《民主党派代表人士队伍建设规划(2018—2027)》《中共中国科学院党组关于加强新形势下党外代表人士队伍建设的实施意见》等精神，结合学校实际，现提出如下实施意见。

一、指导思想

高举中国特色社会主义伟大旗帜，以邓小平理论、“三个代表”重要思想、科学发展观和习近平新时代中国特色社会主义思想为指导，坚持德才兼备、以德为先的标准，以不断增强党外代表人士的代表性为重点，以广交深交党外朋友为基础，以加强理论培训和实践锻炼为途径，以提高素质、发挥作用为目标，进一步拓宽视野、整合资源、健全机制、创新方法，着力做好发现、培养、使用、管理工作，着力培养一支政治坚定、业绩突出、群众认同的党外代表人士队伍，为国家和学校科学发展提供更加坚实的党外人才保障。

二、主要范围

党外代表人士是与中国共产党团结合作、作出较大贡献、有一定社会影响的非中共人士。主要包括：各级人大代表、政协委员、政府参事、文史研究馆馆员中的党外人士，民主党派各级组织负责人，在有关社会团体担任一定职务并发挥较大作用的党外人士，处级以上党外干部，无党派代表人士，有代表性的党外教授等。

三、基本目标

适应新形势下学校事业发展和统一战线自身科学发展的需要，全面提高党外代表人士队伍建设水平，努力建设一支数量充足、结构合理、素质优良、作用突出的党外代表人士队伍。

1. 总量适度增长。在现有基础上，推进实施党外代表人士培养“1421”计划，不断壮大党外代表人士队伍。即在党外知识分子群体中建立100名左右的党外代表人士后备人才库，确定40人左右作为学校副处级以上后备干部，推荐20人左右在省级各部门或团体组织任职、10人左右在全国人大、政协和各党派中央任职。

2. 结构逐步优化。稳步提高高层次党外代表人士比例，优化后备人才队伍年龄结构、界别结构和专业结构，形成层次合理、分布均衡、衔接有序的党外人才队伍。

3. 素质不断提高。从适应中国特色社会主义事业的需要出发，进一步提高党外代表人士的政治把握能力、参政议政能力、组织协调能力、合作共事能力。

4. 作用更加显著。为党外代表人士创造更加有利的条件，支持和协助党外代表人士在国家事务和创建世界一流大学工作中充分发挥政治参与作用、议政建言作用、示范带动作用。

四、主要措施

1. 合理规划政治资源。各级党组织要用战略的眼光和宽阔的胸怀合理规划和统筹配置校内政治资源，认真贯彻落实把一部分优秀人才留在党外的政策规定，结合学校实际，分析党外人士的情况，有计划地物色发现年轻人才，根据工作需要和个人意愿推荐加入中共党组织、民主党派组织或作为无党派人士，统筹兼顾中共党员、民主党派成员和无党派人士的发展，支持民主党派适度、平稳和均衡发展。

2. 切实抓好发现储备。加强校党委与行政部门和基层院系以及民主党派基层组织的沟通与协调，扩大选人视野，通过多种方式、多种渠道挖掘、发现人才。要把好选人用人的政治标准，建立健全党外代表人士推荐机制，注意从教学、科研、管理一线物色党外后备人才，从民主党派成员、高层次人才、归国留学人员等群体中发现优秀人才，注重在民主推荐、竞争性选拔和日常考察中发现和储备党外干部。特别要注重对45岁以下党外人士的培养，按照“用一届、备一届、培养一届、动态管理”的工作原则，储备后备人才，努力形成全方位、多层次的党外代表人士人才库，并动态更新人才库人员信息，及时核对、整理、补充其参政议政、社会工作、科研成果等方面的情况，为国家、地方及学校的各类安排做好充分的人才储备。

3. 全面加强教育培养。建立党外代表人士培养教育机制，优化培训体系，坚持以政治培训为主，融入理想信念、国情社情校情教育，着力提升“五种能力”。定期组织党外领导干部、民主党派基层组织负责人、党外中青年骨干等各类培训，积极选送和大力支持党外代表人士参加上级统战部门或各民主党派组织的教育培训活动。积极推动党外代表人士实践锻炼制度化、规范化，将党外干部纳入学校干部挂职锻炼和交流任职的总体安排。定期组织党外代表人士开展社情考察或专题社会实践，支持民主党派开展形式多样的主题教育实践活动，协助民主党派加强自身建设，支持他们发展和培养符合各自特色的代表人士。

4. 加大选拔任用力度。要着眼党外代表人士队伍的新老交替和政治交接，不断健全选拔任用工作机制。按照中央有关要求，学校领导班子中一般要配备党外干部，校级后备干部中一般要有若干名非中共人士，中层干部中要保持适当比例的党外干部。加大党外正职安排力度，对符合任职条件的党外干部，可根据工作需要选拔担任机关部门、学院、重点科研机构和直属单位的行政正职。要主动加强与各级统战部门和民主党派组织沟通联系，积极推荐党外代表人士担任各级人大代表、政协委员和在民主党派组织中任职；积极推荐党外干部到政府部门、高等院校、科研院所、国有企业和有关社会团体任职、挂职锻炼；积极举荐党外代表人士担任政府参事、文史研究馆馆员、司法机关和政府部门特约人员等职务。

5. 注重日常管理监督。建立党外代表人士综合评价机制，把综合评价作为党外代表人士推荐使用的必经环节。统战部门要发挥牵头协调作用，总体掌握党外代表人士的政治表现、思想状况、履行职责、廉洁自律情况，特别是在重大原则问题上的政治立场和态度，帮助党外代表人士坚定政治共识，增强大局意识、责任意识和自律意识，不断提高自身素质。关心和支持民主党派等统战性社团组织的建设，发挥党外代表人士所在党派和团体自我管理、自我教育、自我监督的作用。坚持党员领导干部与党外代表人士联谊交友制度，把联谊交友工作贯穿于党外代表人士发现、培养、使用和管理的各个环节。学校党委组织部、党委统战部要针对党外代表人士的特点，运用民主评议、述职述廉、定期考核等方式做好对党外干部的日常管理与考核，促进党外干部健康成长。

6. 发挥民主监督作用。积极支持和鼓励党外代表人士参加多党合作、政治协商、参政议政方面的国情考察、专题调研、社会服务，争取在更高层面、更开放的视野上思考并提出具有前瞻性、科学性和可操作性的意见建议，为国家和地方经济社会发展积极参政议政、建言献策。要注重发挥党外代表人士在学校民主管理、民主监督和民主决策中的重要作用，切实落实向党外代表人士定期通报情况、重大事项征求党外代表人士意见、向党外代表人士传达有关文件精神、邀请党外代表人士参加重要会议等制度。要加大党外代表人士参与学校民主管理力度，在教代会代表及其主席团成员中保证党外代表人士占有一定比例，切实赋予其民主监督的职责。学校纪委每年要向党外代表人士通报党风廉政建设和反腐败工作情况，并通过特邀方式聘请符合条件的党外代表人士担任党风廉政监督员，参加学校党风廉政建设专项检查。

五、组织保障

1. 党委重视支持。把加强党外代表人士队伍建设作为政治责任，摆上党委重要议事日程，纳入人才和干部队伍建设总体规划，纳入干部教育培训体系，纳入领导班子和干部队伍建设的考核内容，加强统筹谋划，完善政策措施，落实领导责任制，努力建设一支数量充足、结构合理、素质优良、作用突出的党外代表人士队伍。

2. 完善工作机制。充分发挥学校统一战线工作领导小组作用，完善党委统一领导、统战部门牵头负责、各有关部门和群团组织密切配合的党外代表人士队伍建设工作机制。完善党委组织、统战部门联席会议制度，形成共同制定规划、共同物色选拔、共同培养教育、共同考察人选、共同讨论研究、共同督促检查的工作格局，共同做好党外代表人士队伍建设工作。

3. 提供全面保障。积极开拓和整合校内外各类学习培训、实践锻炼、推荐使用、合作共建等平台资源，为党外代表人士队伍建设提供必要的人力、物力、财力保障。加强对统战干部的业务培训，提升做好党外代表人士队伍建设的能力和水平。把党外代表人士队伍建设列入宣传工作计划，加大对党外代表人士队伍建设成效、典型事迹等的宣传力度。

中国科学技术大学网络与信息安全工作管理办法(试行)

(党办字〔2021〕150 号，2021 年 11 月 23 日)

第一章 总 则

第一条 为加强学校网络与信息安全管理、保障学校网络与信息安全，根据《中华人民共和国网络安全法》《中华人民共和国数据安全法》《中华人民共和国个人信息保护法》《信息安全等级保护管理办法》《中国科学院网络安全工作管理办法(试行)》等相关法律法规以及学校相关规定，结合学校实际，制定本办法。

第二条 学校网络与信息安全工作遵循“谁主管谁负责、谁使用谁负责、谁运维谁负责”的原则，按照校院两级管理体制，实行安全等级保护制度，全面加强对各类网站及信息系统安全的管理。

第三条 网络安全和信息化工作应同步规划、同步建设、同步实施、同步发展。

第二章 管理机构与职责

第四条 学校网络安全和信息化领导小组负责统筹部署全校网络与信息安全工作，对重大问题作出决策。网络安全和信息化办公室(以下简称“网信办”)负责落实学校网络与信息安全工作的部署要求，研究制定校级相关规章制度并部署实施，指导和督促各单位网络与信息安全工作，督办发现的问题和隐患。

第五条 党委宣传部负责对校内各类网站内容建设进行业务指导和监督，对全校网络意识形态工作进行指导、组织、协调、督查，归口组织危机事件的媒体应对工作。

第六条 网络信息中心负责校园网络基础设施规划建设与运行管理，为各种网络设备运行、用户接入、信息系统规划实施提供支持，组织开展网络与信息安全监测、技术保障和人员培训，归口组织学校网络安全等级保护工作。

第七条 各院、系、重点科研机构、直属单位，机关各部门（以下简称“各单位”）是网络与信息安全工作实施主体，按照本办法要求，落实网络安全责任，加强对管辖范围内网络与信息安全管理。

第八条 校内师生应遵守国家法律法规，服从本单位网络与信息安全管理，增强安全防范意识，保管好账号和密码，避免泄露；坚持上网自律，不故意传播非法和虚假内容信息。

第三章 网站与信息系统建设和安全管理

第九条 各院级党组织负责人、机关各部门主要负责人是本单位网络与信息安全工作第一责任人。各单位明确指定 1 名安全管理员，按照规范和要求具体落实网络与信息安全管理工作。

第十条 学校网站建设按照分级审批原则，实行网站群系统集中化管理，由网站群系统进行统一管理、统一防护和统一监测。

第十一条 学校信息系统建设按照国家有关信息系统安全等级保护办法进行管理。安全保护等级拟定为一、二级的，经网信办审核批准，及时到属地公安机关办理备案手续；拟定为三级及以上的，经网信办审核批准上报中国科学院，中国科学院批准后及时到属地公安机关办理备案手续。涉密信息系统按照国家保密工作相关规定进行管理。

第十二条 各单位应采取防范计算机病毒和网络攻击、网络侵入等危害网络安全行为的技术措施，采取监测、记录网络运行状态、网络安全事件的技术措施，并按照规定留存相关的网络日志不少于 6 个月；采取数据分类、重要数据备份和加密等措施；及时处置网络安全事件和风险隐患。

第十三条 各单位收集个人信息应限于实现处理目的的最小范围，处理个人信息应遵循公开、透明原则，公开处理规则，明示处理的目的、方式和范围。

第十四条 对委托软件开发商进行系统建设的，应考察开发商信息安全管理体系认证情况，签署安全保密协议，明确安全保密义务与责任。

第四章 监测预警与应急处置

第十五条 学校建立网络安全监测预警和信息通报制度，网信办统筹协调网络安全事件处置，会同党委宣传部、保卫与校园管理处、网络信息中心等部门规范网络安全事件应急处置流程，制定网络安全事件应急预案，定期组织演练，及时处置突发事件并向网络安全和信息化领导小组报告。

第十六条 各单位应建立健全本单位网络安全应急处置机制，根据网络安全事件“早发现、早报告、早控制、早解决”的原则,按照学校应急处置流程,做好事发紧急报告与处置、事后整改等工作。

第五章 监督检查

第十七条 网信办按照本办法规定职责对校内各类网站与信息系统建设与运维情况进行监督检查,并责成相关单位或人员对违反本办法规定的问题进行整改。对于限期不整改的,网信办视具体情节予以暂时关闭、关停并注销备案等不同程度的处罚。

第十八条 对违反相关规定,失职渎职造成安全责任事故的,网信办将会同有关部门追究相关人员责任。

第六章 附则

第十九条 任何单位和个人不得擅自以中国科学技术大学名义建立网站和信息系统。对未经审批建设的网站和信息系统,网信办将采取相应措施予以处理。

第二十条 校地合作机构应按照学校及属地网信和公安部门部署要求,制定相应管理办法,对其主管或使用的网络与信息系统安全负责,对其使用网络的行为负责。

第二十一条 本办法由学校网络安全和信息化办公室负责解释。

第二十二条 本办法自印发之日起施行。原《中国科学技术大学网络与信息安全管理规定》(校办字〔2017〕219 号)同时废止。

中国科学技术大学网站建设运行管理办法(试行)

(党办字〔2021〕151 号,2021 年 11 月 23 日)

第一章 总则

第一条 为提升学校网站安全管理水平,规范网站形象建设和信息服务,提高网站运行安全保障能力,促进学校信息化建设,根据《中华人民共和国网络安全法》《中华人民共和国数据安全法》《中华人民共和国个人信息保护法》《信息安全等级保护管理办法》《中国科学院网络安全工作管理办法(试行)》《中国科学技术大学网络与信息安全工作管理办法(试行)》等相关法律法规以及学校相关规定,结合学校实际,制定本办法。

第二条 本办法所称网站是指因工作需要,以中国科学技术大学及其所属单位名义建设与运行的各类网站,具体指配置中国科学技术大学校园网 IP 地址或配置中国科学技术大学域名(ustc. edu. cn)的网站,包括各类用于信息发布的动态或静态网站。

第三条 学校按照“谁主管谁负责,谁使用谁负责,谁运维谁负责”的原则,根据校院两级管理体制,全面加强对各类网站的管理。

第二章 管理机构与职责

第四条 学校网络安全和信息化办公室(以下简称"网信办")负责统筹协调学校网站管理工作,对网站安全进行监管,制定相应管理要求,并对落实情况予以监督。

第五条 党政办公室牵头负责学校中文主站的总体框架设计和内容建设,国际合作与交流部牵头负责学校英文主页的总体框架设计和内容建设,各院、系、重点科研机构、直属单位,机关各部门(以下简称"各单位")负责各单位门户网站的总体框架设计和内容建设。

第六条 党委宣传部负责对校内各类网站内容的审核发布进行督促检查。

第七条 网络信息中心负责网站管理的技术支撑,具体包括网站群平台建设和运维,网站安全监测、检测和预警,网络安全事件应急处置,网站安全技术培训,组织推进学校网络安全等级保护工作。

第八条 各单位为网站安全管理责任单位,应严格按照学校相关规定和要求,落实本单位门户网站以及管辖范围内网站建设、运维、安全等各项责任。

第三章 网 站 开 设

第九条 为适应互联网发展变化,发挥网络宣传引领作用,各单位均应建设中文门户网站。为提升国际声誉,加强国际合作与交流,鼓励各单位建设英文门户网站。学校对网站建设管理实行分级审批制。各单位门户网站由网信办负责审批。以课题组、教师个人名义申请的网站由所在单位负责审批,审批通过后报网信办备案。按照非必要不开设的原则,各单位应对网站开设必要性进行审核,明确具体负责人和管理员,且负责人和管理员必须是学校在职教职工。开办电子公告板、论坛、聊天室、博客空间等交互式网站须提交党委宣传部进行专项审批。

第十条 学校实行网站群系统集中化管理,由网站群系统进行统一管理、统一防护和统一监测。各单位门户网站以及管辖范围内网站均应进入网站群系统。确因特殊需求,学校网站群系统不能满足的,允许建设不低于等保二级的独立系统。新建网站要同步落实安全保护措施,满足基本安全保护要求并通过安全检测的,方可上线运行。

第十一条 学校对网站实施统一标识管理,网站设计应遵循学校视觉形象识别系统标准,规范校徽、校名等元素的使用,形成学校网站统一风格。

第四章 网站运行与维护

第十二条 各单位应严格按照国家网络安全法律政策和安全等级保护制度要求,建立并落实安全管理制度,加强身份鉴别、访问控制、安全审计、数据备份,落实网站防攻击、防篡改、防挂马等关键技术防范措施,提高网站抵御攻击破坏的能力。加强网站安全应急处置,制定网站应急处置预案,定期开展应急演练,及时处置网站安全事件。

第十三条 各单位应严格按照国家相关法律法规和学校相关管理要求,建立并落实信息发布审核机制，确保发布内容客观真实、更新及时。引用学校发布的信息时，须与学校保持一致。保存网站内容编辑和审核等操作记录不得少于6个月。涉密信息、敏感信息以及其他对国家和学校产生不良影响的信息，一律不得在网上发布。

第十四条 各单位应加强技术服务外包管理。对需要进行服务外包的网站，应选择具备相应资质的服务提供商，并签订服务合同和保密协议。

第十五条 各单位需要变更网站备案信息的，须在变更发生之日起5个工作日内履行备案变更手续。

第十六条 网络信息中心定期通过安全扫描或渗透测试等检测手段发现学校各类网站的安全漏洞。

第五章 监督检查

第十七条 网信办每年定期组织开展网站年审工作并责成相关单位或人员对发现的问题进行整改。对于限期不整改的，网信办视具体情节予以暂时关闭、关停并注销备案等不同程度的处罚。

第十八条 对违反相关规定，失职渎职造成安全责任事故的，网信办将会同有关部门追究相关人员责任。

第六章 网站关闭

第十九条 对于短期使用的网站，在开放使用终止之日起5个工作日内应主动履行关停登记手续。

第二十条 对于发生安全漏洞后，逾期未按要求整改，安全检测中发现高危安全问题，拒不履行审批备案程序，无人监管，内容长期不更新，违反相关管理规定的网站，网信办将及时予以关闭。

第七章 附则

第二十一条 各单位原则上不得以中国科学技术大学名义申请校外的IP地址和域名。如确需使用校外IP和域名，须到网信办履行审批备案手续并提供所在单位出具的网络安全责任书，若造成安全责任事故，自行承担相应法律责任。

第二十二条 信息系统开设分级审批、运行维护、监督检查与关闭等管理工作参照本办法进行。

第二十三条 本办法由学校网络安全和信息化办公室负责解释。

第二十四条 本办法自印发之日起施行。原《中国科学技术大学网站与信息系统安全管理办法》(校办字〔2021〕94号)同时废止。

中共中国科学技术大学委员会巡视工作实施办法(试行)

(党巡字〔2021〕156号,2021年11月24日)

第一章 总 则

第一条 为落实全面从严治党要求,严肃党内政治生活,净化党内政治生态,加强党内监督,贯彻落实中央和上级党组织关于巡视工作有关部署,根据《中国共产党章程》《中国共产党巡视工作条例》《中国共产党普通高等学校基层组织工作条例》等党内法规,结合学校实际,制定本办法。

第二条 校党委实行巡视制度,建立专职巡视机构,对各院级党组织进行政治巡视,实现一届任期内巡视全覆盖。

校党委履行巡视工作主体责任,党委书记履行第一责任人责任,班子其他成员落实"一岗双责"。

第三条 巡视工作以马克思列宁主义、毛泽东思想、邓小平理论、"三个代表"重要思想、科学发展观、习近平新时代中国特色社会主义思想为指导,增强"四个意识"、坚定"四个自信"、做到"两个维护",心怀"国之大者",坚持以党章为根本遵循,全面履行党章赋予的职责,深入贯彻落实党中央决策部署以及习近平总书记关于中国科大系列重要指示精神,聚焦坚持党的领导、加强党的建设、全面从严治党,潜心立德树人,执着攻关创新,发现问题、形成震慑、推动改革、促进发展,为建设具有中国特色的世界一流大学营造风清气正的良好政治生态。

第四条 巡视工作由校党委统一领导,坚持实事求是、依纪依规;坚持问题导向、标本兼治;坚持群众路线、发扬民主。

第二章 机构和人员

第五条 校党委成立党委巡视工作领导小组(以下简称"领导小组"),组长由校党委书记担任,副组长由分管组织工作的党委副书记和分管纪检工作的党委副书记、纪委书记担任,成员包括党委组织部、党委巡视工作办公室、纪委办监察处等部门主要负责人。

领导小组的工作职责是:

(一)贯彻中央和上级部门关于巡视工作部署和校党委有关巡视工作的决议、决定;

(二)统筹谋划巡视任务,研究提出巡视工作规划、年度计划和阶段任务安排;

(三)听取巡视工作汇报;

(四)研究巡视成果的运用,分类处置,提出相关意见和建议,推动巡视监督与其他监督贯通融合;

(五)向校党委和上级部门报告巡视工作情况;

（六）研究处理巡视工作中的其他重要事项。

第六条 领导小组下设党委巡视工作办公室（以下简称“巡视办”），是独立设置的正处级党委工作部门。

巡视办的工作职责是：

（一）向领导小组报告工作情况，传达贯彻校党委和领导小组的决策和部署；

（二）统筹协调、指导督导、服务保障巡视组开展工作；

（三）承担有关巡视工作的政策研究、制度建设等工作；

（四）对校党委和领导小组决定的事项进行督办；

（五）会同有关部门对巡视组工作人员进行培训、考核、监督和管理；

（六）完成领导小组交办的其他事项。

第七条 设立中国科学技术大学党委巡视组（以下简称“巡视组”），承担具体巡视任务。巡视组向领导小组负责并报告工作。

第八条 根据需要设巡视专员岗位，充实巡视组组长库人员储备。巡视专员在聘期内须按照要求参加巡视工作，并完成校党委安排的其他工作。

第九条 巡视组由组长和工作人员组成，实行组长负责制。

（一）巡视组组长一般由处级及以上领导人员或具有相应工作经历的人员担任。巡视组组长根据每轮巡视任务确定，报领导小组审议、校党委常委会审定，实行一次一授权。

（二）巡视组工作人员由党委组织部和巡视办负责选派、抽调。各院级党组织、附属医院党委、机关各部门应按领导小组要求选派合适人选。机关各部门党员负责人，各院级党组织书记、副书记，校纪委委员和各院级党组织纪检委员一届内一般应至少参加一次巡视。

（三）建立巡视人才库，实施动态管理，建立健全巡视干部激励约束机制，强化以干代训，把巡视岗位作为发现、培养、锻炼干部的重要平台。

第十条 巡视组组长和巡视工作人员应当具备下列条件：

（一）理想信念坚定，对党忠诚，在思想上、政治上、行动上同党中央保持高度一致；

（二）坚持原则，敢于担当，公道正派，清正廉洁，组织纪律性强；

（三）熟悉有关政策法规，具有履行职责所需要的理论水平和业务能力；

（四）熟悉教学科研规律，具有较强的发现问题、沟通协调、文字综合能力；

（五）身体健康，能胜任工作要求。

第十一条 巡视组严格执行回避制度。巡视组工作人员在巡视工作中有下列情形之一的，应当回避：

（一）被巡视单位为本人所在或原工作单位的；

（二）有近亲属在被巡视单位工作的；

（三）涉及本人利害关系的；

（四）其他可能影响公正履行职责的。

第十二条 建立健全巡视与纪检监察、组织人事、财务审计等协作配合机制，统筹做好巡前准备、问题研判、整改督办、成果运用等各项工作。

第三章　巡视对象和内容

第十三条　巡视组的巡视对象是学校所属各院级党组织和领导班子及其成员。根据工作需要,巡视对象可适当延伸。

第十四条　巡视组应对照党章党规党纪,对照习近平总书记重要讲话和指示批示精神,对照被巡视单位职能责任,围绕“四个落实”,突出政治监督,重点监督检查以下情况:

(一) 落实党的理论路线方针政策和党中央重大决策部署情况。重点了解被巡视单位学习贯彻习近平新时代中国特色社会主义思想、贯彻落实习近平总书记关于中国科大系列重要指示精神、履行职能责任、落实“潜心立德树人、执着攻关创新”核心任务、落实意识形态工作责任制等情况。

(二) 落实全面从严治党战略部署情况。重点了解被巡视单位落实全面从严治党“两个责任”、防控廉洁风险和规范权力运行、持续纠治“四风”等情况。

(三) 落实新时代党的组织路线情况。重点了解被巡视单位领导班子和干部人才队伍建设、基层党组织建设等情况。

(四) 落实巡视、审计、主题教育等整改情况。重点了解被巡视单位落实整改主体责任、建立长效机制和整改成效等情况。

第十五条　校党委可以根据工作需要,对各单位的重点人、重点事、重点问题或者巡视整改情况,开展灵活机动的专项巡视和巡视“回头看”。

第四章　巡视方式和时间

第十六条　巡视组可采取以下方式开展工作:

(一) 听取被巡视单位的工作汇报和有关部门的专题汇报;

(二) 与被巡视单位领导班子成员、教学科研骨干及其他有关人员进行个别谈话;

(三) 受理师生员工的来信、来电、来访等;

(四) 抽查核实领导干部报告个人有关事项情况;

(五) 向有关知情人询问情况;

(六) 调阅、复制有关文件、档案、会议记录等资料;

(七) 召开座谈会;

(八) 列席被巡视单位有关会议;

(九) 进行民主测评;

(十) 开展专项检查;

(十一) 提请有关单位予以协助;

(十二) 校党委批准的其他方式。

第十七条　现场巡视时间一般不少于 2 周,根据实际情况可适当调整时间。

第五章 巡视工作程序

第十八条 巡视办按照全覆盖要求，结合各单位实际情况，提出每轮被巡视单位建议名单，报领导小组审议、校党委常委会审定。确定被巡视单位后，组建巡视组，开展业务培训。

第十九条 开展巡视前，巡视组应研究制定工作方案，商请相关职能部门提供巡视对象的有关情况和需要巡视组重点关注的问题。

被巡视单位按要求发布巡视公告，认真做好相关准备。

第二十条 巡视组进驻被巡视单位后，组织召开巡视进驻动员会，通报巡视主要任务、时间安排、工作方式及其他相关要求。被巡视单位须按照巡视组要求进行相关专题汇报。

第二十一条 巡视期间，巡视组应当就了解到的有关情况集体会商。针对巡视期间师生员工反应强烈、明显违反规定并且能够及时解决的问题，形成《立行立改问题清单》，经领导小组审核后，由巡视组组长向被巡视单位进行初步反馈。

巡视组进驻结束前就巡视情况与被巡视单位进行必要沟通。

第二十二条 现场巡视工作结束后，巡视组应在2周内形成巡视报告。领导小组原则上在1个月内召开会议，听取巡视情况汇报，党委书记围绕巡视发现问题进行点人点事，并提出处置意见。校党委常委会及时听取巡视情况汇报，研究并决定巡视成果的运用。

第二十三条 巡视报告经校党委常委会审定后，巡视组以适当方式向被巡视单位党政主要负责人进行个别反馈，以会议形式向被巡视单位领导班子成员及一定范围人员反馈巡视相关情况。巡视反馈时，被巡视单位应对照《立行立改问题清单》，报告有关事项办理情况。

第二十四条 被巡视单位收到巡视组反馈意见后，须在1周内形成整改台账，并在2个月内完成整改落实工作，向巡视办书面报告巡视整改情况和主要负责人组织落实情况。

被巡视单位党组织承担巡视整改的主体责任，党政主要负责人为巡视整改工作第一责任人。

被巡视单位的巡视整改情况应及时以适当方式公开，接受党员、干部和师生员工监督。

第二十五条 对巡视发现的问题和线索，经研判并报领导小组审定后，依据干部管理权限和职责分工，按照相关途径分别进行移交。

第二十六条 巡视期间收到的信访举报材料，按照干部管理权限和职责分工进行转送。

第二十七条 相关部门收到巡视移交的问题线索后，应当及时研究提出谈话函询、初核、立案或者组织处理等意见，并于3个月内将办理情况反馈巡视办。

第二十八条 巡视办会同纪委办监察处、党委组织部、巡视组组长等适时召开巡视整改审核会，审核被巡视单位提交的整改报告及相关材料，被巡视单位党政主要负责人须参会并汇报有关情况。审核意见经领导小组审定后反馈被巡视单位，被巡视单位如未能通过审核，须按要求继续整改。

第二十九条 巡视结果和整改情况作为班子和干部考核评价、选拔任用、奖励惩处的重要依据。领导小组应及时总结巡视发现的共性或典型问题，并定期向党委常委会报告。经党委常委会审议后，可在一定范围内以适当方式进行通报。

第六章 纪律和责任

第三十条 巡视组依靠被巡视单位党组织开展工作，不干预被巡视单位的正常工作，不履行执纪审查的职责，巡视组成员不对重要情况和重大问题作个人表态。巡视组应当严格执行请示报告制度，对巡视工作中的重要情况和重大问题及时向领导小组请示报告。

第三十一条 巡视工作人员要认真履行职责，广泛听取意见，客观公正地了解情况和问题；要严格遵守保密纪律，遵守法律法规和廉洁自律规定。巡视工作人员违反巡视工作纪律的，视情节轻重，给予批评教育、组织处理或者纪律处分。

第三十二条 被巡视单位领导班子及其成员应当自觉接受巡视监督，积极主动配合巡视，实事求是地向巡视组汇报工作、反映问题。广大党员干部及师生员工要支持巡视组的工作，如实向巡视组反映情况。

第三十三条 对于在巡视中发现问题拒不整改或整改不及时、整改措施落实不到位的单位，按照《中国共产党问责条例》，对该党组织和党政主要负责人进行责任追究。

第七章 附 则

第三十四条 本办法由党委巡视工作办公室负责解释。

第三十五条 本办法自印发之日起施行。原《中共中国科学技术大学委员会巡察工作办法（试行）》（党办字〔2019〕70号）同时废止。

关于加强研究生思想政治工作体系建设的指导意见

（党学字〔2021〕53号，2021年5月19日）

研究生教育在培养创新人才、提高创新能力、服务经济社会发展、推进国家治理体系和治理能力现代化方面具有重要作用。研究生思想政治教育是研究生教育的重要组成部分。中国科学技术大学始终坚持育人为本，德育为先，坚持加强和改进研究生思想政治教育工作，健全研究生思想政治教育体制机制，与推进研究生教育“德创”领军人才培养计划、加快构建思想政治工作体系方案相衔接，把立德树人融入研究生思想道德、科研创新、社会实践等教育环节，贯通教学科研和管理服务体系，进一步构建目标明确、内容完善、标准健全、运行科学、保障有力、成效显著的研究生思想政治教育工作体系。现提出如下意见：

一、指导思想和目标

1. 指导思想

以习近平新时代中国特色社会主义思想为指导，全面贯彻党的教育方针，坚持社会主义办学方向，全面贯彻落实党的十九大和十九届二中、三中、四中、五中全会精神和全国教育大会、全国研究生教育会议、全国高校思想政治工作会议精神，贯彻落实习近平总书记关于中国科大系列重要指示精神，紧紧围绕学校“潜心立德树人、执着攻关创新”两大核心任务，以立德树人为根本，以理想信念教育为核心，以社会主义核心价值观为引领，以提高研究生的思想政治素质、促进研究生全面发展为目标，以构建有力的思想政治工作体系为任务，以队伍建设、服务能力提升为保障，切实加强和改进学校研究生思想政治教育工作，培养德智体美劳全面发展的社会主义建设者和接班人。

2. 工作目标

健全研究生思想政治教育体制机制，把立德树人融入研究生思想道德、科研创新、社会实践等教育环节，贯通教学科研和管理服务体系，进一步构建目标明确、内容完善、标准健全、运行科学、保障有力、成效显著的研究生思想政治教育工作体系。

二、主要任务

1. 健全研究生思想政治教育体制机制

学校研究生思想政治教育工作实行党委统一领导、党政齐抓共管的组织领导体制，党委学生工作部、研究生院、国际合作与交流部、各院系、科教融合单位联动的管理服务机制。学校进一步优化研究生思想政治教育工作机构，党委学生工作部原学生思想政治教育办公室调整为本科生思想政治教育办公室，同时增设研究生思想政治教育办公室（编制 3 人，含 1 个科级管理岗）。研究生院培养办公室主任兼任党委学生工作部副部长，国际合作与交流部副部长兼任学生工作处副处长，分管研究生思想政治教育办公室，加强和协调研究生思想政治教育相关工作。

党委学生工作部负责贯彻落实上级和校党委关于研究生思想政治教育工作的决策与部署，指导、检查、监督各院系研究生思想政治教育工作，负责校本部的研究生辅导员班主任的选聘、管理、培训和考核工作，组织研究生专项奖学金的评审与发放工作，组织开展研究生的心理健康教育和安全教育工作。

研究生院负责导师队伍建设，开展研究生导师选聘、管理、培训和考核工作，协助党委教师工作部做好研究生导师的师德师风建设，负责研究生学籍和档案管理，组织研究生“助教、助研、助管”等相关工作，评选研究生学业奖学金。

各院系负责组织和实施本单位研究生思想政治教育工作，通过导师和辅导员班主任队伍及时掌握研究生思想动态，把思想政治教育贯穿于研究生培养的全过程。负责实施研究生党建、思想政治教育、日常管理、团学组织建设、评先评优、心理健康教育、创新创业和就业指导等工作，会同相关部门调查处理研究生违法违纪行为和协调导学关系。

各科教融合单位负责属地研究生管理和思想政治教育工作，在学校指导下配齐建强导师队伍、辅导员班主任队伍和心理咨询师队伍，负责属地辅导员班主任和心理咨询师的选聘、管理、培训、考核和激励工作。落实本单位研究生档案管理，组织实施属地研究生的资助、心理健康教育和安全教育。

2. 加强导师队伍建设和师德师风教育

研究生导师是研究生培养的第一责任人。研究生导师要积极配合院系做好研究生思想政治教育工作，既做学业导师又做人生导师，了解掌握研究生的思想状况，将专业教育与思想政治教育有机融合，全面关心研究生的成长，主动帮助研究生解决学习和生活中遇到的困难和问题，要在教育教学和科研实践中培养研究生良好的学风，严格要求研究生遵守学术道德规范和学术诚信，要做好研究生思想引导、心理疏导、学业辅导、创新创业和就业指导等工作。学校根据研究生培养层次分类聘用管理研究生导师，实现校内(含科教融合单位)导师、实践导师、兼职导师的分类评聘、分类管理以及动态调整。

研究生院负责构建研究生导师长效多维评价机制，将落实立德树人根本任务作为评价导师的首要标准，健全导师考核体系和监督机制，将导师指导研究生的工作时间和实绩纳入考评体系。党委教师工作部和研究生院要强化导师师德师风建设，教育引导广大导师学习教师职业道德规范和《新时代高校教师职业行为十项准则》《研究生导师指导行为准则》，以德立身、以德立学、以德施教；建立负面清单，实施导师岗位退出机制；完善研究生导师失范惩罚制度，将评价结果与导师续聘及招生资格挂钩，对于未履行立德树人职责且造成严重后果的导师严格执行退出程序，充分发挥制度的规范约束作用。

3. 优化研究生辅导员班主任队伍建设

研究生辅导员班主任是研究生思想政治教育的重要力量，应协助导师进行思想政治教育，组织开展研究生日常管理、班级建设、评先评优、助困帮扶、心理健康教育、就业指导等工作。党委学生工作部研究生思想政治教育办公室负责校本部的研究生辅导员班主任的选聘、管理、培训和考核工作，各院系具体负责本单位研究生思想政治教育，并落实具体责任人，配强配齐研究生辅导员班主任队伍，积极探索建立选拔优秀青年党员教师担任研究生辅导员班主任的工作机制。

科教融合单位研究生和辅导员班主任均实施属地化管理，学生在校本部学习期间由挂靠单位选派辅导员班主任，学生在各院所期间由科教融合学院选派辅导员班主任。

4. 发挥思政课程和课程思政教育作用

完善研究生思政课程体系建设顶层设计，依托马克思主义学院、人文与社会科学学院等单位，整合各类思政课程教学资源，大力推动以学习习近平新时代中国特色社会主义思想为核心内容的思政课程群建设。马克思主义学院要加大对研究生思政课教师发展的支持，积极支持教学改革与学术研究，鼓励思政课专业教师团队开展教学创新和科研攻关，产出一批具有科大风格的思政教学教育成果，有效打造“中国科大思政金课”品牌。

各院系要加强课程思政建设，坚持以弘扬科学家精神为课程思政建设的重要抓手，将课程思政融入专业课程教学与科研活动中，并作为课堂教学改革的重要目标之一。研究生院和各院系要紧抓核心课程建设的龙头，带动全校教师主动梳理各专业课程中所蕴藏的“科教报国、追求卓越”和“红专并进、理实交融”等思政教育元素，积极以素质课程建设为抓手，着重建设“科技伦理”“工程伦理”“生命伦理”“学术道德与学术写作规范”等相关课程，将科学精神、学术诚信、学术规范及学术(职业)伦理教育作为学校、院系和科教融合学院、导师开展研究生教育及管理的重要内容常抓不懈。

5. 落实研究生意识形态和安全教育工作

研究生思想政治教育必须要牢牢掌握意识形态工作主动权，各院系(含科教融合单位)党组织书记是所在单位研究生意识形态教育工作第一责任人，按照“党政同责”“一岗双责”要求，其他班子成员对职责范围内的意识形态工作负主要领导责任，研究生导师具体负责所指导研究生意识形态教育工作，务必压紧、压实主体责任。各级单位要加强研究生安全教育工作，切实加强研究生安全意识，持续提高防控能力，着力防范化解重大风险，协同相关部门维护校园的安全稳定，在保障重大时间节点的校园稳定工作中发挥重要作用。

6. 完善研究生心理健康教育多元服务体系

加强学校心理健康教育体系建设，构建学校、各院系、导师、辅导员班主任、研究生多元一体的心理健康教育服务网络体系，心理健康教育与咨询中心指导各学院二级心理健康工作站，积极推进研究生心理健康教育工作。心理健康教育与咨询中心负责组织开展研究生新生入学心理健康普查及重点关注学生邀约访谈工作，为研究生提供心理咨询服务，帮助研究生解决情绪调节、环境适应、人格发展、人际交往、交友恋爱、生涯规划等方面的问题。积极开展研究生心理健康教育专题讲座，宣传心理健康教育知识，增强研究生心理调适能力，提高心理健康水平。遵循“预防为主，重点突出”原则，建立研究生心理危机预防干预机制，应对和处置研究生心理危机个案。学校按照教育部有关要求配齐配全研究生心理健康教育专职教师和心理健康教育专项工作经费。配合学校“十四五”发展规划，完善和扩展心理健康教育与咨询中心服务功能。建立校所一体化的研究生心理健康教育、辅导和危机预防与干预机制。积极支持科教融合学院共享校本部心理健康教育资源，完善导学矛盾解决机制，采取多种举措构建和谐导学关系。

7. 构建协同高效研究生资助育人服务体系

统合研究生资助工作主体力量，完善研究生奖助育人体系和配套制度。从提高研究生奖助金的资助力度、扩大覆盖面、加强政策导向等方面，建立健全奖助体系。进一步提高研究生生活待遇，将“高层次人才强军计划”“少数民族高层次骨干人才计划”等全日制研究生纳入奖助体系，进一步扩大奖助学金覆盖面。健全研究生奖学金激励机制，在评价标准中将思想政治素质放到重要位置。增加研究生国际交流合作资助项目建设，整合全校研究生国际交流项目，及时分析各类交流项目执行中的问题和经验，制定合理的出国资助标准和严格的回国考核标准；加快建立校级研究生国际交流项目执行成效追踪评估机制，为充分高效利用国际教育资源提供保障。

8. 鼓励研究生思想政治教育理论实践研究

积极推进研究生思想政治工作理论研究，持续提升思想政治工作和党务工作队伍素质能力和专业水平，实施思想政治工作中青年骨干队伍建设项目，组织参加国家示范培训、海内外访学研修等活动。鼓励研究生思政队伍积极申报教育部和安徽省思想政治工作科研实践项目。校内辅导员班主任工作研究课题中开设研究生思想政治教育专项，不断提高研究生思政工作队伍能力水平。

三、保障措施

（一）加强党的领导，完善工作机制

学校建立和完善党委统一领导、党政齐抓共管、各部门紧密配合的研究生思想政治教育领导体制和工作机制，把研究生思想政治教育纳入学校学生思想政治教育整体规划，统一部署、统一实施、统一检查和评估。校党委统筹负责包括研究生在内的各类学生的思想政治教育工作，由专门的工作机构和人员具体从事研究生思想政治教育管理。学校负责研究生培养和管理的党政领导和有关部门要高度重视，与研究生思想政治教育有关工作部门共同做好研究生的思想政治教育，努力形成全员育人、全方位育人、全过程育人的格局。

(二) 健全服务体系，加强政策激励

健全研究生思想政治教育管理服务体系，提供充足的政策和资源保障。全面落实“三全育人”综合改革，激发研究生思想政治教育创新活力。健全研究生导师和辅导员班主任工作体系，鼓励创新思想政治教育方式方法。探索设置研究生思想政治教育专项激励计划，发掘研究生思想政治教育优秀典型，加强工作成果宣传。

(三) 加强检查评估，完善奖惩机制

各单位需将研究生思想政治教育纳入学校办学质量、办学水平和研究生教育评估体系，定期接受检查与评估。党委学生工作部会同研究生院等有关部门强化对研究生思想政治教育工作的定期检查与评估，及时总结经验、表彰先进，不断提高研究生思想政治教育工作的质量和水平。

中国科学技术大学研究生教育“德创”领军人才培养计划

（校研字〔2021〕40 号，2021 年 3 月 21 日）

研究生教育作为国民教育体系的顶端，是培养拔尖创新人才和复合应用人才的主要途径，在深入实施科教兴国战略、人才强国战略、创新驱动发展战略，完善国家创新体系，加快建设科技强国的征程中具有重要支撑作用。

作为国家长期重点建设的大学，中国科学技术大学（以下简称“中国科大”）自建校以来就肩负着为国家培养高精尖科技创新人才的光荣使命，现已逐步发展为以前沿科学和高新技术为主，兼有医学、特色文科的综合性全国重点大学。自 1978 年创立新中国首个研究生院以来，中国科大研究生教育在招生选材、培养改革、学科建设、学位授予、科教融合等方面做出了诸多探索与实践创新，为国家培养了一大批德才兼备、创新实践能力强的高层次人才。

进入新时代，研究生教育的地位和作用更加凸显。2020 年 7 月，全国研究生教育会议召开，习近平总书记就研究生教育工作作出重要指示，强调研究生教育在培养创新人才、提高创新能力、服务经济社会发展、推进国家治理体系和治理能力现代化方面具有重要作用，要推动研究生教育适应党和国家事业发展需要，培养造就大批德才兼备的高层次人才。2020 年 9 月，教育部发布《关于加快新时代研究生教育改革发展的意见》，提出到 2035 年初步建成具有中国特色的研究生教育强国。

为深入贯彻落实习近平总书记关于研究生教育工作重要指示和全国研究生教育会议精神，进一步贯彻落实习近平总书记关于中国科大系列重要指示精神，坚持“四为”方针，聚焦“潜心立德树人、执着攻关创新”两大核心任务，推动学校研究生教育改革创新发展，根据《关于加快新时代研究生教育改革发展的意见》，学校结合研究生教育实际，研究制定了《中国科学技术大学研究生教育“德创”领军人才培养计划》，共六个方面 18 条指导意见，作为学校“十四五”乃至更长一段时期研究生教育工作的行动指南。

一、全面提升研究生导师队伍建设水平

1. 提升研究生导师指导能力、学术交流和科研合作能力

创建“德创导师学校”，建立线上线下相结合的制度化培训机制，促进在岗研究生导师养成高尚的师德师风和精湛的育人素质。强化导师作为研究生培养第一责任人要求，教育引导广大导师以德立身、以德立学、以德施教，增强文化认同和文化自信，发挥言传身教作用，做先进思想文化的传播者、党执政的坚定支持者、学生健康成长指导者和引路人，指引青年一代勇于创新，敢于实践，积极投身到祖国建设当中。

依托“德创导师学校”，实施分层次、分类别的新晋导师培训、在岗导师个性化培训和交流活动，着力提升研究生导师指导能力。引导导师建立良好的师生互动机制，重视对研究生学习科研安排的谋划并形成师生共识，多形式地做好学风建设、学术道德及廉政教育宣传，强化研究生学术诚信和学术伦理意识；引导导师重视因材施教、激发学生兴趣，注重人文关怀，对研究生学业、专业实习实践、学位论文写作、就业压力和心理健康等及时给予关注。设立“所系结合、科教融合导师学术交流专项”，强化所系结合、科教融合单位及校本部多学科导师间的学术交流。相关部门和院系要加大对导师定期开展学术交流和学术休假的支持力度，提升导师学术创新能力和交叉合作能力。

依托“德创导师学校”，多形式开展国际知名科教单位导师间的互动交流。通过积极选派导师参与国际合作交流、访学、举办学术前沿研讨会，邀请国际知名导师开展联合培养或作经验分享报告，举办“德创杰出讲座”和组织导师沙龙等形式，提升导师与国际同行开展学术交流和科研合作的能力，增进研究团队国际化氛围。

深化专业学位和所系结合研究生培养双导师制。强化校内导师指导职责，加强实践导师和兼职导师队伍管理，加强本部导师与科教融合导师、校内导师与实践导师的业务协同与共同指导，推进实验室、科研平台、课题项目的共建共享。

2. 构建研究生导师分类聘用管理和评价机制

制定研究生导师分类聘用管理办法，根据研究生培养层次和类别，实现校内（含科教融合）导师、实践导师、兼职导师的分类评聘、分类管理以及动态调整。

构建研究生导师长效多维评价机制，将落实立德树人根本任务作为评价导师的首要标准，健全导师考核体系和监督机制，将导师指导研究生的工作时间和实绩纳入考评体系。

构建优秀导师激励机制，对教学、科研、育人成就突出的导师给予经费支持，设置杰出育人奖予以表彰，给予一定的研究生教育资源支持，大力推动优秀研究生导师典型案例宣传，充分发挥其示范带动作用。

建立负面清单，实施导师岗位退出机制。完善研究生导师失范惩罚制度，将评价结果与导师续聘及招生资格挂钩，对于未履行立德树人职责且造成严重后果的导师严格执行退出程序，充分发挥制度的规范约束作用。

二、全面提升研究生生源选拔质量

3. 优化研究生招生计划配置

围绕国家重大科技项目和工程需求，积极布局研究生招生计划配置。学术学位招生计划更多向学校承接重大科技任务的基础学科、一流学科倾斜，加快基础前沿科学研究和人才培养。探索推进招生培养贯通，在部分基础学科领域继续试点实施直博招生并适时扩大范

围。主动对接国家实验室建设需要，做好优质生源支撑服务。

改革专业学位招生机制。利用先进技术研究院、国际金融研究院、苏州高等研究院等专业学位培养基地，通过招生计划存量优化、增量倾斜，构建和壮大"集团军式"的专业学位招生格局；深化并丰富与行业、企业联合招生，实施项目制、订单式招生机制；面向国家重大区域发展需求，实施工程博士招生项目。

面向关键急需领域，扩大相关学科领域人才培养规模。加大对马克思主义理论，以及集成电路、网络空间安全、核科学与技术、人工智能、物理、数学、储能技术、公共卫生与生物安全等学科领域国家急需高层次人才的招生规模。

4. 创新研究生招生宣传机制

拓展招生宣传途径，充分利用微信、微博、B站、抖音等新媒体平台，统一推进学校大型宣传和学院针对性宣传。加强宣传激励，推动院系建立健全招生服务积分制度，促进与招生计划分配关联，鼓励更多知名教师参与招生宣传和考试录取工作。

改进招生宣传策略，挖掘和丰富优秀典型案例宣传；在院系安排专人开展长期宣传，加强对优质目标生源的提前宣传；完善推免生跟踪服务机制，增强其对中国科大的关注热度，留住优秀生源。

强化针对性招生宣传，特别是对招生有难度的学院、学科、课题组，帮助其拓展对优质目标生源所在学校的宣传；充分发挥"中国科大"品牌效应，择机分地域进行统一招生宣传，带动科教融合学院或其他潜力学科的联动宣传；吸引在世界一流大学就读的具有中国国籍的本科生或硕士生攻读我校学位，多方面提升研究生生源质量。

三、全面完善研究生思政教育及课程教学培养体系

5. 加快构建研究生思政教育及管理工作机制

积极构建研究生思政工作专门管理力量，进一步完善研究生思政工作体系，统筹开展全校研究生思政教育及管理。设立专项，加强校本部与科教融合学院研究生导师、辅导员、班主任思想政治教育及管理培训和交流；对科教融合学院设置完善的辅导员和班主任队伍提供政策和资金等方面支持；明确科教融合学院辅导员的管理责任，特别要强化与在校本部学习的研究生群体的沟通交流；适时增设研究生荣誉类奖项，并积极协调评价机制或奖励政策，做好校所一体化管理。

建立校所一体化的研究生心理健康教育、辅导和疏导机制。积极支持科教融合学院共享校本部心理健康教育资源，包括问卷测试平台等相关教育资源；完善导学矛盾解决机制，采取多种举措构建和谐导学关系。完善研究生管理相关实施细则，在研究生社会实践等方面制定细则。关怀学业存在困难的研究生，调动多方资源、多元力量协助解决学业困难研究生的心理健康、情绪疏导、研究进展和未来发展等问题。在持续完善研究生管理服务机制过程中，深入推进全过程、全方位育人。

6. 加快打造"思政金课"，强化"课程思政"建设

完善研究生思政课程体系建设顶层设计，加大支持力度，依托马克思主义学院、人文与社会科学学院等单位，整合各类思政课程教学资源，大力推动以学习习近平新时代中国特色社会主义思想为核心内容的思政课程群建设。

加大研究生思政课教师发展支持、积极储备师资力量，提供教学改革与学术研究专项资

助，鼓励思政课专业教师团队开展教学创新和科研攻关，产出一批具有学校特色的思政教学教育成果，有效打造“中国科大思政金课”品牌。

坚持以弘扬科学家精神为学校课程思政建设的重要抓手，围绕并突出学校办学历史和特色，支持各院系将课程思政融入专业课程教学与科研活动中，并作为课堂教学改革的重要目标之一。要紧抓核心课程建设的龙头，带动全校教师主动梳理各专业课程中所蕴藏的“科教报国、追求卓越”和“红专并进、理实交融”等思政教育元素；积极以素质课程建设为抓手，设立专项资金，提供出版资助，着重建设“科技伦理”“工程伦理”“生命伦理”“学术道德与学术写作规范”等相关课程，将科学精神、学术诚信、学术规范及学术（职业）伦理教育作为学校、院系和科教融合学院、导师开展研究生教育及管理的重要内容常抓不懈；支持相关部门开展思政课程与课程思政教师培训研讨活动。

7. 加快完善学术学位研究生课程教学体系

以建成“本硕博贯通、专精新结合”的学术学位研究生课程教学体系为目标，制定相关政策，引导全校教师积极参与研究生课程教学工作。

设立教学名师荣誉称号，鼓励研究生授课教师创新授课形式、提升授课质量、主动开展教学改革创新；完善本硕博课程贯通方案，加强研究生基础课程建设；加强精品课程建设，力争建成100门核心课程，引进一批前沿科学课程。支持校本部教师和科教融合院所教师共同开设专业课程、共同编写精品教材；支持教师开设研究生特色专业课程，交叉前沿课程；新增设研究生课程坚持以学科发展和学生发展需求为导向。

在“双一流”建设学科中遴选具有国际水平的学科试点，分批实施，5年内建设一批成体系、模块化开展外语授课的学科专业，编写英文授课专业培养方案；加强国际课程和国际化学科专业宣传，吸引优质国际留学生。

着力提高公共课程、基础课程、核心课程建设数量与质量，增设学位论文写作指导课程。通过二维码、大数据技术，建立健全研究生参与评课渠道和机制。逐步推进专业课程小班授课。加强与C9高校合作，试行学分互认。推进博士研究生课程改革，加大课程修读深度、难度，创新课程教学形式，着力打造“金课”，在经费、课酬、考评等维度加大对研究生课程建设与评价支持力度。

严格学院在线课程管理及认定机制，支持邀请国内外专家在线开展远程授课及其他形式的MOOC教育；充分利用现代化网络教学技术和资源，引进一批优质网络课程。鼓励校本部精品课程、公共课程等开设线上同步课程，做好跨校区、跨地区课程教学协同，解决好校本部与科教融合学院之间的课程需求问题。

8. 加快完善专业学位研究生教育教学体系

加强专业学位研究生教育管理组织力量配置，以建成“实践化教学、项目化教育”的专业学位研究生教育教学体系为目标，统筹推进专业学位管理工作。

面向国家战略及社会急需技术领域，在各类别培养方案基础上，建立专业学位培养项目个性化培养方案及教学体系。对标高水平成果评价标准，完善专业学位研究生优秀实践成果激励体系，推进专业学位研究生主动产出科研、实践和竞赛成果。

建好专业学位教育指导组；根据需要逐步引进工程技术类一流外语教材，建设精品教材和案例库；设置奖励项目，选树工程技术优秀师生典型。

5年内建设一批校企、校所专业学位共建课程；遴选优秀实践导师来校开展课程及案例教学；推进双导师联合教学、协同研发等全程合作。

9. 积极拓展研究生教育国际合作

实施“中国科大优秀博士研究生出国留学资助计划”，建立为期1年的校级公派留学资助项目，每年面向全校博士研究生遴选资助至少20位优秀研究生到世界顶尖大学的著名实验室开展国际交流、课程学习或科研合作；实施“世界一流大学博士研究生联合培养项目”，积极推进与世界一流大学签订人才培养合作协议、深化合作关系，有计划地组织校本部和科教融合学院拔尖研究生进入国际一流研究机构，接受名师言传身教和环境熏陶，接触科学技术和思想文化研究前沿。鼓励并支持学校研究生积极申请参加国际合作组织兼职或实习。

整合全校研究生国际交流项目，及时分析各类交流项目执行中的问题和经验，制定合理的出国资助标准和严格的回国考核标准；加快建立校级研究生国际交流项目执行成效追踪评估机制，为充分高效利用国际教育资源提供保障。

增加研究生培养的国际交流合作经费支持，积极整合研究生院、国际合作与交流部项目资源，拓宽国际交流渠道和机会。完善信息共享系统，简化国际交流审批流程，加大联合培养和国际交流项目的政策宣传；支持“所系结合、科教融合”研究生开展国际学术交流；继续支持外国教师开展教学，支持学术英语教学和国际课程建设，持续提升研究生国际学术交流能力。

四、着力打造研究生科研实践创新平台

10. 推进校本部与科教融合院所科研平台共建共享

以一级学科为基本单元，统筹校本部和科教融合、所系结合相关重要科研平台，科学规划布局学校学科建设科研平台(包括大型科研设备)数据库和信息网。实现科研平台信息共享，充分发挥其在研究生培养、联合指导和导师科研合作中的重要作用。

积极发挥学校研究生教育资源的配置引导作用，吸引科教融合单位、所系结合单位与校内相关学科或院系加快合作，建立学科深度沟通机制，促进强强联合或优势互补，推动深度开放，加快双方在学科建设、教育科研、项目申请、平台共建等方面开展实质性合作。

11. 激发交叉学科科研实践平台作用

积极给予重大交叉创新平台研究生教育资源支持，鼓励多学科间立足学科交叉融合前沿，探索交叉方向人才培养，面向学科交叉新模式，促进新交叉学科点的生成，提升新兴交叉学科领域的研究生培养成效。积极组织线上、线下学科交叉研讨会，探讨学科交叉生长点，部署学科交叉实践项目，孕育原创性交叉学科成果，提升研究生学术交叉广度和深度。争取在5年时间内新建不少于5个交叉学科点，包括人工智能、量子科学与技术、储能技术、行星科学与技术等。

12. 拓展建设行业企业研究生实践基地

积极应对智能制造、高端装备、新一代信息技术、生物医药、节能环保、新能源、新材料、智慧物流等国家新兴产业布局需求，统筹拓展与国家重点工程、重点项目承担单位、高新技术企业及行业领军单位共建分层次的研究生实践基地。

积极增进合作双方交流，鼓励导师与校外企事业单位开展研发合作，协商完善知识产权保护机制，为专业学位研究生提供优质实践项目或平台，持续激励多种主体、多种资源参与研究生培养,促进创新成果产出。

根据专业学位类别和区域发展需要,5 年内新建一批专业实践基地,组织相关实践基地开展经验交流,扩大优秀基地的示范影响,服务全校专业学位研究生人才培养大局。

积极引导专业学位研究生导师在理念与行动上重视专业实践;积极构建研究生培养实践基地数据库,结合校本部各院系及科教融合学院专业学位研究生实践导师数据库,构建专业学位研究生培养信息网,向各培养单位、研究生导师和学生发布业界交流、实践项目等信息,促进专业学位研究生更好地提升实践创新能力。

五、着力优化学术及综合文化环境

13. 系统性打造多层次常态化的学术报告交流体系

建设校级学术报告交流综合信息平台,统一发布各类型学术报告信息,充分发挥微信等新媒体推送作用,完善申请预约机制,积极扩大宣传,建立学习成效反馈机制。

丰富组织形式,打造高端前沿讲席、院系高水平学术报告会、研究生学术交流研讨会等多层次学术报告品牌,增加线上学术报告场次,支持院系发挥导师、特别是年轻导师的积极性,构建定时定点常态化的学术报告交流体系。

完善学术报告参与激励机制,调整研究生培养考核内容,明确将参与学术报告作为研究生培养过程必修环节。设立专项,支持研究生群体、特别是校本部与科教融合学院研究生,充分利用线上线下各种平台,共同组织开展学术报告及交流活动。

支持院系积极举办优秀导师和研究生的分享会、实践应用类报告或辅助学习类报告,帮助广大研究生了解如何做好科研、科技应用实践、文献阅读和论文撰写等;着力提升学校图书馆文献资源支撑服务能力,辅助追踪专业研究领域的科研进展;鼓励院系开设更多科研仪器、设备、软件、平台等操作性实训课程或讲座,着力提升研究生写作、交流、协调、实操、管理等综合素质与多元能力。

积极深化学分管理,开发暑期课堂,成体系重塑研究生暑期学校建设机制。根据各学科发展水平,鼓励校内导师邀请国内外著名科教机构优秀师生来校交流并商讨合作,分层次打造国内、国际暑期学校品牌,提升研究生创新意识和能力。

逐步将组织报告、听报告、做报告变成一种习惯、形成一种文化,力求通过共同参与的学术服务和丰富自由的学术交流,全面强化导师和研究生的学术服务意识,提升团队组织合作能力、学术交流能力、人际沟通能力,激发并持续培养研究生的创新动力和创新能力。

14. 完善研究生创新创造案例宣传及培育服务机制

设立优秀研究生创新文化宣传项目,发动校研究生会、校本部各院系及科教融合院所研究生会的主体活力,积极参与组织实施。及时挖掘学校研究生群体中的优秀培养案例或丰富经验总结,集结成册广泛宣传,进一步提升学校研究生培养的影响力。定期收集整理研究生群体的科研成果和其他获奖信息,在学校相关部门官方网站开辟专栏宣传。探索更多新时代青年喜闻乐见的宣传形式,扩大优秀案例影响范围和深度。定期举办经验交流座谈会,在全校树立更多研究生“身边的榜样”,营造相互影响、良性竞争的学习交流氛围。

积极开展毕业研究生发展质量跟踪调查,精选各行业、各领域取得突出成果的研究生校友事迹,开展宣传报道。设立支持专项,主动邀请科技政策专家、创业者、企业家来校开展政策解读、经验分享、专题报告;设立专项资金,资助建设具有中国科大特色的精品创业课程和创业教材;支持学院(研究院)积极面向校内外企事业单位遴选教学型、创业型导师;加强对研究生创新创业指导,积极开展研究生职业发展和就业培训活动;支持举办"中国科学技术大学研究生创新创业论坛",激励优秀研究生积极参与创新创业赛事和实践;将创新创业活动纳入专业实践认定范畴,建立研究生专利发明与科技成果转移转化支持、指导与服务机制,开展专利撰写与申请培训活动,努力在全校范围营造科技创新应用的氛围与环境。

15. 营造有利于研究生成长的综合文化环境

加强校园文化活动平台与机制建设。鼓励学校不同院系建立文化活动合作机制,举办科技人文知识展览;鼓励研究生院、人文与社会科学学院、图书馆在暑期组织短期课程或线上课程,帮助研究生提升演讲、表达、求职以及规划发展等综合文化软实力;支持校团委联合研究生院定期邀请作家、音乐家、舞蹈家等文化工作者进行演讲或者互动,努力优化文化软环境。

加强校园文化基础设施建设。加大对校园健身运动场馆等硬件设施的投入和维修保养;加大对学校电子图书资源的投入,实现学校图书文献、分析检测等资源共享,积极做好图书电子资源查阅和预约服务等。

积极增设全校人文社科、艺术文化类公共课程,鼓励理工医科研究生跨专业选修科学史、科技哲学、科学社会学课程,提高研究生科学人文素养。加大研究生综合素养提升行动的支持力度,提高研究生群体参与度。支持学生团体组织开展研究生读书交流会,引导经典书籍阅读,加强人文素质培养;发挥研究生群体的特色学识优势,推动研究生参与科学普及工作,不断提升研究生群体的社会责任意识和能力。

六、全面构建研究生培养质量保障体系

16. 构建研究生招生环节的质量保障机制

完善招生录取各环节的监督管理机制。持续推动硕士研究生招生考试初试科目改革,实现按一级学科命题;进一步规范命题管理,推动实现学校层面集中命题;完善命题安全机制,压实各环节相关人员责任,共担风险;完善复试流程和录取机制,通过信息公开、录音录像等方式保障考核过程透明化;强化复试过程管理,建立复试资料统一管理备查机制,建立覆盖研究生招生工作各重要环节和阶段的常态化培训机制;健全博士研究生招生"申请一考核"制,多形式开展考核,完善考核评议机制,突出对考生创新能力、实践能力、思想品德和政治素质等综合性评价;完善硕转博资格考核制度,压实院系责任,持续优化考核内容及考核机制。

17. 构建研究生培养环节的质量保障机制

完善研究生奖励资助机制。协同相关职能部门,结合研究生选调、落户等特殊需求,对优秀研究生增设荣誉性奖励或综合素质类奖励;积极向社会团体争取研究生专项奖学金项目捐赠,整合多种资源,面向研究生增设奖学金及竞赛奖励资助等;加大对家庭经济困难研究生的资助力度;完善奖学金评价机制,鼓励院系建立多维度研究生奖学金评审机制,强化实施细则和执行力度,统筹构建院级评奖评优体系;设立专业学位研究生实践成果奖,每年遴选 20 名左右实践成绩突出的研究生予以表彰,激励全校专业学位研究生积极参与专业技能训练,参与国际、国家重大赛事,积极申请发明专利、产出重要实践成果。

加强培养过程关键环节质量监控机制建设。保障研究生资格考试、学位论文开题报告、中期考核和年度考核制度落实，规范研究生培养过程关键环节管理，明确关键环节考核标准，完善考核组织流程，丰富考核方式，落实监督责任，关键节点考核突出学术规范和学术道德要求，切实发挥考核筛查作用，逐步建立全链条全要素的研究生教育质量保障体系。持续完善各类各层次研究生培养方案，坚持做到培养环节设计合理，学制、学分和学术要求切实可行。积极完善特任岗位科研人员参与教学任务考核机制，进一步完善助教工作机制，更好地发挥助教指导作用。加快建立完善全校研究生分流退出管理机制，严格规范各类研究生学籍年限管理，畅通分流选择渠道，积极做好研究生分流退出服务工作。定期开展考核，对达不到培养关键环节质量要求的研究生，及时按照培养方案进行分流退出。

提升专业学位研究生的专业实践质量。合理规划专业学位研究生培养的“专业实践”学分设置；统一建立专业实践在线校验平台，注重在实践质量、人身安全、合法权益、心理健康等方面强化保障力度，实现过程监管。完善专业实践与就业推荐联动机制，建立健全研究生实践沟通协调机制；根据市场及企业需求优化专业学位研究生能力结构，提升专业学位研究生职业胜任能力。

18. 构建研究生学位授予环节的质量监控机制

完善学位论文质量监管体系建设，强化学院层面研究生教育管理。创建学校和院系两级评审专家库，优化评审和答辩委员组成方式，提高评阅结果的客观性、公正性，提升各学科学位论文评审效率和质量；调整全校学位申请各环节截止时间，通过整体前移确保学位论文有足够时间修改完善。

推动学院根据学科特色建立学位论文预评审、盲审、预答辩等审核机制，学位论文重复率检测工作适当前移，成立院系学位论文资格预审委员会和格式审查小组，充分调动资深导师的积极性，发挥他们在研究生学位论文质量和格式把关中的积极作用。博士学位论文评审在各学院自主审核的基础上根据实际情况加大评审力度。

健全学位论文评审答辩意见的反馈机制。针对专家在学位论文评审和答辩过程中提出的修改意见，学位申请者需逐一回复并确保有足够的时间对学位论文进行修改完善，形成论文修改反馈表并经导师认可，确保修改意见和建议落到实处。健全校级学术不端、失范行为预防与处置机制，加大查处力度并对出现过问题的导师适度进行研究生招生计划调减。

建设学位授予质量评估信息平台，加强学位论文质量评估和抽检。通过分析不同院系研究生、不同导师指导研究生的学位授予质量，做到评估常态化，对存在问题的院系和导师提前预警和沟通。加大学位论文抽检力度，对各学科研究生培养质量进行再检验，鼓励各研究生培养单位自主开展学位论文抽检工作，健全预防和处置问题论文的机制。

健全学位论文评审答辩、学位申请和论文抽检过程的导师及学生申辩机制。积极为导师和学生建立申辩通道，提供申诉机会，做到透明、公平、公正、公开，有效保障学位授予质量。

统一学位授予标准，充分考虑科教融合院所研究生培养特点及学科特色，按照一级学科统筹校本部和科教融合院所学位标准。逐步推进国内学生与留学生之间学位授予标准统一。

完善全流程学位论文质量监控管理体系机制建设，加强两级学位委员会和学科点质量把关和监督作用，完善学位论文重复率检测机制，优化学位论文网上评审和答辩，积极采用语种相对齐全的论文重复率检测系统。

坚持质量导向，提升导师和研究生对学位论文的质量意识。完善学位和导师管理制度，加强导师对研究生学位论文的学术指导，严守学术诚信关，严把书写规范关，提升学位论文质量；积极开设专题讲座指导研究生进行学位申请；适时在部分学位评定分委员会试点，赋予导师主导研究生学位授予审核的权利。

中国科学技术大学博士生导师岗位职责与管理办法

（校学位字〔2021〕187 号，2021 年 11 月 26 日）

第一章 总 则

第一条 为努力造就一支有理想信念、有道德情操、有扎实学识、有仁爱之心的博士生导师队伍，规范博士生导师指导行为，全面落实博士生导师立德树人职责，根据《教育部关于加强博士生导师岗位管理的若干意见》（教研〔2020〕11 号）精神，结合学校实际，制定本办法。

第二条 博士生导师是因研究生培养需要而设立的岗位，是研究生培养的第一责任人，承担着培养高层次创新人才的使命，承担着对研究生进行思想政治教育、学术规范训练、创新能力培养等职责。博士生导师要坚持社会主义办学方向，潜心立德树人，执着攻关创新，坚持教书和育人相统一，坚持言传和身教相统一，坚持潜心问道和关注社会相统一，坚持学术自由和学术规范相统一，以德立身、以德立学、以德施教。博士生导师要遵循研究生教育规律，创新研究生指导方式，潜心研究生培养，全过程育人、全方位育人，做研究生成长成才的指导者和引路人。

第二章 基本素质要求

第三条 政治素质过硬。坚持以习近平新时代中国特色社会主义思想为指导，拥护中国共产党的领导，贯彻党的教育方针；具有高度的政治责任感，依法履行导师职责，将专业教育与思想政治教育有机融合，做社会主义核心价值观的坚定信仰者、积极传播者、模范实践者。

第四条 师德师风高尚。模范遵守教师职业道德规范和《新时代高校教师职业行为十项准则》《研究生导师指导行为准则》，为人师表，爱岗敬业，率先垂范，以高尚的道德情操和人格魅力感染、引导学生，成为先进思想文化的传承者和社会进步的积极推动者；谨遵学术规范，恪守学术道德，自觉维护公平正义和风清气正的学术环境；有责任心和使命感，尽职尽责；有仁爱之心，以德育人，以文化人。

第五条 业务素质精湛。具有深厚的学术造诣和执着的学术追求，关注社会需求，推动知识文化传承发展；熟知学校关于研究生招生、培养、学位管理等方面的规章制度。秉承先进教育理念，积极参与各类课程教学，重视课程前沿引领，创新教学模式，丰富教学手段；不断提升指导能力，着力培养研究生创新能力，实现理论教学与实践指导之间的平衡，助力研究生成长成才。

第三章　立德树人职责

第六条　提升研究生思想政治素质。掌握研究生思想状况，强化对研究生的思想政治教育，引导研究生正确认识世界和中国发展大势，正确认识中国特色和国际比较，正确认识时代责任和历史使命，正确认识远大抱负和脚踏实地；引导研究生树立正确的世界观、人生观、价值观，坚定为共产主义远大理想和中国特色社会主义共同理想而奋斗的信念，成为德智体美劳全面发展的“六有”高层次专门人才。

第七条　培养研究生学术创新能力。严格把关学位论文研究工作、写作发表、学术水平和学术规范，按照因材施教和个性化培养理念，积极参与制定执行研究生培养计划，统筹安排实践与科研活动，强化学术指导；定期与研究生沟通交流，指导研究生确定研究方向，深入开展研究；营造和谐的学术环境，培养研究生的创新意识和创新能力，激发研究生的创新潜力；引导研究生跟踪学科前沿，直面学术问题，开拓学术视野，在学术研究上开展创新性工作。

第八条　培养研究生实践创新能力。鼓励研究生积极参加国内外学术和专业实践活动，指导研究生形成各类研究或应用成果，培养研究生提出问题、分析问题和解决问题的能力，强化理论与实践相结合；支持和指导研究生将科研成果转化应用，推动产教融合和产学研用紧密结合，提升职业胜任和创新创业能力。

第九条　增强研究生社会责任感。鼓励研究生将个人的发展进步与国家和民族的发展需要相结合，为国家富强和民族复兴贡献智慧和力量；支持和鼓励研究生参与各种社会实践和志愿服务活动，在服务人民与奉献社会的过程中实现自己的人生价值；培养研究生的国际视野和家国情怀，积极致力于构建人类命运共同体，努力成为世界文明进步的积极推动者。

第十条　指导研究生恪守学术道德规范。培养研究生严谨认真的治学态度和求真务实的科学精神，坚持严谨治学，带头维护学术尊严和科研诚信，以身作则，强化研究生学术规范训练，自觉遵守科研诚信与学术道德，自觉维护学术事业的神圣性、纯洁性与严肃性，杜绝学术不端行为；在研究生培养的各个环节，加强职业伦理教育，提升学术道德涵养；培养研究生尊重他人劳动成果，对与研究生联合署名的科研成果承担相应责任，提高知识产权保护意识。

第十一条　优化研究生培养条件。根据不同学科、类别的研究生培养要求，积极为研究生的学习和成长创造条件，为研究生开展科学研究和专业实践提供有利条件；鼓励研究生积极参与科学研究、社会实践和学术交流，按规定为研究生提供相应经费支持，确保研究生正当权益；积极创设良好的学术交流平台，增加研究生参与社会实践和学术交流的机会；鼓励研究生积极参与课题研究，根据实际为研究生提供相应经费支持。

第十二条　注重对研究生的人文关怀。落实立德树人根本任务，加强人文关怀和心理疏导，加强校规校纪教育，把解决思想问题同解决实际问题结合起来，了解学生成长环境和过程，做好教育和引导工作。加强与研究生的交流与沟通，建立良好的师生互动机制，营造良好的学习氛围，提供相应的支持和鼓励，保护研究生合法权益；关注研究生学业、就业压力，引导研究生做好职业生涯规划；关心研究生生活和身心健康，不断提升研究生敢于面对困难挫折的良好心理素质。

第十三条 指导研究生做好学位论文。加强培养过程管理，按照培养方案和时间节点要求，指导研究生做好论文选题、开题、研究及撰写等工作，严格执行学位授予要求，对研究生学位论文质量严格把关。在指导过程中要保证经费来源；在研究生学位论文的撰写过程中，不仅给予具体研究方法指导，还要认真审阅修改，在学术上把关并作出学术评价；配合学校做好学位论文的评审和答辩工作；对研究生在学期间发表的文章及科研成果负有监督责任。

第十四条 履行指导职责、精心尽力指导。根据社会需求、培养条件和指导能力，合理调整自身指导研究生数量，确保足够的时间和精力指导研究生，及时督促指导研究生完成课程学习、科学研究、专业实习实践和学位论文写作等任务；采用多种培养方式，激发研究生创新活力。遵循研究生教育规律和人才成长规律，因材施教；合理指导研究生学习、科研与实习实践活动；综合开题、中期考核等关键节点考核情况，提出研究生分流退出建议。因各种原因不宜继续培养的研究生，导师或院系可根据学校有关规定提出学籍处理建议，由主管部门按有关规定办理。

第十五条 科学公正参与招生。熟悉国家招生政策，胜任考试招生工作；在参与招生宣传、命题阅卷、复试录取等工作中，严格遵守学校有关规定，公平公正，科学选才，规范招生，正确行使导师权力，确保录取研究生的政治素养和业务水平。

第四章　新任博士生导师基本条件

第十六条 具有教授专业技术职务（相当专业技术职务）；具有副教授（副研究员）专业技术职务的教师同时应满足《中国科学技术大学关于具有副教授（副研究员）专业技术职务教师申请博士生导师岗位的暂行规定》第一条规定的要求；一般应有博士学位；能坚持正常工作，担负起实际指导博士生的责任，年龄一般不超过 57 岁。对于曾经在校外担任过博士生导师、来我校申请博士生导师的教师，应在退休前能完整指导一届博士生。

第十七条 有研究生可以参与的科研项目和充足的科研经费。社会科学类与科学技术史学科本人负责的在研经费不少于 15 万元，理工医类本人负责的在研经费不少于 40 万元（纯理论方向不少于 15 万）。研究生院、校学位办公室每年可以根据实际情况调整发布在研经费要求。

第十八条 原则上应指导过硕士生或协助指导过博士生。

第五章　新任博士生导师遴选程序

第十九条 申请新担任博士生导师者根据学校安排提出申请，经学位点和院系审核后报校学位办公室。校学位办公室会同党委教师工作部、人力资源部及科研部对申请者的有关材料进行审核，并将申请者的材料上网公示，接受监督。

第二十条 学位评定分委员会和校学位评定委员会根据新任博士生导师基本素质、基本条件、师德师风以及学术水平等因素，对申请者以无记名投票方式表决，获参加投票人数2/3以上(含2/3)同意，视为通过。

第六章 在岗博士生导师上岗资格审查

第二十一条 计划在下一年度招收博士生的在岗博士生导师，要求在担任博士生导师期间认真履行导师立德树人职责；能坚持正常工作，担负起实际指导博士生的责任；在退休前能完整指导一届博士生；具备本办法第十七条科研条件。

第二十二条 在岗博士生导师在每年3月提出下一年度招收博士生的申请后，学位点和院系根据学科发展需要及导师上岗条件对申请者进行审核，审核通过后报学位评定分委员会，学位评定分委员会根据有关要求进行审核，审核通过后由校学位办公室备案。

在岗博士生导师跨学院和学科点申请招生，需向所跨学院和学科点提出申请，所跨学院和学位点根据学科发展需要及导师上岗条件对申请者进行审核，审核通过后报学位评定分委员会，学位评定分委员会根据有关要求进行审核，审核通过后由校学位办公室备案。

离职的教师原则上不再担任博士生导师，若院系需要其继续指导研究生，应按照校外兼职博士生导师有关规定办理备案手续。

第七章 健全博士生导师评价考核机制

第二十三条 各院系根据学科特色，建立健全博士生导师评价考核机制，对博士生导师的政治素质、师德师风、学术水平、育人能力、培养条件、指导精力等多方面进行全方位评价。坚持立德树人，把教书育人作为博士生导师评价的核心内容，突出教育教学业绩评价，将人才培养中心任务落到实处；把立德树人纳入教学评估和学科评估指标体系，加强对博士生导师立德树人职责落实情况的评价。

第二十四条 明确表彰奖励机制。将博士生导师立德树人评价考核结果，作为专业技术职务聘用、绩效分配、评优评先的重要依据，充分发挥考核评价的鉴定、引导、激励和教育功能。强化示范引领，对于立德树人成绩突出的博士生导师给予表彰与奖励，宣传推广优秀导师、优秀团队的成功经验。对优秀博士论文指导教师给予表彰和奖励。

第二十五条 落实督导检查机制。把博士生导师立德树人职责落实情况纳入教学督导范畴，加强督导检查。对违反教育部《研究生导师指导行为准则》、未能履行立德树人职责的博士生导师以及指导研究生的学位论文在抽检中认定为“存在问题学位论文”的博士生导师，视情况采取约谈、限制招生、停止招生或取消导师资格等处理措施。

对有违反师德行为的导师，实行一票否决；对违反政治纪律和政治要求的导师，直接取消博士生导师资格，并依法依规给予相应处理。取消博士生导师资格，由校学位评定委员会审议。

第八章　强化组织保障与优化管理环境

第二十六条　因研究生转学、转专业、更换研究方向，或导师健康、调离或学科调整等原因，师生应按照《中国科学技术大学研究生学籍管理实施细则》《中国科学技术大学研究生转专业管理办法》有关要求提出变更申请。对于师生出现矛盾或其他不利于保持良好师生关系的，院系应本着保护师生双方权益的原则及时给予调解，必要时可解除指导关系，重新确定导师。变更导师后，研究生须与原导师共同协商，对参与原导师的研究项目和研究成果进行合理处理。

第二十七条　学校安排专项经费用于导师队伍建设，定期组织交流、研讨，提升导师学术研究水平和研究生指导能力；尊重和保障导师自主性，维护和规范导师在招生、培养、资助、学术评价等环节中的权利；保障导师待遇，支持导师参加学术交流活动和行业企业实践；改善导师治学环境，提供必要的工作场所、实验设施等条件；积极听取导师意见，营造良好校园文化环境，提升导师工作满意度。

第二十八条　积极营造全社会尊师重教的良好氛围，动员各界力量关心导师队伍建设；大力宣传导师立德树人先进典型，加强榜样示范教育；倡导全社会共同关心、协同参与，促进导师立德树人工作机制的常态化、科学化。

第二十九条　加强导师培训，采用新任导师岗前培训、在岗导师定期培训、日常学习交流相结合的方式，提高博士生导师的政治思想素质和学术道德水平，树立高尚的师德师风。新任博士生导师按照《中国科学技术大学新任博士生导师教育培训管理办法》参加导师培训会；在岗博士生导师每年必须完成研究生院、校学位办公室组织的培训要求，参加院系组织的导师培训交流会。

第九章　附　　则

第三十条　对于科教融合单位的博士生导师以及作为引进人才的外籍博士生导师，其资格审定按本办法执行。对于其他科研单位来我校兼职的博士生导师，其资格审定结合《中国科学技术大学兼职博士生导师遴选与管理办法》执行。

第三十一条　本办法由研究生院、校学位办公室负责解释。

第三十二条　本办法自印发之日起施行。原《中国科学技术大学博士生导师岗位职责与管理办法》(校学位字〔2021〕21 号)、《中国科学技术大学科教融合博士、硕士研究生指导教师管理办法》(校研字〔2017〕255 号)、《中国科学技术大学退休博士生导师返聘实施办法》(校学位字〔2001〕06 号)同时废止。

中国科学技术大学思想政治理论课教师在职攻读马克思主义理论博士学位暂行办法

（校人字〔2021〕192号，2021年11月29日）

第一章 总 则

第一条 为贯彻落实中共中央办公厅、国务院办公厅《关于深化新时代学校思想政治理论课改革创新的若干意见》，以及教育部《普通高等学校马克思主义学院建设标准（2019年本）》等有关精神，进一步加强学校思想政治理论课教师队伍建设，不断提高思想政治理论课教师的思想政治素质、科研水平和教学能力，结合学校实际，制定本办法。

第二条 在职攻读博士学位人员范围：专职思想政治理论课教师。

第三条 在职攻读博士学位学科范围：马克思主义理论（0305）及思政课教学相关学科〔马克思主义哲学（010101）、科学技术哲学（010108）、政治经济学（020101）、科学社会主义与国际共产主义运动（030203）、中共党史（030204）、中国近现代史（060107）〕。

第二章 申请条件

第四条 申请人须具备以下条件：

（一）拥护中国共产党领导，坚持正确的政治方向，贯彻党的路线、方针、政策，严格执行国家教育政策。模范遵守职业道德规范，遵守学校各项规章制度，爱岗敬业，立德树人。

（二）年龄不超过45周岁。

（三）已获硕士学位，且到校工作满2年。

（四）热爱思想政治理论课教学，毕业后保证回到学校专职从事思想政治理论课教学。

第三章 申请和审批原则

第五条 申请人应在不影响单位工作的基础上在职攻读马克思主义理论学科及思政课教学相关学科博士学位。

第六条 申请人应符合报考学校的具体要求。

第四章 申请和审批程序

第七条 申请人填写《中国科学技术大学思想政治理论课教师在职攻读马克思主义理论学科及思政课教学相关学科博士学位申请表》，向所在单位提出申请。

第八条 审批程序

（一）申请人所在单位党政联席会议或部(处、室)务会议研究同意；

（二）人力资源部商研究生院、党委学生工作部、马克思主义学院，进行审批。

第九条 申请人被录取后，持录取协议书和审批同意的申请表，到人力资源部签订《中国科学技术大学思想政治理论课教师在职攻读马克思主义理论学科及思政课教学相关学科博士学位协议书》。

第五章 资助和管理办法

第十条 思想政治理论课教师在职攻读马克思主义理论学科及思政课教学相关学科博士学位在职在岗学习期间，其在学校的一切待遇保持不变。

在职离岗学习期间，基本工资、津贴补贴以及绩效工资中的基础津贴继续发放；岗位津贴停止发放；管理和支撑岗位绩效停止发放，其他奖励性绩效工资根据考核情况发放。

第十一条 思想政治理论课教师在职攻读马克思主义理论学科及思政课教学相关学科博士学位期间，在基本学制时间内，学习培养费用、住宿费(标准按照学校财务管理规定执行)、交通费(1 个月可报销 1 次往返交通费，标准按照学校财务管理规定执行)等从马克思主义学院思想政治理论课专项经费中支付。超出基本学制规定允许时间的，学习培养费用、住宿费、交通费等自理。

第十二条 思想政治理论课教师在职攻读马克思主义理论学科及思政课教学相关学科博士学位人员，应在取得博士毕业证、学位证书后的 1 个月内到人力资源部办理相关手续，人力资源部负责办理变更人事库信息，提交入档材料等相关工作。

第十三条 思想政治理论课教师在职攻读马克思主义理论学科及思政课教学相关学科博士学位，须经单位和学校批准同意，方可报考。未经批准，擅自报考，学校不兑现相关待遇，且严格按照有关规定予以处理。

第六章 附 则

第十四条 本办法由人力资源部、研究生院、党委学生工作部、马克思主义学院负责解释。

第十五条 本办法自印发之日起施行。原《中国科学技术大学教职工在职进修管理办法(试行)》(校人字〔2005〕12 号)同时废止。

中国科学技术大学关于全面加强新时代劳动教育的实施方案(试行)

（校教字〔2021〕197 号，2021 年 12 月 1 日）

劳动是创造物质财富和精神财富的过程，具有树德、增智、强体、育美的综合育人价值。为深入学习贯彻落实习近平总书记关于教育的重要论述和关于中国科大系列重要指示精神，贯彻落实《中共中央　国务院关于全面加强新时代大中小学劳动教育的意见》，进一步落实学校“一流本科教育质量提升计划”行动纲领和研究生教育“德创”领军人才培养计划，建设中国科大“理实交融、科教结合”特色的劳动教育体系，培养德智体美劳全面发展的社会主义建设者和接班人，根据教育部《大中小学劳动教育指导纲要（试行）》要求，结合学校实际，制定本方案。

一、总体要求

1. 指导思想。以习近平新时代中国特色社会主义思想为指导，全面贯彻党的教育方针，坚持培育和践行社会主义核心价值观，准确把握社会主义建设者和接班人的劳动精神面貌、劳动价值取向和劳动技能水平的培养要求，围绕“潜心立德树人”核心任务，立足“理实交融、科教结合”的办学特色，把劳动教育纳入人才培养全过程，创新体制机制、注重教育实效、实现知行合一，全面提升学生劳动素养。

2. 基本原则。

——把握育人导向。坚持党的领导，培养担当民族复兴大任的时代新人，把准劳动教育价值取向，引导学生树立正确的劳动观，崇尚劳动、尊重劳动，增强对劳动人民的感情，科教报国、奉献社会。

——遵循教育规律。紧密结合学科专业特点，注重围绕课程劳育、创新创业、社会实践、志愿服务，倡导手脑并用、安全适度，强化实践体验，让学生亲历劳动过程，提升育人实效性。

——体现时代特征。紧跟科技发展和产业变革，准确把握新时代劳动工具、劳动技术、劳动形态的新变化，创新劳动教育内容、途径、方式，增强劳动教育的时代性。

——强化综合实施。加强整体统筹，落实校内各类劳动教育实施主体责任，推进“三全育人”工作，探索“科教融合、产教协同”的教育途径，整合校内和校外、第一课堂和“第二课堂”优势资源。

3. 工作目标。构建中国科大“理实交融、科教结合”特色的劳动教育与评价体系，实现第一课堂与“第二课堂”的有效衔接，将劳动素养纳入学生综合素质评价体系；广泛开展课外校外劳动实践活动，特别是创新性劳动实践，丰富劳动体验、提高劳动能力；营造校园劳动氛围，丰富校园劳动文化；通过劳动教育，使学生养成良好的劳动习惯、树立正确的劳动观念、掌握必备的劳动能力、培育积极的劳动精神。

二、全面构建劳动教育与评价体系

4. 纳入人才培养方案。将劳动教育纳入本科人才培养方案，设置 1 个必修学分。通过在已有课程中凸显劳动元素、开设实习实训课程、通过“第二课堂”劳动实践学时积分转化等方式，保证劳动教育在本科阶段不少于 32 学时。开设劳动教育课程的，课程内容应加强马克思主义劳动观教育，普及与学生职业发展密切相关的通用劳动科学知识，并经历必要的实践体验。

5. 有机渗透劳动教育。将劳动教育有机纳入思政教育、专业教育和创新创业教育。进一步强化马克思主义劳动观教育、劳动相关法律法规与政策教育，树立正确的择业就业创业观，培养到艰苦地区和行业工作的奋斗精神。将专业教育与实习实训、科学实验、社会实践、毕业设计等相结合，开展各类劳动实践，注重分析相关劳动形态发展趋势。探索产学研协同育人新模式，加强与高新技术企业和科研院所在劳动育人方面的合作。

6. 健全劳动素养评价。将劳动素养纳入学生综合素质评价体系，制定评价标准、建立激励机制。将过程性评价和结果性评价结合起来，全面客观记录课内外劳动过程和结果，加强实际劳动技能和价值体认情况的考核。建立审核、公示制度，确保记录真实可靠。把综合素质评价结果作为衡量学生全面发展情况的重要内容，与评奖评优、研究生推免、毕业等要求挂钩。

三、广泛开展实践活动

7. 加强巩固生活性劳动实践。开展日常生活劳动技能培训，加强培育宿舍劳动习惯，开展“文明宿舍”创建评比活动。在书院内探索学生自我管理模式，通过“层长负责制”“无保洁日”等创新做法，鼓励学生积极参与书院公共区域的管理和维护。组织研究生负责实验室卫生清洁和科研器材管理等工作。引导学生积极参加勤工助学活动，评选表彰在勤工助学中工作刻苦、表现突出的优秀学生，开展勤工助学征文活动。

8. 持续推进服务性劳动实践。坚持“立足校园、辐射周边、报效社会”的原则，推动校内外志愿服务活动常态化开展，提升学生责任担当意识。引导学生自觉参与教室、食堂、校园场所的卫生保洁、绿化美化和管理服务等；继续做好“三下乡”“返家乡”等大学生社会实践活动，积极对接校外单位组织学生参与大学生实习见习和挂职锻炼活动；鼓励学生在各级团学组织担任学生骨干，组织学生在学校党政部门担任工作助理。

9. 大力开展创新性劳动实践。组织学生积极参加专业相关的实习实训和专业服务，进一步扩大本科生参加“大学生研究计划”和“大学生创新创业计划”的覆盖范围，重视新知识、新技术、新工艺、新方法的运用，提高在创新实践中发现问题和创造性解决问题的能力。依托科技竞赛、创业比赛、双创基地、科创社团等抓手，积极推动创新创业劳动全覆盖。发挥高年级本科生和研究生群体的专业优势，推动学生参与科学普及工作。

四、大力建设劳动文化

10. 将劳动教育融入校园文化建设。设立班级劳动委员，制定劳动公约、每周劳动常规、学期劳动任务单，在班内营造积极劳动的良好氛围。结合植树节、学雷锋纪念日、五一劳动节、志愿者日等与劳动相关节日，开展丰富的劳动主题教育活动，营造“劳动光荣、创造伟大”的校园文化。

11. 设立学年劳动周。发动各班级通过日常生活劳动、专业生产劳动、社会服务劳动、劳模报告讲座、劳动技能竞赛、劳动成果展示等形式开展劳动周系列活动。邀请劳动模范、大国工匠、优秀毕业生进校园开展宣讲报告活动。

12. 大力弘扬尊重劳动的时代风尚。广泛宣传劳动榜样人物事迹，特别是身边的教职工和普通劳动者事迹，让师生在校园里近距离接触劳动模范，聆听劳模故事，观摩精湛技艺，引导学生尊重教师、尊重普通劳动者，感受并领悟勤勉敬业的劳动精神，争做新时代的奋斗者。

五、切实加强组织实施

13. 建立组织实施机制。成立学校劳动教育工作领导小组，负责劳动教育的规划设计、统筹协调、资源整合、组织实施、总结评价。

14. 加强师资队伍建设。加强师资培训，指导任课教师充分挖掘课程中的劳动教育元素，提高劳动育人意识和专业化水平。充分发挥教职员工特别是班主任、辅导员、导师的作用，利用党团组织以及学生社团等各方面力量，合力开展劳动教育实践活动。充分利用社会和企业资源，聘请相关行业专家担任劳动实践指导教师。

15. 提供资源条件保障。加强学校劳动教育设施建设，建立学校劳动教育器材、耗材补充机制。丰富和拓展劳动实践场所，争取社会和企业资源，建立校外劳动教育实践基地。加强对师生的劳动安全教育，强化劳动风险意识，建立健全安全教育与管理并重的劳动安全保障体系。

中国科学技术大学体育工作提升方案（试行）

（校教字〔2021〕198号，2021年12月1日）

学校体育是实现立德树人根本任务、提升学生综合素质的基础性工程，对于弘扬社会主义核心价值观，培养学生意志品质，实现以体育智、以体育心具有独特功能，是学校学子攀登科学高峰的坚实基础。

为深入贯彻落实习近平总书记关于教育、体育的重要论述和全国教育大会精神，贯彻落实习近平总书记关于中国科大系列重要指示精神，贯彻落实中共中央办公厅、国务院办公厅《关于全面加强和改进新时代学校体育工作的意见》和中共安徽省委教育工作领导小组《关于全面加强和改进新时代学校体育工作的若干措施》等精神，进一步落实学校“一流本科教育质量提升计划”行动纲领和研究生教育“德创”领军人才培养计划，培养德智体美劳全面发展的社会主义建设者和接班人，切实提升学校各项体育工作，结合学校实际，制定本方案。

一、现状与问题

1. 工作现状。学校各项学生体育工作是在校体育运动委员会的指导下，由体育教学中心和团委分别组织开展。体育教学中心负责全校体育课程教学、体质健康测试实施、体育竞赛组织和学生运动代表队训练等工作；团委负责体育类学生社团和学生课外体育活动指导。

2. 存在问题。当前学校体育工作还有诸多方面亟待提升。本科生体质健康测试优良率偏低，不及格率较高；师资力量不强，教师年龄整体偏大；体育运动场地资源较紧张，场地和场馆的科学管理和充分利用亟待提升；课程内容和类型不丰富，无法满足学生体育运动学习和提升的多元化需求；学校全民运动氛围还存在一定差距，学生日常锻炼的自觉性和普遍性不足；传统优势项目不明显，特色体育运动品牌较少；体育类学生社团、体育俱乐部的引领带动作用仍需进一步加强；需要大力整合各类资源，特别是社会、校友资源，支持学校体育工作发展。

二、总体思路

3. 指导思想。以习近平新时代中国特色社会主义思想为指导，全面贯彻党的教育方针，坚持社会主义办学方向，以潜心立德树人为根本任务，坚持健康第一的教育理念，全面推动校园全民健身运动的开展，营造运动氛围、活跃体育文化，引导师生树立健康意识，促进学生创新能力与身体素质的协调发展，实现以体育智、以体育心，培养德智体美劳全面发展的社会主义建设者和接班人。

4. 主要目标。学校体育工作得到显著提升，体育教师配齐配好，体育课程开齐开足，体育锻炼全员参与，竞赛活动水平提升，社团协会百花齐放，特色品牌逐步打造，教育教学改革成效显著，资源配置不断优化，管理机制更加完善，育人成效显著增强，学生身体素质和综合素养明显提升，到 2025 年，学生体质测试全员合格。

三、深化教学改革，完善评价体系

5. 稳步构建课程体系。坚持小班教学、分层教学，稳步构建全方位、宽领域、多项群、专业化的“2＋X”体育课程体系。做好必修课程，在本科生大一和大二阶段开设体育必修课程，满足教育部对高校体育课程的学时和学分要求，帮助学生开发基本运动能力，全面提升身体素质，了解掌握体育健康常识，学习提升运动技能。做精选修课程，为高年级本科生和研究生提供内容更加新颖、形式更加丰富的体育选修课程，帮助学生掌握多项运动技能，进一步发展运动专长，养成坚持锻炼的生活习惯。

6. 持续优化课程内容。面向学生身体素质和运动能力提升的实际需求，保证教学质量、提升教学效果。课程内容分为基础体育、体育选项、体育俱乐部和体适能 4 个教学模块：基础体育和体适能课程主要围绕国家学生体质健康测试标准，依托基础田径项目，注重开发学生的基本运动能力，提升跑、跳、投以及速度、耐力、力量、灵敏、柔韧等综合素质；对体测成绩不及格的进校新生，安排在第二学期选修体适能课程；体育选项和体育俱乐部课程主要培养学生各项运动技能，满足学生多元化体育运动需求，保证学生在本科学习期间都有条件学习至少 2 种以上运动项目。积极推动体育课程思政建设，注重挖掘崇高精神追求、高尚人格修养、积极无私奉献等课程思政元素。

7. 积极完善评价机制。认真做好全校本科生体质测试工作的组织与开展，建立健全学生体质健康“指导、培训、监测、评价、反馈”为一体的管理工作体系，提高学生体质健康监测、预警、决策工作水平。将体测成绩达标作为学生毕业的基本条件，并将学生体质健康水平与学生综合素质测评、评奖评优等挂钩，将体质健康测试工作纳入体育教师工作量。通过“课上课下一体化”的教学和锻炼，提升学生身体素质，提高学生体测成绩优良率，努力实现本科生体测成绩全员达标。探索利用新一代信息技术督促和评价学生的日常锻炼情况，将学生日常运动情况纳入体育课程评价体系。

四、丰富体育文化，营造健康氛围

8. 全力打造体育品牌。继续提升学校龙舟等传统优势体育项目水平，发掘新的优势体育项目；大力发展马拉松、荧光夜跑、羽毛球和气排球等具有一定群众基础的体育项目，营造全民健身的良好健康氛围。打造具有中国科大特色的体育运动品牌。

9. 大力开展竞赛活动。组织开展校内各类体育赛事，构建覆盖学校、书院、学院、班级等各层次的体育竞赛体系。组建学校各类体育项目学生代表队，加强日常训练、提升专业水平。积极参加国际、国内、省内等各类校外体育赛事，与国内外一流高校开展体育教学和竞赛交流。

10. 完善学生体育组织。加强对体育类学生社团的指导和建设，鼓励学生加入体育类社团，培养体育运动兴趣爱好，积极参加各类体育健康活动。加强学生体育俱乐部建设，构建俱乐部会员等级体系，采取积分制管理，做好体育类学生社团、体育俱乐部和运动代表队的衔接。

五、改善办学条件,加强资源保障

11. 切实加强统筹协调。充分发挥校体育运动委员会对全校体育工作的指导、协调和监督作用,定期召开委员会工作会议,审议学校体育重大事项,协商解决体育工作问题,保障监督体育工作落实;统筹指导全校体育教学、体质测试、社团协会、活动赛事等各项体育工作;加强体育氛围营造,协调相关部门保障全校体育活动。

12. 配齐建好师资队伍。加强体育教师人员配置,根据实际需求引进高水平高素质师资人才,适当聘用或引进高水平教练员和优秀退役运动员担任体育指导教师或专职教师。鼓励和支持体育教师利用工作之余进行专业进修和培训,全面提升体育教师专业水平、教学能力和综合素养。做好体育教研工作,力争取得一批有影响力和中国科大特色的教学研究成果。

13. 科学提升条件保障。加强对体育运动场地场馆的整体规划和系统论证,在满足学校体育教学、运动训练和竞赛活动的基本需求下,确保资源配置的科学合理,充分发挥场地(馆)的多重体育运动功能。建立科学合理的体育运动场地(馆)管理机制,优先保证体育教学和运动训练的正常开展。提升教学和管理信息化水平,提高教学资源利用率和贡献度,精准满足学生体育运动和健康提升需求。建好满足体育课程教学活动需求的场地设施、专用教室,配好体育教学所需器材设备,建立体育器材补充机制。探索建立社会力量支持学校体育工作的长效机制,鼓励和引导社会资金、技术、人才等资源服务支持学校体育发展,吸引社会和校友捐赠。

中国科学技术大学艺术教育提升方案(试行)

(校教字〔2021〕199 号,2021 年 12 月 1 日)

从古到今,科学与艺术始终形影不离,作为人类进步的双翼,共同推动着人类文明的不断发展。艺术教育有助于学生提升审美、陶冶情操、温润心灵,而科学与艺术的交叉融合,有利于丰富想象力、促进身心健康、加强人文关怀和培养创新意识,有利于传承和弘扬科教报国、追求卓越的科学精神,树立服务人类美好生活的远大目标。

为深入贯彻落实习近平总书记关于教育的重要论述和全国教育大会精神,贯彻落实习近平总书记关于中国科大系列重要指示精神,贯彻落实中共中央办公厅、国务院办公厅《关于全面加强和改进新时代学校美育工作的意见》和中共安徽省委教育工作领导小组《关于全面加强和改进新时代学校美育工作的若干措施》等精神,进一步落实学校"一流本科教育质量提升计划"行动纲领和研究生教育"德创"领军人才培养计划,培养德智体美劳全面发展的社会主义建设者和接班人,切实做好学校美育育人工作,结合学校实际,制定本方案。

一、现状与问题

1. 教育现状。学校于 2020 年 5 月在人文素质教学研究部艺术教研室的基础上设立艺术教学中心,其工作职责包括:开设艺术类基础课程,建设核心通识课程"艺术与审美"模块;举办艺术展演、沙龙等活动,营造学校艺术氛围;建设艺术教育与活动空间场地,搭建艺术活动平台；指导艺术类学生社团开展活动。

2. 存在问题。学校艺术教育基础薄弱，亟须提升。艺术教师年龄普遍偏大，专业结构不丰富，师资力量较薄弱；开设课程类型不全面、课程内容不丰富、教学形式较单一，无法较好满足学生多元的艺术学习需求；课外艺术展览活动缺乏系统规划，数量和质量有待提高；艺术实践教育与"第二课堂"活动的融合还需加强；艺术教育和艺术活动的公共平台亟须完善；与艺术界的联系不够紧密，缺少专业艺术家和高水平艺术教育资源的支撑；需要大力整合各类资源特别是社会、校友资源，支持学校艺术教育发展。

二、总体思路

3. 指导思想。以习近平新时代中国特色社会主义思想为指导，全面贯彻党的教育方针，坚持社会主义办学方向，以潜心立德树人为根本任务，以社会主义核心价值观为引领，以坚定文化自信、提升综合素养、培养高雅情趣、加强人文关怀为目标，弘扬中华美育精神，以美育人、以美化人、以美培元，培养德智体美劳全面发展的社会主义建设者和接班人。

4. 主要目标。学校艺术教育提升取得显著进展，艺术教学中心投入使用，艺术课程开齐上好，教育教学改革成效显著，资源配置不断优化，管理机制更加完善，育人成效显著增强，学生审美和人文素养明显提升。

三、完善课程体系，深化教学改革

5. 开齐上好艺术类课程。以审美和人文素养培养为核心、以创造创新能力培育为重点、以中华优秀传统文化传承发展和艺术经典教育为主要内容，构建多元化、多层次、高水平的艺术课程体系，强化学生文化主体意识，培养具有崇高审美追求、高尚人格修养的高素质人才。继续加强核心通识课程"艺术与审美"模块建设，引进优质艺术课程。修订本科培养方案，要求修满 2 个学分艺术类课程方能毕业。将美学、艺术课程纳入研究生教育公共课程体系，鼓励理工医类研究生跨专业选修历史、哲学和社会学课程。

6. 深化艺术教学改革。逐步完善"艺术基础知识基本技能＋艺术审美体验＋艺术专项特长"的教学模式。探索"艺术工作坊"等新型教学方法，邀请德艺双馨的艺术家进校园传承艺术。大力提升课堂教学质量和教学成果，加强课堂师生互动，课堂教学由传统灌输式转变为启发式、体验式、合作式。引进一批优质的在线艺术课程，探索"线上＋线下"翻转课堂教学模式。鼓励具有学校特色的艺术类教材研究、编写、使用等工作，探索形成以美学和艺术史论类、艺术鉴赏类、艺术实践类为主体的公共艺术课程教材体系。

四、丰富校园文化，营造艺术氛围

7. 丰富艺术实践活动。逐步建立常态化学生全员艺术展演机制，大力推广惠及全体学生的合唱、合奏、集体舞、课本剧、艺术实践工作坊和博物馆、非遗展示传习场所体验学习等实践活动，广泛开展班级、年级、院系、校级等群体性展示交流。充分发挥艺术类"第二课堂"在实践育人中的独特作用，努力实现每名学生在学期间掌握一项艺术技能。

8. 提升艺术活动水平。系统规划和组织各类艺术展演，加大高雅艺术演出及高水平展览活动的引进力度，提高学生的文化艺术鉴赏水平。加强对艺术类学生社团的指导和培训，提升社团骨干组织能力和社团活动质量，吸引更多学生参与各类艺术社团活动。遴选优秀学生艺术团队积极参与各类演出、交流、比赛等活动，培育 2～3 个高水平艺术类学生社团。

五、改善办学条件，加强资源保障

9. 加强统筹协调。成立学校美育指导委员会，负责全校美育工作的指导、协调和监督；

审议学校美育重大事宜，协商解决美育工作问题，保障监督美育工作落实；统筹指导全校艺术教学和艺术类社团，评估艺术教学质量；加强艺术美育氛围营造，协调相关部门保障全校师生艺术美育活动。

10. 配齐配好艺术教师。按照艺术教学需求引进必要的专职教师。选聘高水平艺术家或学者担任兼职教师，建立兼职教师师资库。成立艺术家工作室，聘请德艺双馨的著名艺术家担任驻校艺术家，指导学校艺术教育工作。全面提高艺术教师思想政治素质、教学素质、学术能力和育人水平。

11. 加强艺术场馆建设和器材配备。加快艺术教学中心建设工作，新增美术教室、音乐教室、舞蹈教室、摄影教室、多功能厅、舞蹈形体房、琴房、社团活动室、展陈区等一流艺术教育设施。做好设施的日常维护保养工作，配好艺术教学所需器材设备，建立器材管理机制。

12. 统筹整合社会资源。充分利用安徽以及长三角地区的优质文化艺术资源，精选教学素材，丰富教育内容。与上海音乐学院、中国美术学院、南京艺术学院等具有特色优势艺术学科的兄弟高校开展战略合作，引进精品艺术课程和优质师资力量。鼓励和引导社会资源支持学校艺术教育发展，吸引社会捐赠，多渠道增加投入。借助校友企业在艺术教育领域的新技术、新平台、新模式等方面优势，提升学校艺术教育现代化水平。

中国科学技术大学基础教育合作办学管理办法

（校办字〔2021〕204 号，2021 年 12 月 9 日）

第一章　总　　则

第一条　为规范学校基础教育合作办学行为，依据《中华人民共和国教育法》《中华人民共和国民法典》《中华人民共和国著作权法》《中华人民共和国商标法》等法律法规，结合学校实际，制定本办法。

第二条　学校合作办学要全面贯彻落实党的教育方针，紧密围绕区域创新发展战略，努力提升基础教育办学水平，服务学校“双一流”建设，服务合肥综合性国家科学中心等高水平科研机构人才队伍建设。

第三条　为实现基础教育“创特色、上层次、争一流”的办学目标，学校成立中国科学技术大学基础教育集团（系学校直属单位，以下简称“集团”），统筹负责学校基础教育合作办学工作。

第四条　基础教育合作办学坚持“管办分离”的原则。

学校负责合作办学战略目标制定、新项目设立、重要制度制定和修订等重大事项的决策，所有合作办学项目均须经学校决策通过后方可实行。未经学校决策通过，任何单位不得自行设立合作办学项目、签订合作办学协议等。

集团作为学校基础教育合作办学的管理部门，全面负责合作办学风险评估、申报审批、合同签署、质量评估等重要事项的管理。

合肥中科大基础教育集团有限公司(系中科大资产经营有限责任公司全资子公司)负责合作办学项目的执行,如团队派驻、师资培养、经费管理、质量提升等具体运营事项。

第五条 学校委托集团与境内合作方开展的合作办学活动适用本办法。省、市等地方政府对合作办学有特别规定和要求的,按照特别规定和要求执行。

第六条 本办法所提及的“合作办学机构”是指学校与国内各级人民政府、企事业单位、社会团体及其他社会组织依法以委托管理等方式共同举办的公办学前教育、义务教育及高中教育学校。

第二章 重大事项管理

第七条 基础教育合作办学活动中的合作办学战略目标制定、项目开办、品牌许可、合作经费、合作期限、重要制度制定和修订等重大事项均须遵照《中国科学技术大学关于贯彻落实“三重一大”决策制度的实施办法》等有关规定,保证重大事项决策程序的规范性和合法性。集团负责对基础教育合作办学的其他普通事项做出决策,对重大事项的决策提出建议。

第八条 合作办学过程中,涉及国有资产(含无形资产)的投入、收益、使用、处置等事项时,学校或合作方应依照国有资产管理有关规定进行报批、备案,并负责国有资产的保值、增值。

第九条 学校加强自身及合作办学机构的名称、名称简写、徽记、中英文域名、智力成果等知识产权的法律保护。合作中涉及许可品牌的,应通过双方协商确定使用费标准,明确限定品牌使用的期限和范围(包括校区、地址、学段等,下同),报请学校审议通过后签署品牌使用许可合同。

未经学校书面同意,合作方及合作办学机构不得擅自授权法人、其他组织或自然人使用该品牌,不得擅自扩大该品牌的使用范围。

第十条 学校加强对基础教育合作办学中涉及的品牌使用费、资源服务费、委托管理费等经费的管理。品牌使用费由学校统筹管理,资源服务费、委托管理费等其他费用由合肥中科大基础教育集团有限公司按照协议及有关财务制度管理。各项经费的标准及拨付方式等事项由学校根据合作办学的具体情况与合作方协商确定。

第十一条 学校委托集团加强对合作办学机构的督导,定期对合作办学机构的教育教学质量和办学水平进行评估,根据评估结果调整合作办学机构的办学行为以及后续的合作事项。

第十二条 合作办学机构通过的下列重大事项决定,应书面上报集团,由集团上报学校审批后实施。

(一) 合并、分立或对外合作办学的;

(二) 变更举办者或法定代表人的;

(三) 对外转让重大财产或其他对外重大投资的;

(四) 其他重大事项。

第三章 风险评估

第十三条 学校开展合作办学,应委托有资质的第三方独立机构于合作前开展尽职调查并出具风险评估报告,先期研判可能存在的风险。定期评估合同的履行情况、风险管控和实施成效等,综合评估完成合作事项的履行情况、实施成效和社会影响等。合作办学评估报告应作为学校合作办学事项决策的重要依据。

第四章 签约管理

第十四条 学校开展基础教育合作办学须签订书面合同。

合作办学合同一般应包括签订合同主体信息、合作方式、权利与义务、保密、解除或终止合作情形、合同备案、违约责任、争议解决方式以及合同生效、合作期限等条款。

除上述条款外,合作办学合同还应包括管理模式、决策机制、经费保障、品牌许可、团队(师资)管理及合作各方约定的其他特别条款。

第十五条 基础教育合作期限分为短期(3 年及以下)和中长期(4～6 年),一般不超过6 年。

合作期限届满前 1 年,合作双方应商洽续约或解约事宜。确需解约的,合作办学机构在教育行政主管部门的指导下提前做好预案并开展舆情监控。

第十六条 学校签署的重大基础教育合作事项合同应在签署前 1 个月,向学校提交书面请示、合作办学文本、法律审查意见以及第三方机构出具的风险评估报告。经学校审议通过后方能签署合同。合作办学机构与第三方签署的普通合作事项合同,应于合同生效之日起 3 个工作日内由合作办学机构向集团备案。

合作办学涉及行政审批事项时,举办者应按规定办理行政审批手续。

第十七条 合作办学涉及下列资料,应在形成(包括签订、修订等)之日起 5 个工作日内,由合作办学机构向集团备案:

(一) 合作办学机构与第三方签署的合作合同补充协议;

(二) 合作办学机构设立申请,当地政府、编制部门或民政部门批复(或许可)文件;

(三) 合作办学涉及劳动争议、诉讼、执行文件;

(四) 合作办学涉及的安全预案、危机处置文件;

(五) 其他事项。

第十八条 学校在合作办学合同中约定,合作办学中出现下列(一)～(三)款情形之一时应终止合同,出现(四)～(六)款情形之一时可单方终止合同,发布对外公告,并依法妥善处置好相关事项:

(一) 合作方或合作办学机构严重违法、违规以及违约,给学校造成严重影响的;

(二) 合作方或合作办学机构由于故意或重大过失行为给学校累计造成 30 万元及以上重大经济损失的;

(三) 违反第十二条第(二)项规定的;

（四）合作方或合作办学机构迟延支付3个月及以上品牌许可使用费或合作收益，或者品牌许可使用费、合作收益未支付款项达到该年（周期）应付额度的30%及以上的；

（五）两个年度（周期）的合作办学评估报告载明出现重大风险的；

（六）合作办学的合作方或合作办学机构存在其他重大违约行为的。

第五章　责任与监督

第十九条　学校委托集团加强合作办学机构的事中、事后监管，对合作办学的违法、违规、违纪、违约等重大办学风险予以通知合作方、约谈、内部通告、公开通报等警示。

第六章　附　　则

第二十条　学校与境外教育机构开展合作办学活动，依照有关法律、法规、规章、行政规范性文件执行。

第二十一条　本办法由中国科学技术大学基础教育集团负责解释。

第二十二条　本办法自印发之日起施行。

中国科学技术大学非学历教育管理办法

（校研字〔2021〕151号，2021年9月16日）

第一章　总　　则

第一条　为贯彻落实教育部关于非学历教育管理的有关精神，进一步健全和完善学校非学历教育管理工作，推动学校非学历教育健康、有序发展，根据《中国科学技术大学经济合同管理办法（试行）》，结合学校实际，特制定本办法。

第二条　本办法所称非学历教育包括大学后继续教育和其他各类培训、进修、辅导（不含以获得高等教育自学考试毕业证书为目的的自学辅导）等项目。

第三条　学校非学历教育实行管办分离，坚持统一领导、归口管理，归口管理单位为学校非学历教育中心。任何二级学院、部门及个人不得以学校名义自行举办或与校外单位合作举办非学历教育。

第四条　学校非学历教育实行分类管理，坚持公益类项目与市场类项目并重。公益类项目坚持公益属性，注重社会效益；市场类项目坚持市场化机制，确保经济效益。

第五条　本办法适用于学校各二级学院、机关各部门以及先进技术研究院、国际金融研究院、苏州高等研究院、上海研究院等学校举办或设立的具有独立法人资格的所属单位。

第六条　举办非学历教育必须明确分管领导和具体项目责任人，落实岗位职责。实行责任追究制，进行全程管理和监督，并接受归口管理部门的检查与指导。

第二章　项目申报审批

第七条　举办非学历教育必须履行事前审批手续，经审批通过方可举办。

第八条　项目的立项原则：

（一）符合国家法律法规、有关政策和风险防控要求；

（二）符合学校办学方向和教育教学改革的需要；

（三）有利于提升学校办学品牌和社会声誉；

（四）具有稳定的办学规模和效益。

第九条　举办非学历教育项目应在项目实施前 7 个工作日（以上），登录学校 OA 系统填报《中国科学技术大学培训活动申请表》，明确项目的具体内容及项目收费情况，经相关部门同意后方可实施。

第十条　申报材料主要包括项目背景、项目简介、实施方案、教学资源使用及知识产权、质量保证与预期效益等内容。涉及与校外单位合作的，须提供合作单位有关资质文件、合同或合作协议。合作单位为学校教职员工及其特定关系人所办企业时，需要进行申明或论证。

第十一条　项目一经批准，原则上不得变更调整。如因特殊原因确需调整项目内容，须经单位主要负责人再次审批并向非学历教育中心管理办公室和财务处报备后实施。

第三章　项 目 管 理

第十二条　项目实施按照“谁举办、谁负责”的原则，严格落实“按审批方案实施，按审批内容宣传，按合同要求执行，按结业人数发证”的总体要求。

第十三条　项目招生管理。严禁发布虚假招生信息，招生简章和广告宣传材料应符合国家有关法律法规和学校规章制度，经归口管理部门审核批准后发布。合作项目的招生宣传活动须由举办单位与合作单位共同进行，合作单位无权单独进行招生宣传。禁止委托第三方机构进行招生宣传。

第十四条　项目教学管理。项目举办单位全面负责教育教学和日常管理工作，配备专人负责管理。严格按照事先制定和公布的教学计划实施教学，选派合格的教师承担教育教学任务。邀请境外师资授课，须严格按照学校有关外事管理规定履行相关审批手续。

第十五条　项目证书管理。学员完成教学计划规定的课程和教学环节，达到考核、结业要求，可以获得结业证明。结业证明由非学历教育中心统一印制和编写，各有关单位根据项目需要申领。结业证明领用严格落实登记程序。结业证明丢失不补，可由非学历教育中心出具相应证明书，证明书与原结业证明具有同等效力。

第十六条　项目质量管理。项目举办单位应当注重教学设计和质量评估，通过需求调研、课程设计和开发、专家论证、评估反馈等环节，加强精细化管理。严格学员入学资格复核程序。项目结束后应向学员发放培训效果评价表，并存档备查。

第十七条 项目档案管理。项目举办单位应按档案管理要求做好非学历教育资料的备案归档工作。存档材料包括:经费立项预算表、招生简章、合同或合作协议、师资名单、学员名单、教学计划、学员成绩等。

第四章 经费管理

第十八条 非学历教育项目经费严格执行“收支两条线”管理原则,校内非法人二级机构所有项目经费收入一律上缴学校财务处统一管理,项目举办单位不得隐瞒、截留。经费支出严格按照国家和学校有关财务管理制度执行。

第十九条 合作项目经费收入分配时,应严格执行合作协议中约定的分配标准和资金拨付要求,不得出现损害学校经济利益的行为。

第二十条 经学校批准新开设的培训项目,收费项目和标准没有在物价部门备案的,应按照有关规定报物价部门备案后方可收费;已在物价部门备案的,应严格执行备案的收费标准。

第二十一条 各单位不得擅自设立培训项目、扩大培训收费范围、提高收费标准;不得擅自收取或坐收坐支培训经费,严禁以培训的名义私设“小金库”。

第二十二条 学校举办或设立的具有独立法人资格的所属单位,非学历教育项目经费收支严格按照国家和本单位有关财务管理制度执行。

第五章 监督检查

第二十三条 各单位应当将非涉密的非学历教育项目、内容、人数、经费等情况,以适当方式公示。

第二十四条 非学历教育中心管理办公室代表学校对项目实施过程开展检查督导和考核评估工作。如发现问题线索,及时上报学校纪检监察部门和主管领导。

第二十五条 检查内容主要包括:

(一) 培训计划的编报是否符合规定;

(二) 临时增加培训计划是否报单位主要负责人审批;

(三) 开展培训是否按程序审批备案;

(四) 培训课程设置、内容和质量评估是否符合规定;

(五) 培训费开支范围和开支标准是否符合规定;

(六) 培训费报销和支付是否符合规定;

(七) 是否存在奢侈浪费的现象;

(八) 是否存在其他违反本办法的行为。

第二十六条 对违反本办法和有关法律法规的,依法依规严肃处理,并追究有关负责人的责任;涉嫌违法犯罪的,移送司法机关处理。

第六章 附 则

第二十七条 本办法未尽事宜依据国家有关法律法规和上级部门及学校的有关规定执行。学校其他有关非学历教育管理工作的规定与本办法相悖的，以本办法为准。

第二十八条 本办法自印发之日起施行，由学校非学历教育中心负责解释。

中国科学技术大学深化新时代教育评价改革试点工作方案

(校字〔2021〕154 号，2021 年 9 月 18 日)

为深入贯彻落实习近平总书记关于教育的重要论述和全国教育大会精神，落实《深化新时代教育评价改革总体方案》等精神，以教育评价改革为牵引，充分发挥试点工作示范作用，进一步完善立德树人体制机制，坚决破“五唯”，促进学校治理体系和治理能力现代化，加快学校“双一流”建设，结合学校实际，制定本方案。

一、总体要求

(一) 指导思想

坚持以习近平新时代中国特色社会主义思想为指导，全面贯彻落实党的十九大和十九届二中、三中、四中、五中全会精神，全面贯彻党的教育方针，落实立德树人根本任务，牢记为党育人、为国育才使命，深入贯彻习近平总书记关于中国科大系列重要指示精神，围绕建设高质量教育体系，以教育评价改革为牵引，统筹推进育人方式、办学模式、管理体制、保障体制改革，大力培养德智体美劳全面发展的社会主义建设者和接班人。

(二) 主要原则

坚持问题导向、破立并举，科学有效、整体推进，统筹兼顾、系统实施，坚决破除“五唯”，根本解决教育短视化、功利化问题，构建学校立德树人的良好生态，推动学校治理体系和治理能力现代化。

(三) 改革目标

经过 5 年至 10 年努力，学校立德树人机制更加完善，引导教师潜心育人制度更加健全，促进学生德智体美劳全面发展的评价办法更加多元。到 2035 年，基本形成富有时代特征、彰显中国特色、体现科大风格的教育评价体系。

二、重点任务

(一) 强化党的领导，坚持为党育人、为国育才

1. 深入学习《深化新时代教育评价改革总体方案》精神

校党委通过党委常委会会议、党委理论学习中心组、院系党政联席会议、支部大会、党小组会等形式，组织开展《深化新时代教育评价改革总体方案》的学习研讨、专题培训，将教育评价改革任务列入学校“十四五”规划和年度党政工作要点，定期督办落实。(责任单位：党委宣传部、党委组织部、党政办公室)

2. 坚持把立德树人成效作为根本标准

在学校“十四五”规划中，明确围绕“潜心立德树人”的核心任务，以实现学生德智体美劳全面发展为目标，打造“以本为基、以研为峰”的一流创新人才培养体系。（责任单位：发展和改革办公室）

完善学校党政领导人员选拔任用、中层领导班子和领导人员考核、基层党建述职评议考核等办法，将落实党的全面领导、坚持正确办学方向、加强和改进党的建设以及党建带团建、做好思想政治工作和意识形态工作、依法治校办学、维护安全稳定作为考核领导人员、管理人员和二级单位的重要内容。（责任单位：党委组织部）

健全学校内部质量保障制度。以立德树人为根本，在“一流本科教育质量提升计划”行动纲领、研究生教育“德创”领军人才培养计划实施中，开展全方位、全过程的质量监控和多元化评估工作，持续提高人才培养质量，营造“教师乐教、学生乐学、教学相长”的良好氛围。（责任单位：教务处、研究生院）

3. 落实高校评价改革要求

全面对标对表《总体方案》任务要求特别是禁止事项，凡是与方案精神不一致的做法规定，坚决改过来，对学校规章制度做全面的清理。（责任单位：党政办公室）

以新一轮本科教育教学评估为契机，修订人才培养方案，突出思想政治教育、教授为本科生上课、生师比、生均课程门数、优势特色专业、学位论文（毕业设计）指导、学生管理与服务、学生参加社会实践、毕业生发展、用人单位满意度等要求。（责任单位：本科生院）

以新一轮“双一流”建设、第五轮学科评估为契机，在学科建设中强化立德树人的核心地位，以评促改、以评促建，淡化论文收录数、引用率、奖项数等数量指标。在新一轮“双一流”建设方案中，突出学科特色、质量和贡献，建设有中国特色、科大风格的一流学科体系。（责任单位：发展和改革办公室、研究生院）

制定“双一流”建设成效评价办法，发挥“双一流”建设监理委员会作用，建立健全科学有效的动态监测评估、验收机制。在“十四五”规划制定中，进一步凝练学校办学特色和定位，强化人才培养的中心定位，突出培养一流人才、产出一流成果、主动服务国家需求，建设中国特色、科大风格的世界一流大学。（责任单位：发展和改革办公室）

改革和研究校内资源配置模式，盘活存量，用好增量，强化校内预算项目绩效评价，提高效益，加大对教育教学、基础研究的支持力度。（责任单位：财务处）

改进国际交流合作评价，构建人才培养、师资引进、课程建设、国际宣传、科研国际合作五位一体的“大外事”的工作格局，打造 USTC Fellowship 品牌，加快国际学院实体化建设，培养知华友华爱华的留学生，提升学校国际影响力及国际声誉。（责任单位：国际合作与交流部）

（二）改革教师评价，推进践行教书育人使命

4. 坚持把师德师风作为第一标准

强化师德师风引领，贯彻落实《关于加强和改进新时代师德师风建设的意见》精神，把师德师风作为评价教师队伍素质的第一标准，建立健全师德师风建设长效机制。加强在人才引进、专业技术职务聘用、评优奖励、岗位晋升等环节中的师德师风考核。推进学术荣誉体系教师队伍建设，建立人才全学术生命周期内的荣誉晋升和激励机制。注重发现和宣传一线教师的先进代表和典型，打造“教师荣誉日”，鼓励引导教师爱岗敬业，充分发挥先锋模范典型带动作用。教育引导教师落实新时代教师职业行为十项准则，建立师德失范行为查处和通报警示制度，实行师德师风“一票否决”，定期通报师德失范行为，加强警示教育。（责任单位：党委教师工作部、人力资源部）

5. 突出教育教学实绩

加强制度条件保障，引导教师潜心立德树人。完善本科教学质量评价体系，强化教师的授课资格认定，实行课程组负责制。完善教学质量评估评价制度，加强教学督导，深化教学管联动，对教学质量进行全链条多维度评价。加强信息化建设和引进第三方评价体系，针对突出的教学问题开展专项建设和治理，形成教学质量持续提升的保障机制。定期举办“师说堂”“新进教师培训营”等教师培训活动，组织教师参加教学能力竞赛，提升教师教学能力。鼓励教学模式和方法改革，推进教师教学发展中心和研究生导师学校建设，健全教师教学发展体系。坚持教授全员承担本科教学的传统，完善课程组建设，培养一批教学名师。完善教育教学激励政策和办法，进一步激发教师提升教学质量的责任感和使命感。（责任单位：教务处、研究生院）

在学校教师聘用和职称评聘条件中，不得将国（境）外学习经历作为限制性条件。把参与教研活动，编写教材、案例，指导学生毕业设计、就业、创新创业、社会实践、社团活动、竞赛展演等计入教师工作量，积极营造有利于教师队伍建设与发展的制度环境。（责任单位：人力资源部）

充分发挥《研究生教育研究》《中国科大教学评论》等教学类期刊在高质量教学研究中的作用，鼓励教师发表教育教学类学术文章。加强精品课程和优秀教材建设，设立教材建设与学术著作基金，打造一批一流教材。总结凝练优秀教学案例和模式，启动教育教学重大成果培育工程，争创一批教学成果奖。（责任单位：教务处、研究生院）

6. 强化一线学生工作

落实《中国科学技术大学领导班子工作规则（试行）》，校领导带头深入一线联系学生，进课堂、进班级、进宿舍、进食堂、进社团、进讲座、进网络，将上思政课、联系学生情况作为学校领导班子成员年度述职的重要内容。（责任单位：党委组织部、学生工作部（处））

完善学校党政管理干部选拔任用标准条件，逐步将担任思政课教师、辅导员或班主任等学生工作经历作为重要条件。完善教师职称评审标准，将至少有一年担任辅导员、班主任等学生工作经历作为青年教师晋升高一级职称的条件。（责任单位：党委组织部、人力资源部）

进一步完善家访制度，组织辅导员、班主任、管理干部、学生骨干参加学生家访工作，定期前往连片贫困地区和新疆少数民族地区学生家访，建立家访信息记录，了解贫困地区和边疆地区学生的实际情况，落实跟进机制，促进家校联动。（责任单位：学生工作部（处））

7. 改进高校教师科研评价

完善学术评价制度，建立健全以创新能力、质量、实效、贡献为导向的学术评价体系，坚决破“五唯”，推动科技创新回归学术初心。健全符合岗位特色的分类评价机制，做到人尽其才、才尽其用。改革科研成果评价体系，根据不同学科和岗位的特点，探索分类指标评价体系，注重标志性成果的质量、贡献和影响，积极发挥学术同行评价作用，探索建立重大科学工程、国防科技等特殊领域教师的学术评价办法。探索优秀人才申报职称绿色通道，对取得重大理论创新成果、前沿技术突破、解决重大工程技术难题、在经济社会事业发展中作出重大贡献的优秀人才，申报高级职称时不作限制性要求。(责任单位：人力资源部、科研部)

8. 推进人才称号回归学术性、荣誉性

统筹规划各类人才项目，在人才计划遴选推荐过程中，综合考虑科研成果、发展潜力和公共服务等多方面因素，进行科学、全面评价。做好人才稳定培养工作，实行“柔性考核”机制，推动学术荣誉体系建设。完善收入分配制度，统筹规划薪酬体系，以岗位绩效、知识价值和重大成果产出为导向，以优劳优酬为基本原则，完善激励保障机制，继续实行协议薪酬制、工程绩效等灵活多样的分配形式。(责任单位：人力资源部)

(三) 改革学生评价，促进德智体美劳全面发展

9. 树立科学成才观念

坚持以习近平新时代中国特色社会主义思想铸魂育人，提升思想政治工作质量，加快构建学校思想政治工作体系。深化“三全育人”综合改革，完善“六有”大学生培养方案，强化班级骨干的示范引领作用，带领班集体创建良好的班风和学风，大力培养“有理想、有追求，有担当、有作为，有品质、有修养”的“六有”大学生。坚持“四为”方针，培养造就德才兼备的高层次人才。结合“四史”教育，落实学校爱国主义教育实施方案，弘扬“两弹一星”精神和老一辈科学家精神，引导全校树立正确的成才观念。打破唯“GPA”论，构建学业水平与第二课堂星级制相结合的多维度学生评价体系，促进学生德智体美劳全面发展。(责任单位：学生工作部(处)、党委宣传部、本科生院、研究生院、团委)

10. 完善德育评价

根据本科生、研究生等不同阶段的特点，以“科学与社会”新生研讨课、“科学精神”和“爱国主义教育”等示范课为龙头，发挥“一院一课”示范带动作用，促进课程思政和思政课程同向同行，引导学生养成良好思想道德、心理素质和行为习惯。落实“六有”大学生培养方案，进一步完善学生综合素质评价，突出学生德育和践行社会主义核心价值观的表现，探索学校、学生、教师和社会参与的联动机制。传承红色基因，持续办好“科大人”品牌系列活动，客观记录学生日常德育表现。(责任单位：学生工作部(处)、教务处、研究生院、团委)

11. 强化体育评价

落实《关于全面加强和改进新时代学校体育工作的意见》，制定并实施本科生体质测试管理规定，将体育课成绩、体质测试成绩及参与体育活动等情况纳入评奖评优综合评价体系，体质测试成绩与毕业挂钩。制定本科体育教学改革方案，在大一、大二年级开设基础体育课程，大三、大四年级开设内容丰富、领域宽广并具有中国科大特色的体育选修课程。鼓励研究生养成良好锻炼习惯和健康生活方式，锤炼坚强意志，培养合作精神。探索建立“体育俱乐部”，邀请高水平运动员担任指导教师，要求学生在校期间参加一个体育俱乐部，掌握一项终身受益的体育运动技能。(责任单位：本科生院、研究生院、学生工作部(处)、团委)

12. 改进美育评价

落实《关于全面加强和改进新时代学校美育工作的意见》，制定艺术教育三年提升方案，将公共艺术课程与艺术实践纳入人才培养方案。建设一流的艺术教学中心，统筹艺术教育“第一课堂”和“第二课堂”的教学和实践活动，提升学生艺术修养、培养高雅情趣。探索建立

“艺术工作坊”，要求学生选修一门艺术课程、参加一个艺术社团，邀请德艺双馨的艺术家进校园传承艺术。（责任单位：本科生院、研究生院、学生工作部（处）、团委）

13. 加强劳动教育评价

落实《关于全面加强新时代大中小学劳动教育的意见》，针对本科生、研究生的不同特点，落实劳动教育的目标要求，引导学生崇尚劳动、尊重劳动。贯彻劳动教育指导纲要，制定本科实习教学工作的指导意见，在本科生培养方案中明确劳动课程要求，落实劳动教育课程，将劳育评价纳入学生综合素质评价。探索建立劳动清单制度，明确学生参加劳动的具体内容和要求，让学生在实践中养成劳动习惯，学会劳动、学会勤俭。构建“第一课堂”和“第二课堂”衔接互通的劳动教育评价体系，引导鼓励学生参加勤工助学和假期社会实践活动，并开展评优评奖活动。（责任单位：本科生院、研究生院、学生工作部（处）、团委）

14. 严格学业标准

严格学生学业标准，完善过程性考核与结果性考核有机结合的学业考评制度，加强课堂参与和课堂纪律考查，引导学生树立良好学风。修订本科生培养方案，全面深化学分制改革，坚持以学生发展为中心，鼓励个性化和跨学科学习。实施《中国科学技术大学本科毕业论文设计管理办法》，加强本科生毕业论文管理工作，细化毕业论文管理工作环节，提高本科毕业论文质量。加速构建研究生学位授予环节的质量监控机制，完善学位论文质量监管体系建设，强化研究生培养单位和导师对学位质量的管理责任，加强学位论文质量评估和抽检的全过程管理。制定博士研究生过程管理与分流退出管理办法，确保全校博士研究生培养质量不断提升。进一步规范实习（实训）流程，完善实习（实训）考核办法，加强与实习基地的沟通，确保学生高质量完成实习实训。（责任单位：本科生院、研究生院）

15. 深化考试招生制度改革

完善本科招生选拔机制，推动少年班招生选拔模式改革，优化创新试点班、自强计划、“强基计划”等特殊类型招生的选拔模式，不断改进综合评价录取机制。适应高考综合改革试点要求，完善选科机制和招生专业组设置，科学调整计划分配，保障考生个性化选择权利，坚决不以设置奖金等方式违规争抢生源。围绕国家重大战略需求和学科发展布局，优化研究生招生计划配置，做好优质生源支撑服务。深化研究生招生改革，加强科研创新能力和实践能力考察。试点留学生海外招生考试机制，进一步夯实“国际学院初筛—学院面试—学校评审”的录取流程，招收优质生源。（责任单位：招生就业处、研究生院、国际学院）

（四）改革用人评价，营造学校发展良好环境

16. 树立正确用人导向

在人才引进、人才培养、人才晋升工作中，严把审核关，真正遴选推荐在教学科研一线工作、立德树人表现优异的人才，建立以品德和能力为导向、以岗位需求为目标的人才使用机制，不断营造不拘一格降人才的氛围。（责任单位：人力资源部）

17. 促进人岗相适

坚持“按需设岗、按岗聘用、竞争择优、合同管理”原则进行公开招聘，不将毕业院校、国（境）外学习经历、学习方式作为限制性条件。收入分配以岗位分类管理为基础，坚持“以岗定薪、岗变薪变、注重绩效、突出贡献、体现公平”的原则，不断健全完善以岗位分类评价为核心的收入分配和激励机制。（责任单位：人力资源部）

三、组织实施

(一) 坚持党对教育评价改革的领导

校党委加强组织领导,把深化教育评价改革列入学校重要工作,建立党委统一领导、党政齐抓共管、部门各负其责的工作机制,履行好把方向、管大局、作决策、保落实的职责。成立学校深化新时代教育评价改革领导小组和工作组,加强统筹协调、宣传引导和督促落实,确保改革部署落得准、落得稳、落得好。(责任单位:学校深化新时代教育评价改革领导小组、工作组)

(二) 统筹推进教育评价改革工作

结合学校“十四五”规划的编制工作,梳理深化学校教育评价改革的重点领域和关键环节,以立德树人为主线,以破“五唯”为导向,坚持政策系统集成、举措破立结合、改革协同推进,画好学校“施工图”,形成深化教育评价改革工作合力。

加强专业化建设,通过建立信息数据库、引入第三方评估机构等手段,结合年度工作总结、绩效考核和交流评议,及时跟踪掌握各单位对教育评价改革任务的目标实现进度、任务部署和政策措施落实情况。利用人工智能、大数据等现代信息技术,探索开展学生各年级学习情况全过程纵向评价、德智体美劳全要素横向评价,探索提高教师教育评价的能力。(责任单位:学校深化新时代教育评价改革领导小组、工作组)

(三) 做好政策宣传和成果总结

校党委通过校园网、微信公众号、学习强国号等形式,加大对科学教育理念和改革政策的宣传解读力度,引导全校上下树立科学的教育发展观、人才成长观、选人用人观。及时总结、宣传、推广学校教育评价改革的成功经验和典型案例,努力形成一批有价值、有深度、有分量的研究成果,不断提升学校治理能力和水平。(责任单位:党委宣传部)

中国科学技术大学教材工作委员会工作条例(试行)

(校教字〔2021〕109 号,2021 年 6 月 30 日)

第一章　总　　则

第一条　为深入贯彻落实习近平新时代中国特色社会主义思想,全面贯彻落实党中央、国务院关于加强和改进新形势下大中小学教材建设的意见,以及教育部《普通高等学校教材管理办法》,落实立德树人根本任务,深入实施学校“一流本科教育质量提升计划”行动纲领,深化教育教学改革,加强和规范学校教材建设与管理,提高教材建设水平,全面提升人才培养质量,结合学校实际,特制定本条例。

第二条　坚持党对教材建设的全面领导。坚持马克思主义指导地位,体现马克思主义中国化要求,体现中国特色、中国风格、中国气派,体现党和国家对教育的基本要求,体现国家和民族基本价值观,体现人类文化知识积累和创新成果。马克思主义理论研究和建设工程重点教材实行国家统一编写、统一审核、统一使用。

第二章 组织机构

第三条 校教材工作委员会是校教学委员会关于教材工作的研究、咨询和业务指导机构，在校教学委员会的指导下开展工作。

第四条 校教材工作委员会成员由校领导、校教学委员会部分成员、部分教学院长，以及教务处、研究生院、党委宣传部和马克思主义学院等相关部门负责人组成。校教材工作委员会下设办公室，挂靠教务处，负责日常工作。

第五条 校教材工作委员会委员实行任期制，任期与校教学委员会委员任期保持一致。

第六条 校教材工作委员会委员在任期内因故不能履行职责，学校有权作出调整。

第七条 校教材工作委员会会议须有1/2(含)以上委员出席方可召开，由校教材委员会办公室负责组织工作。

第八条 各学院教材工作由院教学委员会负责，在校教材工作委员会指导下开展工作。

第三章 管理职责

第九条 校教材工作委员会的主要职责和任务：

贯彻党的教育方针，落实国家关于高校教材建设和管理的方针、政策，加强教材管理，推进教材改革，促进教材建设和管理工作科学化、规范化和制度化。具体职责包括：

1. 把好教材建设的思想政治关，确保学校教材(包括校内自编自印、校外参编、合编的教材)的正确政治方向和价值导向。

2. 根据教学改革的要求，制定学校教材建设规划。

3. 审定学校各专业的教材建设规划，组织、指导和督促检查教材规划的实施。

4. 根据学科发展动态，对编写和使用的教材组织审查评定，并提出指导性意见。组织学校教材出版的评审、推荐工作，评选优秀教材和讲义。

5. 指导并组织各教学单位开展教材研究及国外教材的引进、研究与评价工作，总结交流教材建设经验。

6. 制定教材工作有关规章制度，建立健全教材管理工作机制，加强学校教材工作的检查监督。

第四章 附 则

第十条 本条例自印发之日起施行，由校教材工作委员会负责解释和修订。

中国科学技术大学教材管理规定

（校教字〔2021〕189 号，2021 年 11 月 26 日）

第一章 总 则

第一条 以习近平新时代中国特色社会主义思想为指导，全面贯彻落实党中央、国务院关于加强和改进新形势下大中小学教材建设的意见，以及教育部《普通高等学校教材管理办法》，全面加强党的领导，进一步规范学校教材管理，结合学校实际，制定本规定。

第二条 学校选用教材必须体现党和国家意志。坚持马克思主义指导地位，体现马克思主义中国化要求，体现中国特色、中国风格、中国气派，体现党和国家对教育的基本要求，体现国家和民族基本价值观，体现人类文化知识积累和创新成果。

全面贯彻党的教育方针，落实立德树人根本任务，扎根中国大地，站稳中国立场，充分体现社会主义核心价值观，加强爱国主义、集体主义、社会主义教育，引导学生坚定道路自信、理论自信、制度自信、文化自信，成为担当中华民族复兴大任的时代新人。

第二章 教材选用

第三条 教材选用坚持"凡选必审、质量第一、适宜教学、公平公正"。各学院开设课程所选用的教材须由学院党委会会议政治把关，经学院教学委员会、党政联席会议审核通过，报学校教材工作委员会审议后，方可使用。

第四条 教材选用基本原则。

（一）坚持政治导向。坚持马克思主义立场观点方法，以习近平新时代中国特色社会主义思想为指导，育人为本，立足于服务学生全面发展，引导学生树立正确的价值导向，立足中国国情、反映中国实践、体现中国特色，坚定中国特色社会主义道路自信、理论自信、制度自信、文化自信，弘扬和践行社会主义核心价值观，始终坚持社会主义办学方向。

（二）坚持学术导向。选用的教材应符合教材编写规范，表述准确、引文有出处、文字精练；遵循教育教学规律、人才成长规律，紧跟现代科学技术前沿发展方向，符合学科人才培养目标定位，适应深化教育教学改革和创新人才培养需要；充分体现本学科专业相对成熟、稳定的教学经验、学术成果，对西方的理论和观点注重客观论述和批判借鉴；能够充分挖掘学校优质教育资源，传承经典、面向未来。

（三）课程应优先选用国家或省部级规划教材、精品教材、获得省部级以上奖励的优秀教材、教育部各学科教学指导委员会推荐教材、校级优秀教材等相关学科专业公认水平高并广泛应用的优质教材。提倡选用近 5 年出版的新教材或修订版教材。

（四）马克思主义理论研究和建设工程重点教材（简称马工程重点教材）涉及的相关课程必须统一使用马工程重点教材。

（五）国（境）内教材无法满足教学需求时，可选用高水平、优质的国（境）外教材，优先选用国内出版社翻译、影印出版的国（境）外优秀教材。选用国（境）外优秀教材必须坚持“按需选用、凡选必审、为我所用、严格把关”，各学院应对国（境）外教材进行严格审查，确保符合我国有关法律法规和政治要求，具有思想性、科学性、先进性、适应性等特点，并被国内外高水平大学广泛采用。

第五条 教材选用要求。

（一）一般情况下，理论教学类课程、实验类课程均应指定教材。

（二）因课程设计和教学内容无合适现有教材可选的课程，须按教材选用程序要求进行充分论证及审批、备案，任课教师可使用自编讲义授课。编写讲义应严格对照课程大纲，以课程组为单位组织进行，并明确主编及编者，二者均应具备较高的学术水平和丰富的教学经验，不能未讲就编或编而不讲。编写讲义应事先确定审稿方式，指定审稿人，编写完成后由审稿人给出审稿意见，作为评审依据。讲义的使用时效为 3 年，期满后须重新组织编写，使用成熟的讲义应培育为正式出版教材。

（三）确因课程设计、教学内容或课程组织方式无合适教材且无法提供讲义的课程，须按教材选用程序要求进行充分论证及审批、备案，任课教师应尽可能提供课件等教学材料，供学生学习使用。

（四）体育类课程、以学生为主导的实践类课程，可不指定教材，任课教师可根据实际需要指定教学参考书。

第六条 教材选用程序。

（一）教材选用由课程开课单位负责，教材选用及审核工作于每年春季、秋季学期第 7 教学周开始，1 年 2 次。

（二）教材选用工作启动后，课程组负责人根据下学期教学计划及课程教学大纲，依据教材选用基本原则，组织任课教师进行充分梳理与讨论，对是否延用或更新、替换教材进行论证，确定下学期课程的拟选用教材，填写《中国科学技术大学教材选用审批表》并提供拟选用教材样书，经学院党委会会议对拟选用教材的政治性和思想性进行把关后，报学院教学委员会审核。同一课程有多个平行课堂，选用不同教材的，应一并进行论证和审核。

（三）学院教学委员会依据教材选用基本原则及专业教材选用标准，对课程组报送教材的学术性和规范性进行审核，并报学院党政联席会议审议。学院应将教材选用结果在院内公示，公示期不少于 5 个工作日。公示无异议，将下学期拟选用教材清单及相关工作记录报学校教材工作委员会审议。

（四）经学校教材工作委员会审议后批准使用的教材清单，由教务处、研究生院备案。学校教材工作委员会评审结束后，同一工作周期内原则上不再受理更改教材的申请。

（五）各学院依据学校教材工作委员会审议通过的教材清单，对综合教务系统课程库的教材信息进行修改，并在填报开课任务时最终确认。

（六）实际课堂教学中，教师应使用综合教务系统中的指定教材，不得随意使用不在指定教材清单中的书目。

第七条 学校教材工作委员会对教材选用情况定期组织抽查或专项排查。

第三章 教材征订与采购

第八条 教务处教材供应中心依据综合教务系统中的教材清单，于每年春季、秋季学期第 15 教学周开始组织教材征订工作。

第九条 教材征订须依据学生个人意愿进行，各学院或任课教师不得强制要求学生购买教材。

第十条 不在学校教材工作委员会审议通过的教材清单中的教材，不予征订。

第十一条 教材采购应通过相关出版社或由新闻出版部门批准的、具有教材批发销售资质的经销部门进行，不得采购盗版教材。为学生代购教材所产生的折扣，应让利给学生。

第四章 附 则

第十二条 本规定由教务处、研究生院负责解释。

第十三条 本规定自印发之日起施行。原《中国科学技术大学教材选用和征订的管理规定》(教字〔2002〕43 号)、《关于教材采购和发放的有关规定》(教字〔2008〕07 号)、《中国科学技术大学教材选用的有关规定》(教字〔2011〕29 号)、《中国科学技术大学自编教材管理办法》(教字〔2011〕30 号)、《人文社科类教材使用管理办法》(教字〔2018〕10 号)、《中国科学技术大学本科教材建设与管理细则》(教字〔2021〕15 号)同时废止。

中国科学技术大学教学事故认定及处理办法(试行)

(校教字〔2021〕190 号，2021 年 11 月 26 日)

第一章 总 则

第一条 为加强学校教学管理，维护教学管理秩序，及时、妥善处理教学事故，切实提高教学质量，根据《中华人民共和国高等教育法》《中华人民共和国教师法》，结合学校实际，制定本办法。

第二条 本办法所称教学事故，是指由于教师、教辅人员(包括学生助教)、教学管理人员和其他相关人员的直接或间接责任导致在教学运行过程中发生影响正常教学秩序的事件。

第三条 教学事故的认定，应以事实为依据，坚持公平、公开、公正和及时补救的原则，按规定程序进行。

第二章　教学事故界定

第四条　根据事故发生导致的后果和影响程度，教学事故分为三个等级：一般教学事故、较大教学事故、重大教学事故。

第五条　教学事故依据《中国科学技术大学教学事故界定标准》进行界定。

第三章　教学事故认定

第六条　教务处和研究生院对全校教学活动进行监管，并接受教学事故的举报；教务处负责本科教学事故的认定，研究生院负责研究生教学事故的认定。

第七条　教学事故认定程序。

（一）调查

1. 接到事故报告后，由教学管理部门主导，指定当事人所在院系（部门）或成立联合调查小组对事故进行调查核实，涉及师德师风问题党委教师工作部将介入。

2. 涉嫌发生一般教学事故的事件，由当事人所在院系（部门）充分听取当事人的陈述申辩后，填写《中国科学技术大学教学事故认定表》，当事人可提交相应情况说明，一并报送学校教学管理部门。

3. 涉嫌发生较大或重大教学事故的事件，由教学管理部门主导成立联合调查小组进行调查核实。

（二）认定

1. 如不构成教学事故或涉嫌发生一般教学事故的事件，由教学管理部门进行认定，填写《中国科学技术大学教学事故认定表》。

2. 涉嫌发生较大或者重大教学事故的事件，由教学管理部门组织专家（不少于5名）组成教学事故认定工作组，教学事故认定工作组召开专项工作会议进行认定。

3. 认定结果由教学管理部门通过当事人所在院系（部门）通知当事人本人。若当事人对事故的认定结果有异议，可在接到通知后5个工作日内向教学管理部门提出书面申诉，并补充佐证材料。教学管理部门提交校教学委员会，由校教学委员会根据前期的事故调查材料及当事人提交的申诉材料进行最终认定。

第四章　教学事故处理

第八条　对于影响教学秩序、进程和质量，但情节轻微，尚未达到教学事故认定处理等级的行为或事件，作教学违规处理，由学院或部门通报批评。

第九条　最终认定结果为一般、较大或重大教学事故，由教学管理部门提交党委教师工作部、人力资源部进行相应处理，根据事故的情节轻重，依据《中国科学技术大学教职工师德失范行为处理办法（试行）》《中国科学技术大学教职工处分暂行规定》给予批评教育、通报批评、警告、记过、降低岗位等级或者撤职、开除等相应处理。涉嫌违反党纪的教学事故，由校纪委依规依纪处理。

第十条 承担助教的学生发生教学事故，取消助教资格，并由教务处或研究生院会同学生工作部(处)参照本办法及学校《学生手册》《助教工作管理办法》相关规定，根据事故的情节轻重给予警告、严重警告、记过、留校察看、开除学籍等相应处理。

教师是课堂教学的第一责任人，助教所在课堂的任课教师负有失察责任或发现事故隐瞒不报的，按本办法执行，并承担相应责任。

第十一条 教学事故情节严重的，教师所在院(系)行政主要负责人和党组织主要负责人须向学校做出检讨，由学校依据有关规定视情节轻重采取约谈、诫勉谈话、通报批评、纪律处分和组织处理等方式进行问责。

第五章 附 则

第十二条 本办法由教务处、研究生院负责解释。

第十三条 本办法自印发之日起施行。原《中国科学技术大学教学事故认定与处理办法》(校教字〔2003〕2 号)同时废止。

中国科学技术大学教材建设管理和奖励办法(试行)

(校教字〔2021〕222 号，2021 年 12 月 19 日)

第一章 总 则

第一条 高等学校教材是体现教学内容和教学方法的知识载体，是提高教学质量的重要保证。教材建设作为国家事权，是一流人才培养的基础工作和铸魂工程，是为党育人和为国育才的重要依托，是坚定文化自信和教育自信的重要基础。

第二条 为深入贯彻落实习近平新时代中国特色社会主义思想，全面贯彻落实党中央、国务院关于加强和改进新形势下大中小学教材建设的意见，以及教育部《普通高等学校教材管理办法》，进一步落实立德树人根本任务，深化教育教学改革，加强和规范学校教材建设与管理，全面提升人才培养质量，结合学校实际，制定本办法。

第二章 教 材 建 设

第三条 学校优先支持编写处于国内外领先水平的学科、新兴交叉学科、边缘学科和适应战略性新兴产业发展的新兴专业的教材；支持编写能够反映当代科学发展前沿及最新成果的教材；支持采用项目教学、探究式教学、案例教学等改革力度大，能够促进教学模式改革的教材建设；支持拥有教学网站、数字课程等信息化、立体化资源建设规划的教材建设。

第四条 校教材工作委员会负责教材建设的总体规划与领导，对教材建设项目立项和优秀教材评审把关。校教材专家委员会负责推动各学院制定教材建设规划，组织和落实高水平专家学者编写优秀教材。

第五条 学校设立专项基金，支持教材建设。专项基金主要用于教材建设项目、出版教材奖励以及优秀教材奖励。

第六条 教材建设项目申请者须具备以下基本条件：

（一）政治立场坚定，拥护中国共产党的领导，认同中国特色社会主义，坚定“四个自信”，自觉践行社会主义核心价值观，具有正确的世界观、人生观、价值观，坚持正确的国家观、民族观、历史观、文化观、宗教观，没有违背党的理论和路线方针政策的言行。

（二）学术功底扎实，学术水平高，学风严谨，原则上应具有高级专业技术职务或博士学位。

（三）遵纪守法，有良好的道德品质、社会形象和师德师风。

第七条 教材建设项目申报常年开放，各学院教师可根据课程建设需要，经学院教学委员会论证后，通过所在学院向教务处或研究生院申请，由教务处、研究生院负责组织专家评审，根据立项教材的字数和质量给予3万～5万元的经费支持，定期公布资助结果。原则上申请者在同一时间内只能承担1项教材建设项目，教材建设项目获批后，须按照《中国科学技术大学本科生教材出版立项管理办法》及《中国科学技术大学研究生优秀教材出版立项管理办法》组织实施。

第八条 教材建设项目负责人原则上不得更换。如项目负责人出现不能继续开展教材建设工作，或有师德失范行为等情况，学校将立即终止该项目。

第九条 教材建设项目立项后，根据实际情况项目建设期内可最多豁免课堂教学工作量80学时。如教材编写任务过于繁重，可另行申请豁免更多额度的教学工作量，由校教材工作委员会认定。

第十条 为展示教材建设取得的成果，更好地发挥优秀教材的示范和辐射作用，进一步推动教材建设工作，学校每2年开展1次优秀教材评选工作，由校教材工作委员会组织实施校优秀教材奖评审工作。

第三章 奖励办法

第十一条 对于正式出版教材以及获得国家级、省部级或校级优秀教材奖的我校教师，学校给予一定的奖励。

正式出版教材：每本奖励金额2万元。

优秀教材奖：国家级特等奖50万元，一等奖20万元，二等奖10万元，先进个人10万元；省部级一等奖5万元，二等奖3万元；校级优秀奖2万元。

第四章 附　　则

第十二条 本办法由校教材工作委员会负责解释和修订。

第十三条 本办法自印发之日起施行。原《中国科学技术大学教材建设立项项目管理办法》(教字〔2002〕44 号)、《中国科学技术大学优秀教材评选条例》(教字〔2011〕28 号)同时废止。

中国科学技术大学岗位绩效工资实施办法(试行)

(校人字〔2021〕34 号,2021 年 3 月 13 日)

为进一步深化人事分配制度改革,建立与学校发展水平和特点相适应的岗位绩效工资制度,根据《中国科学院关于工作人员岗位绩效工资的实施意见》(科发人字〔2019〕55 号)和《中国科学技术大学章程》《中国科学技术大学岗位分类管理暂行办法》等精神,特制定本办法。

一、指导思想

根据国家和中国科学院关于事业单位收入分配制度改革的政策和要求,以提高人才培养质量和科技创新能力为目标,构建以体现岗位绩效和贡献大小为核心、以知识价值和重大成果产出为导向的收入分配制度,进一步完善学校绩效考核评价机制,理顺收入分配关系,充分激励教职工积极履职尽责,服务学校"双一流"建设。

二、基本原则

(一) 坚持岗位分类管理

根据不同岗位性质和工作特点,分类制定绩效考核和分配办法,不断完善以岗位分类评价为核心的绩效考核与收入分配机制。

(二) 坚持宏观调控、分级管理

学校通过总量核定、原则和标准指导等方式对各单位绩效工资实施宏观调控、分级管理,各单位根据实际情况自主进行分配。

(三) 坚持绩效优先、兼顾公平

绩效工资分配在向关键核心岗位、高层次人才、业绩贡献突出的教职工倾斜的同时,统筹考虑各类岗位人员收入水平,促进各类人才队伍协调发展。

三、岗位绩效工资制

(一) 人员范围

学校在编在岗的教职工。与学校建立劳动关系的各类人员和人才派遣人员参照执行。

1. 教师岗位除聘期制科研岗和部分高层次人才实行协议薪酬外,主要实行岗位绩效工资制。

2. 管理岗位和支撑岗位全部实行岗位绩效工资制。

(二) 工资结构

岗位绩效工资由基本工资、津贴补贴和绩效工资三个部分构成。

1. 基本工资

基本工资由岗位工资和薪级工资(含 10%教护工资)构成,按照国家和中国科学院有关政策规定执行。

2. 津贴补贴

津贴补贴包括国家统一规定的津贴补贴和地方政府规定的改革性补贴，其中国家统一规定的津贴补贴指按照国务院及国务院授权国家有关部门规定的津贴补贴，包括政府特殊津贴、教护龄津贴和特级教师津贴等；地方政府规定的改革性补贴主要为提租补贴（房贴）。

3. 绩效工资

绩效工资从 2015 年 1 月 1 日起实施，由基础性绩效工资和奖励性绩效工资两部分构成。

学校现行三元结构薪酬中，除前述基本工资和津贴补贴外，其余项目均纳入绩效工资，并同步进行清理规范。

绩效工资分配以岗位绩效、知识价值和重大成果产出为导向，与职责任务、工作业绩、实际贡献等紧密联系，坚持多劳多得、优绩优酬，鼓励教职工承担重大任务、积极履行岗位职责。

根据岗位性质和承担任务特点，分类确定不同岗位人员基础性绩效工资和奖励性绩效工资的比例。原则上，管理岗位、支撑岗位以及教师岗位中的教学岗，基础性绩效工资总量在绩效工资总量中的比例不低于 60%；其他教师岗位的基础性绩效工资总量在绩效工资总量中的比例不低于 40%；全校基础性绩效工资总量不低于绩效工资总量的 50%。

为合理控制学校教职工收入差距，统筹兼顾各类人员收入水平，绩效工资最高水平原则上不超过全校教职工年均绩效工资的 5 倍。

四、基础性绩效工资

基础性绩效工资包括基础津贴和岗位津贴。

（一）基础津贴

基础津贴主要体现岗位级别、所在地经济和生活水平等因素，由现行三元结构薪酬的基础薪酬中除前述基本工资和津贴补贴外的城建费、午餐费、工资补贴、职务补贴、校内津贴、未入津贴等项目归并、调整形成，同时冲销绩效工资扣减额度（调标扣减项）。基础津贴标准见表 1（单位：元/月）。

表 1

专业技术人员		管理人员		工人	
岗位	标准	岗位	标准	岗位	标准
一级	2000	一级	1900	技术工一级	1550
二至四级	1600	二级	1700	技术工二级	1500
五至七级	1550	三至四级	1600	技术工三至五级	1450
八至十级	1500	五至六级	1550	普通工	1450
十一至十三级	1450	七至八级	1500		
		九至十级	1450		

注：该标准自本办法印发次月起执行。

同时在两类岗位上任职的双肩挑人员，基础津贴标准按其实际执行的基本工资系列相应确定。

今后国家调整事业单位工作人员基本工资标准时，如需减少部分绩效工资额度，优先从基础津贴中相应冲销。

(二) 岗位津贴

岗位津贴主要体现岗位职责、知识价值、贡献大小等因素，由学校现行三元结构薪酬中的岗位津贴构成。

1. 岗位津贴实行总量管理。学校根据各单位的教职工队伍结构、发展水平和承担任务等情况，分类核定各类岗位人员的岗位津贴总量，各单位根据岗位性质和职责任务等因素，统筹确定岗位津贴标准，经学校批准后执行。

2. 根据岗位分类管理原则，教师岗位由学校提出指导性意见，学院（含重点科研机构等，下同）自主制定岗位津贴实施方案；管理和支撑岗位由学校统一制定方案，各单位具体实施。

(1) 教师岗位

根据学校的指导性意见，各学院在学校核定的岗位津贴总量与标准范围内，综合考虑本学院各类教师岗位人员的岗位性质、职责任务、知识价值和贡献大小等因素，采取“按岗分类、按类分级、按级分档”的方式，制定各档级的岗位津贴标准，合理拉开差距，重点避免考核评价的“同质化”和“大锅饭”现象。

为强化教学工作的主体地位，鼓励安心教学、优质教学，各学院在制定岗位津贴分配方案时，应在严格考核教学工作量的基础上，重点向高质量完成教学任务的教师倾斜。

(2) 管理岗位

根据岗位性质和工作特点，管理岗位结合全面实行职员制度改革，建立以职员职级为基础，以管理岗位等级设置和聘用为重点的岗位津贴分配机制。

学校统一制定管理岗位各档级的岗位津贴参考标准，各单位在学校核定的总量内，根据各类人员所聘岗位等级、职责任务等情况综合确定岗位津贴分配标准。

管理岗位由低向高共设 7 个岗位等级，其岗位等级设置与岗位津贴档级见表 2。

表 2

职员职级	管理岗位等级设置与岗位津贴档级						
	主办助理 G档	主办 F档	主管助理 E档	主管 D档	高级协管 C档	高级主管 B档	高级业务主管 A档
四级职员						二档	一档
五级职员			四档	三档	二档	一档	
六级职员		四档	三档	二档	一档		
七级职员		四档	三档	二档	一档		
八级职员	四档	三档	二档	一档			
九级职员	三档	二档	一档				

管理岗位等级聘用，参照《中国科学技术大学关于管理岗位全面实行职员制度的意见》相关原则和办法执行。

对认真履行职责、岗位业绩突出的管理骨干，各单位应在同职级中较高岗位等级上聘用。反之，则应在同职级中较低岗位等级上聘用。

（3）支撑岗位

根据岗位差异性较大的情况和岗位分类管理原则，支撑岗位建立以专业技术职级和工人技术等级为基础，以支撑岗位等级设置和聘用为重点的岗位津贴分配机制。

学校统一制定支撑岗位各档级的岗位津贴参考标准，各单位在学校核定的总量内，根据各类人员所聘岗位等级、职责任务等情况综合确定岗位津贴分配标准。

支撑岗位由低向高共设10个岗位等级，其岗位等级设置与岗位津贴档级见表3。

表3

职级		支撑岗位等级设置与岗位津贴档级									
		C3	C2	C1	B4	B3	B2	B1	A3	A2	A1
专业技术职务	正高							四档	三档	二档	一档
	副高					五档	四档	三档	二档	一档	
	中级			五档	四档	三档	二档	一档			
	初级	五档	四档	三档	二档	一档					
工人技术等级		六档	五档	四档	三档	二档	一档				

对认真履行职责、岗位业绩突出的支撑骨干，各单位应在同职级中较高岗位等级上聘用。反之，则应在同职级中较低岗位等级上聘用。

3. 同时担任各单位党政领导职务的双肩挑人员，岗位津贴标准可按就高原则确定。

4. 岗位聘期内，新进人员及职务、职级晋升人员由学校统一确定或调整岗位津贴。

五、奖励性绩效工资

奖励性绩效工资主要体现工作业绩和实际贡献，依据教职工的绩效考核结果分配。

学校现行三元结构薪酬中的绩效奖励部分全部纳入奖励性绩效工资。

奖励性绩效工资按照岗位类别、工作性质等分类设立，实行项目管理、动态调整，主要包括教学绩效、科研绩效、管理和支撑岗位绩效、公共服务绩效、年度考核绩效等。

（一）教学绩效

包括课堂教学绩效、教学奖励、专业学位研究生教育教学工作绩效及思政、英语授课教学津贴等项目。

教学绩效评价标准以立德树人为根本，以提高人才培养质量为导向，综合考虑教师承担的教学工作量、教学任务类别、教学质量以及教学研究成果等情况，鼓励教师优质教学、创新教学。

各类教学绩效实施的具体范围、标准和考核办法等由学校教务管理部门制定细则，经学校批准后执行；各学院依据实施细则进行考核，并依据考核结果自主分配。

（二）科研绩效

包括重点科研绩效、一般科研绩效、科技服务绩效和科研岗位绩效等项目。

科研绩效评价标准以科技创新质量、贡献和影响为核心，综合考虑科技工作者的科技创新成果、主持科研任务、获得知识产权、实施成果转移转化、获得科技奖励、担任学术职务以及科技咨询服务等情况，并重点向承担国家关键领域核心技术攻关任务、“卡脖子”任务的人员倾斜。

各类科研绩效实施的具体范围、标准和考核办法等由学校科研管理部门制定细则，经学校批准后执行；各学院依据实施细则进行考核，并依据考核结果自主分配。

（三）管理和支撑岗位绩效

管理和支撑岗位绩效是对认真履行岗位职责、取得良好业绩的管理和支撑岗位人员的奖励。

管理和支撑岗位绩效评价标准以管理效能、提供技术支持与服务为核心，综合考虑岗位职责任务完成情况、服务质量与效果等因素，由学校按年度统一组织实施，各单位在学校核定的总量内自主分配。

（四）公共服务绩效

各类岗位人员在完成岗位职责外，如承担学校重点和重要的公共服务工作（如招生、班主任、党支部、公共实验中心支撑服务等），可适当给予绩效奖励。

公共服务绩效的实施应充分体现对额外承担学校重点和重要的公共服务工作的激励和导向作用，并从严控制范围和标准。各相关职能部门和单位对承担公共服务工作的人员必须严格考核、精确统计，根据实际承担任务、考核结果等合理确定绩效奖励额度。

各类公共服务绩效实施的具体范围、标准和考核办法等由相关职能部门和单位制定方案和细则，经学校批准后执行。

（五）年度考核绩效

年度考核结果为合格及以上等次的各类岗位人员，由学校统一发放年度考核绩效，发放标准依据其岗位等级、薪级等综合确定。

六、绩效工资总量及经费管理

1. 学校在上级主管部门核定的绩效工资总量内，综合考虑教职工队伍规模、发展水平、财力状况等因素，合理预算各年度基础性绩效工资和奖励性绩效工资总量，并在总量内进行分配。

2. 绩效工资所需经费来源主要为财政人员费拨款以及学校事业收入、经营收入和其他收入中符合人员费支出规定的部分。

3. 教职工基本工资、津贴补贴由学校承担；绩效工资中的基础性绩效工资主要由学校承担；奖励性绩效工资由学校和各单位共同承担，其中，科研绩效主要由各单位从科研项目经费中支付。

七、其他

1. 岗位绩效工资中，基本工资、津贴补贴和基础性绩效工资在核定标准后按月发放；奖励性绩效工资在考核分配后，根据学校经费预算和时间安排等情况，综合确定按月或按季度、年度发放。

2. 绩效工资实施后，原按国家有关规定发放的年终一次性奖金纳入绩效工资，不再额外发放。

3. 学校党政负责人(正职)的绩效工资参照中国科学院有关文件精神确定。其中，同时任职学术岗位的，绩效工资可按就高原则在管理岗位和教师岗位中选择执行。

4. 规范岗位聘用的契约化管理。各单位应结合岗位聘期管理，与各类岗位工作人员分类签订《岗位聘任协议书》。该协议书是各类岗位工作人员岗位聘任、考核评价及薪酬调整的基本依据。

5. 医院、附属中学、幼儿园、饮食服务集团、接待中心等直属单位基础性绩效工资中的岗位津贴以及奖励性绩效工资的具体实施方案由各单位另行制定，并报学校批准后实施，所需经费由各单位自筹。

6. 本办法自印发之日起施行，由人力资源部负责解释。原《中国科学技术大学三元结构薪酬制度分类实施方案》(校人字〔2014〕243 号)同时废止。

中国科学技术大学教师、支撑岗位专业技术等级聘用实施办法(试行)

(校人字〔2021〕132 号，2021 年 8 月 8 日)

第一章　总　　则

第一条　为做好教师、支撑岗位专业技术等级聘用工作，根据《中国科学院岗位管理实施办法》(科发人字〔2017〕8 号)、《〈中国科学院岗位管理实施办法〉文件说明》(人字〔2017〕10 号)和《中国科学院人事局关于岗位与聘用管理有关问题的通知》(人字〔2020〕13 号)精神，结合学校实际，特制定本办法。

第二条　专业技术等级聘用践行立德树人的宗旨，严把思想政治关，坚持师德为上，将思想政治素质和师德师风表现作为评价第一标准，对师德失范行为实行“一票否决”。

第三条　专业技术等级聘用坚持品德、能力和业绩导向，克服“五唯”倾向；突出教育教学实绩，注重人才培养、科学研究、技术支撑、保障服务等方面工作的贡献和积累。

第二章　岗 位 等 级

第四条　教师岗位高校教师系列设 12 个等级。其中，教授岗位设 4 个等级，副教授岗位设 3 个等级，讲师岗位设 3 个等级，助教岗位设 2 个等级。

教师岗位科学技术研究系列设 7 个等级。其中研究员岗位设 4 个等级，副研究员岗位设 3 个等级。

第五条 支撑岗位工程技术系列设12个等级。其中,高级工程师(教授级)岗位设4个等级,高级工程师岗位设3个等级,工程师岗位设3个等级,助理工程师岗位设2个等级。

支撑岗位实验技术系列设9个等级。其中,正高级实验师岗位设1个等级,高级实验师岗位设3个等级,实验师岗位设3个等级,助理实验师岗位设2个等级。

支撑岗位其他专业技术系列设9个等级。其中,正高级岗位设1个等级,副高级岗位设3个等级,中级岗位设3个等级,初级岗位设2个等级。

第六条 本办法是进行正高、副高、中级、初级各岗位内的国家通用专业技术等级聘用,不含正高四级、副高七级、中级十级以及初级十二级。

第三章 聘用范围

第七条 在学校教师、支撑岗位工作已聘相应专业技术职务,且符合相应国家通用专业技术岗位等级聘用条件人员。

第四章 聘用条件

第八条 根据中国科学院有关文件精神和学校有关规定,应聘者须符合下列条件:

(一)热爱祖国,热爱人民,拥护中国共产党领导,拥护中国特色社会主义制度;遵守中华人民共和国宪法和法律;遵守《中国科学院章程》;遵守《中国科学技术大学章程》;具有良好的公民意识和职业道德;学风端正,科学态度严谨,爱岗敬业;师德师风考察合格;岗位所需的专业或技能条件;适应岗位要求的身体条件。

(二)潜心立德树人,认真履行岗位职责,在教育教学、人才培养、科学研究、技术支撑、保障服务等方面作出工作实绩。

(三)教学科研岗和教学岗应聘人员,须按规定完成相应教学工作量。

(四)各等级“基本聘用条件”详见附件。

第五章 聘用组织机构及职责

第九条 学校成立专业技术岗位等级聘用工作委员会(以下简称“校聘委会”),负责二、三级专业技术岗位等级的聘用工作,以及五级及以下岗位等级拟聘资格人选的审定工作。

第十条 各有关单位成立岗位等级聘用工作小组(以下简称“聘用组”),负责五级及以下专业技术岗位等级的聘用工作,并负责二、三级专业技术岗位等级聘用的推荐工作。

各学院、国家(重点)实验室聘用组成员由执行院长(或主任)和具有相应专业技术等级的正高级专家组成,须按照“上级评下级、同级评同级”的原则进行评议,且各等级评议专家不少于9人;其他聘用组成员由单位负责人和本系列具有相应专业技术等级的专家组成,须按照“上级评下级、同级评同级”的原则进行评议，且各等级评议专家不少于 9 人。单位可视情况外请专家参加本单位聘用组的聘用工作。

聘用组按以下单位划分：

（一）各学院、国家（重点）实验室各自成立聘用组（计算机科学与技术学院、软件学院合并成立聘用组）；

（二）其他有关单位（机构）划分如下：

网络信息中心、现代教育技术中心共同成立一个聘用组；

图书馆、档案文博院共同成立一个聘用组；

附中、幼儿园共同成立一个聘用组；

医院成立一个聘用组；

出版社成立一个聘用组（校报、学报编辑出版系列人员划归本聘用组）。

在具体实施过程中，如遇特殊情况由学校人事部门协调处理。

第十一条 各单位成立资格审查小组，负责本单位应聘人员申报材料真实性、申报资格有效性、科研诚信和涉密信息的审查。

第十二条 学校成立资格复核小组，负责对应聘人员申报资格进行复核，汇总有关信息和问题，研究提出处理意见。

第六章 岗位设置

第十三条 按中国科学院规定的岗位结构比例执行。专业技术二、三级岗位职数，由校聘委会统一控制使用（支撑岗位中实验技术、图书档案文博、编辑出版、医疗卫生以及中小学教师等系列不新设三级及以上专业技术岗位）；五级及以下专业技术岗位职数，由学校下达到各聘用组。

第七章 工作程序

第十四条 传达聘用工作有关文件，布置聘用工作。建立健全各级聘用组织；各聘用组将本聘用组的成员名单、聘用工作安排报人力资源部备案。

第十五条 二、三级专业技术岗位等级聘用工作程序：

（一）应聘人员按岗位类别进行网上申报，并提交申报材料。

（二）单位资格审查小组对申报材料、申报资格、科研诚信和涉密信息进行审查；单位党组织经集体研究后，对应聘人员思想政治素质和师德师风进行考察。

（三）学校资格复核小组对应聘人员申报资格进行复核，并将复核结果反馈给各单位。

（四）各聘用组召开聘用工作会议，对复核通过的相应应聘人员进行评议、投票表决，同意票数达到出席会议的聘用组专家总数 2/3（含）以上者为通过，并进行排序，产生推荐人选。

（五）学校召开校聘委会会议，对各聘用组报送的二、三级专业技术岗位推荐人选进行评议、投票表决,同意票数达到出席会议的校聘委会专家总数2/3(含)以上者为通过,确定报送学校批准的拟聘推荐人选。

(六)将拟聘推荐人选提交校长工作会议研究批准,确定拟聘人员。

(七)对拟聘人员进行公示,公示期不少于5个工作日。

(八)公示结果不影响聘用的,学校发文聘用。

第十六条 五级及以下专业技术岗位等级聘用,由各聘用组负责。主要工作程序:

(一)应聘人员按岗位类别进行网上申报,并提交申报材料。

(二)单位资格审查小组对申报材料、申报资格、科研诚信和涉密信息进行审查;单位党组织经集体研究后,对应聘人员思想政治素质和师德师风进行考察。

(三)学校资格复核小组对应聘人员申报资格进行复核,并将复核结果反馈给各单位。

(四)各聘用组召开聘用工作会议,对复核通过的相应应聘人员进行评议、投票表决,同意票数达到出席会议的聘用组专家总数2/3(含)以上者为有效,并在学校下达的岗位职数范围内,按同意票数多少依次排序,产生拟聘资格人选;若遇同意票数相同而不能确定拟聘资格人选时,须对同意票数相同者再次投票表决,以同意票数多者为通过。

(五)学校召开校聘委会会议,对各聘用组报送的五级及以下专业技术岗位等级拟聘资格人选进行审定,确定拟聘推荐人选。

(六)将拟聘推荐人选提交校长工作会议研究批准,确定拟聘人员。

(七)对拟聘人员进行公示,公示期不少于5个工作日。

(八)公示结果不影响聘用的,学校发文聘用。

第八章 其他规定

第十七条 原从事教学、科研工作,现调任管理岗位领导职务,且所属专业技术职务系列未发生改变,目前仍承担教学、科研工作的人员,可在本人教学、科研工作所在单位申报等级聘用。

第十八条 教师岗位(教学科研岗和教学岗)专业技术等级聘用中,有担任辅导员、班主任等学生工作经历者,同等条件下优先予以考虑。

第十九条 思政课教师专业技术等级聘用,设立马克思主义理论类别,单列计划、单设标准、单独评审。

第二十条 岗位等级须逐级聘用,原则上不受理越级申请。

第二十一条 本次专业技术等级聘用的起聘时间为2021年12月31日。于本次专业技术等级聘用的起聘当月(即2021年12月)将达到或已超过国家规定退休年龄的人员,不参加应聘。

国家规定退休年龄:男性年满60周岁;女性中级及以下专业技术人员年满55周岁,女性高级专业技术人员(含正、副高级)年满60周岁。

于本次专业技术等级聘用的起聘当月(即2021年12月)将达到或已超过55周岁,且自愿选择55周岁退休的女性高级专业技术人员(含正、副高级),不参加应聘。

第二十二条 申请调出人员,学校不接受其应聘申请。

第二十三条 应聘者须严格遵守保密制度,务必对含有涉密内容的申报信息进行脱密处理。

第二十四条 应聘者应如实提交申报材料,在申报和评议过程中,如发现有弄虚作假、违反师德师风和学术道德等行为,取消本次和下一次申报资格,情节严重者,按有关规定给予处分。

第二十五条 评议与聘用过程中,各级聘用工作人员应严格遵守聘用纪律、保密制度,如有徇私舞弊行为,一经查实,当严肃处理。

第二十六条 各级聘用工作人员应严格遵守回避规定。有下列情形之一的,应当回避:

(一) 涉及本人利害关系的;

(二) 涉及与本人有亲属关系人员的利害关系的;

(三) 其他可能影响公正履行职责的。

亲属关系范围:夫妻关系;直系血亲关系;三代以内旁系血亲关系;近姻亲关系;其他亲属关系。

各级聘用工作人员应当主动报告应回避的情形。有需要回避的情形不及时报告或者有意隐瞒的,予以批评教育;造成不良后果的,依法依规给予组织处理或处分;由于隐瞒应当回避情形、造成相应聘用结果不公正的,取消所涉特定人员的聘用结果。

第九章 附 则

第二十七条 本办法自印发之日起施行,由人力资源部负责解释。原《中国科学技术大学教师、支撑岗位专业技术等级聘用实施办法(试行)》(校人字〔2019〕198 号)同时废止。

附件

教师、支撑岗位专业技术等级基本聘用条件

（一）教师岗位高校教师、科学技术研究系列

<table>
<tr><th>专业技术职务</th><th>国家通用专业技术岗位等级</th><th>基本聘用条件</th></tr>
<tr><td rowspan="5">教授（研究员）</td><td>一级</td><td>中国科学院院士、中国工程院院士</td></tr>
<tr><td rowspan="2">二级</td><td>潜心立德树人，在教育教学工作中取得突出成绩；本专业领域的领军人才，对本学科领域的学术进步或高技术创新与集成产生了重大影响，并被国内外同行认可；主持并完成过国家、中国科学院重要科技项目或等效项目；任教授（研究员）三级岗位满 5 年或任教授（研究员）岗位满 10 年，年度考核合格及以上</td></tr>
<tr><td>对特别优秀的人才或作出重大创新贡献的专业技术人员，可适当放宽任职年限要求，具体为：国务院学位委员会学科评议组成员，国内一级学会或国际重要学术组织的主要负责人，国家重大专项专家组成员，国家科技重大专项、国家重点研发计划项目（青年科学家项目除外）、科技创新 2030-重大项目、国家基金委重大研究计划、国家基金重大项目、国家重大科研仪器研制项目（部门推荐类）、中科院战略性先导科技专项、国防科技领域重大项目等项目负责人或首席科学家，获得“国家杰出青年科学基金”项目资助，获得“国防科技卓越青年科学基金”项目资助，入选“长江学者奖励计划”特聘教授岗位或特设岗位，入选“万人计划”领军人才（不含科技创业领军人才），入选国家级教学名师，入选“万人计划”教学名师，武器装备及航天型号重点任务正副总指挥、总设计师和主任设计师，军委科技委国防科技创新特区领域专家组成员及主题专家组组长、军委科技委共性基础专业专家组成员、装备发展部专业专家组成员，少数为科技事业发展作出突出贡献的关键人才等，被聘为教授（研究员）岗位满 6 年</td></tr>
<tr><td rowspan="2">三级</td><td>潜心立德树人，在教育教学工作中取得重要成绩；本学科领域的学术带头人，具有本学科系统的研究积累；取得具有一定影响的原创性科技成果或关键技术成果，或在解决国民经济、国家安全和社会发展的问题上，提出了有价值的新思路或新方法；作为主要负责人之一承担过国家、中国科学院重要科技项目或等效项目；任教授（研究员）四级岗位或任教授（研究员）岗位满 5 年，年度考核合格及以上</td></tr>
<tr><td>对特别优秀的人才或作出重大创新贡献的专业技术人员，可适当放宽任职年限要求，具体为：获得“国家杰出青年科学基金”项目资助，入选“长江学者奖励计划”特聘教授岗位或特设岗位，入选“万人计划”领军人才（不含科技创业领军人才），入选国家级教学名师，入选“万人计划”教学名师，“百人计划”终期考核优秀，被聘为教授（研究员）岗位满 3 年</td></tr>
</table>

续表

专业技术职务	国家通用专业技术岗位等级	基本聘用条件
副教授（副研究员）	五级	潜心立德树人，认真履行教育教学职责；具备较强的科研能力，主持过国家自然科学基金面上项目或等效项目；任副教授（副研究员）岗位满4年，年度考核合格及以上
	六级	潜心立德树人，认真履行教育教学职责；任副教授（副研究员）岗位满2年，年度考核合格及以上
讲师（助理研究员）	八级	潜心立德树人，认真履行教育教学职责；任讲师（助理研究员）岗位满3年，或博士研究生毕业任讲师（助理研究员）岗位满1年；年度考核合格及以上。博士后出站人员
	九级	潜心立德树人，认真履行教育教学职责；任讲师（助理研究员）岗位满2年，年度考核合格及以上。博士研究生毕业，年度考核合格及以上
助教（研究实习员）	十一级	潜心立德树人，认真履行教育教学职责；任助教（研究实习员）岗位满2年，年度考核合格及以上。硕士研究生毕业，年度考核合格及以上

（二）支撑岗位工程技术系列

专业技术职务	国家通用专业技术岗位等级	基本聘用条件
高级工程师（教授级）	一级	中国科学院院士、中国工程院院士
	二级	潜心立德树人，认真履行岗位职责；本专业领域的领军人才，对本学科领域的学术进步或高技术创新与集成产生了重大影响，并被国内外同行认可；主持并完成过国家、中国科学院重要科技项目或等效项目；任专业技术三级岗位满5年或任正高级专业技术岗位满10年，年度考核合格及以上
		对特别优秀的人才或作出重大创新贡献的专业技术人员，可适当放宽任职年限要求，具体为：国务院学位委员会学科评议组成员，国内一级学会或国际重要学术组织的主要负责人，国家重大专项专家组成员，国家科技重大专项、国家重点研发计划项目（青年科学家项目除外）、科技创新2030-重大项目、国家基金委重大研究计划、国家基金重大项目、国家重大科研仪器研制项目（部门推荐类）、中科院战略性先导科技专项、国防科技领域重大项目等项目负责人或首席科学家，获得“国家杰出青年科学基金”项目资助，获得“国防科技卓越青年科学基金”项目资助，入选“长江学者奖励计划”特聘教授岗位或特设岗位，入选“万人计划”领军人才（不含科技创业领军人才），入选国家级教学名师，入选“万人计划”教学名师，武器装备及航天型号重点任务正副总指挥、总设计师和主任设计师，军委科技委国防科技创新特区领域专家组成员及主题专家组组长、军委科技委共性基础专业专家组成员、装备发展部专业专家组成员，少数为科技事业发展作出突出贡献的关键人才等，被聘为正高级专业技术岗位满6年

续表

专业技术职务	国家通用专业技术岗位等级	基本聘用条件
高级工程师（教授级）	三级	潜心立德树人，认真履行岗位职责；本专业领域的带头人，取得具有一定影响的原创性科技成果或关键技术成果，或在解决国民经济和社会发展的问题上，提出了有价值的新思路或新方法；作为主要负责人之一承担过国家、中国科学院重要科技项目或等效项目；任专业技术四级岗位或任正高级专业技术岗位满5年，年度考核合格及以上。 对特别优秀的人才或作出重大创新贡献的专业技术人员，可适当放宽任职年限要求，具体为：获得“国家杰出青年科学基金”项目资助，入选“长江学者奖励计划”特聘教授岗位或特设岗位，入选“万人计划”领军人才（不含科技创业领军人才），入选国家级教学名师，入选“万人计划”教学名师，“百人计划”终期考核优秀，被聘为正高级专业技术岗位满3年
高级工程师	五级	潜心立德树人，认真履行岗位职责；作为主要负责人之一承担过国家、中国科学院科技项目或等效项目；任高级工程师岗位满4年，年度考核合格及以上
	六级	潜心立德树人，认真履行岗位职责；任高级工程师岗位满2年，年度考核合格及以上
工程师	八级	潜心立德树人，认真履行岗位职责；任工程师岗位满3年，或博士研究生毕业任工程师岗位满1年；年度考核合格及以上。博士后出站人员
	九级	潜心立德树人，认真履行岗位职责；任工程师岗位满2年，年度考核合格及以上。博士研究生毕业，年度考核合格及以上
助理工程师	十一级	潜心立德树人，认真履行岗位职责；任助理工程师岗位满2年，年度考核合格及以上。硕士研究生毕业，年度考核合格及以上

（三）支撑岗位实验技术系列

专业技术职务	国家通用专业技术岗位等级	基本聘用条件
高级实验师	五级	潜心立德树人，认真履行岗位职责；能够根据本学科国内外实验技术发展趋势，提出有实际应用价值的实验方案，在国家、中国科学院科技项目或等效项目中发挥了重要作用；任高级实验师岗位满4年，年度考核合格及以上
	六级	潜心立德树人，认真履行岗位职责；组织过本学科的大型实验，或对实验技术和仪器设备进行过重要的改进或开发利用工作；任高级实验师岗位满2年，年度考核合格及以上

续表

专业技术职务	国家通用专业技术岗位等级	基本聘用条件
实验师	八级	潜心立德树人,认真履行岗位职责;任实验师岗位满3年,或博士研究生毕业任实验师岗位满1年;年度考核合格及以上。博士后出站人员
	九级	潜心立德树人,认真履行岗位职责;任实验师岗位满2年,年度考核合格及以上。博士研究生毕业,年度考核合格及以上
助理实验师	十一级	潜心立德树人,认真履行岗位职责;任助理实验师岗位满2年,年度考核合格及以上。硕士研究生毕业,年度考核合格及以上

(四) 支撑岗位其他专业技术系列

专业技术职务	国家通用专业技术岗位等级	基本聘用条件
副高级	五级	潜心立德树人,认真履行岗位职责;本专业的业务带头人,工作中作出重要成绩和贡献;任副高级岗位满4年,年度考核合格及以上
	六级	潜心立德树人,认真履行岗位职责;任副高级岗位满2年,年度考核合格及以上
中级	八级	潜心立德树人,认真履行岗位职责;任中级岗位满3年,或博士研究生毕业任中级岗位满1年;年度考核合格及以上。博士后出站人员
	九级	潜心立德树人,认真履行岗位职责;任中级岗位满2年,年度考核合格及以上。博士研究生毕业,年度考核合格及以上
初级	十一级	潜心立德树人,认真履行岗位职责;任初级岗位满2年,年度考核合格及以上。硕士研究生毕业,年度考核合格及以上

中国科学技术大学职员岗位聘用管理办法(试行)

(校人字〔2021〕133号,2021年8月8日)

第一章 总 则

第一条 为进一步推进、完善职员制度,建设优化、精干、高效的职员队伍,大力提升学校的管理水平和服务质量,根据《中国科学院岗位管理实施办法》(科发人字〔2017〕8号)、《中国科学院关于加强新时期管理队伍建设的指导意见》(科发人字〔2017〕96号)、《中国科学院人事局关于岗位与聘用管理有关问题的通知》(人字〔2020〕13号)以及《中国科学技术大学关于管理岗位全面实行职员制度的意见》(校人字〔2014〕164 号)精神,结合学校实际,特制定本办法。

第二条 学校管理岗位全面实行职员制度,在学校管理岗位从事管理和服务工作的人员执行职员系列。管理岗位现有专业技术职务人员可转聘(指转系列竞聘,下文同)职员系列岗位。

第三条 职员岗位聘用践行立德树人的宗旨,严把思想政治关,坚持师德为上,将思想政治素质和师德师风表现作为评价第一标准,对师德失范行为实行"一票否决"。

第四条 职员岗位聘用遵循科学设岗、公开公正、平等竞争、择优聘用的原则。

第二章 岗位设置

第五条 我校职员系列岗位设置六个职级,其中四、五级为高级职员,六、七、八级为中级职员,九级为初级职员。

领导岗位根据领导干部职务级别,对应相应的职员职级,按照干部人事管理权限的有关规定执行。

第六条 在中国科学院核定的编制、岗位职数和结构比例控制下,依据学校管理队伍建设的总体规划,在综合分析工作目标、任务和队伍结构等情况的基础上,有计划地确定职员岗位聘用职数。

四级职员岗位(综合管理岗位)职数由中国科学院单独核定。

第三章 岗位职责

第七条 高级职员职责:分管校级或主持院、处(部门)级单位管理工作,或者专职从事高层次的专门性管理工作;负责拟定本职管理工作中的重要公文或者文稿;指导中、初级职员工作。

第八条 中级职员职责:分管院、处(部门)级及其以下基层单位的管理工作,或者独立承担某一方面的专门性管理工作;独立起草本职管理工作中重要的公文或者文稿;指导初级职员工作。

第九条 初级职员职责:承办具体的行政事务工作,起草本职管理工作中的一般性公文或者文稿。

各职员职级的具体岗位职责由各单位负责制定。

第四章 聘用条件

第十条 根据中国科学院有关文件精神和学校有关规定,申报者须符合下列条件:

(一)热爱祖国,热爱人民,拥护中国共产党领导,拥护中国特色社会主义制度;遵守中华人民共和国宪法和法律;遵守《中国科学院章程》;遵守《中国科学技术大学章程》;具有良好的公民意识和职业道德;学风端正,科学态度严谨,爱岗敬业;师德师风考察合格;岗位所需的专业或技能条件;适应岗位要求的身体条件。

(二) 认真履行岗位职责,在党政管理和服务工作中作出实绩。

(三) 各职员职级的基本聘用条件,遵照附件 1 执行。

第十一条 管理岗位中的专业技术职务人员,在具备附件 1 基本能力要求的前提下,按附件 2 的基本聘用条件要求,进行相应职员职级的聘用。

第五章 聘用组织机构及职责

第十二条 学校成立职员岗位聘用工作委员会(以下简称"校聘委会"),负责四级职员岗位的聘用工作和五级及以下职员岗位的审定工作。

第十三条 校聘委会下设两个聘用工作小组(以下简称"聘用组"):学院和国家(重点)实验室为一个聘用组,机关和其他单位为一个聘用组。聘用组负责进行本聘用组所属单位五级及以下职员岗位的聘用工作。

第十四条 单位成立资格审查和推荐工作小组,组长由单位党政领导担任,负责进行本单位应聘人员申报材料审查、申报资格审查以及推荐工作。

第十五条 学校成立资格复核小组,成员由相关部门负责人和工作人员组成。负责对应聘人员申报资格进行复核,汇总有关信息和问题,研究提出处理意见。

第六章 工 作 程 序

第十六条 聘用工作程序:

(一) 传达布置聘用工作,建立健全聘用组织(聘用组织成员名单及工作安排报人力资源部备案)。

(二) 应聘人员向单位提交申报材料。

(三) 单位资格审查和推荐工作小组对应聘人员申报材料的真实性和申报资格的有效性进行审查。单位党组织经集体研究后,对应聘人员思想政治素质和师德师风进行考察。

(四) 学校资格复核小组对应聘人员申报资格进行复核,并将复核结果反馈给各单位。

(五) 单位资格审查和推荐工作小组在上述工作的基础上,研究确定本单位报送聘用组人选;同一职级有两位及以上人选,须进行排序。

(六) 各聘用组召开聘用工作会议。对各单位报送的申报五级及以下职员岗位人选进行评议、投票表决,同意票数达到出席会议的聘用组专家总数 2/3(含)以上者为有效,并在学校下达的岗位职数范围内,按同意票数多少依次排序,产生拟聘资格人选。若遇同意票数相同而不能确定拟聘资格人选时,须对同意票数相同者再次投票表决,以同意票数多者为通过。

(七) 学校召开校聘委会会议。

1. 对各单位报送的申报四级职员岗位人选进行评议、投票表决,同意票数达到出席会议的校聘委会专家总数 2/3(含)以上者为有效,并在中国科学院核定下达的岗位职数空缺范围内,按同意票数多少依次排序,确定报送校长工作会议的拟聘推荐人选。若遇同意票数相同而不能确定拟聘推荐人选时，须对同意票数相同者再次投票表决，以同意票数多者为通过。

2. 对各聘用组报送的五级及以下职员岗位拟聘资格人选进行审定，确定拟聘推荐人选。

（八）将拟聘推荐人选提交校长工作会议研究批准，确定拟聘人员。

（九）对拟聘人员进行公示，公示期不少于5个工作日。

（十）公示结果不影响聘用的，学校发文聘用。

第十七条 四级职员岗位（综合管理岗位）按中国科学院规定的聘用工作程序，开展评议、考察，经校长工作会议研究批准以及公示，确定拟聘人员。学校将有关材料报送中国科学院备案后，正式发文聘用。

第七章 其他规定

第十八条 为进一步推进、完善职员制度，做好管理岗位中现聘专业技术职务人员转聘职员职级工作，对有关问题作以下规定：

（一）应聘人员转聘相应职员职级未获通过，或自愿不参加转聘职员者，现聘专业技术职务保持不变。

（二）应聘人员转聘相应职员职级获得通过，按照"以岗定薪，岗变薪变"原则，执行相应职员职级工资标准。

第十九条 学校高度重视思想政治工作队伍建设，对从事专职辅导员工作的申报人员，同等条件下优先予以考虑。

第二十条 对兼有专业技术职责要求的管理岗位，应聘者若获得相应专业技术职务任职资格，同等条件下申报职员聘用，可在本单位内优先予以推荐。

第二十一条 本次职员岗位聘用的起聘时间为2021年12月31日。于本次职员岗位聘用的起聘当月（即2021年12月）将达到或已超过国家规定退休年龄的人员，不参加应聘。

国家规定退休年龄：男性年满60周岁；女性七级及以下职员或中级及以下专业技术人员年满55周岁，女性六级及以上职员或高级专业技术人员年满60周岁。

于本次职员岗位聘用的起聘当月（即2021年12月）将达到或已超过55周岁，且自愿选择55周岁退休的女性六级及以上职员或高级专业技术人员，不参加应聘。

第二十二条 申请调出人员，学校不接受其应聘申请。

第二十三条 应聘者应如实提交申报材料，在申报和评议过程中，如发现有弄虚作假、违反师德师风和学术道德等行为，取消本次和下一次申报资格，情节严重者，按有关规定给予处分。

第二十四条 评议与聘用过程中，各级聘用工作人员应严格遵守聘用纪律、保密制度，如有徇私舞弊行为，一经查实，当严肃处理。

第二十五条 各级聘用工作人员应严格遵守回避规定。有下列情形之一的，应当回避：

（一）涉及本人利害关系的；

（二）涉及与本人有亲属关系人员的利害关系的；

（三）其他可能影响公正履行职责的。

亲属关系范围:夫妻关系;直系血亲关系;三代以内旁系血亲关系;近姻亲关系;其他亲属关系。

各级聘用工作人员应当主动报告应回避的情形。有需要回避的情形不及时报告或者有意隐瞒的,予以批评教育;造成不良后果的,依法依规给予组织处理或处分;由于隐瞒应当回避情形、造成相应聘用结果不公正的,取消所涉特定人员的聘用结果。

第八章 附 则

第二十六条 本办法自印发之日起施行,由人力资源部负责解释。原《中国科学技术大学职员岗位聘用管理办法(试行)》(校人字〔2019〕199 号)同时废止。

附件 1

职员系列岗位基本聘用条件

<table>
<tr><th>职员职级</th><th colspan="2">基本聘用条件</th></tr>
<tr><td>四级职员(综合管理岗位)</td><td>任五级职员岗位累计满 10 年且任处长岗位累计满 5 年,或具有副校级领导岗位任职经历。年度考核合格及以上。在计算五级职员任职年限时,对于在管理岗位上执行专业技术系列的人员,其副高级任职时间可视同五级职员任职年限。
近 3 年来年度考核获 2 次“优秀”的,可减少 1 年五级职员任职年限要求。对任五级职员以来年度考核累计获 5 次“优秀”的,可减少 2 年五级职员任职年限要求</td><td rowspan="2">系统掌握岗位所需业务知识和方法,具有较高的政策理论水平,较强的分析能力、组织管理及协调能力;能够负责单位某一部门或单位某一方面工作,能为改进管理工作、提高管理水平提出合理化建议和设想,并能组织实施;近 5 年,作为主要作者公开发表过一定数量的管理类文章,或起草过被学校采纳的重要报告或重要文件;1981 年及以后参加工作的应具有大学本科及以上学历</td></tr>
<tr><td>五级职员</td><td>任六级职员满 3 年,年度考核合格及以上</td></tr>
<tr><td>六级职员</td><td>任七级职员满 3 年且具有大专及以上学历,年度考核合格及以上</td><td rowspan="3">掌握岗位所需专业知识和方法;有一定的政策理论水平、业务能力、系统分析能力及解决实际问题的能力;独立承担某一方面的管理工作;独立起草公文或者文稿(包括规章制度、工作计划、报告等),并能组织实施</td></tr>
<tr><td>七级职员</td><td>任八级职员满 3 年,年度考核合格及以上;或博士研究生毕业</td></tr>
<tr><td>八级职员</td><td>任九级职员满 3 年,年度考核合格及以上;或硕士研究生毕业任九级职员满 1 年,年度考核合格及以上</td></tr>
<tr><td>九级职员</td><td>硕士研究生毕业;或大学本科毕业并获得学士学位,试用期满且考核合格</td><td>基本掌握本职管理工作的理论知识和技能方法,胜任某项具体的管理工作</td></tr>
</table>

附件 2

管理岗位现聘专业技术职务人员转聘职员岗位基本条件

<table>
<tr><th>专业技术职务</th><th colspan="3">基本聘用条件</th></tr>
<tr><td rowspan="2">副高专业技术职务</td><td colspan="2">任五级职员岗位累计满 10 年且任处长岗位累计满 5 年，或具有副校级领导岗位任职经历，年度考核合格及以上，可应聘四级职员。
在计算五级职员任职年限时，对于在管理岗位上执行专业技术系列的人员，其副高级任职时间可视同五级职员任职年限；对于从教师、支撑岗位转聘到管理岗位的人员，转聘前的副高级任职时间可视同五级职员任职年限。
近 3 年来年度考核获 2 次“优秀”的，可减少 1 年五级职员任职年限要求。对任副高级以来年度考核累计获 5 次“优秀”的，可减少 2 年五级职员任职年限要求</td><td rowspan="2">1981 年及以后参加工作的应具有大学本科及以上学历</td></tr>
<tr><td colspan="2">任职满 3 年，年度考核合格及以上，可应聘五级职员</td></tr>
<tr><td rowspan="11">中级专业技术职务</td><td rowspan="2">博士</td><td>工作满 3 年，年度考核合格及以上，可应聘六级职员</td><td></td></tr>
<tr><td>工作 3 年以下，年度考核合格及以上，可应聘七级职员</td><td>聘为七级职员后，在下次晋升六级职员计算任职年限时，其中级专业技术职务任职时间可与七级职员任职时间连续计算（以下类似情况，按此原则处理）</td></tr>
<tr><td rowspan="3">硕士</td><td>工作满 7 年，年度考核合格及以上，可应聘六级职员</td><td></td></tr>
<tr><td>工作满 4 年，年度考核合格及以上，可应聘七级职员</td><td></td></tr>
<tr><td>工作 4 年以下，年度考核合格及以上，可应聘八级职员</td><td></td></tr>
<tr><td rowspan="3">学士</td><td>工作满 10 年，年度考核合格及以上，可应聘六级职员</td><td></td></tr>
<tr><td>工作满 7 年，年度考核合格及以上，可应聘七级职员</td><td></td></tr>
<tr><td>工作 7 年以下，年度考核合格及以上，可应聘八级职员</td><td></td></tr>
<tr><td rowspan="3">本科</td><td>工作满 11 年，年度考核合格及以上，可应聘六级职员</td><td></td></tr>
<tr><td>工作满 8 年，年度考核合格及以上，可应聘七级职员</td><td></td></tr>
<tr><td>工作 8 年以下，年度考核合格及以上，可应聘八级职员</td><td></td></tr>
</table>

续表

专业技术职务	基本聘用条件		
中级专业技术职务	大专	工作满 12 年，年度考核合格及以上，可应聘六级职员	
		工作满 9 年，年度考核合格及以上，可应聘七级职员	
		工作 9 年以下，年度考核合格及以上，可应聘八级职员	
	中专及以下	工作满 12 年，年度考核合格及以上，可应聘七级职员	
		工作 12 年以下，年度考核合格及以上，可应聘八级职员	
初级专业技术职务	硕士	任职满 1 年，年度考核合格及以上，可应聘八级职员	
	本科及以下	任职满 3 年，年度考核合格及以上，可应聘八级职员	
		任职 3 年以下，年度考核合格及以上，可应聘九级职员	

中国科学技术大学因公临时出国(境)审批管理办法

(校办字〔2021〕172 号，2021 年 10 月 29 日)

第一章　总　　则

第一条　为进一步完善学校因公临时出国（境）审批与管理工作机制，严格执行各项外事管理规定，实施导向明确的区别管理，保障学校国际合作、学术交流有序开展，促进学校科技创新和人才培养，服务学校“双一流”建设，根据《关于加强和改进教学科研人员因公临时出国管理工作的指导意见》《中国科学院院属单位因公临时出国（境）管理办法》有关精神，结合学校实际，制定本办法。

第二条　本办法规定的因公临时出国（境）是指以执行公务为目的，出访时间在 180 天以内（不含 180 天）、出访国家（地区）、出访路线等均有严格规定的出国（境）活动。

第三条　本办法适用于学校在编教职工（含学校正式聘用的持外国永久居留证或外国国籍教职工）、在站博士后、其他与学校签订工作合同的非事业编制人员等因公临时出国（境）事项，以及在校学生赴台湾地区交流和参加双跨团执行科学考察任务。

经学校人事部门岗位审批，通过第三方公司、以劳务派遣（劳务外包）派至学校相关单位工作的人员执行临时出国（境）任务时，应先经第三方劳务派遣公司同意派出后，学校视情况办理校内备案手续。

第四条　学校因公临时出国（境）管理工作接受中国科学院的监督和指导，归口部门为校国际合作与交流部暨港澳台办公室（以下简称“国合部暨港澳台办”）。

第五条　学校因公临时出国（境）工作由校外事领导小组指导。因公临时出国（境）审批管理工作在校外事领导小组的领导下，实行学校、院（系）或部（处）两级管理。

第二章 审 批 原 则

第六条 出访团组须有明确的公务目的和实质内容,应事先精心、周密安排活动和日程,严禁变相公款旅游、严禁安排与公务活动无关的娱乐活动。

第七条 安排出访坚持务实、高效、科学的原则。出访人员身份要与出访任务、本人分管或承担的工作相符。因事定人,不得因人找事,不得安排照顾性和无实质内容的一般性出访,不得安排考察性出访。

第八条 出访须有境外对口机构、人员或国际会议组委会的邀请。邀请单位和邀请人应与出访人的身份和出访任务相符。邀请函必须有邀请人签名或邀请单位盖章。邀请函应含有明确的出访人员、出访任务和日期、停留时间、费用承担方式(参加国际会议除外)等。不得接受我驻外使领馆和外国驻华机构的邀请,严禁通过中介机构联系或出具邀请函。

第九条 学校党政主要领导不得同团出访;同一单位(学院、重点科研机构、直属单位)党政主要负责人原则上不得同团出访。

第十条 无特殊理由,校级领导1年内累计境外停留时间不得超过45天。

第十一条 学校因公临时出国(境)实行分类管理,分为教学科研学术交流类和非教学科研学术交流类两类。

(一) 教学科研学术交流类因公临时出国(境)主要包括:合作研究、学术访问、出席国际会议、教育教学活动、执行国际学术组织履职任务、科学观测、科学考察、科研仪器调试、科技展览、出席国际组织活动、人才招聘等活动。

教学科研人员(含离退休返聘人员)出国(境)执行以上学术交流合作项目,单位与个人的出国(境)批次数、团组人数、在外停留天数根据实际需要安排。原则上每次出访不超过3个国家或地区,但并非每次出访必须安排访问3个国家或地区(含经停,不出机场的除外,下同)。

(二) 非教学科研学术交流类因公临时出国(境)主要指一般性的校际间的涉及国际合作、科研教学管理的工作交流。

非教学科研学术交流类因公临时出国(境)的出访人数和出访批次实行限量管理。

1. 出访团组人员构成应坚持少而精的原则,一个团组不得超过6人。

2. 每次出访不得超过3个国家和地区,因公临时出国(境)访问、考察等,出访1国(地区),在外停留不超过5天;出访2国(地区)不超过8天,出访3国(地区)不超过10天。

3. 赴拉美、非洲航班衔接不便国家的团组,出访1国(地区)不超过6天,出访2国(地区)不超过9天。

4. 严禁以各种名义前往未报批国家(地区),包括未报批的“申根国家”和互免签证国家。赴美国、加拿大、俄罗斯等国访问多个城市,可根据实际工作需要适当增加出访天数。抵离中国国境当日计入在外停留时间。

第十二条 原则上单独访问香港停留时间不超过5天,访问澳门不超过4天,同时出访香港和澳门不超过8天,以上时间均含抵离当日时间。每个出访团组总人数不超过8人。

第十三条 参加国际会议原则上要有会议报告,应优先安排有大会特邀报告、担任会议主席或分会主席、在国际组织担任职务的人员参会,但应适度控制同一单位参加同一国际会议的人数。严禁擅自拆分团组或组织“团外团”。如参加国际会议或特殊情况确需增加团组人员和出访时间，须提供充分的理由，经批准后方可执行。

第十四条 参加境外培训的，应严格按照中国科学院、国家外专局及学校有关规定执行。

第三章 审批权限和责任

第十五条 根据中国科学院授予我校一定的派遣人员因公临时出国（境）事项审批权的规定，学校可根据人员管理权限，自行审批除党委书记和校长以外的本校及所属企事业单位人员因公临时出国事项，签发中国科学技术大学出国及赴港澳任务批件、确认件、任务通知书、征求意见函、复函等。

第十六条 涉及以下人员和情况的出访，须报中国科学院审批：

（一）校党委书记和校长因公临时出国（境）；

（二）因公临时出国（境）参加会议的内容或出国任务涉及重要敏感或热点问题、前往高度敏感或热点国家（地区）、邀请方有复杂背景等特殊情况；

（三）前往未建交国家访问。

第十七条 赴台湾事项，按国家现行有关规定，由学校上报中国科学院审批。

第十八条 原则上不再派遣离退休人员出国（境）执行公务，60岁以上教学科研人员因工作需要出访，须出具在职证明；65岁以上人员出访，除在职证明外，还须提供校医院（或二级以上医院）出具的健康证明；70岁以上人员出访，除在职证明和健康证明外，还须提供家属承诺书（或所在单位担保证明），且需要有专人陪同。

第十九条 按照“谁派出、谁负责”的原则，实行出访人员所属的各院系和直属单位党政“一把手”责任制，责任到人。各院系和直属单位负责对本单位的教职工提交的因公临时出国（境）任务进行审核，包括出访者的思想素质、业务能力、出访身份、出访任务、日程安排、出访期间的教学科研安排等相关事宜，出具明确意见，并对申报材料的真实性负责。

第二十条 国合部暨港澳台办负责对授权范围内的因公临时出国（境）任务进行审核审批。国合部暨港澳台办要严格执行中央有关因公出访管理规定，审核因公出访团组任务的必要性、人员构成与行程安排的合理性，对不符合因公出访管理规定的团组，要明确提出调整或取消等意见供审批领导参考。

党委组织部、人力资源部负责因公临时出国（境）人员的备案工作；

财务处负责出国（境）费用的核算工作；

保密办公室负责涉密出国（境）人员审核工作。

第二十一条 各审批部门必须切实履行职责，加强管理，提高服务质量和效率。

第四章 审 批 程 序

第二十二条 出访计划。

（一）学校对因公临时出访进行年度计划管理。各单位根据工作需要和人员分工，科学合理制定下一年度出国(境)计划,每年年底集中报送国合部暨港澳台办汇总。国合部暨港澳台办对下一年度因公临时出国(境)计划进行统筹,上报校外事领导小组,经校外事领导小组审定后执行。除上级临时指派任务外,因公临时出国(境)任务应在年度计划内执行,原则上不得突破年度计划总量。

(二) 科研人员应将参加国际学术会议、双边或多边磋商等年度机制性的工作纳入出访计划,允许在总量不变的情况下调整出访计划,不批准未纳入年度出访计划的团组。未纳入出国(境)计划,又确需临时安排的因公临时出国(境)任务,应在报批时说明必要性,由所在单位主要负责人签字同意后报国合部暨港澳台办审批。

第二十三条 公开公示制度。

(一) 因公出访报批前须进行事前公示。公示内容包括全体团组人员的姓名、单位、职务、出访国家、任务、日程、往返航线、邀请函、经费来源和经费预算等。

(二) 出访任务完成后须进行事后公示。事后公示包括出访实际执行情况、实际产生费用等。应在出访结束后1个月内提交出国成果总结,自觉接受师生监督,实现资源共享。

(三) 因公出国(境)任务以学校内部网或公示栏等方式进行公示,公示时间原则上不少于5个工作日。未按规定公示公开的,国合部暨港澳台办不予审批其半年内的出国(境)申请。

第二十四条 出国(境)审批程序。

(一) 校党委书记和校长因公临时出国(境),经党委书记、校长相互签批后,由分管外事的校领导审核后报中国科学院审批。

(二) 其他校领导因公临时出国(境),须经党委书记、校长审批,国合部暨港澳台办审核后,报分管外事的校领导审批。

(三) 中层领导因公临时出国(境),经分管/联系校领导审批,国合部暨港澳台办审核后,报分管外事的校领导审批。

(四) 学校其他普通教职工(含博士后)等人员,经本单位主要负责人审批同意后,报国合部暨港澳台办审核后审批。

第二十五条 因公出国(境)人员备案按照人事行政隶属关系和干部管理权限进行。

(一) 出国(境)人员在申请办理任务审批的同时,须填写备案表,由所在单位院级党组织负责人签署意见。

(二) 中层领导由党委组织部备案,在职教职工(含博士后)由人力资源部备案。

第二十六条 涉密人员因公出访,须填写《涉密人员因公出国(境)审批表》《涉密人员出国(境)行前教育情况表》和《涉密人员因公出国(境)保密承诺书》,在承诺书上署名,与申报材料一并提交。经保密办公室审核通过后,办理出国(境)任务批件。

第二十七条 因公临时出国(境)3个月以上的人员应与学校签订合同,保证按期回国,并履行合同规定。

第二十八条 按上述程序完成校内审批后,国合部暨港澳台办对学校有审批权限的任务出具任务批件;学校无审批权限的任务,由国合部暨港澳台办按规定报上级主管部门审批。

第二十九条 因教学、科研等工作需要,参加外单位组团出国(境)执行公务,组团单位应具备组团资格并提供《征求意见函》原件、《出国(境)、赴港澳任务通知书》原件及《出国(境)、赴港澳任务批件》。出访人员按出国(境)审批程序报学校审批后,由国合部暨港澳台办出具《中国科学技术大学关于同意随团出访的函》,并签发《中国科学技术大学出国(境)及赴港澳任务确认件》。

第三十条 因公出访须严格按照审批的任务和计划执行。实际出访中不得发生擅自改变出访路线、增加出访地点、延长出访时间等违规行为。行程计划确需变更的,须在出行前至少一周按原审批程序重新报批,获批后,任务批件批准范围内的费用可正常报销,未经审批变更行程计划的,出国(境)相关费用不予报销,并视情节追究有关人员和单位责任。教学科研类出访期间,出访人员须严格按照预定的计划开展工作,不得随意延长在外停留天数。严禁未经报批,前往其他“申根国家”和互免签证国家。

第三十一条 因公出国(境)人员在出访前,须购买覆盖出访时间的境外医疗及意外伤害保险。保险费用可根据发票据实报销。

第三十二条 出国批件上注明的在外停留时间,包含离、抵我国国境当日。实际天数超出批件天数为逾期归国,除因不可抗力因素导致的逾期外,未事先经学校批准或同意的,均属于“擅自延长在国外期限”的行为。因公出访逾期归国,如因凌晨航班原因致使提前 1 天离境,或为时差原因造成抵境日期延迟 1 天的,由出国人员说明情况;其他情况出国人员应填写“因公出国逾期归国情况说明”并经单位党委、行政负责人批准,方可报销出国批件上注明的在外停留期间相关费用和返程国际旅费。逾期期间城市间交通费、住宿费不予以报销,且无伙食费、公杂费补助。

第五章 纪律与监督

第三十三条 各单位要进一步强化纪律意识和责任意识,建立完善监督检查和责任追究机制。

(一) 出访人员对本人提交的申报材料的真实性和合法性承担直接责任。

(二) 出访人员所在单位主要负责人是本单位因公临时出国(境)管理工作的第一责任人,对出访人员的身份,出访目的、内容、必要性、经费来源、安全风险等审核负有领导责任。

(三) 相关审批部门主要负责人是本部门审核事项的第一责任人。国合部暨港澳台办主要负责人对因公临时出国(境)人员申请的合规性、合法性以及涉外政策把关负有直接责任,是因公临时出国(境)任务审批审核的第一责任人。

第三十四条 出访团组实行团长负责制。出访团组应指定工作能力强、富有经验的人员担任出访团长,团长需积极配合国合部暨港澳台办安排出访团组成员接受行前教育。

第三十五条 因公出国(境)人员在对外交往中应维护国家和学校利益,不做有损国格、人格和学校声誉的事情。严格按照规定安排交通食宿,不得铺张浪费,严禁公款旅游。

第三十六条 对外学术交流及个人交往中,应维护学校和有关单位及个人的知识产权,不得泄露国家秘密;严禁擅自携带(邮寄)涉密载体、涉密移动存储介质、涉密信息设备出国(境),确因工作需要必须传递出境的,按照《国家秘密载体出境保密管理规定》等有关国家政策,经中央国家机关和省(区、市)有关业务主管部门批准,通过外交信使等方式传递出境。

第三十七条 因公出国(境)人员严重违反有关规定的,由国合部暨港澳台办公开报送所在单位及纪委办监察处;主管部门和学院存在把关不严、违规办理的,由相关单位进行整改。情节严重的按国家有关规定处理。

第六章 附 则

第三十八条 本办法自印发之日起施行,由学校国际合作与交流部暨港澳台办公室负责解释。原《中国科学技术大学因公临时出国(境)管理实施细则》(校办字〔2017〕85 号)同时废止。

中国科学技术大学因公证照管理办法

(校办字〔2021〕173 号,2021 年 10 月 29 日)

第一条 为进一步加强学校因公出国(境)管理监督工作,规范因公证照管理,切实保障国际合作、学术交流等活动有序开展,根据《中华人民共和国护照法》《中共中央组织部关于进一步加强领导干部出国(境)管理监督工作的通知》《关于加强和改进教学科研人员因公临时出国管理工作的指导意见》《中国科学院院属单位因公临时出国(境)管理办法》有关精神,结合学校实际,制定本办法。

第二条 本办法所称因公证照是指因公护照(含公务护照、公务普通护照)和因公往来港澳地区通行证。

第三条 应邀赴境外执行为期 180 天以内(不含 180 天)公务的教职工,应向学校国际合作与交流部暨港澳台办公室(以下简称"国合部暨港澳台办")提交因公临时出国(境)任务申请。获得出国(境)任务批件后,必须办理因公证照和签证/签注,未经审批不得持因私证照执行公务,相关费用不予报销。

第四条 严禁将因公护照通过个人渠道送往外国使领馆办理签证,不得委托他人或中介机构办理签证,不得将因公护照交由外方申办签证。参加跨部门、跨地区组团的出访人员,不得委托组团单位代管因公证照。因公证照只能用于执行因公临时出国(境)任务,不得用于处理个人私事。

第五条 教学科研人员因公临时出国(境)开展学术交流合作,原则上应持因公证照,严禁擅自持因私证照因公出国(境)执行公务。

教学科研人员前往持有永久居留证(绿卡)国家(地区)执行公务、学校正式聘用的外籍教学科研人员因公出访、在站博士后因公出访经审批后可持因私证照出国(境)。

教学科研人员如执行紧急因公出访等其他特殊情况,需持因私证照出国(境),中层领导须经党委组织部批准,其他人员须经人力资源部批准。

教学科研人员因公临时出国(境),一律不得同时持因公、因私两本证照出国(境)。学校所有因公出访人员须在出国(境)前接受行前教育,内容包含出国(境)期间证照规范使用和妥善保管。

第六条 因公证照实行“统一管理、分级保管”管理制度。

（一）公务护照上交安徽省外事办公室统一保管。

（二）公务普通护照和因公往来港澳地区通行证由国合部暨港澳台办指定专人负责，统一保管。

第七条 因公出国、赴港澳地区的教职工应妥善保管证件。在结束出访任务后，根据证照管理有关文件要求，须于归国（境）7日内将因公证照交由国合部暨港澳台办统一保管。对逾期未归还因公证照的出访人员，国合部暨港澳台办将视情况暂停办理其因公出访申请。

第八条 教职工领取因公证照后因故取消出访计划，应及时告知国合部暨港澳台办，并自确定出访任务取消之日起5个工作日内交回因公证照。

第九条 办理入职手续的教职工，应持由人力资源部开具的证明并将有效的因公证照交至国合部暨港澳台办保管。办理离职手续的教职工，由国合部暨港澳台办统一办理因公证照移交或注销手续。办理退休手续的教职工，应持由人力资源部开具的证明交至国合部暨港澳台办办理因公证照注销手续。

第十条 持照人如在境内遗失因公证照，应立即登报挂失，并自遗失之日起2个工作日内向国合部暨港澳台办提交书面报告。

第十一条 持照人如在境外遗失因公证照，应立即向当地警察部门报案并取得相关证明，持此证明向中国驻当地使领馆或驻香港、澳门特别行政区特派员公署报告，同时第一时间向国合部暨港澳台办报告。完成报告后向中国驻当地领事馆或驻香港、澳门特别行政区特派员公署申请办理临时旅行证件。

第十二条 本办法自印发之日起施行，由学校国际合作与交流部暨港澳台办公室负责解释。

中国科学技术大学“大师讲席”教授岗位聘任实施办法

（校人字〔2021〕201号，2021年12月1日）

第一章 总 则

第一条 为深入实施新时代人才强校战略，进一步加强战略科学家和关键核心技术领军人才的柔性引进工作，充分发挥柔性引进人才在立德树人、攻关创新、师资建设、国际交流等方面的作用，结合学校实际，制定本办法。

第二条 “大师讲席”教授岗位的聘任管理工作坚持党管人才原则，聚天下英才而用之。

第二章 聘任条件

第三条 “大师讲席”教授聘任条件为：

（一）遵守中华人民共和国宪法及法律法规，师德师风端正，科学态度严谨，恪守学术规范；

（二）具有在海外著名高校、科研机构或大型企业研发机构等单位担任教授或相当岗位的任职经历；

（三）学术或技术造诣高深，已取得国际公认的学术或技术成就，在相关领域具有权威声望；

（四）身体健康，年龄一般不超过70周岁。

第三章 岗位职责

第四条 “大师讲席”教授受聘期间应履行以下岗位职责：

（一）开展人才培养工作，开设国际前沿领域的课程或讲座；

（二）开展科研攻关创新，促进学科建设；

（三）在人才引进与培养工作中发挥重要作用；

（四）促进与海外著名高校、科研机构或大型企业研发机构等单位的国际合作交流；

（五）与学校、学院或国家（重点）实验室商定的其他岗位职责。

第四章 聘任程序

第五条 “大师讲席”教授聘任程序为：

（一）学院、国家（重点）实验室发布招聘信息；

（二）学院、国家（重点）实验室党组织开展审查工作，对人选的思想政治、师德师风、科研诚信、遵纪守法、海外风险等情况进行全面考察；

（三）学院、国家（重点）实验室召开会议评议，形成对人选的审查及推荐意见；

（四）学校组织复核工作；

（五）学校召开高端人才工作领导小组会议评议，确定拟聘人选；

（六）颁发聘书，签订工作协议书。

第五章 支持条件

第六条 学院、国家（重点）实验室为“大师讲席”教授提供必要的科研工作条件，配备必要的科研助手。

第七条 学校根据学科特点和实际工作需要，提供必要的科研启动经费，一般不超过200万元。

第八条 学校根据实际来校工作时间发放津贴，标准为1万美元/（月·人），学院、国家（重点）实验室可另给予匹配支持。

第九条 学校每年报销1次往返国际（国内）差旅费用。

第十条 在校工作期间，学校提供流动专家公寓。

第十一条 “大师讲席”教授同时享受其他人才计划支持的，按照就高原则享受待遇。

第六章 管理服务

第十二条 “大师讲席”教授聘期为5年，每年来校工作时间不少于2个月。诺贝尔奖获得者、著名大学校长等国际知名学者工作时间可不受限制。

第十三条 聘期届满后，学院、国家（重点）实验室提交总结报告，报人力资源部审核，学校组织聘期届满评估工作。

第十四条 “大师讲席”教授的日常管理和服务工作由学院、国家（重点）实验室负责。

第七章 附则

第十五条 本办法由人力资源部负责解释。

第十六条 本办法自印发之日起施行。原《中国科学技术大学“大师讲席”制度实施办法》（校人〔2000〕43号）、《中国科学技术大学“大师讲席Ⅱ”制度实施办法（试行）》（校人字〔2009〕116号）同时废止。

中国科学技术大学退休人员返聘管理暂行办法

（校人字〔2021〕219号，2021年12月16日）

第一章 总则

第一条 为进一步规范学校退休人员返聘管理，完善退休返聘制度，结合学校实际，制定本办法。

第二条 本办法中的返聘是指用人单位因工作需要，聘用学校已退休人员继续工作。

第三条 退休人员返聘坚持从严控制、规范管理的原则。

第二章 返聘条件

第四条 各单位有如下情况的，可在严格控制数量的前提下返聘教师或支撑岗位退休人员继续工作：

1. 本科生或研究生重要课程的师资力量紧缺；
2. 教师退休后主持或参与的省部级以上科研项目尚未结题；
3. 支撑岗位职工退休、调离后暂时无人接替工作；
4. 学校重要专项工作人手不足。

第五条 管理岗位原则上不得返聘退休人员，因学校重要专项工作需要的，经学校批准后可返聘。

第六条 退休返聘为阶段性、过渡性安排，待人员接替到位或相关工作完成后，用人单位应尽快停止返聘。

第七条 返聘人员须满足以下条件：

1. 政治立场坚定，遵纪守法，在职期间无师德师风问题；

2. 本人自愿，身体健康，具有返聘岗位相关工作经历，能够履行岗位职责，胜任岗位工作要求；

3. 教学科研类返聘人员一般不超过70周岁，管理支撑类返聘人员一般不超过65周岁。专业水平特别突出的教学科研人员或因学校重要专项工作返聘的，经学校批准后年龄可适当放宽。

第三章 返聘程序和期限

第八条 根据返聘类型，退休人员返聘按以下程序进行：

（一）本科生、研究生重要课程教学返聘

1. 用人单位根据教学工作需要，以党政联席会议等方式，经集体研究后提出拟返聘人选；

2. 用人单位将本科生、研究生教学的拟返聘人选分别报教务处、研究生院审批；

3. 返聘人员确定后，由人力资源部下文公布。

（二）其他类型返聘

1. 用人单位根据个人申请或单位考察情况，以党政联席会议等方式，经集体研究后提出拟返聘人选；

2. 用人单位将返聘事由及拟返聘人员信息等报人力资源部审核；

3. 拟返聘人员信息在用人单位公示5个工作日；

4. 用人单位和拟返聘人员签订《中国科学技术大学退休人员返聘协议书》，明确约定返聘期限、工作内容等事项，并报人力资源部备案。

第九条 退休人员每次返聘期限一般不超过1年。返聘期满且考核合格者，如需要继续返聘，须重新按照本办法第八条规定履行返聘程序。

第四章 返聘待遇及经费渠道

第十条 返聘待遇按如下方式确定：

（一）本科生、研究生教学的返聘酬金分别按照《关于我校本科课程外返聘教师课时酬金标准调整的通知》（教字〔2015〕33号）、《关于制定研究生课程外返聘教师课时酬金标准的通知》（研字〔2021〕42号）执行，所需经费由学校承担。

（二）其他类型返聘人员的酬金由用人单位根据岗位职责和履职能力等情况与返聘人员协商，并经单位党政联席会议等讨论确定，酬金标准原则上不超过其在职在岗时的绩效工资最高水平。返聘酬金所需经费原则上由用人单位自筹解决，特殊情况须经学校审核批准。

第五章 其　　他

第十一条 返聘人员应主要从事专业性或事务性工作，不得行使相关管理职能的决策权和涉及学校人事、财务、资产等事项的签字审批权。

第十二条 返聘人员的日常考勤和考核等由用人单位参照学校和本单位在职人员有关规定进行管理。返聘期间出现的有关劳动纠纷和争议等问题，由用人单位按有关规定负责处理。

第十三条 返聘人员在返聘期间有如下情形之一者，一经发现，学校有权通知用人单位终止返聘，对学校造成不良影响和损失者，学校将追究相关责任：

1. 违反国家法律法规的；
2. 违反师德师风有关规定，造成恶劣影响的；
3. 发生重大教学、科研或管理事故的；
4. 未经批准长期脱离工作岗位的；
5. 其他严重违反劳动工作纪律或学校规章制度的。

第十四条 各单位须严格按照本办法规定返聘和管理退休人员，对违反规定的单位，学校将视情况严肃处理。

第十五条 本办法由人力资源部负责解释。

第十六条 本办法自印发之日起施行。原《中国科学技术大学退休骨干教师返聘管理暂行办法》(校人字〔2001〕027 号)、《中国科学技术大学退休博士生导师返聘实施办法》(校学位字〔2001〕06 号)同时废止。

中国科学技术大学科技成果转移转化关联业务管理暂行规定(试行)

(校转化字〔2021〕3 号，2021 年 1 月 15 日)

第一章 总　　则

第一条 为进一步规范学校科技成果转移转化关联业务管理，根据《中华人民共和国促进科技成果转化法》《事业单位国有资产管理暂行办法》《中国科学院关于加强科研项目关联业务管理的暂行规定》《中国科学技术大学经济合同管理办法(试行)》《中国科学技术大学科技成果转化管理办法(试行)》《中国科学技术大学科研项目关联业务管理暂行规定(试行)》，结合学校科技成果转移转化管理的实际情况，特制定本规定。

第二条 本规定所称科技成果是指依法归学校所有的科技成果，包括但不限于专利权、专利申请权、著作权、技术秘密、计算机软件著作权、集成电路布图设计专有权和植物新品种权等。

本规定所称科技成果转移转化包括但不限于通过许可、转让、作价投资等形式进行科技成果转移转化。

第三条 科技成果转移转化关联业务是指关联业务方参与的科技成果转移转化。

本规定中关联业务方是指科技成果转移转化承接方是学校参与投资的企业、学校职工参与投资的企业和特定关系人参与投资的企业。

本规定中的特定关系人是指科技成果完成人的近亲属,以及其他共同利益关系人。

第二章 关联业务的管理

第四条 为鼓励科技人员积极进行科技成果转移转化,同时规避科技人员在科技成果转移转化过程中的风险,科技成果转移转化涉及关联业务的,科技成果完成人负有主动、充分披露关联关系的责任,并对所提供情况的客观性、真实性和合法性负责;同时须对关联业务作论述说明,并承诺关联业务真实且没有非法利益输送。

第五条 科技成果转移转化涉及关联业务且采取协议定价方式确定交易价格的,需要在科技成果完成人所在学院(或重点科研机构)、学校和技术交易平台同时进行公示。公示内容包括科技成果名称、内容摘要、转移转化方式、拟交易价格、关联情况披露等,公示期不少于 15 天。

第六条 公示期内有异议的,异议人须在公示期内实名向科技成果转移转化办公室提交异议书及有关证据;对拟交易价格有异议的,异议人应提供高于原公示拟交易价格 10%的成果转移转化价格渠道,并提交拟受让方意向书及拟受让方身份证明或资质证明材料。科技成果转移转化办公室负责将异议书通知被异议人,并对异议人所提交的材料进行核实,由技术团队依托单位(学院或学校重点科研机构)协助调查,必要时可组织专家进行论证,做出异议裁定并告知异议人和被异议人。

第三章 法 律 责 任

第七条 任何人违反本规定,隐瞒关联关系、通过串通作弊、暗箱操作等向关联业务方进行非法利益输送,损害学校权益的,学校将给予必要处分;给学校造成经济损失的,应依法赔偿经济损失;构成犯罪的,移交司法机关对当事人追究法律责任。

第四章 附 则

第八条 本规定未尽事宜,按照国家有关法律法规执行。

第九条 本规定自印发之日起施行,由科技成果转移转化办公室负责解释。

中国科学技术大学赋予科研人员职务科技成果所有权或长期使用权试点工作方案

（校转化字〔2021〕45号，2021年3月21日）

为深化学校科技成果使用权、处置权和收益权改革，进一步激发科研人员创新热情，促进科技成果转化，根据《中华人民共和国科学技术进步法》《中华人民共和国促进科技成果转化法》《中华人民共和国专利法》和《赋予科研人员职务科技成果所有权或长期使用权试点实施方案》《关于提升高等学校专利质量促进转化运用的若干意见》等规定，结合学校实际，特制定本方案。

一、总体要求

（一）指导思想

以习近平新时代中国特色社会主义思想为指导，全面贯彻党的十九大和十九届二中、三中、四中、五中全会精神，贯彻落实国家创新驱动发展战略，着力破除制约科技成果转化的障碍和藩篱，通过赋予学校科研人员职务科技成果所有权或长期使用权实施产权激励，完善学校科技成果转化激励政策，创新促进科技成果转化的机制和模式，激发学校科研人员从事科技成果转化的积极性和创造性，促进科技与经济深度融合，全面提升学校服务国家和区域经济社会发展的能力和水平。

（二）基本原则

1. 系统设计、统筹布局。聚焦赋权改革，规范赋予科研人员职务科技成果所有权和长期使用权流程，建立尽职免责机制，在科技成果转化管理和服务等方面做好顶层设计，统筹推进试点工作。

2. 问题导向、补齐短板。遵循市场经济和科技创新规律，着力破解科技成果有效转化的政策制度瓶颈，集中资源和力量，畅通科技成果转化通道。

3. 先行先试、重点突破。以调动科研人员创新积极性、促进科技成果转化为出发点和落脚点，强化政策引导，先行开展探索，破除体制机制障碍，形成新路径和新模式，加快构建有利于学校科技创新和科技成果转化的长效机制。

二、试点目标

通过赋予科研人员职务科技成果所有权或长期使用权，争取在试点期3年内积极推动不少于30项科技成果的先赋权后转化，形成可复制、可推广的经验和做法，推动完善相关法律法规和政策措施，进一步激发学校科研人员从事科技成果转化工作的积极性和创造性，促进科技成果应用。

三、试点主要任务

（一）建立职务科技成果赋权试点管理体系

校长工作会议、党委常委会会议是职务科技成果赋权试点的最高领导与决策机构，审定职务科技成果赋权试点管理办法和处置方案，决策其他相关重大事项。校长工作会议负责对赋予科研人员职务科技成果所有权进行决策，并提交党委常委会会议讨论决定；授权分管校领导对赋予科研人员职务科技成果长期使用权进行决策。

在学校科技成果转移转化领导小组的领导下，成立学校赋予科研人员职务科技成果所有权或长期使用权试点工作小组，负责制定职务科技成果赋权试点的管理办法，全面负责职务科技成果赋权试点的日常管理；形成职务科技成果赋权处置方案、撰写试点工作年度报告等；协调相关职能部门和科技成果完成人推动相关决定的实施。

相关职能部门按照分工协作原则，负责职务科技成果赋权试点和科技成果转化工作：

1. 科技成果转移转化办公室（以下简称“转化办”）是学校科技成果管理、转移转化和知识产权运营的专门职能机构，负责科技成果的申请、维护、赋权协议的签订以及赋权后的权属变更等。

2. 中科大资产经营有限责任公司（以下简称“科大控股”）负责科技成果作价入股及股权运营等工作，负责科技成果作价入股的赋权相关事宜。

3. 先进技术研究院（以下简称“先研院”）等新型研发机构是学校高科技产业孵化基地和技术转移转化基地，负责科技成果中介交易服务、相关科技成果的应用开发、转化和运营。

（二）建立赋权科技成果负面清单

对可能影响国家安全、国防安全、公共安全、经济安全、社会稳定等事关国家利益和重大社会公共利益的成果暂不纳入赋权范围。

（三）梳理赋权科技成果清单

学校职务科技成果赋权试点主要针对已有的职务科技成果所有权（如专利权、专利申请权、计算机软件著作权、集成电路布图设计专有权、植物新品种权，以及生物医药新品种和技术秘密等）开展，赋权的科技成果应具备权属清晰、应用前景明朗、承接对象明确、科研人员转化意愿强烈等条件。

（四）明确职务科技成果赋权试点工作机制

技术团队（或发明人）可向学校申请，将职务科技成果的长期使用权赋予技术团队（或发明人）；或在许可、转让或作价入股前，技术团队（或发明人）可向学校申请，将归学校所有的职务科技成果所有权部分赋予技术团队（或发明人），经审核赋权后，学校与技术团队（或发明人）成为共同所有权人。

1. 赋予科研人员职务科技成果的长期使用权

技术团队（或发明人）向学校申请并提交成果转化实施方案，由其单独或与其他单位共同实施该项科技成果转化。经所在学院（或重点科研机构）和转化办审查后，在学院（或重点科研机构）以及转化办网站进行公示，公示期不少于 15 日；公示期结束无异议，转化办报分管校领导审批，审批通过后技术团队（或发明人）与学校就职务科技成果长期使用权签订协议，约定成果的收益分配等事项，使用权赋权年限不少于 10 年。

在技术团队（或发明人）履行协议、科技成果转化取得积极进展、收益情况良好的情况下，学校可进一步延长科研人员长期使用权期限。试点结束后，试点期内签署生效的长期使用权协议按照协议约定继续履行。

2. 赋予科研人员职务科技成果所有权

技术团队（或发明人）向学校申请并提交成果转化实施方案，经所在学院（或重点科研机构）和转化办审查并报分管校领导审批通过后，在省级以上技术交易平台、学院（或重点科研机构）以及转化办网站进行公示，公示期不少于 15 日；公示期结束无异议，转化办提交校长工作会议、党委常委会会议审议，审议通过后，技术团队（或发明人）与学校就职务科技成果所有权分割签订赋权协议；技术团队（或发明人）以团队为单位，其内部成员分配比例由团队内部协商确定，并形成书面协议向学校备案。

赋予科研人员职务科技成果所有权后，技术团队与学校作为该职务科技成果或者该职务科技成果所形成的知识产权的共同共有人，技术团队以许可他人实施或者转让进行该职务科技成果或者该职务科技成果形成的知识产权的转化或者实施工作时，须经学校备案后，方可按协议约定自行实施。其中技术团队许可他人实施期限可不低于 10 年。

赋予科研人员职务科技成果所有权后，技术团队与学校作为该职务科技成果或者该职务科技成果所形成的知识产权的共同共有人，技术团队以作价投资方式进行该职务科技成果或者该职务科技成果形成的知识产权的转化或者实施工作时，技术团队持有部分可进行作价投资，设立转化企业，学校持有部分可选择按评估价格转让、当下或未来以增资方式作价投资于转化企业，其中对于未来拟以增资方式作价投资于转化企业的，可签订投资意向书。学校持有部分选择进入转化企业的，由科大控股代表学校完成相关作价投资手续和股权管理工作，包括派出董事、监事人选，签署合资协议书和工商登记等。赋予科研人员职务科技成果所有权作价入股实施方案须经学校备案后，方可按协议约定自行实施。

对于专利权和专利申请权，由技术团队（或发明人）提出申请，学校与技术团队（或发明人）签订赋权协议后，由学校主管部门出具权利人变更所需材料，将专利权或专利申请权由学校所有变更为学校和技术团队（或发明人）共同所有，变更及由此增加的相关费用由技术团队（或发明人）承担。

学校与技术团队（或发明人）共同享有的职务科技成果所有权，产生的费用（如专利申请和维护费用等）由学校与技术团队（或发明人）按各自的权属比例共同承担。

3. 收益分配

科技成果以长期使用权获得的收益，在技术团队（或发明人）及学校之间进行分配。为加大对安徽省内科技成果转化的支持力度，科技成果在安徽省内进行转化的技术团队（或发明人）获得收益的 80％并确定内部分配比例，学校获得收益的 20％；科技成果在安徽省外进行转化的技术团队（或发明人）获得收益的 70％并确定内部分配比例，学校获得收益的 30％。以上学校获得收益的 50％可用于奖励技术团队的依托单位（学院或重点科研机构），其余部分作为科技成果转化基金，用于专利申请维持、成果的转化以及科技成果转化中有贡献人员的奖励，奖励部分原则上不超过 8％。

技术团队（或发明人）与学校共同享有的职务科技成果以许可、转让进行转化时，为加大对安徽省内科技成果转化的支持力度，科技成果在安徽省内进行转化的技术团队（或发明人）获得收益的 80％并确定内部分配比例，学校获得收益的 20％；科技成果在安徽省外进行转化的技术团队（或发明人）获得收益的 70％并确定内部分配比例，学校获得收益的 30％。以上学校获得收益的 50％可用于奖励技术团队的依托单位（学院或重点科研机构），其余部分作为科技成果转化基金，用于专利申请维持、成果的转化以及科技成果转化中有贡献人员的奖励，奖励部分原则上不超过 8％。

技术团队(或发明人)与学校共同享有的职务科技成果以作价入股进行转化时,为加大对安徽省内科技成果转化的支持力度,科技成果在安徽省内转化的技术团队(或发明人)获得股权的80%并确定内部分配比例,学校获得股权的20%,由科大控股或指定平台持有;科技成果在安徽省外转化的技术团队(或发明人)获得股权的70%并确定内部分配比例,学校获得股权的30%,由科大控股或指定平台持有。

4. 保持与原有转化机制的衔接

技术团队(或发明人)可以选择采取转化后奖励现金、股权(先转化后奖励)的激励方式,或者采取转化前赋予职务科技成果所有权(先赋权后转化)的激励方式,对同一科技成果转化不进行重复激励。按照技术团队(或发明人)的意愿,采取转化后奖励现金、股权(先转化后奖励)的,按照《中国科学技术大学科技成果转化管理办法(试行)》执行。

(五) 建立科技成果转移转化服务体系

建立多部门分工协作、多层级联动的科技成果转移转化服务体系。统筹转化办、先研院等新型研发机构、科大控股、人力资源部、财务处等有关部门,形成多部门分工协作、多层级联动的科技成果转移转化统筹协调工作机制。

在科技成果转移转化过程中,转化办、先研院等新型研发机构和科大控股三方联动,无缝对接,形成一条龙成果转移转化服务体系。

1. 科技成果管理机构:转化办负责学校科技成果的使用、处置、收益、转化奖励和知识产权的运营等事项。

2. 科技成果转化和技术转移机构:先研院等新型研发机构负责组建专业化的成果转化队伍,推进学校科技成果转化和技术转移工作。

3. 股权管理和投融资机构:科大控股主要负责学校科研成果作价投资与产业化工作,代表学校行使出资人权利和承担出资人义务,投资战略性新兴产业,并负责参股企业的股权运营管理等工作。

(六) 优化赋权改革相关资产管理和风险防控机制

1. 探索形成符合科技成果转化规律的国有资产管理模式。学校持有的科技成果,可自主决定转让、许可或者作价投资,不需报上级主管部门、财政部门审批。学校将科技成果转让、许可或者作价投资给国有全资企业的,可不进行资产评估。学校将持有的科技成果转让、许可或作价投资给非国有全资企业的,可自主决定是否进行资产评估。

2. 完善学校职称评定、岗位管理和考核评价制度。鼓励科技成果转化,对科技成果转移转化业绩突出的机构和人员给予奖励。

3. 建立赋权改革相关风险防控和尽职免责机制。学校领导人员履行勤勉尽职义务,严格执行决策、公示等管理制度,在没有牟取非法利益的前提下,可免除追究其在科技成果定价、自主决定资产评估以及成果赋权中的相关决策失误责任。科大控股以成果转化方式获得的国有股权,从获得股权日起3年内不纳入国有资产保值增值考核范围。

四、组织实施

(一) 组织保障

学校将职务科技成果赋权试点工作纳入学校重要议事日程,由学校赋予科研人员职务科技成果所有权或长期使用权试点工作小组统筹转化办、科大控股、先研院等新型研发机构,协调推进职务科技成果赋权试点工作。各相关单位应根据方案要求制定具体管理措施,确保方案贯彻落实。

(二)宣传总结

学校建立科技成果信息公示和转化管理平台,统筹成果和政策宣传展示、管理、技术转移等事务。本方案试点期限为3年,每年对方案执行情况进行总结考评。

(三)条件保障

依托学校科技成果转移转化基地,提供不少于10万平方米的场地,用于高价值知识产权培育、运营;建设一支不少于30人的成果转化专业人才团队建设,为学校科技成果转化提供专业化服务。

五、其他

本方案自印发之日起施行,由学校科技成果转移转化办公室负责解释。

中国科学技术大学国家知识产权示范高校工作方案

(校转化字〔2021〕54号,2021年4月9日)

为贯彻落实党中央、国务院关于强化知识产权创造、保护、运用的决策部署,大力提升学校知识产权管理能力,切实提高学校的创新质量和效益,服务学校“双一流”建设,根据《国家知识产权试点示范高校建设工作方案》《关于提升高等学校专利质量促进转化运用的若干意见》要求,结合学校实际,特制定本方案。

一、总体要求

立足基础科学研究,坚持面向世界科学前沿、面向经济主战场、面向国家重大需求、面向人民生命健康,在量子信息、智能语音、微电子、生物医药、新材料、新能源等关键技术领域取得一大批具有世界领先水平的原创性科技成果,创造一批高价值的知识产权,形成一批高新技术知名企业,切实增强学校技术创新服务国家和区域经济社会发展的能力和水平,为“双一流”建设提供有力支撑。

二、工作方针

学校作为首批“三权改革”和“赋予科研人员职务科技成果所有权或长期使用权”试点的高校之一,坚持潜心立德树人,执着攻关创新,布局基础科学、新工科、新医学等优势学科,在基础性、战略性工作上持续深耕,积极探索知识产权管理和运营模式,按照高水平管理、高质量创造、高效益运用、高标准保护的方针,着力完善知识产权管理体系,逐步形成由学校科技成果转移转化领导小组统筹,科技成果转移转化办公室、先进技术研究院、中科大资产经营有限责任公司、法律事务办公室、人力资源部、财务处、公共事务学院、图书馆等多部门分工协作、多层级联动的知识产权统筹协调工作机制,从知识产权创造到科技成果转化进行全流程管理,着力提升学校知识产权高水平管理能力、高质量创造能力、高效益运用能力、高标准保护能力。

三、工作内容

(一) 完善知识产权高水平管理体系

1. 健全知识产权管理协调机制。建立健全学校科技成果转移转化领导小组、知识产权管理机构、知识产权运营机构、院系、项目组等多层级联动的知识产权管理体系，由学校科技成果转移转化领导小组统筹负责知识产权管理工作。构建知识产权信息平台，建立覆盖知识产权全流程管理与服务的信息化体系，提高知识产权管理效率。

2. 建立知识产权标准化管理体系。依据《高等学校知识产权管理规范》(GB/T33251—2016)国家标准，优化相关流程，建立符合学校发展的科学、规范、系统的知识产权管理体系，确保知识产权管理活动在学校建设发展过程中起到积极推动作用；依托国家知识产权培训(安徽)基地，对全校相关人员开展差异化技能培训，确保科研、管理、服务等各类人员均获得与其相符的知识产权知识与技能。

3. 强化绩效考核的知识产权导向。在职称晋升、绩效考核、岗位聘任、项目结题、人才评价等过程中，避免简单以专利申请量、授权量为考核内容，加大知识产权转化应用绩效的权重。以知识产权质量和转化应用为导向调整知识产权资助和奖励政策，逐步取消对专利申请和授权的资助奖励，提高对知识产权运营的奖励力度。

(二) 推进知识产权高质量创造能力

1. 建立专利导航工作机制，引领知识产权高质量发展。依托学校世界知识产权组织(WIPO)技术与创新支持中心(TISC)，利用学校丰富知识产权数据资源和专业知识产权信息服务团队，在科学研究、产业规划和专利运营等工作中，通过专利信息深度挖掘和有效运用，明晰产业发展格局、技术创新方向和研发路径，提高研发创新起点，做好专利精准布局，大力推行以获取产权为目标的技术创新，引领知识产权高质量发展，构建自主知识产权创造体系。

2. 着力技术工程化开发，全面提升知识产权价值。聚焦学校在量子信息、智能语音、微电子、生物医药、新材料、新能源等关键技术领域的原始创新，创造一批高价值的知识产权。依托先进技术研究院等新型研发机构，建设公共中试试验和评测服务平台等，积极推动技术工程化开发、技术集成、技术熟化等，全面提升知识产权的技术价值和商业价值。

(三) 强化知识产权高效益运营能力

1. 健全知识产权运营服务体系。建立“立足合肥、覆盖安徽、辐射全国”的知识产权运营网络体系，设立知识产权运营基金或成果转化引导基金，充分发挥财政资金引导作用，带动社会资本投入，以市场化的方式促进知识产权运营工作。加快推进学校知识产权学科建设，布局合理的知识产权教学与研究团队；利用博士、硕士学位的自主审核权，自主设置知识产权交叉学科博士点，形成长期稳定的高端知识产权运营人才培养机制；充分发挥技术经纪人作用，加强科研项目成果的承接转移；与行业龙头企业、孵化企业合作成立产业知识产权联盟，推进知识产权打包许可和协同运作机制。

2. 推动赋予科研人员职务科技成果所有权或长期使用权试点工作。针对存量知识产权，在不影响国家安全等事关国家利益和重大公共社会利益的前提下，通过赋予科研人员职务科技成果所有权或长期使用权实施产权激励，激发科研人员积极进行科技成果转化。

3. 建立效益导向的知识产权分级分类运营模式。针对知识产权成果的重要性和成熟度等，依托先进技术研究院等新型研发机构，充分发挥地方研究院的辐射带动作用，分级分类高效运营知识产权。依据《关于委托中国科学技术大学先进技术研究院实施科技成果转移转化的试点方案(试行)》，将部分知识产权委托先进技术研究院进行转化孵化。

(四) 提升知识产权高标准保护能力

1. 加强学校知识产权的规范使用和有效管理。规范使用校名、校标、校徽、域名及有关服务标记，确保学校品牌在推广传播过程中不断提升价值。规范著作权的使用和管理，加强学位论文和毕业设计的查重检测工作，在符合保密要求的前提下，明确要求教职员工和学生在发表论文时应标注主要参考文献、利用国家重大科研基础设施和大型科研仪器情况。加强合同中的知识产权管理，特别是在许可或转让知识产权过程中应签订书面合同，明确合同相关方的权利和义务。

2. 有效管理学校知识产权资产。建立知识产权资产评价和统计分析体系，科学核算和管理学校知识产权资产，完善学校知识产权资产处置机制，有效维护学校知识产权权利稳定；充分体现学校创新成果的知识产权资产价值，确保学校资产保值增值。

3. 强化知识产权风险防范意识。建立成果披露制度，加强针对重要成果的知识产权保护。面向学校师生和创新创业团队，开展知识产权风险防范意识培训，提升知识产权风险防范能力。建立知识产权纠纷应对机制，运用行政裁决、司法诉讼、仲裁、调解等多元化的争议解决方式，降低对学校声誉的不良影响。加强学术交流中的知识产权管理，避免学校知识产权流失。

四、时间进度安排

1. 到 2021 年，完善知识产权管理体制，形成充分授权、灵活高效的组织管理模式；建设知识产权管理系统，实现知识产权全流程管理；推进知识产权学科建设，组织知识产权培训及交流，全面提升学校知识产权管理意识和风险防范意识；自主设置知识产权交叉学科博士点，形成长期稳定的高端知识产权运营人才培养机制；引进和培养一批知识产权专职人员，初步建立一支 5 人以上知识产权运营队伍；与行业龙头企业、政府机构联合，启动不少于 3 个项目，开展知识产权定制化创造培育；推动不少于 10 项优质知识产权转化。

2. 到 2022 年，贯彻实施《高等学校知识产权管理规范》(GB/T33251－2016)国家标准；协同相关部门，将知识产权管理流程顺利嵌入全校组织运转工作中；进一步完善知识产权工作的制度建设，完善激励奖励制度；汇聚一支不少于 15 人的知识产权管理、运营高层次人才团队；与行业龙头企业开展知识产权定制化创造培育工作，启动不少于 5 个项目；推动不少于 30 项优质知识产权转化；设立知识产权运营基金或成果转化引导基金。

3. 到 2023 年，创造不少于 50 项高价值专利；围绕核心产业，布局构建不少于 2 个专利包；推动不少于 50 项优质知识产权转化，促进产业发展。

五、保障措施

(一) 组织保障

成立中国科学技术大学国家知识产权示范高校领导小组，由校领导任组长，科技成果转移转化办公室、公共事务学院、先进技术研究院、中科大资产经营有限责任公司、法律事务办公室等为工作组成员单位，推进国家知识产权示范高校建设。

(二) 经费保障

3 年内学校国家知识产权示范高校经费投入不少于 1000 万，其中，不低于 800 万元用于高价值知识产权培育；不低于 200 万元用于知识产权运营人才团队建设。

(三) 其他条件保障

通过学校、先进技术研究院联合，提供不少于 1 万平方米的场地用于高价值知识产权培育、运营；提供不少于 15 个知识产权专职人才岗位，用于硕士及以上知识产权专业人才团队建设。

中国科学技术大学科技成果转化管理办法(试行)

(校转化字〔2021〕68 号，2021 年 5 月 5 日)

第一章 总 则

第一条 为贯彻落实《中华人民共和国促进科技成果转化法》《实施〈中华人民共和国促进科技成果转化法〉若干规定》《关于实行以增加知识价值为导向分配政策的若干意见》《中国科学院领导人员兼职和科技成果转化激励管理办法》《中国科学院关于新时期加快促进科技成果转移转化指导意见》《关于加强高等学校科技成果转移转化工作的若干意见》《关于科技人员取得职务科技成果转化现金奖励有关个人所得税政策的通知》《关于科技人员取得职务科技成果转化现金奖励信息公示办法的通知》《事业单位国有资产管理暂行办法》《关于扩大高校和科研院所科研相关自主权的若干意见》和《中国科学技术大学科技成果转移转化关联业务管理暂行规定(试行)》《中国科学技术大学赋予科研人员职务科技成果所有权或长期使用权试点工作方案》等精神，规范学校科技成果转化工作，调动科技人员从事科技成果转化工作的积极性和创造性，促进科技成果应用与实施，结合学校实际，特制定本办法。

第二条 本办法所称科技成果是指依法归学校所有的科技成果，包括但不限于专利权、专利申请权、著作权、技术秘密、计算机软件著作权、集成电路布图设计专有权和植物新品种权等。

第三条 科技成果转化活动应保护知识产权，遵守法律法规，维护国家利益，不得损害社会公共利益和他人合法权益。科技成果转化应当遵循自愿、互利、公平、诚实信用的原则，依据法律法规和合同约定，享受利益、承担风险。

第四条 科技成果转化应当有利于国家经济建设的发展，有利于学校科技事业的发展，有利于学校的学科建设和人才培养，有利于科技人员积极性的发挥。

第五条 鼓励科技成果首先在中国境内实施。向境外的组织、个人转化或者许可其实施科技成果的，应当遵守相关法律、行政法规以及国家有关规定。对列入《中国禁止出口限制出口技术目录》中禁止出口以及其他影响、损害国家竞争力和国家安全的科技成果，禁止向境外许可或转让。

第六条 执行学校的工作任务，或者主要是利用学校的物质技术条件所完成的科技成果，属于学校职务科技成果，其许可、转让、作价投资等的收益归学校所有。

第七条 学校与外单位合作或接受外单位委托产生的科技成果归属，有明确约定的从其约定，无约定的按照本办法执行。

第二章 组织管理

第八条 校长工作会议、党委常委会会议是科技成果转化的领导与决策机构，审定科技成果处置方案，决策其他相关重大事项。

校长工作会议负责对重大科技成果转化项目进行决策，并提交党委常委会讨论决定。根据科技成果转化的方式，授权分管校领导对一般科技成果转化项目进行决策：

（一）科技成果许可，科技成果转移转化办公室（以下简称“转化办”）审查后，由分管校领导批准；

（二）科技成果转让和作价投资，转化办审查后，报校长工作会议审议，并由校长工作会议提交党委常委会会议讨论决定。

第九条 转化办是学校科技成果管理、转化和知识产权运营的专门职能机构，对学校科技成果的使用、处置、收益、转化奖励和知识产权的运营等事项实施归口管理。主要职责如下：

（一）研究、制定、实施学校知识产权战略和成果转化制度；

（二）建设、管理学校科技成果转化体系；

（三）负责专利、软件著作权等知识产权的申请、登记、注册、维护等工作；

（四）开展知识产权运营，负责科技成果资产评估、转移转化等工作；

（五）建立、执行科技成果转移转化报告制度；

（六）建设、维护学校科技成果转化信息化平台；

（七）负责科技成果展示、宣传和推广；

（八）组织知识产权法律法规的教育和培训，宣传、普及知识产权法律知识；

（九）对接中科大先进技术研究院等科技成果转化中心或者基地。

第十条 相关职能部门按照分工协同原则负责科技成果转化工作：

（一）中科大资产经营有限责任公司（以下简称“科大控股”）负责学校科研成果作价投资与产业化工作，代表学校行使出资人权利和承担出资人义务，投资战略性新兴产业，管理参控股企业，负责股权运营等工作，确保国有资产的保值增值。

（二）先进技术研究院（以下简称“先研院”）是学校高科技产业孵化基地和技术转移转化基地，鼓励学校相关科技成果在先研院开发、转化和运营。

（三）财务处负责科技成果转移转化过程中的财务管理和会计核算，执行科技成果转化现金奖励税务政策，负责科技成果转化现金奖励的发放，以及科技成果作价投资形成股权的划转等工作。

第三章 许 可

第十一条 通过许可方式实施科技成果转化，由技术团队向转化办提出申请，转化办进行知识产权尽职调查，确保相关知识产权的有效性，审查是否存在关联交易等问题。

第十二条 技术团队应提供如下材料：

（一）科技成果实施申请审批表及拟转让的科技成果相关资料；

（二）奖励资金的收益分配说明；

（三）许可协议（草案）；

（四）被许可方基本情况及相关证照复印件；

（五）其他有关资料。

第十三条 技术团队所在依托单位（学院或重点科研机构）对申报材料的真实性进行审查后，转化办对许可方式、定价方式、奖励分配等进行审核并提出建议方案。

第十四条 科技成果的交易机制，遵从市场定价原则，技术许可一般采取协议定价，协议定价必须公示，转化办负责校内公示，公示内容包括科技成果名称、简介等基本要素和拟交易价格、价格形成过程等，公示期为 15 日。

第十五条 公示期内有异议的，异议必须实名以书面形式向转化办提出，并提供必要的证明文件。转化办负责协调，由技术团队所在依托单位（学院或重点科研机构）协助调查。所在依托单位（学院或重点科研机构）核实异议材料，并将调查、核实情况报送转化办审核。转化办应当向分管校领导报告异议核实情况及处理意见，并将处理意见通知异议方和技术团队、所在依托单位。待处理完毕后重新公示。所在依托单位（学院或重点科研机构）接到异议材料后，未提出调查、核实报告和协调处理意见的，视为承认异议内容，该项目终止。

第十六条 公示期内无异议的，按学校审批管理流程办理成果转化的相关手续，由转化办报分管校领导审批。

第十七条 转化办负责与被许可方订立《专利实施许可合同》或《专利申请技术实施许可合同》，合同应约定：科技成果的名称和技术内容、许可的方式和范围、许可的年限和起止时间、实施过程中产生的科技成果归属、违约责任以及纠纷处理方式等。

第十八条 被许可方全部收益入账后，由转化办负责《专利实施许可合同》或《专利申请技术实施许可合同》按《专利法》及其实施细则规定向国家知识产权局备案。

第十九条 技术团队需要办理许可合同的免税手续，转化办予以配合。

第四章 转 让

第二十条 通过转让方式实施科技成果转化，由技术团队向转化办提出申请，转化办进行知识产权尽职调查，确保相关知识产权的有效性，审查是否存在关联交易等问题。

第二十一条 技术团队应提供如下材料：

（一）科技成果实施申请审批表及拟转让的科技成果相关资料；

（二）奖励资金的收益分配说明；

（三）全体发明人同意转让的知情同意证明；

（四）转让协议（草案）；

（五）受让方基本情况及相关证照复印件；

（六）其他有关资料。

第二十二条 技术团队所在依托单位(学院或重点科研机构)对申报材料的真实性进行审查后,转化办对转让方式、定价方式、奖励分配等进行审查并提出建议方案,报分管校领导审核。

第二十三条 技术成果转让给国有全资企业的不进行国有资产评估;转让给非国有全资企业的,需要进行国有资产评估。转化办负责组织具有资产评估资质的评估机构进行国有资产评估,技术团队、财务处如实向资产评估机构提供有关情况和资料,并对所提供的情况和资料的客观性、真实性和合法性负责。

第二十四条 技术转让可以通过在技术交易市场挂牌、拍卖等方式确定价格,也可以通过协议定价。协议定价必须公示,依照本办法第十四条规定执行。

第二十五条 公示期内有异议的,依照本办法第十五条规定处理。

第二十六条 公示期内无异议的,按学校审批管理流程办理成果转化的相关手续,转化办审查后,报校长工作会议审批实施方案,并由校长工作会议提交党委常委会会议讨论决定。实施方案包括技术描述、拟转让价格、奖励分配比例等。

第二十七条 转化办负责与受让方签订技术转让书面合同,合同明确双方的权利和义务,预防与控制转让风险,包括合同的执行、变更、中止与终止,以及后续产生的科技成果归属、违约责任以及纠纷处理方式等。

第二十八条 受让方全部收益入账后,技术转让涉及专利权或专利申请权权属变更的,转化办配合受让方按《专利法》及其实施细则的规定办理相关手续。

第二十九条 技术团队需要办理转让合同的免税手续,转化办予以配合。

第五章 作价投资

第三十条 通过作价投资方式实施科技成果转化,由技术团队向转化办提交申请,转化办进行知识产权尽职调查,确保相关知识产权的有效性,审查是否适合转化等问题。

第三十一条 技术团队应提供如下材料:

(一)技术团队提交作价入股审批表;

(二)可行性研究报告;

(三)作价投资的科技成果相关资料及清单。

第三十二条 转化办会同科大控股对拟作价投资方案进行审核,包括审核商业计划书,对合作方进行尽职调查等,对于重大投资项目,可聘请校内外专家和中介机构参与评审。通过审核的,由技术团队负责人填写科技成果作价入股审批表。

第三十三条 技术团队所在依托单位(学院或重点科研机构)对科技成果作价入股审批表的真实性进行审查后,转化办、科大控股就投资草案分别报分管校领导审议。

第三十四条 作价投资需要进行资产评估。转化办负责组织具有资产评估资质的评估机构进行国有资产评估,技术团队、科大控股、财务处如实向资产评估机构提供有关情况和资料,并对所提供的情况和资料的客观性、真实性和合法性负责,评估结果作为定价依据。

第三十五条 作价投资可以通过在技术交易市场挂牌等方式确定价格,也可以通过协议定价。协议定价必须公示,依照本办法第十四条规定执行。

第三十六条 公示期内有异议的，依照本办法第十五条规定处理。

第三十七条 公示期内无异议的，报校长工作会议审议，并由校长工作会议提交党委常委会会议讨论决定。

第三十八条 科大控股代表学校完成相关作价投资手续和股权管理工作，包括派出董事、监事人选，签署合资协议书和工商登记等。享有股权奖励的技术团队（或发明人），在工商注册（或变更）时即予以登记。

第三十九条 作价投资涉及专利权或专利申请权权属变更的，转化办按《专利法》及其实施细则的规定办理相关手续。

第六章 收益分配

第四十条 科技成果许可或转让所获得的收益，在技术团队（或发明人）、依托单位（学院或重点科研机构）及学校之间进行分配。

为加大对安徽省内科技成果转化的支持力度，科技成果在安徽省内进行转化的技术团队（或发明人）获得收益的80%并确定内部分配比例，学校获得收益的20%；科技成果在安徽省外进行转化的技术团队（或发明人）获得收益的70%并确定内部分配比例，学校获得收益的30%。以上学校获得收益的50%可用于奖励技术团队的依托单位（学院或重点科研机构），其余部分作为科技成果转化基金，用于专利申请维持、成果的转化以及科技成果转化中有贡献人员的奖励，奖励部分原则上不超过8%。

第四十一条 科技成果许可或转让收益的奖励可由技术团队（或发明人）选择以下两种或其中一种方式，具体方式和比例由技术团队（或发明人）确定：

（一）直接领取现金奖励，扣除个人所得税转入个人银行卡；

（二）用作横向科研课题预研基金，按学校横向科研经费管理。

第四十二条 技术许可或转让收益到账后，技术团队（或发明人）应提供如下材料：

（一）收益分配申请；

（二）奖励现金的到账情况；

（三）奖励比例人员名单。

第四十三条 技术团队所在依托单位（学院或重点科研机构）对上述材料的真实性进行审查后，财务处会同转化办审核，并确定奖励分配方案。

第四十四条 技术团队取得科技成果转化现金奖励的相关信息必须予以公示，转化办负责校内公示，公示内容包括科技成果转化信息、奖励人员信息、现金奖励信息、技术合同登记信息、公示期限等，公示期为15日。

第四十五条 公示期内有异议的，依照本办法第十五条规定处理。

第四十六条 公示期内无异议的，由财务处负责对技术团队（或发明人）进行收益奖励发放，办理税务减免相关手续，填报个人所得税备案表，技术团队和转化办予以配合。

第四十七条 科技成果作价投资所获得的股权收益，在技术团队（或发明人）和学校之间进行分配。为加大对安徽省内科技成果转化的支持力度，科技成果在安徽省内进行转化的技术团队（或发明人）获得股权的80%并确定内部分配比例，学校获得股权的20%，由科大控股或指定平台持有;科技成果在安徽省外进行转化的技术团队(或发明人)获得股权的70%并确定内部分配比例,学校获得股权的30%,由科大控股或指定平台持有。

第四十八条 技术团队向作价投资公司所在主管税务部门申报暂不缴纳个人备案,办理完成后向财务处和科大控股报备。

第七章 法律责任

第四十九条 对于担任领导职务的教师和科技人员获得科技成果转化奖励,按照分类管理的原则执行:

(一)学校正职领导以及学校所属具有独立法人资格单位的正职领导,是科技成果的主要完成人或者对科技成果转化作出重要贡献的,可以按照促进科技成果转化法的规定获得现金奖励,原则上不得获取股权激励。其他担任领导职务的科技人员,是科技成果的主要完成人或者对科技成果转化作出重要贡献的,可以按照本办法的规定获得现金、股份或者出资比例等奖励和报酬。

(二)对担任领导职务的科技人员的科技成果转化收益分配实行公开公示制度,不得利用职权侵占他人科技成果转化收益。

第五十条 学校正职领导和领导班子成员中属中央管理的干部,所属单位中担任法人代表的正职领导,在担任现职前因科技成果转化获得的股权,可在任现职后及时予以转让,转让股权的完成时间原则上不超过3个月;股权非特殊原因逾期未转让的,应在任现职期间限制交易;限制股权交易的,也不得利用职权为所持股权的企业谋取利益,在本人不担任上述职务1年后解除限制。

第五十一条 在科技成果转化活动中如有弄虚作假、玩忽职守、徇私舞弊,通过串通作弊、暗箱操作等低价处置国有资产等行为的,学校有权责令当事人予以改正,并视情节给予行政处分、追缴违法所得;给学校造成经济损失的,应依法赔偿经济损失;构成犯罪移交司法机关对当事人追究法律责任。

第五十二条 任何人泄露学校技术秘密,擅自转让,变相转让学校科技成果,或者以其他方式损害学校权益的,学校将给予必要处分;给学校造成经济损失的,应依法赔偿经济损失;构成犯罪的,移交司法机关对当事人追究法律责任。

第八章 附 则

第五十三条 通过赋予科研人员职务科技成果所有权或长期使用权实施转化的,按照《中国科学技术大学赋予科研人员职务科技成果所有权或长期使用权试点工作方案》(校转化字〔2021〕45号)执行。

第五十四条 本办法如与国家、省、相关部委政策不符,则以相关政策为准。

第五十五条 本办法自印发之日起施行,由学校科技成果转移转化办公室负责解释。原《中国科学技术大学科技成果转化管理办法(试行)》(校科字〔2019〕170号)同时废止。

中国科学技术大学关于加强执着攻关创新工作的指导性意见

（校科字〔2021〕86 号，2021 年 5 月 27 日）

创新是引领发展的第一动力，是建设世界科技强国的重要支撑。当今世界正经历百年未有之大变局，我国发展面临的国内外环境发生深刻复杂变化，新一轮科技革命和产业变革深入发展，“十四五”时期以及更长时期的发展对加快科技创新提出了更为迫切的要求。党的十九届五中全会提出，坚持创新在现代化建设全局中的核心地位，把科技自立自强作为国家发展的战略支撑。

强化国家战略科技力量是新时代科技创新的战略要求和战略任务。中国科学院深入贯彻落实中央关于科技创新的重大部署，按照习近平总书记对中国科学院提出的“四个率先”和“两加快一努力”要求，始终牢记作为“国家队”“国家人”，必须心系“国家事”、肩扛“国家责”，以更加强烈的使命感责任感紧迫感，努力在科技自立自强和科技强国建设中作出更大创新贡献。

中国科学技术大学为“两弹一星”事业而创办，学校始终坚守“科教报国、追求卓越”的初心使命，加快建设卓越科技创新体系，积极服务国家战略和经济社会发展。习近平总书记高度评价我校“取得了一系列举世瞩目的科研成果，为党和国家的事业发展作出了重要贡献”。站在“两个一百年”奋斗目标的历史交汇点和“双一流”建设的关键时期，学校要加大自主创新力度，支持学科交叉融合，勇于开拓新的方向，攻关“卡脖子”的关键核心技术，加强产学研深度融合，促进科技成果转化，完善健康的学术生态，全面提升学校科技创新能力。为进一步落实习近平总书记关于“执着攻关创新”的重要指示精神，加快中国特色、科大风格的世界一流大学建设，更好地服务建设创新型国家、世界科技强国目标，结合学校实际，现提出指导性意见如下。

一、总体要求

（一）指导思想

以习近平新时代中国特色社会主义思想为指导，深入学习贯彻党的十九大和十九届二中、三中、四中、五中全会精神，全面贯彻国家和中国科学院科技创新决策部署，落实习近平总书记关于中国科大系列重要指示精神，坚持“四个面向”，执着攻关创新，提升原始创新能力，以服务国家为最高追求，以基础研究和服务国家战略需求为主攻方向，以构建卓越创新体系为着力点，以服务社会经济发展为目标，为实现国家科技自立自强提供关键的科技支撑。

（二）主要原则

坚持科教报国的使命担当。坚守初心使命，把握大势，敢于担当，善于作为，紧密围绕科技自立自强战略要求，强化国家战略科技力量建设，为服务国家富强、民族复兴、人民幸福贡献力量。

坚持追求卓越的科学精神。充分发挥学校基础研究和前沿交叉的优势,持之以恒加强基础性、战略性研究,聚集力量开展原始创新和关键核心技术攻关,在服务国家创新驱动发展中追求卓越,不断创造科学的高峰。

坚持学术优先的管理理念。坚持“民主办学、学术优先”的治学理念,尊重劳动、尊重知识、尊重人才、尊重创造,遵循科学发展规律,为产生一流学术成果、培养一流人才营造健康的学术生态环境。

二、发展目标

(一) 近期目标

到 2025 年,学校科研实力显著提升,成为重要的国家战略科技力量。建成一支爱国奉献、求实创新、具有国际竞争力的一流科技人才队伍;优化协同创新平台体系,建设若干国家级科研基地和重大科技基础设施集群;紧密围绕“四个面向”,加强基础研究,推进交叉融合,突破核心关键技术,提高服务社会能力,建成以良好学术生态为基础、以有效学术治理为保障、以产生一流学术成果和培养一流人才为目标的大学创新体系,成为具有中国特色、科大风格的世界一流研究型大学。

(二) 中长期目标

到 2035 年左右,学校整体科技创新水平进一步提升,在基础性、战略性工作上成为代表国家水平、承载国家使命的战略科技力量,成为我国基础研究的主力军和重大科技突破的策源地,进一步完善一流大学创新体系,把学校建设成为人才辈出、成果丰硕、具有国际影响力的世界一流大学,为国家科技自立自强作出卓越贡献。

三、重要任务

坚持“四个面向”,将做好基础性和战略性工作、完善创新体系、促进成果转化、营造良好学术生态等作为执着攻关创新工作的五大重要任务。

一是鼓励原创探索,加强基础研究。夯实基础,鼓励交叉,激励开展面向国家重大需求的引领性原创研究。探索设立几何与物理中心、理论物理中心等基础研究学术特区,强化基础研究的系统性部署,加强对数学、物理学、化学、生物学、天文学、地球科学、力学等重点基础学科的支持。推进学科交叉融合,培育跨学科创新团队,建设生命健康、能源、材料、仪器、软件、安全、环境等交叉研究中心,以基础研究推动“新工科”“新医学”和“特色文科”的发展。优化探索类项目资助体系,鼓励开展原创性强的基础研究工作。鼓励国际科研合作交流,积极参与国际大科学计划和大科学工程。推进国家重大科技基础设施建设,依托大科学研究装置开展前沿性研究,支撑重大科技突破,加快提升科学发现和原始创新能力。

二是推进协同创新,加强战略工作。立足学校基础研究优势和科教融合特色,坚持战略性需求导向,明确科技主攻方向和重点,优化科研组织模式,提升承担国家重大任务能力。在量子科技、精准化学、生命健康、新能源、极端制造、智能网络、电磁空间、安全工程、行星科学等优势领域加强顶层规划和系统布局,促进多学科交叉融合和多技术领域集成创新。瞄准制约国家发展和安全的重大难题,改进科技项目组织模式,探索“揭榜挂帅”等方式,以问题为导向,以需求为牵引,加大战略性研究的攻关力度。深化与国家战略高技术单位的合作,共建联合创新平台,加强协同创新,提升在高技术领域开展关键核心技术攻关的能力。

三是优化基地平台,完善创新体系。推动卓越科研创新体系建设,建立适应不同类型科研活动特点、跨学科层面的创新基地和平台。强化顶层设计，完善学科布局，统筹推进国家、省部、学校等各级实验室建设；建设前沿技术研究院，推进战略高技术发展；建设野外实验场，完善公共实验平台体系。以解决国家重大需求为导向，凝练关键科学问题和前沿技术，新建若干国家重点实验室。探索学校与国家实验室、合肥综合性国家科学中心等新型研发机构的协同发展模式。完善评估考核机制，优化基地平台管理，加大平台设施的开放共享力度，吸引汇聚科技创新力量，形成跨地域、跨学科的创新合力，开展多层次、多维度的合作研究。

四是强化校企合作，统筹成果转化。深化布局，构建科技成果转化生态体系。探索建立“深耕大合肥，布局长三角，服务全中国”的技术转移网络体系，完善学校、资产经营有限责任公司、地方研究院之间的协调机制，发挥联动优势。加快赋权改革多路径高效转化，探索形成符合科技成果转化规律的国有资产管理模式，有组织地推进科技成果转化分级分类运营实施，优化学校科技成果使用、处置与收益分配工作。推进新型产学研合作模式建设，校地产学研合作坚持“三个一”模式，激励学校科技成果优先在安徽省内转化。

五是改善学术评价，营造良好生态。建立健全以创新能力、质量、实效、贡献为导向，有利于科技人才执着攻关创新的综合学术评价体系，营造良好的学术生态，进一步激发创新灵感、促进学科发展、推进自主创新。探索实施科研人员分类评价机制，对从事基础和前沿技术研究、应用研究、成果转化等不同活动的人员建立分类评价制度。加强学术共同体的建设，尊重学术共同体的学术判断，提升学术共同体在学术评价活动中的地位和作用。整合校内期刊资源，建设期刊中心，打造高质量科技期刊和传播平台。加强学风建设，改善学术治理，传承老科学家精神、弘扬新时代科学家精神，恪守学术诚信和科研伦理，传承鼓励创新、潜心研究、开放合作、水到渠成的创新文化。

四、保障措施

围绕执着攻关创新工作的任务要求，学校将在如下三方面提供构建与攻关创新需求相适应的资源和服务支撑保障体系，激发创新活力。

一是坚持引育并重，加强队伍建设。加强人才引进和培养，为攻关创新配备高素质的人才队伍。注重年轻学者培养，完善顶尖人才的培养和引进体系；支持工程研究队伍的建设，为学校工程研制的共性需求建设高质量的支撑队伍；组建科技成果转化专业队伍，引进培养兼具知识产权服务与科技成果转化能力的复合型人才；优化科研保密管理，积极吸纳高端科技人才参与融合创新。实行人员分类考核、分类管理，为研究人员、工程技术人员、科技成果转化人员分别制定考核办法。加强专职科研队伍建设，探索建立与新型研发机构的双聘机制。

二是优化管理服务，提升治理效能。健全科研管理体系，提升支撑保障能力，全面落实科研“放管服”。健全项目管理体系，赋予科研人员更大自主权，切实减轻科研人员负担；推进经费包干制管理，优化校内项目经费管理办法。严格落实重大任务法人责任制，规范过程管理，实施重点环节监控；完善科研资质建设，优化工程管理体系，建设共性工程支撑平台。积极筹划科研全成本核算，优化科研资源的合理配置。建立覆盖科研活动全过程管理与服务的信息化体系，简化办事流程，提升服务效能；实现科研数据多样化统计和大数据挖掘分析，为科研管理决策及科研资源争取、优化配置提供科学参考。

三是加大政策支持,优化资源配置。学校加强领导和政策支持,为攻关创新提供充足的政策和资源保障。成立学校执着攻关创新工作小组,建立工作推进及协调机制,保障指导性意见的落实以及相关政策的制定和实施。设立多梯度校级自主部署项目,完善人才培养和支持链条,对青年人才进行稳定和精准支持。优化各类引导培育项目,支持提升原创探索研究、培育创新团队、组织重点重大项目,对各级创新平台进行分级分类支持。设立重大成果培育基金,培养和产出一批高水平、有影响的标志性科技成果。大力推进校企合作,积极拓展社会捐赠与校友资源,构建多元化投入机制,增强科学研究的高质量发展和持续保障能力。

“科大新医学”联合基金管理办法

(校科字〔2021〕159 号,2021 年 10 月 18 日)

第一章 总 则

第一条 为进一步促进学校“科大新医学”的发展,推动理工医交叉融合、医教研协同创新,学校设立“科大新医学”联合基金(以下简称“基金”)。根据《国务院关于全面加强基础科学研究的若干意见》(国发〔2018〕4 号)、《国务院办公厅关于改革完善中央财政科研经费管理的若干意见》(国办发〔2021〕32 号)、《中央高校基本科研业务费管理办法》(财教〔2016〕277 号)、《中央高校建设世界一流大学(学科)和特色发展引导专项资金管理办法》(财科教〔2017〕126 号)等有关精神,结合基金第一个三年执行期实施实际,为规范和加强基金的管理,特制定本办法。

第二条 基金主要用于支持体现理工医结合的“科大新医学”项目,以加强学校本部和附属第一医院在学科交叉、新方向培育及联合攻关等方面的协同创新能力,具体包括培育项目和重要方向项目。基金鼓励交叉融合,支持学校本部和附属第一医院从各自基础或临床优势领域出发,开展基础和临床研究,研究内容应立足于临床、合作于临床、服务于临床,且不得与已获国家、省市计划支持、企业委托或其他校级项目内容重复。

第三条 基金按照“学术优先、公开公正、职责明确、简明高效”的原则组织实施。

第二章 组织与职能

第四条 基金领导小组(以下简称“领导小组”)负责基金的领导与立项审批。基金设立专家委员会,负责制定项目指南。

第五条 学校科研部、财务处及附属第一医院科研处、财务与运营管理处联合组成基金管理办公室(以下简称“办公室”),办公室挂靠学校科研部,负责年度项目指南发布、项目审核与组织实施、项目日常管理及经费管理。

第三章 申请与立项

第六条 培育项目主要用于资助具备一定科研能力和临床研究背景的青年研究人员开展科学研究。项目负责人年龄原则上应为38周岁以下且无在研国家级及省部级科研项目。通过培育,进一步提升青年研究人员的科研能力。鼓励学校本部和附属第一医院双方联合申报。

第七条 重要方向项目重点支持以培育"科大新医学"特色方向为主要目标且体现附属第一医院学科优势的联合科研项目。要求基础和临床研究的项目课题组成员有一定合作基础。通过培育,有望获批国家级重点重大项目。

第八条 申请者按照年度指南进行申报,同年申请(包括负责和参与)上述项目限为1项。项目负责人同期只能牵头负责1个项目,负责与参加合计不得超过2项。未结题项目负责人不得再次申报。培育项目不重复支持。

第九条 培育项目的研究期限一般为2年。重要方向项目的研究期限一般为3年,项目实施一年半左右进行一次中期评估,并根据评估结果决定是否继续资助。

第十条 培育项目由生命科学与医学部组织实施,评审结果经办公室审核后,报领导小组审批立项。重要方向项目由办公室组织实施,报领导小组审批立项。

第四章 实施与管理

第十一条 基金实施周期3年,由学校本部和附属第一医院各出资4000万元。

第十二条 培育项目额度原则上不超过20万元/项,重要方向项目额度原则上(100～120)万元/项。

第十三条 申请者接到项目批准通知后,须按批准意见撰写项目计划任务书,在规定期限内报送办公室审核,逾期不报视为自动放弃。

第十四条 各学院、附属第一医院、重点科研机构负责监督、检查项目实施情况,将项目年度进展报告提交办公室,办公室审核后拨付下一年经费。由于客观原因不能按期完成研究计划的,项目负责人可以申请不超过一年的延期。

第十五条 项目完成后按照项目计划任务书进行结题验收。培育项目由生命科学与医学部负责验收,验收结果报办公室备案;重要方向项目由办公室组织专家验收。

第十六条 项目负责人不得更换或代理,如果项目负责人出现下列情况之一者,办公室将立即终止该项目的执行:

(一) 不再是学校或附属第一医院的科研人员;

(二) 不能继续开展研究工作;

(三) 存在违背科研诚信或医学伦理有关要求的行为。

第十七条 经费使用须严格按照有关规定执行。不得开支有工资性收入的人员工资、奖金、津补贴和福利支出。

第十八条 结题和终止项目的结余经费分别参照学校或附属第一医院有关科研项目结

余经费管理规定执行。

第十九条 上述项目的研究成果公开发表时，应注明“中央高校基本科研业务费专项资金资助”（英文为：supported by “the Fundamental Research Funds for the Central Universities”）。

第二十条 使用基金所形成的固定资产及无形资产等，按照国家有关规定进行管理。

第五章 附 则

第二十一条 “科大新医学”联合基金在执行期满后进行评估，可以根据评估效果和发展需要延续。

第二十二条 本办法自印发之日起施行，由“科大新医学”联合基金管理办公室负责解释。原《“科大新医学”联合基金管理办法（试行）》（校科字〔2018〕29 号）同时废止。

中国科学技术大学国家重点实验室重组改革方案

（校科字〔2021〕178 号，2021 年 11 月 16 日）

为深入贯彻落实党中央、国务院部署决策和中国科学院 2021 年夏季党组扩大会议精神，根据《国务院关于全面加强基础科学研究的若干意见》《科技部　财政部关于加强国家重点实验室建设发展的若干意见》《加强“从 0 到 1”基础研究工作方案》有关要求，结合学校实际，制定本方案。

一、总体目标

通过战略性、前瞻性、系统性改革，构建布局合理、支撑创新发展的国家重点实验室体系。围绕“四个面向”，聚焦科技前沿和国家需求，聚集和培养一批具有国际水平的科技人才和团队，积极开展目标导向的建制化协同攻关，将国家重点实验室建设成为国家战略科技力量和代表国家最高水平的科研机构，加快建设世界科技强国和实现国家科技自立自强。

二、基本原则

1. 凝聚思想共识，心怀“国之大者”

深入学习贯彻党的十九大和十九届二中、三中、四中、五中、六中全会精神，贯彻落实习近平总书记关于科技创新的重要论述和关于中国科大系列重要指示精神，深度参与创新驱动发展战略实施，把思想行动统一到党中央部署上来，切实增强政治自觉、思想自觉和行动自觉。学校将心系“国家事”，肩扛“国家责”，以科技自立自强，建设科技强国为奋斗目标，不忘“科教报国、追求卓越”的初心使命，围绕“潜心立德树人、执着攻关创新”两大核心任务，全面推进学校国家重点实验室重组工作。

2. 强化问题导向，加强顶层设计

以世界科技前沿、国家重大战略需求、国民经济主战场、人民生命健康中的重大科学问题和关键核心技术为导向，打破院系和学科壁垒，统筹考虑国家研究中心、国家重点实验室、中国科学院重点实验室和安徽省重点实验室等各级科研基地和平台布局，围绕重大科学问题组建科研团队。

3. 明确分类实施，重构国重体系

按照“先定事、后定人”的原则，协助已有国家研究中心、国家重点实验室调整研究方向、创新体制机制、充实科研团队；组织具有优势特色和核心竞争力的省部级、校级实验室牵头新建国家重点实验室或优化整合参与外单位的国家重点实验室重组。实现实验室的科学管理和多元化发展，构建学校国家重点实验室新体系。

三、改革举措

学校国家重点实验室将以改革创新为动力，面向国家重大战略需求，围绕重大科学问题和关键核心技术，开展基础性、前瞻性、战略性研究；推动科教融合，加快打造原始创新策源地，取得重大原创性成果和关键核心技术突破，抢占未来科技制高点，支撑学校“双一流”建设，强化国家战略科技力量。

1. 创新人事管理制度

根据学校国家重点实验室建设发展实际情况，规划人力资源结构与团队规模，坚持“以事定人、择优竞聘、引育并举”，避免“因人设岗”。（牵头部门：人力资源部；参与部门：科研部）

2. 集中独立空间建设

在原有实体研究机构运行的基础上，学校统筹规划，加强实验室集中独立空间的建设。（牵头部门：资产与后勤保障处；参与部门：发展规划处、科研部、基本建设处）

3. 强化主任负责制

聘请本领域学术影响力高、组织管理能力强的高水平学术带头人担任实验室主任，支持实验室主任全时、专职、全面负责实验室工作。（牵头部门：党委组织部；参与部门：人力资源部、科研部）

4. 深化国际合作与交流

鼓励国际科研合作交流，牵头承担国际科技创新合作专项项目，积极牵头或参与国际大科学计划和大科学工程。（牵头部门：国际合作与交流部；参与部门：科研部）

5. 完善评价体系

强化绩效评价，对面向世界科技前沿的基础研究类国家重点实验室，建立以学术贡献为核心的评价标准；对面向前沿技术类和国家重大需求类国家重点实验室，建立以完成国家重大科技任务的绩效和创新效能为核心的评价标准。（牵头部门：科研部；参与部门：人力资源部）

6. 优化资源配置方式

拓展国家重点实验室经费来源渠道的同时，设立学校国家级科研基地培育计划，对候选国家重点实验室根据每年校内评估结果以及通过论证且尚未正式批复的国家重点实验室，给予经费支持。（牵头部门：科研部；参与部门：发展规划处、财务处）

四、组织保障

1. 强化法人主体责任

成立学校国家重点实验室重组领导小组，由书记、校长担任双组长，相关校领导为小组成员。领导小组将负责学校国家重点实验室重组工作的顶层设计、统筹协调、整体推进，同时对实验室重组方案、主任遴选、绩效评估、资源保障等重大事项进行决策。

成立学校国家重点实验室重组工作办公室，由分管科研的校领导任主任，科研部主要负责人任副主任，相关部门负责人为办公室成员，负责推动落实领导小组相关决议，制定相关具体制度、政策并推动实施。（牵头部门：党政办公室；参与部门：党委组织部、人力资源部、发展规划处、研究生院、科研部、国际合作与交流部、财务处、资产与后勤保障处、基本建设处）

拟申报新建国家重点实验室须经校学术委员会评议、国家重点实验室重组领导小组讨论、校长工作会议审议和党委常委会会议讨论决定后推荐。（牵头部门：科研部）

2. 引导多元化投入

建立多方资源投入机制，鼓励与国内外优势研究机构、地方政府、龙头企业之间开展实质性合作，吸引中央财政、地方、企业、社会资本共同支持科技创新和成果转化。（牵头部门：财务处；参与部门：发展规划处、科研部、科技成果转移转化办公室、对外联络与基金事务处、中科大资产经营有限责任公司）

关于进一步加强科技成果转移转化工作的意见

（校转化字〔2021〕185 号，2021 年 11 月 24 日）

党的十八大以来，习近平总书记多次对科技成果转移转化发表重要讲话、做出一系列重要指示："一流大学是基础研究的主力军和重大科技突破的策源地，要完善以健康学术生态为基础、以有效学术治理为保障、以产生一流学术成果和培养一流人才为目标的大学创新体系，勇于攻克'卡脖子'的关键核心技术，加强产学研深度融合，促进科技成果转化。""唯有一个高质量的科技成果转化体系，方可提供高质量科技供给，打通从科技强到产业强、经济强、国家强的通道，支撑现代化经济体系建设。"近年来国家修订了《中华人民共和国促进科技成果转化法》，先后出台《实施〈中华人民共和国促进科技成果转化法〉若干规定》《关于加强高等学校科技成果转移转化工作的若干意见》《赋予科研人员职务科技成果所有权或长期使用权试点实施方案》等政策文件，在完善科技成果转移转化机制、畅通链条管理、激发科研人员热情等方面为科技成果转移转化指明了发展方向。

学校坚持党和国家关于科技成果转移转化的战略部署，坚定实施创新驱动发展战略，立足学校优质的人才与创新优势，在基础性、战略性工作上执着攻关创新，推动中国特色、科大风格的世界一流大学建设，扎实构建服务国家战略和区域经济社会发展的科技成果转移转化体系。为深入贯彻落实习近平总书记关于科技创新的重要论述和关于中国科大系列重要指示精神，进一步加强学校科技成果转移转化工作，现提出如下指导性意见。

一、总体要求

（一）指导思想

以习近平新时代中国特色社会主义思想为指导，深入学习贯彻落实党的十九大和十九届二中、三中、四中、五中、六中全会精神，立足新发展阶段、贯彻新发展理念、构建新发展格局、推动高质量发展，深入实施国家创新驱动发展战略，加快学校“双一流”建设，发挥前沿基础研究与学科交叉融合特点，以原始创新催生变革性技术、培育战略性新兴科技产业的科技创新链条，整合优化科技成果转移转化资源，促进科技成果高水平创造和高效率转化，创新学校科技成果转移转化的体制机制，服务建设创新型国家、世界科技强国目标。

（二）基本原则

坚持党的领导、使命担当，心怀国之大者，立足中华民族伟大复兴战略全局和世界百年未有之大变局（“两个大局”），坚持面向世界科技前沿、坚持面向经济主战场、坚持面向国家重大需求、坚持面向人民生命健康（“四个面向”），坚定创新自信，加快实现高水平科技自立自强，促进科技成果转移转化。

坚持总体部署、系统推进，健全服务于科技成果转移转化的体制机制。支持科研人员以横向科学研究项目、对外许可转让、赋权试点等形式转化科技成果，从人事制度、科技评价体系、激励利益分配制度、国有资产管理制度等方面协同创新，为进一步提升科技成果转移转化效率提供必要的政策支持。

坚持创新引领、协同攻关，形成面向于科技成果转移转化的科创体系。鼓励校内科研人员以北京研究院、上海研究院、苏州高等研究院、先进技术研究院、国际金融研究院、综合性国家科学中心等各类科技成果转移转化载体为平台，面向市场和产业发展需求开展科技成果转移转化工作，深化政府引导、企业出题、高校攻关的政产学研合作模式，集中优势力量协同攻关。

坚持高效转化、资源汇聚，营造有利于科技成果转移转化的生态环境。聚焦科技成果转移转化专业化服务和金融支撑等，支持学校科技成果转移转化能力建设，积极融入区域发展布局，促进技术、人才、资金、信息等创新要素自由流动和优化配置。

二、发展目标

（一）中长期目标

到2035年，学校整体科技成果转移转化水平进一步提升。科技成果转移转化体制机制健全、运行高效落实到位，成为原始创新催生变革性技术、战略性新兴科技产业的策源地。建成产学研深度融合的具有中国特色、科大风格的世界一流大学科技成果转移转化生态体系，为国家科技自立自强作出卓越贡献。

（二）近期目标

到2025年，学校科技成果转移转化的管理制度体系和服务支撑体系基本完善，职务科技成果“赋权试点”改革落实到位，科技成果转移转化能力显著增强，转化效率显著提升，技术交易额进一步提升。技术、资本、人才等创新要素更加融合，形成多元化技术转移渠道，服务国家战略及区域经济发展能力显著提升。

三、重要任务

（一）健全服务于科技成果转移转化的体制机制

1. 完善科技成果转移转化政策。贯彻落实学校横向科学研究项目、成果转化等管理办法，激发科研人员科技成果转移转化的内生动力。实施《中央行政事业单位国有资产处置管理办法》，完善无形资产处置的单位自主权，进一步深化“三权改革”（科技成果使用权、处置权和收益权)，实施《赋予科研人员职务科技成果所有权或长期使用权试点实施方案》，赋予科研人员职务科技成果所有权或长期使用权，探索科技成果转移转化多模式转化渠道。

2. 优化科技成果转移转化体系。构建学校科技成果转移转化办公室、知识产权研究院、先进技术研究院、国际金融研究院、中科大资产经营有限责任公司等的协同工作机制，统筹协调学校横向科学研究项目、知识产权保护与运营、校企合作、校地成果转化、成果转化实施、无形资产管理、技术转移中心等方面业务，形成科技成果转移转化合力。配齐建强科技成果转化管理队伍，推动学校科技成果转移转化向前后端延伸，依托学院及重点科研机构，与地方政府、高新技术企业、投资机构、专业服务机构紧密合作。

3. 提高科技成果转移转化动能。建立基础研究、应用研究、技术开发等分类评价体系，在职称晋升、绩效考核、岗位聘任、项目结题、人才评价和奖学金评定等政策中，加大对科技成果转移转化绩效权重。积极鼓励科技成果就地转化，推行科技成果转化完成人的奖励优惠政策。

(二) 形成面向于科技成果转移转化的科创体系

4. 构建卓越的科技创新体系。坚持"四个面向"，加大重大科技基础设施和交叉前沿平台建设，努力形成特色鲜明的卓越科技创新体系。进一步优化学科和科研布局，鼓励科技创新瞄准世界科技前沿，注重学科交叉融合，不断提升原始创新能力，努力产出重大原创性科技成果，持续为科技成果转移转化提供高质量源头供给。

5. 健全校企协同攻关突破机制。完善校企联合实验室管理制度，探索"揭榜挂帅"，通过企业"出题"、高校"答题"方式，推进科技创新，构建龙头企业牵头、学校引领、新型研发机构支撑相互协同的创新机制，形成长期稳定的关键核心技术攻坚合力。支持北京研究院、上海研究院、苏州高等研究院、先进技术研究院、国际金融研究院、综合性国家科学中心等机构联合产业链龙头企业，深化工程化人才培养机制，提升新型研发机构攻关能力、工程化能力、科技制造能力。

6. 探索校地合作新模式。通过"一个基地、一个配套基金"的形式打造"1＋1"的科技成果转移转化校地合作新模式。发挥北京研究院、上海研究院、苏州高等研究院、先进技术研究院、国际金融研究院、综合性国家科学中心等地方研究院重要作用，广聚创新资源，推进创新链、产业链、资本链、人才链深度融合，深化科技体制改革、推进创新示范工程。

(三) 营造有利于科技成果转移转化的生态环境

7. 营造专业化知识产权服务生态。加强知识产权服务支撑机构建设，壮大成果转化技术经理人团队，推进学校提升政策法规运用、前沿技术判断、知识产权管理、科技成果评价、法律服务、市场调研分析等基本能力，逐步形成概念验证、科技金融、企业管理、中试熟化等服务能力，为科研人员提供全面和完善的服务。

8. 构建多元化金融服务生态。鼓励支持社会力量多渠道多方式设立支持科技创新与应用研究基金，提升学校应用基础研究和应用集成研究能力。深化中科大资产经营有限责任公司、北京研究院、上海研究院、苏州高等研究院、先进技术研究院、国际金融研究院、综合性国家科学中心体制改革，强化成果转化培育、投资基金运营等优势，建立健全生命周期的投资融资体系。依托先进技术研究院等，吸引政府投融资平台、顶尖投资机构，打造成果转化基金服务体系。

9. 全面参与"科大硅谷"、安徽省"三地一区"、融入长三角一体化建设。面向世界科技前沿，紧跟产业变革趋势，积极推进原创和前沿领域重大成果的工程化开发和产品示范应用，服务支撑安徽省建设科技创新策源地、新兴产业聚集地、改革开放新高地和经济社会发展全面绿色转型区("三地一区")，支持"科大硅谷"建设，推动安徽省经济社会高质量发展。充分发挥学校科技引领、智力支撑和资源聚合作用，积极服务长三角区域一体化发展战略。

四、保障措施

加强组织领导协调。学校从立足"两个大局"服务构建新发展格局的政治高度出发，充分认识科技成果转移转化的极端重要性。发挥学校科技成果转移转化领导小组统筹和重大事项决策作用，规划学校科技成果转移转化工作发展战略、发展计划、工作重点和政策措施等。建立工作小组联席会议制度，落实各项制度实施，共同推进科技成果转移转化工作的开展。

完善支撑保障体系。坚持执着攻关创新，科学管理、合理配置支撑科技成果转移转化的人财物等资源。完善评价制度改革，坚持质量、绩效、贡献为核心的评价导向，充分发挥科技成果评价的"指挥棒"作用，准确反映科技成果创新水平、转化应用绩效和对经济社会发展的实际贡献。加强对职务科技成果创造、保护、运营的法律及国有资产管理宣贯，提升知识产权处置风险防范能力。

健全监督考核机制。建立健全科学有效的监管制度，结合年度工作总结、绩效考核和交流评议，加强目标和过程管理，及时跟踪掌握各单位对指导意见的目标实现进度、任务部署和政策措施落实情况，确立考核目标，保证指导意见总体目标的全面实现。

中国科学技术大学原创探索类项目实施方案(试行)

(校科字〔2021〕203 号，2021 年 12 月 3 日)

为进一步落实习近平总书记关于"执着攻关创新"的重要指示精神，引导和激励科研人员投身原创基础研究，进一步提升学校原始创新能力，助力打造科技创新策源地，学校设立原创探索类项目。

为加强原创探索类项目管理，根据《国务院关于全面加强基础科学研究的若干意见》《中国科学院关于加强基础研究的若干意见》，以及《中国科学技术大学关于加强执着攻关创新工作的指导性意见》《中国科学技术大学"统筹推进世界一流大学和一流学科建设"专项资金管理办法(试行)》等有关精神，结合学校实际，制定本方案。

一、指导思想和工作原则

(一) 突出原创引领

以资助原创思想和鼓励探索为工作遵循，倡导学校科研人员提出原创学术思想，开展探索性与风险性强的基础研究工作。

(二) 创新管理机制

"自下而上"的全年不限时自由申请与"自上而下"的顶层设计相结合，引入专家推荐、预申请等机制。

（三）强化责任意识

推荐人、评审专家和管理人员要敢于担当、勇于负责，积极探索、刻苦攻关，充分发挥原创探索类项目的优势，合力产出重大原创成果。

（四）营造宽松环境

尊重科学规律，宽容失败，鼓励科研人员自由畅想、大胆假设、认真求证，勇于挑战高风险研究，充分释放创新活力。

二、资助定位

原创探索类项目主要用于支持学校科研人员提出原创学术思想、开展探索性与风险性强的原创基础研究工作，提出新理论、新方法和揭示新规律，产出从无到有的引领性原创成果，解决科学难题，引领研究方向，开拓研究领域，重视解决问题的奇思妙想、学科交叉与渗透及颠覆性技术。

原创探索类项目的核心研究内容不能与正在执行或处于评审阶段的国家、地方及学校等各类科技计划项目重复。

三、资助模式

（一）项目分类组织

原创探索类项目分为自由探索申请和指南引导申请两种类型。

自由探索申请类项目：每年度提出相关申请要求，不限研究领域方向或申请资格。申请人经推荐人推荐可随时提出项目申请。由科研部受理并组织审核和评审。

指南引导申请类项目：采用“揭榜挂帅”的方式进行。榜单瞄准国家重大战略需求和世界科学技术前沿的重大问题，由校内研究人员根据学科发展和科研需求提出，经学校组织凝练和遴选后适时发布项目指南。

（二）资助期限和资助强度

自由探索申请类项目的研究期限一般为2年，单项资助额度按需确定（人文、管理、数学等学科领域一般不超过50万元/项，其他学科领域一般不超过200万元/项）。

指南引导申请类项目资助期限和资助强度由项目指南确定。

四、项目申请

（一）申请资格

为广泛征集原创学术思想、激发学校科研人员原创积极性，学校具有从事基础研究经历的科研人员均可提出申请。

（二）申请方式

自由探索申请类项目每项须由3名校内具有正高级专业技术职务（职称）人员推荐，每位推荐人每年可推荐1项原创探索类项目。项目获批后，推荐人担任该项目的责任专家，负责跟踪了解项目的执行情况，对项目任务、技术指标和经费安排等调整工作提出意见和建议，确保项目顺利执行。

指南引导申请类项目根据当年发布的项目指南要求申请。

（三）申请程序

原创探索类项目申请程序包括预申请和正式申请。

1. 预申请

申请人填写和提交项目预申请,简要阐述所提学术思想的原创性、科学性、可研性和潜在影响力。推荐人应针对申请人所阐述的内容提出详细的推荐意见。自由探索申请类项目申请人须同时提交预申请和专家推荐意见。科研部适时组织预申请的审查工作,并在审查完成后2周内将结果通知申请人。

2. 正式申请

通过预申请审查的申请人,填写和提交正式申请。正式申请的核心研究内容应与预申请一致。

(四) 限项申请规定

1. 申请人同年只能申请1项原创探索类项目,在研原创探索类项目负责人在项目结题前不得再次申请。

2. 原创探索类项目申请时不限项,获资助后计入学校自主部署项目限项总数范围。

五、评审

原创探索类项目评审程序一般包括通讯评审和会议评审。科研部根据情况确定评审时间和评审程序。

评审专家应长期在科研一线工作,具有开阔的学术视野、较高的学术造诣和优秀的学术判断力。推荐人不得担任所推荐项目的评审专家。

评审专家应着重评审项目研究思想的原创性、科学性、可研性和潜在影响力。

六、项目实施

(一) 过程管理

1. 申请者接到项目批准通知后,按批准意见撰写项目计划任务书,在规定期限内报送科研部审核。

2. 责任专家、各学院、重点科研机构负责监督、检查项目实施情况,将项目年度进展报告提交至科研部,科研部审核后拨付下一年经费。由于客观原因不能按期完成研究计划的,项目负责人可于项目资助期限届满60日前申请不超过1年的延期。

3. 项目负责人不得更换或代理,如果项目负责人出现下列情况之一者,将终止该项目:

(1) 调离学校或离岗6个月以上;

(2) 不能继续开展研究工作;

(3) 有违反科研诚信或学术规范行为;

(4) 其他有违师德师风或国家有关政策。

4. 经费使用须严格按照国家和学校有关规定执行。不得开支有工资性收入的人员工资、奖金、津补贴和福利支出。

(二) 结题评估

1. 科研部在原创探索类项目资助期满后,组织专家对项目完成情况和研究成果进行评估。

2. 验收专家应适当包含立项评审专家。原创探索类项目鼓励探索、宽容失败。未达到预期研究目标的,项目负责人应详细说明情况、分析原因。对执行效果良好、后续有望获得重大原创成果的项目,经综合评估后可延续资助。

七、附则

本实施方案由科研部负责解释，自印发之日起施行。

中国科学技术大学对外投资管理办法(试行)

（校企字〔2021〕94号，2021年6月16日）

第一章　总　　则

第一条　为规范学校对外投资行为，落实主体责任，加强国有资产监管，有效防范风险，促进科技成果转移转化，依据《中华人民共和国公司法》《中华人民共和国企业国有资产法》和《中国科学院对外投资管理办法》《中国科学院条件保障与财务局关于进一步加大授权力度促进科技成果转化的通知》《中国科学院条件保障与财务局关于加强院属单位经营性国有资产管理的通知》《中国科学技术大学校地合作机构管理办法（试行）》等有关规定，结合学校实际，特制定本办法。

第二条　本办法所称对外投资管理是指学校的股权投资、股权变动和股权处置行为，主要包括以下经济行为：

（一）投资设立新企业或新校地合作机构；

（二）对已设立的企业投资；

（三）对已投资的企业增资或减资；

（四）兼并与收购企业；

（五）接受企业赠予股权；

（六）转让所持企业股权；

（七）无偿划转所持有的企业股权；

（八）对已投资的企业改制(含股份制改制)；

（九）已投资的企业增资，学校不增资；

（十）已投资企业以未分配利润、资本公积和盈余公积转增资本金；

（十一）已投资企业的合并、分立；

（十二）已投资企业的注销解散；

（十三）其他经营性投资行为。

第二章　管理机构及其职责

第三条　学校对外投资实行“事企分开、分级决策”的管理体制。

第四条　学校校长工作会议和党委常委会会议是对外投资事项的领导和决策机构。校长工作会议负责对重大对外投资事项进行决策，并提交党委常委会会议讨论决定。

第五条　学校经营性资产监督管理委员会(以下简称“经资委”)代表学校进行对外投资

的监督和协调，保障经营性国有资产保值增值。

第六条 中科大资产经营有限责任公司（以下简称“科大控股”）是学校独家出资设立的国有资产经营管理公司，承担相应的国有资产保值增值责任，经授权对学校直接投资的全资、控股、参股企业行使部分出资人权利，其主要职责为：

（一）贯彻执行国家、中国科学院和学校有关对外投资的法律、法规和规章制度；

（二）负责学校对外投资的整体规划和产业布局，保障国有资产保值增值；

（三）负责制定其他相关管理制度；

（四）负责牵头组织学校对外投资项目的论证、报批，负责学校对外投资的实施和形成股权后的管理，通过三会（股东会、董事会、监事会）治理依法行使股东权利，对学校投资企业及其子企业实施国有资产监督管理；

（五）选派和更换派出至所属二级企业的职工代表以外的董事、监事，制定派出人员管理办法，负责派出人员履职行为考核；

（六）办理所属二级企业经济行为的预审、报批、备案，资产评估备案，企业国有资产产权登记，国有股权管理方案报批等工作；

（七）接受国家、中国科学院及学校有关部门的监督检查，并报告有关对外投资管理工作情况。

第七条 财务处负责学校对外投资的财务核算、参与投资论证，对学校投资的一级法人单位进行财务监督。

第八条 科技成果转移转化办公室负责学校科技成果对外投资的相关管理事项。

第九条 资产与后勤保障处负责对拟用学校经批准的转经营性资产进行对外投资的前置审批和管理，受托实施学校其他经营性资产（房产）的管理等。

第十条 发展和改革办公室负责根据学校战略部署和校地合作意向，提出设立校地合作机构、组织论证和报批。

第三章 基本原则

第十一条 学校对外投资应有利于促进学校科技成果转移转化和规模化、产业化；有利于国有资产保值增值，但不以控股为主要目的；有利于吸收社会优势资源参与科技创新工作；有利于学校重大原创科技成果的应用落地。

第十二条 学校对外投资以保证教学和科研业务正常开展为前提，严格控制现金对外投资，原则上不得以实物资产对外投资。不得以下列资产进行对外投资：

（一）财政拨款和承担国家科研项目资金（项目另有约定等特殊情况除外）；

（二）非税收入；

（三）上级补助收入；

（四）为维持科研事业正常发展和保证科研计划完成的仪器设备、材料等各项资产；

（五）园区内的土地使用权、房屋产权等；

（六）对外融资方式募集的资金。

第十三条 学校利用国有资产对外投资取得的收益，应按政府会计准则的有关规定纳入学校预算，统一核算，统一管理。

第十四条 学校应与投资企业建立以资本为纽带的产权关系。学校应明晰投资企业与学校的资产产权关系，投资企业应在人事、财务、资产、业务等方面独立，其办公地点原则上应与学校物理隔离。

第十五条 学校不得买卖期货、股票；不得购买各种企业债券、各类投资基金和其他任何形式的金融衍生品或进行任何形式的金融风险投资，不得使用国有资产进行抵押。

第十六条 原则上，学校股权投资都应通过科大控股进行。科大控股在充分论证的基础上，可以用现金投资。现金投资应以推动学校科技成果转移转化为前提，规范投资运作、提高投资回报、维护资本安全，原则上应投资学校重大科技成果转移转化项目和相关企业，科大控股可根据需要下设全资的投资平台承接投资功能。

科大控股应对学校投资项目进行可行性分析和尽职调查，对相关风险进行充分评估，优先选择有信誉、善于经营管理的投资合作伙伴，建立规范的三会（股东会、董事会、监事会）治理结构。对于投资额度、风险、社会影响较大的项目，可聘请第三方机构和行业专家组织论证。

第十七条 学校各级全资及控股企业（上市公司除外）不得为其他单位或个人提供担保；不得以任何名义借款给企业和个人；不得由个人代持应由学校持有的国有股权。已投资的各级全资及控股企业（上市公司除外）原则上不得兼并收购社会企业，不得接受非学校划入的未进行公司制改制的企业股权。

第四章 对外投资行为审批管理

第十八条 除科技成果作价入股外，学校的以下对外投资事项，由中国科学院条件保障与财务局（以下简称“院条财局”）按规定权限审批，并报财政部备案。资产处置金额账面原值超过800万元的，由院条财局审核后报财政部审批。

（一）对已投资的企业增资或减资；

（二）已投资的一人有限责任公司和国有独资公司增资、学校不增资；

（三）对已投资的企业改制（含股份制改造）；

（四）转让所持企业股权；

（五）无偿划转学校持有的企业股权；

（六）控股企业合并或分立；

（七）绝对控股企业的注销解散；

（八）其他按规定需要报批的投资行为。

第十九条 学校发生以下对外投资及股权变化事项，实行学校审批、中国科学院备案制。

（一）已投资的企业增资、学校不增资；

（二）相对控股和参股企业的注销解散；

（三）企业以未分配利润、资本公积和盈余公积转增资本金；

（四）其他按规定需要备案的投资行为。

第二十条 学校对外投资实施过程中发生下列情况变化之一的，应当重新履行决策或报批手续。

（一）投资总额超过批准的金额；

（二）出资方式发生变化；

（三）合作方发生变化；

（四）合作方式发生变化等。

第二十一条 学校的一级控股企业（含相对控股和有实际控制力的企业）发生以下对外投资及股权变化事项，实行学校审批、中国科学院备案制。

（一）投资设立新企业；

（二）对已设立的企业投资；

（三）对已投资的企业增资或减资；

（四）已投资的企业增资，一级企业不增资；

（五）对已投资的企业改制（含股份制改造）；

（六）转让所持企业股权；

（七）无偿划转一级企业持有的企业股权；

（八）控股企业合并；

（九）已投资企业的注销解散；

（十）已投资企业以未分配利润、资本公积和盈余公积转增资本金；

（十一）接受企业赠予股权。

第二十二条 学校一级控股企业的持股企业发生其他股东转让股权、一级控股企业放弃受让的事项，由企业股东会审批，向经资委报备。

第二十三条 学校二级及以下各级次的全资、控股企业发生第二十一条、第二十二条所列事项时，授权科大控股进行审批；除第二十一条（四）、（十）和第二十二条所列之外的其他事项，原则上还应向经资委报备。

第二十四条 学校二级及以下级次的参股企业发生第二十一条、第二十二条所列事项时，由企业按章程规定审批。

第二十五条 学校对外投资事项应建立集体决策制度，并按本办法办理相关报批或备案手续。任何个人不得违规擅自决定任何形式的对外投资行为。学校或科大控股派出至企业的股东代表、董事、监事，应按有关规定进行表决。

第五章 对外投资过程管理

第二十六条 学校或持股企业有下列情形之一的，应当对有关资产进行评估，并在该经济行为批复后向负责备案的机构报告。

（一）整体或部分改制为有限责任公司或股份有限公司；

（二）以非货币资产对外投资；

（三）合并、分立、清算；

（四）除上市公司以外的原股东股权比例变动；

（五）除上市公司以外的整体或者部分产权（股权）转让；

（六）包括非货币资产在内的资产转让、置换、拍卖；

（七）整体资产或者部分资产租赁给非国有单位；

（八）确定涉讼资产价值；

（九）收购非国有资产；

（十）与非国有单位置换资产；

（十一）接受非国有单位以实物资产偿还债务；

（十二）法律、行政法规规定的其他需要进行评估的事项。

第二十七条 学校对外投资及股权变动行为完成后，应按国家和主管部门有关要求，及时办理国有资产产权占有、变动和注销登记手续。

第二十八条 学校或持股企业上市或挂牌股份制公司，应遵循国家关于股份有限公司国有股权管理有关规定，由国有股东准备国有股权管理方案等要件报财政部或其他国有资产监督管理机构审核批准。

第六章 对外投资退出管理

第二十九条 投资企业有下列情形之一的，学校应考虑适时退出：

（一）企业设立5年以上，但缺乏主营产品或服务，未形成稳定的主营收入；

（二）经营困难，已经停业、歇业；

（三）资不抵债，无法正常经营或经营状况无法得到改善；

（四）持续3年严重亏损且扭亏无望；

（五）学校持股比例较小，无法及时获取企业经营状况，存在持续经营风险的；

（六）企业股权社会化程度高，与学校科研业务发展关联不大，无法获得分红收益；

（七）其他确需退出的情况。

第三十条 学校转让所持企业股权，应按《企业国有资产交易监督管理办法》，选择具有资质的产权交易机构公开挂牌交易。转让价格应以资产评估备案结果为依据，一般情况下转让价格不得低于评估结果。采用协议转让方式的，应按国家有关规定报主管部门审批。

第三十一条 学校持股上市公司的国有股权持股主体、数量或比例发生变化的，应按《上市公司国有股权监督管理办法》等有关规定办理。通过证券交易系统减持上市公司股票，应按中国证券监督管理委员会及证券交易所有关规定及时进行信息披露。

第三十二条 学校投资企业需要注销的，应依法组成清算组，清理债权债务，分配剩余财产，依法办理企业注销事务，完成企业注销的全部程序。

第七章 科技成果作价入股

第三十三条 学校科技成果作价入股行为按学校有关规定执行。学校鼓励以相对成熟的科技成果形成的专利权、非专利技术等无形资产对外投资，推动科技成果通过产业化实现自身价值，促进国有资产保值增值。

第三十四条 学校利用科技成果作价投资，通过协议方式定价的，应委托具有相应资质的资产评估机构对科技成果进行价值评估并办理备案手续。

第三十五条 学校利用科技成果作价投资，奖励技术团队后的股权由科大控股或其指定的全资平台公司持有，学校不再直接作为股东。

第三十六条 在符合国家有关法律、法规及规章制度的前提下，学校可根据发展需求，执行所在地方党委、政府出台的科技创新有关政策。

第八章 监管与考核

第三十七条 学校将对外投资企业营运和保值增值情况纳入对科大控股经营层考核的职责范围。

第三十八条 学校直接对外投资损失核销须按主管部门有关规定执行。

第三十九条 学校应依据主管部门对学校资产处置和资产核销的批复文件，及时进行账务处理。

第四十条 对违反本办法的规定，造成国有资产损失或产生重大不良影响的，学校将依照有关规定追究相关部门和人员的责任；违反法律、法规的，将依法追究法律责任。

第九章 附 则

第四十一条 学校其他有关规定与本办法不一致的，以本办法为准。本办法与国家有关法律法规不一致的，以国家法律法规为准。

第四十二条 本办法自印发之日起施行，由学校经营性资产监督管理委员会负责解释。

中国科学技术大学财务审批管理办法(试行)

(校财字〔2021〕97号，2021年6月24日)

第一章 总 则

第一条 为进一步加强和完善学校内部控制建设，规范各类经费财务审批行为，明确财务审批经济责任制，根据《中华人民共和国会计法》、财政部《会计基础工作规范》《行政事业单位内部控制规范(试行)》等法规制度，结合学校实际，特制定本办法。

第二条 本办法所称财务审批，是指单位负责人(或项目负责人)对相关经济业务事项办理财务报销的审批行为。

第三条 本办法适用于学校各院、系、重点科研机构、直属单位，机关各部门及其所属单位(以下简称“单位”)的所有经费的财务审批。学校举办或设立的具有独立法人资格的所属分支机构可参照本办法进行财务审批管理。

第四条 学校财务审批实行“预算控制，归口审批，责任明确，统一核算”的管理原则。

审批人对所审批的经济业务事项的真实性、相关性、有效性承担直接监管责任。财务处负责对经济业务事项资料的完整性、合法性、程序合规性进行审核把关。

第二章 审 批 人

第五条 审批人应为学校在职职工(含双聘人员),主要包括:

(一) 主要校领导、分管校领导;

(二) 各院、系、重点科研机构、直属单位,机关各部门负责人(以学校中层干部任职文件为准);

(三) 各科研项目负责人(以批复的项目任务书为准);

(四) 各学院所属系负责人可作为学生活动经费、科研项目经费审批人。

第三章 审批权限

第六条 财务审批分为单位经费财务审批和科研项目经费财务审批两大类。单位经费财务审批实行单位主要负责人负责制;科研项目经费财务审批实行科研项目负责人负责制。

第七条 单位经费财务审批权限:

(一) 单位主要负责人是单位经费财务审批的第一责任人,负责本单位归口管理的所有经费的财务审批。

(二) 为便于单位内部管理,单位也可根据分工负责、权责明确的原则制定本单位的授权审批方案,经单位(院级单位应为党政联席会议)讨论通过后,授予本单位其他负责人(院级单位可含办公室主任)财务审批权限。

(三) 单位授予非学校正式任命的下属单位负责人财务审批权,应报经分管校领导批准同意后执行。

(四) 单位实行授权财务审批后,单位主要负责人和被授权的审批人承担同等经济责任。

第八条 科研项目经费财务审批权限:

(一) 科研项目负责人是科研项目经费日常开支财务审批的直接责任人,负责其管理的科研项目经费日常开支业务的财务审批。涉及特殊经济事项或大额资金支付,按学校大额资金管理办法等规定,报院级(或所在系)负责人审批。

(二) 科研项目负责人因离职办理离校手续后,不再享有财务审批权。对于在研的项目,为便于科研工作的持续开展,根据学校科研项目归口管理部门的有关要求,办理项目授权管理及项目财务审批授权手续。被授权的项目财务审批人必须是项目组成员或项目所在单位负责人,且为学校正式在职职工。

(三) 科研项目负责人退休,其科研项目是否办理授权委托由项目归口管理部门确定,财务处依据归口管理部门的要求办理相关手续,其他经费全部收归项目所在单位管理。

(四) 科研项目负责人为学校非在职职工的,不能审批科研项目经费,应由科研项目所在单位负责人审批。

第九条 因长期出国、校外挂职、病假等原因,确实难以履行单位经费或科研项目经费财务审批职能的,可通过提交《财务审批授权委托书》方式办理授权委托财务审批手续,明确被委托人、委托审批范围和内容、委托审批时限等。《财务审批授权委托书》须经单位主要负责人签字同意，履行单位经费审批权的被委托人须在本办法第五条规定的审批人范围；履行科研项目经费审批权的被委托人须是项目组成员，且为学校在职职工。

第十条 审批人不能审批本人经办的业务，应报上一级具有财务审批权的负责人审批。

学院、重点科研机构党政主要负责人可互为监督审批，其他单位主要负责人经办的业务应报分管校领导审批。

校领导经办的非科研类项目业务由党政办公室负责人审批。

第四章 审批内容

第十一条 财务审批监管的内容主要包括：

（一）发生经济业务的内容和数据是否真实；

（二）相关经济业务的经办人、验收人（或证明人）身份的合规性和真实性；

（三）相关经济业务开支经费来源的相关性和合理性；

（四）相关经济业务原始凭证及相关资料的完整性；

（五）相关经济业务经费开支的经济适用性及程序合规性；

（六）审批人认为需要审核的其他内容。

第五章 审批责任

第十二条 各单位主要负责人和各科研项目负责人是相关经费开支财务审批的直接责任人，应按照本办法规定严格履行财务审批职责。

第十三条 各单位应将审批人的签字手迹报财务处备案。

第十四条 被授权的财务审批人应在被授权的范围内严格履行财务审批职责。被授权人审批事项的经济责任由授权人和被授权人共同承担。

第十五条 财务审批人发生变更，相关单位（科研项目）应及时办理变更手续。

第十六条 各财务审批人应严格依法、依规办理财务审批手续。严禁将财务审批权限任意下放，严禁将财务审批权授予本单位以外的人员，严禁授意无财务审批权的人员代为签字审批，严禁超范围审批。

第十七条 各单位应高度重视日常财务审批管理和监督工作，强化风险控制，严禁弄虚作假、伪造、代签等行为。

第十八条 因管理不善，责任不到位，发生违反财务审批规定的行为，一经发现，学校按有关规定严肃处理，造成重大经济损失或触犯法律的，移送司法机关处理。

第六章 附　　则

第十九条 本办法与国家有关政策制度不相符的，按国家规定执行。

第二十条 本办法自 2021 年 7 月 1 日起施行，由学校财务处负责解释。

中国科学技术大学出国(境)经费管理暂行办法

(校财字〔2021〕224 号,2021 年 12 月 22 日)

第一章 总 则

第一条 为进一步加强和规范学校出国(境)经费管理,加强预算监督,提高资金使用效益,保证外事工作顺利开展,根据财政部、外交部《因公临时出国经费管理办法》《财政部 外交部关于调整因公临时出国住宿费标准等有关事项的通知》《财政部 教育部关于调整国家公派留学人员奖学金和艰苦地区补贴标准的通知》,以及《中国科学院院属单位因公临时出国(境)管理办法》《中国科学院教学科研学术类因公临时出国(境)经费管理办法(暂行)》等精神,结合学校实际,制定本办法。

第二条 本办法适用于学校批准的因公出国(境)费用报销。

第三条 出国(境)经费管理应当明确预算来源。校内各单位应当加强出国(境)经费的管理,在出国(境)经费预算额度内,务实高效、精简节约地安排出国(境)访问交流活动,不得超预算或无预算安排出访团组。

第四条 出国(境)经费包括国际旅费、国(境)外城市间交通费、住宿费、伙食费、公杂费和其他费用。

第二章 国际旅费

第五条 国际旅费是指出国(境)人员乘坐交通工具从出境口岸至入境口岸产生的费用。国际旅费凭机票行程单、登机牌等有效原始票据报销。

第六条 出国(境)人员应当优先通过政府采购方式选择中国航空公司运营的国际航线。购买机票时,须优先选择中国航空公司直达境外目的地的航班;无直达航班,须选择中国航空公司可到达且离境外目的地最近的中转航班。如因中转 1 次以上(不含 1 次)、航班衔接、票价价差较大等特殊原因确需选择非国内航空公司航班机票的,应当于购买机票前填写《乘坐非国内航班和改变中转地审批表》,并报国际合作与交流部暨港澳台办公室(以下简称“国合部暨港澳台办”)和财务处批准,报销时须提供出具审核意见的审批表。

第七条 院士、省部级及相当职务人员,可乘坐飞机头等舱、轮船一等舱、火车高级软卧或全列软席列车的商务座;司局级及相当职务人员,可乘坐飞机公务舱、轮船二等舱、火车软卧或全列软席列车的一等座;二级教授及相当专业技术人员因教学科研学术类出访,或因非教学科研学术类出访且连续飞行时间在 6 小时以上时,可乘坐飞机公务舱、轮船二等舱、火车软卧或全列软席列车的一等座;其他人员乘坐飞机经济舱、轮船三等舱、火车硬卧或全列软席列车的二等座。各类人员级别以学校人事部门认定为准。

第八条 出国(境)人员应该严格按照规定等级乘坐交通工具。特殊情况须事先提出申请并说明理由，经分管校领导批准后予以报销。

第九条 因个人原因产生的退票费、行李超重费和改签费等不予报销。确因工作需要发生以上费用的，由出国（境）人员说明情况，经项目负责人或所在单位负责人审批后予以报销。

第三章 国(境)外城市间交通费

第十条 国（境）外城市间交通费，是指为完成工作任务所必须发生的，在出访国家或地区的城市与城市之间的交通费用。城市间交通费按乘坐交通工具的等级凭有效原始票据报销。

第十一条 出国（境）人员的旅程必须按照批件批准的路线出行，擅自改变出访路线或未经批准前往其他城市，不予报销。

第十二条 出国（境）人员在境外往返机场、火车站和码头的交通费用，可参照城市间交通费有关规定执行。

第十三条 出国（境）人员前往公共交通不便、条件极其艰苦的国家或地区开展科学考察、科学观测或监测等科研活动，须遵行《中国科学院科学考察安全管理规定》，因受地理环境和当地条件限制，必须租车前往的，事先由所在单位负责人审批后经国合部暨港澳台办批准，租车费用（含租车费、汽油费、保险费和停车费等）凭有效票据报销，报销金额原则上不超过每人每天 100 美元。租车期间公杂费按 1/2 核减发放。

第四章 住 宿 费

第十四条 住宿费，是指出国（境）人员在国（境）外发生的住宿费用。出国（境）期间住宿费在标准范围内据实报销，报销时须提供发票、支付记录和明细清单等。住宿费标准参照国家有关文件最新标准执行。

第十五条 住宿费原则上应当按照标准报销，超过标准部分的住宿费由个人承担，不予报销。院士、省部级及相当职务人员可安排普通套房，住宿费据实报销。其他人员安排标准间，在规定的住宿费标准之内予以报销。

第十六条 参加国际会议等出国（境）人员，原则上应当按照住宿费标准执行。如会议举办单位指定或推荐酒店，住宿费超出国家规定标准的，应于出访前报国合部暨港澳台办和财务处审核批准后，凭原始票据据实报销。

第十七条 住宿费中发票上单独列示了餐费、上网费、电话费、交通费、必要的小费等费用，以上费用包含在伙食费、公杂费包干中，报销时应直接扣减。

第五章 伙食费和公杂费

第十八条 伙食费是指出国（境）人员在国（境）外期间的日常伙食费用。公杂费是指出国（境）人员在国（境）外期间的市内交通、邮电、办公用品、必要的小费等费用。

第十九条 除特殊情况外，出国（境）人员伙食费和公杂费均在不超过国家有关规定的标准内包干使用。

第二十条 包干天数按离、抵我国国境之日计算，但不得超出出国批件批准的天数；如因凌晨航班原因致使提前1天离境，或因时差原因造成抵境日期延迟1天的，包干天数在批件批准范围内由国合部暨港澳台办核定。

第二十一条 国（境）外的市内交通费原则上按财政部规定的公杂费标准包干使用。确因工作和公务需要，经国合部暨港澳台办审核确认，可据实报销，同时不再发放公杂补助。在1次出国（境）过程中，只能选择1种报销方式。

第二十二条 住宿费、国际会议注册费中单独列示餐费金额的，报销时应直接扣减；没有明确金额的，早、中、晚餐按照20%、40%、40%比例扣减相应伙食补助。

第二十三条 邀请方（或其他单位）已承担相应费用的，不得重复领取伙食费和公杂费等。

第二十四条 属于长期出访或已按月领取出国（境）补助的，在此期间如发生短期出访，可报销旅费及住宿费，但不重复领取伙食费和公杂费。

第六章 其他费用

第二十五条 其他费用主要是指出国签证费用、必需的保险费用、防疫费用、国际会议注册费用、学费和培训费等。出国签证费用、防疫费用、国际会议注册费用凭有效原始票据报销。国际会议注册费报销时须提供相应的缴费标准。

第二十六条 学费或注册费，是指学生经学校学生公派出境审批流程审核，参加课程学习类或游学访问类（含国际会议）等交流任务向对方学校或项目运营方所缴纳的学费或注册费。报销时须提供相应的收据/发票、支付记录、缴费标准，由经费来源负责人决定全额或部分报销。

第二十七条 培训费是指学校选派各类专业技术人员和管理人员出国（境）进行业务培训产生的培训费用，参照国家及学校有关规定执行。

第七章 费用报销

第二十八条 出国（境）人员提交的出国（境）批件、邀请函、护照/通行证的首页、签证/签注、出入境记录等单据经国合部暨港澳台办审核后，财务处不再重复审核。报销时须提供经国合部暨港澳台办审核确认的费用报销单、事后公示表（除学生外）、机票行程单、登机牌及费用开支明细等原始票据。境外外文票据，报销时须用中文注明开支内容、日期、数量、金额等，并由经办人签字。

第二十九条 受国际化发展基金（USTC Fellowship）资助的本科生，资助标准参照《中国科学技术大学国际化发展基金本科生国际交流项目管理办法》等有关管理办法执行。报销时须提供经国合部暨港澳台办确认的费用报销单和登机牌等有效原始票据报销。

第三十条 30天以上（含30天）的出国交流经费，应按照国家有关规定的人员和国家类别标准，按月发放生活补助，超出 1 个月且不满 1 个月的部分按天数比例折算。

第三十一条 已经受其他渠道资助的相关费用，不再另行报销。受多方资助渠道出国（境）交流的人员，其资助总额不得超过国家规定的资助标准上限。

第三十二条 30 天以上（含 30 天）赴香港、澳门和台湾的交流，相应补助标准按照国家和学校有关规定执行。

第八章 监督问责

第三十三条 各单位应当加强对本单位出国（境）活动和经费报销的审批和管理，单位负责人（项目负责人）、出差人及经办人须确保票据完整、来源合法合规、内容真实。各单位应当自觉接受学校纪检监察、审计部门对出国（境）活动及相关经费支出的监督检查。

第三十四条 出访人员如在因公临时出国（境）中存在以下行为的，学校将依据有关制度和法律法规严肃处理。

（一）随意更改行程和访问内容；

（二）出访未经批准的国家、地区及城市；

（三）变相公款旅游；

（四）在公务活动期间进行其他与公务无关的活动；

（五）违规扩大出国（境）经费开支范围；

（六）擅自提高经费开支标准；

（七）使用虚假发票报销出国（境）费用；

（八）虚报团组级别、人数、国家数、天数等，套取出国（境）经费；

（九）其他违反本办法的行为。

第九章 附 则

第三十五条 本办法由财务处和国际合作与交流部暨港澳台办公室在各自职能范围内负责解释，未尽事宜按财政部、中国科学院、教育部、外交部等有关规定执行。在执行过程中，遇有国家相关政策法规调整时，由财务处负责修订。

第三十六条 本办法自印发之日起施行。

中国科学技术大学内部审计工作规定

（校审字〔2021〕89 号，2021 年 6 月 5 日）

第一章 总 则

第一条 为进一步加强学校内部审计工作，建立健全内部审计制度，推进学校事业发展，落实全面从严治党主体责任，加强党风廉政建设和反腐败工作，根据《中华人民共和国审计法》《中华人民共和国审计法实施条例》《审计署关于内部审计工作的规定》《教育系统内部审计工作规定》《中国科学院内部审计工作规定》等，结合学校实际，特制定本规定。

第二条 本规定所称内部审计，是指学校内部审计机构及内部审计人员依法依规对学校及所属单位财政财务收支、经济活动、内部控制、风险管理等实施独立、客观的监督、评价和建议，以促进学校提高管理水平，有效利用资源的活动。

第三条 校党委加强对内部审计工作的领导，健全党领导相关工作的体制机制。学校依据国家有关法律法规、内部审计职业规范等，结合实际，建立健全内部审计制度，明确内部审计工作的领导体制、工作机构、职责权限、人员配备、经费保障、审计结果运用和责任追究等。

第四条 学校内部审计机构和内部审计人员从事内部审计工作，应当严格遵守国家有关法律法规、内部审计职业规范和本规定，忠于职守，做到独立、客观、公正、保密。不得参与可能影响独立、客观履行审计职责的工作。

第五条 学校内部审计工作接受国家审计机关的业务指导和监督，接受中国科学院监督与审计局的业务管理、指导和监督。

第二章 内部审计机构设置

第六条 审计处作为独立的内部审计机构，履行内部审计职责。审计处在校党委、校长的直接领导下组织开展学校内部审计工作，依法依规独立履行职责，任何单位和个人不得干涉和打击报复。

第七条 审计处工作职责：

（一）建立健全内部审计制度，拟定学校内部审计发展规划和年度工作计划，按照学校决策程序经批准后实施，并报中国科学院监督与审计局备案；

（二）完成上级部门部署的审计任务；根据风险状况、管理需求等，自主开展学校及所属单位内部审计工作；

（三）监督检查学校内部审计发现问题整改落实，有效运用审计结果；

（四）协助中国科学院监督与审计局开展审计工作；

（五）完成中国科学院监督与审计局或学校交办的其他工作事项。

第八条 审计处履行内部审计职责所需经费，应列入学校预算。

第九条 学校应保证内部审计工作所需人员编制，合理配备专兼职内部审计人员。审计处负责人或专职内部审计人员的任免、调动和奖惩，须向中国科学院监督与审计局备案。

第十条 内部审计人员应具备从事审计工作所需的专业能力。学校应严格内部审计人员录用标准，支持和保障审计处通过多种途径开展继续教育，提高内部审计人员的职业胜任能力。

审计处负责人应具备审计、会计、法律或者管理等工作背景。

第十一条 学校应结合岗位职责履行情况、内部审计工作质量和效果、中国科学院监督与审计局评价意见等，对审计处和内部审计人员进行考核，保持内部审计考核的相对独立性，本年度被审计对象不得对内部审计人员进行考核。

第三章 内部审计工作权限

第十二条 审计处应按照国家有关规定、中国科学院监督与审计局和学校要求，综合考虑学校科教特点、风险状况、管理需要和重点监督领域等，结合学校审计资源配置情况，开展下列审计业务：

（一）对学校及所属单位贯彻落实党中央重大政策措施、中国科学院重大决策部署情况进行审计；

（二）对学校及所属单位发展规划、任期目标、重大决策措施及年度业务计划执行情况进行审计；

（三）对学校内部管理的领导人员履行经济责任情况进行审计；

（四）对学校及所属单位科研经济业务真实性、合法性、合规性进行审计；

（五）对学校及所属单位财政财务收支进行审计；

（六）对学校及所属单位经济管理和绩效情况进行审计；

（七）对学校及所属单位内部控制及风险管理情况进行审计；

（八）对学校及所属单位经费预算执行、结题验收情况等进行审计；

（九）对学校及所属单位固定资产投资项目进行审计；

（十）对学校及所属单位经营性资产、投资公司进行审计；

（十一）对学校及所属单位的境外机构、境外资产和境外经济活动进行审计；

（十二）对学校及所属单位自然资源资产管理和生态环境保护责任的履行情况进行审计；

（十三）协助校长督促落实审计发现问题的整改工作；

（十四）完成中国科学院监督与审计局或学校交办的其他审计事项。

第十三条 审计处在履行职责时享有下列职权：

（一）要求被审计单位按时报送发展规划、任期目标、战略决策、重大措施、工作总结、会议记录、会议纪要、内部控制、风险管理、财政财务收支、科研业务等有关资料（含相关电子数据）；

（二）参加被审计单位有关会议，召开与审计事项有关的会议；

（三）参与研究制定有关的规章制度，提出制定内部审计规章制度的建议；

（四）检查有关财政财务收支、经济活动、内部控制、风险管理的资料、文件和现场勘察实物；

（五）就审计事项中的有关问题，向有关单位、部门和个人开展调查和询问，取得相关证明材料；

（六）对正在进行的严重违法违规、严重损失浪费行为及时向校党委、校长报告，经同意作出临时制止决定；

（七）对可能转移、隐匿、篡改、毁弃会计凭证、会计账簿、会计报表以及与经济活动有关的资料，经校党委批准，有权予以暂时封存；

（八）提出纠正、处理违法违规行为的意见和改进管理、提高绩效的建议；

（九）对严格遵守财经法规、绩效显著、贡献突出的被审计单位和个人，可以向学校提出表彰建议。

第十四条 学校内部审计可根据工作需要向社会购买审计服务。审计处应对社会中介机构开展受托业务进行指导、监督、检查和评价,并对采用的审计结果负责。涉密事项审计应符合国家保密要求。

第四章 内部审计管理

第十五条 校党委、校长应定期听取内部审计工作汇报,加强内部审计发展战略、年度内部审计计划、内部审计质量控制、内部审计发现问题整改和内部审计队伍建设等重要事项的管理。审计处负责人应及时向校党委、校长报告内部审计结果和重大事项。

第十六条 审计处应运用现代审计理念和方法,坚持风险和问题导向,优化内部审计业务组织方式,加强内部审计信息化建设,全面提高内部审计效率。

第十七条 审计处应着眼于促进问题解决,立足于促进机制建设,对内部审计发现问题做到事实清楚、定性准确,并在分析根本原因的基础上提出审计建议,通过与相关单位合作促进学校事业发展。

第十八条 审计处应加强自身内部控制建设,合理设置内部审计岗位和职责分工,推进内部审计队伍建设,培训内部审计人员,优化内部审计业务流程,完善内部审计全面质量控制。

第十九条 审计处应建立健全本单位及所属单位内部审计工作评价制度,促进提升内部审计业务与内部审计管理的专业化水平。

第二十条 审计处实施领导人员经济责任审计时,应参照执行国家有关经济责任审计的规定。

第五章 内部审计结果运用

第二十一条 学校建立健全内部审计发现问题整改机制,明确被审计单位主要负责人为整改第一责任人,完善内部审计整改结果报告制度、内部审计整改情况跟踪检查制度、内部审计整改约谈制度,对规定时限内整改不到位的相关责任人追究责任,推动内部审计发现问题的整改落实。

第二十二条 学校对内部审计发现的典型性、普遍性问题,及时分析研究,制定和完善相关管理制度,建立健全内部控制措施。

第二十三条 审计处对违法违规和造成损失浪费的被审计单位和人员,给予通报批评或者提出追究责任的建议。

第二十四条 学校通过公文、会议、内部网络等途径将内部审计结果和内部审计整改落实情况在一定范围内进行通报。

第二十五条 审计处应加强与党委组织部、党委巡察工作办公室、纪委监察办公室等协作配合,建立信息共享、结果共用、重要事项共同实施、问题整改问责共同落实等工作机制。

内部审计结果及整改情况作为学校考核、任免、奖惩干部和相关决策的重要依据。

第二十六条 对于内部审计发现的重大违纪违法问题线索，学校应按照干部管理权限依法依规及时移送纪检监察机关、司法机关，并同时向中国科学院监督与审计局报告。

第六章 责任追究

第二十七条 被审计单位有下列情形之一的，由校党委、校长责令改正，并对直接负责的主管人员和其他直接责任人员进行处理：

（一）拒绝接受或者不配合内部审计工作的；

（二）拒绝、拖延提供与内部审计事项有关的资料，或者提供资料不真实、不完整的；

（三）拒不纠正内部审计发现问题的；

（四）整改不力、屡审屡犯的；

（五）违反国家、中国科学院或学校有关规定的其他情形。

第二十八条 审计处和内部审计人员有下列情形之一的，由学校对直接负责的主管人员和其他责任人员进行处理；涉嫌犯罪的，移送司法机关依法追究刑事责任：

（一）玩忽职守、不认真履行内部审计职责造成严重后果的；

（二）隐瞒内部审计查出的问题或者提供虚假内部审计报告的；

（三）泄露国家秘密或商业秘密的；

（四）利用职权谋取私利的；

（五）违反国家、中国科学院或学校有关规定的其他情形。

第二十九条 内部审计人员因履行职责受到打击、报复、陷害的，学校应及时采取保护措施，并对相关责任人员进行处理。涉嫌犯罪的，移送司法机关依法追究刑事责任。

第七章 附 则

第三十条 本规定自印发之日起施行，由学校审计处负责解释。原《中国科学技术大学内部审计工作规定》（校监审字〔2017〕166 号）同时废止。

中国科学技术大学基本建设管理办法

（校建字〔2021〕6 号，2021 年 1 月 19 日）

第一章 总 则

第一条 为进一步加强学校基本建设项目管理，规范工作程序，根据国家有关法律法规和《中国科学院基本建设项目管理办法》等，结合学校实际，特制定本办法。

第二条 本办法适用于学校使用国拨资金、学校自筹资金等各类资金投资，在学校已有土地上由上级单位、地方政府或学校批准立项的新建、改建、扩建等工程项目（以下简称“建设项目”)。

第三条 学校基本建设决策必须严格执行学校“三重一大”决策制度，遵守基本建设程序，坚持先规划立项、后设计施工，坚持公开和质量第一的原则。

第四条 学校基本建设的主要环节和程序有：规划、立项、勘察设计、招标、合同签订、施工、竣工验收和项目评价等。

第二章 组织机构和职责

第五条 学校建设项目实行法人负责制。学校主要领导对项目建设的管理全面负责，分管校领导对相关工作负领导责任，基本建设处、财务处、审计处、资产与后勤保障处、档案馆等相关部门对建设项目的组织实施、资金管理、审计、资产移交、归档等工作负责。

第六条 校长工作会议和党委常委会会议是学校建设项目重大事项和重要管理制度的决策机构。根据学校“三重一大”决策制度规定，对项目建设重大事项进行决策。

第七条 学校成立工程项目管理小组，组长由分管基建校领导担任，副组长由分管财务校领导担任，成员由学生工作部(处)、教务处、科研部、财务处、资产与后勤保障处、基本建设处、保卫与校园管理处、预算专家委员会、学院(国家级科研机构)代表组成。工程项目管理小组的主要职责：

(一) 依据国家有关法律、法规、政策，按照中国科学院、省、市相关行政主管部门的具体要求，负责审定学校基本建设工作规章制度并指导检查落实情况；

(二) 负责对学校建设项目的组织领导、管理协调和监督检查；

(三) 负责规范学校基本建设工作程序；

(四) 审议工程变更事项；

(五) 对党委常委会会议或校长工作会议授权的其他基本建设管理工作事项进行决策。

第八条 学校各职能部门根据职责分工对建设项目进行管理，主要职责分别为：

(一) 基本建设处

负责建设项目的全过程管理，承担建设工程的安全、质量、进度和投资控制的职责，同时负责安全文明施工和环保的监管。

1. 根据学校发展规划，编制校园建设规划；
2. 项目的立项报批和前期准备；
3. 编制设计任务书、委托设计及编制投资概算；
4. 办理工程报建手续；
5. 组织招标，签订并执行合同；
6. 组织办理工程验收手续、项目竣工验收和资料归档。

(二) 财务处

1. 自筹资金项目年度预算管理；
2. 项目资金核算管理；
3. 项目竣工财务决算管理。

(三) 审计处

1. 对建设项目工程造价咨询和审核工作进行管理和监督；

2. 对建设项目进行过程及结算审计管理。

(四) 资产与后勤保障处

1. 项目竣工验收后,及时组织用户(归口管理)单位接收已完工项目资产;

2. 交付用户单位。

(五) 档案馆

1. 负责按照学校基本建设类档案管理办法的有关规定,对建设项目进行归档管理;

2. 监督、指导参建单位对基建档案的收集整理,协助基本建设处对立卷和归档工作进行定期检查;

3. 工程竣工验收时,档案馆作为工程竣工验收小组成员单位,会同基本建设处做好基建档案的验收。

第九条 建立建设项目使用单位全过程参与的工作机制。使用单位应当委派专人参与建设项目的全过程实施管理,具有知情权和建议权。对涉及建设标准、建设内容、功能布局等设计需求文件和主要设计文件进行会签。

第三章 规划、计划与立项

第十条 学校委托具有相应资质的单位编制校园建设规划。经过政府规划部门批准、学校审核通过的校园建设规划是开展基本建设、确定建设项目的重要依据,具有稳定性和权威性,不得随意变更。

第十一条 学校结合事业发展需要和财力,编制中长期校园建设规划。未列入校园建设规划项目原则上不得启动建设。

第十二条 国拨资金建设项目应当按照国家规定报送中国科学院初审后报国家发展和改革委员会,获得批准后方可实施。自筹资金建设项目应当报地方政府发展和改革委员会备案后方可实施。

第十三条 学校基本建设项目应当按照国家规定分阶段上报项目建议书、可行性研究报告、初步设计及概算。可行性研究报告应当委托具有相应资质的单位编制,符合国家相关部门要求的前期工作质量和深度。

第十四条 基本建设处负责按照有关规定编制学校基建年度投资建议计划和年度投资调整计划,财务处负责审核学校基建年度投资建议计划和投资调整计划。

第十五条 基本建设处应加强投资管理,严格执行学校基建年度投资计划和投资调整计划。

第四章 项目实施管理

第十六条 建设项目应严格按照地方政府项目报建程序,及时办理规划许可、施工许可等前期手续,做到合法、规范施工。

第十七条 建设项目应依据《中国科学技术大学工程建设项目招标管理办法》,依法对勘察、设计、施工、工程监理、主要设备和材料的采购等进行招标。

第十八条 建设项目原则实行工程建设监理制和质量监督制,依法选择具有相应资质的工程监理单位和第三方质量安全巡查单位。基本建设处应督促工程监理单位和第三方质量安全巡查单位依照有关法律法规、技术规范、相关文件和合同等实施工程监理和监督。

第十九条 建设项目可实施代建制(全过程管理),依法选择具有相应资质的代建单位。基本建设处确保代建项目按照国家有关法律法规、技术标准、相关文件和合同实施代建。

第二十条 建设项目应严格控制工程项目投资。严禁擅自改变建设内容、提高建设标准、扩大建设规模。

第二十一条 建立健全建设项目安全责任体系,明确参建各方安全责任,确保施工现场和校园安全。

第二十二条 建立健全工程质量问题调查制度和责任追究制度,保证建设项目工程质量。建立工程重大事项报告制度。

第二十三条 建设项目管理部门应该严格执行学校合同管理规定,加强建设项目合同管理。

第二十四条 建设项目管理部门应该严格执行项目变更和签证管理有关规定,加强工程变更、签证管理。

第二十五条 各职能部门应当建立健全建设项目的档案管理制度。档案馆负责建设项目档案资料的审核和归档。基本建设处应严格执行学校档案馆有关规定,收集全过程归档文件资料。

第二十六条 建设项目工程施工结束后,基本建设处应及时组织竣工验收,并在竣工验收后及时办理资产交付使用,资产与后勤保障处负责组织建设项目交付使用的交接。

第二十七条 建设项目完成工程结算后,基本建设处应及时办理竣工备案手续。财务处负责办理固定资产入账。资产与后勤保障处负责办理项目产权证书。

第五章 建设资金管理

第二十八条 学校财务处应按照有关规定做好基本建设资金的预算编制、下达工作,并负责年度预算的执行控制和基本建设资金的财务管理与会计核算工作。

第二十九条 建设项目必须独立建账、单独核算、专款专用。

第三十条 建设项目的工程支出应严格按照国家有关规定及合同相关条款的规定支付。预算纳入国库集中支付范围的,资金拨付按照国库集中支付的有关管理办法执行。

第三十一条 建设项目完成后,财务处负责建设项目竣工财务决算工作,并经具有资质的第三方机构审核。

第三十二条 财务处负责对各种基本建设经济活动实行会计监督,杜绝违反国家规定使用建设资金的行为。

第六章 监督与评价

第三十三条 建立健全建设项目管理信息公开平台。

第三十四条 按照“谁主管、谁负责”的原则，将廉政建设责任制和“一岗双责”的要求落实到项目管理中，加强对建设项目的监督管理。

第三十五条 学校各参与管理和监督的部门，应建立起内部控制和内部监督的机制，督促参与建设项目实施的单位和人员，认真履行职责，廉洁自律。

第三十六条 建设项目实行项目后评价制度，根据国家有关规定，结合学校实际，对项目建成后所达到的实际效果进行绩效评价。

第七章 附 则

第三十七条 本办法未尽事宜，按照国家及学校有关规定执行。

第三十八条 本办法自印发之日起施行，由基本建设处负责解释。原《中国科学技术大学基本建设项目管理办法(试行)》(校建字〔2014〕208 号)同时废止。

中国科学技术大学维修改造管理办法

(校建字〔2021〕6 号，2021 年 1 月 19 日)

第一章 总 则

第一条 为进一步加强学校维修改造项目管理，规范工作程序，根据国家有关法律法规和《中国科学院基本建设项目管理办法》《中国科学技术大学基本建设管理办法》，结合学校实际，特制定本办法。

第二条 本办法适用于在校内已交付使用的建筑物、构筑物上进行的，以恢复和改善相关设施使用功能、延长使用年限的施工作业，以及为改善环境、提高设施使用效率所新增的项目。包括房屋修缮土建工程，水、暖、电、气维修改造工程，实验室设施维修改造、装饰装修工程，校园绿化工程，景点建设工程，校内原有场地、道路、管网、围墙等室外维修工程及公共设备更换等。所有维修改造项目均属于学校基本建设项目的组成部分。

第三条 学校维修改造项目决策必须严格执行学校“三重一大”制度，遵守基本建设程序，坚持先规划论证、后设计施工，坚持公开和质量第一的原则。

第四条 学校维修改造项目的主要环节和程序有：规划、立项、勘察设计、招标、合同签订、施工、竣工验收和项目评价等。

第二章　组织机构和职责

第五条　学校维修改造项目实行法人负责制。学校主要领导对维修改造项目的管理全面负责，分管校领导对相关工作负领导责任，基本建设处、财务处、审计处、资产与后勤保障处、档案馆等相关部门对维修改造项目的组织实施、资金管理、审计、资产移交、归档等工作负责。

第六条　校长工作会议和党委常委会会议是学校维修改造项目重大事项和重要管理制度的决策机构。

第七条　学校设立工程项目管理小组，负责对学校维修改造项目的组织领导、管理协调和监督检查；规范工作程序；审议变更事项；对党委常委会会议或校长工作会议授权的其他维修改造项目管理工作事项进行决策。

第八条　学校各职能部门根据职责分工对维修改造项目进行管理，主要职责分别为：

（一）基本建设处

负责维修改造项目的全过程管理，承担维修改造工程的质量控制、进度控制和投资控制的职责，同时负责安全文明施工和环保的监管。

1. 根据校园规划和基建规划编制维修改造规划；
2. 学校维修改造预算项目的立项报批、对用户申报维修改造预算项目进行初步审核；
3. 联系用户确定改造需求及内容，编制设计任务书；
4. 委托设计、招标及编制清单控制价；
5. 办理工程报建手续（如有需要）；
6. 签订并执行合同；
7. 组织办理工程验收手续、项目竣工验收和资料归档；
8. 协助资产与后勤保障处完成房屋、公共设施等交付使用。

（二）财务处

1. 项目资金年度预算管理；
2. 项目资金核算管理；
3. 项目预算绩效评价。

（三）审计处

1. 对维修改造项目工程造价咨询和审核工作进行管理和监督；
2. 对维修改造项目进行过程及结算审计管理。

（四）资产与后勤保障处

1. 维修改造项目竣工验收后，及时组织用户（归口管理）单位接收已完工项目资产；
2. 交付用户单位。

（五）档案馆

1. 负责按照学校基本建设类档案管理办法的有关规定对维修改造项目进行归档管理；
2. 监督、指导参建单位对基建档案的收集整理，协助基本建设处对立卷和归档工作进行定期检查；

3. 维修改造项目工程竣工验收时，档案馆作为工程竣工验收小组成员单位，会同基本建设处做好基建档案的验收。

（六）用户单位

1. 提出维修改造项目工程的功能和工艺需求；

2. 委派专人参与项目实施全过程管理，对涉及建设标准、建设内容、功能布局等设计需求文件和主要设计成果文件进行会签；

3. 对本单位申报的维修改造项目的真实性、合理性和可实施性负责。

第三章　项目申请与立项

第九条　学校需建立大型维修改造项目规划。

第十条　学校建立维修改造项目入库制度。重大项目须经专家论证，入库项目实行动态管理。

第十一条　不同资金来源的维修改造项目，均须提出申请，经过学校立项批准后方可组织实施。

第十二条　学校预算经费项目及用户自筹经费项目。

1. 凡学校预算经费实施的项目及用户自筹经费的项目，由各用户单位按照学校要求申报。基本建设处组织专家委员会对用户单位申报项目进行初审排序，推荐入库，按照年度可执行项目排序上报学校预算专家委员会和预算工作小组进行评审，按照规定程序审批通过后实施。

2. 未列入学校当年预算项目，又来不及通过预算调整后实施的应急维修改造项目，用户单位通过维修改造申报系统填报《中国科学技术大学维修改造应急项目申报表》。

单项工程预算费用 20 万元（不含 20 万元）以下的，由基本建设处审批通过后立项实施；

单项工程预算费用 20 万元以上、50 万元以下（不含 50 万元）的，由基本建设处审核后，报分管校领导审批通过后立项实施；

单项工程预算费用 50 万元以上的，由基本建设处、分管校领导审核，经校长审批通过后立项实施。

3. 抢修及突发事件项目，由基本建设处采取应急措施，组织校内相关单位在第一时间处置，处置后填写《中国科学技术大学抢修项目备案表》。

第四章　项目实施管理与监督

第十三条　设计、监理单位的选择。

1. 维修改造项目设计、监理单位通过公开方式选择不少于 3 家备选单位。基本建设处根据具体实施项目选择实施单位，特殊或重点项目可选择备选单位以外的单位参与。

2. 维修改造项目严格按照基本建设程序实施设计、监理工作。

第十四条　施工单位的选择。

1. 根据《中国科学技术大学工程建设项目招标管理办法》有关规定确定施工单位。

2. 技术复杂、有特殊需求,需要采用不可替代专利或专有技术等特殊项目,用户单位提出申请,由工程项目管理小组组织专家论证,论证通过后,视不同情况可采取询价、竞争性谈判、竞争性磋商、单一来源等方式确定。

3. 学校基础设施维修、应急抢修等项目,可视具体情况以派工联系单形式委派修缮服务中心实施,工程结算按学校审计处有关要求执行。

第十五条 施工管理。

1. 基本建设处对维修改造项目工程安全、质量、进度、投资等进行控制和管理。

2. 工程项目实行项目现场责任人制度。

3. 工程变更严格执行《中国科学技术大学工程变更管理办法》。

4. 工程项目可实施代建制。基本建设处督促代建单位对施工单位进行管理。

第十六条 档案管理。

基本建设处应设立兼职档案员负责维修改造项目过程资料及档案管理,严格按照学校档案馆基本建设类档案管理办法有关规定开展建档工作并及时移交档案。单项工程预算费用 20 万元(含 20 万元)以上的,档案经系统整理后移交档案馆,由档案馆审核并出具基建档案验收证明;单项工程预算费用 20 万元以下的,档案由基建处审核并自行保管。

第十七条 资金管理。

1. 根据国家、中国科学院基建财务管理的有关规定,明确建设资金审批权限,规范工程款支付程序,加强维修改造项目资金管理工作。

2. 学校应当严格执行项目资金预算。如果项目投资支出超出已批准的项目概算,确需调整投资总计划的,基本建设处应书面提交校长工作会议或党委常委会会议批准。

3. 严格按照项目预算和工程进度使用资金。

4. 学校根据国家法律法规按时支付工程款中的农民工工资,不得拖欠。

5. 凡未通过学校立项程序擅自施工的维修改造工程,不得支付工程款。

第十八条 学校审计处负责工程全过程的审计管理工作。

第十九条 所有维修改造项目实施全过程接受学校用户单位和全校师生员工监督。

第五章 项目竣工验收

第二十条 维修改造项目施工结束后,若符合验收条件,由基本建设处负责组织代建、勘察、设计、施工、监理等参建单位及用户单位共同进行竣工验收。

第二十一条 维修改造项目竣工验收后,施工单位及时报送工程竣工结算资料,由监理、审计、基本建设处及时完成结算审核工作,形成《中国科学技术大学工程竣工结算报告》作为工程尾款的支付依据。

第二十二条 基本建设处、资产与后勤保障处、财务处、用户(归口管理)单位共同做好资产移交手续。

第二十三条 维修改造项目竣工验收后,财务处根据要求适时组织项目预算绩效评价工作。

第二十四条 质保期满,经用户单位签署合格意见并完善相关手续后方可退还质保金。

第六章　备选单位管理与考核

第二十五条　维修改造项目的备选设计、监理单位须与学校签署框架协议，并向学校一次性交纳不少于 10 万元履约保证金或履约保函，服务期满后办理无息退还手续。

第二十六条　维修改造项目预算费用在 100 万以下（含 100 万元）的，备选施工单位须和学校签订框架协议，向学校一次性缴纳不少于 50 万元履约保证金或履约保函，服务期满后办理无息退还手续。如有违背诚信行为及串标、围标、肢解分包、转包等行为，经查实认定的，没收其所缴纳的履约保证金，学校致函行业主管部门，限定期限内不得参与学校项目投标。

第二十七条　备选设计、监理、施工单位在服务期内的，由基本建设处组织相关单位对其进行全过程管理、监督。按照年度进行考核，公示结果。考核结果适用于下一年项目分配。

第七章　附　　则

第二十八条　本办法未尽事宜，按照国家及学校有关规定和文件执行。

第二十九条　本办法自印发之日起施行，由基本建设处负责解释。原《中国科学技术大学维修改造项目管理办法（试行）》（校建字〔2017〕238 号）同时废止。

中国科学技术大学工程变更管理办法

（校建字〔2021〕6 号，2021 年 1 月 19 日）

第一章　总　　则

第一条　为进一步加强学校基本建设项目工程实施过程中的变更管理和监督，根据国家、安徽省及合肥市政府有关法律法规和《中国科学技术大学基本建设管理办法》，结合学校实际，特制定本办法。

第二条　本办法适用于学校使用国拨资金、学校自筹资金等各类资金投资，在学校已有土地上由上级单位、地方政府或学校批准立项的新建、改建、扩建等工程项目（以下简称“新建项目”）及维修、改造、装饰等工程项目（以下简称“维修改造项目”）。

第三条　工程变更是指工程实施过程中，由设计单位、施工单位、用户单位等提出，经过建设单位批准的合同工程中任何一项的增、减、取消或施工工艺、顺序、时间的改变，设计图纸修改，施工条件改变，招标工程量清单的错、漏而引起的合同条件的改变或工程量的增减变化。

第四条　工程变更必须符合国家有关法律法规，坚持严格审批、程序规范的原则，坚持有利于工程项目在功能、质量、投资等方面实现优化的原则。

第五条 工程项目应加强设计、施工等合同实施内容的论证；加强招标工程量清单的审核；强化开工前的图纸审核、图纸交底；加强施工组织设计和专项施工方案的审查；充分考虑预判施工条件改变可能造成的影响；充分考虑用户需求、政府部门要求、各种不可预见因素等影响。

建设单位、项目管理单位（代建）、勘察设计单位、监理单位、施工单位、跟踪审计（投资监理）单位等项目参建单位应相互配合，从源头上严格控制工程变更，最大限度减少工程变更。

第二章 工程变更的审批和实施

第六条 基本建设处、用户单位、设计单位应将建设需求、建设方案、建材（设备）选型等问题在建设工程设计阶段解决，采取有效措施控制、减少、避免设计漏项、缺项。

第七条 工程招标和合同签订前，基本建设处应对招标文件中的工程量清单、现场施工条件、实施方案、合同实施内容等进行充分论证。

第八条 工程实施过程中，施工单位应在开工前上报施工组织设计，在各专项工程开工前上报专项施工方案，监理单位应加强施工组织设计和专项施工方案审查，并与招标、投标文件进行对比。

第九条 工程变更申请一般由设计单位或施工单位提出并说明变更理由，分析工程变更对工期、投资、质量等的影响。所有参建单位根据各自职责进行审核或会签。

第十条 新建项目变更：

1. 变更单项工程费用 10 万元（含 10 万元）以下的，完善变更程序后由基本建设处审定，作为变更实施和结算审计依据。

2. 变更单项工程费用 10 万元以上、100 万元（含 100 万元）以下的，完善变更程序后由基本建设处处务会审核，并将变更（签证）报工程项目管理小组专项会议审议确定后实施。

3. 变更单项工程费用 100 万元以上的，由基本建设处组织论证，完善变更程序后报工程项目管理小组专项会议审议，经校长或校长工作会议审议通过后实施。

第十一条 维修改造项目变更：

1. 单项变更费用不超过合同价款 10%（含 10%），且 5 万元（含 5 万元）以下的，在完善变更程序后由基本建设处审定，作为变更实施和结算审计依据。

2. 单项变更费用占合同价款 10%至 30%（含 30%），或 5 万元以上、30 万元（含 30 万元）以下的，在完善变更程序后由基本建设处处务会审核，报工程项目管理小组专项会议审议确定后实施。

3. 单项变更费用超过合同价款 30%，或 30 万元以上的，完善变更程序后由基本建设处处务会审核，报工程项目管理小组专项会议审议，经校长或校长工作会议审议通过后实施。

第十二条 投资 1000 万元以上的维修改造项目，变更审批程序按照本办法第十条条款执行。

第十三条 因用户需求、建设标准、建设内容、建设条件的变化，导致设计内容发生增、改、减、取消等，应对相应的设计变更成果支付设计费用。基本建设处负责核定变更原因及工作量，变更费用的审批按照本办法第十、十一、十二条条款执行。因设计单位自身原因产生的设计变更，不得支付设计费用。

第十四条 设计变更原则上由工程原勘察设计单位承担。凡涉及重大变更的，应在施工前委托原勘察设计单位或具有相应资质的勘察设计单位提出设计方案，经原审查机构审批后方可实施。变更设计的工程内容原则上由原施工单位实施。

第十五条 由于工程勘察、设计、施工、监理等单位过失引起的工程设计变更并造成损失的，由责任单位按照有关规定和合同条款承担相应责任。造成重大经济损失和不良影响的，报请行业主管部门予以约谈或进行不良行为记录，并建议行业主管部门依法对其予以行政处罚。

第三章 附 则

第十六条 本办法自印发之日起施行，由基本建设处负责解释。原《中国科学技术大学基本建设项目变更管理实施细则(试行)》《中国科学技术大学维修改造项目变更管理实施细则(试行)》(校建字〔2014〕208 号)同时废止。

中国科学技术大学科研用房使用安全管理实施办法

(校资后字〔2021〕202 号，2021 年 12 月 1 日)

第一条 为落实总体国家安全观，防范化解各种重大风险隐患，切实加强学校科研用房使用安全管理，更好地保障和促进科研工作的开展，根据中国科学院、教育部等有关规定，结合学校科研用房实际情况，制定本办法。

第二条 科研用房单位(学部、学院、国家级研究机构、直属系，下同)要认真学习贯彻落实国家和地方安全管理法律法规，坚决牢固树立安全管理意识，按照“谁使用，谁负责”的原则，切实履行好科研用房使用安全管理的主体职责。

第三条 科研用房单位主要负责人为科研用房使用安全管理第一责任人，应坚守“党政同责”，切实加强组织领导，建立健全科研用房安全管理内部控制机制，强化职责分工，密切协调配合，形成管理合力。

第四条 房屋具体使用人为科研用房使用安全管理直接责任人，应对所使用的科研用房管理安全负责，确保房屋安全使用。

第五条 科研用房使用安全管理应以国家、地方现行政策法规为基础，严格遵照学校提供的楼宇使用功能手册，规范使用科研用房。须对照学校《实验室建设安全论证项目表》的内容要求，严格落实安全管理制度。

第六条 各科研用房单位应确保所使用科研用房楼内公用设施(水、电、汽、暖、消防管线等)和公用场所(楼梯、走廊、门厅等)的完整性，不得自行对科研用房及其设施进行拆除、改扩建、改变使用功能或占用共用场所(含屋面自行搭建)，严禁在公共强弱电机房自行接引；如需对所使用的科研用房进行变更，凡涉及功能布局改变、外立面变动、结构安全、消防设施、用电负荷调整和空调外机安置等，须向资产与后勤保障处申报，经资产与后勤保障处、基本建设处、保卫与校园管理处、实验室安全办公室履行联合审批手续后实施。

第七条 对使用和储存危化品、涉及特殊环境及特种设备的科研用房须严格履行相应管理程序。严格执行《危险化学品安全管理条例》《易制毒化学品管理条例》《易制爆危险化学品储存场所治安防范要求》《易制爆危险化学品治安管理办法》《教育部办公厅关于进一步加强高等学校实验室危险化学品安全管理的通知》等管理办法和条例，加强重点防护和风险控制，及时排除安全隐患。

第八条 各科研用房单位应强化安全管理队伍组织保障和专业化建设。在现有机构编制条件下，强化职责分工，明确专门负责安全管理的人员和专（兼）职安全管理队伍，强化内部控制管理，落实管理责任。

第九条 各科研用房单位须定期对安全管理现状进行梳理、抽查和检查，从严、从实、从细抓好科研用房的安全工作，通过抓重点、抓关键、抓薄弱环节，推动安全责任和防范措施落到实处，预防和遏制各类安全事故的发生。对于存在问题的，须及时制定整改方案，做好整改工作。按照学校档案管理办法的有关规定，对安全检查结果、安全隐患台账、隐患整改及督查整改情况等相关材料及时整理归档。

第十条 本办法为学校对科研用房使用安全管理的总体指导意见，校地合作机构应遵照执行。各用房单位务必切实压实管理责任，可根据实际情况制定相应的管理及使用细则等。

第十一条 本办法由学校资产与后勤保障处、实验室安全办公室和基本建设处负责解释。

第十二条 本办法自印发之日起施行。

八、机构与干部

学校党政领导

党委书记	舒歌群
校　　长	包信和
常务副校长	潘建伟
党委常务副书记	蒋　一
党委常委、副校长	王晓平
副 校 长	杨金龙
党委常委、副校长	杜江峰
党委副书记、纪委书记	毕金初
党委常委、副校长	罗喜胜
党委副书记	傅　尧
党委常委、副校长	吴　枫
党委常委、副校长	周丛照
党委常委、总会计师	黄素芳
党委常委、党委统战部部长	褚家如

中共中国科学技术大学第十二届委员会常务委员会委员名单

（按姓氏笔画排序）

王晓平　毕金初　杜江峰　吴　枫　罗喜胜　周丛照　黄素芳　蒋　一　傅　尧　舒歌群　褚家如

中共中国科学技术大学第十二届委员会委员名单

（按姓氏笔画排序）

王　伟　王　兵　王晓平　邓建松　古继宝　毕金初　刘　斌　刘明侯　杜江峰　李　峰　李向阳　杨晓果　吴　枫　余玉刚　罗喜胜　周丛照　黄素芳　屠　兢　蒋　一　傅　尧　舒歌群　褚家如　薛　天

中共中国科学技术大学纪律检查委员会委员名单

（按姓氏笔画排序）

丁望斌　尹　红　叶　征　毕金初　宋卫国　陈卫东　赵　峰　洪　军　黄超群　杨　凡

中国科学技术大学治理架构图

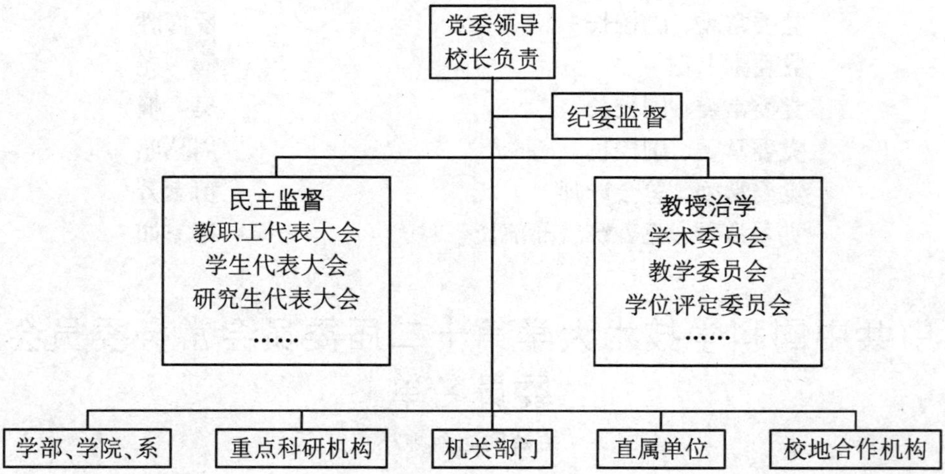

学部、学院和系设置

学部/学院	系
少年班学院	
数学科学学院	数学系
	计算与应用数学系
	概率统计系

续表

<table>
<tr><th colspan="2">学部/学院</th><th>系</th></tr>
<tr><td colspan="2" rowspan="5">物理学院</td><td>物理系</td></tr>
<tr><td>近代物理系</td></tr>
<tr><td>光学与光学工程系</td></tr>
<tr><td>天文学系</td></tr>
<tr><td>工程与应用物理系</td></tr>
<tr><td colspan="2" rowspan="5">化学与材料科学学院</td><td>化学物理系</td></tr>
<tr><td>应用化学系</td></tr>
<tr><td>材料科学与工程系</td></tr>
<tr><td>化学系</td></tr>
<tr><td>高分子科学与工程系</td></tr>
<tr><td colspan="2" rowspan="4">工程科学学院</td><td>近代力学系</td></tr>
<tr><td>精密机械与精密仪器系</td></tr>
<tr><td>热科学和能源工程系</td></tr>
<tr><td>安全科学与工程系</td></tr>
<tr><td rowspan="8">信息与
智能学部</td><td rowspan="3">信息科学技术学院</td><td>电子工程与信息科学系</td></tr>
<tr><td>自动化系</td></tr>
<tr><td>电子科学与技术系</td></tr>
<tr><td>计算机科学与技术学院</td><td></td></tr>
<tr><td>大数据学院</td><td></td></tr>
<tr><td>网络空间安全学院</td><td></td></tr>
<tr><td>微电子学院</td><td></td></tr>
<tr><td>软件学院</td><td></td></tr>
<tr><td colspan="2" rowspan="2">地球和空间科学学院</td><td>地球物理与空间科学技术系</td></tr>
<tr><td>地球化学与行星科学系</td></tr>
<tr><td rowspan="7">生命科学
与医学部</td><td rowspan="4">生命科学学院</td><td>分子生物学与细胞生物学系</td></tr>
<tr><td>神经生物学与生物物理学系</td></tr>
<tr><td>系统生物学系</td></tr>
<tr><td>医药生物技术系</td></tr>
<tr><td>基础医学院</td><td></td></tr>
<tr><td>临床医学院</td><td></td></tr>
<tr><td>附属第一医院</td><td></td></tr>
</table>

续表

学部/学院	系
管理学院	工商管理系
	管理科学系
	统计与金融系
公共事务学院	
人文与社会科学学院	科技史与科技考古系
	科技传播系
	科技哲学系
马克思主义学院	
环境科学与工程系(直属)	
核科学技术学院	加速器科学与工程物理系
	等离子体物理与聚变工程系
	核科学与工程系
环境科学与光电技术学院(科教融合学院)	
材料科学与工程学院(科教融合学院)	
天文与空间科学学院(科教融合学院)	
纳米技术与纳米仿生学院(科教融合学院)	
应用化学与工程学院(科教融合学院)	
生物医学工程学院(科教融合学院)	
能源科学与技术学院(科教融合学院)	
稀土学院(科教融合学院)	

机关部门和直属单位

类别	名称
机关部门	党政办公室　机关党委　网络安全和信息化办公室(合署办公)
	党委组织部(党校)　党委统战部(合署办公)
	党委宣传部　新闻中心(合署办公)
	党委教师工作部　人力资源部(合署办公)
	党委学生工作部　学生工作处　党委人民武装部(合署办公)

续表

类别	名称
机关部门	党委巡视工作办公室
	纪委办公室　监察处(合署办公)
	发展和改革办公室　发展规划处(合署办公)
	研究生院(校学位委员会办公室)
	本科生院
	招生就业处
	教务处
	科研部
	科技成果转移转化办公室
	国际合作与交流部(含港澳台办公室)　国际学院(合署办公)
	对外联络与基金事务处
	离退休干部工作处
	财务处
	审计处
	资产与后勤保障处
	基本建设处
	保卫与校园管理处　实验室安全办公室(合署办公)
	团委
	创新创业学院
	工会
	保密办公室
	北京教学与管理部
直属单位	公共实验中心
	图书馆
	网络信息中心
	档案文博院
	出版社
	医院
	中科大资产经营有限责任公司
	基础教育集团
	饮食服务集团

国家级科研平台、校地合作机构

类别	名称
国家级科研平台	国家同步辐射实验室
	合肥微尺度物质科学国家研究中心
	火灾科学国家重点实验室
	核探测与核电子学国家重点实验室
	语音及语言信息处理国家工程实验室
	类脑智能技术及应用国家工程实验室
	热安全技术国家地方联合工程研究中心
	大尺度火灾国际联合研究中心
	量子信息与量子科技前沿协同创新中心
	国家高性能计算中心(合肥)
	安徽蒙城地球物理国家野外科学观测研究站
校地合作机构	苏州高等研究院
	上海研究院
	北京研究院
	先进技术研究院
	国际金融研究院

各类委员会(非常设机构)及其成员名单

学术委员会

主 任 委 员：**潘建伟**

副主任委员（按姓氏笔画排序）：

田志刚　郑永飞　赵政国

秘　书　长：**罗喜胜**

委　　　员（按姓氏笔画排序）：

王　兵　孔　旭　石云里　龙世兵　卢建新　叶向东　申　勇

包信和	刘乃安	刘世勇	刘连新	杜江峰	李为民	李传锋
李向阳	李厚强	李智军	李嘉禹	杨　坚	杨金龙	吴　枫
吴恒安	吴　强	余玉刚	汪毓明	宋　伟	张世武	张和平
陆夕云	陆全明	陈仙辉	陈宇翱	陈初升	陈恩红	罗　毅
封东来	胡太忠	俞书宏	俞汉青	姚雪彪	秦礼萍	徐　飞
徐正元	龚流柱	盛　茂	程临钊	傅　尧	曾　杰	谢　毅
裴　刚	熊宇杰	薛　天				

教学委员会

主　任：包信和

副主任：周丛照

秘书长：曾长淦

委　员（按姓氏笔画排序）：

丁泽军	卫　国	王　永	王荣森	王晓宏	石云里	卢征天	叶邦角
冯志华	朱平平	朱林繁	刘万东	刘海燕	刘　斌	汤俪瑾	许胤龙
孙　蓝	李震宇	杨周旺	宋卫国	陈发来	陈初升	陈　卿	欧阳毅
罗　毅	周正威	周学海	周根陶	单　革	胡太忠	胡水明	胡　兵
俞能海	袁业飞	顾乃杰	翁建平	黄　文	黄光明	龚兴龙	龚流柱
蒋　一	程　艺	傅　尧	雷久侯				

第九届学位评定委员会

主任委员：包信和

副主任委员：潘建伟

秘　书　长：杨金龙

委　　员（按姓氏笔画排序）：

王俊峰	王强斌	古继宝	左　良	石云里	叶向东	田志刚
匡光力	刘乃安	刘文清	刘世勇	刘连新	刘　岗	刘建国
杜江峰	李向阳	李建刚	李嘉禹	杨小牛	杨　辉	吴　枫
吴宜灿	吴恒安	吴雪峰	余玉刚	汪毓明	宋　伟	张勇东
陆夕云	陈仙辉	陈华平	陈宇翱	陈学思	陈恩红	罗　毅
郑永飞	封东来	赵政国	俞书宏	俞汉青	姚华建	唐玉国
龚流柱	常　进	葛均波	程临钊	舒歌群	曾长淦	谢　毅
窦贤康	褚家如	薛　天				

第九届学位评定分委员会

数学学科学位分委员会

主　任：李嘉禹

副主任：胡太忠

委　员：王　毅　邓建松　叶向东　任广斌　李思敏　杨亚宁　吴耀华　陈发来
陈　卿　欧阳毅　胡　森　黄　文　麻希南

物理学学科学位分委员会

主　任：陈宇翱

副主任：周正威

委　员：王　沛　尹　民　叶邦角　朱林繁　朱　磊　李明哲　金　革　郑　坚
赵政国　段昌奎　袁军华　郭国平　彭新华　韩　良

化学与材料学科学位分委员会

主　任：刘世勇

副主任：邓兆祥　徐铜文

委　员：尤业字　刘　岗　闫立峰　江海龙　杨上峰　杨小牛　武晓君　胡水明
徐航勋　黄光明　黄伟新　龚流柱　熊宇杰

天文与空间科学学院学位分委员会

主　任：常　进

副主任：吴雪峰　赵　文

委　员：丁明德　王　永　王红池　王挺贵　王俊贤　韦大明　孔　旭　甘为群
史生才　朱永田　李向东　李　婧　杨　戟　吴德金　范一中　季江徽
季海生　周济林　郑宪忠　赵长印　赵海斌　袁业飞　徐　劲　崔向群
康　熙　傅燕宁　蔡一夫　薛永泉　戴子高

地学与环境学科学位分委员会

主　任：汪毓明

副主任：倪怀玮

委　员：仲　雷　刘晓东　刘　斌　李　锐　吴小平　陆全明　周根陶　周　鑫
郑永飞　赵子福　姚华建　谢周清　雷久侯

生命科学与医学学科学位分委员会

主　任：田志刚

副主任：薛　天

委　员：丁　勇　王育才　牛朝诗　叶山东　史庆华　白　丽　光寿红　朱　书

刘连新　刘海燕　刘新峰　沈佐君　张华凤　张效初　张　智　周荣斌
赵　忠　胡　兵　翁建平　程临钊　蔡　刚　臧建业　熊　伟　魏海明

临床医学学位评定分委员会

主　任：葛均波
副主任：刘连新　翁建平
委　员：王俊峰　王福生　牛朝诗　卞修武　田志刚　朱小玉　刘新峰　许戈良
孙敬武　周荣斌　周　颖　荚卫东　钱立庭　葛建军　侯凡凡　程临钊
臧建业　潘跃银　薛　天　魏海明

生物医学工程学位评定分委员会

主　任：周少华
副主任：唐玉国　赵　刚　王育才
委　员：王强斌　史国权　刘连新　杨洪波　邱本胜　武晓东　徐晓嵘　程临钊
褚家如　臧建业　潘挺睿　薛　天

力学与工程学科学位分委员会

主　任：吴恒安
副主任：刘乃安
委　员：刘明侯　刘　诚　李二强　杨立中　张和平　陆夕云　倪　勇　程文龙
褚家如　裴　刚

信息与智能学部学位分委员会

主　任：李向阳
副主任：张勇东
委　员：卫　国　王　永　龙世兵　刘发林　许胤龙　孙怡宁　李厚强　李智军
邱本胜　张燕咏　陈华平　陈欢欢　陈恩红　周学海　俞能海　康　宇

核科学与技术学科学位分委员会

主　任：封东来
副主任：庄　革
委　员：万宝年　王　群　韦世强　刘功发　李为民　李良彬　邹崇文　宋　礼
金　革　郑　坚　赵柱民　韩　良

管理科学与工商管理学科学位分委员会

主　任：余玉刚
副主任：吴　杰
委　员：古继宝　毕功兵　刘志迎　刘和福　杜少甫　杨　锋　吴　强　张　洪
郑泽敏　胡太忠　翁清雄

公共管理与人文学科学位分委员会

主　任：宋　伟

副主任：石云里

委　员：孔　燕　刘　文　刘桂建　关瑜桢　周荣庭　胡太忠　龚德才　屠　兢　魏玖长

微尺度物质科学国家研究中心学位分委员会

主　任：罗　毅

副主任：王　兵　陈　旸

委　员：叶树集　田长麟　刘乃乐　肖　翀　林子敬　郭　昌

科学岛分院学位委员会

主　任：刘建国

副主任：王俊峰

委　员：方志友　庄　革　刘文清　杜海峰　李建刚　吴　枫　吴宜灿　吴海信　汪国忠　宋云涛　郁　杰　周丛照　赵南京　俞汉青　徐国盛　高理富　黄晨光

金属所学位分委员会

主　任：左　良

副主任：刘　岗

委　员：马秀良　王京阳　王俭秋　王镇波　戎利建　成会明　汤素芳　孙晓峰　李　昺　李　瑛　李殿中　杨上峰　肖伯律　吴欣强　张哲峰　张　健　陈星秋　金海军　宫　骏　雷家峰　谭丽丽　熊宇杰

长春应化所学位分委员会

主　任：杨小牛

副主任：陈学思

委　员：门永锋　王立民　王利祥　王宏达　王献红　曲晓刚　刘世勇　刘志强　李冰凌　杨向光　张所波　张洪杰　张新波　陈　全　姜　伟　徐国宝　徐维林　唐金魁　唐　涛　龚流柱　逯乐慧　韩艳春　韩福社

苏州纳米所学位分委员会

主　任：杨　辉

副主任：王强斌　王　永

委　员：刘　欣　孙　钱　李　炯　邸江涛　张子旸　张学同　张　珽　周小春　姜　江　徐　科　曾中明　裴仁军

管理人文类专业学位学位分委员会

主　任：古继宝

副主任：余玉刚　陈　伟　褚建勋

委　员：王占锋　石云里　叶五一　刘志迎　刘　庭　汤俪瑾　杨　辉　张增田
　　　　陈纪梁　周荣庭　周朝生　翁清雄　崔志坚　臧武芳

工程类专业学位学位分委员会

主　任：陈华平

副主任：康　宇

委　员：庄　革　刘明侯　孙方稳　李　曦　吴小平　邹崇文　张世武　张和平
　　　　陈春华　陈恩红　周学海　俞能海　康　一　臧建业

学校党史学习教育领导小组

(党字〔2021〕29号)

组　长：舒歌群

副组长：蒋　一　朱长飞

成　员：王晓平　杜江峰　毕金初　罗喜胜　黄素芳　褚家如　傅　尧　吴　枫
　　　　周丛照

领导小组下设办公室，人员组成如下：

主　任：朱长飞

副主任：王　伟　邓建松　朱霁平

成　员：党群部门负责人

办公室下设三个工作组，王伟兼任文秘组组长，邓建松兼任组织组组长，朱霁平兼任综宣组组长。

为确保党史学习教育取得实效，决定成立四个指导组，人员组成如下：

第一指导组

组　　长：蒋　一

成　　员：党委组织部、党校、党委教师工作部负责人

指导单位：东区各学院、重点科研机构

第二指导组

组　　长：朱长飞

成　　员：党政办公室、机关党委、党委宣传部负责人

指导单位：机关各部门、苏州高等研究院、上海研究院、先进技术研究院

第三指导组

组　　长：王晓平

成　　员：党委学生工作部、团委、工会负责人

指导单位：各直属单位

第四指导组

组　　长：毕金初　傅　尧

成　　员：纪委办公室监察处、党委巡察工作办公室负责人

指导单位：西区各学院、重点科研机构

学校干部人事档案审核工作领导小组和工作小组

(党办字〔2021〕73号)

领导小组

组　长：蒋　一

成　员（采取席位制）：

党委组织部、人力资源部、档案文博院主要负责人

工作小组(采取席位制)

组　长：人力资源部主要负责人

成　员：党委组织部、人力资源部有关人员

学校国家安全人民防线建设小组

(党办字〔2021〕89号)

组　　长：舒歌群

副 组 长：蒋　一　朱长飞　王晓平　杜江峰　罗喜胜　傅　尧　黄素芳　褚家如
吴　枫　周丛照

成员单位：党政办公室、党委组织部、党委宣传部、学生工作部(处)、研究生院、教务处、科研部、国际合作与交流部、保卫与校园管理处、保密办公室、马克思主义学院、苏州高等研究院、上海研究院、网络信息中心

学校国家安全人民防线建设小组下设办公室，挂靠保卫与校园管理处，顾韬兼任联络员、办公室主任。

学校离退休干部工作委员会

(党办字〔2021〕90号)

主　任：傅　尧

成　员：党政办公室、党委组织部、人力资源部、财务处、资产与后勤保障处、离退休干部工作处、保卫与校园管理处、工会、医院、饮食服务集团负责人

学校关心下一代工作委员会

(党办字〔2021〕91号)

主　任：傅　尧

副主任：周先意

成　员：党委组织部、党委宣传部、学生工作部(处)、招生就业处、教务处、科研部、离退休干部工作处、团委、附中、幼儿园负责人，以及具有副高以上职称、身体健康、自愿积极参与关心下一代工作的离退休教职工代表

学校定点帮扶工作领导小组

(党办字〔2021〕93号)

组　长：舒歌群

副组长：傅　尧

成　员(采取席位制)：

党政办公室(机关党委)、党委组织部、党委宣传部、人力资源部、研究生院、科研部、对外联络与基金事务处、财务处、资产与后勤保障处、团委、工会、附属第一医院、管理学院、公共事务学院、图书馆、校医院、资产经营有限责任公司、饮食服务集团、定点帮扶工作领导小组办公室主要负责人

学校定点帮扶工作领导小组下设办公室，挂靠党政办公室。

学校党建工作领导小组暨“两学一做”学习教育常态化制度化领导小组

(党办字〔2021〕120号)

组　长：舒歌群

副组长：蒋　一

成　员：朱长飞　王晓平　杜江峰　罗喜胜　傅　尧　黄素芳　褚家如

领导小组下设办公室，办公室人员组成如下：

主　任：蒋　一

副主任：邓建松

办公室成员由党群各部门主要负责人组成。

领导小组一般每年召开两次工作会议，安排在第一季度和第四季度进行，可与季度书记调度会合并召开。

学校区级人大代表换届选举工作领导小组

(党办字〔2021〕127号)

组　长：舒歌群

副组长：朱长飞　王晓平　傅　尧　黄素芳

成　员（按姓氏笔画排序）：

王　伟　尹　红　邓建松　朱霁平　刘　艳　汤　茜　李　峰　杨定武
杨晓果　郑红群　查正军　顾　韬　龚流柱　章　晨

领导小组下设办公室，王伟兼任办公室主任，杨定武、郑红群兼任副主任，办公室成立包河、蜀山选区组和综合协调组，各工作组成员由办公室从相关部门临时抽调。

学校审计委员会

（党办字〔2021〕176号）

主　任：舒歌群　包信和

副主任：蒋　一　毕金初　黄素芳

成　员（采取席位制）：

党政办公室、党委组织部、党委教师工作部、人力资源部、党委巡察办公室、纪委办公室监察处、财务处、审计处、资产与后勤保障处负责人

审计委员会下设办公室，挂靠审计处，负责审计委员会日常工作，尹红兼任办公室主任。

学校干部工作小组

（党组字〔2021〕119号）

组　长：舒歌群

成　员：包信和　蒋　一　毕金初　邓建松

学校意识形态工作领导小组

（党宣字〔2021〕137号）

组　长：舒歌群　包信和

副组长：潘建伟　蒋　一　朱长飞　王晓平　杨金龙　杜江峰　罗喜胜　傅　尧
黄素芳　褚家如　吴　枫　周丛照

成　员：党政办公室、党委组织部、党委统战部、党委宣传部、党委教师工作部、党委学生工作部、党委巡察工作办公室、网络安全和信息化办公室、研究生院、教务处、科研部、国际合作与交流部、离退休干部工作处、保卫与校园管理处、团委、网络信息中心主要负责人

学校意识形态工作领导小组下设办公室，挂靠党委宣传部，朱霁平兼任办公室主任，汪银生兼任副主任。

学校师德建设委员会

(党教字〔2021〕63号)

主　　任：舒歌群　包信和

副 主 任：潘建伟　蒋　一　朱长飞　杨金龙　罗喜胜　傅　尧　周丛照

秘 书 长：蒋　一

副秘书长：薛　天　曾　杰

委　　员（采取席位制）：

党政办公室、党委组织部、党委宣传部、学生工作部(处)、研究生院、教务处、科研部、离退休干部工作处、团委、工会负责人及教师代表

学校学生工作指导委员会

(党学字〔2021〕117号)

主　任：舒歌群　包信和

副主任：潘建伟　蒋　一　朱长飞　王晓平　杨金龙　杜江峰　罗喜胜　傅　尧　黄素芳　褚家如　吴　枫　周丛照

委　员（采取席位制）：

党委组织部、党委宣传部、党委教师工作部、党委学生工作部、学生工作处、党委人民武装部、研究生院、招生就业处、教务处、国际合作与交流部、对外联络与基金事务处、财务处、资产与后勤保障处、基本建设处、保卫与校园管理处、团委、创新创业学院、苏州高等研究院、上海研究院、先进技术研究院、图书馆、网络信息中心、医院、饮食服务集团等相关职能部门负责人及教师代表

校学生工作指导委员会下设办公室，挂靠党委学生工作部。李峰兼任办公室主任，刘伟丰、万洪英、蒋家杰、赵林兼任办公室副主任。

学校深化新时代教育评价改革领导小组、工作组

(校字〔2021〕41号)

领导小组

组　长：舒歌群　包信和

副组长：蒋　一

成　员：潘建伟　朱长飞　王晓平　杨金龙　杜江峰　罗喜胜　黄素芳　褚家如　傅　尧　吴　枫　周丛照

工作组

组　长：蒋　一

副组长：杨金龙　罗喜胜　傅　尧　周丛照

成　员（按姓氏笔画排序）：

马运生　王　伟　邓建松　申成龙　朱霁平　李　峰　杨晓果　杨　锋
黄　方　龚流柱　章　晨　曾长淦　薛　天　瞿　昆

工作组下设办公室，挂靠党政办公室，王伟兼任办公室主任。

学校体育运动委员会

（校办字〔2021〕169号）

主　任：舒歌群　包信和

副主任：傅　尧　周丛照

委　员（按姓氏笔画排序）：

王　伟　韦巍巍　方诗元　朱霁平　刘连新　李　峰　杨定武　杨晓果
赵　钢　姚子龙　顾　韬　龚流柱　章　晨　曾长淦　曾　文　薛　天
瞿　昆　各学院、重点科研机构党组织负责人

委员会下设办公室，挂靠体育教学中心，曾文兼任办公室主任。

学校统计工作领导小组、工作组

（校发规字〔2021〕164号）

领导小组

组　长：舒歌群　包信和

成　员：潘建伟　蒋　一　朱长飞　王晓平　杨金龙　杜江峰　罗喜胜　傅　尧
黄素芳　褚家如　吴　枫　周丛照

工作组

组　长：罗喜胜

副组长：申成龙

成　员（采取席位制）：

各学院（学部）、重点科研机构、直属单位、附属医院和机关各部门分管统计的负责人

工作组下设办公室，挂靠发展规划处，申成龙兼任办公室主任。

学校章程建设领导小组和工作小组

（校发规字〔2021〕165号）

领导小组

组　长：舒歌群　包信和

成　员：潘建伟　蒋　一　朱长飞　王晓平　杨金龙　杜江峰　罗喜胜　傅　尧
黄素芳　褚家如　吴　枫　周丛照

工作小组

组　长：蒋　一
副组长：罗喜胜
成　员（按姓氏笔画排序）：
王　伟　邓建松　申成龙　李　峰　杨定武　周　宇　黄　方　龚流柱
曾长淦　薛　天

学校学术荣誉体系领导小组、评审委员会

(校人字〔2021〕60号)

学术荣誉体系领导小组

组　长：舒歌群　包信和
成　员：潘建伟　蒋　一
秘　书：薛　天

学术荣誉体系评审委员会

主　任：包信和
委　员（按姓氏笔画排序）：
叶向东　田志刚　朱日祥　刘文清　孙凝辉　杜江峰　李　灿　李建刚
杨金龙　吴一戎　吴汉明　吴曼青　何国威　沈保根　张东辉　陆夕云
陈仙辉　罗　毅　周忠和　郑永飞　赵红卫　赵政国　俞书宏　常　进
蒋　一　舒歌群　谢　毅　潘建伟

学校学生军训领导小组

(校学字〔2021〕130号)

组　长：傅　尧
副组长：周丛照
成　员（采取席位制）：

党政办公室，党委宣传部，党委学生工作部、学生工作处、党委人民武装部，招生就业处，教务处，财务处，资产与后勤保障处，保卫与校园管理处，团委，马克思主义学院，医院，饮食服务集团主要负责人

学校教材工作委员会

(校教字〔2021〕88号)

主　任：舒歌群　包信和

副主任：杨金龙　周丛照

委　员（按姓氏笔画排序）：

万红英　王　永　左达峰　石云里　叶邦角　朱霁平　庄　革　刘海燕
刘　斌　孙　蓝　李思敏　杨保国　陈发来　陈初升　胡太忠　袁业飞
顾乃杰　翁建平　龚兴龙　龚流柱　程　艺　曾长淦　谢周清

学校教材专家委员会

(校教字〔2021〕221号)

主　任：杨金龙

副主任：赵政国　陆夕云

委　员（按姓氏笔画排序）：

牛　谦　石云里　严以京　李向阳　陈秀雄　郑永飞　封东来　程临钊

学校国家重点实验室重组领导小组

(校科字〔2021〕56号)

组　长：舒歌群　包信和

成　员：潘建伟　蒋　一　罗喜胜　王晓平　杨金龙　黄素芳

领导小组下设办公室，挂靠科研部，统筹推进相关工作。办公室人员组成如下：

主　任：罗喜胜

副主任：黄　方

成　员（采取席位制）：

人力资源部、发展规划处、研究生院、科研部、财务处、资产与后勤保障处负责人

学校预算工作领导小组

(校财字〔2021〕110号)

组　长：包信和

副组长：黄素芳

成　员（按姓氏笔画排序）：

王　伟　尹　红　申成龙　刘乃安　刘世勇　李方元　吴恒安　汪毓明
陈卫东　陈向军　赵　钢　侯中怀　俞向群　姚子龙　顾　韬　黄　方

龚流柱　章　晨　曾长淦　薛　天

学校预算执行督导检查工作小组

(校财字〔2021〕111号)

组　长：舒歌群

副组长：黄素芳

成　员（按姓氏笔画排序）：

叶邦角　申成龙　李方元　余　芹　宋　策　赵　钢　侯中怀　俞向群

姚子龙　顾　韬　黄　方　龚流柱　章　晨　曾长淦　瞿　昆

学校预算专家委员会

(校财字〔2021〕112号)

主　任：叶邦角

副主任：刘　斌

成　员（按姓氏笔画排序）：

王延梅　叶邦角　刘明侯　刘　斌　许胤龙　李震宇　宋卫国　陈卫东

陈　伟　周正凯　翁建平　黄　文　鲁　非　褚建勋　潘　洋　魏海明

学校收费工作领导小组、工作小组

(校财字〔2021〕113号)

领导小组

组　长：舒歌群　包信和

成　员：潘建伟　蒋　一　朱长飞　王晓平　杨金龙　杜江峰　罗喜胜　傅　尧

黄素芳　褚家如　吴　枫　周丛照

工作小组

组　长：黄素芳

成　员（按姓氏笔画排序）：

王　伟　尹　红　申成龙　李　峰　赵　钢　顾　韬　龚流柱　章　晨

曾长淦　瞿　昆

工作小组成员为相关部门主要负责人，后期根据学校人员变动进行相应调整。

工作小组下设办公室，挂靠财务处，负责学校收费工作的日常管理和协调沟通，以及向财政、物价、教育等主管部门办理学校收费立项、收费标准的报批、报备工作。

学校维护安全稳定领导小组

(校保字〔2021〕84号)

组　长：舒歌群　包信和

成　员：潘建伟　蒋　一　朱长飞　王晓平　杨金龙　杜江峰　罗喜胜　黄素芳
褚家如　傅　尧　吴　枫　周丛照

学校维护安全稳定领导小组下设办公室，挂靠保卫与校园管理处，顾韬兼任办公室主任。

学校工程项目管理小组

(校建字〔2021〕80号)

组　长：王晓平

副组长：黄素芳　周丛照

成　员（按姓氏笔画排序）：

尹　红　李良彬　李　峰　赵　钢　姚子龙　顾　韬　黄　方　章　晨
鲁　非　曾长淦

第十届教代会会议有关机构

主席团

舒歌群　包信和　潘建伟　蒋　一　朱长飞　王晓平　杨金龙　杜江峰　毕金初
罗喜胜　黄素芳　褚家如　傅　尧　吴　枫　周丛照　刘万东　胡水明　杨基明
王　永　刘连新　古继宝　孙金华　马运生　王　伟　杨定武　李群祥　章　晨

常务主席

蒋　一

常务副主席

舒歌群　包信和　潘建伟　朱长飞　王晓平　杨金龙　杜江峰　毕金初　罗喜胜
黄素芳　褚家如　傅　尧　吴　枫　周丛照　李群祥　章　晨　王　永

秘书长

杨定武

提案工作委员会

主 任 委 员：李群祥

副主任委员：尹　民

委　　员(按姓氏笔画排序):

尹　民　朱　峰　华　蓓　李群祥　苟清龙　周根陶　倪向贵

郭　昌　盛　茂　尉　伟

劳动保障与福利工作委员会

主任委员:章　晨

副主任委员:查正军　朱文婧

委　　员(按姓氏笔画排序):

王景赟　朱文婧　刘良宝　许　毓　李　娟　李　静　肖　翀

余年琴　张　璇　周　宇　查正军　袁国富　章　晨　彭新华

发展与规划工作委员会

主任委员:王　永

副主任委员:申成龙

委　　员(按姓氏笔画排序):

王　永　王雨松　王细胜　申成龙　朱仁斌　刘志迎　刘利刚

闫文盛　陈聚涛　郑　坚　缪　泓

校部机关党政机构负责人名单

纪律检查委员会

书　记　　毕金初

副书记　　杨　凡

党政办公室

主　任　　王　伟

副主任　　马　壮　王敬宇　彭　慧　陈　超

机关党委

书　记　　朱长飞(兼)

常务副书记　王　伟

副书记　　孙洪庆

网络安全和信息化办公室

主　任　　王　伟

常务副主任　彭　慧

副主任　　汪银生

高新园区建设与管理委员会办公室

主　任　叶　征
副主任　王　童　何昊华(挂职)

党委组织部

部　长　蒋　一(兼)
常务副部长　邓建松
副部长　郑红群　燕京晶

党　校

校　长　舒歌群(兼)
常务副校长　张　玲

党委统战部

部　长　褚家如
副部长　郑红群

党委宣传部

部　长　傅　尧(兼)
常务副部长　朱霁平
副部长　汪银生　范　琼

新闻中心

主　任　朱霁平
副主任　汪银生　范　琼

党委教师工作部

部　长　薛　天
副部长　曾　杰

人力资源部

部　长　薛　天
副部长(师资队伍建设办公室主任)　查正军
副部长　梁宏飞　李方元　王　禹(挂职)

党委学生工作部

部　长　李　峰
副部长　万洪英

学生工作处

处　长　李　峰

副处长　　刘伟丰　蒋家杰　封常青(挂职)

党委人民武装部

部　长　　李　峰
副部长　　刘伟丰

党委巡察工作办公室

副主任　　汤　茜

纪委办公室

主　任　　杨　凡
副主任　　瞿启发

监察处

处　长　　杨　凡
副处长　　陈晓伶

发展和改革办公室

主　任　　罗喜胜(兼)
副主任　　申成龙

发展规划处

处　长　　申成龙
副处长　　李雅清

研究生院

院　长　　潘建伟(兼)
常务副院长　　龚流柱
副院长　　倪　瑞　姚华建　李思敏　龚　晨(挂职)

校学位委员会办公室

主　任　　姚华建

综合与所系结合办公室

主　任　　杜　进

培养办公室

主　任　　万洪英

校学位委员会办公室

副主任　　李兴权

学科建设办公室

主　任　　秦　进

招生办公室

主　任　　朱玉春

本科生院

党工委第一书记　　舒歌群(兼)
院　长　　包信和(兼)
党工委书记　　周丛照(兼)
副院长　　蒋　一(兼)　周丛照(兼)　曾长淦
党工委常务副书记　　曾长淦
办公室主任　　曾长淦
办公室副主任　　韦巍巍

招生就业处

处　长　　杨　锋
副处长(就业办公室主任)　　杨志伟
副处长　　王安廷(挂职)　王浩波(挂职)

教务处

处　长　　曾长淦
副处长　　韦巍巍　吴　强　左达峰　秦家虎(挂职)

科研部

部　长　　黄　方
副部长　　王　峰　许　旻　刘　静　薛永泉(挂职)

科技成果转移转化办公室

主　任　　吴长征

国际合作与交流部

部　长　　瞿　昆
副部长　　蒋家杰　蔡一夫　王　晨　贾　青(挂职)
Nikolaos Freris(聘任)

国际学院

院　长　　杜江峰(兼)
副院长　　蒋家杰

对外联络与基金事务处

处　长　　周　宇

副处长　　朱洪超

离退休干部工作处

处　长　　刘　艳
副处长　　张　静

离退休干部党委

书　记　　刘　艳

财务处

处　长　　章　晨
副处长　　俞向群　高维孝　路媛媛

审计处

处　长　　尹　红

资产与后勤保障处

处　长　　赵　钢
副处长　　赵永进

基本建设处

处　长　　姚子龙
副处长　　方　春　赵国飞

保卫与校园管理处

处　长　　顾　韬
副处长　　曹学含　张宪锋

实验室安全办公室

常务副主任　　徐允河
副主任　　张宪锋

团　委

书　记　　杨晓果
副书记　　赵　林　刘　淇(兼)

创新创业学院

院　长　　傅　尧(兼)
常务副院长　　朱东杰
副院长　　李思敏　吴　强　杨志伟　刘　淇(兼)

工　会

主　席　　傅　尧(兼)

常务副主席	杨定武
副主席	朱文婧　史明瑛(兼)

保密办公室

主　任	杨俊朋

北京教学与管理部

主　任	张鹏飞
副主任	赵　峰

学院、系、教学部党政负责人名单

少年班学院

院　长	卢征天
党总支书记	李震宇
副院长	李震宇　陈洪佳
党总支副书记	徐晶芝(挂职)

数学科学学院

执行院长	黄　文
党委书记	黄　文
副院长	麻希南　王　毅　刘世平(挂职)
党委副书记	王　莉

物理学院

执行院长	陈宇翱
党委书记	陈向军
副院长	陈向军　徐　宁　韩　良　周正威 荣　星(挂职)
党委副书记	张永生　凌　锋

化学与材料科学学院

执行院长	刘世勇
党委书记	闫立峰
副院长	闫立峰　邓兆祥　杨上峰　武晓君
党委副书记	周小东　千　坤

碳中和研究院

院　长	包信和(兼)
副院长	傅　尧(兼)　季恒星

工程科学学院

执行院长	吴恒安
党委书记	刘明侯
副院长	刘明侯　倪　勇　张世武　裴　刚
党委副书记	赵　凯　牟　玲

信息与智能学部

部　长	吴　枫(兼)
常务副部长	李向阳
党工委书记	陈卫东
副部长	陈卫东　张勇东　陈华平　陈恩红　龙世兵 俞能海　康　宇
党工委副书记	谭　勇　魏　英

信息科学技术学院

执行院长	张勇东
党委书记	陈卫东
副院长	李厚强　李　斌　李智军　朱祖勍(挂职)
党委副书记	王　童

计算机科学与技术学院

执行院长	李向阳
党委书记	徐宏力
副院长	徐宏力　张燕咏　孙广中　龚　伟(挂职)
党委副书记	宫晓梅

大数据学院

执行院长、党总支书记	陈恩红
党总支常务副书记	阳　思

网络空间安全学院

执行院长	俞能海
党总支书记	谭　勇

微电子学院

执行院长	龙世兵

软件学院

院　长	陈华平
党委书记	魏　英

地球和空间科学学院

执行院长	汪毓明
党委书记	刘　斌
副院长	刘　斌　倪怀玮　李　锐　陶　鑫(挂职)
党委副书记	熊　成

生命科学与医学部

部　长	程临钊
执行部长	薛　天
党委书记	刘连新
党委常务副书记	魏海明
副部长	严　光　魏海明　翁建平　臧建业　胡　兵 周荣斌　王育才(挂职)
党委副书记	张隆华

生命科学学院

执行院长	臧建业
党总支书记	陈聚涛

临床医学院

执行院长	翁建平
党总支书记	刘连新(兼)

基础医学院

执行院长	周荣斌
党总支书记	白　丽

管理学院

执行院长	余玉刚
党委书记	古继宝
副院长	古继宝　吴　杰　张伟平　刘林冬(挂职)

公共事务学院

执行院长	魏玖长
党委书记	丁望斌
副院长	丁望斌　陈　伟　芮　锋

党委副书记 蒋文娟(挂职)

人文与社会科学学院

执行院长 石云里
党委书记 褚建勋
党委副书记 王晓燕

马克思主义学院

党总支书记、副院长(主持工作) 杨保国
副院长 汤俪瑾

环境科学与工程系(直属)

执行主任 俞汉青
党总支书记 张文真
副主任 刘贤伟(挂职)

核科学技术学院

执行院长 封东来
党委书记 李良彬
副院长 冯光耀 庄革 姚涛(挂职)
党委副书记 余芹

未来技术学院

院长 潘建伟(兼)
执行院长 罗毅
副院长 陈旸 徐宁 周正威 彭新华

苏州高等研究院

院长 杜江峰(兼)
党委书记、执行院长 褚家如(兼)
党委常务副书记 屠兢
副院长 屠兢 倪瑞

上海研究院

执行院长 陆朝阳
党委书记 陈良高
副院长 吕冰涛

先进技术研究院

党委第一书记 傅尧(兼)

党委书记、院长	吴　枫(兼)
常务副院长	康　宇
党委常务副书记	叶　征
副院长	李　俊
院长助理	刘辉灿

重点科研机构负责人名单

国家同步辐射实验室

主　任	封东来
党委书记	李良彬
副主任	李良彬　王　琳　冯光耀　刘啸嵩
党委副书记	余　芹

合肥微尺度物质科学国家研究中心

主　任	罗　毅
党委书记	王　兵
副主任	王　兵　侯中怀　刘乃乐　肖　翀(挂职)
党委副书记	孙　梅

火灾科学国家重点实验室

主　任	刘乃安
党委书记	张和平
副主任	纪　杰　胡隆华　肖华华(挂职)

中科院量子信息与量子科技创新研究院综合管理部

主　任	刘乃乐
常务副主任	王敬宇
行政办公室主任	宋　策

其他单位负责人名单

图书馆

馆　长	郑永飞
常务副馆长	宁　劲
副馆长	汪忠诚　樊亚芳

档案文博院

执行院长	方黑虎
副院长	兰　荣

图书网络档案联合党总支

书　记	汪忠诚

出版社

党总支书记、社长	伍传平
常务副总编辑	李攀峰
副社长	李芳宇
副社长	裴　旭
副总编辑	孔庆勇
党总支副书记	于秀梅

医　院

院　长	方诗元
直属党支部书记	金长江

中科大资产经营有限责任公司

直属党支部书记、总裁	王　兵
副总裁、财务总监	张　岚

基础教育集团

党委书记、主任	马运生
副主任	徐　磊　汤　胜

附属中学

校　长	马运生
党总支书记	汤　胜

饮食服务集团

直属党支部书记、总经理	洪　军
副总经理	徐　燕　彭　政

附属第一医院

党委书记、副院长	刘连新
院　长	葛均波
党委副书记、执行院长	严　光
党委副书记、纪委书记	黄超群
党委副书记	刘　军
副院长	翁建平
副院长	刘新峰
党委委员，南区分党委书记	鲁朝晖
党委委员，副院长	石礼忠
副院长	徐晓玲
党委委员，副院长、西区（安徽省肿瘤医院）院长	钱立庭
副院长	虞德才
党委委员，副院长	孙敬武
党委委员，总会计师	操礼庆
党委委员，安徽省老年医学研究所所长、工会主席	储晓红
副院长	方诗元

担任各级人大代表、政协委员以及各民主党派重要职务等人员名单

第十三届全国人大代表

包信和（常委）

安徽省第十三届人大代表

杨金龙（常委）　陈乾旺（常委）

合肥市第十六届人大代表	吴恒安
包河区第五届人大代表	毛　竹
蜀山区第五届人大代表	汪　铭
庐阳区第五届人大代表	史亚英

第十三届全国政协委员　郑永飞(常委)　牛立文　潘建伟

安徽省第十二届政协委员

叶向东　杜江峰　王　兵　褚家如　郭国平　郑永飞(副主席)　王挺贵　徐铜文　何陵辉　牛立文(副主席)　俞书宏　潘建伟(常委)　王　永　陆朝阳　翁建平　陈初升(常委)　韦世强(常委)

包河区第五届政协委员　陈家富(副主席)　丁锦文(常委)　潘　洋
安徽省人民政府参事　刘万东　安　虹
安徽省文史研究馆馆员　史玉民
安徽省政府参事室特约研究员　陈恩红　吴　枫

中国民主同盟第十二届中央委员会常委、安徽省第十三届委员会主任委员　郑永飞
中国农工民主党第十六届中央委员会常委、安徽省第十一届委员会主任委员　牛立文
九三学社第十四届中央副主席、安徽省第十一届委员会主任委员　潘建伟
中国农工民主党第十六届中央委员会委员、安徽省第十一届委员会副主任委员　杨金龙
九三学社第十四届中央委员会委员、安徽省第十一届委员会副主任委员　陈乾旺

中国国民党革命委员会安徽省第十三届委员会委员　郭国平
蔡　俊
中国民主同盟安徽省第十三届委员会委员　王挺贵
中国民主建国会第九届安徽省委常委　徐铜文
中国民主促进会安徽省第八届委员会委员　何陵辉
中国致公党安徽省第六届委员会委员　吴　东
九三学社安徽省第十一届委员会委员　王　永
陆朝阳

中国国民党革命委员会科大支部主委　汤家骏
中国民主同盟科大基层委员会主委　倪怀玮
中国民主建国会科大支部主委　徐铜文
中国民主促进会科大支部主委　何陵辉
中国农工民主党科大支部主委　刘乃安
中国致公党科大支部主委　吴　东
九三学社科大基层委员会主委　王　永
校党外知识分子联谊会会长　陈仙辉

安徽省侨联第七届委员会副主席	褚家如
中国科大侨联主席	汪　箭
安徽省党外知识分子联谊会第三届理事会会长	包信和
中科院留学人员联谊会(中科院欧美同学会)第一届理事会副会长	杜江峰
安徽欧美同学会(安徽留学人员联谊会)第一届理事会会长	潘建伟

九、学科专业

院系及本科专业设置一览表

（从 2020 级开始执行）

学院	系	专业	专业代码 学位门类
少年班学院 (000)			
数学科学学院 (001)	数学系(045) 概率统计系(047)	数学与应用数学	070101(理)
	计算与应用数学系(046)	信息与计算科学	070102(理)
物理学院 (203)	物理系(002) 近代物理系(004) 天文学系(022) 光学与光学工程系(038) 工程与应用物理系(048)	物理学 应用物理学 天文学 光电信息科学与工程 量子信息科学	070201(理) 070202(理) 070401(理) 080705(理) 070206T(理)
管理学院 (204)	工商管理系(015)	工商管理 信息管理与信息系统	120201K(管) 120102(管)
	管理科学系(016)	管理科学	120101(管)
	统计与金融系(017)	金融学 统计学	020301K(经) 071201(理)
化学与 材料科学学院 (206)	化学物理系(003) 化学系(019)	化学	070301(理)
	材料科学与工程系(014)	材料物理 材料化学	080402(理) 080403(理)
	高分子科学与工程(020)	高分子材料与工程	080407(工)
生命科学学院 (207)	分子生物学与细胞生物学系(008) 神经生物学与生物物理学系(021) 系统生物学系(031) 医药生物技术系(032)	生物科学 生物技术	071001(理) 071002(理)

续表

学院	系	专业	专业代码 学位门类
地球和 空间科学学院 (208)	地球物理与空间科学技术系(071)	地球物理学 大气科学	070801(理) 070601(理)
	地球化学与行星科学系(072)	地球化学	070902(理)
工程科学学院 (209)	近代力学系(005)	理论与应用力学	080101(理)
	精密机械与精密仪器系(009)	机械设计制造及其自动化 测控技术与仪器	080202(工) 080301(工)
	热科学和能源工程系(013)	能源与动力工程	080501(工)
	安全科学与工程系(030)	安全工程	082901(工)
信息科学 技术学院 (210)	电子工程与信息科学系(006)	电子信息工程 通信工程	080701(工) 080703(工)
	自动化系(010)	自动化	080801(工)
	电子科学与技术系(023)	电子科学与技术	080702(工)
	人工智能专业	人工智能	080717T(工)
人文与 社会科学学院 (211)	外语系(018)	英语	050201(文)
	科技史与科技考古系(024)	考古学	060103(史)
	科技传播与科技政策系(025)	传播学 网络与新媒体	050304(文) 050306T(文)
核科学技术学院 (214)	加速器科学与工程物理系(051) 等离子体物理与聚变工程系(052) 核科学与工程系(053)	核工程与核技术 工程物理 应用物理学	082201(工) 082203(工) 070202(理)
计算机科学与 技术学院 (215)	计算机科学与技术系(011)	计算机科学与技术 软件工程	080901(工) 080902(工)
网络空间 安全学院 (221)	信息安全专业	信息安全	080904K(工)
大数据学院 (229)	大数据学院(229)	数据科学与大数据技术	080910T(理)

续表

学院	系	专业	专业代码 学位门类
环境科学与工程系(240)	环境科学与工程系(240)	环境科学与工程	082501(工)
生命科学与医学部(910)	生命科学与医学部(910)	临床医学	100201K(医)

一级学科博士、硕士学位授权点

序号	学科门类代码名称	一级学科代码	一级学科名称	授权层次	授权批次
1	01 哲学	0101	哲学	博士	2011.03.03
2	03 法学	0301	法学	硕士	2011.03.03
3		0305	马克思主义理论	硕士	2020.03.30
4	05 文学	0503	新闻传播学	硕士	2006.01.25
5	06 历史学	0601	考古学	硕士	2018.03.22
6	07 理学	0701	数学	博士	1996.04.15
7		0702	物理学	博士	1998.06.19
8		0703	化学	博士	1998.06.19
9		0704	天文学	博士	2011.03.03
10		0706	大气科学	硕士	2006.01.25
11		0708	地球物理学	博士	1998.06.19
12		0709	地质学	博士	2011.03.03
13		0710	生物学	博士	2000.12.28
14		0712	科学技术史	博士	1998.06.19
15		0713	生态学	博士	2011.08.05
16		0714	统计学	博士	2011.08.05

续表

序号	学科门类代码名称	一级学科代码	一级学科名称	授权层次	授权批次
17	08 工学	0801	力学	博士	1998.06.19
18		0802	机械工程	硕士	2018.03.22
19		0803	光学工程	博士	2016.09.23
20		0804	仪器科学与技术	博士	2003.07.01
21		0805	材料科学与工程	博士	2003.07.01
22		0807	动力工程及工程热物理	博士	2003.07.01
23		0809	电子科学与技术	博士	2000.12.28
24		0810	信息与通信工程	博士	1998.06.19
25		0811	控制科学与工程	博士	2003.07.01
26		0812	计算机科学与技术	博士	2000.12.28
27		0817	化学工程与技术	博士	2019.05.06
28		0827	核科学与技术	博士	2000.12.28
29		0830	环境科学与工程	博士	2006.01.25
30		0831	生物医学工程	博士	1998.06.19
31		0835	软件工程	硕士	2011.08.05
32		0837	安全科学与工程	博士	2011.08.05
33		0839	网络空间安全	博士	2016.01.28
34	10 医学	1002	临床医学	博士	2020.03.30
35	12 管理学	1201	管理科学与工程	博士	1998.06.19
36		1202	工商管理	博士	2006.01.25 2011.03.03
37		1204	公共管理	硕士	2006.01.25
38	14 交叉学科	1401	集成电路科学与工程	博士	2022.07.12
39		9901	量子科学与技术	博士	2021.10.26
40		9902	人工智能	博士	2022.07.12

专业学位授权点

序号	专业类别代码	专业类别名称	授权层次	批准时间
1	0251	金融	硕士	2010
2	0252	应用统计	硕士	2010
3	0351	法律	硕士	2009
4	0551	翻译	硕士	2010
5	0552	新闻与传播	硕士	2010
6	0651	文物与博物馆	硕士	2010
7	0854	电子信息	硕士、博士	2019
8	0855	机械	硕士、博士	2019
9	0856	材料与化工	硕士、博士	2019
10	0857	资源与环境	硕士、博士	2019
11	0858	能源动力	硕士、博士	2019
12	0860	生物与医药	硕士	2019
13	1251	工商管理	硕士	1996
14		高级管理人员工商管理硕士(EMBA)	硕士	2009
15	1252	公共管理	硕士	2000
16	1256	工程管理	硕士	2010

附件

工程硕士、博士专业学位授权点对应调整关系表

序号	原授权工程领域层次	原授权工程领域（名称及代码）	对应调整后类别名称	对应调整后类别代码
1	工程硕士	光学工程(085202) 仪器仪表工程(085203) 电子与通信工程(085208) 集成电路工程(085209) 控制工程(085210) 计算机技术(085211) 软件工程(085212) 生物医学工程(085230)	电子信息	0854
2	工程硕士	机械工程(085201)	机械	0855
3	工程硕士	材料工程(085204) 化学工程(085216)	材料与化工	0856
4	工程硕士	地质工程(085217) 安全工程(085224) 环境工程(085229)	资源与环境	0857
5	工程硕士	动力工程(085206) 核能与核技术工程(085226)	能源动力	0858
6	工程硕士	生物工程(085238)	生物与医药	0860
7	工程硕士	项目管理(085239) 物流工程(085240) 工程管理(1256)	工程管理	1256
8	工程博士	电子与信息(0852b01)	电子信息	0854
9	工程博士	电子与信息(0852b01)	机械	0855
10	工程博士	电子与信息(0852b01)	材料与化工	0856
11	工程博士	能源与环保(0852b04)	资源与环境	0857
12	工程博士	能源与环保(0852b04)	能源动力	0858

根据《国务院学位委员会关于下达工程硕士、博士专业学位授权点对应调整名单的通知》(学位〔2019〕5 号)文件，2019 年招生及已入学的工程硕士、工程博士研究生仍按调整前的工程领域进行培养和学位授予。自 2020 年起，按照调整后的专业学位类别进行招生、培养和学位授予。

博士后科研流动站学科

一级学科	二级学科	设站时间
数学科学学院		
数　　学	基础数学	1985.11
	计算数学	
	应用数学	
	运筹学与控制论	
物　理　学　院		
物　理　学	理论物理	1985.11
	粒子物理与原子核物理	
	原子与分子物理	
	等离子体物理	
	凝聚态物理	
	生物物理	
天　文　学	天体物理	1985.11
电子科学与技术	物理电子学	1999.02
	微电子学与固体电子学	
核科学与技术	核能科学与工程	2001.03
光　学　工　程	光学工程	未设站
量子科学与技术		未设站
化学与材料科学学院		
化　　学	无机化学	1996.02
	分析化学	
	有机化学	
	物理化学(含化学物理)	
	高分子化学与物理	
	可再生洁净能源	
	应用化学	
	纳米化学	
	单分子化学	

续表

一级学科	二级学科	设站时间
材料科学与工程	材料物理与化学	2003.10
	材料学	
	材料加工工程	
环境科学与工程系		
环境科学与工程	环境科学	2009.09
	环境工程	
人文与社会科学学院		
科学技术史	科学技术史	2003.10
哲　　学	中国哲学＊	未设站
	科学技术哲学	
地球和空间科学学院		
地　质　学	地球化学	2001.03
地球物理学	固体地球物理学	2003.10
	空间物理学	
	空间环境科学	
大气科学＊	气象学＊	未设站
	大气物理学与大气环境＊	
火灾科学国家重点实验室		
矿业工程	安全技术及工程	2009.09
国家同步辐射实验室		
核科学与技术	核技术及应用	2001.03
	核能科学与工程	
	同步辐射及应用	
	辐射防护及环境保护	
合肥微尺度物质科学国家研究中心		
物 理 学	粒子物理与原子核物理	1985.11
	原子与分子物理	
化　　学	无机化学	1996.02
	分析化学	
	有机化学	
	纳米化学	

续表

一级学科	二级学科	设站时间
材料科学与工程	材料物理与化学	2003.10
生　物　学	生物化学与分子生物学	1995.02
核科学技术学院		
核科学与技术	核技术及应用	2001.03
	核能科学与工程	
生命科学学院		
生　物　学	生物化学与分子生物学	1995.02
	生物物理学	
	神经生物学	
	遗传学	
	细胞生物学	
	结构生物学	
	生物信息学	
生　态　学		未设站
临床医学院		
临床医学		未设站
工程科学学院		
化　　学	固体力学	1991.06
	流体力学	
	工程力学	
	生物工程力学	
	材料力学与设计	
	微系统力学	
	工程安全与防护技术	
动力工程及工程热物理	工程热物理	1991.06
	热能工程	
	动力机械及工程	
	流体机械及工程	
	制冷及低温工程	
	化工过程机械	

续表

一级学科	二级学科	设站时间
仪器科学与技术	精密仪器及机械	2012.06
	测试计量技术及仪器	
信息科学技术学院		
电子科学与技术	物理电子学	1999.02
	电路与系统	
	微电子学与固体电子学	
	电磁场与微波技术	
信息与通信工程	通信与信息系统	2001.03
	信号与信息处理	
	信息安全	
控制科学与工程	模式识别与智能系统	2003.10
	检测技术与自动化装置	
	系统工程	
	控制理论与控制工程	
	导航、制导与控制	
	网络传播系统与控制	
	信息获取与控制	
生物医学工程		未设站
网络空间安全学院		
网络空间安全		未设站
计算机科学与技术学院		
计算机科学与技术	计算机系统结构	2001.03
	计算机软件与理论	
	计算机应用技术	
	信息安全	
管　理　学　院		
管理科学与工程	管理科学与工程	2003.10
	金融工程	
统　计　学	概率论与数理统计	2019.09

续表

一级学科	二级学科	设站时间
工商管理	会计学	未设站
	企业管理	
附属第一医院(省级工作站)		2018.09
苏州高等研究院(国家级工作站)		2015.09
国际金融研究院(省级工作站)		2019.09
先进技术研究院(国家级工作站)		2020.11

十、教学与人才培养

本科学生人数

（截至 2021 年 12 月 31 日）

单位：人

类别 项目	毕业生数	招生数	在校生数
总计	1725	1912	7674
经济学	46		178
文学	21		32
管理学	16	94	88
理学	939	1178	3886
工学	703	640	3490

在校研究生人数

（截至 2021 年 12 月 31 日）

单位：人

序　号	类　　别	在校生数
1	全日制博士生	7661
2	工程博士生	984
3	全日制学术型硕士生	7229
4	全日制专业学位硕士生	7821
5	同等学力博士生	223
6	非全日制专业学位硕士生	2140
合　　计		26058

接收外国留学生情况

单位：人(人次)

	毕(结)业生数	授予学位数	招生数	在校学生数					
				合　计	第一年	第二年	第三年	第四年	第五年
总计	126	118	265	1022	232	241	182	161	206
其中:女	34	31	95	295	78	72	48	47	50
分层次									
博士	69	73	162	694	133	155	123	102	181
硕士	43	45	80	289	76	76	57	56	24
本科			3	16	3	7	2	3	1
专科									
培训	14		20	23	20	3			
分大洲									
亚洲	70	69	176	692	150	163	113	107	159
非洲	46	42	72	260	65	56	55	43	41
欧洲	4	3	10	41	10	14	8	7	2
北美洲	2	2	1	16	1	6	4	2	3
南美洲	2		6	10	6	1	2		1
大洋洲	2	2		3		1		2	
分经费来源									
国际组织资助									
中国政府资助	97	98	244	949	212	238	182	161	156
本国政府资助									
学校间交换	4		4	4	4				
自　　费	25	20	17	69	16	3			50

中国科学院优秀博士学位论文名录

序号	姓　名	学位论文题目	一级学科代码	一级学科名称	导师姓名
1	刘　勇	间断有限元方法和随机偏微分方程的缩减基方法的研究	0701	数学	张梦萍
2	于　勇	量子存储器间的远距离纠缠	0702	物理学	包小辉
3	伍　旸	基于固态自旋的量子控制实验研究	0702	物理学	杜江峰
4	吴康达	量子资源理论及其实验研究	0702	物理学	项国勇
5	焦星辰	二维金属硫/氧化物的可控制备及其光还原二氧化碳性能的研究	0703	化学	谢　毅
6	蒋华杰	手性阴离子在不对称溴胺环化反应及钯催化碳氢芳基化反应中的应用	0703	化学	龚流柱
7	林泽森	恒星形成星系的尘埃衰减与红外再辐射	0704	天文学	孔　旭
8	滕尚纯	地球内磁层中等离子体波动的观测研究	0708	地球物理学	陶　鑫
9	吕雪菲	多壁碳纳米管的肺部暴露促进小鼠乳腺原为肿瘤的血管生成和转移	0710	生物学	朱　涛
10	梁　煜	激波冲击下多模、多层和多相界面的演化研究	0801	力学	罗喜胜
11	徐王淮	高性能液滴发电机的研究	0804	仪器科学与技术	徐晓嵘
12	金洪昌	黑磷基负极材料在碱金属离子电池中的应用与研究	0805	材料科学与工程	季恒星
13	康宇阳	基于键合结构差异构建高活性光催化材料	0805	材料科学与工程	成会明
14	高国举	基于边云的移动群智感知系统用户招募及资源调度研究	0812	计算机科学与技术	肖明军
15	曹林林	单原子电催化剂活性位结构演变的原位同步辐射研究	0827	核科学与技术	姚　涛
16	王　涛	卤代炔烃表面反应的动力学调控	0827	核科学与技术	朱俊发
17	刘　畅	高能{001}晶面暴露纳米单晶二氧化钛电催化降解有机污染物	0830	环境科学与工程	俞汉青

续表

序号	姓　名	学位论文题目	一级学科代码	一级学科名称	导师姓名
18	周　航	3D隐写模型与方法研究	0839	网络空间安全	俞能海
19	孙李波	考虑渠道异质性的制造商双渠道选择、定价及配送决策研究	1201	管理科学与工程	余玉刚

中国科学技术大学优秀博士学位论文名单

序号	姓　名	论文题目	一级学科	导师姓名
1	余友杰	路易斯碱-硼自由基促进的脱硫和脱氰官能团化反应研究	有机化学	汪义丰
2	安　楷	昼夜节律门控的皮层下环路调控夜间光诱发的小鼠抑郁样行为	神经生物学	薛　天
3	王　启	浮力驱动湍流的数值模拟与理论研究	流体力学	孙德军
4	洪艺伦	新型二维层状过渡金属硅氮化合物的制备与物性研究	材料学	任文才
5	杨　飞	非平衡动力学:从二维材料自旋动力学到超导体的电磁响应	物理学	吴明卫
6	郭　钰	多模式耦合的量子纠缠实验研究	物理学	黄运锋
7	叶　盛	蛋白质分子光谱的理论模拟与人工智能预测	物理化学	江　俊
8	李凤和	电活性细菌胞外电子传递网络的智能化编程强化污染物转化的机制研究	环境工程	俞汉青
9	张直政	神经网络的注意力机制研究	信息与通信工程	陈志波
10	杨　犇	埃级分辨的单分子拉曼和光致发光成像研究	单分子科学	董振超
11	孙　辉	光晶格中的多体自旋系统实验研究	原子与分子物理	苑震生
12	胡维达	宇宙再电离时期的莱曼阿尔法星系:搜寻及其性质研究	天文学	王俊贤
13	常梦宇	几种多功能无机光热纳米材料的设计合成及其在肿瘤治疗中的协同应用	无机化学	林　君
14	窦欣元	切片超复分析的整体理论和多元理论	基础数学	任广斌

续表

序号	姓　名	论文题目	一级学科	导师姓名
15	任德馨	热层大气对太阳辐射变化的响应机制及预报研究	地球物理学	雷久侯
16	阮茂森	酿酒酵母线粒体 Tim23 通道蛋白和 Mba1 受体蛋白结构与功能研究	生物物理学	王俊峰
17	李思宇	基于冷冻电镜的离子通道门控调节机制分析	生物化学与分子生物学	田长麟
18	刘传彬	细粒度图像识别关键技术研究	信息与通信工程	张勇东
19	钱希堂	二维材料薄膜的离子输运行为研究	材料学	任文才
20	张　楠	氧还原催化剂的表界面调控及同步辐射谱学研究	核科学与技术	田扬超
21	郑圣明	供应链视角下的捆绑销售和自有品牌策略研究	管理科学与工程	余玉刚
22	杨洪伦	基于光谱-空间优化的新型高温真空集热管及槽式热发电系统研究	热能工程	裴　刚
23	易常瑞	自旋轨道耦合量子气体中的非平衡态动力学的实验研究	量子信息物理学	陈　帅
24	孙协鹏	通风条件对腔室火灾演化及开口火溢流行为的影响研究	安全科学与工程	胡隆华
25	姚纪松	全无机铅卤化物钙钛矿高效发光纳米晶与发光二极管器件	无机化学	姚宏斌
26	张　鹤	酶生物燃料电池与生物光电化学体系的研究与构筑	分析化学	董绍俊
27	杜明明	基于 RhuA 蛋白可编程的超结构自组装	细胞生物学	王强斌
28	王永良	超导量子干涉仪磁传感器电路关键技术研究	电子与信息	王　永
29	李安然	面向特定任务的大规模数据集质量高效评估	计算机应用技术	李向阳
30	李坤振	Cu,Ni 基一体化电极的制备及超级电容器性能研究	材料物理与化学	赵邦传

国家级课程思政示范课程、教学名师和团队一览表

序号	课程思政示范课程	课程思政教学名师和团队	公布时间
1	工程科学实践	叶回春 倪向贵 刘志刚 胡衍雷 许 旻 袁小平 胡 杨 郑 航	2021
2	并行计算	孙广中 徐 云 郑启龙 吕 敏	2021
3	群决策	杨 锋 苟清龙 昂 胜 杜少甫 吴 杰	2021

首届全国教材建设奖一览表

序号	获奖类别	获奖教材/单位/个人	出版社	公布时间
1	全国优秀教材(高等教育类)二等奖	高等渗流力学(第3版)孔祥言	中国科学技术大学出版社	2021
2	先进集体	中国科学技术大学物理学院		2021
3	先进个人	史济怀		2021
4	先进个人	张永德		2021

教学实验室一览表

所属单位	实验室名称
物理学院实验教学中心	物理学专业基础实验室(5级)
	凝聚态物理专业实验室
	微电子学专业实验室
	生物物理专业实验室
	光信息科学与技术专业实验室
	核与粒子物理专业实验室

续表

所属单位	实验室名称
物理学院 实验教学中心	物理电子学专业实验室
	量子通信教学实验室
	量子自旋调控实验室
	核电子学专业实验室
	等离子体物理专业实验室
	天文物理专业实验室
	大学物理-基础物理实验室(一级)
	大学物理-综合物理实验室(二级)
	大学物理-现代技术物理实验室(三级)
	大学物理-研究性物理实验室(四级)
	大学物理-自主设计制作实验室
	大学物理- IYPT 科技创新实验室
	大学物理-力学演示实验室
	大学物理-电磁学演示实验室
	大学物理-光学演示实验室
化学与材料科学学院 实验教学中心	普通化学实验室
	无机化学实验室
	分析化学实验室
	有机化学实验室
	物理化学实验室
	化学工程实验室
	仪器分析实验室
	中级有机化学实验室
	化学物理基础教学实验室
	材料科学基础教学实验室
	高分子物理实验室
	高分子化学实验室
	高级分析化学实验室
	化学生物学实验室
	分子模拟计算实验室

续表

所属单位	实验室名称
生命科学学院 实验教学中心	数字显微网络互动实验室
	普通生物学实验室
	遗传与微生物学实验室
	生物化学与分子生物学实验室
	生理学与神经生物学实验室
	细胞生物学实验室
	高级显微镜实验室
	创新研究型生物学实验室
	虚拟仿真教学实验室
	分子医学与免疫学教学实验室
	人体机能学教学实验室
	医学形态学教学实验室
	病原生物学教学实验室
	放射性同位素实验室
	GMP 中试车间
	西双版纳实习基地
	鹞落坪实习基地
工程科学学院 工程科学实验教学中心	力学基础实验室
	机械与测控实验室
	热科学基础实验室
	计算机辅助工程实验室
	工程实践中心
	创新实践基地
信息科学技术学院 实验教学中心	计算机软件与系统实验教学平台
	电路与系统实验教学平台
	专业实验教学平台
	综合创新实验教学平台

续表

所属单位	实验室名称
计算机科学与技术学院	网络实验室
	创新实验室
	通用软硬件实验室
	实验教学资源云化平台
地球与空间科学学院实验教学中心	岩矿物性实验室
	野外地球物理勘探实验室
	地球物理数值模拟实验室
	大气物理探测实验室
	激光雷达探测实验室
	空间等离子体物理实验室
	岩石成分分析实验室
	岩石组成和结构分析实验室
	环境分析测试实验室
人文与社会科学学院	科技传播系本科教学实验中心
	数字文化教学实验中心
	文房四宝工坊
管理学院	企业竞争决策实验室
	数据挖掘实验室
	项目协同管理实验室
	企业资源计划实验室
核科学技术学院	核电子学教学实验室
	核工程基础教学实验室
	核工程综合教学实验室
	工程物理基础教学实验室
	科学仪器综合教学实验室
	等离子体物理综合教学实验室
	纳米工程教学实验室
	同步辐射实验基础教学实验室
	核工程虚拟仿真实验平台

2021年“大学生研究计划”数据统计表

单位：人

学院	校外大研	校内大研	机器人竞赛	创新创业计划	合计
少年班学院	2	39	7	34	82
数学科学学院	2	19		24	45
物理学院	1	33	8	40	82
化学与材料科学学院		22	6	40	68
工程科学学院		9	21	20	50
信息科学技术学院	1	11	23	28	63
地球和空间科学学院	2	6	4	23	35
生命科学与医学部	3	18		22	43
计算机科学与技术学院		18	6	11	35
管理学院		16		5	21
人文与社会科学学院				1	1
核科学技术学院	1	12			13
网络空间安全学院		6		5	11
环境科学与工程系		14			14
大数据学院	1	5		3	9
合计	13	228	75	256	572

国家级人才培养基地

序号	类型	名称
1	国家理科基础科学研究和教学人才培养基地	数学专业
2	国家理科基础科学研究和教学人才培养基地	物理学专业
3	国家理科基础科学研究和教学人才培养基地	力学专业
4	国家理科基础科学研究和教学人才培养基地	生物科学专业
5	国家理科基础科学研究和教学人才培养基地	天文学专业

续表

序号	类　型	名　称
6	国家理科基础科学研究和教学人才培养基地	化学专业
7	国家人才培养基地	生命科学与技术

国家级教师教学发展示范中心

序号	名　称
1	中国科学技术大学教师教学发展中心

国家级专业综合改革试点

序号	学　院	名　称
1	物理学院	物理学专业
2	物理学院	天文学专业

实验教学示范中心

国家级实验教学示范中心

序号	学　院	名　称
1	物理学院	物理实验教学中心
2	生命科学学院	生命科学实验教学中心
3	化学与材料科学学院	化学实验教学中心
4	信息科学技术学院 计算机科学与技术学院	信息与计算机实验教学中心

省级实验教学示范中心

序号	学　　院	名　　称
1	地球和空间科学学院	地球和空间科学实验教学中心
2	信息科学技术学院	信息科学实验教学中心
3	计算机科学与技术学院	科大讯飞实习实训中心
4	工程科学学院	中国科学技术大学工程实践中心
5	工程科学学院	中国科学技术大学工程科学实验中心
6	人文与社会科学学院	新媒体人才创新创业教育实训中心

虚拟仿真实验教学中心

国家级虚拟仿真实验教学中心

序号	学　　院	名　　称
1	物理学院	物理虚拟仿真实验教学中心
2	化学与材料科学学院	化学虚拟仿真实验教学中心

省级虚拟仿真实验教学中心

序号	学　　院	名　　称
1	生命科学学院	生命科学虚拟仿真实验教学中心
2	地球与空间科学学院	地球和空间科学虚拟仿真实验教学中心
3	工程科学学院	工程科学虚拟仿真实验教学中心
4	信息科学与技术学院	电磁场与微波虚拟仿真实验教学中心

国家级一流本科课程一览表

序号	课程类别	课程名称	主持人	认定年度	所属单位
1	精品在线开放课程（线上一流课程）	Linux 操作系统分析	孟　宁	2017	软件学院
2	精品在线开放课程（线上一流课程）	文献管理与信息分析	罗昭峰	2017	图书馆
3	精品在线开放课程（线上一流课程）	基础微积分Ⅰ	宣本金	2018	数学科学学院
4	精品在线开放课程（线上一流课程）	化学实验安全知识	冯红艳	2018	化学与材料科学学院
5	精品在线开放课程（线上一流课程）	工程化编程实战	孟　宁	2018	软件学院
6	虚拟仿真实验教学项目（虚拟仿真实验教学一流课程）	分子水平上的虚拟仿真实验教学项目——高分子的构象、形态及尺寸的模拟与计算	朱平平	2018	化学与材料科学学院
7	虚拟仿真实验教学项目（虚拟仿真实验教学一流课程）	生物实验安全与防护虚拟仿真实验教学项目	赵　忠	2018	生命科学学院
8	虚拟仿真实验教学项目（虚拟仿真实验教学一流课程）	单点金刚石车削超精密加工虚拟仿真实验教学项目	叶回春	2018	工程科学学院
9	虚拟仿真实验教学一流课程	原位变温 X 射线衍射虚拟仿真实验	张万群	2019	化学与材料科学学院
10	线下一流课程	线性代数	陈发来	2019	数学科学学院
11	线下一流课程	电磁学	叶邦角	2019	物理学院
12	线下一流课程	有机化学基础实验	查正根	2019	化学与材料科学学院
13	线下一流课程	结晶学	周根陶	2019	地球和空间科学学院
14	线下一流课程	生物化学	周丛照	2019	生命科学学院
15	线下一流课程	实用随机过程	胡太忠	2019	管理学院
16	线下一流课程	计算力学基础	吴恒安	2019	工程科学学院

续表

序号	课程类别	课程名称	主持人	认定年度	所属单位
17	线下一流课程	计算机系统概论(H)	安　虹	2019	计算机科学与技术学院
18	社会实践一流课程	设计创新	李　斌	2019	信息科学技术学院

国家级教学成果奖一览表

序号	名　称	等级
1	生物科学类本科生科研创新能力培养机制的构建与实践	二等奖
2	中科大本科力学拔尖人才培养传承创新与实践	二等奖
3	化学实验教学示范中心的建设与成效	二等奖

我校2018～2022年教育部高等学校教学指导委员会委员名单

（20人）

序号	姓　名	所在学院	教育部高等学校教指委名称	在教指委中的职务
1	石云里	人文与社会科学学院	历史学类专业教学指导委员会	委员
2	陈发来	数学科学学院	数学类专业教学指导委员会	委员
3	徐　宁	物理学院	物理学类专业教学指导委员会	委员
4	侯中怀	化学与材料科学学院	化学类专业教学指导委员会	委员
5	王挺贵	物理学院	天文学类专业教学指导委员会	副主任委员
6	李　锐	地球和空间科学学院	大气科学类教学指导委员会	委员
7	姚华建	地球和空间科学学院	地球物理学类教学指导委员会	委员
8	周根陶	地球和空间科学学院	地质学类专业教学指导委员会	委员
9	臧建业	生命科学学院	生物科学类专业教学指导委员会	委员
10	吴恒安	工程科学学院	力学类专业教学指导委员会	委员
11	舒歌群	党委书记	能源动力类专业教学指导委员会	副主任委员
12	吴　刚	信息科学技术学院	自动化类专业教学指导委员会	委员

续表

序号	姓　名	所在学院	教育部高等学校教指委名称	在教指委中的职务
13	陈恩红	计算机科学与技术学院	计算机类专业教学指导委员会	委员
14	许胤龙	计算机科学与技术学院	软件工程专业教学指导委员会	委员
15	俞能海	信息科学技术学院	网络空间安全专业教学指导委员会	副主任委员
16	邱本胜	信息科学技术学院	生物医学工程类专业教学指导委员会	委员
17	薛　天	生命科学学院	生物技术、 生物工程类专业教学指导委员会	委员
18	张增明	物理学院	大学物理课程教学指导委员会	委员
19	赵　忠	生命科学学院	大学生物学课程教学指导委员会	委员
20	吴　敏	软件学院	教育技术专业教学指导分委员会	副主任委员

国家级“新工科”研究与实践项目一览表

序号	项目名称	主持人	批准年度	所属单位
1	量子信息新工科建设	潘建伟	2018	物理学院
2	面向复杂系统的综合性工程科学人才培养	吴恒安	2018	工程科学学院
3	人工智能新工科建设及传统工科智能化改造升级	吴　枫	2018	信息科学学院
4	大数据科学与技术专业建设探索与实践	陈恩红	2018	计算机科学与技术学院
5	技术医学专业建设探索与实践	臧建业	2018	生命科学学院
6	大数据人才培养协同育人实践创新平台建设探索与实践	陈恩红	2020	大数据学院
7	面向“中国制造 2025”的自动化新工科人才培养实践创新平台建设	杨　坚	2020	信息科学与技术学院
8	面向新世纪的能源与动力工程人才培养模式探索	舒歌群	2020	工程科学学院

各类奖教金获得者名单

关于授予张爱金等14位同志2020年华为奖教金的决定

(党教字〔2021〕22号)

张爱金　少年班学院2019级创新试点班2班
许　斌　数学科学学院2019级本科1班
张云龙　物理学院2018级本科3班
肖　斌　化学系2018级本科班
郭　振　生命科学学院2019级硕士博士班
辜　萍　工程科学学院2019级本科1班
阳　思　信息科学技术学院2019级本科6班
张　辉　计算机科学与技术学院2019级本科3班
赵　纯　地球和空间科学学院2019级本科1班
冯群强　管理学院2019级经济管理试验班1班
王高峰　科技哲学教研部硕士博士班
谢小冬　安全科学与工程系2016级本科班
刘　毅　国家同步辐射实验室2018级博士班
王秀霞　微尺度物质科学国家研究中心2018级硕士博士2班

关于授予缪柏其等27位同志第十六届困学守望教学奖的决定

(党教字〔2021〕114号)

育人终身成就奖

缪柏其　傅竹西　王砚方　虞孝麒　吴泳华

杰出教学奖

梁　兴　郑坚坚　完绍龙　张　杨　刘　斌　鲁拥华　崔宏滨　潘必才

优秀教学奖

张永兵　郭经纬　申伊璜　冯群强　王中平　曲广媛　温晓辉　潘海俊　张永生
曹利明　陶　鑫　单　旭　翁明其　涂　涛

关于授予郭光灿等3位同志2021年度李佩奖教金的决定

(党教字〔2021〕166号)

郭光灿　徐善驾　安　虹

关于授予魏海明等5位同志2021年度平凡基金教育奖的决定

(党教字〔2021〕167号)

魏海明　麻希南　魏　英　吴　强　戚佳慧

关于授予余彦等14位同志2021年度海外校友基金会教师奖的决定

(党教字〔2021〕168号)

青年教师成就奖

余　彦　盛国平

青年教师事业奖

何俊峰　吴　思　谈　鹏　陈　勋　王　超　彭　慧　高敏锐

优秀教学奖

盛　茂　张一飞　许　毓　顾　理　李永坤

关于授予李保连等45位同志2021年度江淮蔚来爱岗敬业奖的决定

(党教字〔2021〕169号)

李保连　王　超　刘　暄　陈爱国　赵　林　梅　圣　邹多利　黄松筠　王明宝
夏　轶　陈晓军　曾　皓　陈晓伶　刘海清　李　晶　薛妍妍　李恩怀　赵光林
马树田　邹玲娣　陆　山　胡胜友　宣自军　周国华　杨　鑫　徐栋哲　朱聪杰
周朝生　董军锋　常　畅　邱　琳　陶　炜　程学玲　张　伟　韦晓琪　王天健
束从武　任皖英　王梅芳　孙家锁　张武斌　左　媛　殷　骞　高　波　陈　宇

关于授予陈卿等21位同志2021年度陈林义基金奖的决定

(党教字〔2021〕170号)

陈林义基金孺子牛精神奖

陈　卿　许小亮　杨晓勇　张燕翔　汪　海　王喜世　杨晓果　汪银生　毛瑞庭
刘幸芝　许淑蓉　白书军　徐晓莉

陈林义基金医疗事业贡献奖

单 革 梅一德 孙自敏 褚 俊 潘跃银 沈 洲 彭 程 孙正杨

关于授予张素芳等27位同志2021年度杨亚基金—爱岗敬业奖的决定

(党教字〔2021〕171号)

张素芳 王晓荣 马 菁 方智勇 王敬宇 程根莲 余 忠 孙师丹 田 杰
崔 劼 严文明 王 涛 张玉颖 王忠平 陈文娜 刘贤玉 夏雨婷 吴成宝
祝云飞 宣长芬 董新美 马 壮 田 琳 凤 勤 冯发祥 张德全 王 苏

关于授予叶郁等30位同志2021年度王宽诚育才奖的决定

(党教字〔2021〕172号)

叶 郁 叶 丹 赵 霞 廖 源 刘红瑜 徐小龙 叶回春 朱五林 尚伟伟
赵 峰 周 颢 杨 威 唐 俊 王景赟 吴清发 刘 强 李勇军 庄玮玮
彭小宝 范安川 付邦红 赵 琼 卫子安 王 勇 刘 毅 耿志刚 范明慧
蒋 勇 胡伟兆 汤 涛

关于授予匡森、陈香兰2021年度惠普信息科学青年教师奖的决定

(党教字〔2021〕173号)

匡 森 陈香兰

关于授予金熠等6位同志2021年度
公共实验中心突出贡献奖、技术能手奖的决定

(党教字〔2021〕174号)

公共实验中心突出贡献奖

金 熠 丁延伟 周宏敏

公共实验中心技术能手奖

汪林俊 张家海 沈 瑜

关于授予陈洪佳等4位同志2021年度宝钢优秀教师奖的决定

(党教字〔2021〕180号)

陈洪佳 潘必才 张 昱 孙 汭

奖学金一览表

奖学金名称	设奖单位(个人)	设立时间	奖励范围	额度(元/年)
郭沫若奖学金	首任校长郭沫若先生	1980	各学院GPA前5%的学生或在科技创新等方面有特别突出表现的学生有资格参评,经院、校两级评审后确定获奖者	30000
张宗植科技奖学金	旅日爱国华侨张宗植先生	1988	优秀本科生,不限专业	1500
中国科学院院长奖学金	中国科学院	1989	优秀全日制研究生	5000/10000
宝钢奖学金	宝钢教育基金会	1993	二年级及其以上年级全日制本科生、研究生	10000/20000
光华奖学金	光华教育基金会	1993	优秀本科生、研究生,同等条件少数民族学生优先	1200/1500
优秀学生奖学金	中国科学技术大学	1995	优秀本科生	1000/2000/4000
优秀新生奖学金	中国科学技术大学	1995	优秀本科新生	500/1000/2000
地奥奖学金	成都地奥制药集团有限公司	1995	优秀本科生,不限专业	1000
海外校友基金会优秀新生奖学金	中国科大海外校友基金会	1996	高考成绩特别优异的本科新生	2000/5000
华为奖学金	深圳华为技术有限公司	1997	相关学院优秀本科生、研究生	5000/8000/10000
何多慧院士奖学金	中国工程院院士何多慧先生	1998	优秀本科生,同等条件贫困生优先	1000
求是研究生奖学金	香港求是科技基金会	2000	数学、物理、化学和生物类(指专业大类)优秀博士研究生	5000
郭永怀奖学金	李佩先生初设,2018年经爱心校友捐助扩展	2003	当年毕业的全日制本科生和研究生,以及当年离校的代培生	10000/20000
唐仲英德育奖学金	美国唐仲英基金会	2003	积极参加公益活动的本科生	4000

续表

奖学金名称	设奖单位(个人)	设立时间	奖励范围	额度(元/年)
CASC 奖学金	中国航天科技集团公司	2006	大三、大四本科生及研二以上研究生	3000/5000/10000
本科生国家奖学金	财政部、教育部	2007	品学特别优秀的本科学生	8000
中国电科十四所国睿奖学金	中国电子科技集团第十四研究所	2010	数学科学学院、物理学院、信息科学技术学院(电子工程与信息科学系、电子科学与技术系、自动化系、信息安全专业、信号统计处理研究室)、计算机科学与技术学院、软件学院的优秀二、三年级硕士生以及博士生	8000
陈国良院士奖学金	陈国良院士	2011	优秀本科生	2000
华瑜奖学金	王仁华先生	2014	本科生:信息科学技术学院 2 名、计算机科学与技术学院 2 名,研究生:合肥微尺度物质科学研究中心 2 名、火灾科学国家重点实验室 1 名、核探测与核电子学国家重点实验室 1 名、语音及语言信息处理国家工程实验室 2 名	10000
奋进奖学金	中国科学技术大学	2017	学业进步突出的二、三年级本科生	2000
苏州育才奖学金	苏州市人才工作领导小组委托苏州市人力资源和社会保障局	2017	在籍的信息科学技术学院、计算机科学与技术学院、工程科学学院、化学与材料科学学院、生命科学学院的全日制本科生、研究生	10000
蓝风奖学金	江苏蓝风国际投资发展有限公司	2018	生命科学学院、信息科学技术学院的优秀本科生、研究生	5000/10000
深交所奖学金	深圳证券交易所	2018	计算机科学与技术学院、信息科学技术学院、软件学院的全日制本科生、研究生,二年级及以上且非毕业年级	5000/8000/12000
江淮蔚来汽车奖学金	安徽江淮汽车集团股份有限公司、上海蔚来汽车有限公司	2018	在籍的全日制本科生和研究生	5000
TCI 奖学金	梯希爱(上海)化成工业发展有限公司	2019	在籍的化学与材料科学学院,生命科学学院的全日制本科生、研究生	5000

续表

奖学金名称	设奖单位(个人)	设立时间	奖励范围	额度(元/年)
非洲校友会周芷莉奖学金	广东凤凰公益慈善基金会	2019	我校全脱产全日制二年级及以上学生(本科生研究生不限)	5000
杨咏曼奖学金	杨咏曼女士	2020	在籍的全日制本科生	5000
陈林义奖学金	陈林义先生	2020	在籍的全日制本科生和研究生	5000
光与生物奖学金	深圳市光与生物科技有限公司	2020	工程科学学院精密机械与精密仪器系、生命科学学院本科生、研究生	5000
杨亚基金奖学金	杨亚校友基金	2020	在籍的全日制本科生和研究生	5000
王老吉奖学金	广州王老吉大健康产业有限公司	2020	在籍的全日制本科生和研究生	5000
"梦之蓝"-中国航天基金奖学金	中国航天基金会	2021	物理学院、化学与材料科学学院、生命科学与医学部、工程科学学院,以及少年班学院和微尺度国家研究中心与上述从事四个学院(部)相同专业方向的学生	15000
中国科大-苏州工业园区奖学金	苏州工业园区	2021	校本部全日制计算机科学与技术学院、信息科学技术学院、化学与材料科学学院、统计与金融系硕二、硕三在读硕士生,博二、博三在读博士生;中国科大苏州高等研究院全日制研究生	3500/4000
中国石油奖学金	中国石油天然气集团有限公司	2021	在籍的大学三、四年级全日制本科生和二年级及以上的全日制研究生,以少年班学院、数学科学学院、物理学院、化学与材料科学学院、工程科学学院等相关专业为主。其中硕博研究生评审比例不低于30%;数理化三门学科学生评审比例不低于20%;帮扶学生比例不低于30%	8000
牛津仪器明日之星奖学金	牛津仪器科技(上海)有限公司	2021	在籍的全日制研究生(含科教融合单位:合肥物质科学研究院、金属所、南京分院相关研究所、长春应化所等),在纳米科学与技术及相关领域做出较高水平的创新科研成果	5000

注:上表所列为由学生处实施的全校范围评选的奖学金,经由其他部门或学院实施的奖学金或仅在某学院设立的奖学金不在上表中收录。

助学金一览表

助学金名称	设奖单位(个人)	设立时间	助学(奖学)范围	额度(元/年)
曾宪梓奖助学金	曾宪梓教育基金会通过教育部港澳台办设立	2000	本科贫困生(连续三年)	6000
海外校友爱心奖学金	海外校友基金会	2001	本科贫困生(连续四年)	3000
新长城助学金	中国扶贫基金会	2002	本科贫困生	3000
国家助学金	财政部、教育部	2005	本科贫困生	2200/3300/4400
村田奖助学金	村田(中国)投资有限公司	2006	信息科学技术学院本科贫困生(连续四年)	4000
丰田助学金	中国宋庆龄基金会	2006	本科贫困生(连续三年)	6000
国家励志奖学金	财政部、教育部	2007	二年级以上(含二年级)本科优秀贫困生	5000
阳光助学金	上海紫瑞投资有限公司	2014	本科贫困生(连续四年)	5000
天凤助学金	个人捐赠	2017	本科贫困生	5000
华普天健奖助学金	安徽华普慈善基金会、华普天健会计师事务所管理	2018	本科贫困生	5000
喜来健助学金	喜来健医疗器械(北京)有限公司	2019	本科贫困生	2000
中快助学金	安徽中快餐饮有限公司	2019	本科贫困生	2000
陈-林助学金	海外校友基金会	2019	本科贫困生(连续四年)	4800
华为奋斗奖助学金	华为技术有限公司	2019	本科贫困生	10000
国元证券奖助学金	国元证券股份有限公司	2020	本科贫困生	5000
根九助学金	安徽润丰投资集团有限公司	2020	本科贫困生	4000
“梦之蓝”-中国航天基金助学金	中国航天基金会	2021	本科贫困生	5000
建文助学金	安徽省青少年发展基金会	2021	本科贫困生	3000
爱心助学金	中国科学技术大学教育基金会	2021	本科贫困生(连续四年)	4000

国家奖学金、中国科学院院长奖、郭沫若奖学金获奖者名单

国家奖学金

邱子悦　陈俊驰　丁昶皓　杨笑东　阿元宏　何灏迪　熊梦娇　郝一帆　张洪瑞
刘丰铨　刘佳睿　彭怡腾　陈叙言　荆楷豪　吴　越　董瑞骁　章博文　陈宝骥
程天佑　焦子钰　郭　箫　吴笙榕　张博钧　王胤杰　黄霖华　郑滕飞　庄盈辉
杨博涵　俞景杰　周　楷　周沐阳　李嘉强　陈恒宇　阎龙焕　杜哲航　徐思诚
曾相如　程　序　黄齐丰　曹加诚　孙佳政　马东祺　康润琪　魏博逸　潘帅唯
王一杰　胡德远　孙一鸣　刘　博　戴梦佳　戴敬诚　周志劼　钱谢嵘　李心语
张　弛　彭子骏　施　响　沈洲行　梁　曦　邢嘉时　陈禹岚　邢一诺　王枭蔚
戴思恒　赵文博　孙　雯　余　彪　刘思源　郭文歆　梅康迪　张泽宇　吴佳琦
殷晟明　张若涵　陆子睦　付乐豪　时　潜　沈　敖　苏灿坡　李忱莹　董正浩
施珂玥　董天佐　王志强　陈文杰　胡清宇　李卓远　张子辰　乐亦康　牛午甲
任奥辰　葛昶昊　郭塬川　闫　肃　牟一鹏　吴颖馨

中国科学院院长奖

窦欣元　王保宗　胡维达　余友杰　叶　盛　易文洋　王　启　刘传彬　郭俊良
任德馨　郑圣明　黄建民　钟翰森　胥佳玉　梅文昕　许　婉　李江旭　杜明明
甄文瑶　黄立鼎　洪　雪　孙　辉　马　超　蒯　雁　郭　钰　赵鹏举　焦　曼
张　鑫　王宇川　唐俊峰　钱　辰　马　钰　揭育林　赵长明　张子兢　邹　陈
李亚鹏　殷蓉蓉　胡万培　靳友祥　郭　跃　张苗苗　陈新颜　包　红　蔡鹏飞
唐皓迪　姚明明　刘一鸣　慕茂林　徐志豪　曹　洁　吴开金　杨洪伦　潘　登
支亮辉　余　昊　王　宁　闵少波　周　玮　汪丹浩　常　铁　陈玖朋　韩江萍
秦　川　李安然　田成锦　刘　浩　周慧慧　张沛锦　陈华岳　刘　威　樊　彧
朱　芬　刘潇康　胡　薇　张　雪　刘耀远　刘文钊　张　安　刘立峥　刘　冰
钱　勇　孙协鹏　孙绪绪　黄露露　李培华　王维俊　徐　驰　李坤振　唐　科
姚源涛　代甜甜　周　满　黄　飞　韦覃伟　马　凯　高　军　牛梦超　刘　叡
曹　渊　祖　磊　耿　悦　龙军华　张　帆　蒋依婷　陈伟华　常梦宇　肖　依
周　琳　胡　军　李　徵　刘轶男

郭沫若奖学金

张国宇　王世龙　吴语嫣　陆　淼　徐晟景　郭龙欣　何治平　黄阅迅　李明达

王铠泽　苏　禹　吴　越　陈瑞天　李　波　陈海鹏　陈伟鹏　何卓洋　林俊杰
刘天启　宋子杨　高泽豫　刘炜昊　彭驿航　许广韬　邓谊宇　徐碧涵　刘逸菲
骆霄龙　汪良威　杨笑东　王正瑞龙　孔孟锐喆

2021年本科招生分省录取情况

省(市、自治区)	录取总人数	录取控制线	录取最高分	录取最低分	平均分
安徽	304	488	691	671	676
北京	25	513(特殊类型招生控制分数线)	674	665	669
福建	41	530(特殊类型招生控制分数线)	679	664	667
甘肃	44	440	664	643	648
广东	128	539(特殊类型招生控制分数线)	686	669	673
广西	38	487	674	659	665
贵州	30	456	666	656	659
海南	8	569(特殊类型招生控制分数线)	814	803	807
河北	49	498(特殊类型招生控制分数线)	682	667	673
河南	138	518	692	679	683
黑龙江	26	415	673	663	666
湖北	115	520(特殊类型招生控制分数线)	682	671	675
湖南	81	504(特殊类型招生控制分数线)	672	661	664
吉林	43	482	664	651	655
江苏	93	501(特殊类型招生控制分数线)	655	637	642
江西	78	519	680	659	664
辽宁	42	503(特殊类型招生控制分数线)	692	676	682

续表

省(市、自治区)	录取总人数	录取控制线	录取最高分	录取最低分	平均分
内蒙古	20	418	661	651	653
宁夏	10	412	634	624	627
青海	10	403(特殊类型招生控制分数线)	621	609	615
山东	75	518(特殊类型招生控制分数线)	676	661	664
山西	38	505	669	654	657
陕西	43	443	684	671	674
上海	18	503(特殊类型招生控制分数线)	601	581	585
四川	90	521	692	677	680
天津	25	579(特殊类型招生控制分数线)	709	703	705
新疆	17	405	648	638	641
云南	21	520	694	676	681
浙江	184	589(特殊类型招生控制分数线)	688	668	673
重庆	34	528(特殊类型招生控制分数线)	697	685	688

注：2021年，我校面向全国招收本科生1928人，实际报到1912人，其中，少年班43人、少年班“创新试点班”253人、强基计划招生206人、高校专项65人、国家专项151人、内地新疆班26人、内地西藏班8人。

国家任务毕业生去向

2021届本科毕业生去向

单位：人

项目 类别	合计	出国留学	国内深造	部队	科研、高校等事业单位就业	国有、“三资”等企业就业	地方待就业
本科毕业生	1725	199	1061		80	144	241

2021届毕业研究生去向

单位：人

项目 类别	合计	出国留学	国内深造	部队	科研、高校等事业单位就业	国有、"三资"等企业就业	地方待就业
毕业派遣博士生	1187	51		24	751	311	50
毕业派遣硕士生	4226	83	1532	14	516	1948	133

注：以上数据统计截至2021年10月底，含结业生。

毕业生中的中国科学院院士

（共65人）

姓　名	工　作　单　位	毕业时间	当选时间	毕业系别
白以龙	中国科学院力学研究所	1963	1991	近代力学系
朱清时	中国科学技术大学	1968	1991	近代物理系
赵忠贤	中国科学院物理所	1964	1991	物理系
陈　颙	中国地震局地球物理研究所	1965	1993	物理系
马志明	中国科学院应用数学研究所	1981(硕)	1995	研究生院
徐建中	中国科学院工程热物理研究所	1963	1995	近代力学系
白春礼	中国科学院	1985(博)	1997	研究生院
朱作言	中国科学院水生生物研究所	1980(硕)	1997	研究生院
施蕴渝	中国科学技术大学	1965	1997	物理系
严加安	中国科学院数学与系统科学研究院应用数学研究所	1964	1999	数学系
佟振合	中国科学院理化技术研究所	1963	1999	近代化学系
王志珍	中国科学院生物物理研究所	1964	2001	物理系
石耀霖	中国科学院研究生院	1966	2001	物理系
李崇银	解放军理工大学	1963	2001	物理系
刘嘉麒	中国科学院地质与地球物理研究所	1986(博)	2003	研究生院

续表

姓　名	工　作　单　位	毕业时间	当选时间	毕业系别
李邦河	中国科学院数学与系统科学研究院	1965	2003	数学系
李曙光	中国地质大学(北京)	1965	2003	近代化学系
吴　奇	中国科学技术大学、香港中文大学	1982	2003	近代化学系
陈　霖	中国科学院生物物理研究所	1970	2003	物理系
林尊琪	中国科学院上海光学精密机械研究所	1964	2003	无线电电子学系
侯建国	中国科学院	1983	2003	物理系
饶子和	清华大学	1977	2003	物理系
郭光灿	中国科学技术大学	1965	2003	无线电电子学系
王大成	中国科学院生物物理研究所	1963	2005	生物物理系
李洪钟	中国科学院过程工程研究所	1981(硕)	2005	研究生院
黄民强	总参第五十八研究所	1989(博)	2005	研究生院
魏奉思	中国科学院空间科学与应用研究中心	1963	2005	地球物理系
陈润生	中国科学院生物物理研究所	1964	2007	生物物理系
俞昌旋	中国科学技术大学	1965	2007	近代物理系
王自强	中国科学院力学研究所	1963	2009	近代力学系
李亚栋	清华大学	1998(博)	2011	研究生院
沈保根	中国科学院物理研究所	1976	2011	物理系
张肇西	中国科学院理论物理研究所	1963	2011	近代物理系
郑建华	解放军保密委员会技术安全研究所	1987(硕)	2011	研究生院
袁亚湘	中国科学院数学与系统科学研究院	1982(硕)	2011	研究生院
鄂维南	北京大学	1982	2011	数学系
康　乐	中国科学院动物研究所、河北大学	1990(博)	2011	研究生院
潘建伟	中国科学技术大学	1992	2011	近代物理系
杨秀荣	中国科学院长春应用化学研究所	1968	2013	近代化学系
张培震	中国地震局地质研究所	1982(硕)	2013	研究生院
赵政国	中国科学技术大学	1982	2013	近代物理系
谢　毅	中国科学技术大学	1996(博)	2013	研究生院
庄小威	哈佛大学	1991	2015	少年班/物理系
杜江峰	中国科学技术大学	1990	2015	少年班/近代物理系

续表

姓 名	工 作 单 位	毕业时间	当选时间	毕业系别
陈仙辉	中国科学技术大学	1995(博)	2015	研究生院
陈晓非	南方科技大学	1982	2015	地球与空间科学系
景益鹏	上海交通大学	1989(硕)	2015	研究生院
谢心澄	北京大学	1982	2015	近代物理系
毛军发	上海交通大学	1988(硕)	2017	研究生院
窦贤康	武汉大学	1987	2017	地球与空间科学系
王 赤	中国科学院国家空间科学中心	1990	2019	地球与空间科学系
叶向东	中国科学技术大学	1983	2019	数学系
汤 超	北京大学	1981	2019	力学系
孙和平	中国科学院测量与地球物理研究所	1980	2019	地球与空间科学系
李景虹	清华大学	1991	2019	化学物理专业和高分子材料工程专业双学士
李献华	中国科学院地质与地球物理研究所	1983	2019	地球与空间科学系
杨金龙	中国科学技术大学	1991(博)	2019	研究生院
陆夕云	中国科学技术大学	1991(博)	2019	研究生院
林海青	北京计算科学研究中心	1981	2019	物理学
相里斌	中国科学院	1990	2019	精密机械与仪器系
俞书宏	中国科学技术大学	1998	2019	研究生院
常 进	中国科学院紫金山天文台	1989	2019	近代物理系
刘仓理	中国工程物理研究院	1993	2021	近代力学系
杨培东	加州伯克利大学	1992	2021	应用化学系
封东来	中国科学技术大学	1994	2021	近代物理系

注：以当选院士年度为序，同年当选的以姓氏笔画为序。

毕业生中的中国工程院院士

（共28人）

姓　名	工　作　单　位	毕业时间	当选时间	毕业系别
吴有生	中国船舶科学研究中心	1964	1994	近代力学系
王震西	北京中科三环高技术股份有限公司	1964	1995	物理系
杨秀敏	中国人民解放军总参工程兵第四设计研究院	1965	1995	近代力学系
李国杰	中国科学院计算技术研究所	1981(硕)	1995	研究生院
何多慧	中国科学技术大学	1964	1995	近代物理系
龚惠兴	中国科学院上海技术物理所	1963	1995	无线电电子学系
魏复盛	中国环境监测总站	1964	1997	近代化学系
杜善义	哈尔滨工业大学	1964	1999	近代力学系
宋湛谦	中国林业科学研究院	1964	1999	近代化学系
蒋洪德	清华大学	1981(硕)	1999	研究生院
许祖彦	中国科学院物理研究所	1963	2001	物理系
陈立泉	中国科学院物理研究所	1964	2001	物理系
范维澄	清华大学	1965	2001	近代力学系
周寿桓	中国电子科技集团公司第十一研究所	1962	2003	技术物理系
吴以成	天津理工大学	1969	2005	近代化学系
董春鹏	中国船舶重工集团公司第七〇五研究所	1966	2009	无线电电子学系
邓中翰	中星微电子公司	1992	2009	地球和空间科学系
刘连元	中国运载火箭技术研究院	1965	2011	近代力学系
刘文清	中国科学院安徽光学精密机械研究所	1978	2013	物理系
吴伟仁	国家国防科技工业局	1978	2015	无线电系
任辉启	原总参工程兵科研三所	1992(硕)	2015	研究生院
陆　军	中国电子科技集团公司	1988(硕)	2017	研究生院
邓建军	中国工程物理研究院流体物理研究所	1988(代培研究生)	2017	研究生院
李　凯	普林斯顿大学	1981(硕)	2017	研究生院

续表

姓　名	工　作　单　位	毕业时间	当选时间	毕业系别
吴汉明	灿芯创智微电子技术(北京)有限公司	1976	2019	近代物理系
杨春和	中国科学院武汉岩土力学研究所	1986(硕)	2019	研究生院
龙　腾	北京理工大学	1989	2021	无线电电子学系
张亚勤	清华大学	1982	2021	少年班学院

注：以当选院士年度为序，同年当选的以姓氏笔画为序。

十一、科学研究与科技产业

创 新 平 台

国家级科研机构

类 别	机 构 名 称	校内负责人	成立时间	批准部门
国家研究中心	合肥微尺度物质科学国家研究中心	罗 毅	2017.11	科学技术部
国家级实验室	国家同步辐射实验室	封东来	1991.12	国家计委
国家重点实验室	火灾科学国家重点实验室	刘乃安	1989.06	国家计委
	核探测与核电子学国家重点实验室(联合)	安 琪	2011.10	科学技术部
国家工程研究中心 国家工程实验室	语音及语言信息处理国家工程研究中心(联合)	戴礼荣	2011.06	国家发改委
	类脑智能技术及应用国家工程实验室	吴 枫	2017.01	国家发改委
国家地方联合工程研究中心	热安全技术国家地方联合工程研究中心	宋卫国	2015.12	国家发改委
国家国际科技合作基地(联合研究中心)	大尺度火灾国际联合研究中心	刘乃安	2014.11	科学技术部
2011 协同创新中心	量子信息与量子科技前沿协同创新中心	潘建伟	2013.04	教育部
其他	国家高性能计算中心(合肥)	许胤龙	1995.09	科学技术部
	安徽蒙城地球物理国家野外科学观测研究站	姚华建	2007.04	科学技术部

国家重大科技基础设施

机 构 名 称	校内负责人	成立时间	批准部门
合肥同步辐射光源	封东来	1991.12	国家计委
稳态强磁场实验装置(联合)	田长麟	2008.05	国家发改委
未来网络试验设施(合肥分中心)	张勇东	2016.12	国家发改委
高精度地基授时系统(合肥一级站)	张 强	2018.05	国家发改委

中科院级科研机构

类　别	机　构　名　称	校内负责人	成立时间	批准部门
率先行动机构	中国科学院量子信息与量子科技创新研究院	潘建伟	2014.01	中国科学院
	中国科学院合肥大科学中心	包信和	2014.11	中国科学院
	中国科学院比较行星学卓越创新中心	汪毓明	2018.12	中国科学院
中科院重点实验室	中国科学院材料力学行为和设计重点实验室	龚兴龙	2001.12	中国科学院
	中国科学院量子信息重点实验室	郭光灿	2001.12	中国科学院
	中国科学院壳幔物质与环境重点实验室	郑永飞	2005.03	中国科学院
	中国科学院近地空间环境重点实验室	窦贤康	2005.03	中国科学院
	中国科学院能量转换材料重点实验室(联合)	陈初升	2008.12	中国科学院
	中国科学院星系宇宙学重点实验室(联合)	王慧元	2008.12	中国科学院
	中国科学院软物质化学重点实验室	刘世勇	2009.12	中国科学院
	中国科学院脑功能与脑疾病重点实验室	周江宁	2009.12	中国科学院
	中国科学院吴文俊数学重点实验室	胡　森	2010.12	中国科学院
	中国科学院电磁空间信息重点实验室	张勇东	2013.04	中国科学院
	中国科学院空间信息处理与应用系统技术重点实验室(联合)	吴　枫	2013.04	中国科学院
	中国科学院无线光电通信重点实验室	李向阳	2014.08	中国科学院
	中国科学院强耦合量子材料物理重点实验室	陈仙辉	2014.08	中国科学院
	中国科学院天然免疫与慢性疾病重点实验室	田志刚	2014.08	中国科学院
	中国科学院城市污染物转化重点实验室(联合)	盛国平	2014.08	中国科学院
	中国科学院微观磁共振重点实验室	杜江峰	2016.08	中国科学院

续表

类　别	机　构　名　称	校内负责人	成立时间	批准部门
其他	中国科学院热安全工程技术研究中心	张和平	1998.07	中国科学院
	中国科学院强磁场科学中心(联合)	田长麟	2008.04	中国科学院
	中国科学院太阳能光热综合利用研究示范中心	季　杰	2009.07	中国科学院
	中国科学院国家数学与交叉科学中心——合肥分中心	李嘉禹	2010.11	中国科学院
	中国科学院科学传播研究中心	汤书昆	2019.11	中国科学院
	中国科学院临床研究医院(合肥)	翁建平	2020.04	中国科学院

省部级科研机构

序号	名　　称	负责人	成立时间	批准部门
1	多媒体计算与通信教育部-微软重点实验室	李卫平	2004.11	教育部
2	无膜细胞器与细胞动力学教育部重点实验室	姚雪彪	2019.05	教育部
3	城市公共安全省部共建协同创新中心	张和平	2019.09	教育部
4	网络文化内容认知与检测文化和旅游部重点实验室	谢海永	2021.05	文化和旅游部
5	森林火灾监测预警应急管理部重点实验室	刘乃安	2021.09	应急管理部
6	量子信息科学安徽省实验室	潘建伟	2018.02	安徽省
7	先进光子科学技术安徽省实验室	陆亚林	2018.02	安徽省
8	微尺度物质科学安徽省实验室	罗　毅	2018.02	安徽省
9	生物医学与健康安徽省实验室	田志刚	2020.03	安徽省
10	人工智能安徽省技术创新中心(联合)	胡国平	2018.02	安徽省
11	高性能计算安徽省重点实验室	陈国良	1999.12	安徽省科技厅
12	分子医学安徽省重点实验室	田志刚	2002.12	安徽省科技厅
13	光电子科学与技术安徽省重点实验室	刘　文	2002.12	安徽省科技厅
14	计算与通讯软件安徽省重点实验室	王煦法	2005.02	安徽省科技厅
15	生物质洁净能源安徽省重点实验室	傅　尧	2006.12	安徽省科技厅
16	细胞动力学与化学生物学安徽省重点实验室	姚雪彪	2008.11	安徽省科技厅
17	大数据分析与应用安徽省重点实验室	陈恩红	2017.03	安徽省科技厅

续表

序号	名　　称	负责人	成立时间	批准部门
18	极地环境与全球变化安徽省重点实验室	谢周清	2017.03	安徽省科技厅
19	未来网络安徽省重点实验室	张勇东	2018.06	安徽省科技厅
20	太阳能光热综合利用安徽省重点实验室	季　杰	2018.06	安徽省科技厅
21	衰老生物医学安徽省重点实验室	申　勇	2019.12	安徽省科技厅
22	现代物流与供应链安徽省重点实验室	余玉刚	2019.12	安徽省科技厅
23	安徽应用数学中心	杨周旺	2020.07	安徽省科技厅
24	安徽省生物质能源工程技术研究中心	傅　尧	2007.06	安徽省科技厅
25	安徽省污水处理工程技术研究中心	俞汉青	2009.09	安徽省科技厅
26	安徽省量子信息工程技术研究中心	陈增兵	2011.03	安徽省科技厅
27	安徽省高校人文社科重点研究基地——科学传播研究与发展中心	汤书昆	2003.01	安徽省教育厅
28	先进功能材料安徽普通高校重点实验室	陈初升	2004.08	安徽省教育厅
29	物理电子学安徽省普通高校重点实验室	安　琪	2004.11	安徽省教育厅
30	网络传播系统与控制安徽普通高校重点实验室	朱　明	2007.08	安徽省教育厅
31	生物技术药物安徽省工程技术研究中心	田志刚	2007.08	安徽省教育厅
32	无线网络通信安徽普通高校重点实验室	卫　国	2008.01	安徽省教育厅
33	安徽省高校人文社科重点研究基地——工商管理创新研究中心	刘志迎	2013.01	安徽省教育厅
34	安徽省高校人文社科重点研究基地——科技史与文物研究中心	石云里	2013.01	安徽省教育厅
35	城市公共安全协同创新中心	张和平	2013.11	安徽省教育厅
36	先进技术与产业协同创新中心	李卫平	2013.11	安徽省教育厅
37	微电子与光电子技术研究院	刘　文	2013.11	安徽省教育厅
38	安徽省医药生物研究院	肖卫华	2013.11	安徽省教育厅
39	先进核聚变能和等离子体科学协同创新中心	李建刚	2014.08	安徽省教育厅
40	安徽大数据应用协同创新中心	陈恩红	2014.08	安徽省教育厅
41	精密科学仪器安徽普通高校重点实验室	褚家如	2019.01	安徽省教育厅
42	表界面化学与能源催化安徽普通高校重点实验室	黄伟新	2019.01	安徽省教育厅
43	安徽省语音及语言技术工程实验室	刘庆峰	2009.08	安徽省发改委
44	安徽省热安全工程研究中心	宋卫国	2009.08	安徽省发改委

续表

序号	名　　称	负责人	成立时间	批准部门
45	安徽省先进功能高分子薄膜工程实验室	李良彬	2017.08	安徽省发改委
46	安徽省废水资源化利用工程实验室	俞汉青	2017.08	安徽省发改委
47	安徽省仿生材料工程实验室	俞书宏	2020.09	安徽省发改委
48	安徽省功能膜材料与技术工程实验室	徐铜文	2020.09	安徽省发改委
49	安徽省多肽药物工程实验室	田长麟	2020.09	安徽省发改委
50	安徽省新型能源梯级利用工程实验室	舒歌群	2020.09	安徽省发改委
51	机器人安徽省技术标准创新基地	陈小平	2018.03	安徽省质监局、安徽省发改委等

校级科研机构

所系联合实验室			
序号	实验室名称	成立时间	联合共建单位
1	星系和宇宙学联合实验室	2005.01	中国科学院上海天文台
2	核探测技术与核电子学联合实验室	2005.04	中国科学院高能物理研究所
3	化学物理联合实验室	2005.06	中国科学院大连化学物理研究所
4	智能科学与技术联合实验室	2005.07	中国科学院沈阳自动化研究所
5	蛋白质科学联合实验室	2005.07	中国科学院生物物理研究所
6	网络与通信联合实验室	2005.09	中国科学院沈阳计算技术研究所
7	绿色合成化学联合实验室	2005.11	中国科学院上海有机化学研究所
8	数学物理联合实验室	2005.12	中国科学院武汉物理与数学研究所
9	科技传播研究所	2006.02	中国科学院科学时报社
10	强子物理研究中心	2006.03	兰州重离子国家实验室
11	网络传播系统与控制联合实验室	2006.11	中国科学院声学研究所
12	新能源材料联合实验室	2007.04	中国科学院上海硅酸盐研究所
13	无机固体联合实验室	2007.05	中国科学院福建物质结构研究所
14	高分子薄膜与溶液联合实验室	2007.09	中国科学院长春应用化学研究所
15	分析化学研究伙伴小组	2008.01	中国科学院长春应用化学研究所
16	超精密控制与系统联合实验室	2010.05	中国科学院长春光机所
17	微纳电子系统集成研究中心	2010.09	中国科学院微电子所

续表

所系联合实验室			
序号	实验室名称	成立时间	联合共建单位
18	环境污染控制联合实验室	2012.01	中国科学院城市环境研究所
19	生物质催化转化联合实验室	2013.12	中国科学院广州能源研究所
20	量子生物物理联合实验室	2014.10	中国科学院生物物理研究所
21	天然活性多肽联合实验室	2015.03	中国科学院昆明动物研究所
22	超导量子器件与量子信息联合实验室	2015.10	中科院上海微系统与信息技术研究所
校企联合实验室			
1	科大华为信息技术研究所	1997.05	深圳华为技术有限公司
2	中国科学技术大学-SHINCRON先进薄膜工艺与材料联合实验室	2003.12	日本SHINCRON公司
3	中国科大-黄山永佳膜技术与膜材料联合研发中心	2012.05	黄山永佳(集团)有限公司
4	未来网络联合实验室	2017.04	光载无限(北京)科技有限公司
5	中国科大-瑞达生命科技联合研究中心	2017.06	安徽瑞达投资集团有限公司
6	环境资源与健康研究中心	2017.07	安徽中烟工业有限责任公司
7	中国科大-延长石油新能源联合实验室	2018.06	陕西延长石油(集团)有限责任公司
8	中国科大-京东AI联合实验室	2018.09	北京京东尚科信息技术有限公司
9	中国科大-首旅智慧生活联合实验室	2019.01	北京首都旅游集团有限公司
10	中国科大-皖维PVA新材料联合实验室	2019.08	安徽皖维高新材料股份有限公司
11	中国科大-万方精细化新品联合实验室	2020.01	万方日用品有限公司
12	华为-中国科大离子阱创新实验室	2020.01	华为技术有限公司
13	中国科学技术大学-长春卓谊生命科学联合创新实验室	2020.09	长春卓谊生物股份有限公司
14	中国科学技术大学-招商银行人工智能联合实验室	2020.11	招商银行
15	中国科大-国营芜湖机械厂航空新装备智能检测及维护创新实验室	2020.11	国营芜湖机械厂

续表

校企联合实验室			
序号	实验室名称	成立时间	联合共建单位
16	中国科学技术大学-三维家先进制造联合实验室	2020.11	广东三维家信息科技有限公司
17	中国科大-爱博智能机器人联合实验室	2021.02	安徽爱博智能科技有限公司
18	中国科大-蔚来智能电动汽车联合实验室	2021.04	蔚来汽车科技(安徽)有限公司
19	新材料与智能制造联合实验室	2021.05	芜湖市人民政府、安徽海螺集团
20	中国科大-松果出行新能源新材料及自动驾驶联合实验室	2021.07	北京阿帕科蓝科技有限公司
21	中国科大-南瑞继远电新型电力系统联合实验室	2021.10	安徽南瑞继远电网技术有限公司
学校设立科研机构			
1	数学研究所	1978.01	数学科学学院
2	自然科学史研究室	1980.12	人文与社会科学学院
3	天体物理研究中心	1984.01	物理学院
4	信息处理中心	1988.09	信息科学技术学院
5	非线性科学中心	1992.04	物理学院
6	超精密技术研究所	1992.04	工程科学学院
7	工业自动化研究所	1992.04	信息科学技术学院
8	生物医学工程研究所	1992.11	信息科学技术学院
9	智能信息技术研究所	1992.11	信息科学技术学院
10	科技法学研究室	1992.11	管理学院
11	儿童弱视和斜视研究治疗中心	1993.06	校医院
12	信号统计处理中心	1993.09	信息科学技术学院
13	统计研究所	1993.09	管理学院
14	理论物理研究所	1994.04	物理学院
15	材料化学与膜技术研究所	1994.12	化学与材料科学学院
16	石油天然气研究中心	1994.12	地球和空间科学学院
17	微波毫米波工程研究中心	1996.10	信息科学技术学院
18	科技考古实验室	1996.10	人文与社会科学学院

续表

学校设立科研机构			
序号	实验室名称	成立时间	联合共建单位
19	国际经济研究所	1996.11	管理学院
20	极地环境研究室	1999.05	地球和空间科学学院
21	辐化技术研究所	1999.10	化学与材料科学学院
22	免疫学研究所	2001.10	生命科学学院
23	烟草与健康研究中心	2002.02	化学与材料科学学院
24	交叉学科理论研究中心	2002.05	物理学院
25	知识管理研究所	2002.09	人文与社会科学学院
26	科学传播研究与发展中心	2006.11	人文与社会科学学院
27	粒子科学与技术研究中心	2009.07	物理学院
28	高速流动与推进研究中心	2009.07	工程科学学院
29	CFC 金融信息研究中心	2009.07	管理学院
30	可持续发展与创新研究中心	2010.02	管理学院
31	燃烧研究中心	2010.02	国家同步辐射实验室
32	磁约束聚变堆总体设计研究中心	2011.03	核科学技术学院
33	地震与地球内部物理实验室	2012.09	地球和空间科学学院
34	中国科学技术大学医学中心	2012.12	独立机构
35	量子材料物理实验室	2013.05	物理学院
36	生物医学工程中心	2013.05	中国科学技术大学医学中心
37	未来网络实验室	2013.05	中国科学技术大学先进技术研究院
38	无线光通信与网络研究中心	2013.12	信息科学技术学院
39	服务科学与技术实验室	2013.12	管理学院
40	长三角科技战略前沿研究中心	2019.05	管理学院

科 研 项 目

2021年获批百万元及以上民口纵向科研项目(课题)一览表

项目类别	项　目　名　称	负责人	获批经费(万元)
科技部国家重点研发计划	全天候多模式森林火险监测预报与火灾早期精准探测研究	宋卫国	2965
	多元矛盾纠纷成因分析及疏导技术研究与应用示范	吴曼青	2410
	心脑跨器官代谢调控	熊　伟	2383
	基于晶态孔材料的仿酶催化体系研究	江海龙	2250
	面向重要催化过程的单原子催化剂创制	曾　杰	2227
	室温超高灵敏度量子磁敏感元件及传感器	周经纬	2000
	HBV慢性感染与肝脏免疫耐受和耗竭机制	白　丽	1938
	面向氢能源关键催化过程的多尺度原位同步辐射研究平台	姚　涛	1867
	三维纳米结构激光快速加工原理与方法研究	吴　东	1700
	面向运动和感觉功能障碍的神经肌肉接口及功能重大基础问题研究	李智军	1453
	原初引力波理论科学及观测台址大气科学的交叉研究	蔡一夫	1219
	碳质颗粒物生成机制的同步辐射研究平台	王占东	500
	示踪元古宙中期地球宜居性演化的金属稳定同位素技术	郝记华	400
	几何中的非线性偏微分方程及应用	韦　勇	300
	面向多模态医疗影像的最优传输理论与算法研究	丁　虎	297.6
	全寿命周期电池储能系统不同层级火灾演化机制及安全综合评价技术	王青松	1060
	氢燃爆致灾机理与预测技术	肖华华	1005
	制备金刚石磁精密测量传感器	周经纬	800
	高性能多孔离子传导膜的构效关系研究与大面积批量制备技术	杨正金	800
	竹节管式电池与电堆的材料与结构设计	夏长荣	750
	金属催化的烃类分子转化	顾振华	732
	主流价值观理论知识体系与计算模型	张勇东	683.1

续表

项目类别	项 目 名 称	负责人	获批经费（万元）
科技部国家重点研发计划	发展新型检测示踪技术及鉴定心脑跨器官调控关键代谢分子	熊 伟	680
	低水解离压降长寿命双极膜的制备及产业化	汪耀明	664
	人工智能实时地震监测系统研发	张 捷	660
	川滇地区速度结构及关键构造部位的精细结构	李俊伦	649.31
	天-临-空-地森林火灾协同监测体系集成与应用示范	宋卫国	646.65
	功能仿酶多孔复合结构催化剂的创制	江海龙	637.6
	高阻燃耐老化弹性体制备关键技术	余 彬	633
	大尺寸玻璃导光微孔阵列的激光高速加工	李家文	630
	基于里德堡极化子的物态调控及应用	邹长铃	624.66
	用于心磁检测的高灵敏测磁系统	张 琪	600
	肿瘤组织微观磁成像	陈三友	600
	高活性氧化物脱氢催化剂研发及活化C—H键机制	黄伟新	600
	用于 CO_2 电还原反应的单原子催化剂创制	曾 杰	596
	森林火灾地面多维信息感知与态势分析	张 俊	588.75
	陶瓷材料的仿生合成原理及其结构调控机制	高怀岭	580
	纳米铁介导有机废水微生物处理过程的电子传递特性与分子机制	盛国平	575
	单原子催化剂的动态变化规律和距离效应探究	张 尧	567
	氧化物表面亚纳米结构的界面协同催化	路军岭	566
	HBV-HCC 肝脏免疫耗竭的分子机制及免疫干预新策略	白 丽	534
	可降解“类聚烯烃”合成	陈昶乐	512.7
	超快激光与材料的瞬态作用过程与微纳结构成形机理	吴 东	505
	多时间尺度动态同步辐射谱学技术	姚 涛	495
	超高层建筑压缩空气泡沫灭火关键技术	程旭东	494.98
	非天然功能核酸的构建及筛选	史朝为	493
	面向终身学习的自适应教育关键技术	刘 淇	488
	CO_2 电解与原位动态表征	周 敏	480
	高能辐射探测在轨标定方法研究	魏逸丰	475
	细菌关键致病因子调控信号通路及全局性网络	孙宝林	473
	基于跨模态神经肌肉接口的康复机器人系统研制	李智军	459

续表

项目类别	项 目 名 称	负责人	获批经费(万元)
科技部国家重点研发计划	公共建筑多场景火灾发生机理与早期特性研究	张启兴	453.4
	蛋白质的单分子电学精准测量方法研究	李玥琪	425
	基于自主芯片系统的多场景示范应用	陈 勋	370
	原初引力波产生机制的理论研究和早期宇宙模型的观测检验	蔡一夫	341
	多模态网络主动认知内生安全体系	张 兰	340
	矛盾纠纷数据智能归集与领域知识图谱构建技术	廖 勇	330
	蛋白类生物制品及其靶标的结构和活性关系研究	佘 继	300
	基于宇宙微波背景辐射统计分析的宇宙学原理和新物理检验	赵 文	289
	区域介质结构动态监测与高铁沿线异常震动智能预警	伍新明	283
	三分量分布式光纤地震传感技术研究	赵东锋	255
	大规模复杂表面全色激光投影显示技术研究	许立新	241
	多模态整合和模拟计算技术	张志勇	189.09
	大型明清古建筑(群)多干扰条件下火灾探测器设置方法与适用性提升研究	丁 龙	181
科技创新2030-重大项目	感知觉与情绪相互作用的神经环路机制	张 智	3500
	跨媒体因果推理与决策关键技术研究	陈欢欢	500
	靶向感知觉系统改善情绪障碍的多模态干预策略	张 智	1048
	解析介导社交障碍的脑网络和环路调控机制	占 成	1000
	跨媒体数据多层次因果网络学习与推理	陈欢欢	250
	跨媒体因果推断与可信机器学习	连德富	225
基金委国家重大科研仪器研制项目	基于新型远红外孪生泵浦激光器的正交偏振干涉仪研制	丁卫星	745
	分子框架电子动量谱仪	陈向军	603.7
基金委重大项目	城市污水资源化与安全利用	俞汉青	1500
	北京谱仪BESIII实验上粲夸克衰变中标准模型的精确检验	彭海平	1499
	污水中有毒化学污染物的迁移转化与无害化机制	俞汉青	450
	阈值处中性粲介子量子关联性研究	彭海平	399
	污水中碳氮磷与高风险污染物协同转化机制及调控技术	李文卫	350
	星系外大尺度上的研究:观测约束以及宇宙学数值模拟	王慧元	306
	免疫细胞功能塑造与恶性胶质瘤免疫微环境异质性	张华凤	300

续表

项目类别	项 目 名 称	负责人	获批经费(万元)
基金委联合基金	长宁页岩气开发区地震活动性实时监测与机理研究	李俊伦	288
	人类生精障碍发生的分子基础和机制	史庆华	278
	基于用户边缘资源的沉浸式视频智能传输技术研究	卢汉成	265
	面向灾害救援复杂任务的灵巧作业机器人关键技术与理论研究	张世武	260
	高压氢泄漏扩散动力学与火灾爆炸致灾机理及其危害评价	孙金华	260
	基于污泥内碳源开发、氮磷回收及自养反硝化的城市污水深度脱氮除磷新技术及微生物学机制	李文卫	260
	干燥综合征免疫微环境特征及上皮细胞损伤机制的研究	厉小梅	260
	高性能介电、铁电信息存储材料和神经形态忆阻器	李晓光	260
	基于立体遥感定量江淮流域农业源活性氮排放强度及其对大气氧化性与复合污染影响	刘 诚	258
	民航飞机货舱抗误报火灾探测机理与关键技术	张和平	214
基金委重大研究计划	东特提斯构造域化学地球动力学	郑永飞	497
	氧化物表面碳-氧键、碳-氢键和氢-氢键活化和定向转化的“活性位-活性物种对”和表面基元反应动力学	黄伟新	420
	金属中心手性配阴离子导向的不对称反应研究	龚流柱	370
	新型二维高温超导与拓扑超导探索	曾长淦	350
	分子的量子纠缠和量子门	林毅恒	350
	器官衰老和衰老相关疾病早期预测和诊断体系及靶向干预策略的战略调查研究	申 勇	200
基金委重点项目	重离子碰撞中的整体极化效应和自旋输运	王 群	320
	快速连续测量同步辐射技术研究非平衡态下的反应动力学	韦世强	320
	大数据共享与交易中的数据安全可信研究	李向阳	318
	表面光场调控及其与纳米散射体相互作用的应用基础研究	张斗国	316
	量子多参数测量及相关量子力学基本问题的理论和实验研究	项国勇	316
	第一性原理杂化泛函方法发展及其在钙钛矿太阳能电池材料中的应用	何力新	315
	力热耦合防护材料及其关键性能研究	龚兴龙	310
	环状单体与烯烃的杂化聚合反应研究及应用	洪春雁	310
	靶向细胞周期蛋白质泛素化降解的化学探针开发	许 超	300

续表

项目类别	项 目 名 称	负责人	获批经费(万元)
基金委重点项目	基于光热转换和天空辐射制冷的“反季节”冷热调控研究	裴 刚	300
	靶向肿瘤细胞膜上磷脂酰丝氨酸的纳米抗肿瘤药物	尤业字	300
	复杂受限环境下移动操作机器人三维感知和自主作业研究	李智军	297
	活性氧信号介导的顶端分生组织维持与可塑性发育的调控机制	赵 忠	295
	介导小胶质细胞活化和神经炎症的关键危险识别受体发现、疾病机制及干预策略研究	周荣斌	290
	热带海洋表面温度异常对极区中高层大气的影响机制	李 陶	289
	基于天问一号环绕器磁测数据的火星空间磁场研究	汪毓明	289
	中美洲下地幔中部超低速异常体研究	温联星	289
	随机偏微分方程若干问题研究	张土生	252
基金委国际(地区)合作与交流项目	光控制的可逆配位交联丙烯腈高分子:可循环利用的高强度材料	吴 思	250
	面向大规模储能应用的室温钠硫电池的设计、构筑及其储能机理研究	余 彦	200
	基于全氧化物宽禁带半导体的异质PN结及其电子器件研究	孙海定	200
	基于金属有机框架材料的光/电催化氢燃料制备	江海龙	199.93
	高效下转换发光金属卤化物纳米晶/硼硅酸盐复合玻璃提升太阳能利用效率	姚宏斌	198
	轨道有序材料中超导电子态的量子调控	吴 涛	100
基金委-其他	向量丛上的典则度量和非线性偏微分方程	张 希	340
	几何非线性椭圆偏微分方程	麻希南	340
中科院战略性先导科技专项A	多物理场刺激与同步监测调控	李智军	120
中科院战略性先导科技专项B	精准化学的基础与前沿研究	杨金龙	800
	粒子和空间辐射前沿探测技术研究	赵政国	600
	先进粒子探测技术	刘建北	320
	面向关键技术的化学材料精准调控	俞书宏	200
	基于反应路径精准调控的选键化学	熊宇杰	200

续表

项目类别	项 目 名 称	负责人	获批经费（万元）
中科院战略性先导科技专项B	复杂化学体系的多域表征	罗 毅	200
	面向精准化学的理论与机理研究	杨金龙	200
	新一代光源与中子源的探测与成像	刘啸嵩	100
中科院稳定支持基础研究领域青年团队计划	南海上空中高层大气与电离层环境变化特征的基础与应用研究	雷久侯	2000
	意识起源的分子、细胞、环路神经机制与体外再造	薛 天	2000
	数据驱动的化学、材料和生物科学的机器科学家	江 俊	2000
	四维流形的几何与拓扑	王 兵	1500
	深度学习处理器的能效极限理论及应用	高 南	400
	深海资源光纤地震传感与探测技术	王宝善	200
	单原子催化剂的动态演变、精准调控及工业应用示范	耿志刚	200
	表界面超快化学反应动力学	周 蒙	200
	近零排放的煤炭清洁燃烧和利用	王占东	150
	豆科植物-根瘤菌共生固氮的机理和改造	刘承武	150
	光解水过程全时空域原位动态成像研究	徐航勋	120
	光解水过程全时空域原位动态成像研究	武晓君	120
	物质与暗物质起源的研究	蔡一夫	100
中科院创新仪器研制项目	低温量子钻石原子力显微镜的工程化研制	王鹏飞	1360
	高亮度小焦斑X射线光源研制	陆亚林	990
	空间高能粒子探测关键技术团队——粒子能量精确测量技术	刘树彬	375
	基于多反射腔技术的深空矢量原子磁力仪的研制	汪毓明	299
中科院其他	提升原始创新能力专项——深化改革重组国家队	罗 毅	1386
	提升原始创新能力专项——建设定向性建制化科研平台	李良彬	1000
	微束软X射线吸收谱学技术	闫文盛	463
	非常规超导材料在强磁场下的奇异物性研究	吴 涛	350
	原子干涉海洋绝对重力仪的研制	陈 帅	330
	多波段脉冲单自旋磁共振谱仪运行补贴	杜江峰	300
	量子精密测量仪器应用示范中心	杜江峰	300
	低成本长寿命钠离子电池关键电极材料体系研究	余 彦	300

续表

项目类别	项 目 名 称	负责人	获批经费（万元）
中科院其他	双向拉伸 UHMWPE 微孔膜吸附材料制备及海水提铀应用研究	李良彬	200
	高效清洁液体碳氢燃料火焰的形成机制及调控策略研究	肖华华	200
	基于子午工程多源优势观测的中高层大气-电离层与外部环境耦合过程研究	雷久侯	110
	嫦娥五号样品的金属同位素研究	秦礼萍	110
	移动高清视频编码适配关键技术	吴　枫	100
	炎症性疾病中巨噬细胞活化、调控及效应机制	周荣斌	100
	行星际与地球空间环境数值预报模式研究	苏振鹏	100
	低碳烷烃和氮氧化合物电化学偶联反应的研究	曾　杰	100
	多功能固态量子存储器运行补贴	郭光灿	100
	新一代高衬度低计量 X 射线相位衬度 CT 装置运行补贴	陆亚林	100
	面向可再生储氢载体的低碳燃料互补燃烧机理与反应路径调控	王占东	100
	低温区高性能热电材料与器件	肖　翀	100
其他部委	民用飞机防火系统研制及装机应用研究	张和平	400
	中国免疫学杂志(英文版)	田志刚	190
	地幔对流与板块构造运动并计算软件开发服务项目	黄金水	189
	子午工程 2021 年度运行合同	薛向辉	152.2
	基于压缩空气泡沫系统的超高层建筑灭火关键技术研究	张和平	100
安徽省科技重大专项	外泌体单体的多模态快速精准检测系统	扎　克	200
	量子气体显微镜	苑震生	150
	基于人工智能的鼻咽癌放射治疗个性化靶区自动勾画	陈欢欢	150
	超弹性耐高温陶瓷气凝胶防火隔热材料制备技术	张和平	150
	适用于多物料精准筛分的多通道电渗析膜组器开发及应用示范	蒋晨啸	150
	高精度三维金属微纳结构的飞秒激光高效加工及装备研制	李家文	150
	负重状态下增强人体机动能力的外骨骼机器人关键技术研究	李智军	150
	自动驾驶系统网络安全关键技术研究与应用	薛吟兴	150
	加密未知网络安全风险识别关键技术研发与应用示范	陈双武	150

续表

项目类别	项　目　名　称	负责人	获批经费（万元）
安徽省科技重大专项	面向智能驾驶的5G边缘计算技术及应用示范	谭小彬	150
	高性能氢离子选择性分离膜的制备及应用示范	汪耀明	200
	研发一种磁共振引导的精准质子治疗平台	杨益东	100
	新型抗草铵膦除草剂水稻	向成斌	100
安徽省自然科学基金	基于高比例新能源消纳的园区综合能源系统协同规划和智能控制	李桂强	110
	面向快速响应电解水制氢的原子级催化剂的制备与膜电极研发	吴宇恩	110
安徽省其他项目	高精度电磁测量核心技术装备合肥市配套	杜江峰	9334
	智能摄像头研发及产业化	殷保群	300
	炎症性疾病中巨噬细胞活化、调控及效应机制	周荣斌	100
	移动高清视频编码适配关键技术	吴　枫	100
	锂离子电池热失控机理与防控关键技术研究	张和平	100
其他项目	糖类药物研究关键技术发展及原创品种研发	朱　书	375
	全自动高通量离心式微流控凝血检测系统研究及产业化	魏　熹	250

2021 年职务专利授权一览表

序号	专利(申请)名称	类型	申请日	申请号	授权日	发明人
1	多语言文本检测识别系统	发明	20190326	201910232853.0	20210126	张勇东 周 宇 谢洪涛 李 岩
2	一种两亲性嵌段共聚物、其壳交联胶束及制备方法和应用	发明	20190411	201910291982.7	20210212	张国颖 吴 学 刘固寰
3	超导排型柔性传输线结构	实用新型	20200512	202020791895.6	20210212	梁福田 邓 辉 吴玉林 龚 明 彭承志 朱晓波 潘建伟
4	基于动态界面挤出的可编码水凝胶微纤维制备装置	实用新型	20200717	202021407660.9	20210308	司 廷 张 明 朱志强 黄芳胜 杨超宇
5	准确测试可燃气非稳态爆轰阻火器效果的可视化试验装置	实用新型	20200914	202022000550.7	20210309	肖华华 李晓曦 孙金华
6	一种电控 GaAs/AlGaAs 半导体量子点势阱的方法	发明	20180328	201810265693.5	20210309	曹 刚 陈明博 王保传 李海欧 郭光灿 郭国平
7	结构化图片自动转换为源代码的方法	发明	20180801	201810863511.4	20210309	陈恩红 刘 淇 阴 钰 黄振亚
8	一种用于多功能生理参数检测仪器的校准装置	实用新型	20200325	202020395182.8	20210309	邵鹏飞 申书伟 马灿臻 董二宝
9	一种个性化植发装置	实用新型	20200323	202020374333.1	20210309	申书伟 郑致远 张 弛 邵鹏飞 张志宏
10	一种半监督分类方法及系统	发明	20191018	201910995951.X	20210309	康 宇 吕文君 许镇义 李泽瑞 昌 吉

续表

序号	专利(申请)名称	类型	申请日	申请号	授权日	发明人
11	一种科学级 CMOS 相机性能测试系统	实用新型	20200922	202022090543.0	20210309	王　坚　张艺浩　朱泽宇　蒋维捷　唐骐杰　曲文庆　张　谦　贾明皓　张鸿飞
12	一种远程自动化相机测试平台	实用新型	20200922	202022090574.6	20210309	王　坚　张　谦　张鸿飞　贾明皓　朱泽宇　蒋维捷　陈　杰
13	一种锂系动力电池的消防系统	发明	20180427	201810391640.8	20210309	王青松　刘昱君　刘同宇　段强领　孙金华
14	一种小型微流控单细胞封装仪	实用新型	20200723	202021471910.5	20210309	瞿　昆　方婧文　鲍　宇　纵丹丹
15	一种基于时间电压转换器的锁相环锁定检测电路	发明	20180411	201810322005.4	20210309	席　娜　林福江　叶甜春
16	一种碳化硅单晶薄膜的制备方法	发明	20190201	201910102753.6	20210309	李　强　黄　维　伊艾伦　欧　欣　许金时　李传锋
17	一种基于特征轨迹的交通视频去抖方法	发明	20180510	201810442949.5	20210309	凌　强　赵敏达
18	一种基于头戴式三维增强现实设备的手术训练和导航装置	实用新型	20200721	202021444567.5	20210309	邵鹏飞　李晨梦　刘　鹏　张　帆
19	针对液化天然气小孔高压泄露快速封堵及抽离装置及方法	实用新型	20200714	202021374801.1	20210309	谢启源　卢启钊　袁焱华
20	一种固体核磁共振波谱仪自动进样器及进样方法	实用新型	20200825	202021794849.8	20210309	王雨松　庞文民　王慧娟　宋　策　田长麟
21	一种广域复杂环境多维度火灾数据的获取与传输方法及系统	发明	20190724	201910674878.6	20210309	汪　箭　何　浩

续表

序号	专利(申请)名称	类型	申请日	申请号	授权日	发明人
22	一种具备干扰粒子识别能力的早期火灾烟雾探测方法	发明	20171225	201711415845.7	20210309	张和平 郑 荣 陆 松 陶 能
23	一种锂电池火灾及消防试验用储能预制舱	实用新型	20200907	202021925455.1	20210309	王青松 黄宗侯 余 勇 段强领 李国宏 孙金华
24	一种恒定环路带宽的宽带锁相环	发明	20171115	201711126350.2	20210309	张吉利 李 宇 杨家琪 闫 旭 林福江
25	一种基于多孔 PDMS 的足底压力传感装置	实用新型	20200813	202021677869.7	20210309	邵鹏飞 胡 洁 刘 鹏 薛 玥
26	基于 5G 云计算平台的电池智能化充放电管理系统	实用新型	20200828	202021838531.5	20210309	汪玉洁 周才杰 陈宗海
27	一种基于时空连续性的扩展分类器	发明	20180911	201811058620.5	20210309	康 宇 吕文君 李泽瑞 昌 吉
28	一种用于大科学装置辐射安全联锁集成系统	实用新型	20200918	202022059113.2	20210309	张 震 刘功发 孙晓康 宣 科 徐 双 李 川
29	一种扑救锂离子电池火灾的灭火剂用量筛选方法	发明	20181219	201811557894.9	20210309	王青松 刘昱君 段强领 李 煌 孙金华
30	一种高性能复合锌空气二次电池	发明	20190528	201910453044.2	20210309	谈 鹏 俞文涛 尚文旭 倪 萌 肖 旭
31	一种可拉伸的柔性金属空气电池	发明	20190924	201910902420.1	20210309	谈 鹏 丁毓琪
32	一种自调节的带除湿净化功能的光伏集热蓄热墙系统	实用新型	20200713	202021366892.4	20210309	余本东 张 峰 季 杰
33	一种结合菲涅尔聚光光伏和温差发电的直膨式热泵系统	实用新型	20200914	202022003129.1	20210309	季 杰 宋智莹 蔡婧雍 李照萌 韩可东 罗 坤

续表

序号	专利(申请)名称	类型	申请日	申请号	授权日	发明人
34	噻唑啉酮杂环化合物、其制备方法、药用组合物及应用	发明	20170626	201710494473.5	20210309	周荣斌 邓贤明 江 维 姜 华 陈 云
35	一种双有机配体 MOF 及其制备方法、双有机配体荷电型 MOF 及其制备方法	发明	20171102	201711062754.X	20210309	徐铜文 伍 斌 葛 亮 王 鑫 徐婷婷
36	导电聚吡咯水凝胶电极材料、其制备方法及可拉伸超级电容器	发明	20180208	201810126550.6	20210309	马明明 陈 芳
37	烯烃的制备方法及合成 Chondriamide A 和 Chondriamide C 的方法	发明	20180416	201810341241.0	20210309	傅 尧 贺 超 尚 睿 成万民 王光祖
38	一种无线通信网络移动管理方法及系统	发明	20180704	201810723573.5	20210309	田 野 朱 格 王小东 李明政 梅 磊
39	一种手语识别方法及系统	发明	20180720	201810802950.4	20210309	李厚强 黄 杰 周文罡 李卫平
40	一种基于空气活化造孔的具有超高比表面积的超纯碳气凝胶及其制备方法	发明	20180726	201810835041.0	20210309	张和平 潘月磊 程旭东 龚伦伦
41	一种全液态太阳能电池用离子化合物及其制备方法以及全液态太阳能电池	发明	20180827	201810979886.7	20210309	刘 波 王 彦
42	一种纳米花球状二硫化钴复合材料及其制备方法	发明	20180906	201811037058.8	20210309	张和平 潘月磊 程旭东 龚伦伦
43	一种抗复燃 BC 类超细干粉灭火剂及其制备方法	发明	20181025	201811251432.4	20210309	张和平 赵军超 陆 松 付阳阳
44	法律信息推荐方法及装置、存储介质及电子设备	发明	20190109	201910020487.2	20210309	陈恩红 刘 淇 于润龙 叶雨扬 武 晗 李 徽 孙睿军

续表

序号	专利(申请)名称	类型	申请日	申请号	授权日	发明人
45	数据处理方法及装置、电子设备	发明	20190130	201910092534.4	20210309	张旭 喻斌 陈勋 吴乐 陈香
46	一种羟基化改性氮化硼纳米材料、其制备方法和应用	发明	20190416	201910303371.X	20210309	林铭章 翁汉钦 陈耿 吴志豪 王怡 张鹏 贺克宝
47	一种平面基底变间距光栅的线密度测试系统及测试方法	发明	20190611	201910501496.3	20210309	刘正坤 林达奎 刘颖 陈火耀 洪义麟
48	一种质子出束路径和射程在线验证方法、装置及系统	发明	20190704	201910599494.2	20210309	于亚军 彭浩 代智涛 李中星
49	一种含有乏氧激活前药的纳米簇化酶及其制备方法和应用	发明	20190415	201910298489.8	20210309	王育才 马寅初 唐新锋
50	视频编码的帧内编码模式选择方法和装置	发明	20190429	201910354919.3	20210309	陈志波 石隽 高长生
51	一种可同时用于近红外生物窗口Ⅰ和Ⅱ的复合金纳米晶簇光疗剂及其制备方法	发明	20190426	201910343285.1	20210309	汪谟贞 雷珊 葛学武
52	具有荧光性质的一氧化碳供体分子及其制备方法和应用	发明	20190606	201910494703.7	20210309	胡进明 程健
53	一种基于纳米尺度残余应变优化的仿生陶瓷基材料及其制备方法	发明	20190805	201910716958.3	20210309	俞书宏 茅瓅波 孟玉峰
54	光声成像系统及方法	发明	20190823	201910784911.0	20210309	田超
55	一种单原子钯基催化剂及其制备方法以及应用	发明	20190906	201910841606.0	20210309	李文志 段秋艳 陈锟 刘阳
56	一种测量纳米器件输运性质的系统和方法	发明	20191119	201911133287.4	20210309	赵宇曦 秦熙 肖庆 程光磊 杜江峰

续表

序号	专利(申请)名称	类型	申请日	申请号	授权日	发 明 人
57	双五元螯合环结构的铝化合物、其合成方法及其用途	发明	20190826	201910790807.2	20210309	陈昶乐 张 盼
58	一种太阳能电池吸收层及其制备方法以及应用	发明	20190902	201910823846.8	20210309	高 迪 陈 涛 朱长飞 江国顺
59	外科手术导航系统	发明	20191014	201910972990.8	20210309	邵鹏飞 吴柄萱 刘 鹏
60	一种泡沫薄膜析液测量装置及测量方法	发明	20191029	201911035343.0	20210309	余潇阳 姜 宁 李 凡 宗若雯 陆守香
61	一种时间测量方法及系统	发明	20200116	202010056891.8	20210309	杨文轩 朱明东 秦 熙 张闻哲 杜江峰
62	一种极端环境耐受性的双层结构聚酰亚胺复合材料及其制备方法	发明	20200602	202010489467.2	20210309	俞书宏 潘晓锋 高怀岭
63	一种磁标记细胞载磁量分析的微流控芯片	实用新型	20200117	202020114779.0	20210309	丁卫平 张 航 邱本胜 李士博 亚胜男
64	原位力加载实验仪器	实用新型	20200617	202021124625.6	20210309	许 峰 许 磊 肖 宇 胡小方
65	一种远程手术指导和教学装置与医疗设备	实用新型	20200930	202022220737.8	20210309	邵鹏飞 张 帆 刘 鹏 李晨梦
66	一种高通量制备均匀双乳液滴的装置	实用新型	20200819	202021744601.0	20210309	司 廷 杨超宇
67	一种高通量制备均匀单乳液滴的装置	实用新型	20200819	202021744641.5	20210309	司 廷 杨超宇 乔 然

续表

序号	专利(申请)名称	类型	申请日	申请号	授权日	发明人
68	一种超高灵敏度的太赫兹波外差法探测器	实用新型	20200814	202021715559.X	20210309	陆亚林 王建林 傅正平 黄秋萍 彭冉冉
69	气体浓度测量装置	外观设计	20200909	202030531292.8	20210309	陆 松
70	一种雪崩二极管电场的计算方法	发明	20190521	201910426649.2	20210309	王 亮 张博健 秦 金
71	一种微透镜的制备方法	发明	20190418	201910316865.1	20210309	王 亮 张博健 罗慧雯 何 伟
72	一种核脉冲信号的测量装置及测量方法	发明	20190424	201910336868.1	20210309	王永纲 孔晓光
73	一种基于多序列 MRI 的 sCT 生成方法	发明	20190508	201910382461.2	20210309	裴 曦 徐 榭
74	一种基于光纤的 PCIe 数据传输装置及方法	发明	20190611	201910508379.X	20210309	曹 平 安 琪 袁建辉
75	基于光自旋轨道耦合和法拉第效应的隔离器	发明	20190729	201910698214.3	20210309	董春华 柴诚哲 赵浩琪 邹长铃 郭光灿
76	常关型场效应晶体管及其制备方法	发明	20190730	201910698159.8	20210309	孙海定 龙世兵
77	注入式光参量振荡装置及方法	发明	20190830	201910772948.1	20210309	胡水明 程存峰 章紫覃
78	量子密钥分配系统及其解码方法	发明	20200310	202010160292.0	20210309	韩正甫 郝鹏磊 陈 巍 王 双 银振强 何德勇 周 政
79	基于 IIC 协议的双检测方式传感器控制接口电路	发明	20181123	201811413454.6	20210309	许 磊 汪 进 陈闽强 李春领
80	基于 RC 振荡电路的传感器接口控制电路	发明	20181212	201811521548.5	20210309	许 磊 陈闽强 李春领 汪 进
81	任意波形发生系统	发明	20190123	201910065946.9	20210309	林 金 梁福田 徐 昱 孙丽华 郭 成 吴玉林 龚 明 邓 辉 廖胜凯 彭承志 朱晓波 潘建伟

续表

序号	专利(申请)名称	类型	申请日	申请号	授权日	发明人
82	基于语义失真度量的视频编码的比特分配系统及方法	发明	20190410	201910286965.4	20210309	陈志波 李业 石隽
83	应用于穿越辐射探测器的放大单元的制备方法	发明	20200423	202010330889.5	20210309	周意 宋国锋 邵明 尚伦霖 张广安 鲁志斌 王旭 刘建北 张志永
84	一种新型 AlGaN 基多沟道场效应晶体管	实用新型	20200907	202021936515.X	20210309	孙海定 张昊宸 宋康 邢宠
85	共振荧光装置	实用新型	20200819	202021744075.8	20210309	段兆晨 何玉明 陆朝阳 潘建伟
86	一种靶眼光学共振腔	实用新型	20200819	202021744028.3	20210309	王碧莹 何玉明 陆朝阳 潘建伟
87	一种热红外反射窗帘	实用新型	20200410	202020531214.2	20210309	俞书宏 管庆方 凌张弛 韩子盟 杨怀斌 杨昆鹏 尹崇翰
88	一种电磁屏蔽性能窗帘	实用新型	20200410	202020531190.0	20210309	俞书宏 管庆方 凌张弛 韩子盟 杨怀斌 杨昆鹏 尹崇翰
89	一种抗紫外窗帘	实用新型	20200410	202020531016.6	20210309	俞书宏 管庆方 凌张弛 韩子盟 杨怀斌 杨昆鹏 尹崇翰
90	一种抗菌窗帘	实用新型	20200410	202020531075.3	20210309	俞书宏 管庆方 凌张弛 韩子盟 杨怀斌 杨昆鹏 尹崇翰
91	一种具有空气净化性能光触媒抗菌窗帘	实用新型	20200410	202020531150.6	20210309	俞书宏 管庆方 凌张弛 韩子盟 杨怀斌 杨昆鹏 尹崇翰

续表

序号	专利(申请)名称	类型	申请日	申请号	授权日	发明人
92	一种焦耳热自动灭菌纱窗	实用新型	20200410	202020530968.6	20210309	俞书宏 管庆方 凌张弛 韩子盟 杨怀斌 杨昆鹏 尹崇翰
93	一种光热自动灭菌纱窗	实用新型	20200410	202020531098.4	20210309	俞书宏 管庆方 凌张弛 韩子盟 杨怀斌 杨昆鹏 尹崇翰
94	一种高效低阻的空气过滤材料	实用新型	20200410	202020531426.0	20210309	俞书宏 管庆方 凌张弛 韩子盟 杨怀斌 杨昆鹏 尹崇翰
95	一种基于双向量子密钥分发的安全时间传递系统	实用新型	20200509	202020762765.X	20210309	沈奇 管建宇 印娟 彭承志 徐飞虎 张强 潘建伟
96	超导排型柔性传输线结构	实用新型	20200512	202020791993.X	20210309	梁福田 邓辉 吴玉林 龚明 彭承志 朱晓波 潘建伟
97	气体浓度测量装置	实用新型	20200909	202021965430.4	20210309	陆松 管雨 张和平
98	基于独立向量分析的高密度表面肌电信号消噪方法	发明	20191015	201910980308.X	20210309	陈勋 王堃 吴乐 张旭 陈香
99	一种用于空气过滤的过滤网	实用新型	20200410	202020530966.7	20210312	俞书宏 管庆方 凌张弛 韩子盟 杨怀斌 杨昆鹏 尹崇翰
100	一种多极光纤显微内窥探头	实用新型	20200927	202022150879.1	20210330	赵刚 钟红珊 沈凌霄 江俊波
101	一种整流方法	发明	20180813	201810916518.8	20210402	初宝进 陈攀
102	一种用于支撑密集烤房装烟框的竹制支架	实用新型	20200427	202020657237.8	20210416	徐增汉 陈必华 周强 吴丽萍 张超云 黄立科 谷培 张仲友 周效峰

续表

序号	专利(申请)名称	类型	申请日	申请号	授权日	发　明　人
103	一种用于支撑密集烤房装烟框的木制支架	实用新型	20200427	202020657592.6	20210416	徐增汉　阚宏伟　陈必华　周　强　张超云　黄立科　谷　培　张仲友　吴丽萍　周效峰
104	一种爆炸复合生产聚变堆包层内含流道部件的装置	实用新型	20200810	202021640627.0	20210416	马宏昊　徐俊峰　陈子俊　杨　明　周　恒　沈兆武
105	用于富氢气氛中优先氧化 CO 的宽温催化剂的制备方法及其产品和应用	发明	20160427	201610280020.8	20210423	路军岭　曹丽娜　姚　琪　陈　飏　严　欢　韦世强　杨金龙
106	一种雪崩光电二极管扩散结构、制备方法及二极管器件	发明	20190418	201910316989.X	20210423	王　亮　张博健　秦　金
107	雪崩光电二极管扩散结构的制备方法及二极管扩散结构	发明	20190418	201910316986.6	20210423	王　亮　张博健　秦　金
108	用于鉴别中子和伽马的中子探测器及数据处理方法	发明	20190614	201910519412.9	20210423	孙艳坤　邵　明　宋国锋　吕　游　唐泽波
109	一种微流控芯片及其制备方法和捕获方法	发明	20190704	201910601864.1	20210423	李家文　胡　凯　吴　东　胡衍雷　褚家如
110	一种无线充电发射器及其控制方法	发明	20190730	201910698157.9	20210423	程　林　吴　枫　康　一
111	一种气体光电倍增管	发明	20190904	201910834793.X	20210423	张志永　王　旭　丰建鑫　刘建北　邵　明　周　意
112	基于光纤单元的焦面板非平面阵列孔均分制造方法	发明	20191230	201911403095.0	20210423	王建平　胡红专　褚家如　刘志刚　周增祥　翟　超　张　平
113	离子型共价有机框架材料及其制备方法、固态复合电解质及其用途	发明	20190815	201910753320.7	20210423	马明明　王荣庆

续表

序号	专利(申请)名称	类型	申请日	申请号	授权日	发明人
114	一种跳变磁铁	发明	20190820	201910772864.8	20210423	王相綦 何 斌 刘 涛 裴元吉
115	时间数字转换器延迟链内插的多沿变位置编码方法	发明	20191230	201911403091.2	20210423	封常青 董文豪 刘树彬 陈昊磊 沈仲弢 王君宸 安 琪
116	基于图卷积神经网络的信息推荐方法、系统、设备和介质	发明	20191216	201911298639.1	20210423	何向南 邓 宽 李 岩 张勇东
117	基于 SCA 的波形数字化时间测量方法及系统	发明	20181226	201811606234.5	20210423	赵 雷 刘金鑫 刘树彬 安 琪
118	一种定位方法、装置、电子设备及存储介质	发明	20200303	202010138839.7	20210423	陈 香 张 磊 张 旭 曹 帅
119	光诱导阴离子催化的非天然氨基酸的合成方法	发明	20200310	202010161578.0	20210423	傅 尧 王光祖 尚 睿 赵 斌
120	无光谱关联的光子对源	实用新型	20200819	202021744419.5	20210423	吴 典 钟翰森 何玉明 陆朝阳 潘建伟
121	一种用于高速串行收发器的时钟相位对齐电路	实用新型	20200717	202021412796.9	20210423	江 晓 闵 浩 廖胜凯 彭承志 潘建伟
122	太赫兹超材料生物传感器	实用新型	20200804	202021598597.1	20210423	陆亚林 殷 明 黄秋萍 王建林 黄浩亮 代广斌 傅正平
123	一种膜电极的制备方法和燃料电池	发明	20171129	201711228014.9	20210423	吴 亮 梁 铣 徐铜文 徐 迈
124	一种膜电极的制备方法	发明	20171129	201711228013.4	20210423	徐铜文 梁 铣 吴 亮 徐 迈
125	一种锂金属电池负极骨架材料及其制备方法和锂金属电池负极	发明	20180326	201810251548.1	20210423	朱彦武 孙学梅
126	偶氮染料金橙 II 的厌氧生物降解方法以及废水的处理方法	发明	20180813	201810916226.4	20210423	曾建雄 王秀宁 白亚南 张 伟

续表

序号	专利(申请)名称	类型	申请日	申请号	授权日	发明人
127	一种基于无反射滤波器原理的吸波器件	发明	20190723	201910667712.1	20210423	朱　旗
128	一种仿生多级螺旋超韧纳米复合纤维及其制备方法	发明	20181025	201811272948.7	20210423	俞书宏　赵　然　高怀岭
129	一种电磁波极化状态转换系统及方法	发明	20181116	201811365705.8	20210423	刘维浩　刘予诚　陆亚林　王　琳　贾启卡
130	一种分析单根碳纳米管与蛋白相互作用的方法	发明	20190301	201910155812.6	20210423	刘贤伟　朱丽萍
131	金属间化合物复合材料、其制备方法及其应用	发明	20190221	201910129136.5	20210423	梁海伟　杨成龙　尹　鹏　陈林维
132	分离膜抗污染装置、分离膜抗污染系统	发明	20190123	201910079325.6	20210423	俞汉青　张静霄　李宇昇
133	一种对抗 ANN 中汇聚噪声的正则化方法及系统	发明	20190221	201910129132.7	20210423	季忠铭　陈　力　秦　旻　陈晓辉
134	一种可配置的高并行度脉冲神经元阵列	发明	20190409	201910282717.2	20210423	薛天志　陈　松
135	一种人员疏散路径的导航方法及装置	发明	20190529	201910456438.3	20210423	张　俊　李红柳　宋卫国
136	一种高功率密度、长循环寿命的钠离子电池正极材料及其制备方法以及应用	发明	20190508	201910379118.2	20210423	章根强　彭　波
137	粮食霉变预测方法及装置	发明	20190423	201910328977.9	20210423	张和平　邓玉睿　周　勇　程旭东
138	一种迭代最近点刚性注册方法及系统	发明	20190418	201910312788.2	20210423	张举勇　要宇馨　邓柏林
139	一种低渗透天然气藏产量的预测方法及系统	发明	20190617	201910522167.7	20210423	姚瑜敏　施安峰　王晓宏　李　路
140	一种超疏水分离膜的制备方法	发明	20190619	201910532315.3	20210423	刘华蓉　崔晓玲
141	一种流化床进风系统	发明	20190819	201910763413.8	20210423	朱锡锋　李亚祥　吴　兴

续表

序号	专利(申请)名称	类型	申请日	申请号	授权日	发明人
142	一种橘皮成形艺术设计方法及装置	发明	20190920	201910891910.6	20210423	傅孝明　刘利刚　刘　浩
143	转速在0～50 RPM范围任意设定的火旋风实验装置	发明	20190916	201910871315.6	20210423	刘乃安　雷　佼　邓志华　张林鹤　刘智会
144	一种精子分选装置	发明	20190927	201910923820.0	20210423	周成刚　陈　陈　魏珊珊　侯小虎　龙世兵
145	$LaBiO_3$薄膜、$LaBiO_3$陶瓷靶材及其制备方法	发明	20191127	201911181712.7	20210423	翟晓芳　刘其鑫　张静娴　陆勤雯　赵爱迪
146	一种电源系统及电子设备	发明	20191125	201911165971.0	20210423	刘　鹏　邵琢瑕　张海燕　高　辉　王　琳
147	一种黑体材料的制备方法及其应用	发明	20191111	201911095093.X	20210423	俞书宏　赵浩雨
148	RuSn合金团簇复合材料的应用	发明	20191210	201911259811.2	20210423	梁海伟　李丽珍　许实龙
149	一种固态钠离子电解质及其制备方法以及一种全固态钠电池	发明	20191226	201911368722.1	20210423	余　彦　姚霞银　魏振耀　姚　雨
150	一种氨基硅油交联的聚酰亚胺气凝胶材料及其制备方法	发明	20200605	202010505739.3	20210423	张和平　张忠心　程旭东　龚伦伦
151	一种结构光产生装置及结构光照明显微镜	发明	20200318	202010191029.8	20210423	储开芹　扎　克　郭思跃　马　英
152	一种基于神经网络的视频编码方法及系统	发明	20200417	202010305191.8	20210423	刘　东　林建平　李厚强　吴　枫
153	一种基于表面等离子体波的二维过渡金属二硫化物层数可控制备及图案化的制备方法	发明	20200603	202010494077.4	20210423	刘贤伟　周晓丽
154	苯硼酸取代交联聚二乙炔、其制备方法与一种试纸	发明	20200720	202010698538.X	20210423	邹　纲　候朋辉　何晨露

续表

序号	专利(申请)名称	类型	申请日	申请号	授权日	发明人
155	一种成像系统	实用新型	20200708	202021322995.0	20210423	邵鹏飞　吴柄萱　刘　鹏
156	一种太阳能淡化水装置	实用新型	20200709	202021345923.8	20210423	司志伟　于　刚　马平川　李文卫
157	一种Pd-Rh纳米催化剂、其制备方法和应用	发明	20190423	201910329759.7	20210423	吴文龙　盛云祥　朱怡峰　曾　杰
158	一种轻质复合橡胶及其制备方法	发明	20200313	202010179670.X	20210423	吴长征　谢　毅
159	一种具有荧光、磷光发光性质的聚苯硫醚及其制备方法和应用	发明	20200731	202010759727.3	20210423	邹　纲　何晨露　冯泽雨
160	一种基于手部区域预测的深度学习手部检测方法	发明	20171214	201711335731.1	20210423	叶中付　王瑾薇　黄世亮
161	一种量子随机开关	发明	20190701	201910584366.0	20210423	孟　雨　俞　上　唐建顺
162	一种基于多传感器的准直基准板	实用新型	20200119	202020114022.1	20210423	何晓业　张海艇
163	一种等离子体医疗器械消毒杀菌装置	实用新型	20200225	202020208213.4	20210423	刘　琦　吴征威
164	一种基于固态可调谐紫外光源的全固态臭氧激光雷达系统	实用新型	20200507	202020728628.4	20210423	方　欣　李　陶
165	一种三级缓冲吸收器	实用新型	20200615	202021098006.4	20210423	徐松林　宋晓勇　苗春贺　王鹏飞
166	一种可气体保护的扫描电镜样品台	实用新型	20200618	202021135065.4	20210423	周宏敏　刘振邦　付圣权　李　明

续表

序号	专利(申请)名称	类型	申请日	申请号	授权日	发明人
167	一种全光纤模式复用/解复用器	实用新型	20200709	202021336687.3	20210423	吕家亮 李宏勋 姚培军 许立新
168	一种文物样品电动负压拾取笔	实用新型	20200714	202021374779.0	20210423	乔成全 龚钰轩 龚德才
169	一种适用于纸张样品环境老化的样品放置架	实用新型	20200717	202021411554.8	20210423	乔成全 龚钰轩 龚德才
170	一种用于荧光标定的标准模板	实用新型	20200804	202021590238.1	20210423	邵鹏飞 陈 伟 刘 鹏 马小鹏
171	一种多核磁共振收发控制盒	实用新型	20200821	202021763979.5	20210423	张 晴 周玉福 王萍萍 杜汇雨 高 楠 祁甫浪 王长亮 罗鹏辉 袁克诚 邱本胜
172	一种催化净化-除菌杀毒型多功能光伏被动通风墙体	实用新型	20200911	202021982774.6	20210423	余本东 季 杰 柯 伟
173	网络小额贷款中借款项目与出借人的双向匹配推荐方法	发明	20170517	201710347812.7	20210423	陈恩红 刘 淇 赵洪科 章和夫
174	一种机器人抓取飞行物体的运动规划方法及系统	发明	20180613	201810608908.9	20210423	尚伟伟 张 驰 丛 爽 宋方井 葛 维
175	智能文本输入方法	发明	20181220	201811563601.8	20210423	张 旭 汤纬地 丛松宇 陈 香 陈 勋
176	建模邻居交互的双线性图神经网络模型的实现及分类方法	发明	20191113	201911107007.2	20210423	何向南 朱宏民 张勇东
177	一种基于微针的个性化智能给药装置	实用新型	20200326	202020405932.5	20210423	申书伟 郑致远 邵鹏飞 张志宏 张 弛 杨睿婕

续表

序号	专利(申请)名称	类型	申请日	申请号	授权日	发明人
178	一种基于光尺传感的高信噪比太赫兹装置	实用新型	20200804	202021593088.X	20210423	陆亚林 代广斌 王建林 黄秋萍 傅正平
179	一种基于多导联信息融合的心律失常分类方法	发明	20200708	202010651389.1	20210423	陈 勋 张 静 梁 邓 刘爱萍 高 敏 张 旭 陈 香
180	一种有机改性黑磷纳米片的制备及其在聚合物复合材料中的应用	发明	20190912	201910862043.3	20210423	蔡彤旻 蔡 炜 胡伟兆 宋 磊 胡 源
181	一种状态相关的动态脑电信号中肌电伪迹的消除方法	发明	20200622	202010575361.4	20210423	刘爱萍 宋公正 陈 勋 傅雪阳 吴 枫
182	一种钒基尖晶石材料的制备方法及电池正极的制备方法	发明	20200113	202010031177.3	20210507	陈双明 魏世强 宋 礼
183	一种用于大科学装置设备联锁保护方法及系统	发明	20190531	201910474319.0	20210507	刘功发 孙晓康 李 川 宣 科 王季刚
184	可调式双孔插芯针夹持装置及包含其的立体定位仪	发明	20191230	201911400761.5	20210507	汪鑫年 李伟丽 毕国强 詹 阳
185	用于量子芯片测试的封装盒	实用新型	20201014	202022306936.0	20210507	梁福田 邓 辉 龚 明 吴玉林 彭承志 朱晓波 潘建伟
186	一种双功能氧析出-氧还原非贵金属催化剂及其制备方法	发明	20170316	201710157000.6	20210507	吴长征 陈鹏作 周天培 谢 毅
187	一种核壳结构二硫化钴复合材料及其制备方法	发明	20180906	201811037038.0	20210507	张和平 潘月磊 程旭东 龚伦伦
188	一种超薄二维非晶非贵金属氧化物材料及其制备方法和应用	发明	20190326	201910232426.2	20210507	洪 勋 孙荣博 李亚栋

续表

序号	专利(申请)名称	类型	申请日	申请号	授权日	发明人
189	一种应对退相干的量子程序变换方法及系统	发明	20190327	201910240684.5	20210507	张　昱　邓皓巍　李权熹
190	一种 Ag_2HgS_2 单晶体及其制备方法	发明	20191231	201911418543.4	20210507	杨　晴　王宏瑞
191	含脲基团二亚胺钯催化剂及其配体以及在烯烃聚合中的应用	发明	20200414	202010290483.9	20210507	陈昶乐　王国洪
192	一种基于落射式照明的显微成像装置	发明	20200701	202010626065.2	20210507	储开芹　扎　克　时瑞洁
193	一种定量探测类钙钛矿薄膜的氧八面体旋转和电荷密度波晶格畸变的方法	发明	20200724	202010723964.4	20210507	翟晓芳　刘其鑫　曹　慧
194	利用锁相原理同时进行标定和测量的装置及方法	发明	20200331	202010246748.5	20210507	王浩威　李银妹
195	一种基于信源个数约束的稳健自适应波束形成方法	发明	20180529	201810530886.9	20210507	叶中付　朱星宇
196	一种利用聚合物溶胶制备抗复燃超细干粉灭火剂的方法	发明	20190509	201910383044.X	20210507	张和平　赵军超　陆　松　付阳阳　尹智涛
197	一种基于深度学习的视频去抖方法	发明	20190724	201910670613.9	20210507	凌　强　赵敏达　李　峰
198	一种基于对称转子的开放式毫微米级液滴制备装置	实用新型	20200603	202020984558.9	20210507	司　廷　王时雨　马灿臻　杨超宇　朱志强
199	一种高速电磁脉冲气阀装置	实用新型	20200710	202021348858.4	20210507	陈　晨　张　森　兰　涛　庄　革　刘万涛
200	一种可控型二次高速击发装置	实用新型	20200813	202021687886.9	20210507	徐松林　宋晓勇　苗春贺　王鹏飞

续表

序号	专利(申请)名称	类型	申请日	申请号	授权日	发明人
201	一种基于霍普金森压杆的双介质围压装置	实用新型	20200907	202021925874.5	20210507	徐松林　宋晓勇　苗春贺　王鹏飞
202	一种基于液态金属驱动的轮式机器人	发明	20181012	201811189843.5	20210507	张世武　伍　健
203	弱监督细粒度物体分类方法	发明	20191018	201910993791.5	20210507	张勇东　刘传彬　谢洪涛　李　岩
204	机器学习和规则匹配融合的安全检测系统	发明	20191028	201911031332.5	20210507	姜晓枫　程思雨　杨　坚　谭小彬　张勇东
205	一种具有优异控温效果的高分子基香烟滤嘴材料及其制备方法	发明	20181224	201811579922.7	20210507	胡伟兆　汪俊岭　汪碧波　宋　磊　胡　源
206	一种功能化改性二硫化钼纳米片的制备方法	发明	20200605	202010503056.4	20210507	刑伟义　邱水来　王　鑫　胡　源　宋　磊　邹　斌
207	一种驾驶自适应控制方法	发明	20190919	201910893473.1	20210507	高洪波　李智军　刘　康　储晓丽　郝正源
208	基于图像情感倾向的多模态谣言检测方法	发明	20200909	202010940956.5	20210514	毛震东　张勇东　赵博文　付哲仁
209	基于传播异质图建模的社交媒体多模态谣言检测方法	发明	20200909	202010940942.3	20210514	毛震东　张勇东　陈　鑫　王鹏辉
210	随动式柔性伺服牵引的步态康复机器人系统	发明	20200902	202010912006.1	20210525	李智军　张　涛　魏　强　高洪波　皮　明
211	检测任意形状文本的方法	发明	20191018	201910994519.9	20210608	张勇东　周　宇　谢洪涛　李　岩
212	风力主导的野外火扑救机具灭火效能检测方法及系统	发明	20190807	201910728655.3	20210629	王海晖　阿克塔・莎米玛
213	基于高分五号卫星紫外可见高光谱的大气污染成分反演方法	发明	20200728	202010737590.1	20210702	刘　诚　张成歆　苏文静　夏从紫　赵　飞

续表

序号	专利(申请)名称	类型	申请日	申请号	授权日	发明人
214	铁电薄膜晶体管、有机发光阵列基板驱动电路和显示装置	发明	20180801	201810861528.6	20210706	刘川川　苏同上　殷月伟　李晓光
215	一种语音主题识别方法及系统	发明	20180806	201810884203.X	20210706	郭　武　孙　健
216	一种混合波导集成干涉仪和量子密钥分配系统	发明	20181015	201811195947.7	20210706	陈　巍　丁禹阳　王　双　银振强　周　政　何德勇　韩正甫
217	一种多模态微囊造影剂及其制备方法和应用	发明	20181130	201811455385.5	20210706	邵鹏飞　高　健　刘　鹏
218	一种通过手性无机液晶载体诱导不对称巯基-烯 click 反应的方法	发明	20181228	201811625898.6	20210706	邹　纲　谢逸帆　何晨露
219	一种金属锂合金电极材料、其制备方法和金属锂二次电池	发明	20181011	201811182577.3	20210706	季恒星　金　松
220	碳基燃料的制备方法与五氧化二铌超薄片的制备方法	发明	20181219	201811556396.2	20210706	孙永福　焦星辰　谢　毅
221	特定波段下近红外相机标定装置、标定点提取方法及系统	发明	20190115	201910035471.9	20210706	顾永刚　毕松林　翟　超　龚　明
222	一种催化选择性加氢的方法	发明	20190313	201910191190.2	20210706	江海龙　李璐妍　杨其浩
223	一种少样本关系分类方法及系统	发明	20190416	201910305007.7	20210706	叶志秀　凌震华　戴礼荣
224	套牌车的检测方法及装置、卡口	发明	20190528	201910450906.6	20210706	许广德　陈恩红　董兰芳
225	手语识别方法及装置	发明	20190529	201910456373.2	20210706	李厚强　周文罡　蒲俊福
226	一种二维高导电率氢化 $NbSe_2$ 纳米薄膜、其制备方法和应用	发明	20190606	201910489976.2	20210706	吴长征　郭宇桥　谢　毅

续表

序号	专利(申请)名称	类型	申请日	申请号	授权日	发明人
227	一种基底上制作亲疏水图案化表面的方法及其应用	发明	20190927	201910923818.3	20210706	李木军　陈　鹏　邱金峰
228	一种磷化钌负载碳微米片双功能电催化剂及其制备和高效电解制氢的应用	发明	20191126	201911173203.X	20210706	章根强　李亚鹏
229	一种纤维素基瓶刷状热塑性弹性体及其制备方法	发明	20190826	201910789350.3	20210706	王志刚　张　娟　王学会
230	太阳能电池组件及其制作方法	发明	20190923	201910900161.9	20210706	韩文豪　李诗昂　陈　涛　朱长飞　江国顺
231	一种锑基太阳能电池用空穴传输层及其制备方法以及应用	发明	20190916	201910870743.7	20210706	蒋立峰　韩文豪　陈　涛　朱长飞　江国顺
232	一种纳米零价铁负载材料及其制备方法和污水中六价铬的净化方法	发明	20191206	201911241916.5	20210706	童中华　陈罕雯　马喜文
233	一种硒硫化锑薄膜的制备方法及其应用	发明	20200303	202010141390.X	20210706	陈　涛　唐荣风　王小敏　朱长飞
234	一种水凝胶在热开关中的应用	发明	20200219	202010101850.6	20210706	赵　旸　孟　婷　童　晨
235	一种氟掺杂多孔碳纳米材料、其制备方法及其应用	发明	20200214	202010095244.8	20210706	李文杰　李秋瑶　刘　彦　孔祥栋　耿志刚　鲍　骏　曾　杰
236	一类氮杂稠和共轭梯形聚合物及其制备方法和在可见光下催化水分解的应用	发明	20200114	202010036882.2	20210706	徐航勋　麻晓宇　王　磊　张　颖
237	一种基于微观神经驱动信息进行肌力估计的方法及装置	发明	20200304	202010143291.5	20210706	张　旭　朱　葛　唐　晓　李心慧　陈　勋　陈　香
238	一种高分子交联聚酰亚胺气凝胶材料及其制备方法	发明	20200605	202010505720.9	20210706	张和平　张忠心　程旭东　龚伦伦

续表

序号	专利(申请)名称	类型	申请日	申请号	授权日	发明人
239	一种石墨烯负载磷酸盐催化剂、其制备方法和应用	发明	20200220	202010104228.0	20210706	秦易 曹瑞国
240	一种类钙钛矿层状结构化合物及其制备方法	发明	20200219	202010103447.7	20210706	陆亚林 唐浩文 彭冉冉 陈泽志 王建林 黄俊
241	一种降解单元可控,单体利用率高的聚烯烃材料及其制备方法	发明	20200409	202010273892.8	20210706	尤业字 张晓宇 曾天佑
242	一种锰掺杂的氧化钨催化剂、其制备方法及应用	发明	20200422	202010320586.5	20210706	郑旭升 张意达 肖宇 王青雨
243	一种氧掺杂单层过渡金属硫族化合物及其制备方法和应用	发明	20200527	202010465373.1	20210706	宋礼 崔其龙 陈双明
244	一种碳包覆双金属橄榄石相磷酸钴锰锂材料、其制备方法及其应用	发明	20200428	202010349455.X	20210706	江俊 朱青 罗毅 李鑫 陈晓露 汤乐
245	一种基于共聚酯材料的光学补偿膜、其制备方法和应用	发明	20200522	202010441652.4	20210706	李良彬 吴同 孟令蒲 王道亮 张文文 严琦
246	一种交联聚己内酯材料的制备方法	发明	20200521	202010435708.5	20210706	王志刚 徐翠 张娟 王学会
247	一种双固化机理紫外光固化喷墨打印墨水及其制备方法	发明	20200615	202010542034.9	20210706	薛雨 刘和文
248	一种石墨相氮化碳及其制备方法,以及光催化水产氢的方法	发明	20200923	202011011170.1	20210706	肖翀 张欢欢 夏鹏飞
249	一种化学气相沉积装置	发明	20200420	202020609104.3	20210706	祝巍 马萍萍
250	一种林火烟雾探测方法及装置	发明	20190705	201910604190.0	20210706	宋卫国 巴锐 袁璟 芮雪 张俊

续表

序号	专利(申请)名称	类型	申请日	申请号	授权日	发明人
251	一种二氧化钛单晶外延薄膜的制备方法	发明	20201014	202011096288.9	20210706	吴长征 代保湖 谢 毅
252	一种基于温度测井数据的多产层油井产量预测方法	发明	20190906	201910843143.1	20210706	年永乐 郑 磊 程文龙
253	一种基于蓄电池供电加热的复温保温袋	实用新型	20200923	202022104193.9	20210706	裴 刚 刘维新 徐 斌 庄双勇 黄一航
254	一种基于光热协作发电的聚光型热管式光伏光热系统	实用新型	20201113	202022625214.1	20210706	季 杰 温 馨 宋智莹 李照萌
255	基于光学运动跟踪的服务机器人自动标定与检测系统	发明	20161124	201611048827.5	20210706	陈赢峰 吴 锋 陈小平
256	顺序通信的可验证门限量子秘密共享方法	发明	20180927	201811131607.8	20210706	苗付友 陆长彬 侯俊鹏 孟珂举 黄文超 熊 焰
257	采用无监督聚类得分规整的说话人确认方法	发明	20190508	201910382409.7	20210706	郭 武 古 斌
258	基于深度学习的分层网络攻击识别与未知攻击检测方法	发明	20191028	201911031327.4	20210706	姜晓枫 陈 翔 杨 坚 谭小彬 张勇东
259	基于近场宽带波束形成的大型电抗器故障检测方法及系统	发明	20200423	202010327774.0	20210706	叶中付 杨会超 王鹏宇
260	脸部篡改图像检测器	发明	20200821	202010851717.2	20210706	张勇东 尚志华 谢洪涛
261	基于多相关帧注意力机制的人脸伪造视频检测方法	发明	20200821	202010851718.7	20210706	张勇东 胡梓珩 谢洪涛
262	一种基于特征差异性的改进图像搜索方法	发明	20160202	201610077573.3	20210706	凌 强 杜彬彬 李 峰

续表

序号	专利(申请)名称	类型	申请日	申请号	授权日	发　明　人
263	一种电动汽车动力电池双边绝缘电阻监测装置	发明	20170711	201710559580.1	20210706	陈宗海　田佳强　李锡云　汪玉洁　张　旭
264	一种大高宽比微结构的光学检测方法	发明	20191127	201911178380.7	20210706	刘　刚　魏文彬　熊　瑛　侯双月　田扬超
265	一种基于改进的 Stacking 模型的车辆尾气浓度估计方法	发明	20191202	201911211562.X	20210706	凌　强　费习宏　李　峰
266	一种基于 CatBoost 模型的车辆尾气浓度超标判别方法	发明	20191230	201911392959.3	20210706	凌　强　费习宏　李　峰
267	一种基于液态金属驱动的旋转电机	发明	20200408	202010267743.0	20210706	张世武　王二龙　舒　健　金　虎
268	一种聚乳酸/Zn^{2+}耐热复合材料及其制备方法	发明	20200424	202010329594.6	20210706	王　赞　刘和文
269	实时功能性磁共振神经反馈调节认知控制的系统及方法	发明	20200508	202010379990.X	20210706	张效初　刘嘉伦
270	一种基于图像处理的质子交换膜燃料电池故障诊断方法	发明	20200511	202010390784.9	20210706	毛　磊　刘忠勇　何清波　吴　强
271	一种岩石有效孔隙度确定方法	发明	20200622	202010571975.5	20210706	岳明鑫　刘俊杰　张翼高飞　杨晓冬　吴小平
272	一种具有拉紧测量线功能的阻抗匹配功能段装置	发明	20200727	202010730310.4	20210706	尚　雷　刘　伟　宋文彬　孙振标　尚风雷
273	一种光纤扫描成像装置	实用新型	20200702	202021266777.X	20210706	邵鹏飞　陈　伟　刘　鹏

续表

序号	专利(申请)名称	类型	申请日	申请号	授权日	发明人
274	一种洛伦兹力驱动的高速等离子体注入装置	实用新型	20200710	202021350058.6	20210706	陈　晨　张　森　兰　涛　庄　革　刘万涛
275	一种精子优选微流控装置	实用新型	20200911	202021982809.6	20210706	周成刚　李金坤　周典法
276	基于全光纤声光调制的钠温风-瑞利激光雷达系统	实用新型	20200917	202022052728.2	20210706	方　欣　薛向辉　李　陶　陈廷娣　窦贤康
277	用于粒子加速器真空结构材料的低温二次电子测试样品架	实用新型	20201110	202022579119.2	20210706	方键威　王　勇　洪远志　尉　伟　朱邦乐　王一刚　卞抱元
278	一种适用于细胞器互作网络研究的无标记多模态显微系统	实用新型	20201111	202022595464.5	20210706	扎　克　储开芹　于亚军　戴一川
279	一种振荡器型自由电子激光三孔耦合输出方法及装置	实用新型	20201117	202022685441.3	20210706	李贺廷　朱云鹏　贾启卡　赵周宇
280	一种膨润土复合 Fe_2O_3 中低温固体电解质材料及其制备方法	发明	20190404	201910271868.8	20210706	阳　杰　周根陶　姚奇志　李　涵　王雨涵　黄　阳
281	一种含缩醛结构阻燃剂及其制备方法和应用	发明	20200615	202010541717.2	20210706	胡　源　周　峰　马　超　刘佳佳　张　抗　汪碧波　胡伟兆　宋　磊
282	一种基于数据关联性的分布式文件系统元数据预取方法	发明	20180627	201810681784.7	20210706	许胤龙　陈友旭　李　诚　李永坤　吕　敏
283	一种基于细粒度的内存分配方法	发明	20180627	201810680691.2	20210706	许胤龙　刘军明　李永坤　郭　帆　李　诚　吕　敏　陈吉强
284	一种基于信道穿刺的低复杂度通信信号检测方法	发明	20191114	201911115281.4	20210706	蔡兴蔚　邱　玲

续表

序号	专利(申请)名称	类型	申请日	申请号	授权日	发明人
285	一种基于图形处理器的数据库事务执行方法	发明	20180876	201810778840.9	20210706	华 蓓 曹利安 黄 翔 陆 李
286	神经毒剂模拟物的荧光探针及试纸及其制备方法	发明	20200310	202010169300.8	20210706	宋钦华 韦秀芝 王木士
287	一种氮杂环芳香胺-金属离子络合物阻燃剂及其在制备阻燃环氧树脂中的应用	发明	20200520	202010429955.4	20210706	王 鑫 胡 源 宋 磊
288	一种含磷氮 DOPO 衍生物阻燃剂及其制备方法和应用	发明	20191008	201910949224.X	20210706	马 超 马世聪 周 峰 胡伟兆 汪碧波 宋 磊 胡 源
289	气体浓度测量的系统	外观设计	20200909	202030531647.3	20210709	陆 松
290	一种高质量单双层可控的二硫化钼制备方法	发明	20140707	201410320352.5	20210709	廖 源 周献亮 周朝迅 董振超
291	一种制备 2,5-呋喃二甲醛的方法	发明	20180404	201810308799.9	20210709	傅 尧 陈世言 刘煦旸 李兴龙 张 坤
292	神经网络的压缩装置及方法	发明	20180711	201810766922.1	20210709	周文罡 周争光 李厚强
293	PPARγ 激动剂与 NKT 细胞活化剂在肿瘤治疗中的用途	发明	20180530	201810543973.8	20210709	白 丽 傅思成 田辰曦
294	偏振分束器及其制备方法、偏振分束方法	发明	20190719	201910658560.9	20210709	崔金明 张昊清 黄运锋
295	远距离超分辨单光子成像重构方法	发明	20190614	201910519460.8	20210709	徐飞虎 黄 鑫 汪 斌 张 强 潘建伟
296	一种紫外红外同步工作的双频测风激光雷达	发明	20190524	201910444225.9	20210709	薛向辉 上官明佳 岳 斌 夏海云 窦贤康

续表

序号	专利(申请)名称	类型	申请日	申请号	授权日	发明人
297	半导体掺杂的扩散深度检测方法	发明	20190418	201910316988.5	20210709	王　亮　张博健　秦　金
298	半导体栅极电控量子点及其制备方法	发明	20190430	201910366140.3	20210709	李海欧　胡睿梓　王　柯　张　鑫 罗　刚　郭国平
299	核脉冲电荷时间转换方法与系统	发明	20190603	201910476479.9	20210709	王永纲　宋政奇　孔晓光
300	一种基于多模态刺激的动物认知行为测试装置和测试方法	发明	20190624	201910559926.7	20210709	罗墨轩　杨　星　毕国强
301	氧化镓基肖特基二极管及其制备方法	发明	20190731	201910706501.4	20210709	龙世兵　孙海定　吴　枫
302	氧化镓晶体管及其制备方法	发明	20190731	201910706502.9	20210709	龙世兵　吴　枫
303	氧化镓基日盲探测器及其制备方法	发明	20190731	201910706384.1	20210709	龙世兵　吴　枫
304	大位阻酮亚胺镍催化剂及其配体化合物、制备方法和应用	发明	20190827	201910799058.X	20210709	陈昶乐　梁　涛
305	大位阻酮亚胺镍催化剂及其配体化合物、制备方法和应用	发明	20190827	201910799077.2	20210709	陈昶乐　梁　涛
306	一种跳变磁铁	发明	20190820	201910772865.2	20210709	王相綦　李　斌　何　斌　刘　涛 李为民　裴元吉
307	直接催化聚合乙烯与1,2-二取代极性内烯烃的方法及其产物	发明	20191112	201911105363.0	20210709	陈昶乐　陈　敏
308	一锅法串联催化共聚乙烯与1,2-二取代极性内烯烃的方法及其产物	发明	20191112	201911105365.X	20210709	陈昶乐　陈　敏
309	单次直接定量相位成像的实现装置	发明	20191118	201911131753.5	20210709	张宸睿　胡孟军　项国勇　张永生 李传锋　郭光灿

续表

序号	专利(申请)名称	类型	申请日	申请号	授权日	发明人
310	多功能极性聚烯烃材料及其金属配合物材料、制备方法和用途	发明	20191227	201911388962.8	20210709	陈昶乐 那银娜
311	双极性高压快速稳态输出控制系统	发明	20200119	202010063022.8	20210709	邱子豪 李毅人 曹喆 申成龙 郝新军
312	基于非周期同步光的星地量子密钥分发同步方法与装置	发明	20200305	202010148491.X	20210709	王潮泽 廖胜凯 蔡文奇 任继刚 印娟 彭承志 潘建伟
313	烷基活性羧酸酯脱羧原位甲基化的方法	发明	20200310	202010161544.1	20210709	傅尧 王光祖 尚睿 赵斌
314	基于钻石 NV 色心的微观电阻抗成像装置及方法	发明	20200519	202010434012.0	20210709	李春兴 王鹏飞 刘东 陈三友 石发展 王孟琪 杜江峰
315	可扩展量子比特结构	实用新型	20200622	202021173439.1	20210709	李海欧 徐刚 刘赫 曹刚 郭国平
316	一种开放式椭球面光学共振腔	实用新型	20201124	202022765351.5	20210709	徐莫迟 陈思 丁星 何玉明 陆朝阳 潘建伟
317	椭圆柱形光学微谐振腔及椭圆柱形光学微谐振腔制备方法	实用新型	20201124	202022765292.1	20210709	陈思 何玉明 陆朝阳 潘建伟
318	一种低温环境下启动的金属空气燃料电池系统	实用新型	20201103	202022515594.3	20210709	徐献芝
319	空气电极生产设备	实用新型	20201112	202022617094.0	20210709	徐献芝
320	金属燃料电池、电池组	实用新型	20201112	202022618988.1	20210709	徐献芝

续表

序号	专利(申请)名称	类型	申请日	申请号	授权日	发明人
321	一种直连式金属燃料电池	实用新型	20201103	202022515645.2	20210709	徐献芝
322	一种用于铝空气燃料电池集成底座	实用新型	20201106	202022559159.0	20210709	徐献芝
323	基于受激参量下转换过程的高亮度压缩光源	实用新型	20201125	202022785842.6	20210709	罗弋涵 邓宇皓 钟翰森 吴 典 何玉明 陆朝阳 潘建伟
324	可拓展的多模式光量子干涉装置	实用新型	20201120	202022731565.0	20210709	彭礼超 覃 俭 王 辉 钟翰森 何玉明 陆朝阳 潘建伟
325	实时主动光学相位锁定系统	实用新型	20201125	202022784425.X	20210709	邓宇皓 钟翰森 吴 典 罗弋涵 何玉明 陆朝阳 潘建伟
326	一种量子随机数发生器芯片	实用新型	20201204	202022913007.6	20210709	白 冰 张 军 乔冠儒 聂友奇 潘建伟
327	基于深度学习的视网膜 OCT 图像分类方法	发明	20180920	201811103949.9	20210713	张勇东 符子龙 尚志华 谢洪涛
328	基于卷积神经网络和多重注意力机制的骨骼年龄评估方法	发明	20200716	202010685114.X	20210713	谢洪涛 张勇东 孙 军 刘传彬 毛震东
329	一种参数计算方法、装置及设备	发明	20180525	201810516078.7	20210813	卢德唐 杜 鑫 徐栋哲 汪 啸
330	一种压力传感器及其制备方法	发明	20180918	201811087878.8	20210813	朱芸松 潘 楠 王晓平
331	一种电磁波极化及滤波系统及方法	发明	20181116	201811365726.X	20210813	刘维浩 刘予诚 陆亚林 王 琳 贾启卡
332	一种聚丙烯微孔膜及其制备方法和锂电池隔膜	发明	20190607	201910599181.7	20210813	李良彬 孟令蒲

续表

序号	专利(申请)名称	类型	申请日	申请号	授权日	发明人
333	一种内部结构色及其制备方法	发明	20190723	201910667731.4	20210813	李家文　薛　成　文明静
334	一种高性能 BiCuSeO 基热电材料及其制备方法	发明	20190724	201910671447.4	20210813	肖　翀　朱　豪　谢　毅
335	一种分级多孔碳纳米材料的合成方法	发明	20190815	201910755174.1	20210813	梁海伟　童　磊　张乐乐
336	一种用于血糖监测的普鲁士蓝微针电极、其制备方法、血糖监测贴片及其制备方法	发明	20190919	201910888655.X	20210813	周成刚　丁梦璠　温晓镭　魏珊珊
337	一种氧化石墨相氮化碳及其制备方法和应用	发明	20190917	201910880014.X	20210813	徐　鑫　于俊玲　董宾宾　郝绿原
338	一种基于三氧化钼薄膜的电致变色玻璃、其制备方法和应用	发明	20191125	201911165859.7	20210813	江　俊　朱　青　罗　毅　李　鑫　杨　丽
339	一种基于短链氟碳的环保型水成膜泡沫灭火剂	发明	20190929	201910934597.X	20210813	姜　宁　余潇阳　陆守香　宗若雯　黎昌海
340	一种环保耐海水型水成膜泡沫灭火剂	发明	20190929	201910936285.2	20210813	姜　宁　余潇阳　陆守香　宗若雯　黎昌海
341	一种高性能环境友好型水成膜泡沫灭火剂	发明	20190923	201910899403.7	20210813	余潇阳　姜　宁　李　凡　宗若雯　陆守香
342	三氧化钨作为纳米探针检测溶液中生物电子媒介的应用	发明	20191025	201911023094.3	20210813	俞汉青　吴景行　张　锋
343	一株高效厌氧锑还原菌株及其应用	发明	20200115	202010046611.5	20210813	俞汉青　闵　迪　刘东风
344	一种近红外光触发肿瘤免疫原性死亡的纳米药物及其制备方法和应用	发明	20200605	202010500914.X	20210813	王育才　唐新锋　杭立峰　马寅初

续表

序号	专利(申请)名称	类型	申请日	申请号	授权日	发明人
345	一种震源的定位方法及定位系统	发明	20200212	202010088520.8	20210813	缪思钰　张海江　巫芙蓉
346	一种环糊精-聚酰亚胺分子识别作用的超分子气凝胶及其制备方法	发明	20200605	202010505769.4	20210813	张和平　张忠心　程旭东　龚伦伦
347	负载氧化镍和二氧化铈的氧化石墨烯、其制备方法及应用	发明	20200422	202010320570.4	20210813	郑旭升　肖　宇　张意达　王青雨
348	一种多功能多铁陶瓷聚合物复合材料以及应用	发明	20200622	202010572960.0	20210813	初宝进　胡欣萍　车亚萍
349	一种铜基复合薄膜催化剂、其制备方法及应用	发明	20200516	202010402125.2	20210813	孔祥栋　柯景文　迟明芳　耿志刚　曾　杰
350	一种光谱采集系统和光谱采集方法	发明	20200730	202010749789.6	20210813	储开芹　扎　克　王献立　孟　齐
351	一种基于 3D 打印的扩散管及大气活性气体收集装置	实用新型	20201012	202022280866.6	20210813	耿　雷　周　涛
352	一种机器人用多发射机构装置	实用新型	20201030	202022463709.9	20210813	黄芳胜　连厚泉　董二宝　倪向贵　张世武
353	一种基于 C6 型氟碳表面活性剂的环保型水成膜泡沫灭火剂	发明	20190923	201910900090.2	20210813	余潇阳　姜　宁　李　凡　宗若雯　陆守香
354	一种巷道的超前探测方法及超前探测系统	发明	20200316	202010182081.7	20210813	胡代明　吴小平　岳明鑫　杨晓冬　周官群
355	基于深度学习的专利价值评估的方法	发明	20180327	201810259236.5	20210813	陈恩红　刘　淇　林弘杰　杜东舫　武　晗
356	一种基于手腕运动传感器的手语识别方法	发明	20190703	201910594082.X	20210813	李向阳　朱佩德　杨盘隆　曹书敏

续表

序号	专利(申请)名称	类型	申请日	申请号	授权日	发明人
357	增强 JPEG 图像块边界连续性的非加性隐写方法	发明	20200529	202010472722.2	20210813	张卫明 俞能海 王垚飞
358	多阶段融合的加密流量分类方法	发明	20200622	202010577364.1	20210813	谭小彬 佟欣欣 陈令安 杨 坚 郑 烇
359	基于区块链安全属性的自组网移动接入切换方法	发明	20200630	202010624018.4	20210813	姜晓枫 程思雨 曹琬廑 陈双武 何华森 杨坚
360	髋关节超声图像自动分析方法	发明	20200715	202010680820.5	20210813	谢洪涛 张勇东 孙 军 徐静远 毛震东
361	基于形变弯曲接触的流速传感器	发明	20200731	202010758554.3	20210813	许 磊 张 岩 谢东城
362	基于弯曲形变接触多米诺原理式流速传感器	发明	20200731	202010760719.0	20210813	许 磊 张 岩 谢东城
363	一种基于高斯密集调制的连续变量量子密钥分发方法	发明	20200812	202010805395.8	20210813	邹 密 陈腾云 潘建伟
364	一种基于像素自适应补偿的 HEVC 视频隐写方法	发明	20200817	202010824103.5	20210813	姚远志 崔亚兵 俞能海
365	一种微型高温 ODMR 测量样品腔	发明	20191210	201911254083.6	20210813	周继阳 李 强 许金时 李传锋 郭光灿
366	一种基于分层强化学习框架的移动机器人无图导航方法	发明	20200413	202010283116.6	20210813	李 鹜 王 童 王明会
367	一种多重稳健自适应波束形成方法	发明	20200430	202010360284.0	20210813	叶中付
368	一种 STM-MBE 联用系统	发明	20200702	202010628311.8	20210813	姚 杰 单 欢 毛亚会 翟晓芳 赵爱迪

续表

序号	专利(申请)名称	类型	申请日	申请号	授权日	发明人
369	一种小鼠大脑切片及其生物化学处理自动化装置	实用新型	20200610	202021054978.3	20210813	邵鹏飞 马灿臻 王浩
370	一种面向科学级 CCD 的保护外壳分离装置	实用新型	20201030	202022470080.0	20210813	陈杰 王坚 曾锋 张军 陈金挺 张鸿飞
371	一种用于同步辐射红外测试的原为电化学池	实用新型	20201113	202022637247.8	20210813	李园利 苏徽 程位任 王学彬 刘庆华
372	一种以超级电容锂电池组成的大功率长寿命动力电池系统	实用新型	20201125	202022787053.6	20210813	陈宗海 王丽 李民策 陈旭 杨晓宇
373	一种瓶装高压七氟丙烷灭火剂泄露量实时检测装置	实用新型	20201209	202022924990.1	20210813	袁焱华 卢启钊 谢启源 张俊
374	燃料电池发电宝	外观设计	20210331	202130178236.5	20210813	吴长征 周天培 谢毅
375	基于多源数据的热点技术预测方法	发明	20170629	201710521012.2	20210813	刘淇 陈恩红 曾宪宇 武晗 朱洪渊
376	共利用葡萄糖和木糖产生木糖醇的工程菌株的构建及应用	发明	20180528	201810537124.1	20210813	洪洞 华艳 王冬梅
377	一种微结构气体探测器的支撑结构及其制备方法	发明	20190523	201910436979.X	20210813	丰建鑫 张志永 金梓安 周意 刘建北 邵明
378	半导体量子芯片及其制作方法	发明	20190430	201910366161.5	20210813	李海欧 井方铭 王柯 罗刚 王桂磊 郭国平
379	1,4-丁二醇及其二羧酸酯的制备方法	发明	20190510	201910388749.0	20210813	邓晋 龚宝祥 石景 傅尧
380	一种气体 X 射线像增强器	发明	20190904	201910834794.4	20210813	张志永 丰建鑫 王旭 刘建北 邵明 周意

续表

序号	专利(申请)名称	类型	申请日	申请号	授权日	发明人
381	通过氧代巯基乙酸化合物制备硫酯的方法	发明	20190918	201910882135.8	20210813	傅　尧　赵　斌　尚　睿　刘德光　王光祖
382	一种弯转磁铁及其磁场梯度调变的方法		20191120	201911146696.8	20210813	王相綦　李　斌　陈　超　刘　涛
383	高计数率阻性微井型探测器放大单元的制备方法	发明	20200423	202010330888.0	20210813	周　意　吕　游　王　旭　尚伦霖　张广安　鲁志斌　刘建北　张志永　邵　明
384	Salen 锰配合物在涉及不饱和酸酐-环氧共聚物的串联催化反应中的应用	发明	20200602	202010492724.8	20210813	陈昶乐　谭　忱
385	使用分离式读出电极的阻性井型探测器制备方法	发明	20200604	202010502627.2	20210813	周　意　洪道金　宋国锋　尚伦霖　张广安　鲁志斌　刘建北　张志永　邵　明
386	线圈结构、线圈参数确定方法、装置及电子设备	发明	20200721	202010707864.2	20210813	陈　梁　邹长铃　卢征天　董春华　郭光灿
387	利用无线定位辅助目标检测的方法和装置	发明	20201029	202011200320.3	20210813	陈　彦　邱成润　张　冬　孙启彬　吴曼青
388	金属燃料电池碱蒸汽过滤的装置及系统	实用新型	20201106	202022557904.8	20210813	徐献芝
389	半导体量子芯片	实用新型	20201229	202023249788.X	20210813	曹　刚　康　原　李宗祐　陈明博　李海欧　郭光灿　郭国平
390	一种低噪声浮地电流源	实用新型	20201111	202022595262.0	20210813	江　晓　杨雨萌　冀文超　苑震生　潘建伟
391	适用于虚函数和函数指针的静态函数调用图构建方法	发明	20190606	201910492850.0	20210813	顾乃杰　张　帆　苏俊杰

续表

序号	专利(申请)名称	类型	申请日	申请号	授权日	发　明　人
392	一种对抗相移器不理想性的信道估计和混合波束成形方法	发明	20181025	201811249796.9	20210813	陈晓辉　尹华锐　王卫东　王文帝
393	一种共价有机框架基重金属离子吸附分离膜的制备方法及其应用	发明	20191217	201911299469.9	20210813	牧小卫　阚永春　宋　磊　胡　源
394	图像隐写方法、装置、电子设备及介质	发明	20200119	202010063025.1	20210824	张勇东　李家铭　谢洪涛　邓旭冉
395	肌电信号驱动的下肢义肢连续控制系统	发明	20201019	202011120806.6	20210824	李智军　罗　玲　高洪波
396	一种具有可变刚度和能量回收功能的智能减速带	实用新型	20200922	202022090576.5	20210309	龚兴龙　王　胜
397	一种电子商务物件分拣平台	发明	20191030	201911045277.5	20210416	唐冠宇
398	一种基于三维麦克风阵列的雷声检测与定位方法	发明	20170606	201710419138.9	20211001	叶中付　韦进强　罗大为
399	面向多智能体同步博弈的建模方法及动作预测系统	发明	20180608	201810586046.4	20211001	王子磊　陈　鹏　李厚强
400	一种多孔氮掺杂碳负载氮化铁催化剂及其制备方法以及应用	发明	20180416	201810338951.8	20211019	俞汉青　胡　晓　刘武军
401	建立年龄预测模型的方法及装置、年龄预测方法及装置	发明	20180911	201811055569.2	20211001	姜海涛　郭佳佳　杜宏伟　曾凡凡　严　婷　邱本胜
402	一种中文文本的分类方法及系统	发明	20181116	201811371967.5	20211001	陈恩红　刘　淇　徐　童　陶汉卿　童世炜　赵洪科　金斌斌
403	一种氧化锌超薄纳米片的制备方法	发明	20181123	201811405236.8	20211001	孙永福　朱　姗　高　山　谢　毅
404	一种 0-3 铁酸铋基磁电复合材料及其制备方法	发明	20181128	201811448724.7	20211001	初宝进　潘　祺

续表

序号	专利(申请)名称	类型	申请日	申请号	授权日	发明人
405	一种污水中抗性基因深度处理方法	发明	20190424	201910333509.0	20211001	盛国平　张汉超
406	一种在 rGO 上生长的氧化铟纳米催化剂、其制备方法及其应用	发明	20190424	201910333775.3	20211001	张志荣　曾　杰
407	基于动态伪标签解码的手语识别系统优化方法及装置	发明	20190605	201910484843.6	20211001	李厚强　周文罡　周　浩
408	一种阳极催化剂及其制备方法和碱性燃料电池	发明	20200106	202010009997.2	20211001	段　玉　俞书宏
409	一种表面具有纳米孔结构的光刻胶及其制备方法	发明	20190701	201910584871.5	20211019	刘　颖　杨高元　洪义麟
410	一种三元复合光催化剂、其制备方法及应用	发明	20190717	201910645701.3	20211001	刘华蓉　郜　晨
411	一种金属掺杂的硫化铟纳米片、其制备方法及应用	发明	20190809	201910734869.1	20211001	张　安　杜旭涛　曾　杰
412	大尺度风墙风场的监测支撑组件和监测试验设备	发明	20190909	201910847754.3	20211001	雷　佼　张林鹤　黄鹏程　刘乃安　原御奎　缪絮扬
413	连续波编码激光雷达系统及其剩余空间光利用方法	发明	20200211	202010086459.3	20211001	李　丰　方　欣　李　陶　田宝刚
414	一种红外弱光探测器件、其制备方法与应用	发明	20191231	201911418563.1	20211001	杨　晴　王宏瑞
415	一种生物炭负载纳米硫化零价铁材料的制备方法及其应用	发明	20191125	201911165948.1	20211001	江　鸿　徐步德

续表

序号	专利(申请)名称	类型	申请日	申请号	授权日	发明人
416	一种 Co2FeAl-LDH 及其制备方法和降解污染物的方法	发明	20191121	201911148448.7	20211019	江　鸿　孙庆婷
417	一种荧光有机硅纳米粒子及其制备方法	发明	20191230	201911403372.8	20211001	汪谟贞　曾　琨　葛学武
418	一种泡沫多胞子弹及其制备方法	发明	20200309	202010159746.2	20211019	张永亮　郑志军　赵　凯　汪高飞　陈　铭　张　豪　虞吉林
419	一种具有增敏肿瘤放疗的金纳米组装体及其制备方法和应用	发明	20200224	202010111585.X	20211019	王育才　黄忠凯　王　立
420	一种二维谱成像系统和二维成像方法	发明	20200520	202010429999.7	20211001	李志杰　石发展　杨志平　王鹏飞　杜江峰　荣　星
421	一种芳纶纳米纤维基层状复合薄膜及其制备方法、循环利用的方法	发明	20200701	202010628172.9	20211019	俞书宏　潘晓峰　高怀岭
422	一种复合镍钨铜合金、其制备方法及其应用	发明	20200519	202010424976.7	20211001	高敏锐　秦　帅　段　玉
423	一种反蛋白石型大孔/介孔氮掺杂碳微球及其制备方法	发明	20200526	202010455942.4	20211019	汪谟贞　杨文秀　葛学武
424	一种选择性光吸收-电致变色膜及其制备方法和选择性光吸收-电致变色器件	发明	20200617	202010552856.5	20211001	刘建伟　盛思哲
425	一种以甲酸为主的液态含氧化合物的制备方法	发明	20200928	202011039483.8	20211001	黄伟新　孙　潇　傅　聪
426	一种二氧化铪复合材料、其制备方法及其应用	发明	20200721	202010706183.4	20211001	李文志　李存朔　洪紫薇
427	一种蜂窝状树脂材料的制备方法	发明	20200907	202010927557.5	20211019	俞书宏　秦　冰　于志龙

续表

序号	专利(申请)名称	类型	申请日	申请号	授权日	发明人
428	一种可用于原位软 X 射线吸收谱学实验的真空系统	发明	20200916	202010972924.3	20211019	李　鑫　冯雪飞　梁立军
429	一种增强二氧化钛电极光学调控能力的方法	发明	20201014	202011097129.0	20211001	吴长征　代保湖　谢　毅
430	一种双阀门结构的低温泵	发明	20200916	202010972917.3	20211001	常振旗　赵保旭
431	C-RAN 架构中基于强化学习的 VR 视频多级缓存方法和系统	发明	20201010	202011079132.X	20211001	谭小彬　王顺义　徐　磊　李思敏　杨　坚　郑　烇
432	C-RAN 架构中基于强化学习的 VR 视频边缘预取方法和系统	发明	20201010	202011077437.7	20211001	谭小彬　王顺义　徐　磊　李思敏　杨　坚　郑　烇
433	一种应用于高层建筑的送风系统及方法	发明	20160819	201610692792.2	20211001	纪　杰　周腾蛟　高子鹤　杨立中　姚　斌　李　曼　原向勇　张林鹤
434	嗜热子囊菌基因表达系统	发明	20180419	201810354443.9	20211001	洪　泂　胡圣霖　王冬梅
435	氧化石墨烯-聚噻吩复合材料和基于该材料的超级电容器	发明	20180514	201810459924.6	20211001	马明明　卢　晗　陈莉莉
436	一种基于缺电子苯甲醛的无催化剂腙连接多肽或蛋白质化学修饰方法	发明	20180702	201810711147.X	20211001	许　杨　石　景　王　玉
437	一种可在线校正测量电缆相位漂移的微波相位测量系统	发明	20190408	201910275746.6	20211001	周泽然　任天祺　唐雷雷
438	一种太阳能电池及其制备方法	发明	20190430	201910365976.1	20211001	王德亮　郑根华　王东明　王　敏　王光伟　蔡彦博
439	一种探测器控制攻击的检测方法及系统	发明	20190821	201910776834.4	20211001	钱泳君　王　双　何德勇　陈　巍　银振强　周　政　郭光灿　韩正甫

续表

序号	专利(申请)名称	类型	申请日	申请号	授权日	发明人
440	一种日盲光电探测器及其制备方法	发明	20190730	201910698160.0	20211001	孙海定 龙世兵
441	基于自干涉微环谐振腔传感器的多模态测量方法	发明	20190904	201910834708.X	20211019	邹长铃 胡 东 任宏亮 董春华
442	排列基态自旋能级的方法	发明	20191108	201911097626.8	20211001	李佩耘 周宗权 李传锋 郭光灿
443	全息显微成像装置	发明	20191118	201911131752.0	20211001	张宸睿 项国勇 李传锋 郭光灿
444	紧凑型艾里光束相位板及其制造方法	发明	20191119	201911139064.9	20211001	胡衍雷 蔡 泽 吴 东 李家文 褚家如
445	一种高通光离子阱装置	发明	20191211	201911270470.9	20211001	贺 冉 崔金明 李睿睿 钱忠华 黄运锋 李传锋
446	一种二氢辣椒素和二氢辣椒素酯的制备方法	发明	20200120	202010066991.9	20211001	邓 晋 李焱冰 傅 尧
447	视频处理方法、装置、电子设备及介质	发明	20200117	202010057682.5	20211022	张勇东 胡梓珩 谢洪涛 邓旭冉 李 岩
448	用于在体基因治疗的基因编辑组合物或试剂盒	发明	20180926	201811144025.3	20211019	薛 天 才 源
449	玉米 ZmSET1 基因的应用	发明	20190125	201910079163.6	20211019	丁 勇 王世亮
450	极性聚烯烃材料及其制备方法和用途	发明	20200120	202010066897.3	20211001	陈昶乐 邹 陈
451	一种光催化氧化乳酸制备醋酸的方法	发明	20200604	202010498315.9	20211001	傅 尧 徐冬冬 朱 瑞 李兴龙 周龚宇
452	用于数字强子量能器的阻性井型探测器制作方法	发明	20200423	202010330983.0	20211001	周 意 洪道金 宋国锋 尚伦霖 张广安 鲁志斌 王 旭 刘建北 张志永 邵 明

续表

序号	专利(申请)名称	类型	申请日	申请号	授权日	发明人
453	使用铜/氧化亚铜纳米片催化剂热催化甲醇与二氧化碳生成碳酸二甲酯的方法	发明	20200509	202010386703.8	20211001	张晓东 金 森 谢 毅
454	抗菌聚烯烃材料及其制备方法和用途	发明	20200429	202010359970.6	20211001	陈昶乐 邹 陈
455	后过渡金属催化剂催化烯烃均相聚合的气相聚合法	发明	20200513	202010406124.5	20211001	陈昶乐 代胜瑜
456	基于萘环的精确自降解两亲性嵌段寡聚物、合成方法及其应用	发明	20200724	202010722020.5	20211001	刘世勇 吕长柱
457	触发式自降解聚合物基近红外荧光探针、制备方法及应用	发明	20201030	202011200558.6	20211001	刘世勇 周 鑫
458	一种碳载金属氧化物催化剂的制备方法	发明	20201106	202011235785.2	20211001	徐献芝
459	基于多路径相位相消的人体呼吸追踪方法、装置及系统	发明	20201029	202011178526.0	20211001	陈 彦 张东恒 张 冬 孙启彬 吴曼青
460	基于自干涉的两个独立激光器之间光频差的测量方法	发明	20201119	202011317506.7	20211019	邹 密 陈腾云 潘建伟
461	量子芯片封装结构	实用新型	20201229	202023276948.X	20211001	梁福田 杨威风 邓 辉 龚 明 吴玉林 彭承志 朱晓波 朱晓波
462	液晶聚合物薄膜的吹膜设备	实用新型	20201124	202022767237.6	20211001	李良彬 赵浩远
463	用于吹膜加工功能性高分子材料的成型系统	实用新型	20201124	202022767304.4	20211001	李良彬 赵浩远
464	一种用于脉冲电流激发的荧光寿命探测装置	实用新型	20210204	202120327383.9	20211019	樊逢佳 李 波 宋 杨 徐淮豫 杜江峰

续表

序号	专利(申请)名称	类型	申请日	申请号	授权日	发明人
465	超导量子计算机的架构	实用新型	20210105	202120020301.6	20211001	梁福田 邓辉 龚明 吴玉林 彭承志 朱晓波 潘建伟
466	非焊接型的排线连接器结构及连接器	实用新型	20210115	202120118963.7	20211001	梁福田 邓辉 龚明 吴玉林 彭承志 朱晓波 潘建伟
467	可扩展的对插型连接器结构	发明	20210115	202120118962.2	20211001	梁福田 邓辉 龚明 吴玉林 彭承志 朱晓波 潘建伟
468	基于显热和相变潜热复合储能的太阳能热发电系统	实用新型	20210112	202120083808.6	20211001	李晶 高广涛 裴刚 杨洪伦 李鹏程
469	利用联苯-联苯醚混合物的直接膨胀式太阳能热发电系统	实用新型	20210121	202120170934.5	20211001	李晶 高广涛 裴刚 杨洪伦 李鹏程
470	一种分级式微雾填料加湿器	实用新型	20210305	202120479660.8	20211019	程文龙 赵锐 陈健
471	一种用于校园心理咨询的句对匹配度预测方法	发明	20180326	201810252354.3	20211001	孙广中 谭嘉莉 周英华
472	一种视频中异常行为的检测方法	发明	20180514	201810456027.X	20211001	李卫海 陈竹 刘斌 俞能海
473	一种基于卷积注意力网络的自然场景文本识别方法	发明	20180509	201810437763.0	20211001	谢洪涛 张勇东
474	一种移动智能设备传感器指纹的保护方法	发明	20190116	201910040491.5	20211001	张兰 李向阳 刘慧琦
475	电池、超级电容与燃料电池混合储能装置能量管理系统	发明	20190220	201910126767.1	20211001	陈宗海 汪玉洁 孙震东
476	基于无线网卡对无线设备的物理指纹提取方法	发明	20190404	201910272999.8	20211001	杨盘隆 李向阳 刘鹏飞

续表

序号	专利(申请)名称	类型	申请日	申请号	授权日	发明人
477	一种实现联合感知驱动的卫星网络多跳路由的方法	发明	20190531	201910474425.9	20211001	姜晓枫　刘　洵　谢金森　李德政　陈双武　杨　坚
478	髋关节影像中的关键点自动提取方法	发明	20190627	201910567801.9	20211001	张勇东　武　海　谢洪涛
479	一种基于运动矢量嵌入失真分解的视频隐写方法	发明	20190705	201910604555.X	20211001	姚远志　李林聪　张卫明　俞能海
480	混凝土探伤装置与探伤仪	发明	20190808	201910730053.1	20211001	陈　志　宋　昆
481	面向机器的通用编码方法	发明	20190930	201910943248.4	20211001	陈志波　孙思萌
482	利用通用系数发现算法在非欧几里得环上实现秘密共享的方法	发明	20191113	201911107274.X	20211001	苗付友　王　旭
483	基于社交网络平台的鲁棒隐写方法	发明	20200226	202010118578.2	20211001	张卫明　俞能海　于心智
484	一种基于声音特征的大型变压器故障检测方法	发明	20200615	202010542012.2	20211001	叶中付
485	适用于移动边缘计算场景的动态自适应流媒体组播方法	发明	20200622	202010577365.6	20211001	谭小彬　徐　磊　李思敏　王顺义　杨　坚　郑　烇
486	基于光学遥感的大气污染成分垂直分布反演方法	发明	20200629	202010611508.0	20211001	刘　诚　邢成志　李启华　刘浩然　季祥光　谈　伟
487	基于区块链的无人机蜂群分层共识方法	发明	20200630	202010622219.0	20211001	姜晓枫　程思雨　曹琬廑　陈双武　何华森　杨　坚
488	下肢 X 光影像中关键点提取方法	发明	20200715	202010680826.2	20211001	谢洪涛　张勇东　孙　军　马凌峰　毛震东
489	基于图着色方法的无线体域网间干扰减轻方法	发明	20200914	202010962387.4	20211001	刘　斌　张晓屿

续表

序号	专利(申请)名称	类型	申请日	申请号	授权日	发明人
490	基于组合策略的社交网络媒体信息流行度预测方法	发明	20200909	202010941998.0	20211001	张勇东 毛震东 王 凯
491	面对目标的监控视频中异常检测方法	发明	20180601	201810558987.7	20211019	李小丹 李卫海 刘乾坤 刘 斌 俞能海
492	一种基于形式化表示的车辆驾驶方法	发明	20190919	201910894640.4	20211001	高洪波 李智军 刘 康 储晓丽 郝正源
493	一种自适应时域的事件触发模型预测控制方法	发明	20200529	202010479304.6	20211001	康 宇 王 涛 李鹏飞 赵云波 吕文君
494	一种真空系统下磁化材料的强永磁体装置	发明	20191217	201911301311.0	20211022	孙 喆 王鹏栋 刘 毅 李昱良 张国斌
495	一种串联锂离子电池组微短路故障定量检测方法	发明	20200119	202010060658.7	20211022	王青松 马迷娜 段强领 孙金华
496	一种高性能储存环磁铁电源	发明	20200120	202010065926.4	20211022	周银贵 刘 鹏 刘 群 董 塞
497	一种用于氟去除的羧基化聚丙烯腈多孔膜及其制备方法	发明	20200604	202010497650.7	20211022	李良彬 陈 鑫 孟令蒲 王道亮 万彩霞 余 瑞
498	一种内置陶瓷真空室的C型非线性冲击磁铁	发明	20200619	202010564251.8	20211022	尚 雷 宋文彬 尚风雷 刘 伟 孙振标 陆业明
499	一种变间距光栅掩模线密度分布可控微调方法	发明	20200703	202010631672.8	20211022	刘 颖 林达奎 陈火耀 刘正坤 洪义麟
500	一种基于阶梯阵列的波达方向-距离自适应波束形成方法	发明	20200710	202010662264.9	20211022	叶中付
501	一种基于合作博弈的移动边缘场景中的视频码率决策方法	发明	20200721	202010703956.3	20211022	谭小彬 李思敏 徐 磊 王顺义 杨 坚 郑 烇

续表

序号	专利(申请)名称	类型	申请日	申请号	授权日	发明人
502	一种基于标记的串行的程序并行化方法	发明	20200731	202010756781.2	20211022	唐佩佳 徐云 余泽霖 王噶 钟旭阳 孙一佳
503	一种消除扭矩的在超高真空系统中固定样品托的装置	发明	20200909	202010940855.8	20211022	朱红恩 孙喆 崔胜涛 刘毅 张国斌
504	一种手势动作过程中肌肉空间激活模式提取和识别方法	发明	20200927	202011030863.5	20211019	陈香 文庆庆 张旭 胡若晨
505	一种快速的 NC-OFDM 卫星通信比特比特功率分配方法	发明	20201125	202011338320.X	20211022	叶中付 杨会超 王鹏宇 王勇
506	一种多功能数字化评估智能座椅	发明	20201126	202011345922.8	20211022	林瑞峰 胡悦鹏 程敬原
507	一种快速大批量生产的玻尿酸微针模具	实用新型	20200914	202022000574.2	20211022	周成刚 魏姗姗
508	变电站充油设备附近电缆沟封闭措施耐火测试实验平台	实用新型	20201029	202022449735.6	20211019	张和平 伦志宜 周勇 程旭东
509	一种超级电容功率缓存电路	实用新型	20201113	202022636323.3	20211022	黄芳胜 贺小焕 董二宝 倪向贵 张世武 连厚泉 鲍本坤 戴童欣 刘煜川
510	一种超细干粉灭火剂灭火效能测试装置	实用新型	20201117	202022660391.3	20211022	张和平 赵军超 陆松 付阳阳 马伟通
511	一种双射击对抗机器车	实用新型	20201124	202022744816.9	20211022	黄芳胜 鲍本坤 董二宝 倪向贵 张世武 贺晨 吴珂 李俊炜 连厚泉
512	一种基于图像处理和微流控打印的单细胞分选装置	实用新型	20201125	202022758714.2	20211022	李保庆 王一鸣 褚家如

续表

序号	专利(申请)名称	类型	申请日	申请号	授权日	发明人
513	一种用于运输小动物实验后尸体的运输小车	实用新型	20201127	202022791263.2	20211022	黄芳胜 贺 晨 董二宝 倪向贵 张世武 鲍本坤 张明亮 李俊炜 鲁子伟
514	一种用于高浓度粉体测试仪的校准装置	实用新型	20201130	202022827704.X	20211022	张和平 赵军超 付阳阳 陆 松 马伟通
515	一种适用于高速流场环境下的化学物质掺混装置	实用新型	20201204	202022872771.3	20211022	张 逍 刘 宇 曹金祥 雷久侯 刘祥群 余鹏程
516	一种探入式收发一体光纤粉尘浓度测量装置	实用新型	20201207	202022907881.9	20211022	张和平 马伟通 陆 松 付阳阳 赵军超
517	一种基于场反位形等离子体的轴向压缩聚变装置	实用新型	20201209	202022924585.X	20211022	廖 晖 孙 玄
518	一种居于多反射腔的核磁共振原子陀螺仪	实用新型	20201214	202022999181.7	20211022	郝传鹏 盛 东
519	一种适用于 CT 实验的高温疲劳力加载实验仪器	实用新型	20201214	202022999210.X	20211022	许 磊 许 峰 肖 宇 胡小方
520	一种弱磁通同轴共面单发单收的瞬变电磁探测装置	实用新型	20201221	202023125269.2	20211022	夏 彤 岳明鑫 吴小平 杨 涛 牛辉辉
521	一种超高真空铜法兰密封型组件	实用新型	20201223	202023132074.0	20211022	卞抱元 王 勇 尉 伟 洪远志 王思慧 范 乐 朱邦乐 方键威
522	面向收发端小型化的可见光通信凹凸透镜天线及其设计方法	发明	20210120	202110076767.2	20211022	于子晨 魏佳琦 龚 晨 黄 诺 徐正元

续表

序号	专利(申请)名称	类型	申请日	申请号	授权日	发明人
523	一种高海拔隧道分阶段灭火救援系统及方法	发明	20210323	202110307067.X	20211022	唐　飞　黎　曼　邱　博　胡隆华　张晓磊
524	一种可控型单丝纤维横向冲击装置	实用新型	20210108	202120038881.1	20211022	徐松林　常晋源　王鹏飞　苗春贺
525	一种单发双收的零磁通探测线圈	实用新型	20210129	202120273692.2	20211022	夏　彤　岳明鑫　吴小平　杨　涛　牛辉辉
526	一种基于差分采样的剩余时间采样电路和时间数字转换器	实用新型	20210225	202120414921.8	20211022	张　彪　白雪飞
527	一种低功耗大带宽高分辨低相位噪声数控振荡器	实用新型	20210304	202120469309.0	20211022	白雪飞　邵亚年
528	单波长光源和双散射角的电解液火灾烟雾探测装置	实用新型	20210311	202120519477.6	20211022	张和平　李　聪　周　勇　施志成　程旭东　陆　松
529	一种具有可解释性的直推学习方法及系统	发明	20191018	201910994868.0	20211123	吕文君　康　宇　李泽瑞　昌　吉
530	高分子复合材料及其制备方法	发明	20210222	202110200093.2	20211126	徐航勋　汪　韬
531	一种高性能锌钴电池正极及其制备方法	发明	20200115	202010040565.8	20211214	谈　鹏　尚文旭　马彦义　俞文涛　肖　旭　倪　萌
532	基于混合策略博弈的驾驶人变道切入意图识别方法及系统	发明	20200902	202010911976.X	20211102	高洪波　郝正源　李智军　朱菊萍　何　希
533	电动腰部辅助外骨骼	发明	20200902	202010910730.0	20211116	李智军　李　响　皮　明　高洪波
534	防疫机器人知识学习与迁移方法和系统	发明	20201019	202011119623.2	20211102	高洪波　郝正源　李智军
535	面向上肢穿戴机器人的人机博弈控制方法及系统	发明	20201019	202011119646.3	20211008	李智军　高洪波　毕　伟

续表

序号	专利(申请)名称	类型	申请日	申请号	授权日	发明人
536	自支撑氮掺杂金属催化剂及其制备方法	发明	20170308	201710133818.4	20211210	吴长征 陈鹏作 周天培 谢 毅
537	一种用于一次/二次电池金属锂负极的三维集流体、金属锂负极以及一次/二次电池	发明	20180503	201810413397.5	20211210	季恒星 孙兆威 金 松
538	一种气体传感器、其制备方法和应用	发明	20190203	201910108619.7	20211214	初宝进 陈 攀 陈彩纹
539	RFID 认证方法及装置	发明	20190530	201910462152.6	20211210	胡红钢 张霄涵
540	金属有机框架纳米片、其制备方法及在高效光催化还原二氧化碳中的应用	发明	20190730	201910695876.5	20211210	孙永福 祖小龙 谢 毅
541	一种分子散射相干激光雷达系统	发明	20190828	201910800752.9	20211214	孙东松 储嘉齐 韩於利 郑 俊 韩 飞 陈廷娣 薛向辉
542	一种铋掺杂固体氧化物电池燃料极材料及其制备方法与应用	发明	20190919	201910889024.X	20211214	夏长荣 万艳红 邢雨林 张少威
543	飞秒激光快速制备高长径比聚合物微柱的系统及方法	发明	20191129	201911201183.2	20211214	李家文 潘 登 胡衍雷 吴 东 褚家如
544	一种铜合金材料电催化二氧化碳制备含碳化合物的方法	发明	20191212	201911278128.3	20211214	熊宇杰 胡 飞 龙 冉
545	一种金属间化合物纳米催化剂、其制备方法及应用	发明	20200304	202010143259.7	20211214	梁海伟 陈林维
546	一种抗腐蚀的光阳极复合材料及其制备方法	发明	20200319	202010205940.X	20211214	俞书宏 刘国强 阳 缘 李 毅
547	一种硫代聚磷酸酯、其制备方法及应用	发明	20200506	202010372196.2	20211214	王育才 刘 懿 樊 峰
548	一种磁性多孔钴纳米立方体及其制备方法、应用	发明	20200512	202010397065.X	20211214	江 俊 朱 青 罗 毅 李 鑫 李磊磊 陈晓露 汤 乐

续表

序号	专利(申请)名称	类型	申请日	申请号	授权日	发明人
549	一种采用锰铁氧化物材料去除水中阿散酸的方法	发明	20200525	202010448506.4	20211210	俞汉青 柯明坤 黄贵祥
550	生物组织透明化试剂及生物组织透明化方法	发明	20200703	202010636139.0	20211214	周江宁 单庆红 秦新娅
551	一种地震面波与接收函数的联合反演方法及装置	发明	20201216	202011487747.6	20211210	胡 景 韩守诚 张海江
552	电化学试验的动态原位液相反应池	发明	20200915	202010965995.0	20211214	李 鑫 冯雪飞 梁立军
553	一种去除水体中磷酸盐和有机大分子的方法	发明	20200804	202010771522.7	20211214	穆 杨 李 琦 何传书
554	一种铁钛酸铋氧化物单晶颗粒的制备方法	发明	20200804	202010771250.0	20211214	陆亚林 张圆喜 傅正平 王建林 李志昂 刘 欢
555	一种聚合物荧光探针及其应用	发明	20200813	202010811808.3	20211214	张国颖 郭文豪 刘固寰 江国顺
556	一种负载类酶配体得复合超滤膜、其制备方法及应用	发明	20201015	202011103500.X	20211214	盛国平 张汉超 张 信 郭璞琛
557	一种利用过渡金属和维生素 C 双催化体系合成的凝胶及其制备方法	发明	20201109	202011241591.3	20211214	闫立峰 王家珂
558	铱钨合金纳米材料、其制备方法及作为酸性析氧反应电催化剂的应用	发明	20201228	202011583722.6	20211210	王功名 路 正 裴志彬 牛淑文 刘馨苗 牛 迪 孙 达
559	一种无需粘合剂的碳纳米管海绵低温吸附板	实用新型	20210210	202120368950.5	20211210	徐小龙 谭伟航
560	一种具有发电供热通风换气多功能的黛瓦型太阳能屋顶	实用新型	20210428	202120896427.X	20211214	季 杰 王 君 田忻怡 王矗垚

续表

序号	专利(申请)名称	类型	申请日	申请号	授权日	发明人
561	燃料电池余能与吸收式水生成器耦合的淡水-电联供系统	发明	20200730	202010752095.8	20211214	关学新 高大统 裴　刚
562	一种降低锌钴电池自放电的充电方法	发明	20201228	202011574799.7	20211214	谈　鹏 尚文旭 俞文涛 肖　旭 马彦义 陈梓颀
563	一种专利诉讼风险预测方法	发明	20180518	201810482063.3	20211214	刘　淇 陈恩红 武　晗 叶雨扬 杜东舫 赵洪科
564	基于 2D 卷积神经网络的肺结节检测方法	发明	20180522	201810496332.1	20211214	谢洪涛 张勇东
565	基于状态特征和后继特征的特征与策略的联合学习方法	发明	20180612	201810601576.1	20211214	查正军 李厚强 冯晓云 李　斌 王子磊
566	针对时间敏感的环境的多价值网络深度强化学习方法	发明	20180613	201810616798.0	20211214	孙广中 孙　昊 秦宇泽
567	一种提升 Halide 语言在多核系统执行效率的线程模型实现方法	发明	20180929	201811145982.8	20211214	张　昱 张宇翔
568	针对高级持续性威胁的网络防御资源最优分配方法	发明	20190822	201910778979.8	20211214	江锦英 姜晓枫 张　琦 杨　坚 谢海永 刘弋锋
569	全链条的原子级主动安全路由方法	发明	20191024	201911018201.3	20211214	姜晓枫 曹琬廑 李德政 程思雨 杨　坚 张勇东
570	用非接触式测速实现球磨机工作状态检测的方法及系统	发明	20191230	201911326388.3	20211214	叶中付 王鹏宇 杨会超
571	基于锥形透镜的光线入射角度测量系统与方法	发明	20200213	202010091528.X	20211214	王克逸 王　彦 赵　帅 蔡柏林 沈　远

续表

序号	专利(申请)名称	类型	申请日	申请号	授权日	发明人
572	基于区块链共识结果反馈的网络节点安全属性评估方法	发明	20200630	202010622214.8	20211214	姜晓枫 程思雨 曹琬廑 陈双武 何华森 杨 坚
573	一种基于深度学习的地震背景噪声频散曲线的提取方法	发明	20200706	202010640022.X	20211214	杨少博 张海江 古 宁 高 级 李俊伦
574	一种基于多任务联合训练的问题生成方法	发明	20210425	202110448211.1	20211214	毛震东 张勇东 于尊瑞
575	一种基于干扰协方差矩阵重构的互素阵稳健自适应波束形成方法	发明	20191227	201911381295.0	20211214	叶中付 孙思聪 朱星宇
576	一种用于热核聚变固态球床颗粒输运的加速泵	发明	20200430	202010360076.0	20211214	李远杰 刘显科 苏圣越
577	一种光控制的电场驱动液态金属液滴的装置	发明	20200512	202010395499.6	20211210	张世武 任宏泰
578	基于 OFDM 高速测井遥传系统的 FPGA 信道预加重与均衡方法及系统	发明	20200930	202011054423.3	20211214	赵弘炜 宋克柱 吴 传
579	一种大规模物联网场景下基于身份的跨越认证方法	发明	20201023	202011145701.6	20211210	苗付友 王心妍 于 跃 熊 焰 黄文超
580	一种燃料电池系统的自加湿阳极燃料循环系统及方法	发明	20201028	202011167395.6	20211210	马 龙 林子敬
581	一种用于新能源汽车车身的自冲铆接质量检测装置和方法	发明	20201203	202011397098.0	20211214	杨 坚 金 东 马元懿 陈双武 杨 锋 徐正欢
582	一种涡扇发动机风扇叶片多轴加载疲劳试验台及方法	发明	20201231	202011637346.4	20211210	翟 超 张 振 宋文杰
583	一种形状自适应的磁控自感知柔性管道	实用新型	20201225	202023178058.5	20211210	龚兴龙 张静怡 王 宇 王 胜

续表

序号	专利(申请)名称	类型	申请日	申请号	授权日	发明人
584	一种可连续调节反应时间的气溶胶成核湍流流动管反应器	实用新型	20210122	202120178648.3	20211214	黄　伟　王春雨　姜　帅
585	一种匀光型光伏农业系统	实用新型	20210205	202120343391.2	20211214	陈方才　刘　文　张昕昱　郑佳楠
586	一种螺旋空心铝纤维储氢复合炸药	实用新型	20210205	202120344164.1	20211214	马宏昊　陈继平　沈兆武　王奕鑫　黄亮亮
587	一种用于氦离子显微镜成像质量校正的样品	实用新型	20210305	202120479255.6	20211210	温晓镭
588	一种可调型的 CO_2 混合工质冷电联产系统	实用新型	20210308	202120488680.1	20211214	石凌峰　卢博闻　舒歌群　田　华　王　轩　孙孝存
589	一种多功能制冷模式的 CO_2 冷电联产系统	实用新型	20210308	202120489995.8	20211214	石凌峰　卢博闻　舒歌群　田　华　王　轩　孙孝存
590	一种电弧下变压器绝缘油产气测试装置	实用新型	20210324	202120599923.9	20211214	张和平　朱思宇　周　勇　程旭东
591	一种古代铜合金中铅的电解沉积装置	发明	20210402	202120682449.6	20211210	高　军　范安川　李　功　王　翔
592	一种烟草化学成分的自动、快速测量装置	实用新型	20210426	202120872244.4	20211214	潘　洋　钱　兵　胡永华　刘成园　杨玖重　许鸣皋
593	一种太赫兹电子枪	实用新型	20210521	202121102036.2	20211214	汤振兴
594	一种低温等离子体关节腔穿刺射流装置	实用新型	20201223	202023123285.8	20211214	丁呈彪　吴征威
595	一种碳酸盐改性膨润土复合中低温固体电解质材料及其制备方法	发明	20190404	201910271873.9	20211214	阳　杰　周根陶　姚奇志　陈　艳　赵天磊　罗　毅

续表

序号	专利(申请)名称	类型	申请日	申请号	授权日	发明人
596	一种无线云控制系统调度方法及系统	发明	20200529	202010477398.3	20211214	康　宇　李鹏飞　王　涛　赵云波　陈绍冯　吕文君
597	基于波长调制吸收光谱的高速流场多参数测量系统及方法	发明	20201116	202011278426.5	20211210	王兴平　金　熠　彭　冬　李佳胜
598	一种碳基镍铁双金属析氧催化剂及其制备方法	发明	20201210	202011434778.5	20211210	闫文盛　陆　影　谈　浩
599	一种磁控溅射平面阴极装置	发明	20210429	202120925210.7	20211214	谢　斌
600	利用重力势能实现单轴追踪的综合农业光伏系统	发明	20210610	202121303504.2	20211214	郑佳楠　陈方才　张昕昱　刘　文
601	一种生物基复合水凝胶灭火材料及其制备方法	发明	20200107	202010012551.5	20211210	时　虎　王　鑫　唐　刚　胡　源　宋　磊
602	以钛掺杂的铁酸锶为敏感电极的电位型气体传感器	发明	20200601	202010484409.0	20211214	易建新　张作彬
603	一种毫米波大规模 MIMO 系统的混合预编码方法	发明	20201216	202011484828.0	20211214	周武旸　王发致　柴名扬　朱超逸
604	高分子量呋喃基芳香聚酰胺及其制备方法和应用	发明	20190604	201910484755.6	20211210	傅　尧　李　锋　高敬民　朱　俊　盛天然　李兴龙　付明臣
605	一种多量子阱结构、光电器件外延片及光电器件	发明	20190730	201910699756.2	20211214	孙海定　龙世兵
606	基于 Smith-Purcell 效应的太赫兹辐射的产生装置、方法和器件	发明	20191105	201911073859.4	20211210	刘维浩　刘予诚　贾启卡

续表

序号	专利(申请)名称	类型	申请日	申请号	授权日	发明人
607	二维可扩展超导量子比特结构及其腔模控制方法	发明	20191129	201911210369.4	20211210	梁福田 邓 辉 龚 明 吴玉林 彭承志 朱晓波 潘建伟
608	一种分段式刀片离子阱装置	发明	20191129	201911210425.4	20211210	贺 冉 崔金明 李睿睿 钱忠华 艾铭忠 黄运锋 李传锋
609	激光稳频装置及方法、采用其的半导体激光器组件	发明	20191211	201911270469.6	20211210	贺 冉 崔金明 陈 炎 曹 洹 艾铭忠 黄运锋 李传锋
610	基于等离子体激元增强的光电化学光探测器及其制备方法	发明	20201113	202011275295.5	20211210	孙海定 汪丹浩 刘 鑫 康 阳
611	一种超高抗冲击强度聚乳酸材料及其制备方法	发明	20200602	202010493344.6	20211210	王志刚 王 佳 王学会
612	用于量子密钥分发的同步方法、装置电子设备及介质	发明	20210111	202110033943.4	20211210	王潮泽 廖胜凯 蔡文奇 任继刚 印 娟 彭承志 潘建伟
613	一种脉冲电流激发的瞬态吸收光谱仪	发明	20201211	202011470295.0	20211214	李 波 唐贝贝 樊逢佳 杜江峰
614	一种基于液晶高分子薄膜制备柔性电路板的方法	发明	20201124	202011328400.7	20211130	李良彬 赵浩远
615	一种聚苯胺导电水凝胶及其制备方法和超级电容器	发明	20190131	201910106351.3	20211214	马明明 陈莉莉 卢 晗
616	一种P型掺杂与非掺杂芯片的刻蚀方法及装置	发明	20190418	201910316864.7	20211214	王 亮 秦 金
617	一种核磁共振谱仪及其探测能级结构的方法	发明	20190430	201910366164.9	20211214	周宗权 靳 明 李传锋

续表

序号	专利(申请)名称	类型	申请日	申请号	授权日	发明人
618	气体电子倍增器、气体光电倍增管及气体X射线像增强器	发明	20190904	201910834830.7	20211214	张志永 刘建北 邵 明 周 意
619	一种多机器人抗干扰分组时变编队控制方法及系统	发明	20191010	201910961228.X	20211214	秦家虎 周崇健 李 曼 王 帅
620	二亚胺钯配合物及其配体、制备方法和应用	发明	20200219	202010103323.9	20211214	陈昶乐 代胜瑜
621	宽频带频散曲线提取方法、装置	发明	20200916	202010978546.X	20211214	李俊伦 邓 宝 沈长明 沈长明 高 级
622	1-氮杂-5-锗碳双环[3.3.3]十一烷笼状化合物及其制备方法和用途	发明	20201020	202011129604.8	20211214	肖 斌 谢秀英 江伟韬
623	一种蓝光无机溴铅铯钙钛矿纳米颗粒的超声制备方法	发明	20201221	202011523913.3	20211214	姚宏斌 刘雨莹
624	集成光源和控制非门光量子计算芯片及采用其的教学系统	实用新型	20210527	202121152034.4	20211214	陆朝阳 王 辉 王云飞 何玉明 潘建伟
625	三维超声断层成像装置	实用新型	20210302	202120456762.8	20211214	田 超 杨明春 郑鑫烨
626	一种低温环境下超薄低压电热膜材料及其制备方法	发明	20200402	202010253751.X	20211001	汪碧波 田文祥 宋 磊 胡 源

2021年获科技奖励情况一览表

奖励类别	项目名称	获奖等级	获奖人	备注
国家自然科学奖	基于量子信息技术研究量子物理基本问题	二等奖	李传锋 许金时 黄运锋 柳必恒 郭光灿	2020年度
国家科技进步奖	城镇污水处理厂智能监控和优化运行关键技术及应用	二等奖	俞汉青 李志华 盛国平 侯红勋 王冠平 王广华 史春海 张　静 赵忠富 石　伟	2020年度
国家自然科学奖	成年哺乳动物雌性生殖干细胞的发现及其发育调控机制	二等奖	孙　斐(3)	我校第3完成单位
安徽省自然科学奖	能源材料表界面结构动态演变过程的原位同步辐射研究	一等奖	韦世强 刘庆华 姚　涛 程位任 胡凤春	
安徽省自然科学奖	人工光合成体系的精准调控方法及其机制	一等奖	熊宇杰 江　俊 高　超 龙　冉	
安徽省自然科学奖	低维体系拓扑态的研究	一等奖	乔振华 韩玉磊 任亚飞	
安徽省自然科学奖	视觉神经系统的基础与转化研究	一等奖	薛　天 章　梅 马玉乾 才　源	
安徽省自然科学奖	热危险性化学物质热自燃孕育机制与预测方法	二等奖	孙金华 王青松 卢　平 平　平 孙占辉	
安徽省自然科学奖	面向人机合作混合智能的可穿戴机器人控制理论与方法	二等奖	李智军 康　宇 曹　洋	
安徽省自然科学奖	基于力学原理的微纳机械传感方法	二等奖	张青川 吴尚犬 伍小平	
安徽省自然科学奖	原子分子动力学参数实验基准研究	三等奖	朱林繁 杨　科 徐龙泉 刘亚伟	
安徽省自然科学奖	生物质全组分定向热催化氢化	三等奖	张　颖 徐禄江 刘小好 邓　晋 姚　倩	
安徽省自然科学奖	复杂系统博弈环境下的数据包络分析理论与方法	三等奖	吴　杰 朱庆缘 查　勇 李勇军 姬　翔	
安徽省科技进步奖	痕量气体的卫星超光谱遥感关键技术与数据应用	一等奖	刘　诚 张成歆 胡启后 司福祺 周海金 赵少华 王中挺 刘浩然 贾　强	

续表

奖励类别	项目名称	获奖等级	获奖人	备注
安徽省科技进步奖	基于同步辐射在线研究平台的锂电池隔膜加工关键技术开发及产业化	一等奖	李良彬 孟令蒲 王 郗 高东波 柳 青 梁志扬 林元菲 万彩霞 王道亮 李薛宇	
安徽省科技进步奖	电子顺磁共振技术与产业化	一等奖	杜江峰 荣 星 秦 熙 苏吉虎 贺 羽 石致富 张 伟	
安徽省科技进步奖	监控视频高效编码和安全共享关键技术及应用	一等奖	陈志波 万建军 严 伟 吴 震 张永飞 刘 森 董鹏宇 白 健 姜宏旭	
安徽省技术发明奖	CMOS-MEMS 传感芯片关键技术研究及产业化	三等奖	许 磊 陈栋梁 谢东成 荣 钱 吴秋菊	
安徽省自然科学奖	边界元法中奇异积分的算法研究与应用	三等奖	牛忠荣 程长征 王秀喜 胡宗军	我校第 2 完成单位
安徽省科技进步奖	锂离子电池高安全性电解质关键技术及产业化	一等奖	项宏发 陈春华 孙 毅 梁大宇 钟国彬 丁楚雄 苏 伟 高 典 梁 鑫 刘 永	我校第 3 完成单位
安徽省科技进步奖	城市高压电缆网火灾预防和处置关键技术与应用	二等奖	范明豪 张佳庆 朱晓辉 徐 阳 马 壮 孙 韬 汪传斌 宋鹏先	我校第 2 完成单位
安徽省科技进步奖	微动测量技术在地热资源勘查中的应用研究	三等奖	盛 勇 宋克柱 陈学锋 杨 阳 廖圣柱 贾慧涛	我校第 2 完成单位
安徽省科技进步奖	面向儿童的智能多模态交互系统	三等奖	刘庆升 凌震华 王晓斐 高 群 朱翠玲 王忍宝	我校第 2 完成单位
安徽省科技进步奖	复杂金属构件双激光增材制造关键技术与应用	三等奖	梁海弋 张成林 罗贤国 马 巍 蒋 昆 王 亮	我校第 2 完成单位
安徽省科技进步奖	多流域并发洪涝灾害预警调度关键技术研究	三等奖	马 浩 田济扬 刘 超 马 顺 翟晓燕 殷保群	我校第 3 完成单位

2004～2021年入选国际重大进展成果一览表

年份	项 目 名 称	完成人	类 别
2004	Five-Photon Entanglement	潘建伟 等	国际物理学重大进展(美国物理学会)
2004	Entanglement breaks new record	潘建伟 等	国际物理学重大进展(欧洲物理学会)
2006	Attack of the Teleclones	潘建伟 等	国际物理学重大进展(美国物理学会)
2008	Slow but sure progress towards quantum computing	潘建伟 等	国际物理学重大进展(欧洲物理学会)
2008	New High-Temperature Superconductors	陈仙辉 等	年度十大科学进展(SCIENCE)
2012	Data teleportation: The quantum space race	潘建伟 等	Features of the Year(NATURE)
2012	Quantum hops	潘建伟 等	2012 Science News Top 25 (SCIENCE NEWS)
2013	Foiling Quantum Hackers	潘建伟 等	国际物理学重大进展(美国物理学会)
2015	Double quantum-teleportation milestone	潘建伟 等	国际物理学十大突破
2017	A quantum communications satellite proved its potential in 2017	潘建伟 等	Top ten science stories of 2017 (Science News)
2017	“墨子号”量子卫星的研究成果	潘建伟 等	《Nature》杂志年度重大科学事件
2017	Particle-free quantum communication is achieved in the lab	潘建伟 等	国际物理学十大突破
2017	世界首台超越早期经典计算机的光量子计算机	潘建伟 等	年度世界互联网领先科技成果
2018	Quantum Cryptography via Satellite	潘建伟 等	国际物理学重大进展(美国物理学会)
2021	“祖冲之二号”和“九章二号”量子计算优越性实验	潘建伟 等	国际物理学重大进展(美国物理学会)

2001～2021 年入选中国、世界十大科技进展新闻一览表

年份	项 目 名 称	完成人	类 别
2001	科学家成功直接观察分子内部结构	侯建国 等	中国十大科技进展新闻
2003	中国科技大学在量子通信实验领域取得重大进展	潘建伟 等	中国十大科技进展新闻
2004	我国量子信息实验领域取得重大突破	潘建伟 等	中国十大科技进展新闻
2005	我国科学家成功实现首次单分子自旋态控制	侯建国 等	中国十大科技进展新闻
2006	实现两粒子复合系统量子态的隐形传输	潘建伟 等	中国十大科技进展新闻
2007	实现六光子薛定谔猫态	潘建伟 等	中国十大科技进展新闻
2008	量子中继器实验被完美实现	潘建伟 等	中国十大科技进展新闻
2008	铁基超导材料研究获重大进展	陈仙辉 等	世界十大科技进展新闻
2009	量子计算研究获重大突破	杜江峰 等	中国十大科技进展新闻
2009	成功实现太阳能冶炼高纯硅	陈应天 等	中国十大科技进展新闻
2010	实现 16 公里自由空间量子态隐形传输	潘建伟 等	中国十大科技进展新闻
2012	可扩展量子信息处理获重大突破	潘建伟 等	中国十大科技进展新闻
2013	实现最高分辨率单分子拉曼成像	董振超 等	中国十大科技进展新闻
2014	量子通信安全传输创世界纪录	潘建伟 等	中国十大科技进展新闻
2015	首次实现多自由度量子隐形传态	潘建伟 等	中国十大科技进展新闻
2016	成功发射世界首颗量子科学实验卫星“墨子号”	潘建伟 等	中国十大科技进展新闻
2017	世界首台超越早期经典计算机的光量子计算机诞生	潘建伟 等	中国十大科技进展新闻
2017	量子通信“从理想王国走到现实王国”	潘建伟 等	中国十大科技进展新闻
2017	“悟空”发现疑似暗物质踪迹(参与)	安 琪 等	中国十大科技进展新闻
2019	首次观测到三维量子霍尔效应	乔振华 等	中国十大科技进展新闻
2020	科学家达到量子计算优越性里程碑	潘建伟 等	中国十大科技进展新闻
2020	科学家攻克 20 余年悬而未决的几何难题	陈秀雄 王 兵	中国十大科技进展新闻

续表

年份	项 目 名 称	完成人	类 别
2021	稀土离子实现多模式量子中继及1小时光存储	李传锋 等	中国十大科技进展新闻
2021	1400万亿电子伏特 我国科学家观测到迄今最高能量光子(参与)	杨睿智 等	中国十大科技进展新闻
2021	我国首次火星探测任务取得圆满成功(参与)	汪毓明 等	中国十大科技进展新闻

1998～2021年入选中国科学十大进展一览表*

年份	项 目 名 称	完成人	类 别
1998	我国科学家关于夸克质量比的研究国际领先	闫沐霖 等	中国基础科学研究十大新闻
1999	我国科学家确定碳60单分子在硅表面的取向状态	侯建国 等	中国基础科学研究十大新闻
2001	中国科技大学 C_{60} 纳米材料与纳米结构研究获重要进展	侯建国 等	中国基础科学研究十大新闻
2006	在光纤通信中成功实现一种抗干扰的量子密码分配方案	潘建伟 等	中国基础科学研究十大新闻
2006	发现一种可有效通过皮肤传送大分子药物的透皮短肽	温龙平 等	中国基础科学研究十大新闻
2007	在多光子纠缠和光学量子计算的实验方面取得新进展	潘建伟 等	中国基础科学研究十大新闻
2008	铁基高温超导研究取得系列重要进展	陈仙辉 等	中国基础科学研究十大新闻
2010	实验实现最远距离自由空间量子隐形传态	潘建伟 等	中国科学十大进展
2012	可扩展量子信息处理取得系列重要进展	潘建伟 等	中国科学十大进展
2013	基于等离激元增强拉曼散射实现单分子化学成像	董振超 等	中国科学十大进展
2015	实现单光子多自由度量子隐形传态	潘建伟 等	中国科学十大进展
2015	实现对单个蛋白质分子的磁共振探测	杜江峰 等	中国科学十大进展
2016	研制出将二氧化碳高效清洁转化为液体燃料的新型钴基电催化剂	谢 毅 等	中国科学十大进展
2017	实现星地千公里级量子纠缠和密钥分发及隐形传态	潘建伟 等	中国科学十大进展

续表

年份	项 目 名 称	完成人	类 别
2018	首次直接探测到电子宇宙射线能谱在 1 TeV 附近的拐折(我校参与)	安 琪 等	中国科学十大进展
2019	实现对引力诱导量子退相干模型的卫星检验	潘建伟 等	中国科学十大进展
2019	首次观测到三维量子霍尔效应	乔振华 等	中国科学十大进展
2021	可编程二维 62 比特超导处理器“祖冲之号”的量子行走	潘建伟 等	中国科学十大进展
2021	火星探测任务天问一号探测器成功着陆火星(参与)	汪毓明 等	中国科学十大进展

＊原为“中国基础科学研究十大新闻”，2010 年更名为“中国科学十大进展”。

1998～2021 年入选中国高校十大科技进展一览表

年份	项 目 名 称	完成人	类 别
1998	从四氯化碳催化热解制金刚石	钱逸泰 等	中国高校十大科技进展
2000	过去 3000 年企鹅数量的变化与环境演变研究	孙立广 等	中国高校十大科技进展
2001	C_{60}单分子的高分辨表征和新型二维取向畴	侯建国 等	中国高校十大科技进展
2003	多光子量子纠缠态的操纵与鉴别	潘建伟 等	中国高校十大科技进展
2004	五光子纠缠和终端未定量子隐形传态的实验实现	潘建伟 等	中国高校十大科技进展
2007	光量子计算机的物理实现和算法应用	潘建伟 等	中国高校十大科技进展
2008	新型铁基高温超导材料的发现及相图研究	陈仙辉 等	中国高校十大科技进展
2009	基于自旋的量子调控实验研究	杜江峰 等	中国高校十大科技进展
2009	双功能单分子器件的设计与实现	侯建国 等	中国高校十大科技进展
2015	纳米尺度量子精密测量	杜江峰 等	中国高校十大科技进展
2019	“界面单位点”新型催化剂结构设计与氢气中微量 CO 的高效去除	路军岭 等	中国高校十大科技进展
2020	黑磷复合材料的“界面重构”实现高倍率高容量锂存储	季恒星 等	中国高校十大科技进展

2005～2021年入选国内十大科技新闻一览表

年份	项 目 名 称	完成人	类 别
2005	中国科大在单分子选键化学研究领域获重大进展	侯建国 等	国内十大科技新闻
2005	我国实现国际最长距离实用光纤量子密码系统	郭光灿 等	国内十大科技新闻
2008	我科学家发现铁基高温超导材料	陈仙辉 等	国内十大科技新闻
2008	我科学家实现世界首个量子中继器	潘建伟 等	国内十大科技新闻
2010	我科学家首次实现远距离自由空间量子态隐形传输	潘建伟 等	国内十大科技新闻
2011	中科大制备出八光子纠缠态、刷新世界纪录	李传锋 等	国内十大科技新闻
2015	中科大首次成功实现“单光子多自由度量子隐形传态”	潘建伟 等	国际/国内十大科技新闻
2017	量子系统研发创纪录,中国实现星地量子通信	潘建伟 等	国际十大科技新闻
2017	“墨子号”实现星地量子通信	潘建伟 等	国内十大科技新闻
2019	首次验证远距离双场量子密钥分发	潘建伟 等	国内十大科技新闻
2020	微分几何学两大核心猜想20多年后终获证	陈秀雄 等	国内十大科技新闻
2020	“九章”量子计算机问世引发世界关注	潘建伟 等	国内十大科技新闻
2021	“祖冲之号”“九章二号”量子计算原型机研制成功	潘建伟 等	国内十大科技新闻
2021	凯勒几何两大核心猜想被证明	陈秀雄 等	国内十大科技新闻
2021	“拉索”发现迄今最高能量光子(参与)	杨睿智 等	国内十大科技新闻
2021	我国首次火星探测任务天问一号着陆火星(参与)	汪毓明 等	国内十大科技新闻

2021 年发表在《Science》《Nature》《Cell》上的论文一览表

论文名称	期刊名	卷年	作　者
我校为第一署名单位			
An integrated space-to-ground quantum communication network over 4,600 kilometres	Nature	2021,589	潘建伟 等
Determining structural and chemical heterogeneities of surface species at the single-bond limit	Science	2021,371	侯建国 等
Quantum interference between spin-orbit split partial waves in the F+HD→HF+D reaction	Science	2021,371	王兴安 等
Sequential C-F bond functionalizations of trifluoroacetamides and acetates via spin-center shifts	Science	2021,371	汪义丰 等
Liver type 1 innate lymphoid cells develop locally via an interferon-γ-dependent loop	Science	2021,371	田志刚 等
Realization of an ideal Weyl semimetal band in a quantum gas with 3D spin-orbit coupling	Science	2021,372	潘建伟 等
Quantum walks on a programmable two-dimensional 62-qubit superconducting processor	Science	2021,372	潘建伟 等
Heralded entanglement distribution between two absorptive quantum memories	Nature	2021,594	李传锋 等
Sulfur-anchoring synthesis of platinum intermetallic nanoparticle catalysts for fuel cells	Science	2021,374	梁海伟 等
Sabatier principle of metal-support interaction for design of ultrastable metal nanocatalysts	Science	2021,374	李微雪 等
我校老师为第一/通讯作者合作论文			
Ultrahigh-energy photons up to 1. 4 petaelectronvolts from 12 gamma-ray Galactic sources	Nature	2021,594	杨睿智 等
COVID-19 immune features revealed by a large-scale single-cell transcriptome atlas	Cell	2021,184	瞿　昆 等
Phase separation drives RNA virus-induced activation of the NLRP6 inflammasome	Cell	2021,184	朱　书　等

2001～2020 年发表论文情况

年 度	SCI 论文	EI 论文	ISTP 论文	国内论文
2001	880	391	167	1499
2002	903	382	161	1395
2003	1087	629	186	1479
2004	1141	647	201	1430
2005	1499	1048	317	1544
2006	1558	1264	357	1750
2007	1509	1101	453	1668
2008	1544	1135	586	1480
2009	1568	1145	461	1329
2010	1510	1246	647	1237
2011	1663	1213	224	889
2012	1819	1199	196	929
2013	2107	1617	317	906
2014	2460	1702	313	905
2015	2624	2018	211	882
2016	2784	2195	614	759
2017	2867	2045	573	821
2018	3205	2415	546	766
2019	3417	2407	646	756
2020	3444	2956	343	738

注：统计数据来自中国科学技术信息研究所。

2001～2020年发表论文在全国高校排名情况

年　度	SCI排名	EI排名	ISTP排名
2001	4	6	9
2002	5	7	14
2003	5	7	18
2004	5	7	18
2005	5	8	26
2006	6	7	25
2007	5	14	22
2008	8	18	23
2009	11	20	27
2010	13	24	28
2011	14	25	53
2012	16	27	65
2013	15	21	31
2014	15	21	29
2015	18	22	30
2016	18	22	19
2017	21	24	24
2018	19	24	22
2019	20	26	14
2020	21	25	19

注：统计数据来自中国科学技术信息研究所。

2012～2021年国际论文10年段被引篇次和排名一览表

统计年度	累计被引用篇数	累计被引用次数	累计篇均被引次数	在C9高校排名（累计篇均被引次数）
2012	10562	137105	12.98	1
2013	13540	150241	11.10	1
2014	13141	190591	14.50	1
2015	17493	227909	13.03	1
2016	18638	256343	13.75	1
2017	19766	298069	15.08	1
2018	21084	360758	17.11	1
2019	20134	447223	22.21	1
2020	22047	501666	22.75	1
2021	24099	591675	24.55	1

注：统计数据来自中国科学技术信息研究所（以2018年为例，以SCI数据库统计2009—2018年收录的我校论文截至2019年10月累计被引用情况）。

2016～2021年自然指数(NI)一览表

年份	FC指数	论文数	国内高校排名	亚太高校排名	全球高校排名
2016	262.33	688	4	6	27
2017	276.91	742	4	5	21
2018	299.53	801	4	6	18
2019	304.73	981	4	5	13
2020	455.82	1231	1	1	4
2021	448.5	1270	1	2	7

注：数据以当年年报为准。

2009～2021年中国卓越国际论文情况

统计年度	SCI论文总数	表现不俗论文数	表现不俗论文比例
2009	1554	263	16.9%
2010	1568	345	22.0%
2011	1501	401	26.7%
2012	1663	696	41.9%
2013	1819	692	38.0%
2014	2107	890	42.2%
2015	2460	1148	46.7%
2016	2586	1144	44.2%
2017	2784	1529	54.9%
2018	2867	1484	51.8%
2019	3205	1651	51.5%
2020	3417	2146	62.8%
2021	3444	2163	62.8%

注：统计数据来自中国科学技术信息研究所，2016年"表现不俗论文"改为"中国卓越国际论文"，统计年度数据为上一年作者为第一单位发表的论文。

主办（承办）的学术刊物

中文名称	英文名称	刊号	主编	创刊年度	备注
中国科学技术大学学报	Journal of University of Science and Technology of China	CN34-1054/N	包信和	1965	月刊
低温物理学报	Chinese Journal of Low Temperature Physics	CN34-1053/04	陈仙辉	1979	双月刊
实验力学	Journal for Experimental Mechanics	CN34-1057/03	龚兴龙	1986	双月刊
化学物理学报	Chinese Journal of Chemical Physics	CN34-1295/06	杨学明	1988	双月刊
火灾科学	Fire Safety Science	CN34-1115/X	张和平	1992	季刊

续表

中文名称	英文名称	刊号	主编	创刊年度	备注
中国免疫学杂志	Cellular & Molecular Immunology	CN11-4987/R	曹雪涛 田志刚	2004	月刊
数学与统计学报	Communications in Mathematics and Statistics	CN34-1335/O1	马志明	2013	季刊
研究生教育研究	Journal of Graduate Education	CN34-1319/G4	包信和	1996	双月刊
科技与法律	Science Technology and law	CN 11-2922/N	段瑞春 宋 伟	1989	双月刊

注:《化学物理学报》由中国物理学会主办、中国科学技术大学和中国科学院大连化物所承办;《低温物理学报》由中国力学学会和中国科学技术大学联合主办;《中国免疫学杂志》(英文版)由中国免疫学会和中国科学技术大学联合主办;其余均为我校主办。

持股企业情况

上市企业		
序号	企业名称	经营范围
1	科大讯飞股份有限公司	人工智能及其行业应用
2	科大智能科技股份有限公司	智能配电网、工业机器人
3	时代出版传媒股份有限公司	出版传媒、印刷复制
4	科大国创软件股份有限公司	软件开发、系统集成
5	北京辰安科技股份有限公司	公共安全应急平台软件、应急平台装备
6	科大国盾量子技术股份有限公司	量子通信技术及其设备的研制、开发
未上市企业		
序号	企业名称	经营范围
7	国科量子通信网络有限公司	量子通信技术、网络科技领域内的技术开发
8	安徽问天量子科技股份有限公司	量子器件和设备
9	合肥中科微电子创新中心有限公司	集成电路销售;技术服务、技术开发
10	深圳市创新天地通信股份有限公司	通信技术
11	国仪量子(合肥)技术有限公司	量子精密测量仪器设备研发及销售
12	合肥科佳高分子材料科技有限公司	膜及膜材料的研发、生产
13	安徽中科国创高可信软件有限公司	高可信软件研发、服务

续表

未上市企业		
序号	企业名称	经营范围
14	合肥国家大学科技园发展有限责任公司	科技企业孵化器建设及管理
15	安徽科大擎天科技有限公司	安防设备、计算机软硬件产品和系统集成
16	安徽中科新研陶瓷科技有限公司	陶瓷、金属和复合材料粉体
17	微纳感知(合肥)技术有限公司	微机电系统芯片
18	安徽中科大建成科技有限公司	高新技术产品研发,软件开发
19	合肥华西科技开发有限公司	汽车检测设备、控制系统
20	合肥中科大基础教育集团有限公司	教育咨询、教育服务
21	合肥本源量子计算科技有限责任公司	量子计算
22	国耀量子雷达科技有限公司	量子传感探测、量子雷达研发生产
23	安徽中科光栅科技有限公司	光栅、光电仪器研制
24	安徽中科久安新能源有限公司	电化学储能安防系统研制
25	广东广纳新材料有限公司	防火封堵材料研制

十二、教职工队伍

教职工人员结构情况

（2021 年 9 月）

单位：人

		教职工数							其他人员				
		教职工总数	专任教师	行政人员	教辅人员	工勤人员	专职科研人员	其他附设机构人员	校外教师	行业导师	外籍教师	离退休人员	附属中小学幼儿园教职工
总计		4082	1989	489	367	171	987	79	23	1439	25	2285	126
其中：女		1060	333	268	161	7	259	32	4	189	9	1007	76
正高级		919	858	8	0	0	50	3	*	*	*	*	*
副高级		1145	1009	24	85	0	15	12	*	*	*	*	*
中级		1264	122	38	196	0	861	47	*	*	*	*	*
初级		65	0	4	45	0	10	6	*	*	*	*	*
无职称		689	0	415	41	171	51	11	*	*	*	*	*
在编	小计	2417	1435	354	266	154	149	59	*	*	*	*	*
	其中：女	565	228	174	103	6	32	22	*	*	*	*	*
	正高级	809	753	8	0	0	45	3	*	*	*	*	*
	副高级	680	560	24	81	0	3	12	*	*	*	*	*
	中级	363	122	30	133	0	50	28	*	*	*	*	*
	初级	42	0	1	29	0	6	6	*	*	*	*	*
	无职称	523	0	291	23	154	45	10	*	*	*	*	*

专任教师年龄、学历情况

（2021 年 9 月）

单位：人

指标名称		合计	29 岁及以下	30～34 岁	35～39 岁	40～44 岁	45～49 岁	50～54 岁	55～59 岁	60～64 岁	65 岁及以上
总　计		1989	59	433	388	343	266	190	257	51	2
其中：女		333	8	80	60	56	56	36	30	7	0
其中：获博士学位		1801	59	429	385	326	231	148	185	38	0
其中：获硕士学位		128	0	2	2	15	26	29	44	8	2
按专业技术职务分	正高级	858	4	78	198	174	121	91	140	50	2
	副高级	1009	55	346	184	145	111	64	103	1	0
	中　级	122	0	9	6	24	34	35	14	0	0
	初　级	0	0	0	0	0	0	0	0	0	0
	未定职级	0	0	0	0	0	0	0	0	0	0
按学历分	博士学位	1801	59	429	385	326	231	148	185	38	0
	硕士学位	127	0	3	2	12	24	31	47	6	2
	本科	61	0	1	1	5	11	11	25	7	0

专任教师教学领域分学科门类情况

（2021 年 9 月）

单位：人

指标名称	合计	正高级	副高级	中级
总计	1989	858	1009	122
其中：女	333	71	223	39
哲学	44	8	19	17
其中：马克思主义哲学	21	0	6	15
经济学	30	12	15	3
法学	5	1	2	2

续表

指标名称	合计	正高级	副高级	中级
教育学	23	1	12	10
文学	49	7	18	24
历史学	0	0	0	0
理学	1093	542	528	23
工学	563	230	299	34
农学	0	0	0	0
医学	65	38	27	0
管理学	114	19	88	7
艺术学	3	0	1	2

中国科学院院士、中国工程院院士一览表

（共 64 人）

姓　名	性别	出生年月	学术领域	当选时间	所属学部
周光召	男	1929.5	理论物理、粒子物理	1980	中国科学院数学物理学部
朱清时	男	1946.2	分子高振动态实验和理论	1991	中国科学院化学部
王　水	男	1942.4	地球物理、空间科学	1993	中国科学院地学部
何多慧	男	1939.2	加速器物理和技术	1995	中国工程院能源与矿业工程学部
马志明	男	1948.1	数学	1995	中国科学院数学物理学部
钱逸泰	男	1941.1	无机固体化学	1997	中国科学院化学学部
伍小平	女	1938.2	实验力学	1997	中国科学院技术科学部
施蕴渝	女	1942.4	结构生物学	1997	中国科学院生命科学和医学学部
欧阳钟灿	男	1944.1	理论生物物理	1997	中国科学院数学物理学部
魏复盛	男	1938.11	环境保护	1997	中国工程院环境与轻纺工程学部
白春礼	男	1953.9	物理化学	1997	中国科学院数学物理学部
杜善义	男	1938.8	飞行器结构力学和复合材料	1999	中国工程院机械与运载工程学部

续表

姓　名	性别	出生年月	学　术　领　域	当选时间	所　属　学　部
许祖彦	男	1940.2	激光技术	2001	中国工程院信息与电子工程学部
范维澄	男	1943.1	火灾安全科学与工程	2001	中国工程院能源与矿业工程学部
郭光灿	男	1942.12	光学	2003	中国科学院技术科学部
李　灿	男	1960.1	化学	2003	中国科学院化学部
吴　奇	男	1955.3	高分子科学	2003	中国科学院化学部
李曙光	男	1941.2	地球化学	2003	中国科学院地学部
陈国良	男	1938.6	计算机	2003	中国科学院技术科学部
朱日祥	男	1955.8	地球物理学	2003	中国科学院地学部
张裕恒	男	1938.3	凝聚态物理	2005	中国科学院数学物理学部
王红阳	女	1952.1	肿瘤分子生物学与医学	2005	中国工程院医药卫生工程学部
吴一戎	男	1963.7	信号与信息处理	2007	中国科学院信息技术科学部
包信和	男	1958.8	物理化学	2009	中国科学院化学部
郑永飞	男	1959.1	地球化学	2009	中国科学院地学部
万元熙	男	1939.12	等离子体物理	2009	中国工程院能源与矿业工程学部
崔向群	女	1951.12	天体物理	2009	中国科学院数学物理学部
潘建伟	男	1970.1	量子物理和量子信息	2011	中国科学院数学物理学部
沈保根	男	1952.9	磁性物理学	2011	中国科学院技术科学部
李天初	男	1945.11	计量技术	2011	中国科学院信息与电子工程学部
葛均波	男	1962.11	心脏病学	2011	中国科学院生命科学和医学学部
周忠和	男	1965.1	古鸟类学	2011	中国科学院地学部
高鸿钧	男	1963.8	凝聚态物理	2011	中国科学院数学物理学部
赵政国	男	1956.12	粒子物理	2013	中国科学院数学物理学部
谢　毅	女	1967.7	无机固体化学	2013	中国科学院化学部
刘文清	男	1954.1	环境监测技术研究和应用	2013	中国工程院环境与轻纺工程学部
金红光	男	1957.5	工程热物理	2013	中国科学院数学物理学部
杜江峰	男	1969.6	粒子物理与原子核物理	2015	中国科学院数学物理学部
陈仙辉	男	1963.3	凝聚态物理	2015	中国科学院数学物理学部

续表

姓　名	性别	出生年月	学　术　领　域	当选时间	所　属　学　部
李建刚	男	1961.11	核科学技术应用	2015	中国工程院能源与矿业工程学部
陈晓非	男	1958.2	固体地球物理学	2015	中国科学院地学部
景益鹏	男	1964.1	天体物理	2015	中国科学院数学物理学部
孙世刚	男	1954.7	物理化学	2015	中国科学院化学部
吴伟仁	男	1953.10	深空测控通信	2015	中国工程院信息与电子工程学部
田志刚	男	1956.1	天然免疫学	2017	中国工程院医疗卫生学部
赵宇亮	男	1963.2	纳米生物效应与安全性研究	2017	中国科学院化学部
卞修武	男	1963.11	人体病理诊断和研究工作	2017	中国科学院生命科学和医学学部
蒋华良	男	1965.1	药物靶标发现和药物设计	2017	中国科学院生命科学和医学学部
张东辉	男	1967.1	物理化学	2017	中国科学院化学部
何国威	男	1963.3	流体力学	2017	中国科学院数学物理学部
陆　军	男	1964.11	机载综合电子信息系统	2017	中国工程院信息与电子工程学部
窦贤康	男	1966.1	空间物理学	2017	中国科学院地学部
王建宇	男	1959.6	空间光电技术和系统	2017	中国科学院信息技术科学部
叶向东	男	1963.3	基础数学	2019	中国科学院数学物理学部
杨金龙	男	1966.1	物理化学	2019	中国科学院化学部
俞书宏	男	1967.8	无机化学	2019	中国科学院化学部
陆夕云	男	1963.4	流体力学	2019	中国科学院数学物理学部
常　进	男	1966.7	天文学	2019	中国科学院数学物理学部
吴曼青	男	1965.8	网络信息，雷达探测技术	2019	中国工程院信息与电子工程学部
吴汉明	男	1952.6	微电子技术	2019	中国工程院信息与电子工程学部
孙凝晖	男	1968.3	计算机系统结构	2019	中国工程院信息与电子工程学部
赵红卫	男	1966.1	离子加速器物理及技术	2019	中国科学院数学物理学部
李景虹	男	1967.12	分析化学	2019	中国科学院化学部
封东来	男	1972.10	凝聚态物理	2021	中国科学院数学物理学部

院士工作室名单

设立年份	负责院士姓名	研究方向
2018	王红阳	肿瘤学
2018	葛均波	人工智能与医学
2018	赵宇亮	肿瘤诊疗智能纳米系统
2018	卞修武	智慧病理
2018	蒋华良	药物化学生物学
2019	吴伟仁	月球与深空探测
2019	崔向群	先进天文仪器技术
2019	王建宇	量子信息工程
2020	金红光	多能互补能源转化
2020	孙世刚	能源化学
2020	吴曼青	网络安全与数据科学
2020	景益鹏	星系宇宙学
2021	李景虹	生物分析化学
2021	高鸿钧	显微学与材料物理

国家级教学名师一览表

（共 7 人）

年　度	国家级教学名师
2003	陈国良　李尚志
2006	程福臻
2007	霍剑青　施蕴渝
2009	史济怀
2011	向守平

杰出人才名单

国家自然科学基金委员会
“国家杰出青年科学基金”获得者

(共 157 人)

年　度	“国家杰出青年科学基金”获得者
1994	郑永飞　李晓光
1996	叶向东　陈晓非
1997	程　艺
1998	谢　毅　陈仙辉　赵政国
1999	王挺贵　姚雪彪　李嘉禹
2000	杨金龙　丁泽军　刘海燕　牛立文　张其锦　李　淼
2001	陆夕云　陈乾旺　王官武　田志刚　吴自玉
2002	陈初升　陈发来　封东来　龚为民
2003	吴文彬　俞书宏　龚流柱
2004	倪四道　杜江峰　刘世勇　王少杰
2005	梁　樑　汪毓明　梁好均　卢建新　陈福坤
2006	何陵辉　崔　华　俞汉青　郑　坚　杨　涛
2007	吴明卫　韦世强　史庆华　毕国强　陆全明
2008	王　兵　王俊贤
2009	潘建伟　罗　毅
2010	何力新　韩　良　徐铜文　谢周清　沈延安　翁建平
2011	麻希南　王　群　侯中怀　龚兴龙　赵子福
2012	黄　文　余玉刚　黄运锋　孔　旭　罗开富　胡水明　李　陶　李微雪
2013	李传锋　徐　宁　傅　尧　黄　方　雷久侯　李良彬　李厚强　陈恩红
2014	丁　航　陈宇翱　彭新华　邓兆祥　吴　枫　谢庆国
2015	洪春雁　黄伟新　陆朝阳　史保森　吴恒安　张华凤　张勇东　周荣斌
2016	秦礼萍　罗喜胜　邓友金　张　希　彭海平　郭国平　李向阳　刘乃安 田善喜　尤业宇　彭承志　李智军

续表

年　度	“国家杰出青年科学基金”获得者
2017	单　革　康　宇　黄　伟　熊宇杰　江海龙　袁业飞　许金时
2018	李震宇　倪怀玮　盛国平　田长麟　王　毅
2019	黄汉民　刘　睿　龙世兵　吴长征　吴忠庆　薛　天　杨上峰　叶树集 余　彦　袁军华　曾　杰
2020	江　俊　穆　杨　薛永泉　陈昶乐　路军岭　张　智　黄光明　姜洪源 陈　帅　倪　勇　刘利刚　刘树彬　魏玖长　姚　涛　王育才
2021	马　杰　赵　瑾　殷月伟　刘建北　石发展　王兴安　季恒星　薛向辉 刘　强　张　强　孙永福　瞿　昆　姚华建　苑震生

国家自然科学基金委员会
“国家优秀青年科学基金”获得者

(共160人)

年　度	“国家优秀青年科学基金”获得者
2012	蔡　刚　郭国平　黄汉民　李震宇　刘利刚　刘　睿　刘树彬　陆朝阳 穆　杨　倪　勇　王宝善　吴长征　吴　杰　项国勇　姚华建　张国庆 张少兵　周荣斌
2013	龙世兵　倪怀玮　彭海平　盛国平　王学钦　许金时　薛　天　薛向辉 杨　锋　赵　瑾　赵　文　郑　晓　朱彦武
2014	陈仁旭　高　鹏　胡隆华　康　宇　冷　伟　李明哲　刘　强　梅一德 苏振鹏　孙永福　翁清雄　姚　涛
2015	陈昶乐　陈小伍　丁桂军　胡红钢　李文卫　毛　竹　孙方稳　王慧元 王细胜　魏玖长　吴　亮　吴　涛　吴宇恩　易　为　仲　雷
2016	曹利明　查正军　陈伊翔　顾振华　姜洪源　刘光明　刘和福　刘衍文 陆高鹏　马　杰　盛　茂　王　双　肖　翀　殷月伟　余　彦　张　杨
2017	蔡一夫　仓春蕾　崔　萍　丁冬生　董春华　高晓英　胡进明　纪　杰 江　维　蒋　彬　刘　诚　刘贤伟　马明明　石发展　司　廷　孙道远 徐　岩　许　峰　张文逸　赵　雷
2018	蔡辉山　戴立群　范璐璐　耿　雷　龙　冬　申成龙　唐建顺　王　杰 夏琼霞　徐宏力　宣守虎　银振强　印　娟　张　兰　周文罡　周　鑫 朱　书　占　成
2019	曹　刚　陈　勋　封常青　傅斌清　康彦彪　刘建伟　刘　淇　刘　行 彭　慧　秦家虎　汪　峰　王奉超　王荣生　王雪娟　杨正金　张晓东 邹长铃

续表

年　度	“国家优秀青年科学基金”获得者
2020	肖　斌　刘　东　张云龙　翟志刚　孙　成　陈洁洁　刘林冬　郑基深　谢洪涛　连德富　张天柱　何玉明　李丰银　许小冶
2021	张举勇　陈　耕　汪耀明　郑小虎　胡衍雷　龙　冉　林　岳　曹　平　周小蓉　丁举春　王　辉　张　磊　张红欣　王　朝　田　超　刘武军　郑　权

正高级专业技术职务人员名单

（2021 年 9 月，共 921 人）

单　位	正高级专业技术职务人员
校领导	舒歌群　包信和　潘建伟　蒋　一　朱长飞　王晓平　杨金龙　杜江峰　罗喜胜　傅　尧　褚家如　吴　枫　周丛照
少年班学院	卢征天　李震宇　姜洪源
数学科学学院	薄立军　曹　阳　陈发来　陈洪佳　陈　卿　陈仁杰　陈世炳　陈小伍　陈秀雄　程　艺　韩邦先　胡　森　黄　文　蒋　琰　库　伦　赖颖蕾　李皓昭　李嘉禹　李　平　李思敏　李　新　梁　兴　梁永祺　刘聪文　刘利刚　刘世平　刘　勇　麻希南　马　杰　欧阳毅　任广斌　邵　松　盛　茂　王　兵　王　毅　王作勤　韦　勇　徐　宽　徐　岩　杨　迪　杨金榜　杨周旺　叶　郁　殷　峥　张　磊　张梦萍　张土生　张　希　张先得
物理学院	Maria Messineo　安　琪　曹　刚　曹利明　陈　凯　陈　帅　陈　巍　陈仙辉　陈向军　陈宇翱　程光磊　戴汉宁　戴子高　邓友金　丁冬生　丁桂军　丁泽军　董春华　段昌奎　樊逢佳　范璐璐　方文娟　封常青　冯　畅　高道能　高　阳　龚　明　郭国平　韩　良　韩永建　韩正甫　何俊峰　何力新　黄光顺　黄　坤　黄民信　黄运锋　霍永恒　姜海峰　蒋　蔚　金　革　孔　旭　李传锋　李海欧　李　剑　李明哲　李晓光　李　阳　林　箐　林毅恒　林子敬　刘　东　刘桂琳　刘建北　刘树彬　刘　文　刘衍文　柳必恒　卢建新　罗文涛　马锦秀　潘必才　彭海平　彭新华　浦　实　乔振华　秦胜勇　任希锋　荣　星　邵　明　石发展　史保森　宋克柱　苏吉虎　孙方稳　孙学峰　唐建顺　唐泽波　童　华　完绍龙　汪　骞　王安民　王冠中　王　鸿　王慧元　王　坚　王俊贤　王　亮　王　沛　王　群　王少杰　王　双　王挺贵　王文阁　王晓方　王　亚　王永纲　王震宇　吴明卫　吴雨生　席　铮　项国勇　肖正国　徐飞虎　徐来林　徐　宁　许金时　许小亮　许小冶　薛永泉　杨睿智　杨　涛　杨益东　叶邦角　易　波　易　为　阴泽杰　殷月伟　银振强　尹春明　尹　民　应剑俊　郁司夏　袁军华　袁业飞　张斗国　张红欣　张宏俊　张榕京　张　扬　张　杨　张一飞　张云龙　张增明　张志勇　赵　瑾　赵　雷　赵　文　赵政国　甄军锋　郑　炜　周双勇　周幸祥　周正威　朱　弘　朱　磊　朱林繁　朱文光　朱晓波　朱晓东　邹旭波　邹长铃

续表

单　位	正高级专业技术职务人员
化学与材料科学学院	曹瑞国　查正根　陈昶乐　陈春华　陈东明　陈　涛　陈　维　陈艳霞　初宝进 崔　华　崔林松　戴懿涛　邓兆祥　杜平武　葛学武　顾振华　郝绿原　洪春雁 胡进明　胡水明　黄光明　黄汉民　黄伟新　季恒星　江海龙　江　鸿　江　俊 蒋　彬　康彦彪　李　闯　李全新　李群祥　李　涛　李微雪　梁海伟　梁好均 廖结楼　刘　波　刘　东　刘光明　刘和文　刘建伟　刘进勋　刘世林　刘世勇 刘　卫　刘扬中　路军岭　马　骋　马明明　闵元增　任晓迪　尚　睿　邵　翔 宋钦华　苏育德　唐凯斌　田善喜　田仕凯　汪　峰　汪义丰　汪志勇　王　川 王功名　王官武　王细胜　王兴安　王延梅　王志刚　王中夏　吴　亮　吴　思 吴宇恩　武晓君　夏长荣　向　斌　肖　斌　谢　毅　熊宇杰　徐航勋　徐集贤 徐瑞雪　徐铜文　徐　鑫　徐允河　闫立峰　杨　晴　杨上峰　杨正金　姚宏斌 尤业字　余　彦　俞书宏　袁　月　占忠亮　张清伟　张　群　张晓东　章根强 郑　晓　周　敏　周晓国　朱平平　朱彦武　庄涛涛　邹　纲
工程科学学院	陈海波　陈立锋　程　万　程文龙　程晓舫　储开芹　翟　超　翟志刚　丁　航 冯志华　高　鹏　龚　明　龚兴龙　何陵辉　胡　芃　胡小方　黄海波　季　杰 李二强　李桂强　李文志　梁海弋　林其钊　刘　诚　刘明侯　刘难生　龙林爽 卢德唐　陆夕云　骆天治　毛　磊　缪　泓　倪　勇　潘挺睿　裴　刚　彭良明 盛　东　司　廷　孙德军　孙明斋　孙帅帅　谈　鹏　田　超　汪　洋　王奉超 王海龙　王洪波　王建华　王克逸　王晓宏　文鹤鸣　吴　东　吴恒安　夏维东 徐松林　徐晓嵘　许　峰　宣守虎　闫　锐　杨基明　叶　宏　扎　克　张青川 张世武　赵　旸　郑津津　朱锡锋　竺长安
计算机科学与技术学院	安　虹　陈恩红　陈欢欢　陈　雪　程敬原　丁　虎　龚　伟　顾乃杰　韩　恺 华　蓓　黄刘生　李　诚　李向阳　连德富　刘　淇　尼　克　彭　攀　孙广中 王上飞　肖明军　谢希科　熊　焰　徐宏力　徐林莉　徐小华　徐　云　许胤龙 薛吟兴　杨盘隆　张　兰　张信明　张燕咏　赵阳明　周学海
信息科学技术学院(含网络空间安全学院、微电子学院)	陈卫东　陈　勋　陈　彦　陈志波　陈宗海　程　林　丛　爽　戴礼荣　戴旭初 高　南　龚　晨　何向南　洪佩琳　胡红钢　胡　芹　黄　伟　季海波　阚　震 康　一　康　宇　李　斌　李厚强　李　荐　李　礼　李智军　林福江　林璟锵 林宪正　凌　强　凌震华　刘　东　刘发林　刘　际　龙世兵　毛震东　秦家虎 邱本胜　邱　玲　孙海定　孙利国　孙启彬　孙晓艳　王东进　王　刚　王　杰 王卫东　王　永　卫　国　吴　刚　肖　鹏　谢海永　谢洪涛　谢庆国　熊军林 熊志伟　徐云生　徐正元　许　磊　薛开平　杨　坚　叶中付　殷保群　俞能海 张天柱　张卫明　张文逸　张勇东　赵　峰　赵　刚　赵云波　周文罡　周武旸 朱　冰　朱　明　朱　旗　朱祖勍　左成杰

续表

单　位	正高级专业技术职务人员
地球和 空间科学学院	陈出新　陈福坤　陈仁旭　陈伊翔　戴立群　傅云飞　高晓英　耿 雷　郭静楠 郝记华　胡 岩　黄金水　姜 哲　雷久侯　冷 伟　李俊伦　李 锐　李 陶 李 毅　李云国　李泽峰　刘 斌　刘桂建　刘 睿　刘晓东　刘贻灿　卢 三 陆高鹏　陆全明　栾晓莉　毛 竹　倪怀玮　秦礼萍　任保华　沈延安　苏振鹏 孙道远　孙东松　唐 俊　陶 鑫　汪毓明　王宝善　王传兵　王荣生　王 雨 魏春生　吴小平　吴忠庆　伍新明　夏海云　夏琼霞　肖益林　薛向辉　杨晓勇 杨永太　袁仁民　张海江　张少兵　赵 纯　赵子福　郑惠南　郑永飞　仲 雷 周根陶　周 鑫　朱仁斌
生命科学 与医学部	白 丽　包 巍　鲍坚强　毕国强　蔡 刚　仓春蕾　曾筑天　陈 林　陈宇星 程临钊　单 革　丁 勇　方 芳　冯雪竹　符传孩　符 辉　傅斌清　高大兴 龚庆国　光寿红　何 立　胡 兵　胡青松　黄成栋　江 维　金腾川　李丰银 刘北明　刘承武　刘 丹　刘海燕　刘连新　刘 强　刘 行　龙 冬　马世嵩 梅一德　倪 芳　牛立文　潘 文　彭 慧　钱洪武　邱香果　阮 科　佘 继 申 勇　史庆华　宋晓元　孙宝林　孙 成　孙林峰　孙 汭　谭树堂　唐爱辉 陶余勇　田长麟　田志刚　汪 铭　王 朝　王雪娟　王 毅　王育才　魏海明 温龙平　温 泉　翁建平　吴季辉　吴清发　向成斌　项晟祺　肖卫华　谢文兵 熊 伟　许 超　薛 林　杨新星　杨昱鹏　杨振业　姚雪彪　臧建业　占 成 张华凤　张凯铭　张效初　张志勇　张 智　赵 忠　郑基深　周江宁　周荣斌 周少华　周文超　周逸峰　朱 书　朱 涛
管理学院	毕功兵　陈华平　崔志坚　丁栋虹　杜少甫　冯 锋　苟清龙　古继宝　韩 潇 胡太忠　金百锁　梁 樑　刘和福　刘林冬　刘志迎　陆 晔　宋 歌　王熹徽 王 潇　王学钦　魏玖长　翁清雄　吴 杰　吴 强　吴耀华　杨 青　杨亚宁 殷 哲　余玉刚　张 洪　张曙光　张伟平　郑泽敏
公共事务学院	宋 伟　张 姝
人文与 社会科学学院	陈纪梁　褚建勋　龚德才　关瑜桢　何晓松　纪娇娇　孔 燕　钮卫星　石云里 史玉民　孙 蓝　汤书昆　夏文彧　熊卫民　徐 飞　杨玉璋　周荣庭　朱孟潇
环境科学与 工程系	陈洁洁　花正双　李文卫　刘江涛　刘武军　刘贤伟　吕兴霖　穆 杨　盛国平 王允坤　谢周清　杨 一　俞汉青
核科学 技术学院	蔡辉山　陈红丽　丁卫星　贾 青　李 俊　林铭章　刘万东　时 银　孙 玄 吴征威　谢锦林　徐 榭　叶民友　郑 坚　庄 革
软件学院	李 曦　吴 敏
苏州高等研究院	李 彬　屠 兢

续表

单　位	正高级专业技术职务人员
国家同步辐射实验室	鲍　骏　陈　凯　陈　沅　封东来　冯光耀　冯雪飞　高　辉　韩聚广　何晓业　洪义麟　焦学琛　李良彬　李　倩　李为民　廖昭亮　刘　刚　刘功发　刘啸嵩　潘　洋　尚　雷　宋　礼　孙葆根　孙　喆　田扬超　王发芽　王　琳　王秋平　王　勇　王占东　韦世强　徐法强　徐宏亮　闫文盛　姚　涛　叶逸凡　张国斌　赵　龙　朱俊发　邹崇文
合肥微尺度物质科学国家研究中心	包小辉　曾华凌　陈殿峰　陈　杲　陈家富　陈启瑾　陈乾旺　陈腾云　陈晓剑　陈　旸　程存峰　崔　萍　丁延伟　董振超　付　强　高敏锐　龚为民　郭　昌　何玉明　侯达之　侯中怀　胡　伟　姜　娟　李俊云　李　宇　李玥琪　廖胜凯　刘乃乐　刘永强　鲁　非　陆朝阳　陆轻铀　陆亚林　罗　毅　马传许　彭承志　任继刚　芮　俊　石　磊　石勤伟　史朝为　松尾豊　孙永福　谭世倞　万　雍　汪苏靖　王　兵　王德亮　王海千　王凌飞　王义林　王征飞　吴　涛　吴文彬　项子霁　肖　翀　徐安武　徐春叶　闫亚军　姚星灿　叶树集　印　娟　约翰纳斯　张国庆　张　汇　张　军　张　强　张顺洪　张学鹏　张　杨　张　尧　张振宇　赵　博　赵东锋　周经纬　周　蒙
火灾科学国家重点实验室	桂　宙　胡隆华　胡　勇　胡　源　纪　杰　蒋　勇　刘乃安　陆守香　石　龙　宋　磊　宋卫国　孙金华　唐　飞　汪　箭　王海晖　王青松　王喜世　王　禹　肖华华　杨立中　余　彬　张和平　张　俊　张永明
党政办公室、机关党委	陈初升　叶向东　周先意
党委组织部、党委统战部	邓建松　张　玲
党委宣传部、新闻中心	朱霁平
党委教师工作部、人力资源部	曾　杰　查正军　薛　天
发展和改革办公室、发展规划处	申成龙
研究生院（校学位委员会办公室）	龚流柱　姚华建
本科生院	柴　松　任晓涛
招生就业处	杨　锋
教务处	曾长淦　李　蓓　汤家骏　左达峰

续表

单　位	正高级专业技术职务人员
科研部	黄　方　苑震生
科技成果转移转化办公室	吴长征
国际合作与交流部(含港澳台办公室)、国际学院	蔡一夫　瞿　昆
工　会	史明瑛
北京教学与管理部	胡岳东
网络信息中心	李会民　李　京　张焕杰
出版社	高哲峰　伍传平　张春瑾
附　中	黄严生　汤　胜

我校教师担任第五届安徽省学位委员会委员名单

姓　名	性别	专业技术职务	学科方向
包信和	男	教授	物理化学
潘建伟	男	教授	量子信息物理学
谢　毅	女	教授	无机化学
田志刚	男	教授	细胞生物学
叶向东	男	教授	基础数学
徐　飞	男	教授	科学技术哲学

2021年中国科学技术大学博士生导师一览表

一级学科代码/名称	学科代码	二级学科	指导教师(校内)	指导教师(校外)
0101 哲学	010100	哲学	王高峰	丁俊萍▲ 房汉廷▲ 骆郁廷▲ 袁银传▲ 张乾元▲ 左亚文▲
	010108	科学技术哲学	古继宝 孔　燕 张效初 周荣庭	
0701 数学	070101	基础数学	陈洪佳 陈　卿 陈世炳 陈小伍 陈秀雄 郭经纬 胡　森 黄　文 李嘉禹 李　平 李思敏 梁　兴 梁永祺 刘世平 刘　勇 麻希南 欧阳毅 任广斌 邵　松 盛　茂 王　兵 王　毅 王作勤 杨　迪 叶向东 叶　郁 张　磊 张　希	麻小南▲ 苗长兴▲ 王友德▲ 席南华▲
	070102	计算数学	陈发来 陈国良 陈仁杰 邓建松 蒋　琰 李　新 刘利刚 夏银华 徐　宽 徐　岩 张举勇 张梦萍	戴彧虹▲ 袁亚湘▲
	070103	概率论与数理统计	薄立军 张土生	陈　薇▲
	070104	应用数学	程　艺 侯新民 库　伦 马　杰 欧阳毅 王　毅 杨周旺 张先得	葛根年▲ 周　熠▲
	070105	运筹学与控制论	杨周旺	郭宝珠▲
	070120	生物数学	梁　兴 王　毅	
	070121	数学物理	陈　卿 程　艺 胡　森 杨　迪 殷　峥 左达峰	

续表

一级学科代码/名称	学科代码	二级学科	指导教师(校内)	指导教师(校外)
0702 物理学	070201	理论物理	曹利明 邓友金 丁桂军 高道能 黄民信 李明哲 卢建新 王文阁 张 扬 周双勇	
	070202	粒子物理与原子核物理	韩 良 黄光顺 蒋 一 刘建北 刘衍文 卢征天 彭海平 浦 实 邵 明 王 群 吴雨生 叶邦角 张宏俊 张仁友 张一飞 赵政国 朱 磊	黄焕中▲ 娄辛丑▲ 马余刚▲ 秦 庆▲ 沈肖雁▲ 王贻芳▲ 许 怒▲ 赵红卫▲
	070203	原子与分子物理	包小辉 陈 凯 陈 帅 陈腾云 陈向军 陈宇翱 戴汉宁 胡水明 江 晓 蒋 蔚 卢征天 陆朝阳 罗 毅 潘建伟 徐飞虎 姚星灿 苑震生 张 强 赵 博 朱林繁	马新文▲ 王建国▲ Matthias Weidmüller▲
	070204	等离子体物理	蔡辉山 丁卫星 贾 青 刘万东 马锦秀 孙 玄 王少杰 王晓方 吴征威 杨益东 叶民友 郑 坚 朱晓东 庄 革	
	070205	凝聚态物理	陈启瑾 陈仙辉 程光磊 崔 萍 丁泽军 董振超 段昌奎 樊逢佳 封东来 何俊峰 何力新 侯达之 侯建国 胡 伟 李晓光 李震宇 林子敬 刘 东 陆轻铀 马传许 潘必才 乔振华 秦胜勇 石 磊 石勤伟 孙学峰 谭世倞 汪 骞 王 兵 王德亮 王冠中 王海千 王晓平 王震宇 王征飞 吴明卫 吴 涛 吴文彬 肖 翀 肖正国 徐 宁 许小亮 闫亚军 杨金龙 殷月伟 尹 民 应剑俊 袁军华 曾长淦 曾华凌 曾 杰 张 汇 张榕京 张 杨 张 尧 张增明 赵爱迪 赵 瑾 郑 晓 朱 弘 朱文光 朱晓波	吴 强▲ 吴卫东▲
	070207	光学	曹 刚 陈 巍 丁冬生 董春华 龚 明 郭光灿 郭国平 韩永建 韩正甫 何力新 黄 坤 黄运锋 李传锋 李海欧 陆亚林 任希锋 史保森 孙方稳 唐建顺 王 亮 王 沛 王 双 项国勇 许金时 易 为 银振强 张斗国 张永生 周幸祥 周正威 邹长铃 邹旭波	吉亮亮▲ 李儒新▲ 李学春▲ 田 野▲ 王 俊▲ 杨国桢▲ 曾志男▲ 朱健强▲

续表

一级学科代码/名称	学科代码	二级学科	指导教师(校内)	指导教师(校外)
0702 物理学	070220	量子信息物理学	包小辉 曹 刚 陈 凯 陈 帅 陈宇翱 程光磊 戴汉宁 邓友金 丁冬生 董春华 杜江峰 龚 明 郭光灿 郭国平 韩永建 韩正甫 何力新 何玉明 黄运锋 霍永恒 李传锋 李海欧 林毅恒 刘乃乐 陆朝阳 潘建伟 彭承志 彭新华 任继刚 石发展 史保森 苏吉虎 孙方稳 唐建顺 王 双 王 亚 项国勇 徐飞虎 许金时 姚星灿 易 为 银振强 尹春明 印 娟 郁司夏 苑震生 张 军 张 强 赵 博 周幸祥 周正威 朱晓波 邹长铃 邹旭波	刘 亮▲ Barry C. Sanders▲
0703 化学	070301	无机化学	陈乾旺 陈 维 杜平武 龚兴龙 洪 勋 江海龙 李亚栋 梁海伟 刘 波 刘建伟 刘扬中 闵元增 钱逸泰 唐凯斌 王功名 吴长征 吴宇恩 谢 毅 熊宇杰 徐安武 杨 晴 姚宏斌 俞书宏 张晓东 周 敏 朱永春	曹 荣▲ 洪茂椿▲ 李玉良▲
	070302	分析化学	崔 华 邓兆祥 黄光明 李 涛	李 娟▲ 宋 杰▲ 谭蔚泓▲ 张丽华▲
	070303	有机化学	傅 尧 龚流柱 顾振华 郭 昌 韩志勇 黄汉民 康彦彪 罗德平 马明明 松尾豊 宋钦华 田仕凯 汪义丰 汪志勇 王 川 王官武 王细胜 王中夏 肖 斌 徐允河 张国庆 张清伟	陈耀峰▲ 邓 亮▲ 丁奎岭▲ 高希珂▲ 胡金波▲ 李超忠▲ 刘国生▲ 刘 文▲ 马大为▲ 唐 勇▲ 俞 飚▲ 张新刚▲ 赵 刚▲ 周永贵▲

续表

一级学科代码/名称	学科代码	二级学科	指导教师(校内)	指导教师(校外)
0703 化学	070304	物理化学 (含:化学物理)	包信和 陈艳霞 陈 旸 程存峰 侯建国 侯中怀 胡水明 胡 伟 黄伟新 江 俊 蒋 彬 李全新 李群祥 李微雪 李震宇 刘世林 路军岭 罗 毅 秦胜勇 邵 翔 谭世倞 田善喜 万立骏 王兴安 吴 奇 武晓君 徐瑞雪 闫立峰 杨金龙 叶树集 曾 杰 张国庆 张 群 张 杨 张 尧 赵爱迪 赵东锋 郑 晓 朱俊发 朱清时	陈 萍▲ 丁云杰▲ 范峰滔▲ 房本杰▲ 傅 强▲ 韩布兴▲ 韩克利▲ 金盛烨▲ 金玉奇▲ 李 灿▲ 李国辉▲ 刘万发▲ 刘云圻▲ 刘中民▲ 潘秀莲▲ 任泽峰▲ 申文杰▲ 孙志刚▲ 田志坚▲ 王 峰▲ 吴凯丰▲ 肖春雷▲ 杨启华▲ 杨维慎▲ 杨学明▲ 叶 茂▲ 张东辉▲ 张 涛▲ 张未卿▲ 章福祥▲ 赵进才▲
	070305	高分子化学与物理	陈昶乐 陈家富 初宝进 葛治伸 洪春雁 胡进明 金 帆 李连伟 梁好均 刘光明 刘和文 刘世勇 汪 峰 王延梅 吴 思 徐春叶 徐航勋 徐铜文 闫立峰 尤业字 邹 纲	李先锋▲
	070320	可再生洁净能源	傅 尧 李全新 李文志 闫立峰 朱锡锋	邵志刚▲
	070321	应用化学	陈家富 陈 维 江 鸿 李文卫 刘贤伟 穆 杨 盛国平 吴 亮 徐铜文 杨正金 俞汉青	陈光文▲ 黄延强▲
	070322	纳米化学	高敏锐 江海龙 钱逸泰 孙永福 唐凯斌 肖 翀 谢 毅 熊宇杰 徐安武 杨 晴 杨上峰 俞书宏 曾 杰	
	070323	单分子科学	陈向军 陈艳霞 董振超 李群祥 刘世林 王 兵 张 汇	
	0703Z4	能源化学	陈 维 洪 勋 季恒星 刘 波 谈 鹏 王功名 吴宇恩 熊宇杰 姚宏斌 张晓东 周 敏 朱永春	

续表

一级学科代码/名称	学科代码	二级学科	指导教师(校内)	指导教师(校外)
0704 天文学	070401	天体物理	蔡一夫 范璐璐 方文娟 孔 旭 刘桂琳 王慧元 王俊贤 王挺贵 薛永泉 杨睿智 袁业飞 张红欣 赵 文 甄军锋 周宏岩 周又元 朱青峰 Maria Messineo	袁 峰▲
0706 大气科学	070602	大气物理学与大气环境	李 锐 薛向辉	
0708 地球物理学	070801	固体地球物理学	陈晓非 胡 岩 黄金水 贾晓峰 冷 伟 李俊伦 刘 斌 毛 竹 倪四道 孙道远 王宝善 吴小平 吴忠庆 伍新明 姚华建 张海江	陈 凌▲ 陈 颙▲ 高 原▲ 雷建设▲ 温联星▲ 张 捷▲
	070802	空间物理学	陈出新 丁卫星 窦贤康 傅云飞 郭静楠 姜 哲 雷久侯 李 锐 李 陶 刘 睿 陆高鹏 陆全明 栾晓莉 任保华 申成龙 苏振鹏 孙东松 陶 鑫 汪毓明 王传兵 王荣生 王 水 王 雨 夏海云 薛向辉 袁仁民 张铁龙 赵 纯 郑 坚 仲 雷	吕伟涛▲ 穆 穆▲ 杨惠根▲
	070820	空间环境科学		龚建村▲
0709 地质学	070902	地球化学	陈福坤 陈仁旭 陈伊翔 戴立群 高晓英 黄 方 刘贻灿 倪怀玮 秦礼萍 夏琼霞 肖益林 杨晓勇 杨永太 张少兵 赵子福 郑永飞 周根陶	
0710 生物学	071005	微生物学	高 勇 马筱玲 孙宝林	蔡 磊▲ 崔宗强▲ 胡志红▲ 李 寅▲ 刘宏伟▲ 刘双江▲ 刘 涛▲ 孙际宾▲ 田朝光▲ 王琳淇▲ 王 猛▲ 吴 边▲ 尹文兵▲ 张 波▲ 张学礼▲ 周 溪▲

续表

一级学科代码/名称	学科代码	二级学科	指导教师(校内)	指导教师(校外)
0710 生物学	071006	神经生物学	仓春蕾 胡　兵 刘北明 刘　强 牛朝诗 宋晓元 孙敬武 孙　文 汤其强 唐爱辉 汪香婷 王　胜 温　泉 熊　伟 薛　天 杨昱鹏 张　艳 张　智 周逸峰	焦建伟▲ 刘　宁▲ 盛能印▲ 王立平▲ 杨　艳▲ 姚永刚▲ 詹　阳▲
	071007	遗传学	鲍坚强 光寿红 何　立 瞿　昆 史庆华	张亚平▲ 赵建国▲
	071009	细胞生物学	白　丽 仓春蕾 符传孩 傅斌清 高大兴 胡青松 江　维 李博峰 刘　丹 刘会兰 刘连新 刘新峰 刘　行 梅一德 倪　芳 潘　文 彭　慧 钱　东 史庆华 宋晓元 陶金辉 田志刚 汪香婷 王嘉倍 王兴兵 王　毅 王　哲 魏海明 肖　峻 肖卫华 徐素文 杨振业 姚雪彪 曾筑天 张华凤 张开光 周荣斌 周文超 周　颖 朱　书 朱　涛 朱小玉 祝怀平 bjoern. nashan	卞修武▲ 陈策实▲ 陈　畅▲ 陈勇彬▲ 李　鹏▲ 李尹雄▲ 李志远▲ 刘　峰▲ 刘兴国▲ 潘光锦▲ 裴端卿▲ 秦宝明▲ 曲　静▲ 孙　兵▲ 王福生▲ 王红阳▲ 王　强▲ 王　硕▲ 姚红杰▲ 叶　昕▲ 郑　辉▲ 郑永唐▲
	071010	生物化学与分子生物学	蔡　刚 陈宇星 单　革 丁　勇 符传孩 龚为民 金腾川 刘承武 刘海燕 刘　强 龙　冬 吕维富 马世嵩 牛立文 潘跃银 沈佐君 施蕴渝 史朝为 孙宝林 孙林峰 唐丽琴 陶余勇 田长麟 涂晓明 王保龙 王　朝 王雪娟 王育才 翁建平 向成斌 项晟祺 许　超 臧建业 张志勇 赵　忠 郑昌成 周丛照 周　颖 朱　书	陈　凌▲ 冯　巍▲ 高　福▲ 江会锋▲ 赖良学▲ 赖　仞▲ 李　磊▲ 李　懿▲ 刘翠华▲ 刘劲松▲ 尚　游▲ 孙周通▲ 王皓毅▲ 王江云▲ 王延轶▲ 吴东海▲ 徐　进▲ 游　淳▲ 张定宇▲ 张天宇▲ 章新政▲ 朱蕾蕾▲ Miguel A. Esteban▲
	071011	生物物理学	毕国强 龚庆国 胡　兵 黄成栋 佘　继 史朝为 温　泉 闻　捷 徐维平 张效初	徐平勇▲

续表

一级学科代码/名称	学科代码	二级学科	指导教师(校内)	指导教师(校外)
0710 生物学	071020	结构生物学	蔡　刚　陈宇星　龚庆国　金腾川　牛立文　施蕴渝　田长麟　臧建业	董宇辉▲
	071021	生物信息学	瞿　昆　刘海燕　马世嵩　王雪娟　吴清发　张志勇	陈捷凯▲　刘长宁▲　马红武▲　周　兵▲　周旭明▲
	071022	生物材料	王育才　余　跃	赵宇亮▲
0712 科学技术史	071200	科学技术史	范安川　龚德才　关瑜桢　钮卫星　石云里　宋　伟　熊卫民　杨玉璋　朱清时	
0713 生态学	071300	生态学	丁　勇　李文卫　刘桂建　刘贤伟　穆　杨　盛国平　向成斌　谢周清　俞汉青　赵　忠　周丛照　朱仁斌	曹　垒▲　陈江华▲　杜卫国▲　胡彦如▲　星耀武▲　周伟奇▲
0714 统计学	071400	统计学	胡太忠　王　潇　吴耀华　杨亚宁　张　洪　张曙光　张伟平　郑泽敏	巴曙松▲　王启华▲　张新雨▲　赵　鹏▲
	071402	金融工程	张曙光	
0801 力学	080102	固体力学	陈海波　龚兴龙　何陵辉　胡小方　姜洪源　梁海弋　骆天治　缪　泓　倪　勇　汪　洋　王奉超　王海龙　吴恒安　伍小平　许　峰　宣守虎　张青川	陈学东▲　刘　合▲
	080103	流体力学	丁　航　高　鹏　黄海波　李二强　刘难生　卢德唐　陆夕云　罗喜胜　司　廷　孙德军　童秉纲　闫　锐　杨基明	李欣竹▲
	080104	工程力学	黄生洪　马宏昊　汪　洋　文鹤鸣　徐松林　郑志军	顾金才▲　任辉启▲　周丰峻▲
	080120	生物工程力学	丁　航　姜洪源　陆夕云　杨基明　张青川	
	080121	材料力学与设计	何陵辉　梁海弋　倪　勇　彭良明　许　峰	
	080122	微系统力学	褚家如　伍小平	
	080124	工程安全与防护技术		李海波▲　沈　俊▲

续表

一级学科代码/名称	学科代码	二级学科	指导教师(校内)	指导教师(校外)
0803 光学工程	080300	光学工程	丁冬生 董春华 郭光灿 韩正甫 黄 坤 黄运锋 李传锋 刘 文 史保森 孙方稳 唐建顺 王 亮 王 沛 王 双 项国勇 许金时 许立新 银振强 周幸祥	宾建辉▲ 陈卫标▲ 韩申生▲ 侯 霞▲ 胡丽丽▲ 冷雨欣▲ 刘 军▲ 庞 盟▲ 邵建达▲ 邵宇川▲ 许祖彦▲ 姚金平▲ 张 龙▲ 周 军▲ 朱美萍▲ 欧阳钟灿▲ 司徒国海▲
0804 仪器科学与技术	080401	精密仪器及机械	储开芹 褚家如 冯志华 刘 诚 毛 磊 盛 东 孙明斋 田 超 王克逸 王秋平 吴 东 相里斌 徐晓嵘 翟 超 张世武 赵 旸 郑津津 Zachary Smith(储扎克)	崔向群▲
	080402	测试计量技术及仪器	褚家如 冯志华 田 超 王克逸 翟 超	
0805 材料科学与工程	080501	材料物理与化学	曹瑞国 陈乾旺 陈 涛 崔 萍 高 琛 黄伟新 季恒星 李晓光 陆轻铀 陆亚林 马 骋 任晓迪 石 磊 宋 礼 孙学峰 王德亮 王征飞 吴文彬 武晓君 向 斌 徐集贤 阳丽华 张宏俊 张顺洪 张振宇 章根强 朱长飞 朱文光 朱彦武	王树东▲
	080502	材料学	陈初升 陈春华 初宝进 杜平武 松尾豊 夏长荣 徐春叶 徐 鑫 杨上峰 余 彦 占忠亮	
	080503	材料加工工程	胡 源 李良彬 刘和文 王志刚 徐航勋	
0807 动力工程及工程热物理	080701	工程热物理	程文龙 刘明侯 舒歌群 谈 鹏 王晓宏 叶 宏 赵 刚	陈海生▲ 吕清刚▲ 吴创之▲ 肖 波▲ 徐建中▲ 朱俊强▲
	080702	热能工程	陈立锋 季 杰 李文志 裴 刚 舒歌群 赵 旸 朱锡锋	陈 勇▲ 冯自平▲ 郝 勇▲ 金红光▲ 李小森▲ 马隆龙▲ 徐 刚▲ 张 琦▲

续表

一级学科代码/名称	学科代码	二级学科	指导教师(校内)	指导教师(校外)
0807 动力工程及工程热物理	080705	制冷及低温工程	程文龙 季　杰 裴　刚	
0809 电子科学与技术	080901	物理电子学	封常青 金　革 梁　昊 廖胜凯 刘树彬 彭承志 荣　星 宋克柱 王　坚 王永纲 武　杰 赵　雷	刘新宇▲ 武　锦▲徐帆江▲
	080902	电路与系统	程　林 康　一 李　斌 刘发林 龙世兵 孙利国 王　永 吴　枫	黎大兵▲ 刘　明▲ 宁永强▲ 王欣洋▲ 薛　宁▲ 叶甜春▲
	080903	微电子学与固体电子学	杜江峰 郭国平 金　革 鞠光旭 李海欧 刘树彬 刘　文 龙世兵 彭承志 荣　星 孙海定 王冠中 王　坚 王　亮 王永纲 许　磊 曾长淦 赵　雷 朱晨昕 左成杰	曹立强▲ 陈弘达▲ 陈嘉民▲ 陈云霁▲ 狄增峰▲ 韩银和▲ 胡伟达▲ 李　泠▲ 李树深▲ 刘　琦▲ 鲁华祥▲ 吕杭炳▲ 宋志棠▲ 王开友▲ 吴南健▲ 谢晓明▲ 杨富华▲ 尤立星▲ 俞跃辉▲ 邹旭东▲
	080904	电磁场与微波技术	陈卫东 刘发林 孙利国 王　刚 王卫东 徐云生 朱　冰 朱　旗	方广有▲
0810 信息与通信工程	081001	通信与信息系统	陈卫东 戴旭初 龚　晨 洪佩琳 金显庆 李厚强 林宪正 邱　玲 王　刚 王卫东 卫　国 吴　枫 徐云生 徐正元 张文逸 周武旸 朱　冰 朱祖勍	邓云凯▲ 罗　翀▲ 吴伟仁▲
	081002	信号与信息处理	陈　勋 陈志波 戴礼荣 何向南 李　斌 李厚强 李　礼 凌震华 刘　东 邱本胜 孙晓艳 王　杰 吴　枫 谢洪涛 熊志伟 徐正元 叶中付 俞能海 张勇东 周文罡	陈长汶▲ 付　琨▲ 高　文▲ 洪　文▲ 胡　郁▲ 霍　强▲ 李世鹏▲ 刘庆峰▲ 吕　岩▲ 罗杰波▲ 王沙飞▲ 吴一戎▲ 徐常胜▲ 颜永红▲ 袁　路▲ 曾文军▲ 周　明▲

续表

一级学科代码/名称	学科代码	二级学科	指导教师(校内)	指导教师(校外)
0811 控制科学与工程	081101	控制理论与控制工程	从　爽　季海波　阚　震　康　宇　李智军　凌　强　秦家虎　尚伟伟　王　永　吴　刚　熊军林　杨　坚　殷保群	卜智勇▲　乔　红▲　王飞跃▲　于海斌▲
	081102	检测技术与自动化装置	黄　伟　康　宇	封锡盛▲　史泽林▲　王洪光▲
	081103	系统工程	陈宗海　从　爽	
	081104	模式识别与智能系统	查正军　陈宗海　李智军　凌　强　王子磊　熊军林　殷保群　张天柱　赵　峰	郭百宁▲　洪小文▲　胡卫明▲　梅　涛▲　谭铁牛▲　陶建华▲　王井东▲　王　亮▲　徐　波▲　曾大军▲
	081105	导航、制导与控制	季海波　王　永	冯　刚▲　王　浩▲周建亮▲
	081120	网络传播系统与控制	吴　刚　朱　明	
	081121	信息获取与控制	陈宗海	
0812 计算机科学与技术	081201	计算机系统结构	安　虹　陈国良　龚　伟　顾乃杰　华　蓓　李　诚　李　京　李　曦　许胤龙　张燕咏　周学海	刘云新▲　吕自成▲
	081202	计算机软件与理论	陈国良　陈华平　陈欢欢　丁　虎　顾乃杰　李　京　尼　克　孙广中　肖明军　徐宏力　徐　云　许胤龙　薛吟兴　张信明	乔春明▲
	081203	计算机应用技术	陈恩红　陈发来　陈欢欢　程敬原　龚　伟　韩　恺　李向阳　连德富　刘　淇　卢德唐　王上飞　谢希科　熊　焰　杨盘隆　张　兰　张燕咏	秦　涛▲　童　欣▲　谢　幸▲　熊　辉▲
	081220	信息安全(11系)	陈恩红　李向阳　熊　焰	

续表

一级学科代码/名称	学科代码	二级学科	指导教师(校内)	指导教师(校外)
0827 核科学与技术	082701	核能科学与工程	陈红丽 彭常宏 叶民友 庄 革	段旭如▲ 李 强▲ 刘 永▲ 杨青巍▲
	082702	核燃料循环与材料	林铭章	
	082703	核技术及应用	冯光耀 何多慧 何晓业 洪义麟 蒋 蔚 李为民 刘功发 尚 雷 孙葆根 王发芽 王 琳 徐宏亮 徐 榭	
	082704	辐射防护及环境保护	何多慧 徐 榭	
	082720	同步辐射及应用	鲍 骏 储旺盛 韩聚广 李良彬 廖昭亮 刘 刚 龙 冉 潘 洋 戚泽明 宋 礼 孙 喆 田扬超 王秋平 王占东 韦世强 徐法强 闫文盛 姚 涛 张国斌 朱俊发 邹崇文	
0830 环境科学与工程	083001	环境科学	耿 雷 刘桂建 刘晓东 沈延安 谢周清 周根陶 周 鑫 朱仁斌	陈卫平▲ 王新明▲
	083002	环境工程	李文卫 刘贤伟 穆 杨 盛国平 俞汉青	刘双江▲
0831 生物医学工程	083100	生物医学工程	毕国强 陈 勋 丁 航 黄 伟 李 骜 刘 际 龙 冬 邱本胜 汪香婷 徐晓嵘 许 磊 叶中付 张青川 张效初 赵 刚 周逸峰	高大勇▲ 高家红▲ 蒋华良▲ 田 捷▲
0837 安全科学与工程	083700	安全科学与工程	方 俊 胡隆华 胡 源 纪 杰 蒋 勇 刘乃安 陆守香 宋 磊 宋卫国 孙金华 汪 箭 王海晖 王青松 王喜世 肖华华 杨立中 张和平 张 俊 朱霁平	

续表

一级学科代码/名称	学科代码	二级学科	指导教师（校内）	指导教师（校外）
0839 网络空间安全	083900	网络空间安全	查正军 陈恩红 陈洪佳 陈凯 陈小伍 陈彦 陈宇翱 陈志波 戴礼荣 戴旭初 杜江峰 郭光灿 郭国平 韩正甫 洪佩琳 胡红钢 华蓓 霍永恒 库伦 李斌 李传锋 李厚强 李向阳 林璟锵 林宪正 凌震华 刘乃乐 陆朝阳 马杰 毛震东 欧阳毅 潘建伟 彭承志 彭新华 盛茂 史保森 孙启彬 卫国 吴枫 谢海永 熊焰 熊志伟 徐正元 薛开平 杨坚 叶郁 俞能海 苑震生 张驰 张军 张强 张卫明 张文逸 张先得 张勇东 赵博 朱明	陈小明▲ 陈性元▲ 范淑琴▲ 封化民▲ 冯登国▲ 荆继武▲ 李凤华▲ 廖勇▲ 林东岱▲ 刘铁岩▲ 陆军▲ 毛明▲ 吴曼青▲ 许书彬▲ 袁征▲ 赵耿▲ 周礼栋▲
1002 临床医学	100200	临床医学	葛建军 莢卫东 李庆 刘会兰 刘连新 刘新峰 吕维富 马礼坤 马筱玲 牛朝诗 潘跃银 钱东 钱立庭 沈佐君 孙敬武 孙文 汤其强 陶金辉 王保龙 王嘉倍 王胜 王兴兵 王哲 翁建平 肖峻 徐健 叶山东 余跃 张开光 郑昌成 周颖 朱小玉	卞修武▲ 尚游▲ 王福生▲ 王红阳▲ 张定宇▲
1201 管理科学与工程	120100	管理科学与工程	毕功兵 陈华平 陈晓剑 杜少甫 苟清龙 古继宝 梁樑 刘和福 魏玖长 吴杰 吴强 杨锋 余玉刚 周荣庭	李建平▲ 熊辉▲
1202 工商管理	120200	工商管理	崔志坚 杜少甫 冯锋 古继宝 梁樑 刘志迎 魏玖长 翁清雄 吴杰 杨锋 余玉刚	
中国科学院广州能源研究所				
0709 地质学	070902	地球化学	刘丽华 苏正	

续表

一级学科代码/名称	学科代码	二级学科	指导教师（校内）	指导教师（校外）
0807 动力工程及工程热物理	080701	工程热物理	卜宪标 陈朝阳 蒋方明 李 军 梁德青 汪小憨	
	080702	热能工程	蔡国田 龚宇烈 黄宏宇 黄玉萍 李海滨 廖翠萍 舒 杰 袁浩然 赵增立 朱冬生	
	080704	流体机械及工程	吴必军	
0817 化学工程与技术	081701	化学工程	曹 晏 陈新德 吕鹏梅 王晨光 王忠铭 阴秀丽	
	081703	生物化工	孔晓英 孙永明 庄新姝	
	081704	应用化学	李新军 刘建国 刘琪英 徐雪青 闫常峰 张灵志	
中国科学院合肥物质科学研究院				
0702 物理学	070204	等离子体物理	苌 磊 陈长伦 陈俊凌 陈一平 丁伯江 丁 锐 高 翔 龚先祖 郭后扬 胡纯栋 胡建生 胡立群 黄 娟 季振山 揭银先 匡光力 李国强 李建刚 李亚东 梁云峰 刘甫坤 刘海庆 吕 波 罗广南 毛玉周 孟月东 倪国华 钱金平 沈 飙 沈水法 孙有文 万宝年 王 亮 吴 斌 吴振伟 项 农 肖炳甲 徐国盛 臧 庆 张晓东 张新军 赵君煜 赵燕平 周 登	
	070205	凝聚态物理	迟振华 郝 宁 李永钢 梁长浩 刘长松 鲁文建 宁 伟 屈 哲 盛志高 宋文海 孙玉平 田明亮 王贤龙 王钊胜 徐 文 薛 飞 杨 杰 杨晓萍 杨昭荣 曾 雉 张昌锦 张 蕾 张永胜 郑小宏 周建辉 朱雪斌 邹良剑 Eugene Gregoryanz	

续表

一级学科代码/名称	学科代码	二级学科	指导教师(校内)	指导教师(校外)
0702 物理学	070207	光学	范承玉 方　黎 高闽光 高晓明 桂华侨 何亚柏 洪　津 胡顺星 黄晨光 黄印博 江海河 阚瑞峰 李健军 李　新 刘建国 刘　锟 刘文清 刘　勇 毛庆和 饶瑞中 司福祺 孙敦陆 孙晓兵 王先华 王英俭 魏复盛 魏合理 翁宁泉 吴海信 吴　毅 谢品华 熊　伟 徐　亮 徐青山 杨世植 于　磊 张庆礼 张天舒 张为俊 赵南京 赵卫雄 郑小兵 朱文越	
0710 生物学	071011	生物物理学	卞　坡 戴海明 方志友 韩　伟 黄　青 林文楚 刘方邻 刘　静 刘青松 马祖长 王宏志 王　进 王　军 王俊峰 王文超 吴李君 吴丽芳 谢　灿 许　安 杨武林 姚建铭 张　钠 张　欣 赵国平 郑之明 钟　凯	
0803 光学工程	080300	光学工程	方晓东 洪　津 李健军 李　新 毛庆和 饶瑞中 孙晓兵 王先华 王英俭 熊　伟 张庆礼 郑小兵	
0804 仪器科学与技术	080401	精密仪器及机械	陈思跃 储焰南 邓国庆 孔德义 王晓杰 谢晨波 徐林森 杨庆喜	
0805 材料科学与工程	080501	材料物理与化学	陈　斌 陈长伦 戴建明 杜海峰 方前锋 费广涛 韩方明 胡林华 黄行九 蒋长龙 李广海 李家星 李　越 罗广南 孟　钢 孟国文 潘　旭 秦晓英 田兴友 童　鹏 汪国忠 王　化 王命泰 王先平 王振洋 吴学邦 吴正岩 伍志鲲 熊奕敏 杨良保 张发培 张海民 张云霞 赵爱武 赵邦传 陈　健(John Jian Chen)	
0811 控制科学与工程	081102	检测技术与自动化装置	陈池来 侯再红 梁华为 刘智民 牛润新 孙怡宁 王焕钦 张玉钧 朱锟鹏	

续表

一级学科代码/名称	学科代码	二级学科	指导教师(校内)	指导教师(校外)
0811 控制科学与工程	081104	模式识别与智能系统	高理富　孔　斌　李　海　宋　博　宋良图　宋全军　孙丙宇　汪增福　吴仲城　赵江海	
0812 计算机科学与技术	081203	计算机应用技术	崔超远　季振山　龙鹏程　汪建业　王红强　王儒敬	
0827 核科学与技术	082701	核能科学与工程	柏云清　陈文革　单家芳　傅　鹏　高　格　郭后扬　胡纯栋　胡建生　胡立群　黄群英　黄懿赟　蒋洁琼　匡光力　李　格　李建刚　李桃生　刘甫坤　刘华军　刘松林　陆　坤　毛小东　潘皖江　秦成明　秦经刚　沈水法　宋　勇　宋云涛　万元熙　汪良斌　吴杰峰　吴　洁　吴庆生　吴宜灿　武　玉　肖炳甲　谢远来　姚达毛　郁　杰　张启勇　张新军　赵柱民　郑金星　郑明杰　周　超　庄　明　欧阳峥嵘	
	082702	核燃料循环与材料	陈俊凌　罗广南　姚达毛	
	082703	核技术及应用	胡纯栋　胡立群　武　玉	
	082704	辐射防护及环境保护	刘松林	
0830 环境科学与工程	083001	环境科学	方勇华　桂华侨　李　昂　刘　东　罗　涛　秦　敏　吴晓庆　徐伟宏　杨世植　殷高方	
	083002	环境工程	孔令涛	
中国工程物理研究院				
0701 数学	070102	计算数学		倪国喜▲

续表

一级学科代码/名称	学科代码	二级学科	指导教师(校内)	指导教师(校外)
0702 物理学	070204	等离子体物理		丁永坤▲ 谷渝秋▲ 江少恩▲
	070205	凝聚态物理		姬广富▲ 王雪敏▲ 张　林▲
	070207	光学		李泽仁▲
0801 力学	080102	固体力学		尹益辉▲
	080103	流体力学		王　裴▲
	080104	工程力学		胡海波▲ 李　明▲ 李　平▲ 刘仓理▲ 罗景润▲ 孙承纬▲ 尹益辉▲ 赵　峰▲
	080124	工程安全与防护技术		刘仓理▲
0803 光学工程	080300	光学工程		王建军▲
0805 材料科学与工程	080502	材料学		李金山▲ 田　勇▲ 张朝阳▲
0809 电子科学与技术	080901	物理电子学		谢卫平▲
0827 核科学与技术	082701	核能科学与工程		孙光爱▲ 汪小琳▲
	082702	核燃料循环与材料		胡　胜▲ 彭述明▲ 王和义▲
	082703	核技术及应用		汪小琳▲

续表

一级学科代码/名称	学科代码	二级学科	指导教师(校内)	指导教师(校外)
0827 核科学与技术	082704	辐射防护及环境保护		汪小琳▲
中国科学院长春应用化学研究所				
0703 化学	070301	无机化学	陈　继　程子泳　冯　婧　李成宇　廖伍平　林　君　刘　凯 刘孝娟　潘道成　逄茂林　曲晓刚　任劲松　宋术岩　唐金魁 王立民　尤洪鹏　张海元　张洪杰 张吉林　张新波　周　亮	
	070302	分析化学	陈　卫　董献堆　杜　衍　段太成　姜秀娥　金永东　李冰凌 李　壮　逯乐慧　牛文新　唐纪琳　汪　劲　王宏达　王振新 徐国宝　杨秀荣　于　聪　张柏林　张　强	
	070303	有机化学	董德文　高　翔　韩福社　康传清　李胜海　张所波	
	070304	物理化学(含:化学物理)	崔　勐　葛君杰　李晓晶　李云琦　刘长鹏　刘志强　明　军 彭章泉　宋凤瑞　王宏宇　王晓辉　武志坚　邢　巍　徐维林 杨向光　赵凤玉	
	070305	高分子化学与物理	安立佳　白晨曦　陈继忠　陈　全　陈学思　程建华　程延祥 崔冬梅　邓鹏飏　韩艳春　贺超良　黄宇彬　姬相玲　季生象 简忠保　姜　伟　李　杲　李宏飞　李　茂　刘　俊　栾世方 罗传富　门永锋　聂　伟　庞　烜　秦川江　邱雪鹏　冉祥海 石　强　石彤非　苏朝晖　孙德文　孙昭艳　汤朝晖　唐　涛 陶友华　田洪坤　田华雨　童　辉　王保力　王大鹏　王利祥 王丕新　王献红　谢志刚　谢志元　徐文生　闫东航　杨小牛 杨宇明　姚占海　于喜飞　张会良　张吉东　章培标　朱　峰 庄秀丽	

续表

一级学科代码/名称	学科代码	二级学科	指导教师(校内)	指导教师(校外)
0703 化学	070321	应用化学	白晨曦 陈　继 陈　全 陈　卫 崔　勐 邓鹏飏 董献堆 高　翔 韩福社 姬相玲 姜　伟 金永东 李成宇 李　茂 李云琦 廖伍平 刘长鹏 栾世方 明　军 聂　伟 彭章泉 邱雪鹏 曲晓刚 冉祥海 石　强 苏朝晖 唐金魁 童　辉 汪　劲 王立民 王丕新 王振新 邢　巍 徐维林 杨向光 杨秀荣 姚占海 于　聪 张柏林 张会良 张吉林 周　亮	
0817 化学工程与技术	081703	生物化工	杜　衍 贺超良 李冰凌 李晓晶 刘　凯 刘志强 宋凤瑞 唐纪琳 王宏达 王晓辉 于喜飞 章培标 赵凤玉	
中国科学院金属研究所				
0805 材料科学与工程	080501	材料物理与化学	陈春林 陈星秋 杜　奎 贺连龙 胡青苗 李　昺 李　达 刘洪阳 刘　伟 卢　磊 马秀良 齐　伟 唐云龙 王绍青 王振华 徐东生 杨金波 张炳森 张广平 张哲峰 张志东 朱银莲	
	080502	材料学	白　朔 陈荣石 成会明 崔传勇 杜金红 段德莉 郝玉琳 金海军 雷家峰 李　峰 李阁平 李金国 李美栓 李述军 李　毅 刘宝丹 刘　畅 刘　岗 楼琅洪 卢　柯 任文才 尚建库 隋国鑫 孙东明 孙晓峰 郜凯平 陶乃镕 王爱民 王建强 王京阳 王　莉 王清江 王晓辉 王镇波 杨　锐 袁　超 曾　尤 张　波 张海峰 张　健 张　兴 周兰章 周亦胄 朱正旺	
	080503	材料加工工程	陈德敏 宫　骏 李殿中 刘　奎 刘　实 陆善平 栾义坤 马宗义 倪丁瑞 戎利建 孙明月 孙文儒 谭丽丽 汤素芳 王　培 肖伯律 熊天英 严　伟 张劲松 张士宏 赵九洲	

续表

一级学科代码/名称	学科代码	二级学科	指导教师(校内)	指导教师(校外)
0805 材料科学与工程	080520	腐蚀科学与防护	鲍泽斌 董俊华 李 瑛 刘福春 宋影伟 孙 成 王俭秋 王振尧 吴欣强 辛 丽 许道奎 严川伟 杨怀玉 郑玉贵 朱圣龙	
中国科学院南京分院				
0703 化学	070304	物理化学(含:化学物理)	陈立桅 崔 义 邓宗武 邸江涛 高雪峰 姜 江 靳 健 李清文 蔺洪振 刘立伟 吕卫帮 马昌期 马宏伟 潘革波 裴仁军 苏文明 王 宏 王强斌 吴晓东 张 凯 张 珽 张学同 张永毅 张智军 赵志刚 周 超 周小春	
0704 天文学	070401	天体物理	常 进 陈学鹏 杜福君 范一中 封 莉 冯珑珑 甘为群 高 煜 郭建华 黄晓渊 纪 丽 季海生 江治波 金志平 康 熙 黎 辉 李国亮 李 婧 李 瑛 刘庆忠 刘四明 马 涛 马寅哲 毛瑞青 缪 巍 宁宗军 任 远 史生才 苏 杨 宿英娜 王红池 王力帆 韦大明 吴德金 吴雪峰 吴昀昭 伍 健 熊大闰 徐伟彪 徐 烨 颜景志 杨 戟 袁 强 张 文 赵金松 郑宪忠	
	070402	天体测量与天体力学	傅燕宁 季江徽 雷成明 马静远 马月华 平一鼎 孙荣煜 王 歆 吴昀昭 伍 歆 熊建宁 熊永清 徐 劲 张晓祥 赵长印 赵海斌	
	070420	天文技术与方法	蔡明生 常 进 郭建华 雷成明 李 婧 缪 巍 平一鼎 任 远 姚骑均 张 文 张晓祥 左营喜	
0709 地质学	070902	地球化学	徐伟彪	
0710 生物学	071009	细胞生物学	陈艳艳 程国胜 戴建武 费 浩 姜 江 李 炯 马宏伟 裴仁军 索广力 王强斌 张智军 朱毅敏	

续表

一级学科代码/名称	学科代码	二级学科	指导教师(校内)	指导教师(校外)
0803 光学工程	080300	光学工程	巩　岩　简小华　唐玉国　武晓东　熊大曦	
0804 仪器科学与技术	080401	精密仪器及机械	唐玉国	
0805 材料科学与工程	080501	材料物理与化学	边历峰　蔡　勇　陈立桅　程国胜　崔　义　邓宗武　邸江涛 丁孙安　董建荣　董　军　高雪峰　黄　勇　姜　江　蒋春萍 靳　健　李加东　李清文　李　同　梁　伟　蔺洪振　刘建平 刘立伟　刘　欣　陆书龙　吕卫帮　马昌期　马宏伟　宁吉强 潘革波　裴仁军　秦　华　沈文江　宋贺伦　苏文明　孙　钱 王　宏　王怀兵　王建峰　王强斌　王荣新　王旭光　吴东岷 吴晓东　谢永林　徐　科　杨　辉　曾雄辉　曾中明　张宝顺 张　凯　张瑞英　张书明　张　珽　张学同　张耀辉　张永毅 张智军　张子旸　赵志刚　周　超　周小春	
0809 电子科学与技术	080903	微电子学与固体电子学	边历峰　蔡　勇　陈立桅　程国胜　丁孙安　董建荣　董　军 黄　勇　蒋春萍　李加东　李　同　梁　伟　刘建平　刘立伟 刘　欣　陆书龙　宁吉强　秦　华　沈文江　宋贺伦　孙　钱 王怀兵　王建峰　王荣新　王旭光　吴东岷　谢永林　徐　科 杨　辉　曾雄辉　曾中明　张宝顺　张　凯　张瑞英　张书明 张　珽　张耀辉　张子旸　赵志刚	
0831 生物医学工程	083100	生物医学工程	陈晓禾　崔峰峣　戴亚康　董建飞　董文飞　高　静　高　山 高　欣　巩　岩　郭　振　贾宏博　简小华　黎海文　李　辉 马汉彬　马　勇　梅　茜　缪　鹏　彭义杰　邵维维　史国华 孙敏轩　唐玉国　王弼陡　武晓东　熊大曦　杨洪波　杨晓冬 尹焕才　于　涌　余　爽　张　春　张京钟　张若冰　张　威 张运海　赵　建　赵凌霄　郑　健　郑岷雪　周连群　庄　杰	

国家自然科学基金委员会创新研究群体

序号	年度	团 队 名 称	负责人
1	2001	纳米结构的制备、组装与表征	侯建国
2	2001	量子信息	郭光灿
3	2001	重要细胞活动和生物分子识别的结构生物学基础	施蕴渝
4	2003	纳米材料和纳米结构的化学制备与性质	谢 毅
5	2004	新型类钙钛矿氧化物功能材料的合成、微结构与性能研究	李晓光
6	2007	天然免疫系统与重大疾病的发生发展	田志刚
7	2008	分布系统的协调优化与风险管理	梁 樑
8	2009	大陆俯冲化学地球动力学	郑永飞
9	2011	地球空间环境及其对太阳活动的响应	窦贤康
10	2011	表面单分子量子行为的表征与调控	杨金龙
11	2012	基于光子与冷原子的量子信息物理和技术	潘建伟
12	2013	基于同步辐射装置的新方法与能源材料研究	吴自玉
13	2014	星系和类星体	王俊贤
14	2015	纳米材料制备与能源转换性能研究	俞书宏
15	2016	具有旋涡和界面的复杂流动	陆夕云
16	2016	着丝粒动态组装与调控	姚雪彪
17	2017	TeV 强子对撞机上电弱精确测量与新物理新现象寻找	韩 良
18	2017	稳定同位素生物地球化学	沈延安
19	2017	几何分析	李嘉禹
20	2018	量子光学与量子信息	李传锋
21	2018	废水污染控制与资源转化	俞汉青
22	2018	固有免疫识别和调控	周荣斌
23	2019	平台化供应链运作管理研究	余玉刚
24	2020	响应性高分子功能材料	刘世勇
25	2020	多媒体智能计算	吴 枫
26	2021	脑认知及相关疾病的神经机制	薛 天
27	2021	多媒体内容安全	张勇东

近年来博士后人数变动情况

（2021 年 9 月）

年　度	当年在站人数	当年进站人数	当年出站人数
2007	201	85	62
2008	232	108	77
2009	289	133	76
2010	337	152	104
2011	415	160	82
2012	469	193	139
2013	478	128	119
2014	473	151	156
2015	390	155	238
2016	455	200	135
2017	478	161	138
2018	584	263	157
2019	544	232	272
2020	676	324	192
2021	785	309	200

2020～2021 学年度在聘外籍语言教师情况

JAYE LAURA NOBLE	英国	2021.07.01～2023.06.30
NATOLI KYLE WILLIAM	美国	2021.07.01～2022.06.30
Benjamin Sherlock	爱尔兰	2021.07.01～2022.06.30
HENRY DOUGLAS PIKE	英国	2021.07.01～2022.06.30
AARON DEAN LEHMAN	美国	2021.09.01～2022.06.30
RENAE ELIZABETH LEHMAN	美国	2021.09.01～2022.06.30

续表

AUSTIN RUSSELL STRUTZ	美国	2021.09.01～2022.06.30
JESSICA KIYOMI STRUTZ	美国	2021.09.01～2022.06.30
RICHARD DAVID DUNCAN CORMACK	英国	2021.07.01～2022.06.30
FAEZEH BEHRAD ZAREEY	美国	2021.07.01～2022.06.30
HEIKO HANSJUERGENS	德国	2021.07.01～2023.06.30
HAYDEE AVELLANEDA	菲律宾	2021.07.01～2022.06.30
DAVID GARCIA	美国	2021.07.01～2022.06.30
KEITH DAVID LITTLEBURY	英国	2021.07.01～2022.01.30
CURT PATRICK EVANS	爱尔兰	2021.07.01～2023.06.30
HANNA SWIATCZAK	波兰	2021.07.01～2023.06.30
DONALD ROGERS HENRY	加拿大	2021.07.01～2022.06.30
TSUNYOTA KOHET	英国 & 澳大利亚	2021.07.01～2022.06.30
ANGELA SMITH	美国	2021.07.01～2022.06.30
MARY OLGA DILLANE	爱尔兰	2021.07.01～2022.06.30
OROURKE COLM	爱尔兰	2021.07.01～2022.06.30
EDMUND MORTON	英国	2021.07.01～2023.06.30
THOMAS YIFANG XIAO	美国	2021.07.01～2023.06.30
Julia Bordukova	俄罗斯	2021.07.01～2022.06.30
MURRAY WAYNE SHERK	加拿大	2021.09.01～2022.06.30

十三、国内外学术交流与合作

公派出访人员出国(境)情况

单位:人

总数	学科类别		人员类别								出国(境)类别			
			教职工					学生						
	自然科学	社会科学	教授	副教授	讲师	助教	其他	博士研究生	硕士研究生	本科生	考察访问	合作科研	学术会议	其他
1160	1105	55	215		8	2	37	359	335	204	32	128	831	169

近年来接待外宾情况

(一) 按国别分类

单位:人

人数 国别 年度	合计	美国	日本	德国	英国	加拿大	澳大利亚	法国	俄罗斯	其他
2011	521	251	31	26	27	13	14	27	18	114
2012	752	287	30	38	36	25	22	36	24	254
2013	775	280	28	47	32	29	25	2	14	318
2014	1083	453	58	58	50	32	49	38	30	315
2015	1350	523	56	69	72	35	41	47	32	475
2016	1385	641	59	112	78	57	49	36	11	342
2017	1579	776	45	75	68	40	76	47	22	430
2018	1836	825	138	98	69	66	84	53	23	480
2019	2122	719	187	112	132	69	89	70	29	715
2020	159	58	3	3	8	15	6	12	1	53
2021	19	0	0	5	0	0	1	0	1	12

(二) 按来访性质分类

单位:人

性质 人数 年度	合　计	主　请	接待来访
2011	521	463	58
2012	752	592	160
2013	775	590	185
2014	1083	1007	76
2015	1350	1163	187
2016	1385	1222	163
2017	1579	1421	158
2018	1836	1614	222
2019	2122	1903	219
2020	159	101	58
2021	19	0	19

与国(境)外机构签订交流协议情况

编号	协 议 名 称	签订日期	有效期限	合作单位
2101	中科大-APRU协会线上学生交换协议	2021.01.20	无期限	环太平洋大学联盟(APRU)
2102	中科大-牛津奥里尔学院暑期班合作备忘录	2021.03.03	2022.08.31	牛津大学奥里尔学院
2103	中科大-麦克马斯特大学CSC攻博及联合培养项目协议	2021.03.09	3年	麦克马斯特大学
2104	中科大-麦克马斯特大学本科生交流协议	2021.03.09	5年	麦克马斯特大学
2105	中科大-伦敦国王学院合作备忘录	2021.03.18	5年	伦敦国王学院
2106	中科大-斯坦福大学UGVR暑期项目协议	2021.03.25	1年	斯坦福大学
2107	中科大-瑞典皇家理工学院合作备忘录	2021.03.26	1年	瑞典皇家理工学院

续表

编号	协 议 名 称	签订日期	有效期限	合作单位
2108	中科大-芝加哥大学计算机系暑研项目协议	2021.03.30	3年	芝加哥大学
2109	中科大-大阪大学 GLIP 补充合作声明	2021.04.01	1年	大阪大学
2110	中科大-澳大利亚纽卡斯尔大学合作备忘录	2021.04.07	2025.12.31	纽卡斯尔大学
2111	中科大-费拉拉大学博士生联合培养协议	2021.04.12	3年	费拉拉大学
2112	中科大-日本电气通信大学续签协议	2021.04.22	5年	电气通信大学
2113	中科大-日本电气通信大学学生交换协议	2021.04.22	5年	电气通信大学
2114	中科大-日本东北大学延期协议	2021.04.30	5年	东北大学
2115	中科大-日本理化学研究所续签协议	2021.05.06	5年	日本理化学研究所
2116	中科大-韩国汉阳大学合作备忘录	2021.05.17	5年	韩国汉阳大学
2117	中科大-韩国汉阳大学学生交换协议	2021.05.17	5年	韩国汉阳大学
2118	中科大-法国驻华大使馆 France Science Excellence 项目协议	2021.05.31	1年	法国驻华大使馆
2119	中科大-中国科学院曼谷创新合作中心	2021.06.01	1年	中国科学院 曼谷创新合作中心
2120	中科大-香港大学学生交流合作备忘录	2021.06.15	5年	香港大学
2121	中科大-泰国国家科技发展局合作备忘录	2021.06.25	5年	国家科技发展局
2122	中科大-香港理工大学学生交换计划协议	2021.07.12	5年	香港理工大学
2123	中科大-先皇技术学院学生交换计划协议	2021.07.29	5年	先皇技术学院
2124	中科大-先皇技术学院合作备忘录	2021.07.29	5年	先皇技术学院
2125	中科大-德国美因茨大学合作备忘录	2021.09.24	5年	德国美因茨大学
2126	中科大-日本新潟大学合作备忘录	2021.10.04	5年	日本新潟大学
2127	中科大-日本新潟大学学生交换协议	2021.10.04	5年	日本新潟大学
2128	中科大-日本东北大学 GLIP 补充合作声明	2021.10.08	未提及	日本东北大学
2129	中科大-耶鲁暑期课程协议	2021.10.25	5年	美国耶鲁大学
2130	中科大-加州大学伯克利分校本科 3+1 项目协议	2021.12.08	3年	美国加州大学 伯利克分校
2131	中科大-澳大利亚昆士兰大学合作备忘录续签协议	2021.12.13	5年	澳大利亚昆士兰大学

与国(境)外机构合作科研项目情况

外国青年学者研究基金项目 3 项,外国青年人才计划 4 项,高端外国专家引进计划 13 项,111 基地 7 项(含 111 基地 2.0 2 项)。

(一) 科技部 2021 年度获批引智项目

项目类型	项目申请人	所在单位	国拨经费批复金额(万元)
外国青年学者研究基金项目	PRASAD VINDHYAWASINI	物理学院	20
外国青年学者研究基金项目	ARUN KUMAR AWASTHI	地球和空间科学学院	20
外国青年学者研究基金项目	HAFEZEH NABIPOUR	火灾科学国家重点实验室	20
外国青年人才计划	王　禹	火灾科学国家重点实验室	30
外国青年人才计划	郭静楠	地球和空间科学学院	30
外国青年人才计划	郝记华	地球和空间科学学院	30
外国青年人才计划	胡　源	火灾科学国家重点实验室	36
高端外国专家引进计划	高梦海	管理学院	15
高端外国专家引进计划	胡隆华	火灾科学国家重点实验室	40
高端外国专家引进计划	陈欢欢	计算机科学与技术学院	40
高端外国专家引进计划	刘和福	管理学院	30
高端外国专家引进计划	王学钦	管理学院	40
高端外国专家引进计划	李　剑	物理学院	15
高端外国专家引进计划	金腾川	生命科学学院	15
高端外国专家引进计划	毛甜甜	管理学院	20
高端外国专家引进计划	李良彬	国家同步辐射实验室	25
高端外国专家引进计划	韦世强	国家同步辐射实验室	20
高端外国专家引进计划	陈秋菊	信息科学技术学院	40
高端外国专家引进计划	江海龙	化学与材料科学学院	6
高端外国专家引进计划	胡　源	火灾科学国家重点实验室	25

（二）111 基地历年获批名单

项目类别	申请单位	基地名称	基地负责人	获批年度
111 计划 2.0	数学科学学院	计算科学与应用创新引智基地	陈发来	2019
111 计划 2.0	生命科学学院	蛋白质相互作用网络学科创新引智基地	牛立文	2018
111 计划	火灾科学国家重点实验室	大尺度火灾防控科学与技术创新引智基地	刘乃安	2021
111 计划	化学与材料科学学院	复杂化学体系多尺度动力学学科创新引智基地培育项目	严以京	2017
111 计划	合肥微尺度物质科学国家研究中心	可拓展量子信息处理创新引智基地	潘建伟/陆朝阳	2016
111 计划	地球和空间科学学院	稳定同位素地球化学创新引智基地	沈延安	2014
111 计划	合肥微尺度物质科学国家研究中心	新型能源材料的量子设计创新引智基地	张振宇	2013

(三) 中科院 2021 年度获批引智项目

项目类别	中方合作者	所在单位	外方合作国别/境外合作地区	获批金额（万元）
国际访问学者	宋　礼	同步辐射实验室	巴基斯坦	18.5
国际访问学者	戴礼荣	信息科学技术学院	英国	8.5
国际访问学者	裴　刚	工程科学学院	也门	27.5
国际杰出学者	申　勇	生命科学学院	法国	7
台湾青年人才计划访问学者	王　禹	火灾科学国家重点实验室	中国台湾	18.5
国际伙伴计划中伊丝路科学基金项目	孙海定	信息科学技术学院	伊朗	75
ANSO 访问学者计划	宋　礼	同步辐射实验室	多边合作	76
国际组织任职及后备人员能力建设项目	宋　伟	公共事务学院	多边合作	116

主办、承办国际大型学术会议情况

会议名称	起止时间	代表数	
		国内	国外
2021年国际医学影像物理和工程大会	2021年11月12～14日	185	15
2021年希格斯粒子与有效场论国际会议	2021年4月14～16日	100	100
第八届细胞与分子国际免疫学研讨会	2021年5月21～23日	500	280
2021引力波天体物理国际会议	2021年6月21～25日	130	20
2021年中国图灵大会	2021年7月30日～8月1日	730	50
第一届计算社会科学研究方法前沿论坛	2021年5月29～30日	46	4
量子材料中的磁学和自旋电子学前沿国际研讨会	2021年7月11～14日	320	80
第七届大数据计算与通信国际会议	2021年8月13～15日	70	10
第四届雁栖湖国际会议	2021年10月13～16日	93	7
2021中韩量子研讨会	2021年11月22～23日	30	20
第二届国际锂电池火灾安全研讨会	2021年10月31日～11月3日	280	20

十四、全院办校、所系结合

与中国科学院研究院所签署合作共建协议一览表

序号	与科大签署协议的研究院所	协议签署时间
1	中国科学院数学与系统科学研究院	2003 年
2	中国科学院上海生命科学研究院	2003 年
3	中国科学院合肥物质科学研究院	2004 年
4	中国科学院长春光学精密机械与物理研究所	2004 年
5	中国科学院长春应用化学研究所	2004 年
6	中国科学院南京分院	2004 年
7	中国科学院上海分院	2004 年
8	中国科学院武汉分院	2004 年
9	中国科学院长春分院	2004 年
10	中国科学院成都分院	2004 年
11	中国科学院兰州分院	2004 年
12	中国科学院广州分院	2004 年
13	中国科学院沈阳分院	2004 年
14	中国科学院西安分院	2004 年
15	中国科学院昆明分院	2004 年
16	中国科学院高能物理研究所	2005 年
17	中国科学院生物物理研究所	2005 年
18	中国科学院西双版纳植物园	2005 年
19	中国科学院新疆分院	2005 年
20	中国科学院广州能源研究所	2005 年
21	中国科学院上海应用物理研究所	2005 年
22	中国科学院沈阳计算技术研究所	2005 年
23	中国科学院北京分院	2007 年
24	中国科学院苏州纳米技术与纳米仿生研究所	2007 年(2012 年)
25	中国科学院工程热物理研究所	2007 年
26	中国科学院动物研究所	2008 年

续表

序号	与科大签署协议的研究院所	协议签署时间
27	中国科学院沈阳金属研究所	2009 年
28	中国科学院力学研究所	2009 年
29	中国科学院物理研究所	2009 年
30	中国科学院深圳先进技术研究院	2010 年(2012 年)
31	中国科学院国家天文台、中国科学院紫金山天文台、中国科学院上海天文台	2010 年
32	中国科学院光电技术研究院	2010 年
33	中国科学院上海微系统研究所	2012 年
35	中国科学院近代物理研究所	2012 年
37	中科院宁波材料技术与工程研究所	2012 年
38	中国科学院上海药物研究所	2012 年
39	中国科学院广州能源研究所	2014 年(2015 年)
40	中国科学院工程热物理研究所	2019 年
41	中国科学院苏州生物医学工程技术研究所	2020 年
42	中国科学院赣江创新研究院	2020 年
43	中国科学上海光学精密机械研究所	2020 年
44	中国科学院计算技术研究所	2021 年
45	中国科学院近代物理研究所	2021 年
46	中国科学院大连化学物理研究所	2021 年
47	中国科学院上海有机化学研究所	2021 年

聘请中科院研究院所领导和专家兼任学校院系领导一览表

序号	姓　名	所属单位和职务	我校聘任职务	聘任时间
1	李　灿	中国科学院大连化学物理所学位委员会主任，院士	化学与材料科学学院院长	2009 年
2	马志明	中国科学院数学与系统科学研究院，院士	数学科学学院院长	2009 年

续表

序号	姓　名	所属单位和职务	我校聘任职务	聘任时间
3	许祖彦	中国科学院理化技术研究所，院士	光学与光学工程系主任	2009 年
4	杜善义	哈尔滨工业大学复合材料研究所所长，院士	工程科学学院院长	2010 年
5	魏复盛	中国科学院生态环境研究中心博士生导师、中国环境监测总站研究员，院士	环境科学与光电技术学院院长	2013 年
6	刘文清	中国科学院安徽光学精密机械研究所所长，院士	环境科学与光电技术学院执行院长	2014 年
7	吴一戎	中国科学院电子学研究所所长，院士	信息科学技术学院院长	2016 年
8	徐　波	中国科学院自动化研究所所长	自动化系主任	2016 年
9	张东辉	中国科学院大连化学物理研究所分子反应动力学国家重点实验室主任，院士	化学物理系主任	2018 年
10	杨小牛	中国科学院长春应用化学研究所所长	应用化学与工程学院院长	2018 年
11	许瑞明	中国科学院生物物理研究所所长	生命科学学院院长	2018 年
12	常　进	中国科学院紫金山天文台台长，院士	天文与空间科学学院院长	2019 年
13	吴雪峰	中国科学院紫金山天文台副台长	天文与空间科学学院常务副院长	2019 年
14	朱日祥	中国科学院地质与地球物理研究所研究员，院士	地球和空间科学学院院长	2020 年
15	孙凝晖	中国科学院计算所所长，院士	计算机科学与技术学院院长	2020 年
16	左　良	现任中国科学院金属研究所所长	材料科学与工程系主任	2020 年
17	曹　荣	中国科学院福建物质结构研究所所长/中科院城环所所长	化学系主任	2020 年
18	杨小牛	中国科学院长春应化所所长	高分子科学与工程系主任	2020 年
19	李天初	中国计量科学研究院研究员，院士	精密机械与精密仪器系主任	2020 年
20	朱俊强	中科院工程热物理所所长，研究员	热科学与能源工程系主任	2020 年
21	陈新文	中国科学院广州生物医药与健康研究院院长，国家杰出青年基金获得者，中国科学院百人计划入选者	医药生物技术系主任	2020 年
22	汪寿阳	中国科学院预测科学研究中心，院士	管理科学系主任	2020 年

续表

序号	姓　名	所属单位和职务	我校聘任职务	聘任时间
23	张新雨	中国科学院数学与系统科学研究院预测中心研究员	统计与金融系主任	2020 年
24	常　进	国家天文台台长,院士	天文学系主任	2020 年
25	唐玉国	中国科学院苏州生物医学工程技术研究所所长	生物医学工程学院(苏州)院长	2020 年
26	李建刚	中国科学院等离子体物理研究所研究员,院士	核科学技术学院院长	2020 年
27	刘文清	中国科学院安光所学术所长,院士	环境科学与工程系主任	2020 年
28	欧阳钟灿	中国科学院理论物理研究所研究员,院士	物理系主任	2020 年
29	沈保根	中国科学院物理研究所研究员,院士	物理学院院长	2020 年
30	周忠和	中国科学院古脊椎动物与古人类研究所研究员、所长,院士	人文与社会科学学院院长	2020 年
31	王俊峰	中国科学院合肥物质科学研究院副院长	中国科技大学研究生院科学岛分院院长	2020 年
32	赵红卫	中国科学院近代物理研究所党委书记、副所长,院士	加速器科学与工程物理系主任	2020 年
33	曹则贤	中国科学院物理所研究员	科技传播系主任	2020 年
34	潘建伟	中国科学院院士,发展中国家科学院院士	科技哲学系主任	2020 年
35	陈　霖	中国科学院生物物理所,院士	心理学系(筹)主任	2020 年
36	刘庆峰	科大讯飞董事长	语言科学交叉研究中心主任	2020 年
37	向　涛	中国科学院物理研究所研究员,院士	近代物理系主任	2020 年
38	王建宇	原中国科学院上海技术物理研究所所长,原中国科学院上海分院院长,院士	工程与应用物理系主任	2020 年
39	邓　强	中科院苏州纳米所党委书记、副所长(主持工作)	纳米技术与纳米仿生学院副院长(主持工作)	2021 年

与中国科学院研究院所联合创办“科技英才班”

校级“科技英才班”一览表

序号	科技英才班名称	合作单位	签署协议时间
1	华罗庚数学科技英才班	中国科学院数学与系统科学研究院	2009年
2	师昌绪材料科学科技英才班	中国科学院金属研究所	2009年
3	贝时璋生命科技英才班	中国科学院生物物理研究所、中国科学院上海生命科学研究院	2009年
4	严济慈物理科技英才班	中国科学院物理研究所	2009年
5	王大珩光机电科技英才班	中国科学院长春光学精密机械与物理研究所	2009年
6	赵忠尧应用物理科技英才班	中国科学院上海应用物理所	2009年
7	钱学森力学科技英才班	中国科学院力学研究所	2009年
8	卢嘉锡化学科技英才班	中国科学院化学研究所、中国科学院上海有机化学研究所	2010年
9	王绶琯天文科技英才班	中国科学院国家天文台、中国科学院紫金山天文台、中国科学院上海天文台	2010年
10	赵九章现代地球和空间科技英才班	中国科学院地质与地球物理研究所	2010年
11	华夏计算机科技英才班	中国科学院计算技术研究所	2010年
12	信息科技英才班	中国科学院电子学研究所	2016年
13	新能源英才班	中国科学院广州能源研究所	2016年
14	精密光机电与环境英才班	中国科学院合肥物质科学研究院	2016年
15	王小谟网络空间科技英才班	中国电子科技集团有限公司	2018年
16	人工智能科技英才班	科大讯飞公司	2018年
17	环境科学与工程科技英才班	中国科学院城市环境研究所	2020年
18	中微集成电路英才班	中微半导体设备(上海)股份有限公司	2021年
19	量子信息科技英才班	合肥国家实验室	2021年

院级“科技英才班”一览表

序号	科技英才班名称	合 作 单 位	签署协议时间
1	钱三强英才班	中国科学院高能物理研究所	2013 年
2	黄昆英才班	中国科学院半导体研究所	2013 年
3	技术物理英才班	中国科学院上海技术物理研究所	2013 年
4	尚光英才班	中国科学院上海光学精密机械研究所	2013 年
5	王淦昌英才班	中国科学院等离子体物理研究所	2013 年
6	杨澄中英才班	中国科学院近代物理研究所	2013 年
7	天眷英才班	中国科学院武汉物理与数学研究所	2013 年
8	吴自良超导英才班	中国科学院上海微系统与信息技术研究所	2015 年
9	吴仲华英才班	中国科学院工程热物理研究所	2015 年

近年来接收中国科学院研究院所代培研究生情况一览表

年 度	人 数
1999	302
2000	379
2001	522
2002	750
2003	835
2004	859
2005	896
2006	995
2007	961
2008	996
2009	1074
2010	1065

续表

年　度	人　数
2011	1075
2012	1106
2013	1050
2014	822
2015	841
2016	774
2017	784
2018	815
2019	857
2020	845
2021	809
合　计	19412

近年来向中国科学院研究院所推荐免试研究生情况一览表

年　度	人　数
1999	52
2000	52
2001	85
2002	167
2003	201
2004	150
2005	180
2006	221
2007	198
2008	191
2009	188

续表

年　度	人　数
2010	194
2011	177
2012	153
2013	145
2014	124
2015	112
2016	84
2017	82
2018	62
2019	56
2020	56
2021	50
合　计	2980

近年来本科生在中国科学院研究院所开展实践教学情况一览表

年　度	大学生研究计划	专业实习	毕业论文	合　计
2004	223	397	157	777
2005	238	350	101	689
2006	301	368	94	763
2007	487	554	107	1148
2008	284	303	112	699
2009	329	309	108	746
2010	292	335	185	812
2011	228	358	174	760
2012	162	423	172	757
2013	131	690	198	1019

续表

年　度	大学生研究计划	专业实习	毕业论文	合　计
2014	73	469	164	706
2015	104	561	146	811
2016	47	602	139	788
2017	48	547	110	705
2018	30	587	113	730
2019	11	355	55	421
2020	5	262	57	324
2021	6	285	52	343

中国科学院研究院所在学校设立奖学金一览表

序号	奖学金名称	设　立　单　位	设立时间
1	力学攀登奖	中国科学院力学研究所	1994 年
2	祖同奖学金	中国科学院西安光学精密机械研究所	2003 年
3	李薰奖学金	中国科学院沈阳金属研究所	2005 年
4	长光奖学金	中国科学院长春光学精密机械与物理研究所	2006 年
5	黄鸣龙奖学金	中国科学院上海有机化学研究所	2006 年
6	成都光电奖学金	中国科学院光电技术研究所	2006 年
7	赵九章奖学金	中国科学院空间科学与应用研究中心	2007 年
8	地学攀登奖学金	中国科学院地质与地球物理研究所	2007 年
9	吴学周奖学金	中国科学院长春应用化学研究所	2007 年
10	微系统所奖学金	中国科学院上海微系统与信息技术研究所	2007 年
11	国家天文台奖学金	中国科学院国家天文台	2009 年
12	大连化学物理研究所优秀学生奖学金	中国科学院大连化学物理研究所	2010 年
13	化学所英才奖学金	中国科学院化学研究所	2011 年
14	广州能源所奖学金	中国科学院广州能源研究所	2011 年
15	电子所奖学金	中国科学院电子学研究所	2011 年
16	近代物理所奖学金	中国科学院近代物理研究所	2012 年

续表

序号	奖学金名称	设 立 单 位	设立时间
17	林兰英奖学金	中国科学院半导体研究所	2012 年
18	卢嘉锡奖学金	中国科学院福建物质结构研究所	2013 年
19	华罗庚奖学金	中国科学院数学与系统科学研究院	2015 年
20	赵忠尧奖学金	中国科学院“粒子物理前沿卓越创新中心”、教育部“基本粒子与相互作用协同创新中心(筹)”	2015 年
21	中科院广能所奖学、奖教金	中国科学院广州能源所	2016 年
22	上海硅酸盐研究所大学生奖学金	中国科学院上海硅酸盐研究所	2016 年
23	中科院苏州纳米所奖学金	中国科学院苏州纳米技术与纳米仿生研究所	2018 年
24	中科院广州能源所大学生奖学金	中国科学院广州能源所	2018 年

近年来与中国科学院研究院所共建科教结合平台一览表

序号	机构名称	共建单位	成立时间
1	系统生物学系	中科院上海生命科学研究院	2005 年
2	强子物理研究中心	中国科学院近代物理研究所	2006 年
3	医药生物技术系	中国科学院广州生物医药与健康研究院	2006 年
4	核科学技术学院	中国科学院合肥物质科学研究院	2009 年
5	计算机科学与技术学院	中国科学院计算技术研究所、中国科学院软件研究所、中国科学院沈阳计算技术研究所	2009 年
6	光学与光学工程系	中国科学院上海光学精密机械研究所、中国科学院光电技术研究所、中国科学院西安光学精密机械研究所、中国科学院长春光学精密机械与物理研究所、中国科学院安徽光学精密机械研究所	2009 年
7	数学科学学院	中国科学院数学与系统科学研究院	2011 年
8	中国科学院国家数学与交叉科学中心——合肥分中心	中国科学院数学与系统科学研究院	2011 年

续表

序号	机构名称	共建单位	成立时间
9	合肥物质科学技术中心	中国科学院合肥物质科学研究院	2011 年
10	环境科学与光电技术学院	中国科学院合肥物质科学研究院	2011 年
11	中国科学院核能安全技术研究所	中国科学院合肥物质科学研究院	2011 年
12	生态与环境研究生交叉学科中心	中国科学院生态环境研究中心	2012 年
13	苏州纳米科技协同创新中心	中国科学院纳米技术与仿生研究所、苏州大学、东南大学、西安交通大学、苏州园区管委会	2012 年组建 2013 年揭牌
14	量子信息与量子科技前沿协同创新中心	中国科学院上海技术物理研究所、中国科学院半导体研究所、南京大学、国防科技大学	2012 年组建 2014 年揭牌
15	粒子物理前沿卓越创新中心	中国科学院高能物理研究所、中国科学院大学、清华大学、上海交通大学、北京大学、南开大学、山东大学、南京大学、北京航空航天大学、中科院理论物理所、中山大学、湘潭大学	2014 年
16	国家示范性微电子学院	中国科学院长春光学精密机械与物理研究所	2015 年
17	合肥能源研究院	中国科学院广州能源研究所、合肥市人民政府	2016 年

近年来与中国科学院研究院所共建实验室一览表

序号	实验室名称	共建(合作)单位	成立时间
1	星系和宇宙学联合实验室	中国科学院上海天文台	2005 年
2	核探测技术与核电子学联合实验室	中国科学院高能物理研究所	2005 年
3	化学物理联合实验室	中国科学院大连化学物理研究所	2005 年
4	智能科学与技术联合实验室	中国科学院自动化研究所	2005 年
5	蛋白质科学联合实验室	中国科学院生物物理研究所	2005 年
6	网络与通信联合实验室	中国科学院沈阳计算技术研究所	2005 年
7	绿色合成化学联合实验室	中国科学院上海有机化学研究所	2005 年
8	数学物理联合实验室	中国科学院武汉物理与数学研究所	2005 年

续表

序号	实验室名称	共建(合作)单位	成立时间
9	科技传播研究所	中国科学院科学时报社	2006年
10	强子物理研究中心	兰州重离子国家实验室	2006年
11	网络传播系统与控制联合实验室	中国科学院声学研究所	2006年
12	新能源材料联合实验室	中国科学院上海硅酸盐研究所	2007年
13	无机固体联合实验室	中国科学院福建物质结构研究所	2007年
14	高分子薄膜与溶液联合实验室	中国科学院长春应用化学研究所	2007年
15	分析化学研究伙伴小组	中国科学院长春应用化学研究所	2008年
16	中国科学院星系宇宙学重点实验室(星系和宇宙学联合实验室)	中国科学院上海天文台	2008年
17	核探测与核电子学国家重点实验室(核探测技术与核电子学联合实验室)	中国科学院高能物理研究所	2008年
18	中国科学院网络传播系统与控制重点实验室(培育建设)(网络传播系统与控制联合实验室)	中国科学院声学研究所	2008年
19	中国科学院能量转换材料重点实验室(新能源材料联合实验室)	中国科学院上海硅酸盐研究所	2008年
20	超精密控制与系统联合实验室	中国科学院长春光学精密机械与物理研究所	2010年
21	微纳电子系统集成研究中心	中国科学院微电子研究所	2010年
22	环境污染控制联合实验室	中国科学院城市环境研究所	2012年
23	中国科学院空间信息处理与应用系统技术重点实验室	中国科学院电子学研究所	2013年
24	生物质催化转化联合实验室	中国科学院广州能源研究所	2013年
25	中国科学院城市污染物转化重点实验室(环境污染控制联合实验室)	中国科学院城市环境研究所	2014年
26	天然活性多肽联合实验室	中国科学院昆明动物研究所	2015年
27	超导量子器件与量子信息联合实验室	中国科学院上海微系统与信息技术研究所	2015年
28	中国科学院微观磁共振重点实验室(量子生物物理联合实验室)	中国科学院生物物理研究所、中国科学院物理研究所、中国科学院化学研究所	2016年
29	国家合成生物技术创新中心	中国科学院天津工业生物技术研究所	2017年

续表

序号	实验室名称	共建(合作)单位	成立时间
30	中国科学院比较行星学卓越创新中心	中国科学院地球化学研究所及遥感所、地理所、国家空间科学中心及广州地化所、紫金山天文台、国家天文台、中山大学、南京大学、中国地质大学(武汉)、武汉大学、北京大学、山东大学、吉林大学、桂林理工、成都理工、澳门科技大学、香港大学	2019 年
31	海洋物理联合实验室	中国科学院深海科学与工程研究所	2021 年

注：学校与中国科学院研究院所共建的上述联合实验室中，已有部分实验室升格为国家或省部级重点实验室。

近年来与中国科学院研究院所共建科教融合学院一览表

学科领域	研　究　所	共 建 学 院	成立时间
化学化工与材料学科领域	中国科学院金属研究所	材料科学与工程学院	2015 年
	中国科学院苏州纳米技术与纳米仿生研究所	纳米技术与纳米仿生学院	2016 年
	中国科学院长春应用化学研究所	应用化学与工程学院	2017 年
物理天文学科领域	中国科学院合肥物质科学研究院	核科学技术学院	2008 年
	中国科学院合肥物质科学研究院	环境科学与光电技术学院	2011 年
	中国科学院紫金山天文台	天文与空间科学学院	2016 年
生物医学学科领域	中国科学院苏州生物医学工程技术研究所	生物医学工程学院(苏州)	2020 年
能源科技与工程领域	中国科学院广州能源研究所	能源科学与技术学院	2020 年
稀土领域	中国科学院赣江创新研究院	稀土学院	2020 年

十五、办学支撑条件

图书馆馆藏情况

类别/数量/项目		纸质文献总计	电子文献总计	图书							期刊			报纸	视听资料
				合计	中文			外文			合计	中文	外文		
					小计	社科	科技	小计	社科	科技					
总藏书量 2021		2565625 册		1995478 册	1757265 册	780546 册	976719 册	238213 册	23035 册	215178 册	563576 册	266555 册	297021 册	6571 册	0
2013 年购置	种	15793	5610000	14274	13630	7600	6030	644		644	1454	1282	172	65	0
	册	42671	5610000	40857	40180	22800	17380	677		677	1677	1505	172	137	0
2014 年购置	种	22690	5840000	21717	20952	11524	9428	765		765	943	798	145	30	0
	册	55806	6110000	54495	53712	29542	24170	783		783	1271	1125	146	40	0
2015 年购置	种	20375	6090000	19534	18878	12428	6450	656	172	484	795	684	111	46	0
	册	43351	6630000	42164	41493	24548	16945	671	173	498	1097	985	112	90	0
2016 年购置	种	22121	6350000	21280	20410	13458	6952	870	51	819	795	684	111	46	0
	册	46175	7180000	44988	44095	26328	17767	893	56	837	1097	985	112	90	0

续表

项目	类别/数量	纸质文献总计	电子文献总计	图书								期刊			报纸	视听资料
				合计	中文			外文								
					小计	社科	科技	小计	社科	科技		合计	中文	外文		
2017年购置	种	26290	6650000	25726	24281	13356	10925	1445	68	1504		519	480	39	45	0
	册	48265	7780000	47413	45841	24060	21781	1572	68	1377		764	725	39	88	0
2018年购置	种	15346	6950000	14829	13665	8178	5815	1164	100	1064		473	445	28	44	0
	册	32097	8380000	31293	29901	15206	14697	1392	163	1229		712	684	28	92	0
2019年购置	种	24205	7250000	23863	22856	9761	13095	1007	94	913		302	274	28	40	0
	册	44572	8980000	44064	42995	17117	25878	1069	98	971		434	406	28	74	0
2020年购置	种	18013	7550000	17731	17260	8161	9099	471	42	429		260	243	17	22	0
	册	38156	9580000	37737	36849	15501	21348	488	43	445		370	353	17	49	0
2021年购置	种	34413	7850000	34165	33740	14296	19444	425	29	396		228	211	17	20	0
	册	58495	10180000	58124	57667	25519	32148	457	34	423		327	310	17	44	0

出版社出版图书数据

年度	品种		总印数(万册)	总印张(千印张)	新出图书版面字数(万字)	定价总金额(万元)
	总量	新版				
2016	454	222	216	24067	8039	8562
2017	496	244	169	27242	11195	8016
2018	530	233	195	30180	8265	9532
2019	555	184	185	33166	7082	11945
2020	533	251	178	28275	8621	9032
2021	582	257	178	33585	10650	9302

档案馆馆藏情况

单位:卷、件

类别＼年度	2019	2020	2021
教学类档案	40496 件	32565 件	44571 件
科研类档案	757 卷	785 卷	662 卷
先导专项类档案	157 卷 1668 件	32 卷 25 件	113 卷 11 件
产品类档案	1 卷	0 卷	2 卷
党群类档案	60 件	1029 件	1415 件
行政类档案	1251 件	1625 件	8572 件
外事类档案	101 件	3231 件	2877 件
财会类档案	7549 卷	7294 卷	7253 卷 100 件
基建类档案	1993 卷	604 卷	3735 卷
设备类档案	35 卷	0 卷	91 卷
人物类档案	3 卷	0 卷	0 卷
出版物类档案	81 件	124 件	115 件

续表

类别＼年度	2019	2020	2021
声像类档案	293 件	1580 件	425 件
寄存类档案			
实物类档案	730 件	10 件	36 件
文物类档案			158 件
资料(不计入)	149 件	2223 件	1546 件
年度进馆总数	10495 卷 44680 件	8715 卷 40189 件	11856 卷 58280 件
馆藏总数	152049 卷 464067 件	160764 卷 504256 件	172620 卷 562536 件

注：1. 党群、行政、教学类档案根据国家有关规定自 2001 年起由案卷级改为文件级。
2. 寄存类档案 2021 年移出 65 件。
3. 本表更新于 2021 年 12 月 10 日。

近年来校园网络建设情况

年份	联网计算机数(台)	用户数(人)	带宽(MBps)	光缆长度(km)*	设备数(台)*	经费投入(万元)*
1996	280	350	0.064	7.3	38	201
1997	1400	1800	0.128	11.5	45	226
1998	2900	5400	0.256	19.8	94	276
1999	4500	8800	0.512	28.1	115	531
2000	6800	13000	155	39.6	347	807
2001	7820	14589	410	48.2	766	1407
2002	8500	16800	665	52.8	886	1857
2003	9820	19990	665	55.1	993	1984
2004	13500	22393	2800	56.1	1123	2284
2005	16000	23500	6000	57.1	1173	2584
2006	18000	24330	8750	62.1	1379	2915
2007	20000	29246	8850	66.1	1627	3250
2008	21000	33620	8850	69.7	1782	3765

续表

年份	联网计算机数(台)	用户数(人)	带宽(MBps)	光缆长度(km)*	设备数(台)*	经费投入(万元)*
2009	22000	39370	11200	71.2	1897	4990
2010	23000	45120	11355	72.2	2022	6343
2011	24000	50870	11855	75.2	2047	7668
2012	35000	50259	11855	78.5	2358	9141
2013	44000	61528	13500	79.4	2473	10214
2014	46000	62925	13600	81.9	2990	11482
2015	46000	65657	14500	85.3	3552	12239
2016	46000	74891	17100	87.5	4641	13553
2017	46000	74669	23200	90.6	5708	15353
2018	46000	82841	23200	94.9	9008	17281
2019	46000	85914	25000	94.9	8089	19069
2020	46000	87927	30000	94.9	10619	20627
2021	46000	97533	30000	94.9	12701	22457

注：带*为逐年累计数。

年度举办展览情况

序号	展 览 名 称	主 办 单 位	开幕时间
1	“牛”转乾坤——辛丑(牛年)新春生肖文物图片联展	博物馆	2月1日
2	科技自立自强　培养创新人才——钱学森先生诞辰110周年纪念展	档案文博院	6月17日
3	弘扬“两弹一星”精神　勇攀科学技术高峰——中国科大与“两弹一星”纪念展	档案文博院 党委宣传部	6月17日
4	创寰宇学府　育天下英才——严济慈先生诞辰120周年纪念展	档案文博院	6月29日

年度教学科研仪器设备统计表

单位：万元

单位名称	仪器设备拥有量				其中：10万元以上			
	年初数		年末数		年初数		年末数	
	台件	金额	台件	金额	台件	金额	台件	金额
合计	106953	565387.90	110471	625487.19	9352	431662.84	10241	481083.13
少年班学院(少年班、教改试点班	244	188.47	239	188.79	1	11.35	1	11.35
管理学院院属	1478	1910.44	1140	1680.77	47	893.82	47	893.82
信息管理与决策科学系	297	257.21	305	294.83	1	19.90	2	54.15
管理科学系	541	456.42	582	549.89	1	31.00	3	102.00
统计与金融系	357	349.21	395	422.70	2	29.97	4	72.47
工商管理培训部	20	16.61	30	25.42	0	—	0	—
MBA 中心	8	5.01	10	5.23	0	—	0	—
化学与材料科学学院	0	—	24	56.97	0	—	1	17.87
化学院院属	836	1888.80	582	1498.53	36	1196.68	28	1079.45
化学物理系	2384	12945.88	2619	15238.79	279	9324.15	310	10861.76
材料科学与工程系	2521	9108.72	2543	9646.55	201	6458.00	208	6667.47
数学科学学院	944	1890.04	1161	2223.42	24	832.83	29	989.74
化学系	6439	18229.49	5667	16137.42	393	11641.02	356	9991.88

续表

单位名称	仪器设备拥有量				其中：10万元以上			
	年初数		年末数		年初数		年末数	
	台件	金额	台件	金额	台件	金额	台件	金额
高分子科学与工程系	1737	5138.10	1679	5474.33	111	3627.56	121	3945.16
化学院实验教学中心	2603	6056.57	2615	7655.73	111	3853.08	119	5428.15
地球和空间科学学院	6230	37325.95	6256	38699.34	659	28249.17	688	29318.44
生命科学学院	0	—	7	3.04	0	—	0	—
生命学院院属	7590	37597.47	8143	42315.11	645	26938.71	704	30756.49
分子生物学与细胞生物学系	2050	10720.93	2031	10813.70	202	7572.74	205	7726.53
神经生物学与生物物理学系	614	2989.17	713	3607.39	67	1905.91	72	2417.40
系统生物学系	80	339.68	79	339.46	6	206.61	6	206.61
医药生物技术系	46	398.64	43	397.70	10	337.47	10	337.47
物理学院院属	212	626.59	242	628.97	5	425.07	5	425.07
工程学院院属	729	1663.88	713	1662.00	36	1153.88	36	1153.88
近代力学系	2133	9939.44	2047	10519.73	209	6497.96	223	7059.88
精密机械与精密仪器系	2041	5741.96	1805	5797.82	132	3380.10	138	3490.63
热科学和能源工程系	1490	3314.29	1457	3838.05	58	1648.76	66	2115.31
安全科学与工程系	1	0.54	1	0.54	0	—	0	—
信息科学技术学院	0	—	20	55.32	0	—	2	24.43
信息学院院属	1911	2064.69	1981	2487.96	30	883.97	36	1089.72
电子工程与信息科学系	2600	8553.60	2827	10848.88	190	5169.00	239	6712.98

续表

单位名称	仪器设备拥有量				其中：10万元以上			
	年初数		年末数		年初数		年末数	
	台件	金额	台件	金额	台件	金额	台件	金额
自动化系	2126	3115.59	1996	3547.45	38	1120.10	55	1425.56
电子科学与技术系	2116	4244.47	2254	6303.20	69	2849.55	85	4779.72
物理系	2400	12250.70	2274	14183.42	219	9148.98	260	10922.24
信息安全专业	353	1109.45	372	1534.62	28	685.73	34	997.94
信息中心	931	1832.09	1428	3773.47	22	1126.13	36	2653.35
军事与空间研究基地	32	144.38	19	136.28	5	115.01	5	115.01
教育部微软重点实验室	592	3588.07	669	3921.37	118	2786.04	125	3039.29
未来网络实验室	348	1104.29	422	1299.99	16	822.98	19	928.97
人文与社会科学学院院属	291	385.73	311	495.37	3	48.26	5	151.66
外语系	250	123.37	204	101.08	0	—	0	—
科技史与科技考古系	445	1827.18	571	2030.68	38	1445.34	40	1545.30
科技传播与科技政策系	213	216.02	276	333.79	0	—	2	47.77
科技哲学教学研究部	53	26.40	57	27.24	0	—	0	—
近代物理系	7385	33164.71	7450	35927.12	649	21423.58	709	23720.96
人文素质教学研究部	26	57.47	21	54.12	2	40.00	2	40.00
体育教学部	129	127.32	237	205.66	1	55.80	1	55.80
现代艺术中心	1	0.54	0	—	0	—	0	—
陶瓷艺术中心	16	18.63	12	14.02	0	—	0	—

续表

单位名称	仪器设备拥有量				其中：10万元以上			
	年初数		年末数		年初数		年末数	
	台件	金额	台件	金额	台件	金额	台件	金额
经济学院院属	3	2.17	3	2.17	0	—	0	—
烟草科学系	18	8.38	18	8.38	0	—	0	—
食品科学与工程系	18	6.03	18	6.03	0	—	0	—
机电工程系	14	4.69	14	4.69	0	—	0	—
核科学技术学院	1362	6070.07	1506	6994.46	155	3720.83	189	4421.73
计算机科学与技术学院	3211	8036.75	3562	9091.43	152	4242.83	180	4884.23
天文与应用物理系	2953	5111.72	1695	4918.75	107	2879.05	111	3022.36
软件学院	1740	1335.95	1366	1202.62	16	382.31	16	382.31
公共事务学院	376	308.69	614	499.40	1	20.09	3	62.35
继续教育学院	270	215.63	52	52.90	2	49.26	1	18.00
国家同步辐射实验室	6229	48638.55	6734	55070.85	805	36878.82	888	42209.57
火灾科学国家重点实验室	2245	11539.01	2366	12577.80	182	8628.97	202	9477.56
合肥微尺度物质科学国家研究中心	11268	162227.87	12360	172651.69	1799	146095.53	1932	154627.43
核探测与核电子学国家重点实验室	326	1620.15	409	2029.89	34	1155.16	38	1433.88
中国科学院 量子信息重点实验室	2490	28879.68	2655	32024.51	597	24452.21	630	27250.21
非线性中心	226	796.85	225	787.85	13	544.77	13	544.77
烟草与健康研究中心	153	260.76	134	248.58	4	137.03	4	137.03
光学与光学工程系	738	2784.37	864	3124.20	57	1574.55	62	1765.49

续表

单位名称	仪器设备拥有量				其中：10万元以上			
	年初数		年末数		年初数		年末数	
	台件	金额	台件	金额	台件	金额	台件	金额
图书馆	1354	3931.20	1269	3843.59	86	2133.39	85	2137.37
理化科学实验中心	158	602.85	122	584.14	2	535.27	2	535.27
工程科学实验中心	438	7675.84	390	7626.19	92	7275.83	91	7242.75
信息科学实验中心	402	6006.10	410	6110.72	83	5155.92	87	5243.97
生命科学实验中心	342	4099.96	358	5966.57	47	3821.17	50	5686.46
量子信息与量子科技创新研究院	181	8109.64	374	11585.15	91	7793.83	127	11032.92
工程与应用物理系	203	683.19	289	949.38	13	375.88	19	524.58
类脑智能技术及应用国家工程实验室	255	2918.23	458	5142.72	118	2658.97	150	4611.18
工程科学实验教学中心	927	3160.86	1005	3455.16	56	2094.51	59	2217.49
大数据学院	12	12.12	12	12.12	0	—	0	—
物理实验教学中心	3088	6974.35	3271	7582.17	174	4878.74	190	5211.89
创新创业学院	2	5.23	13	16.18	0	—	0	—
马克思主义学院	36	14.35	42	18.48	0	—	0	—
应用化学系	2	2.33	114	208.55	0	—	3	81.71
环境科学与工程系	65	285.96	1210	4079.19	2	221.70	72	2946.89
信息与计算机实验教学中心	5	4.15	9	6.03	0	—	0	—
管理学院	0	—	1	1.39	0	—	0	—

年度办学经费收入情况统计表

单位：万元

项　目	本　年　收　入
一、教育经费拨款	175017.04
二、科研经费拨款	163359.06
三、基本建设拨款	9178.00
四、其他经费拨款	4476.42
五、上级补助收入	—
六、教育事业收入	59026.02
七、科研事业收入	175772.30
八、经营收入(所属单位对外收入)	22399.77
九、附属单位缴款	—
十、其他收入	86281.92
十一、拨入专款	15.00
合　计	695525.53

年度办学经费支出情况统计表

单位：万元

项　目	本　年　支　出
一、教育事业支出	269406.10
二、科研事业支出	171062.61
三、院拨科研经费支出	160487.03
四、经营支出(所属单位对外支出)	16645.88
五、专款支出	—
六、基本建设支出	41234.89
合　计	658836.50

年度定资产情况表

单位：万元

项　目	金　额
固定资产原值	1155569.24
其中：1. 房屋建筑物原值	386999.67
2. 专用设备原值	341397.72
3. 通用设备原值	322028.73
4. 图书原值	32372.63
5. 其他固定资产	72770.49

年度经费到款情况表

单位：万元

类　别	金　额
一、科研事业费	12172.01
二、主管部门专项费	153237.05
三、国家发改委、科技部专项费	37735.57
四、国家自然科学基金项目费	57301.47
五、国务院其他部门专项费	22477.39
六、省、市、自治区专项费	35626.14
七、企、事业单位委托经费	22631.72
八、其他	15.00
合　计	341196.36

年度竣工和在建校舍情况

单位：万元、m^2

项 目 类 别	投资资金来源			房屋建筑面积		
	完成投资合计	其 中		施工面积	其 中	
		国家预算内投资	自筹资金		竣工面积	在建面积
一、教学科研	28384	57967	35697	172421	8015	164406
同步辐射实验室新光源预研科研用房	2326		3500	8015	8015	
合肥综合性国家科学中心协同创新交叉研究平台	14508	44129	18913	126871		126871
上海量子信息技术协同创新平台	10635	13838	5931	29900		29900
西区学术交流空间建设项目	42		500	450		450
中科院先导C西区新建洁净室项目	539		4363	2400		2400
中校区学习空间项目	131		500	1100		1100
中校区艺术中心	203		1990	3685		3685
二、生活用房	35855		46700	95850		95850
高校校区学生宿舍楼	35600		45700	95000		95000
西区水泵房改造项目	255		1000	850		850
合 计	64239	57967	82397	268271	8015	260256
校园总面积	1626132 m^2		校园总建筑面积		1181264 m^2	

十六、2021 年大事记

1 月

1 日 美国《科学》杂志子刊《科学・进展》发表我校郭光灿院士团队李传锋、项国勇研究组与香港中文大学袁海东教授合作取得的重要实验进展。他们完全消除了量子比特演化过程中三个待测参数之间的精度制衡，同时实现了三个参数达到海森伯极限精度的测量，测量精度比经典方法提高了 13.27 dB。

1 日 《美国化学会志》在线发表我校合肥微尺度物质科学国家研究中心及化学与材料科学学院曾杰教授团队和国家同步辐射实验室鲍骏教授团队合作研究成果。他们通过精准的氧化刻蚀，调控钯铂合金的形貌和组分，设计并构筑出了超立方体框架结构催化剂，其在氢氧燃料电池阴极反应中表现出高活性和高稳定性。

2 日 学校举办“和・鸣”2021 新年音乐会。

3 日 学校举办跃动青春文艺季之合唱团“爱聆爱伊”新年音乐会。

4 日 学校召开 2021 年度国家自然科学基金申请工作部署会。

4 日 英国《自然》杂志子刊《自然・通讯》在线发表我校化学与材料科学学院徐铜文教授和吴亮教授研究团队在低成本高性能双极膜开发及产业化方面所取得的突破性进展。他们采用原位生长思路，通过调控苯胺分子在阴阳膜层界面处原位锚定、聚合生长并包裹 FeO(OH)颗粒构建稳定水解离中间层制备高性能双极膜。

4 日 英国《自然》杂志子刊《自然・化学生物学》在线发表我校许超教授课题组陈新颜、廖善晖和 Itay Koren 教授课题组 Yaara Makaros 的研究成果。他们揭示了 E3 泛素连接酶识别羧基端精氨酸-降解决定子的分子机制。

5 日 包信和校长在全国科技工作会议上作题为《发扬“孺子牛”精神，把红旗插上科学高峰》的发言。

5 日 中国科学院巡视办指导推进我校第四轮巡察工作。

5 日 我校学习贯彻党的十九届五中全会精神宣讲团成员、党委常委、副校长朱长飞赴上海研究院作学习贯彻党的十九届五中全会精神宣讲报告。

5 日 我校参与建造的国家发改委“十二五”规划——高海拔宇宙线观测站水切伦科夫探测器阵列全部建成并投入科学运行。

5 日 美国《纳米快报》杂志在线发表我校俞书宏院士团队研究成果。他们研制出了一种可用于手术缝线的仿莲丝细菌纤维素水凝胶纤维。

5 日 《德国应用化学》杂志发表我校国家同步辐射实验室闫文盛教授团队与孙治湖副教授、韦世强教授团队合作研究成果。他们通过 Co 离子掺杂在单层 MoS_2 中引入长程铁磁性，进而活化基面惰性原子的策略，制备出了单原子层催化剂。

6 日 我校学习贯彻党的十九届五中全会精神宣讲团成员、党委常委、副校长王晓平作十九届五中全会精神宣讲。

7 日 安徽应用数学中心学术研讨会暨第一届学术和发展指导委员会会议在我校召开。

7 日 英国《自然》杂志发表我校潘建伟、陈宇翱、彭承志等与中国科学院上海技术物理研究所王建宇研究组、济南量子技术研究院及中国有线电视网络有限公司合作研究成果。他们成功验证构建天地一体化量子通信网络的可行性。

7日 国际著名阿尔兹海默病协会的官方杂志《Alzheimer's & Dementia》在线发表我校申勇教授课题组研究论文。他们发现糖尿病相关认知障碍发生新机制与诊断标记物。

7日 美国《生产与运作管理》杂志在线发表我校管理学院余玉刚教授课题组与美国圣路易斯华盛顿大学 Fuqiang Zhang 教授合作研究成果。他们首次从理论上揭示了捆绑销售策略在零售平台运营中的次优性，为以零售平台为主要成员的平台供应链管理带来新的管理启示。

8日 英国《自然》杂志子刊《自然·通讯》发表我校物理学院、中科院强耦合量子材料物理重点实验室及合肥微尺度物质科学国家研究中心肖正国教授研究组取得的重要进展。他们使用基于气刀辅助的刮涂法制备出了大面积、高效率的钙钛矿 LED，向钙钛矿 LED 照明的商业应用迈进了重要一步。

8日 美国《物理评论快报》发表我校郭光灿院士团队李传锋、柳必恒研究组与南京邮电大学盛宇波等人合作研究成果。他们利用高品质的超纠缠源，首次实现了 11 公里的远距离量子纠缠纯化，纯化效率比此前国际最好水平提升了 6000 多倍。

8日 我校学习贯彻党的十九届五中全会精神宣讲团成员、党委常委、常务副书记蒋一以"学习贯彻党的十九届五中全会精神"为题，作十九届五中全会精神宣讲。

8日 我校学习贯彻党的十九届五中全会精神宣讲团成员、党委常委、副校长朱长飞作党的十九届五中全会精神宣讲。

9日 火灾科学国家重点实验室学术委员会第六届第一次会议在合肥召开。

9～10日 由我校热安全技术国家地方联合工程研究中心、火灾科学国家重点实验室和合肥科大立安安全技术有限责任公司共同主办的第二届全国热安全科学与技术研讨会在合肥召开。

11日 "生物大分子相变与细胞可塑性调控研讨会"在我校召开。

11日 美国《天体物理学杂志快报》发表我校天文学系活动星系团队研究成果。他们探测到星系中的电离气体对星系中心辐射作出响应过程中所显示的关键性突变信号，该信号可用于测定星系中电离气体的密度。

12日 学校召开各级人大代表、政协委员、政府参事等党外代表人士新年茶话会。

12日 由中国科学院条件保障与财务局、安徽省发展和改革委员会联合组织的合肥先进光源预研项目工艺验收会在我校国家同步辐射实验室召开，专家组一致同意通过工艺验收。

12日 英国《自然》杂志子刊《自然·通讯》发表我校无膜细胞器与细胞动力学教育部重点实验室、合肥微尺度物质科学国家研究中心、生命科学与医学部王朝教授课题组和熊伟教授课题组合作研究成果。他们利用结构生物学、神经生物学和化学生物学的深度交叉合作，揭示了 GABARAP 促进 $GABA_A$ 受体细胞膜转运的分子机制。

12日 《德国应用化学》杂志在线发表我校高敏锐教授研究组研究成果。他们利用"反应-扩散"的机制，首次实现了在无机过渡金属硫族化合物上图灵结构的构筑。

12日 六盘水师范学院来校调研，商谈对口支援工作。

12日 我校召开图书馆工作委员会暨学术委员会第一次会议。

12日 我校“科技支教 筑梦海原——中国科学技术大学研究生支教团科技支教扶贫”项目入选国务院扶贫办社会扶贫司发布的“志愿者扶贫案例50佳”名单。

13日 美国《物理评论快报》发表我校朱彦武研究组与中国科学院合肥物质科学研究院苏付海课题组合作研究成果。他们使用金刚石对顶砧(DAC)对双层石墨烯(BLG)施加压力调控其层间相互作用强度,使得热电子弛豫动力学过程明显加快,这是一种层间声子模式主导的载流子弛豫新通道。

14日 中共中国科学技术大学第十二届代表大会2020年年会暨第十届教职工代表大会第二次会议开幕。校党委书记舒歌群作题为《凝心聚力启新程 砥砺奋进谱新篇——努力办出中国特色、科大风格的世界一流大学》的党委工作报告。校长包信和作题为《凝聚共识谋发展 担当作为开新局——加快建设中国特色、科大风格的世界一流大学》的行政工作报告。会议于16日闭幕。

15日 我校与泰国科技发展署举行国际合作专题视频会议。

17日 由我校联合主办的纪念严济慈先生诞辰120周年座谈会暨严济慈教育思想研讨会在北京举行。

18日 美国《国际机器人研究杂志》在线发表我校计算机科学与技术学院陈小平教授团队研究成果。他们突破了刚性机械手臂的局限性,利用软体机器人手臂解决了不确定性场景中机器人的操纵问题。

18日 我校生命科学与医学部原筹建工作组组长、顾问委员会副主任、中国科学院院士饶子和(732校友)应邀参加生命科学与医学部成立三周年庆祝活动并作高水平学术报告。

19日 我校网络信息中心组织召开网络安全等级保护专家评审会议,对校主站管理平台、少年班学院官网信息系统进行安全等级定级评审。

19日 王晓平副校长率队检查高新校区建设项目。

20日 我校潘建伟院士团队的“科学家达到量子计算优越性里程碑”和陈秀雄教授、王兵教授的“科学家攻克20余年悬而未决的几何难题”入选2020年度“中国十大科技进展新闻”。该两项成果同时入选2020年度国内十大科技新闻。

20日 美国《细胞》杂志子刊《分子治疗》发表我校生命科学与医学部程临钊教授课题组及合作团队的研究成果。他们首次建立了从人外周血单个核细胞大量扩增红系祖细胞并高效诱导分化为成熟红细胞的实验体系,并利用小鼠输血模型验证了该体系所产生红细胞的功能。该工作为解决红细胞紧缺这一世界性难题提供了新的思路。

20日 由我校牵头承担的国家重点研发计划“文物建筑火灾蔓延机理与评估预警关键技术研究”项目启动暨实施方案论证会在合肥召开。

20日 我校学习贯彻党的十九届五中全会精神宣讲团成员、校长助理、教务长周丛照作党的十九届五中全会精神主题宣讲。

20日 我校教务处主办,物理实验教学中心承办的中国科学技术大学实验教学可持续发展研讨会采用线上线下相结合的方式召开。

21日 学校党委理论学习中心组召开集中学习会,深入学习中央经济工作会议精神和习近平总书记在省部级主要领导干部学习贯彻党的十九届五中全会精神专题研讨班开班式上的重要讲话精神。

21日 英国《自然》杂志子刊《自然·催化》发表我校化学与材料科学学院吴宇恩教授团队在单原子催化剂仿酶催化方面取得的重要进展。

22日 神州数码控股有限公司旗下神州数码信息服务股份有限公司正式入驻中国科大国际金融研究院,双方共建的"数字智能决策联合实验室"于当日揭牌。

22日 我校工程科学学院热科学和能源工程系葛新石教授荣获2020年度太阳能热利用科学技术杰出贡献奖。

23日 "中国科学技术大学行星科学发展研讨会"在北京召开。

23~24日 我校计算机科学与技术学院5名本科生组成的"中科大星辰队"参与比赛,在2020 CCF大数据与计算智能大赛决赛openLooKeng性能优化赛道突出重围,斩获冠军。

24~29日 我校刘乃安研究员在第38届国际燃烧会议上作了时长1小时的大会特邀报告。

25日 学校召开2020年度院级党组织书记抓基层党建述职评议考核会。

25~26日 学校召开2020年度中层领导班子和领导人员述职评议考核会。

25~26日 九三学社安徽省第十一届委员会第五次全体(扩大)会议在合肥召开。我校九三学社基层委被表彰为2020年度新闻宣传工作先进集体,基层委主委王永、副主委倪向贵被表彰为2020年度"百名专家乡村学堂讲科普"优秀专家。

26日 英国《自然》杂志子刊《自然·天文》发表由我校天文系发起,中国、美国、智利三国天文学家参加的"宇宙再电离时期的莱曼阿尔法星系"项目取得的突破性成果。他们发现了一个红移~6.9的原初星系团候选者LAGER-z7OD1,并利用国际大型望远镜得到了光谱认证。

26日 美国《神经元》杂志发表我校刘强团队研究成果。他们揭示了ApoE对神经元的胆固醇代谢进行重编程的机制,以及这种代谢调控对神经元功能特别是学习记忆过程的影响,同时也揭示了ApoE4导致阿尔茨海默病的全新机制。

27日 校纪委召开全委(扩大)会议,传达学习十九届中央纪委五次全会精神。

28日 我校校级领导班子召开2020年度民主生活会。

28日 美国《天体物理学杂志快报》在线发表我校天文学系王挺贵教授团队研究成果。他们首次探测到黑洞潮汐撕裂恒星事件中光学铁发射线的迟滞效应。

29日 美国《先进科学》杂志发表我校信息科学技术学院赵刚教授团队综述论文。他们从多学科交叉融合角度,系统综述了解决低温冷冻保存过程抑冰问题的材料学和工程学策略,并对相关核心技术突破所面临的关键科学问题及其挑战进行了前瞻性探讨。

29日 我校学习贯彻党的十九届五中全会精神宣讲团成员、党委常委、校长助理、秘书长傅尧作党的十九届五中全会精神宣讲。

30日 我校管理学院顺利通过国际精英商学院协会(AACSB)再认证,再获5年认证期限。

本月 我校人文与社会科学学院张燕翔老师的科普著作《优美的科学》丛书入选"2019年全国优秀科普作品",化学实验教学中心邵伟与李玲玲老师的"碳量子点回忆录"和薛天团队、梁琰团队等创作的“纳米技术赋予哺乳动物近红外视觉”入选“2019 年全国优秀科普微视频作品”，梁琰团队、魏海明团队、徐晓玲团队的“新冠肺炎炎症风暴机制与救治方案”入选“2020 年全国优秀科学防疫科普微视频作品”。

2 月

1 日 美国《先进科学》杂志发表我校信息科学技术学院赵刚教授团队与国家同步辐射实验室宋礼教授团队、国家纳米科学中心王海研究员团队合作研究成果。他们提出了生物样品低温冷冻保存过程冰晶协同抑制新思路，为减小冰晶对细胞的损伤指出了一条全新的研究途径。

1～9 日 校党委书记舒歌群、校长包信和分别带队深入学校一线开展调研和春节慰问。

2 日 英国《自然》杂志子刊《自然·通讯》发表我校合肥微尺度物质科学国家研究中心、化学与材料科学学院阳丽华课题组与熊宇杰团队合作研究成果。他们首次提出了一种高效低毒抗菌纳米酶的构建策略，有望促进生物相容性纳米酶的应用研究并有助于应对细菌抗药性危机。

4 日 《中国科学技术大学学报》2021 年编委会会议在线上召开。

4 日 美国《物理评论快报》发表我校合肥微尺度物质科学国家研究中心国际功能材料量子设计中心、中科院强耦合量子材料物理重点实验室曾长淦教授研究组与西湖大学李铧教授研究组实验和理论研究成果。他们在超导自旋输运研究方面取得重要进展，发现栅压控制的 Rashba 自旋轨道耦合可以有效调控零偏压电导峰所表征的相位相干多重 Andreev 反射。

4 日 美国《物理评论快报》发表我校教授潘建伟及其同事张强、南方科技大学范靖云等与清华大学马雄峰合作研究成果。他们在基于量子概率估计方法的实验中，约在 13.1 小时内实现了 1.08×10^{8} 比特的随机性净增加。

4 日 经校党委常委会会议研究决定，校长聘任：朱灿平任校长特别助理，协助校长专项负责学校特色文科建设。

4 日 经校党委常委会会议研究决定，校长任命：杜江峰兼任苏州高等研究院院长；褚家如兼任苏州高等研究院执行院长；姜海峰任工程与应用物理系执行主任；黄伟新任化学物理系执行主任；熊宇杰任应用化学系执行主任；杨上峰任材料科学与工程系执行主任；徐航勋任高分子科学与工程系执行主任；张卫明任网络空间安全学院副院长；谢海永、廖胜凯任网络空间安全学院副院长(兼)；尹红任审计处处长；刘明任档案文博院院长；丁望斌任公共事务学院副院长；方黑虎任档案文博院副院长。

4 日 经校党委常委会会议研究决定：丁望斌任公共事务学院党委书记；魏英任信息与智能学部党工委副书记兼软件学院党委书记。

6 日 由我校牵头承担的国家重点研发计划可再生能源与氢能技术专项“碱性离子交换膜制备技术及应用”项目实施方案论证暨项目启动会在合肥召开。

11 日 英国《自然》杂志子刊《自然·物理学》发表我校教授潘建伟及其同事张强、南方科技大学范靖云等与英国约克大学 Roger Colbeck 合作研究成果。他们在基于熵累积理论的实验中，约在 19.2 小时内实现了 2.57×10^8 比特的随机性净增加。

11 日 英国《科学报告》发表我校人文与社会科学学院特任副研究员吕骎骎等研究成果。他们通过对公元前第一千纪地中海泡碱玻璃的成分数据进行详细考察，提出泡碱玻璃可分为四个技术类别，发现其中第二类玻璃以玻璃珠的形式分布于黑海和欧亚草原沿线，并于春秋战国之交集中在我国出现，与中国古玻璃起源时间接近。

14 日 上海市委常委、副市长吴清，中国科大包信和校长一行赴中国科大上海研究院慰问春节期间留沪师生，向坚守岗位的科研人员拜年。

15 日 我校朱书教授和耶鲁大学 Richard A. Flavell 教授受邀在英国《自然评论胃肠病学和肝病学》杂志发表评述文章，系统总结了新冠患者胃肠症状，探讨了新冠感染导致肠道症状的可能机制。

17 日 《美国国家科学院院刊》在线发表我校生命科学与医学部王朝教授课题组和上海交通大学 Bio-X 研究院朱金伟教授课题组合作研究成果。他们首次揭示了 Ephexin 家族 RhoGEF 双重自抑制及激活的分子机制。

18 日 我校国家示范性微电子学院程林教授课题组在《IEEE International Solid-State Circuits Conference》(ISSCC)发表研究成果。他们提出了一种基于玻璃扇出型晶圆级封装(FOWLP)的全集成隔离电源芯片，为今后隔离电源芯片的设计提供了一个新的解决方案。

18 日 美国《科学》杂志子刊《科学・进展》在线发表我校微观磁共振重点实验室彭新华教授研究组及其合作者研究成果。他们首次在弗罗凯量子体系上实现微波激射器，为超高精度超低频磁场测量以及暗物质搜寻等提供了全新的途径。

18 日 美国《物理评论快报》在线发表我校郭光灿院士团队李传锋、项国勇研究组与香港中文大学袁海东教授合作研究成果。他们首次实现了两个参数同时分别达到“超海森伯极限”和海森伯极限的最优测量。

18 日 德国《数学新进展》杂志在线发表我校几何与物理研究中心特任教授陈杲的论文。他在稳定的前提下，解出陈秀雄和唐纳森独立提出的 J 方程以及丘成桐等人提出的超临界厄米特-杨振宁-米尔斯方程的变形，在厄米特-杨振宁-米尔斯方程和凯勒-爱因斯坦方程之间建立起了桥梁。

18 日 《细胞研究》杂志发表我校生命科学与医学部田长麟教授团队和清华大学刘磊教授团队合作研究成果。他们在国际上首次报道了人源全长钙敏感受体 CaSR 蛋白在四种不同条件下的冷冻电镜三维结构。该结构信息使得后续以 CaSR-TMD 为靶点的别构调节药物设计和开发变得更加高效和准确。

19 日 美国《科学》杂志发表我校单分子科学团队侯建国院士、王兵教授、谭世倞教授等研究成果。他们发展多种扫描探针显微成像联用技术，实现对单分子在电、力、光等外场作用下不同内禀参量响应的精密测量，在单化学键精度上实现单分子多重特异性的综合表征。

20 日 党史学习教育动员大会在北京召开。我校师生热议习近平总书记在党史学习教育动员大会上的重要讲话。

22 日 英国《自然》杂志子刊《自然・通讯》发表我校合肥微尺度物质科学国家研究中

心和化学物理系曾杰教授、李微雪教授团队研究成果。他们设计构筑了黑磷负载的金单原子催化剂(Au_1/BP),实现了甲烷在温和条件下高选择性氧化制甲醇。

24日 英国《自然》杂志子刊《自然·通讯》在线发表我校侯建国院士单分子科学团队董振超、张杨研究小组与燕山大学田广军研究组合作研究成果。他们利用扫描隧道显微镜诱导发光技术,对单个分子内电子-振动态发光进行了亚纳米分辨的成像表征,首次从实空间直接观察到了分子振动对电子态及其跃迁的影响,并结合理论计算,深刻揭示了电子-振动耦合如何影响电子跃迁和分子光谱的微观机制,为理解电子-振动耦合和分子光谱提供了重要的基本科学信息。

25日 我校扶贫开发领导小组办公室获"全国脱贫攻坚先进集体"荣誉称号。

26日 美国《科学》杂志发表我校王兴安教授课题组与中国科学院大连化学物理研究所孙志刚研究员和杨学明院士课题组合作研究成果。他们发现了基元化学反应中自旋轨道分波的量子干涉现象,揭示了电子自旋-轨道相互作用对化学反应动力学过程的影响。

26日 英国《自然》杂志子刊《自然·通讯》发表我校合肥微尺度物质科学国家研究中心、化学与材料科学学院傅尧教授与陆熹特任副研究员研究成果。他们开发镍氢催化烯酰胺不对称氢烷基化,实现温和条件手性脂肪胺模块化合成。

28日 由我校牵头承担的国家重点研发计划项目"重大事故灾害次生衍生与多灾种耦合致灾机理与规律"课题综合绩效评价会议在合肥召开。

本月 教育部公布首批全国党建工作示范高校、标杆院系、样板支部培育创建单位验收通过的名单,我校顺利通过全国首批10所党建工作示范高校验收,化学与材料科学学院化学系无机专业教师党支部通过全国党建工作样板支部验收。

本月 教育部公布2020年度普通高等学校本科专业备案和审批结果(教高函〔2021〕1号),我校获批新增设"量子信息科学""工程物理""环境科学与工程""网络与新媒体""人工智能"5个本科专业。

本月 教育部办公厅公布2020年度国家级和省级一流专业建设点名单(教高厅函〔2021〕7号),我校12个本科专业获得国家级一流专业建设点认定。

3月

1日 美国《物理评论快报》和《物理评论A辑》联合发表我校郭光灿院士团队李传锋、项国勇研究组与华沙大学 Alexander Streltsov 等人合作研究成果。他们将复数作为一种量子资源,揭示了其在局部量子态区分中有着不可替代的作用,并且更进一步在量子资源理论的框架下,研究了该种资源的度量方式以及在各种量子操作下的转化问题。

3日 合肥知识产权发展联盟在2020年度考核中获评优秀。

4日 英国《自然》杂志子刊《自然·通讯》发表我校地球和空间科学学院张捷教授课题组研究成果。他们应用完备的理论地震大数据训练人工智能神经网络,完善了该系统的准确性和可靠性,当地震发生后,实际地震数据进入人工智能系统,在不到1秒的时间内系统准确地估算出震源机制参数。

4日 《美国国家科学院院刊》发表我校教授潘建伟、窦贤康、徐飞虎等合作研究成果。

他们在国际上实现了1.43公里的远距离非视域成像，首次将成像距离从米级提高到公里级，为非视域成像技术的开拓及在实际场景中的应用开辟了新道路。

5日 我校女工委员、各单位女教职工代表在线参加中科院妇女工作委员会举办的“巾帼心向党·奋斗新征程”主题学习教育活动。

5日 美国《科学》杂志在线发表我校汪义丰教授研究团队和合作者研究成果。他们发展了一种三氟甲基逐级可控脱氟官能团化反应。该方法以廉价易得的三氟乙酸或者三氟乙酸酐为起始原料，为制备功能性的单氟和双氟化合物提供了更为经济实用的途径。

5日 美国《科学》杂志子刊《科学·进展》发表我校物理学院、合肥微尺度物质科学国家研究中心、国际功能材料量子设计中心赵瑾教授团队研究成果。他们在自主知识产权的程序Hefei-NAMD中率先实现了自旋分辨的real-time GW＋BSE(GW＋rtBSE)激子动力学，可以在第一性原理的层面上准确包含多体效应，突破了GW＋BSE方法在含时动力学上的瓶颈。

5～11日 十三届全国人大四次会议和全国政协十三届四次会议在北京胜利召开并圆满完成各项议程。我校师生通过网络、电视、广播、手机客户端等多种途径，积极收听收看大会盛况，纷纷结合各自学习或工作实际，畅谈学习体会。

8日 中国科学技术大学-紫金山天文台大视场巡天望远镜(WFST)本体项目评审会在中国科学院成都光电技术研究所召开，专家组一致同意通过WFST本体项目设计评审。

8日 《德国应用化学》杂志发表我校合肥微尺度物质科学国家研究中心、化学与材料科学学院黄伟新教授、张群教授和华东理工大学龚学庆教授、中国科学院大连化学物理研究所范峰滔研究员合作研究成果。他们研究了优先暴露不同晶面的锐钛矿TiO_2纳米晶光催化甲醇氧化反应，揭示了TiO_2表面位点敏感的界面电荷转移和光催化反应效率。

8日 《美国国家科学院院刊》发表我校龙冬教授课题组研究成果。他们成功揭示癌基因蛋白Ras的可成药“隐态”。

8日 学校召开2021年研究生招生工作会议。

9日 学校党委理论学习中心组召开集中学习会，深入学习习近平总书记在党史学习教育动员大会和中央党校(国家行政学院)中青年干部培训班开班式上的重要讲话精神，传达中共中央有关通知精神。

9日 英国《自然》杂志子刊《自然·神经科学》在线发表我校生命科学与医学部张智课题组与中国科大附一院麻醉科李娟团队合作研究成果。他们发现抑郁情绪产生的躯体疼痛与组织损伤产生的疼痛存在不一样的丘脑-皮层神经环路基础。

9日 美国《美国化学学会·应用材料与界面》杂志发表我校合肥微尺度物质科学国家研究中心、化学与材料科学学院阳丽华课题组研究成果。他们首次提出了发展由单一破膜大分子自组装所形成的酸敏纳米颗粒作为能同时实现胰腺癌基质重塑与癌细胞清除双重目标的治疗前药这一思路，可望为研发既能消除胰腺癌又不诱发肿瘤转移的新型药物提供帮助。

9日 英国《自然》杂志子刊《自然·通讯》发表我校微观磁共振重点实验室杜江峰、王亚等人研究成果。他们提出了不同于传统思路的新型自旋电荷转化方法，将“脆弱”的自旋量子态信息转移到“皮实”的电荷状态上，从而实现更高保真度的量子比特读出。

9日 2021年“智汇合肥名校行”启动仪式暨中国科学技术大学专场招聘会成功举办，由此也拉开了我校2021届毕业生春季招聘活动的帷幕。

10日 我校学习贯彻党的十九届五中全会精神宣讲团成员、党委常委、总会计师黄素芳作党的十九届五中全会精神宣讲。

11日 英国《自然》杂志子刊《自然·催化》在线发表我校化学与材料科学学院吴长征教授实验课题组和工程科学学院近代力学系吴恒安教授理论计算课题组合作研究成果。他们将电催化活性金属溶解于熔融态镓中，成功实现了非均相催化剂表面活性位点的均相化，将二氧化碳还原产物甲酸的选择性提高到95%以上。

12日 安徽省委宣传部副部长、省政府新闻办公室主任郑明武一行调研我校“外国专家书屋”建设情况。

12日 我校研究生院召开2021年春季学期研究生课程教学调度会。

13日 机关党委组织150余名党员赴高新园区开展义务植树主题党日活动。

13日 我校与安徽省联合举办第五届“墨子·云论坛”活动。

13日 由我校牵头承担的国家重点研发计划项目“国家棉麻、粮食物资储备库安全保障技术与装备研发”课题综合绩效评价会议在合肥顺利召开。

15日 华东五校联合共建的课程“科学精神”首次开课。

16日 中国科大附一院（安徽省立医院）心脏大血管外科副主任医师宣海洋和体外循环灌注师董桂福，作为中国红十字会第四批援布基纳法索医疗队队员，启程前往布国开展为期一年的国际人道主义医疗援助，宣海洋担任医疗队队长。

16日 我校曾杰教授课题组受邀在美国《化学研究述评》杂志发表文章，综述“对称破缺活性中心活化二氧化碳分子”的催化剂设计理念，该文被选为当期杂志封面文章。

17日 美国《固体力学与固体物理学杂志》在线发表我校工程科学学院、中国科学院材料力学行为和设计重点实验室郑志军研究组研究成果。他们发现表面粗糙度可以改变接触界面的强度和吸附模式，并揭示了界面增强/减弱和吸附模式转变的力学机理。

17日 经校党委常委会会议研究决定，校长聘任：陈履生任博物馆馆长，聘期五年。

17日 经校党委常委会会议研究决定，校长任命：雷久侯任地球物理与空间科学技术系执行主任；赵子福任地球化学与行星科学系执行主任。

17～22日 校党委第四轮巡察反馈顺利完成。

18日 华为技术有限公司轮值董事长徐直军一行来校调研，就进一步深化校企合作举行座谈。

18日 中共中国科学技术大学委员会召开全体（扩大）会议，传达“两会”精神，部署学校2021年党政工作要点和全面从严治党工作要点。

18日 我校召开党史学习教育动员大会，深入学习贯彻习近平总书记在党史学习教育动员大会上的重要讲话精神和中央有关通知精神，对开展党史学习教育进行动员部署。中共安徽省委党校吴梅芳教授来我校作党史学习首场专题辅导报告。

18日 由我校牵头承担的国家重点研发计划“干细胞及转化研究”重点专项“神经系统多能干细胞谱系分化与命运决定机制研究”项目启动会在合肥召开。

18日 美国《物理评论快报》发表我校合肥微尺度物质科学国家研究中心国际量子功

能材料设计中心、物理系乔振华教授研究组与加州州立大学北岭分校 Dong-Ning Sheng 教授、斯坦福大学 Hong-Chen Jiang 教授合作在相互作用诱导的轨道陈绝缘体理论研究中所取得的新进展。该研究不仅提供了转角多层石墨烯之外的另一种轨道陈绝缘体体系，也为区分 kagome 体系中反常霍尔效应的不同物理机制提供了理论基础。

19 日 美国《科学》杂志子刊《科学・进展》在线发表我校郭光灿院士团队史保森教授、丁冬生教授与南京大学夏可宇教授和日本理化所 Franco Nori 教授合作研究成果。他们利用室温下的原子系统实现了超越磁光效应的百兆赫兹带宽单光子非互易传输。

19 日 我校学习贯彻党的十九届五中全会精神宣讲团成员、党委常委褚家如作党的十九届五中全会精神宣讲。

20 日 美国《光学》杂志发表我校教授潘建伟、徐飞虎等合作研究成果。他们实现超过 200 公里的远距离单光子三维成像，首次将成像距离从十公里突破到百公里量级，为远距离目标识别、对地观测等领域的应用开辟了新道路。

20 日 安徽省省长王清宪来我校调研科技创新攻坚力量体系建设工作。

21 日 我校举办校博物馆馆长陈履生先生的聘任仪式。

22 日 安徽省委统战部副部长、省侨办主任张启明一行来我校调研座谈。

22 日 美国《物理评论快报》发表我校郭光灿院士团队董春华研究组在单个微腔内构建了人工规范场研究方面取得的重要进展。他们首次利用回音壁模式微腔中多模相互作用，通过几何相位控制实现了人工合成规范场，包括合成磁场和合成电场。

23 日 党史学习教育中央宣讲团成员、中央党史和文献研究院原院长冷溶一行来校开展党史学习教育宣讲。

24 日 我校举行东区面授党校暨青年马克思主义者培养工程“六有”大学生“青马计划”班开班仪式。

24 日 我校学习贯彻党的十九届五中全会精神宣讲团成员、党委常委、副校长杜江峰作党的十九届五中全会精神宣讲。

25 日 我校召开行星探索与前瞻性技术前沿科学中心校内启动会。

25 日 英国《自然》杂志子刊《自然・通讯》发表我校国家同步辐射实验室闫文盛教授研究组与孙治湖副研究员合作研究成果。他们通过磁性金属原子精确可控掺杂的策略，实现了二维石墨烯的室温铁磁性。

26 日 美国《科学》杂志发表我校田志刚教授、彭慧教授、孙汭教授、法国马赛大学 EricVivier 教授团队合作研究成果。他们发现成年肝脏造血前体细胞向 1 型天然淋巴细胞(肝脏 ILC1，即肝脏定居 NK 细胞)的分化潜能及调控机制，揭示天然淋巴细胞的骨髓外发育新路径。

26 日 英国《自然》杂志子刊《自然・通讯》发表我校地球和空间科学学院吴忠庆教授课题组王文忠博士、密西根州立大学刘嘉超博士和亚利桑那州立大学李明明教授合作研究成果。他们发现下地幔最大的低速异常体——位于非洲和太平洋板块底下的大型低剪切波速省(LLSVPs)，可能起源于地球早期岩浆海演化。

26 日 我校召开 2021 年第一季度书记调度会暨机关部处长联席会。

26 日 财政部安徽监管局党组成员、副局长王冬一行来我校就推进科研院所、高校、企业科研力量优化配置和资源共享进行专题调研。

26日 由我校管理学院余玉刚教授牵头的国家自然科学基金重大项目“平台供应链的管理理论与方法”项目启动会召开。

27日 由我校管理学院余玉刚教授牵头的国家自然科学基金专项项目管理科学与工程“十四五”学科发展战略专家咨询会召开。

27日 美国《先进科学》杂志在线发表我校微尺度物质科学国家研究中心和生医部吴缅教授、刘连新教授团队与哈尔滨医科大学肿瘤医院张清媛教授合作研究成果。他们在肿瘤细胞调控糖酵解和线粒体呼吸代谢平衡机制方面取得新成果。

27日 物联网与无人系统安全与智能论坛在合肥举办。

28日 我校举办第五届“溯风”传统文化月开幕式活动。

28日 我校举行“丹心映芳华　薪火永相传”2021年“云赏樱”直播活动。

29日 校党委召开第五轮巡察动员部署会。

29日 美国《物理评论快报》在线发表我校郭光灿院士团队邹长铃研究组研究成果。他们在集成光子芯片上实现了基于微腔简并模式的高效光子频率转换,并进一步探究了微腔内的级联非线性光学效应,实现跨波段的频率转换和放大。

30日 我校举办“细胞动力学前沿研讨会”。

30日 国家知识产权局与我校就合作共建知识产权研究院举行会议,签署共建框架协议,双方将在知识产权学科建设、知识产权智库、知识产权平台和人才队伍建设等方面开展深度合作。

31日 德国驻上海总领事馆科技领事 Richard Cuntz(孔瑞超)先生一行访问我校。

本月 数学科学学院马杰教授因其在极值概率图论和结构图论所取得的成果,荣获国际组合学及其应用协会2020年度 Hall 奖。

本月 我校出版社申报的《量子科学出版工程(第三辑)》《中国印刷技术史》《污染控制理论与应用前沿丛书》3个图书项目全部入选2021年度国家出版基金资助项目。

本月 我校主导完成的“黑磷复合材料的‘界面重构’实现高倍率高容量锂存储 ”入选2020年度“中国高等学校十大科技进展”。

本月 国家卫生健康委公布《2019年度全国三级公立医院绩效考核国家监测分析有关情况通报》,中国科大附一院(安徽省立医院)在全国1306家三级综合性公立医院中跃居第24位,等级A+,26项国家监测指标中13项获得满分。

4月

1日 英国《自然》杂志子刊《自然·通讯》发表我校沈延安课题组研究成果。他们以高精度镍同位素分析为主要手段对加拿大北极地区的晚二叠-早三叠地层进行了系统研究,提出西伯利亚大火成岩省喷发产生的含镍气溶胶是二叠纪末生命大灭绝的重要因素这一新观点。

2日 我校756杰出校友、中国探月工程总设计师吴伟仁院士向学校捐赠“吴伟仁星”小行星模型及命名证书。

2日 学校党委理论学习中心组召开集中学习会,深入学习习近平总书记在福建考察期间重要讲话精神。

2日 美国《糖尿病护理》杂志发表我校翁建平教授团队研究成果。他们首次将1型糖尿病不同孕期疾病管理关键点整合到WHO推荐的孕产管理流程中,证实CARNATION研究所构建的1型糖尿病妊娠期疾病管理流程可以显著降低不良妊娠结局。

2~4日 我校召开化学与材料科学学院和合肥微尺度物质科学国家研究中心共同主办的"第五届中国能源材料化学研讨会"。

6日 《德国应用化学》杂志发表我校刘波教授课题组研究成果。他们提出了氨气气相蚀刻的方法,在羧酸配位的微孔MOF(HKUST-1,[Cu_3BTC_2],BTC = 1,3,5-苯三羧酸)中生成介孔,制备分级孔金属有机骨架(MOF)。

6日 美国《光学》杂志在线发表我校教授潘建伟及其同事张强、彭承志、姜海峰等研究成果。他们实现长距离大损耗自由空间高精度时间频率传递实验,在大气噪声、链路损耗、传输延迟效应等多角度仿真高轨卫星星地高精度时频传递,验证了基于中高轨卫星实现万秒E-18量级稳定度的星地时频传递的可行性,为未来空间光频标科学实验和洲际光钟频率传递和比对奠定了基础。

6~15日 《美国化学学会·应用材料与界面》和《生物材料学报》先后发表我校中科院材料力学行为与设计重点实验室骆天治教授团队与武汉大学王正直副教授、张作启教授合作研究成果。他们研究了具有防御功能的螳螂虾尾刺(矛)和寄居蟹左螯(盾),综合利用多种实验手段揭示了从纳米尺度到厘米尺度的化学梯度、微观结构和力学性能之间的相关性,并通过有限元分析和3D打印技术确认了两种结构中的增韧机制和结构优化原理。

6日 学校举行"中国科大-中科院计算所所系结合研究生培养基地"签约暨揭牌仪式。

7日 安徽应用数学中心学术研讨会暨工业与科学计算软件研发进展汇报会议在我校召开。

8日 我校召开第九届校学位评定委员会第五次工作会议。

9日 全国人大常委会副委员长、民进中央主席蔡达峰来我校专题调研基础学科和科研队伍建设情况。

10日 我校陈恩红教授团队联合科大讯飞股份有限公司共同完成的项目——"面向智能教育的自适应学习关键技术与应用"荣获吴文俊人工智能科技进步奖一等奖。

10日 我校举办中国科大-中日名校国际交流日活动。

10日 "中国科大-中科院近物所所系结合研究生培养基地"签约暨揭牌仪式在近物所惠州离子中心举行。

11日 由我校牵头承担的国家重点研发计划"大科学装置前沿研究"重点专项"面向先进高分子薄膜加工与功能改性的同步辐射研究平台"项目启动暨实施方案论证会在合肥召开。

12日 中科院量子信息与量子科技创新研究院理事会第四次会议在合肥召开。

12日 2020年度安徽省科学技术奖励大会暨加快科技创新攻坚力量体系建设推进会在合肥召开。我校杜江峰院士获安徽省重大科技成就奖,我校4位外国专家获第十五届安徽省"黄山友谊奖"。

12～13日 中国科学院院长、党组书记侯建国来校调研。

14日 安徽省政府副省长、党组成员张红文来我校调研人工智能技术及产业发展情况。

14日 美国《物理评论快报》发表我校蒋彬教授课题组研究成果。他们利用新发展的嵌入原子神经网络电子摩擦张量表达，与英国合作者将首次实现完全从第一性原理出发对分子与金属表面碰撞时绝热和非绝热能量转移通道的同时描述。该工作为定量化分子-金属表面散射过程中电子激发引起的非绝热能量效应以及电子摩擦模型的适用范围提供了标准的范例。

14日 经校党委常委会会议研究决定，校长任命：顾韬任保卫与校园管理处处长；张鹏飞任北京教学与管理部主任；洪军任饮食服务集团总经理；赵钢任资产与后勤保障处处长（试用期一年）；陈洪佳任少年班学院副院长（试用期一年）。

14日 经校党委常委会会议研究决定：洪军任饮食服务集团直属党支部书记。

15日 学校承办召开第五届全国工程专业学位研究生教育指导委员会第二次工作会议。

16日 天津大学党委常委、副校长胡文平一行来我校调研。

16日 美国《科学》杂志发表我校教授潘建伟、陈帅等与北京大学刘雄军等合作研究成果。他们在国际上首次利用超冷原子体系实现了三维自旋轨道耦合，并构造出有且仅有一对外尔点的理想外尔半金属能带结构。

18日 学校举办“学党史、强信念、跟党走”辅导报告暨春季学期学生团支部书记论坛。

18日 华为技术有限公司轮值董事长徐直军一行来我校调研。

18日 少年班学院赴谭家桥北上抗日先遣队陈列馆举行“十八岁学生成人宣誓仪式”。

18日 学校举行“百年辉煌·羽你同庆”——庆祝中国共产党成立100周年教职工羽毛球双打比赛。

19日 学校党委理论学习中心组召开集中学习会，深入学习习近平总书记考察中国科大重要指示精神，学习习近平《论中国共产党历史》《习近平关于网络强国论述摘编》。

19日 学校举办学习贯彻《中国共产党统一战线工作条例》专题辅导报告会，安徽省委统战部副部长王琦受邀作专题报告。

20日 学校召开党委全委扩大会，深入学习习近平总书记在清华大学考察时重要讲话精神。

20日 学校召开党委全委扩大会暨第二季度书记调度会、教工党支部书记论坛之辅导报告会。

20日 我校2021年硕士研究生招生复试工作陆续展开。

21日 学校党委常委、副校长朱长飞率中国科大党史学习教育第二指导组成员，到上海研究院开展党史学习教育督查指导，并参加党史学习教育专题会议。

22日 学校召开农工民主党中国科学技术大学支部换届大会。

22日 校党委书记舒歌群、校长包信和慰问劳模代表。

22日 英国《自然》杂志子刊《自然·通讯》发表我校郭光灿院士团队邹长铃研究组与山西大学张鹏飞、张天才教授等人合作研究成果。他们在原子系统中实现了51.5 dB的非互易隔离，是目前无磁非互易领域中的最高隔离比，并且首次探讨了非互易器件中量子噪声问题，证明了该新的全光非互易效应不会引入额外的量子噪声。

22 日 英国《自然》杂志子刊《自然·通讯》发表我校郭光灿院士团队李传锋、周宗权研究组研究成果。他们将相干光的存储时间提升至 1 小时，大幅度刷新了 2013 年德国团队光存储 1 分钟的世界纪录，向实现量子 U 盘迈出重要一步。

22 日 学校党委常委、副校长、党史学习教育第二指导组组长朱长飞和校宣传部、党政办等指导组成员出席苏州高等研究院党史学习教育调研指导会议。

23 日 学校举行 2021 年郭沫若奖学金颁奖典礼。

23 日 贵州省脱贫攻坚总结表彰大会在贵阳召开。我校学生工作部(处)专职辅导员、挂任六枝特区政府党组成员、政府办党组成员、副主任林高华同志，校团委青年发展办公室主任、派驻六枝特区新窑镇联合村第一书记徐晶芝同志均荣获“贵州省脱贫攻坚先进个人”称号。

23 日 学校举办创新创业大讲堂(第三期)暨第 134 期校友论坛活动。

23 日 美国《物理评论快报》发表我校郭光灿院士团队董春华教授研究组研究成果。他们在光力混合系统中通过级联光子-声子耦合实现了对于光力相互作用的耗散调控，并增强了光力体系的冷却效果。

25 日 学校召开习近平总书记考察中国科大五周年座谈会。

25 日 学校召开党建与思想政治工作研讨会，校党委书记、党建与思想政治工作研究会会长舒歌群作专题报告。

25～26 日 学校举办“4·26 世界知识产权日”校园普法系列活动。

25～26 日 我校承办中国科学院 2021 年度第一期外事管理研讨班。

26 日 我校先进技术研究院举办“牢记嘱托、勇担使命”成果集中发布暨“四院一谷”战略合作协议签约活动。

26 日 黑龙江省政府副省长徐建国、云南省政府副省长张治礼、海南省政府副省长王路一行来我校调研科技创新工作。

26～30 日 我校火灾科学国家重点实验室孙金华教授受邀在第 13 届国际火灾安全科学大会上作了锂离子电池火灾安全的 1 小时特邀报告。

27 日 科技部徐南平副部长一行来我校调研科技创新工作。

27 日 美国《物理评论应用》杂志发表我校郭光灿院士团队郭国平、李海欧研究组与合作者以及本源量子计算公司合作研究成果。他们对集成微磁体的硅基量子点进行研究，发现了自旋量子比特操控的各向异性：通过改变外加磁场与硅片晶向的相对方向，可以将自旋量子比特的操控速率、退相干速率和可寻址性进行同时优化。

27 日 学校党史学习教育第四指导组参加计算机科学与技术学院党史学习教育理论学习。

28 日 学校党委理论学习中心组在合肥渡江战役纪念馆举行第五次学习会。

28 日 学校举行与中国科学院城市环境研究所“环境科学与工程科技英才班”共建签约仪式暨“城环英才新生奖学金”颁奖仪式。

28 日 美国《物理评论应用》杂志发表我校郭光灿院士团队郭国平、曹刚等人与本源量子计算有限公司合作研究成果。他们利用微波超导谐振腔实现了对半导体双量子点的激发能谱测量。

29日 安徽省委党校郝欣富教授应邀来我校作党史学习教育专题辅导报告。

29日 校党委书记舒歌群以《铭记辉煌历史、传承红色基因、办出世界一流》为题为全校中层领导干部、教工党支部书记作党史学习教育专题党课报告。

29日 学校举行安徽省大学生文化艺术展演“青春向党·奋斗强国”。

29日 《美国化学会会志》发表我校高敏锐教授研究组研究成果。他们受狗尾草表面超疏水纳米结构启发，利用电化学沉积法在气体扩散层(GDL)上生长分层级高曲率铜结构，构筑抑制电解液“溢流”的二氧化碳电解池阴极。

30日 学校举行与蔚来控股有限公司战略合作协议签约仪式。

30日 美国《物理评论快报》发表我校郭光灿院士团队李传锋、许金时等人与上饶师范学院李波、梁晓斌，南开大学陈景灵合作研究成果。他们实现了光量子信息的掩蔽，成功地将量子信息隐藏到非局域的量子纠缠态中。

30日 美国《物理评论快报》发表我校中国科学院微观磁共振重点实验室杜江峰、荣星等人研究成果。他们通过对金刚石量子比特的高精度量子操控，首次在量子体系中实现动力学环绕非厄米奇异点，并成功观测到基于奇异点的本征态转换。

30日 中国科大智慧城市研究院(芜湖)举办“云起长三角”工业互联网协同创新主题沙龙，并联合长三角工业互联网联合会等单位共同发布“长三角工业互联网协同创新倡议书”，助力长三角工业互联网高质量发展。

30日 我校网络信息中心庄严老师荣获安徽省五一劳动奖章。

30日 经校党委常委会会议研究决定：千坤任化学与材料科学学院党委副书记(任职时间自2021年5月1日起，试用期一年)；阳思任大数据学院党总支常务副书记(副处级，试用期一年)；刘淇任团委副书记(兼职，期限两年)。

30日 经校党委常委会会议研究决定，校长任命：杨志伟任招生就业处副处长、就业办公室主任兼创新创业学院副院长；刘淇兼任创新创业学院副院长。

30日 经校党委常委会会议研究决定，校长任命：刘世平挂职担任数学科学学院副院长；荣星挂职担任物理学院副院长；武晓君挂职担任化学与材料科学学院副院长；陶鑫挂职担任地球和空间科学学院副院长；王育才挂职担任生命科学与医学部副部长；朱祖勍挂职担任信息科学技术学院副院长；龚伟挂职担任计算机科学与技术学院副院长；刘林冬挂职担任管理学院副院长；刘贤伟挂职担任环境科学与工程系副主任；姚涛挂职担任核科学技术学院副院长；肖翀挂职担任合肥微尺度物质科学国家研究中心副主任；肖华华挂职担任火灾科学国家重点实验室副主任。以上挂职任命，期限均为一年。

本月 我校各级团学组织开展“学党史、强信念、跟党走”特别主题团日活动。

本月 我校核探测与核电子学国家重点实验室安琪教授、曹平副教授科研团队与中国科学院深海科学与工程研究所联合研制的我国首套深海伽玛核辐射探测谱仪在南海成功完成海试，并在深海海底取得了重要科学数据。

本月 中国科大附一院党委书记、副院长刘连新教授荣获第九届“国家卫生健康突出贡献中青年专家”称号。

本月 校工会开展庆祝建党100周年系列活动。

5月

4日 《德国应用化学》杂志发表我校杜平武教授课题组研究成果。他们首次构建了基于碳纳米管单层对苯撑片段的弯曲连体双环,研究了其独特的光物理性质,并利用富勒烯作为客体分子组装了超分子异质结。

4日 英国《化学会评论》发表我校俞书宏院士课题组受邀撰写的评述论文。文章阐述了利用"软化学"反应策略对亚稳态金属硫族化合物纳米结构进行物理化学调控的研究进展。

5日 英国《自然》杂志子刊《自然·通讯》发表我校地球和空间科学学院姚华建教授课题组研究成果。他们利用背景噪声干涉成像揭示地幔转换带底部分离的大洋地壳。

5日 英国《抗菌化疗杂志》在线发表中国科大附一院、生医部孙宝林教授课题组研究成果。他们定义并阐释了一组新的调控性蛋白 VraCP 参与 Mu50 菌株万古霉素中度耐药发生及细胞壁代谢的分子机制。

5~6日 由我校智慧城市研究院(芜湖)参与承办的2021ACF第四届江淮信息技术发展论坛在芜湖举行。

7日 学校召开"潜心立德树人 执着攻关创新"工作推进会,聚焦中国科大一流本科教育、思政课程工作、研究生"德创"领军人才培养计划,以及加强执着攻关创新工作等方面进行总结、开展交流。

7日 学校举行与芜湖市人民政府、安徽海螺集团有限责任公司合作协议签约仪式。

7日 学校举行"生命接力先锋队"走进"百家高校""百家医院"系列之中国科学技术大学、中国科大附一院(省立医院)联学联建暨施予受器官捐献主题活动。

7日 美国《科学》杂志在线发表我校中科院量子信息与量子科技创新研究院潘建伟、朱晓波、彭承志等研究成果。他们成功研制了62比特可编程超导量子计算原型机"祖冲之号",并在此基础上实现了可编程的二维量子行走。

7日 英国《自然》杂志子刊《自然·地球科学》在线发表我校地球和空间科学学院、科技部蒙城地球物理国家野外科学观测站、中国科学院深地科学卓越创新中心张海江教授课题组与美国地质调查局合作研究成果。他们利用最新发展的先进地震层析成像技术揭示俯冲带大型逆冲断层孔隙率与力学性质的变化。该研究结果对于这些俯冲带的地震危险性评估也将会起到重要作用。

9日 中央第二巡视组巡视中国科学技术大学党委工作动员会召开。

9日 学校举办庆党百年华诞暨第二届"华米杯"师生龙舟交流赛。

9~30日 学校举办2021年选调生岗位能力培训系列活动。

10日 美国《物理评论快报》在线发表我校陈仙辉院士团队吴涛课题组与南方科技大学梅佳伟、王善民等人合作研究成果。他们成功测量了无限层镍基超导体母体材料 $LaNiO_2$ 的本征磁化率并观察到类似于高温超导体的"赝能隙"行为,为研究高温超导体中的超导机理以及赝能隙的物理起源提供了新的实验证据。

10日 学校召开国家重点研发计划“变革性技术关键科学问题”重点专项“生物界面蛋白质冠主动精准调控与高效递送载体构建”项目启动会暨实施方案论证会。

11日 英国《自然》杂志子刊《自然·通讯》发表我校高敏锐教授课题组研究成果。他们利用三维泡沫铜骨架作为基底，通过阳极电氧化形成 $Cu(OH)_2$ 纳米线阵列状模版，依次经过水热和煅烧前驱体还原，得到一种新型的三元 Ni-W-Cu 合金。

11日 以色列驻上海总领事馆总领事 Edward Shapira 先生一行访问我校。

11日 我校“双一流”重点建设项目“中国科学技术大学-紫金山天文台 2.5 米大视场巡天望远镜”基建工程在青海冷湖天文观测基地正式开工。

12日 中国科学院副院长、党组副书记阴和俊来我校调研科技创新和党建工作。

12日 美国《纳米快报》杂志发表我校郭光灿院士团队郭国平、李海欧等与中科院物理所张建军和本源量子计算有限公司合作研究成果。他们首次在硅基锗空穴量子点中实现朗道 g 因子张量和自旋轨道耦合场方向的测量与调控，对于该体系更好地实现自旋量子比特操控及寻找马约拉纳费米子有着重要的指导意义。

12日 国家知识产权局副局长赵刚一行来我校调研。

12日 学校举办“习近平新时代中国特色社会主义思想”系列讲座第三场报告会，中共安徽省委党校（安徽行政学院）副校长、我校马克思主义学院院长胡忠明教授作题为《新民主主义革命道路的开辟》的主题报告。

13日 安徽省委副书记程丽华来我校调研。

13日 《美国化学会志》发表我校俞书宏院士团队研究新进展。他们报道了一种新型轴向超晶格纳米线的合成新方法，为外延集成这些传统的非范德华固体提供了另一种有效途径。

13日 全国人大常委会副委员长、农工党中央主席、中国红十字会会长陈竺来我校就“强化生命健康国家战略科技力量”进行主题调研。

14～15日 党史学习教育艺术党课“共产党宣言”在我校演出。

15～19日 学校完成新冠疫苗第一针集中接种工作。

16日 中国科大长三角地区校友代表座谈会暨首届全球科大人创新创业大赛启动会召开。

17日 英国《自然》杂志发表我校近代物理系、天文学系以及核探测与核电子学国家重点实验室合作研究成果。他们参与的高海拔宇宙线观测站（LHAASO）实验在银河系中发现了 12 个能把宇宙线加速到 1 千万亿电子伏特（10^{15} eV，PeV）以上的加速源，从而为宇宙线起源这一问题的解决带来了突破性的进展。

18日 美国《物理评论快报》发表暗物质粒子探测卫星（“悟空”，DAMPE）国际合作组在高能宇宙射线领域的重要研究进展。他们基于 DAMPE 在轨数据获得了 70 GeV～80 TeV氦核素微分通量谱（对应每核子能量为 17.5 GeV/n～20 TeV/n），首次直接观测到氦核素在～34 TeV 位置的能谱软化现象。

19日 学校党委理论学习中心组召开集中学习会，深入学习习近平总书记在清华大学考察时重要讲话精神，学习习近平《论中国共产党历史》。

20日 学校召开 2021 年度学生创新创业基金项目评审会，确定 54 个拟立项支持的项目。

21～27 日 校党委常委王晓平、褚家如、周丛照、黄素芳、蒋一等为师生员工上党史学习教育专题党课。

22 日 学校举办 2021 年科技活动周暨第十七届公众科学日(线上)活动。

23 日 学校召开第二十五次学生代表大会和第十次研究生代表大会。

24 日 学校召开国家重点实验室重组领导小组第一次会议。

24 日 我校吴枫教授以其对"多媒体非均匀编码和通信的贡献"荣获 2021 年度 IEEE CAS Mac Van Valkenburg 奖,这是该奖项首次颁发给中国(不包括港澳台地区)的学者。

24 日 学校党委常委、副校长、学校党史学习教育第三指导组组长王晓平为后勤系统上了题为"井冈山根据地、井冈山斗争与井冈山精神"的党史学习教育专题党课。

25 日 学校召开学习贯彻习近平总书记在清华大学考察时重要讲话精神座谈会。

25 日 我校校长特别助理朱灿平率团赴四川出席"三星堆遗址综合研究启动暨集中签约仪式"。我校将在三星堆的海贝、象牙、金器和青铜范芯等方面与四川省文物考古研究院开展合作。

25 日 我校独立研制的天问一号探测器环绕器有效载荷-火星磁强计的伸杆实施了在轨展开,正式开启对近火空间矢量磁场的科学探测任务。

25 日 英国《自然》杂志子刊《自然・通讯》发表我校梁海伟教授、武晓君教授以及路军岭教授等课题组合作研究成果。他们发现把一种传统认为是催化毒化剂的硫元素掺入碳载体中能够在高温下稳定金属纳米团簇,展现出独特的抗烧结特性。

26 日 学校举办党史学习教育专题党课暨辅导报告会,党委常委、副校长罗喜胜和安徽省委党史研究院副院长苗键作专题报告。

26 日 我校地球和空间科学学院郝记华特任研究员荣获加拿大高等研究院(CIFAR)颁发的 2021 年度全球学者(CIFAR Azrieli Global Scholar)奖。这是该奖项历史上首次颁发给中国(不包括港澳台地区)的学者。

28 日 校纪委召开 2021 年第二季度院级党组织纪检工作推进会。

28 日 我校驻金寨县燕子河镇龙马村扶贫工作队副队长、出版社副总编辑孔庆勇,扶贫工作队队员、保卫与校园管理处综治科科长贾麒麟荣获"全省脱贫攻坚先进个人"称号。

28 日 英国《自然》杂志子刊《自然・通讯》发表我校郭光灿院士团队李传锋、许金时、王俊峰等人与匈牙利魏格纳物理研究中心 Adam Gali 教授合作研究成果。他们在国际上首次实现了反斯托克斯激发的固态自旋体系的相干操控,该技术在量子信息处理及量子精密测量中具有重要用途。

29 日 我校与中科院合肥物质科学研究院共同举办"技术自立、装备自强"中国科学技术大学第二届工程类研究生学术论坛。

29 日 学校举行"永远科大人"毕业纪念系列活动开幕式暨 See You 2021 拔河比赛。

30 日 我校学子在第十二届丘成桐大学生数学竞赛中取得 2 银 2 铜的佳绩,位列全国高校第三名。

31 日 我校少年班学院与档案文博院举行珍贵题词档案交接仪式。

31 日 英国《自然》杂志子刊《自然・通讯》发表我校陈涛教授团队研究成果。他们研究了硫化锑（Sb_2S_3）薄膜中深能级缺陷态性质，建立了低维材料硫化锑深能级缺陷与其结构及化学计量比之间的依赖关系，揭示了低维材料独特的缺陷机制，从而为调控该类材料的性质、为制备高质量的太阳能电池薄膜材料提供了新思路。

本月 中国科大附一院组织编写的“我与省医的故事”人文丛书之《奋战在抗疫一线的日子》正式出版。

本月 我校“九章”光量子计算原型机研制团队荣获“中国青年五四奖章集体”称号，我校物理学院林毅恒教授荣获“安徽青年五四奖章”称号。

本月 范维澄院士荣获 2018 年度国际火灾研究机构主任论坛 Sjölin 奖，以表彰其对火灾安全科学所作出的杰出贡献和在火灾安全工程领域取得的突出成就。

本月 我校《研究生教育研究》再度入选 CSSCI 来源期刊。

本月 我校大尺度火灾国际联合研究中心获评 2020 年度优秀国家国际科技合作基地。

本月 我校刘乃安研究员牵头申报的大尺度火灾防控学科创新引智基地入选 2021 年度“高等学校学科创新引智计划”。

本月 学校各支部认真学习贯彻习近平总书记在清华大学考察时重要讲话精神。

6 月

1 日 学校在六枝特区新窑镇四角田小学开展爱心助学捐赠仪式。

1 日 学校党委常务副书记、党史学习教育第一指导组组长蒋一和指导组成员参加了合肥微尺度物质科学国家研究中心研究与管理教工党支部党史学习教育理论学习。

2 日 我校出版社的《世纪幽灵：走近量子纠缠》（日文版）成功入选国家新闻出版署 2021 年“经典中国国际出版工程”。

2 日 英国《自然》杂志在线发表我校郭光灿院士团队李传锋、周宗权研究组研究成果。他们利用固态量子存储器和外置纠缠光源，首次实现了两个吸收型量子存储器之间的可预报量子纠缠，演示了多模式量子中继。

2 日 《美国化学会会志》以补充封面论文形式发表我校高敏锐教授研究组研究成果。他们发现分层级高曲率铜电极出色的 CO_2 电解稳定性来源于其内禀的疏水性，因此可以有效避免电解液的过度接触，缓解“溢流”问题。

2 日 经校党委常委会会议研究决定：傅尧兼任党委宣传部部长、先进技术研究院党委第一书记。

3 日 学校党委书记舒歌群为化学与材料科学学院党员师生作题为《铭记辉煌历史 传承红色基因办出世界一流》的党史学习教育宣讲报告。

3 日 学校第十一届学术委员会召开第三次全体会议暨校国家重点实验室重组领导小组第二次会议。

3 日 学校召开 2020～2021 学年学生社团管理建设评议会。

4 日 学校召开党委理论学习中心组集中学习会，深入学习习近平总书记在中国科学院第二十次院士大会、中国工程院第十五次院士大会、中国科协第十次全国代表大会上重要讲话精神，学习习近平《论中国共产党历史》《中国共产党简史》。

4日 校党委常委、副校长杜江峰以《“两弹一星”精神与我们的时代责任》为题作党史学习教育专题党课报告。

4～6日 我校代表队在2021年第四届中国大学生物理学术竞赛(华东地区)比赛中荣获特等奖第一名。

5～6日 我校龙舟队夺得2021年中国名校水上运动公开赛一等奖。

6日 学校举办2021年“基础学科英才班”学生学术交流会。

7日 《美国数学会志》在线发表两篇我校几何与物理研究中心创始主任陈秀雄与合作者程经睿的研究成果。他们解决了若干有关凯勒流形上常标量曲率度量和卡拉比极值度量的著名问题,包括长期未决的强制性猜想和测地稳定性猜想,将对几何和偏微分方程的研究产生重要的影响。

8日 学校召开高新园区建设发展推进会。

8日 美国《细胞》杂志子刊《免疫学》发表我校周荣斌、江维教授团队研究成果。他们率先证明ILC3s可直接识别组织损伤并发现GPR34在其中发挥了关键作用。

9日 上午,学校与中微半导体设备(上海)股份有限公司签署共建“中微半导体集成电路英才班”合作协议。下午,中微半导体设备(上海)股份有限公司董事长兼首席执行官尹志尧博士为2020级本科生作第七场“科学与社会”研讨课主题报告。

9日 美国《物理评论快报》发表我校郭光灿院士团队李传锋、柳必恒等人与奥地利科学院理论物理学家合作研究成果。他们实验观测到开放量子系统多步演化的非马尔可夫性,证明了量子记忆效应的操作依赖性。

9日 学校党委副书记、纪委书记毕金初以《重温百年党史　强化纪律监督》为题作党史学习教育专题报告。

10日 学校召开党委扩大会议,会后,中共安徽省委党校副校长、教授、安徽省委党史学习教育宣讲团成员胡忠明作题为《新民主主义革命道路和社会主义建设道路的探索》党史学习教育专题辅导报告。

10日 学校与泛林集团举行座谈会,双方将在奖学金设立、参访学习、建立实习基地、实验室共建横向课题研究等多方面开展深度合作,实现校企共赢。

10日 学校驻金寨县燕子河镇龙马村乡村振兴工作队到岗开展工作。

10日 英国《自然》杂志子刊《自然·通讯》在线发表我校合肥微尺度物质科学国家研究中心和物理系陈仙辉超导研究团队研究进展。他们在层状笼目结构超导体CsV_3Sb_5中发现了非寻常的电荷密度波(CDW)与超导的竞争关系,为理解新奇的CDW和超导态提供了关键性的实验证据。

11日 美国《物理评论快报》以“编辑推荐文章”(Editors' Suggestion)的形式发表我校郭光灿院士团队任希锋研究组与中山大学董建文、浙江大学戴道锌等在光量子芯片研究中取得的重要进展。他们基于光子能谷霍尔效应,在能谷相关拓扑绝缘体芯片结构中实现了量子干涉。

11日 学校召开统一战线庆祝中国共产党成立100周年座谈会。

11日 学校党史学习教育第三指导组组长、党委常委、副校长王晓平和指导组成员参加出版社党总支党史学习教育专题党课。

12 日 我校完成 2021 年上半年大学英语四、六级考试工作。

14 日 英国《自然》杂志子刊《自然·方法》在线发表我校生命科学与医学部熊伟教授团队与仓春蕾教授团队合作研究成果。他们通过建立单溶酶体代谢组质谱检测技术，首次实现基于单个溶酶体代谢组学信息的溶酶体分型，并深度探索了细胞衰老过程中溶酶体代谢组学的异质性改变。

14 日 学校举行“习近平新时代中国特色社会主义思想”系列讲座第四场报告会，中共安徽省委党校（安徽行政学院）、我校马克思主义学院双聘教师胡珺副教授作题为《胸怀千秋伟业　恰是百年风华——从党的非凡历史中找寻初心、激励使命》的主题报告。

15 日 中国民主建国会安徽省直中国科学技术大学支部举行第五次会员大会，选举新一届支部委员会。

16 日 学校举行 2020～2021 学年学生社团统一换届暨履职培训会。

16 日 我校申报的“红专并进”学风传承示范基地入选中国科协“学风传承示范基地”。

17 日 学校举行中管高校党史学习教育第八指导组工作见面会。指导组传达中央和教育部有关精神及决策部署，并对学校党史学习教育工作提出指导意见。

17 日 中国科大与“两弹一星”纪念展揭幕，校党委理论学习中心组开展党史学习教育第二次现场教学。

17 日 学校举办“美术经典中的百年党史”特展开幕式。

17 日 学校召开“加强学风建设暨学业指导工作”研讨会。

17 日 学校党委理论学习中心组召开集中学习会，深入学习习近平总书记给《文史哲》编辑部全体编辑人员的回信精神，学习习近平总书记重要文章《用好红色资源，传承好红色基因　把红色江山世世代代传下去》，学习《中国共产党简史》，传承弘扬“两弹一星”精神和老一辈科学家精神。本次集中学习会是党史学习教育校领导班子第六次专题学习，也是 2021 年度校党委理论学习中心组第九次集中学习研讨。

17 日 学校召开 2020 年本科招生表彰会暨 2021 年本科招生出征动员会。

17 日 我校常务副校长潘建伟院士以《新量子革命》为题开启“中国科大科学文化沙龙”第一讲。

18 日 学校举办庆祝中国共产党成立 100 周年教职工大合唱比赛。

18 日 我校创新创业课程“设计创新”走进联宝（合肥）电子科技有限公司开展实践课堂。

18 日 经校党委常委会会议研究决定，校长任命：范琼任新闻中心副主任；瞿昆兼任港澳台办公室主任；王晨兼任港澳台办公室副主任。

18 日 经校党委常委会会议研究决定：范琼任党委宣传部副部长（试用期一年）；金长江任医院直属党支部书记（试用期一年）。

18 日 经校党委常委会会议研究决定，校长任命：王禹挂职担任人力资源部副部长；封常青挂职担任学生工作处副处长；龚晨挂职担任研究生院副院长；秦家虎挂职担任教务处副处长；薛永泉挂职担任科研部副部长；贾青挂职担任国际合作与交流部副部长。以上挂职任命，期限均为一年。

19 日 学校举办第三届“中国科大庆峰杯”创新创业大赛暨 2021 年“挑战杯”“互联网

十"选拔赛决赛。

19日 学校举办"永远科大人"See You 2021毕业纪念晚会。

20日 我校数学科学学院学生数学杂志《蛙鸣》复刊，并发布第64期。

20～26日 学校党委举办2021年优秀人才党史党性教育专题培训班。

21日 外交部亚非司公使刘永凤率外交部专项工作组来我校调研。

21日 我校在第九届"挑战杯"安徽省大学生课外学术科技作品竞赛中获得7个一等奖、2个二等奖、1个三等奖，被授予"优胜杯"。

21～22日 我校联合发起举办主题为"科学传播与科学教育"第703次香山科学会议。

21～22日 英国《自然》杂志子刊《自然·光子学》与美国《物理评论快报》先后发表我校潘建伟及其同事张强、陈腾云与济南量子技术研究院王向斌、刘洋等合作研究成果。他们利用中科院上海微系统所尤立星小组研制的超导探测器，基于"济青干线"现场光缆，突破现场远距离高性能单光子干涉技术，分别采用激光注入锁定实现了428公里双场量子密钥分发(TF-QKD)，同时利用时频传递技术实现了511公里TF-QKD，是目前现场无中继光纤QKD最远的传输距离。

22日 学校举办庆祝中国共产党成立100周年入党宣誓活动。

22日 学校举办创新创业实践基地揭牌仪式暨第二期华米创新创业论坛。

22～23日 校党委副书记、纪委书记毕金初一行到苏州高等研究院开展调研，对高研院党史学习教育和纪检工作进行督导。

23日 学校与光大兴陇信托有限责任公司举行座谈会。

23日 党委书记舒歌群为毕业生上题为《立大志、明大德、成大才、担大任　书写民族复兴的崭新篇章》的最后一堂思政课。

23日 学校党委常委、副校长、机关党委书记朱长飞作题为《传承革命精神　培养时代新人》的党史学习教育专题党课报告。

23日 学校党史学习教育第三指导组组长、党委常委、副校长王晓平和指导组成员参加饮食服务集团直属党支部党史学习教育专题党课。

23日 学校第九届校学位评定委员会召开第六次工作会议。

23日 学校举办"学党史　强信念　跟党走"党史诵读演绎汇演。

23日 学校举办学生民族乐团"玄黄律"专场音乐会。

23日 学校举办2021年度"双创基金"项目启动会暨双创训练营"新苗计划"启动会。

24日 学校举行与中科院上海有机所共建所系结合研究生培养基地签约暨揭牌仪式。

24日 美国《纳米快报》杂志发表我校朱彦武教授团队与西北工业大学、国防科技大学、中科院半导体所和曼彻斯特大学等团队的合作研究成果。研究结果表明，通过对石墨π电子云形态进行调控，有望实现对石墨堆叠形态和性质的精确控制，也为其他碳基材料结构调控及新型碳材料制备提供了新思路。

24日 挪威《岩石》杂志发表我校地球和空间科学学院刘贻灿教授研究组研究成果。他们首次在华北克拉通发现了原岩时代为约26亿年的碱性超钾质花岗片麻岩，揭示了早前寒武纪板块构造作用的最早启动时间。

25日 《中国日报》国际版第6版整版推出关于中国科学技术大学的专题报道，介绍我校国际化人才交流工作的亮点成果。

26日 学校举行2021年毕业典礼暨学位着装授予仪式，校学位评定委员会主任、校长包信和院士发表题为《传承科大人的红色基因 在可为的时代做有为的青年》的主题演讲。

28日 学校举行第12个"全省党员干部党史教育日"活动暨党委理论学习中心组集中学习会。学校党委理论学习中心组赴国家同步辐射实验室集中学习。本次活动是党史学习教育校领导班子第7次专题学习，也是2021年度校党委理论学习中心组第10次集中学习研讨。

28日 我校合肥微尺度物质科学国家研究中心党委荣获"全国先进基层党组织"称号。

29日 学校举办"严济慈先生诞辰120周年纪念展"揭幕式暨《科学之光》微电影发布仪式。本次活动是校党委理论学习中心组第十一次集中学习，也是党史学习教育校现场教学。

29日 学校举行与中科院大连化物所共建所系结合研究生培养基地揭牌仪式。

29日 美国《物理评论快报》发表我校中科院微观磁共振重点实验室杜江峰、荣星等人研究成果。他们对一类速度相关的新奇自旋相互作用在微米尺度给出了当下最严格的实验限定。

29日 美国《应用物理快报》以"封面论文"的形式发表我校教授潘建伟、张军等联合浙江大学储涛教授研究组研究成果。他们通过研制硅基光子集成芯片和优化实时后处理，实现了速率达18.8 Gbps迄今最快的实时量子随机数发生器。

29日 《美国国家科学院院刊》发表我校生命科学与医学部及第一附属医院冯雪竹研究员和光寿红教授课题组研究成果。他们以模式生物秀丽隐杆线虫为模型，发现了在基因组上，异染色质化修饰能够促进piRNA的转录生成，并且发现了一个全新的包含Chromo结构域的蛋白——USTC复合物结合依赖蛋白(UAD-2)参与调控异染色质化区域的基因转录。

30日 校党委书记舒歌群，党委常务副书记蒋一分别到老党员家中、工作单位开展"七一"走访慰问。

30日 校党委书记舒歌群为全校党务秘书、学生党支部书记等上了一堂题为《肩负历史使命，坚定前进信心，做堪当民族复兴重任的时代新人》的党课。

30日 安徽省优秀共产党员、优秀党务工作者、先进基层党组织暨人民满意的公务员、人民满意的公务员集体表彰大会在合肥举行。我校2个基层党组织、3名个人获省级"两优一先"表彰。

30日 学校举办庆祝中国共产党成立100周年教职工书画摄影作品展。

本月 我校国家同步辐射实验室作为唯一高校"大国重器"光荣入选中宣部新命名的111个全国爱国主义教育示范基地。

本月 依托我校核科学技术学院建设的合肥综合性国家科学中心多途径磁约束核聚变研究中心团队成功利用其自主设计建造的国内首台紧凑环注入装备，对磁约束等离子体装置进行燃料注入，显著提升了等离子体密度。这是首次在国内磁约束聚变装置利用紧凑环概念实现芯部加料，标志着我国成为世界上第四个掌握此关键技术的国家。

本月 我校合肥微尺度物质科学国家研究中心陈旸、赵东锋团队与地球和空间科学学院王宝善、姚华建团队合作，成功研制出具有自主知识产权的分布式光纤声波/振动传感

(DAS)系统。该系统可以利用现有的通信光缆进行地震监测、地质灾害预测和城市地下空间探测等,服务国家防灾减灾重大需求和城市规划发展。

本月 学校完成校团委学生兼职副书记和学校党政部门工作助理选拔。

本月 学校举办全民健身系列活动。

本月 我校金秋艺术团举办红歌演唱会等献礼建党100周年系列活动。

7月

1日 学校举行庆祝中国共产党成立100周年升旗仪式。

1日 学校各院系、机关部门等组织党员同志集中收看庆祝中国共产党成立100周年大会,全校师生畅谈学习体会。

1日 学校召开庆祝中国共产党成立100周年暨七一表彰大会。

1日 美国《药理学评论》杂志发表我校翁建平教授团队研究成果。他们在全面综述血管内皮功能基础与临床研究的基础上,提出了"血管内皮细胞稳态失衡是泛血管疾病进展的关键机制,改善各种病因与理化因素所致血管功能与结构紊乱的核心在于维护内皮细胞功能"的新理论。

2日 学校党委理论学习中心组和合肥微尺度物质科学国家研究中心党委理论学习中心组联合召开集中学习会,深入学习习近平总书记在庆祝中国共产党成立100周年大会及"七一勋章"颁授仪式上重要讲话精神。本次集中学习会是党史学习教育校领导班子第九次专题学习,也是2021年度校党委理论学习中心组第十三次集中学习研讨。

2日 校党委常委、副校长朱长飞赴上海研究院作题为《传承革命精神　执着攻关创新》的党史学习教育专题党课。会后,他代表学校党委出席量子科学外场实验出征仪式。

2日 我校合肥微尺度物质科学国家研究中心特任副研究员刘敬祥荣获国际纯粹与应用化学联合会2021年度IUPAC-ZHEJIANG NHU国际青年科学家奖。

2日 学校举办"高校微博云招生"直播活动。

2日 学校举行研究生支教团座谈会暨第二十二届、二十三届支教队交接仪式。

5日 学校组织参加中国科学院党组书记专题党课报告会,中科院院长、党组书记侯建国作党课报告,并就全院深入学习贯彻习近平总书记"七一"重要讲话精神作出部署。

5日 学校举办《科学传播与科学教育》学术期刊编委会召开成立大会暨2021年编委会工作会议。

5日 《国家科学评论》杂志在线发表我校郭光灿院士团队李传锋、许金时等与匈牙利魏格纳物理研究中心Adam Gali教授合作研究成果。他们在国际上首次实现了单个碳化硅双空位色心电子自旋在室温环境下的高对比度读出和相干操控。这是继金刚石氮空位(NV)色心后第二种在室温下同时具有高自旋读出对比度和高单光子发光亮度的固态色心,该成果对发展基于碳化硅这种成熟半导体材料的量子信息技术具有重要意义。

6日 英国《自然》杂志子刊《自然·通讯》在线发表我校生医部魏海明、田志刚教授课题组与中国科大附一院血液科孙自敏教授团队合作研究成果。他们不仅揭示了脐血移植后PES的病理机制,还为重度PES患者提供了一种治疗策略,对进一步提高非血缘脐带血移植的疗效和推动其广泛应用具有重要指导意义。

6日 美国《物理评论快报》发表我校激光痕量探测与精密测量实验室卢征天教授及其同事Florian Ritterbusch博士研究成果。他们运用全光激发实现了对极其稀有同位素氪-81的单原子探测，这一量子精密测量方法的突破将助力于地球与环境科学研究。

6日 教育部党组成员、副部长翁铁慧来校调研少年班建设及拔尖创新人才培养工作，并主持召开座谈会。

7日 美国《神经元》杂志发表我校生命科学与医学部张智/晋艳课题组与中科院徐林团队联合研究成果。他们发现生命早期炎症导致个体在青春期发育过程中前扣带皮层(ACC)的小胶质细胞对生活中的随机应激事件易感，继而过度吞噬神经元树突棘，使得ACC谷氨酸神经元(ACC^{Glu})对抗应激的能力减弱，从而产生青春期的抑郁情绪。

8日 学校召开2021年度财务业务培训与交流会。

8日 三年一度的马塞尔·格罗斯曼国际广义相对论大会上，中国锦屏地下实验室PandaX(“熊猫”实验)发言人刘江来教授公布了PandaX-4T实验的首个暗物质搜寻结果。此次结果基于PandaX-4T试运行95天的数据，用0.63吨·年的曝光量，再次刷新了暗物质反应截面的上限。

8~11日 学校在金寨举办2021年度青年骨干教师研修班。

8~19日 校党委完成第五轮巡察反馈工作。

9日 学校举行首个“创新创业开放实验室”揭牌仪式。

9日 学校举行2021年暑期“三下乡”社会实践出征仪式暨培训会。

9日 学校举办第一期外事管理研讨班。

9日 学校举行2020～2021学年团学工作考评交流会。

9日 美国《科学》杂志发表我校参与研制的高海拔宇宙线观测站(LHAASO拉索)所取得的重要研究成果。该装置成功测量出蟹状星云辐射的最高能量端能谱，实现了前所未有的超高能区(0.3～1.1拍电子伏)的精确测量，为该能区标准烛光设定了亮度标准。

11~14日 我校和美国物理学会共同主办“物理评论系列会议：量子材料中的磁学和自旋电子学前沿国际研讨会”。

11~18日 学校举办2021年“中国等离子体物理暑期学校”。

12日 我校杜江峰院士、秦礼萍教授作为使用责任人获批第一批月球样品，共计81.1毫克。

12日 学校举办首届“璀璨时光”校园大学生超算竞赛开赛仪式，为期三周的首届竞赛正式拉开序幕。

12日 学校召开《中国共产党普通高等学校基层组织工作条例》学习暨院(系)议事规则实施经验交流座谈会。

12~14日 我校博士生代表团受邀参加“传承‘两弹一星’精神中国青年英才论坛”并获征文一等奖。

13日 美国《细胞》杂志子刊《细胞报告》在线发表我校细胞动力学教育部重点实验室姚雪彪、刘行、刘丹合作团队研究成果。他们采用真核细胞有丝分裂调控网络基因共进化策略与细胞器时空蛋白质组学方法，发现并命名了一个新颖的着丝粒功能蛋白Apolo1

(Adaptor of Polo1),并揭示细胞更新质量控制机制。

14日 上海市委书记李强一行调研中国科大上海研究院的上海量子科学研究中心。

14日 英国《自然》杂志子刊《自然·通讯》发表我校俞书宏院士团队研究成果。他们基于窄带隙半导体材料设计了一种具有近红外活性的晶格匹配的形貌异质结光阳极材料,所研制的异质结表现出优异的光电化学(PEC)制氢性能。

14日 英国《自然》合作期刊《量子信息》杂志发表我校郭光灿院士团队李传锋、黄运锋、崔金明等与西班牙理论物理学家 Charles Creffield 教授和 German Sierra 教授合作研究成果。他们利用周期性地驱动囚禁离子的量子状态,成功在实验上测量到黎曼函数的前 80 个零点,比该领域此前的工作提升了近两个量级。该实验结果对于人们研究希尔伯特-波利亚猜想,并深入理解黎曼猜想与量子系统的联系提供了重要的实验依据。

14日 经校党委常委会会议研究决定:潘建伟兼任未来技术学院院长;罗毅兼任未来技术学院执行院长;陈旸、徐宁、周正威兼任未来技术学院副院长;叶征兼任高新园区建设与管理委员会办公室主任;王童、何昊华挂职担任高新园区建设与管理委员会办公室副主任(期限两年)。

7月14日~8月1日 我校和中科院比较行星学卓越创新中心通过线上形式共同主办第三届"行星科学暑期学校"。

15日 校召开离退休干部工作委员会 2021 年第一次工作会议。

15日 校党委书记舒歌群一行看望慰问了建党 100 周年"七一"勋章获得者陆元九院士。

15日 学校教学委员会召开 2021 年第二次会议。

15日 英国《自然》杂志子刊《自然·通讯》发表我校黄伟新教授、张文华副教授和厦门大学王野教授合作研究成果。他们研究了具有明确 Cu 结构的 ZnO/Cu 催化剂催化水气变换和 CO 加氢制甲醇反应,观察到 Cu 结构和反应气氛依赖的催化剂原位重构现象,确定了水气变换和 CO 加氢制甲醇反应 Cu-ZnO 催化剂的活性位。

16日 学校召开 2021 年课程组建设研讨会。

16日 美国《地球物理研究快报》杂志发表我校郭静楠研究员与国外同行合作研究成果。他们首次推导出平坦的火星表面产生的次级"向上反射"的辐射剂量约为表面总辐射的 19%。这一评估对于未来火星表面探索和制定合理的辐射屏蔽方案有重要的启示作用。

18~21日 我校代表在第七届全国大学生物理实验竞赛(教学赛)中再创佳绩。

18~22日 学校以线上形式举办 2021 年青少年高校科学营中国科大分营。

19日 国家移民管理局外国人管理司调研员王宇刚一行来我校调研。

19日 英国《自然》杂志子刊《自然·通讯》发表我校郭光灿院士团队李传锋、周宗权研究组研究成果。他们提出并实验实现无噪声光子回波,实测噪声是前人结果的 1/670,首次观察到单光子的光子回波并由此实现了高保真度的固态量子存储。该方案被命名为"Noiseless photon echo"并已申请发明专利,是我国具有自主知识产权的原创性量子存储方案。

20日 英国《自然》杂志子刊《自然·通讯》发表我校马骋教授课题组研究成果。他们报道了一种成本更低、性能更强的锂电池固态电解质,为全固态电池的商业化移除了重大障碍。

20日 美国《地质学》杂志发表我校地球和空间科学学院周鑫教授课题组与国内外同行合作研究成果。他们发现江淮地区小冰期降水较中世纪暖期偏多，认为过去千年赤道东太平洋的海温异常（厄尔尼诺-南方涛动，ENSO）与江淮地区夏季降水有着紧密联系，并提出有效辐射强迫可能是引起江淮地区季风降水变化的重要驱动因素。

20日 安徽首个线上医保结算在中国科大附一院成功应用，标志着国家标准线上医保结算应用在安徽率先落地。

21日 《美国化学会志》杂志在线发表我校俞书宏院士团队与侯中怀教授合作研究成果。他们提出了一种在纳米催化剂修饰的电极表面上耦合传质过程和表面反应的全动力学模型，以探索和阐明非均相电催化过程中的动力学优化。

22日 我校与北京民生中国书法基金会在民生银行合肥分行举行中华传统文化民生奖学金启动暨民生合肥银校合作座谈会。

22日 英国《自然》杂志子刊《自然·材料》发表我校工程科学学院近代力学系计算力学实验室与北京理工大学化学与化工学院王博教授团队合作研究成果。他们利用COFs薄膜限域纳米孔道中水蒸发的增强效应，实现了超高通量膜蒸馏海水淡化，颠覆了对膜蒸馏膜材料需要大孔径孔道的传统认知，为开发下一代高性能膜蒸馏分离膜提供了理论支持。

23日 国家卫生健康委副主任李斌一行到中国科大附属第一医院调研。

24～25日 我校参加中国教育发展战略学会国际胜任力培养专业委员会第一届理事会成立大会并当选为常务理事单位。

25～30日 我校与百度公司联合举办第六届"全国大学生创业家成长计划"夏令营。

25～27日 王家坝学生、村镇干部等一行访问我校国家同步辐射实验室。

26日 英国《自然》杂志子刊《自然·生物技术》发表我校合肥微尺度物质科学国家研究中心与生命科学学院毕国强教授和刘北明教授团队与国内外同行合作研究成果。他们通过自主研发的高通量三维荧光成像VISoR技术和灵长类脑图谱绘制SMART流程，实现了对猕猴大脑的微米级分辨率三维解析。

26日 英国《自然》杂志子刊《自然·纳米技术》在线发表我校路军岭教授与李微雪教授、韦世强教授等课题组合作研究成果。他们利用金属-载体相互作用和原子限域两种机制，在g-C_3N_4载体上设计合成了高载量、高稳定性的Ni_1Cu_2动态三原子催化剂，该催化剂在富烯烃气氛中乙炔和1，3丁二烯选择性加氢应用方面取得突破性进展。

26日 美国《地球物理研究快报》发表我校环境科学与工程系、极地环境与全球变化安徽省重点实验室谢周清课题组研究成果。他们创新性地采用企鹅粪土沉积物作为南大洋上升流的记录载体，为探究过去大洋环流的变化及其与生态系统的联系提供了有力工具。

26日 校党委副书记、党史学习教育第四指导组组长傅尧参加微电子学院党史学习教育专题组织生活会。

27日 中管高校党史学习教育第八指导组指导我校组织统战部党支部专题组织生活会。

27～29日 我校国家同步辐射实验室在南宁市主办2021年合肥光源用户学术年会。

28日 美国《物理评论快报》发表我校教授潘建伟、张强、徐飞虎等与济南量子技术研究院合作研究成果。他们利用频率上转换单光子探测技术，实验实现了毫米级非视域三维成像，是目前非视域成像的最高精度，为该技术的实用化发展开辟了新道路。

28 日 美国《物理评论快报》发表我校中科院微观磁共振重点实验室杜江峰、石发展等人研究成果。他们在固态体系中开展了首个类原子缺陷全同性检验的工作，频率检验精度达赫兹级，基于这一结果提出了新型固态原子钟方案。

28 日 中管高校党史学习教育第八指导组指导我校中科院材料力学行为和设计重点实验室党支部专题组织生活会。

29 日 学校举办安徽应用数学中心季度研讨会。

30 日 高新校区首批搬迁工作启动。

31 日 经校党委常委会会议研究决定：徐允河任实验室安全办公室常务副主任（试用期一年）；张宪锋兼任实验室安全办公室副主任；向梅挂职担任研究生院副院长（期限六个月）；蒋文娟挂职担任公共事务学院党委副书记（期限两年）。

本月 我校出版社获评“十三五”国家重点出版物出版规划实施工作优秀单位，并获准为期 3 年每年增加一个国家出版基金申报名额。

本月 校纪委编印《警示教育典型案例汇编》，督促各级党组织结合党史学习，扎实开展警示教育。

本月 我校研究成果获 ACM SIGKDD 中国分会“Test of Time Award”。

本月 学校采取线上与线下结合的方式举办 2021 年“激扬青春”优秀大学生夏令营，设 29 个分营，共吸引全国逾两万名优秀学子报名，最终录取近 6000 名营员。

6～7 月 校领导率招生组赴招生一线开展本科招生宣传工作，广泛拓展“线上＋线下”的宣传平台和渠道，推出“瀚海云讲堂”高招直播活动。

8 月

1 日 校党委书记舒歌群、校长包信和带队看望慰问一线职工。

1 日 学校召开定点帮扶工作领导小组第一次工作会议。

2 日 美国《物理评论 X》杂志发表我校物理学院、中科院强耦合量子材料物理实验室和合肥微尺度物质科学国家研究中心陈仙辉、王震宇超导研究团队与安徽大学单磊研究组、中科院物理研究所蒋坤特聘研究员合作研究成果。他们在笼目超导 CsV_3Sb_5 中观测到三维电荷密度波和超导共存的现象，并在超导磁通芯子内发现了马约拉纳零能模的存在迹象。该研究表明笼目结构材料是研究拓扑超导的理想候选体系之一。

2 日 学校举办第八届“中国科大-未来科学家国际夏令营”（USTC FuSEP 2021）开营仪式。

3～4 日 校党委书记舒歌群带队赴天津开展组织工作调研，看望选调生，并举办天津校友座谈会。

4 日 学校召开“碳达峰、碳中和”研讨会。

6 日 美国《科学》杂志子刊《科学进展》发表我校中国科学院微观磁共振重点实验室杜江峰、石发展等人研究成果。他们基于金刚石固态单自旋体系在室温大气环境下实现了突破标准量子极限的磁测量。该工作发展的技术可以很自然地推广到其他固态自旋体系，对于固态体系量子精密测量和量子计算的发展都具有基础性的推动作用。

7 日 英国《核酸研究》杂志发表我校生医部与附一院冯雪竹研究员和光寿红教授合作研究成果。他们以模式生物秀丽隐杆线虫为模型，发现了核仁 RNA 干扰通路调控核糖体 RNA 水平的分子机制。

9 日 美国《物理学评论 X 辑-量子》杂志在线发表我校郭光灿院士团队李传锋、韩永建、许金时等人与英国利兹大学教授 Jiannis Pachos 合作研究成果。他们模拟展示了一种基于仲费米子零模编织操作和魔术态萃取实现拓扑量子计算的方法。该工作不仅展示了全新的物理机制，而且扩展了他们先前对马约拉纳费米子体系的研究。

10 日 苏州市委常委吴庆文一行调研中国科大苏州高等研究院。

11 日 英国《自然》杂志子刊《自然・通讯》发表我校梁海伟教授课题组与李微雪教授课题组等合作研究成果。他们成功量化抑制催化剂烧结的临界颗粒距离，在此基础上提出了制备高担载量纳米催化剂的有效策略。该研究提供了一种对于给定催化剂载体预测最高担载量的方法，并提供了一种通过调节金属和载体相互作用以及载体比表面积来系统地提高抗烧结催化剂最大担载量的有效策略。

11 日 美国《地球物理学研究杂志:空间物理学》杂志发表我校地球和空间科学学院陶鑫教授和意大利 ENEA 研究所 Fulvio Zonca 教授、浙江大学陈骝教授合作研究成果。他们提出了空间等离子体中合声波的新激发理论模型——TaRA 模型。

13 日 美国《数学年刊》杂志接受发表我校数学科学学院特任教授陈世炳与合作者研究成果。他们证明了源自最优传输问题的蒙日安培方程边值问题的整体光滑性，其中发展的新技术也为最优传输中的自由边界问题提供了重要工具。

13 日 美国《先进材料》杂志发表我校俞书宏院士团队研究成果。他们成功研制出一种兼具高度可压缩性和可拉伸性的超弹性全碳多孔材料——“碳弹簧”，其独特的微观结构和性能使其成为制造智能振动和磁性传感器件的理想材料，所获得的传感器件甚至能够在极端温度（－100～350 ℃）环境下有效地发挥作用。

18 日 美国《科学》杂志子刊《科学进展》发表我校中科院微观磁共振重点实验室杜江峰、王亚、李兆凯等人合作研究成果。他们研发出新型量子特征提取算法，实验实现了对未知量子系统矩阵的分析与信息提取。该技术能够提升机器学习的效率和效果，未来有望在较大规模量子处理器上得到应用。

20 日 学校获得 2021～2023 年度“公共机构水效领跑者”称号。

20 日 美国《科学》杂志子刊《科学进展》在线发表我校微尺度物质科学国家研究中心龚为民教授和加州大学洛杉矶分校周正洪教授团队合作研究成果。研究首次在分枝杆菌荚膜中发现物质运输通道，为研究致病性分枝杆菌的物质运输机制和开发新的药物靶点提供了新的线索和思路。

21～24 日 我校代表队在第十二届中国大学生物理学术竞赛中荣获团队一等奖。

24 日 苏州高等研究院召开学科建设工作研讨会。

25 日 《美国科学院院报》发表我校化学与材料科学学院吴长征教授实验课题组和工程科学学院近代力学系吴恒安教授理论计算课题组合作研究成果。他们基于超小尺寸铂基金属间化合物从纳米到介观尺度系统优化了催化剂在燃料电池膜电极中的结构设计并实现高性能表达，为燃料电池阴极催化材料提供了新思路。

25～28 日 两千余名硕博研究生搬迁至我校高新园区和先进技术研究院。

26 日 美国《物理评论快报》杂志发表我校高能核物理课题组与美国劳伦斯伯克利国家实验室、华中师范大学、加州大学洛杉矶分校等合作研究成果。他们在 RHIC-STAR 质心能量为 200 GeV 的重离子碰撞实验中观察到，奇异粲介子 Ds 与中性粲介子 D0 的产额比值相对于质子质子碰撞有显著的增强。

27 日 我校 2021 级本科新生入学报到。

27 日 校长包信和院士应邀通过线上视频形式出席环太平洋大学联盟第二十五届校长年会。

28 日 学校党委理论学习中心组召开集中学习会，深入学习习近平总书记"七一"重要讲话精神。

28～30 日 学校在宣城举办领导干部党史学习教育专题培训班，并与宣城市举行市校合作座谈交流会。

29～31 日 我校在第七届中国国际"互联网＋"大学生创新创业大赛选拔赛暨安徽省"互联网＋"大学生创新创业大赛中斩获 26 个金奖、9 个银奖、17 个铜奖，同时有 6 个项目晋级国赛。

31 日 美国《物理评论应用》杂志发表我校郭光灿院士团队郭国平教授研究组与本源量子计算公司合作研究成果。他们在本源"夸父"6 比特超导量子芯片上研究了串扰对量子比特状态读取的影响，并创新性地提出使用浅层神经网络来识别和读取量子比特的状态信息，从而大幅度抑制了串扰的影响，进一步提高了多比特读取保真度。

31 日 荷兰《地球化学观点快报》杂志以封面文章形式发表我校地球和空间科学学院倪怀玮教授课题组研究成果。他们首次发现超临界流体旋节分解和形成熔体网络，从而揭示了一种全新的超临界流体演化机制。

本月 我校本科生童新阳、葛子健和刘煜超所组团队在第二届全国大学生化学实验创新设计竞赛中荣获特等奖。

本月 我校物理学院粒子物理与原子核物理研究生党支部入选教育部第二批全国高校"百个研究生样板党支部"。

本月 中国科大附一院徐晓玲教授荣获"安徽省最美医生"称号。

本月 学校被国务院港澳事务办公室授予一定的因公赴港澳审批权。

9 月

1 日 学校举行 2021 级本科新生开学典礼，校长包信和院士作题为《擎旗奋进　努力做科技强国先锋力量》的开学寄语。

3 日 上午，中央第二巡视组向学校党委反馈巡视情况。下午，校党委第一时间召开常委会会议，传达学习习近平总书记听取巡视情况汇报时重要讲话精神和十九届中央第七轮巡视集中反馈会议精神，研究部署巡视整改工作。

3 日 美国《物理评论快报》发表我校潘建伟、张强等与美国麻省理工学院 Frank

Wilczek 合作研究成果。他们利用济南量子技术研究院研制的周期极化铌酸锂波导，搭建颜色擦除强度干涉仪，成功分辨出 1.43 km 距离外相距 4.2 mm 的两个不同波长光源，以超过单望远镜衍射极限 40 倍的结果验证了颜色擦除强度干涉技术具备高空间分辨成像能力，拓展了强度干涉技术的应用范围，有望被应用于天文观测、空间遥感和空间碎片探测等领域。

3日 首届“安徽联合医学卓越班”在中国科大附一院开班。

4日 美国《先进材料》杂志发表我校徐铜文教授团队研究成果。他们报道了一种亚2-nm共价有机框架(COFs)膜，并表现出较高的一价阳离子渗透速率和极低的二价阳离子透过率，实现了高效的离子传输与分离。

4～22日 学校举行了 10 场本科生国际(境外)交流——院系地推宣讲动员会。

6日 学校举行 2021 级新生升旗仪式。

6日 我校 2021 级研究生新生入学报到。

6日 中国地质调查局局长钟自然一行到我校调研。

7日 美国国家工程院院士张捷教授以“经营高科技产业”为主题，做客我校“大师论坛”。

7日 学校举办少年班学院招生改革研讨会。

8日 中国科学报社党委书记刘峰松来我校调研。

8日 我校教师宣传片《明灯筑梦・瀚海星辰》荣获“教育部 2021 年新时代教师风采短视频征集活动”优胜作品。

10日 学校举行第三届教职工荣休典礼。

10日 我校《永怀初心》微电影荣获第十五届全省党员教育电视片观摩评比活动一等奖。

10日 美国《物理评论快报》发表我校郭光灿院士团队李传锋、柳必恒研究组与奥地利 Marcus Huber 教授等合作研究成果。他们在高噪声环境下实现了高效的高维量子通信。

10日 学校举办 2021 级本科生军训总结大会。

12日 我校组织召开交叉门类学科目录修订专家论证组第四次全体会议。

12日 美国《先进材料》杂志发表我校张世武教授、金虎副研究员与英国伯明翰大学唐诗杨博士、澳大利亚伍伦贡大学李卫华教授、苏州大学李相鹏教授以及美国北卡罗来纳州立大学 Michael Dickey 教授合作研究成果。他们提出了一种基于电化学方法改变液态金属表面张力的液态金属人工肌肉(LMAM)来模仿肌肉的收缩及舒张功能。该项工作有望为柔性驱动器在微机电系统、生物医学等领域的应用提供全新思路。

15日 学校召开中国科大知识产权研究院揭牌暨“知识产权青年学者论坛”活动。

16日 校纪委召开督促中央巡视整改暨院级党组织纪检工作推进会。

16日 英国《自然》杂志子刊《自然・纳米技术》发表我校曾杰教授、电子科技大学夏川教授和中科院大连化学物理研究所肖建平研究员合作研究成果。他们通过铅、铋、铟单原子修饰改变铜基催化剂在二氧化碳电还原中的选择性并高效制备甲酸研究获得突破。

17～20日 学校举行 2021 年“我是科大人”新生启航系列活动之学生社团游园会。

18日 学校召开党委理论学习中心组 2021 年度第十五次集中学习会，深入学习习近平总书记在庆祝中国共产党成立 100 周年大会、中央党校(国家行政学院)中青年干部培训班开班式、中央民族工作会议上重要讲话精神，学习习近平总书记给全国高校黄大年式教师团队代表重要回信精神。

18日 学校召开巡视整改工作动员部署会。

18日 学校召开2021级本科生“科学与社会”研讨课导师研讨会。

18日 德国《神经病理学学报》在线发表我校周江宁课题组研究成果。他们采用基因操作小鼠，结合行为学、脑片膜片钳、化学遗传学和在体光纤记录等技术研究发现：位于下丘脑室旁核的兴奋性突触后蛋白PSD-93在抑郁症的发病中具有重要作用。

20日 学校举行“数据空间研究中心”揭牌仪式。

22日 我校学习贯彻习近平总书记“七一”重要讲话精神专题宣讲团团长、党委书记舒歌群作习近平总书记“七一”重要讲话精神宣讲团首场宣讲报告。

22日 中科院院长、党组书记侯建国以《传承红色基因、赓续科大精神》为题，为我校本科新生讲授“科学与社会”研讨课的“开学第一课”。

22日 学校召开2021年学生社团指导教师培训暨座谈会。

22日 英国《自然》杂志子刊《自然·通讯》发表我校许超教授与光寿红、冯雪竹教授课题组合作研究成果。他们通过解析线虫PICS复合物组成机制及其调控piRNA生成和染色体分离的分子机制。

23日 英国《自然》杂志子刊《自然·电子学》发表我校微电子学院龙世兵教授、孙海定研究员团队合作研究成果。他们在氮化镓(GaN)半导体p-n异质结中实现了独特的光电流极性反转(即双向光电流现象)。

23～25日 校党委书记、定点帮扶工作领导小组组长舒歌群一行赴贵州省调研督导学校定点帮扶工作。

23～26日 我校教师在安徽省第五届青年教师教学竞赛中获得佳绩。

24日 学校党委书记舒歌群出席2021中国-东盟教育交流周开幕式并致辞。

24日 学校在金寨县燕子河镇开展科普讲座、科技互动、教育捐赠等系列教育帮扶活动。

25日 学校举办中国科大“科技传播”高峰论坛暨科技传播系建系20周年活动。

25日 中国高等教育学会招生考试研究分会第十一次常务理事会在我校召开。

25～26日 我校与日本电气通信大学合作举办2021JST樱花科技计划线上交流活动。

26日 学校召开“高分辨缪子成像研究平台”一流学科平台建设评审会。

28日 人社部国际合作司副司长钱晓燕、人社部全国人才流动中心副主任崔卫红一行调研苏州高等研究院。

28日 由我校双创学院参与主办的第二十期“合创汇”品牌活动暨中国科大首期科创项目Roadshow在高新区管委会举行。

28日 学校举办“碳中和与能源革命”科学文化沙龙。

29日 学校召开2022届毕业生就业工作专项会议。

29日 学校学习贯彻习近平总书记“七一”重要讲话精神专题宣讲团成员、党委常务副书记蒋一作宣讲报告。

29日 中国首次火星探测任务(天问一号)工程总设计师张荣桥研究员应邀为我校

2021 级本科生带来“科学与社会”研讨课第二场主题报告。

30 日 我校获批首批建设“森林火灾监测预警应急管理部重点实验室”。

30 日 我校“爱因斯坦”讲席教授、奥地利科学院院长 Anton Zeilinger 荣获 2020 年度中国政府友谊奖。

本月 学校开展消防安全系列工作。

本月 招生就业处举办系列讲座，启动秋季校园招聘活动，推出职业生涯规划系列宣传展架等助力毕业生更充分更高质量就业。

本月 对外联络与基金事务处推出中国科大电子校友卡并举办校友“云返校”活动。

本月 我校物理学院叶邦角教授荣获 2021 年安徽省教书育人楷模荣誉称号。

本月 学校各院系、机关单位党支部积极开展“我为师生办实事”活动。

本月 我校人文与社会科学学院汤书昆教授团队的《中国手工纸文库》荣获第五届中国出版政府奖（图书）。

10 月

1 日 学校举行庆祝中华人民共和国成立 72 周年国庆升旗仪式。

4 日 英国《自然》杂志子刊《自然 · 化学生物学》在线发表我校细胞动力学教育部重点实验室与生命科学学院姚雪彪、刘行、臧建业团队与合作者研究成果。他们利用片层光显微成像，系统评估了 TIP60-EB1 巴豆酰化的生理学功能，阐明了胃上皮细胞更新过程的质量控制机制，为动态干预幽门螺杆菌介导的炎-癌转化与中国科大新药学提供了独特的靶向化学生物学技术策略。

5 日 英国《自然》杂志子刊《自然 · 通讯》在线发表我校高敏锐教授课题组与唐凯斌教授课题组合作研究成果。他们提出了通过引入外来元素增强材料的共价性，提升催化剂的内在稳定性，从而为设计和创制在工业级电流下长时间服役的 CO_2RR 制备甲酸盐催化剂提供了新的思路。

6 日 美国《纳米快报》杂质在线发表我校郭光灿院士团队郭国平、宋骧骧等人与本源量子计算有限公司合作研究成果。他们设计实现了基于石墨烯的纳米机电二维阵列器件，展示了对呈带状分布的谐振频率的电学调节。该研究结果为电学调控声子晶体能带结构提供了可能。

7 日 英国《核酸研究》杂志发表我校细胞动力学教育部重点实验室张凯铭团队研究成果。他们通过冷冻电镜解析噬菌体蛋白质 Gp168 与 DNA 聚合酶 b 亚基的复合物结构，并发现 Gp168 抑制细菌 DNA 合成的全新机制。该研究为多重耐药菌的治疗提供了全新的思路，Gp168 将作为多肽药物继续动物模型验证试验。

8 日 经校党委常委会会议研究决定：舒歌群兼任本科生院党工委第一书记；周丛照兼任本科生院党工委书记；曾长淦兼任本科生院党工委常务副书记；屠兢、倪瑞任苏州高等研究院副院长；沈琰挂职担任苏州高等研究院副院长（挂职期限至 2023 年 2 月）；杨上峰、武晓君任化学与材料科学学院副院长（试用期一年）；王童任高新园区建设与管理委员会办公室副主任。

8日 安徽省委书记郑栅洁一行赴我校调研人才工作，并出席合肥综合性国家科学中心大健康研究院挂牌仪式。

8日 学校党委召开常委会会议，就学习宣传和贯彻落实中央人才工作会议精神进行部署。

8日 学校学习贯彻习近平总书记“七一”重要讲话精神专题宣讲团成员、党委常委、副校长杜江峰作宣讲报告。

8日 英国《自然》杂志子刊《自然·通讯》在线发表我校合肥微尺度物质科学国家研究中心曾华凌教授课题组和中科院量子信息重点实验室郭光灿院士团队龚明教授课题组研究成果。他们在室温二维铁电材料 $CuInP_2S_6$ 中观察到了显著增强的体光伏现象，并研究了该现象的维度过渡行为，确定了其临界厚度，这些结果为理解空间反演对称破缺体系中电极化主导的光电转换机制提供了重要的实验证据。

8日 美国《环境遥感》杂志在线发表我校地球和空间科学学院、火灾科学国家重点实验室双聘教授李锐研究团队研究成果。他们在国际上首次利用了基于卫星被动微波植被指数的光能利用率模型，以此定量反演中国典型植被的总初级生产力。

8日 美国《物理评论快报》杂志发表我校蒋彬教授课题组研究成果。他们提出一个通用的策略可以很容易地改进现有的机器学习势能面框架以包括更复杂的多体相互作用描述符，而无需改变其原始的基本结构，这将为开发更准确、更高效的机器学习模型提供一个新的思路。

8日 美国《先进材料》杂志发表我校微电子学院龙世兵教授课题组研究成果。他们基于低成本非晶氧化镓材料，通过缺陷和掺杂工程实现了极端环境下依然表现超高灵敏度的日盲探测器。该方法为高性能、耐极端环境日盲紫外探测器的研制及应用提供了一种可行的参考。

9日 学校学习贯彻习近平总书记“七一”重要讲话精神专题宣讲团成员、党委副书记傅尧作宣讲报告。

9日 学校第十一届学术委员会召开第四次全体会议。

9日 学校举办数学科学学院成立十周年庆祝大会。

9～10日 学校召开“智能制造和智能化管理”交流会议暨安徽应用数学中心第四季度研讨会。

10日 学校举办“复兴100，瀚海新程”高新园区2021迎新晚会。

10～15日 美国《生物化学杂志》与《科学》杂志子刊《科学进展》先后发表我校细胞动力学教育部重点实验室张凯铭团队与台湾“中央”研究院张崇毅团队合作研究成果。他们解析了Lon蛋白酶的完整三维结构并揭示其底物识别与转移的分子机制。

11日 英国《自然》杂志子刊《自然·通讯》在线发表我校合肥微尺度物质科学国家研究中心、化学与材料科学学院黄伟新教授和武汉大学顾向奎研究员合作研究成果。他们发现小尺寸 Cu_2O 立方体纳米晶在丙烯空气环氧化制环氧丙烷反应中表现出高选择性，并明确了其 $Cu_2O\{110\}$ 边位是催化活性位和理解了催化反应机理。该研究结果为丙烯空气环氧化高效催化剂的研制提供了新思路。

11～17日 学校围绕国家网络安全宣传周的主题举行了系列活动。我校网络空间安全学院执行院长俞能海教授获评国家网络安全先进个人。

12日 学校举办2021年离退休教职工庆国庆、迎重阳文艺演出活动。

12日 国防科技大学信息通信学院少将院长张旭一行来我校调研本科教育情况。

12日 “十二五”国家重大科技基础设施高海拔宇宙线观测站工程进展会暨工程建设表彰大会在上海召开，我校参建团队获得优秀团队奖，李澄教授获特别贡献奖，赵雷教授和江琨副研究员分别获先进个人奖。

12日 学校学习贯彻习近平总书记“七一”重要讲话精神专题宣讲团成员、党委常委、副校长罗喜胜作宣讲报告。

12～15日 我校在第七届中国国际“互联网＋”大学生创新创业大赛全国总决赛中取得1金3银3铜的佳绩。

13日 学校学习贯彻习近平总书记“七一”重要讲话精神专题宣讲团成员、校长助理、教务长周丛照作宣讲报告。

13日 学校召开“人工智能与生物医药研讨会”。

13日 学校举行神州数码信息服务股份有限公司捐赠仪式。

13日 我校国金院与神州数码信息服务股份有限公司共同主办“前沿金融科技研讨会”和“数字智能决策联合实验室”项目启动会。

13日 校党委书记舒歌群以《不负时代　不负韶华　争做中华民族伟大复兴的先锋力量》为题，为2021级本科新生上第一堂思政课。

14日 学校召开党建工作领导小组扩大会暨季度书记调度会。

14日 我校几何与物理研究中心特任教授陈杲因“创造了新的工具，解决了复几何领域的重要猜想”荣获2021达摩院青橙奖。

14日 大连化物所党委副书记、纪委书记毛志远一行来我校调研，就纪检监察审计等工作进行座谈交流。

14日 我国首颗太阳探测科学技术试验卫星“羲和号”发射成功，其名字采用了我校化学与材料科学学院化学系本科新生吴易积同学的命名方案。

14日 《国家科学评论》在线发表我校黄光顺教授与意大利国家核物理研究所Rinaldo Baldini Ferroli研究员合作综述文章，总结了我校师生为主、国内外多家单位参加的研究团队近年来在重子内部结构方面取得的系列成果。

15日 学校学习贯彻习近平总书记“七一”重要讲话精神专题宣讲团成员、党委常委、统战部部长褚家如作宣讲报告。

15日 我校地空学院胡岩老师荣获2020～2021年度赵九章优秀中青年科学家奖。

16日 学校举办中国科大第一届管理人文类研究生创新实践论坛。

17日 “校园大舞台——徽风皖韵进校园”黄梅戏专场演出走进我校。

18日 学校召开安全稳定专项工作会暨机关部处长联席会。

18日 安徽省军转干部进高校科技创新培训班在我校开班。

18日 我校科技史与科技考古系参与联合主持发掘的河南舞阳贾湖遗址入选全国“百年百大考古发现”。

18日 英国《自然》杂志子刊《自然·催化》在线发表我校路军岭教授课题组和李微雪

教授课题组合作研究成果。他们揭示了 Pt 颗粒几何效应和电子效应对化学选择性和活性随尺寸调变的规律，并通过理性设计与精准构筑单原子壳层的 Au@1ML-Pt 双金属催化剂这一新策略，成功打破了 Pt 颗粒中活性-选择性的跷跷板关系，在温和条件下实现了高活性和高化学选择性加氢。

18 日 英国《自然》杂志子刊《自然・新陈代谢》在线发表我校细胞动力学教育部重点实验室王朝团队与南方科技大学生命科学学院饶枫团队合作研究成果。他们发现神经调控囊泡分泌与代谢稳态的 GPCR 通路新信使 IP_7。该工作首次发现 IP_7 是 Gq 偶联的 GPCR 的第二信使，与著名的信使分子 cAMP 有类通性。

18 日 英国《自然》杂志子刊《自然・化学》在线发表我校化学与材料科学学院吴长征教授实验课题组和武晓君教授理论计算课题组合作研究成果。他们成功实现非范德华力层状材料 AMX_2（A＝单价离子，M＝三价离子，X＝氧族元素）精准剥离，获得保持计量比的 AMX_2 二维材料，为二维材料家族添加全新成员。

18～19 日 中管高校党史学习教育第八指导组来我校调研指导“我为群众办实事”工作。

19 日 学校党委理论学习中心组召开 2021 年度第十六次集中学习会，深入学习习近平总书记“七一”重要讲话精神和在纪念辛亥革命 110 周年大会上重要讲话精神，学习中央人才工作会议、中央人大工作会议精神，学习中共中央、国务院关于加强网络文明建设、知识产权强国建设的有关文件精神。中管高校党史学习教育第八指导组成员全程指导。

19 日 学校学习贯彻习近平总书记“七一”重要讲话精神专题宣讲团成员、党委副书记、纪委书记毕金初作宣讲报告。

19 日 学校召开《中国科学技术大学学报》第九届编委会第二次全体会议。

19 日 学校举办 2021 年在岗博士生导师培训交流研讨会。

10 月 19 日～11 月 8 日 校党委常委分别带领 10 个巡视整改督导组，对各基层党组织落实中央巡视整改任务情况进行检查督导。

20 日 学校召开 2021 年警示教育大会。

20 日 英国《自然》杂志子刊《自然・催化》发表我校合肥微尺度物质科学国家研究中心、化学与材料科学学院傅尧教授与陆熹特任副研究员等研究成果。他们开发钴-氢催化体系，实现了高对映选择性烷基-烷基偶联。

20 日 学校学习贯彻习近平总书记“七一”重要讲话精神专题宣讲团成员、党委常委、总会计师黄素芳作宣讲报告。

21 日 学校举行研究生支教团第 24 届支教队教学培训启动会。

21 日 天津大学总会计师古瑶一行来我校调研。

21 日 美国《科学》杂志发表我校梁海伟教授课题组与北京航空航天大学水江澜教授课题组等合作研究成果。他们发展了一种高温硫锚定合成方法学，实现了小尺寸金属间化合物燃料电池催化剂的普适性合成，成功构建出由 46 种 Pt 基二元和多元 IMCs 催化剂组成的材料库，并基于该材料库发现了 IMCs 电催化氧还原活性与其二维晶面应力之间的强关联性。

22 日 德国驻上海总领事 Pit Heltmann 一行访问我校。

22 日 美国《纳米快报》在线发表我校俞书宏院士团队研究成果。他们设计了一种新型的基于纳米线组装体的多色显示电致变色器件，该器件通过采用界面组装技术将 $W_{18}O_{49}$ 和 V_2O_5 纳米线共组装在一起，使该器件具有特定的光学、电学和多色显示的特性。

22～24 日 第五届全国物理学哲学学术研讨会在我校召开。

22～24 日 中国科大附一院主办第二届中国科大国际普通外科学术会议。

22～24 日 学校组织党外人士赴泾县开展主题教育实践活动。

23 日 我校数学科学学院黄文教授荣获第十八届陈省身数学奖。

23 日 中科院副院长、党组副书记阴和俊来我校调研督导落实中央巡视整改工作。

23 日 “细胞器动力学和可塑性研讨会”在我校召开。

24 日 学校举办第二十一届 RoboGame 机器人大赛决赛。

24 日 我校网络空间安全学院俞能海、张卫明教授团队的 WM_Team 战队凭借“AI 鉴定师——真实场景人脸深度伪造视频鉴别”项目荣获 GeekPwn 大赛年度极客榜第二名。

25 日 《科学通报(英文版)》和美国《物理评论快报》在线发表我校中科院量子信息与量子科技创新研究院潘建伟、朱晓波、彭承志等所组团队与中科院上海技术物理研究所合作研究成果。他们构建了 66 比特可编程超导量子计算原型机“祖冲之二号”，实现了对“量子随机线路取样”任务的快速求解。这一成果是我国继光量子计算原型机“九章”后在超导量子比特体系首次达到“量子计算优越性”里程碑，使得我国成为目前唯一同时在两种物理体系都达到这一里程碑的国家。

25 日 《美国化学会志》发表我校国家同步辐射实验室闫文盛教授课题组和美国威斯康星大学麦迪逊分校金松教授课题组合作研究成果。他们通过液相煅烧和强酸预处理成功合成出 1 nm IrO_x 颗粒组装的活性层均匀锚定在 9R-$BaIrO_3$ 表面，结合同步辐射吸收谱、光电子能谱与扫描透射电镜联用，成功系统性地揭示了研发的高活性 9R-$BaIrO_3$ 酸性水氧化电催化剂的表面活性层结构及其演变过程。

25～28 日 我校超算鸿雁队全面发力智能超算领域，先后在科大讯飞举办的全球 AI 开发者大赛决赛和英特尔举办的 AI 全球影响力嘉年华决赛中荣获多项最高奖。

26 日 学校召开 2021 年度重大项目档案管理培训与交流会。

26 日 学校召开 2021 年课程思政建设工作研讨会。

26 日 学校召开《自动驾驶感知数据融合接口规范》安徽省地方标准草案征求意见暨安徽省重点研发计划标准化专项 2021 年立项项目《自动驾驶中多传感器数据融合接口规范与应用示范》启动会。

26 日 美国《物理评论快报》以“编辑推荐”的形式发表我校中科院量子信息与量子科技创新研究院潘建伟、陆朝阳、刘乃乐等与中科院上海微系统所、国家并行计算机工程技术研究中心合作研究成果。他们发展了量子光源受激放大的理论和实验方法，构建了 113 个光子 144 模式的量子计算原型机“九章二号”，并实现了相位可编程功能，完成了对用于演示“量子计算优越性”的高斯玻色取样任务的快速求解。根据现已正式发表的最优经典算法理论，“九章二号”处理高斯玻色取样的速度比目前最快的超级计算机快 10^{24} 倍。

27 日 学校召开研究生思政课程建设 2021 年第二次研讨会议。

27 日 学校举行第二十二期学生骨干培训班暨团校第二十八期培训班开班仪式。

27 日 学校学习贯彻习近平总书记“七一”重要讲话精神专题宣讲团成员、党委常委、副校长王晓平作宣讲报告。

27～31 日 我校承办中科院 2021 年党支部书记示范培训班。

28 日 学校学习贯彻习近平总书记“七一”重要讲话精神专题宣讲团成员、党委常委、副校长朱长飞作宣讲报告。

29 日 学校应邀线上参加第 12 届中日大学校长论坛。

29～30 日 学校举办 2021 年体育运动大会。

31 日 学校举办学生团支部书记论坛。

10 月 31 日～11 月 3 日 学校主办第二届国际锂电池火灾安全研讨会。

本月 由我校出版社出版、工程科学学院孔祥言编写的研究生教材《高等渗流力学(第 3 版)》获首届全国优秀教材(高等教育类)二等奖。

本月 我校信息科学技术学院博士生刘泽荣获 2021 年国际计算机视觉大会最佳论文奖“马尔奖”。

本月 我校退休教师朱栋培教授荣获 2021 年度中国老科协奖。

本月 我校圆满完成 2022 级研究生推免接收工作。

本月 学校所有研究生培养单位均已完成 2021 年研究生新生入学教育暨科学道德和学风建设学习教育宣讲活动。

本月 我校定点帮扶干部林高华、徐晶芝获“贵州省最美劳动者”称号。

本月 我校物理学院荣获首届“全国教材建设先进集体”称号,数学科学学院史济怀教授、物理学院张永德教授荣获首届“全国教材建设先进个人”称号。

6～10 月 我校信息科学技术学院研究团队在 CCF A 类国际顶级会议 CVPR 2021、ICCV2021 系列竞赛中荣获冠亚军及最佳论文奖。

11 月

1 日 英国《自然》杂志子刊《自然 · 通讯》在线发表我校中国科学院微观磁共振重点实验室彭新华课题组和华中科技大学吕新友教授合作研究成果。他们通过引入反压缩操作,借助于高精度的量子控制技术,首次成功地在核磁共振量子模拟器上实验实现了超越 No-go 定理的平衡态超辐射相变,推动了量子相变理论和量子模拟领域的发展,为量子精密测量提供了新的途径。

1 日 经学校党委常委会研究决定,正式启动我校区级人大代表换届选举工作,并成立区级人大代表换届选举工作领导小组及其办公室。

1 日 校党委常委、总会计师、学校巡视整改第九督导组组长黄素芳带领督导组成员,对公共事务学院、数学科学学院党委巡视整改工作落实情况进行督导。

1～2 日 校党委副书记、定点帮扶工作领导小组副组长傅尧带队赴贵州省六盘水市开展定点帮扶工作。

1～2 日 学校纪委在安庆市举办 2021 年纪检业务培训暨院级党组织纪检工作推进会。

1～3 日 学校召开第三届北方森林国际研究计划年会。

3 日 学校举办第七届节能减排创新大赛暨第十四届全国大学生节能减排社会实践与科技竞赛颁奖典礼。

3 日 中共中央、国务院在北京举行国家科学技术奖励大会。我校李传锋教授等作为主要完成人的"基于量子信息技术研究量子物理基本问题"项目获国家自然科学二等奖，俞汉青教授研究团队及合作单位完成的"城镇污水处理厂智能监控和优化运行关键技术及应用"项目获国家科技进步二等奖。

4 日 致公党中国科学技术大学支部召开第七次党员大会。

4 日 英国《自然》杂志子刊《自然·通讯》发表我校生医部及附一院熊伟教授课题组研究成果。他们揭示了耳蜗核-脑桥尾侧网状核-脊髓运动神经元这条神经环路在调控惊跳反射行为中的重要作用。该研究首次鉴定了一条 RtTg 介导的控制惊跳反射的神经环路，为后续进一步研究创伤后应激障碍、恐慌症等疾病中出现的惊跳反射异常行为提供了新的方向。

4 日 英国《自然》杂志子刊《自然·通讯》发表我校郭光灿院士团队孙方稳教授课题组研究成果。他们将量子传感技术与光学超分辨成像技术相结合，研究纳米尺度电磁场的超小局域和高精度探测，实验实现了百万分之一波长尺度电磁场局域。基于该发现，进一步将局域电磁场能量和与物质相互作用强度分别提升了 8 个和 4 个量级。

5 日 学校线上参加中科院基础研究工作会议。会后召开党委常委会会议，就加强基础研究工作进行专题研究和部署。

5 日 美国《科学》杂志在线发表我校李微雪教授团队研究成果。他们提出并建立了界面作用调控纳米催化剂生长动力学理论和双功能载体高通量筛选策略，为理性设计和筛选稳定的抗烧结纳米催化剂提供了参考。

6～7 日 我校陈宝骥、苏禹同学在首届拔尖计划 2.0"提问与猜想"展示交流活动中荣获一等奖。

7～8 日 我校和新华网联合出品的《月是故乡明》微电影荣获第四届中国红色微电影盛典"最佳微电影"奖。

8 日 校党委常委会专题学习中国共产党安徽省第十一次代表大会精神。

8 日 中国日报安徽记者站站长朱立新一行来我校访问，就国际传播工作开展调研交流。

8 日 英国《自然》杂志子刊《自然·物理》以封面文章形式发表我校与德国美因茨亥姆霍兹研究所和华南师范大学等单位所组团队的合作研究成果。他们对类时空间中子的电磁结构进行了精确的测量，实验结果解决了长期存在的光子-核子耦合问题，还观测到中子电磁形状因子随质心能量变化的周期性振荡结构。

9 日 中国科学院高能物理研究所曹臻研究员应邀为我校 2021 级本科生作题为《四代人逐梦——中国宇宙线研究的发展与腾飞》的"科学与社会"研讨课第三场主题报告。

10 日 美国《科学》杂志子刊《科学进展》发表我校张凯铭研究组和台湾"中央"研究院张崇毅研究组合作研究成果。他们揭示了 Lon 蛋白酶在单个蛋白水解位点对底物进行持续切割的机制。

11 日 经校党委常委会会议研究决定：刘乃安兼任安全科学与工程系执行主任；陈彦

任网络空间安全学院副院长;王伟兼任网络安全和信息化办公室主任;彭慧兼任网络安全和信息化办公室常务副主任;汪银生兼任网络安全和信息化办公室副主任;李思敏任研究生院副院长(试用期一年);彭新华任未来技术学院副院长(试用期一年);赵国飞任基本建设处副处长(试用期一年);汤胜任基础教育集团副主任(试用期一年)。

11 日 经校党委常委会会议研究决定,校长聘任:陆朝阳任上海研究院执行院长,聘期五年。

11 日 学校召开 2021 年全面从严治党暨党风廉政建设和反腐败工作会议。

11 日 学校召开 2022 年度国家基金人才类项目申报工作会。

12 日 学校党委理论学习中心组召开集中学习会,深入学习党的十九届六中全会精神。本次集中学习会是党史学习教育校领导班子第十三次专题学习,也是 2021 年度校党委理论学习中心组第十七次集中学习。

13 日 学校举办"2021 国际周"国家留学基金委项目政策宣讲及经验分享活动。

13~14 日 学校承办 2021 IEEE 国际医学影像物理和工程大会暨第十届中国医学影像物理学术年会。

14 日 学校举办 2021 年"科技英才班"短程马拉松活动。

15 日 校长包信和带队调研我校高新园区运行情况。

15 日 学校召开 2021 年留学生招生工作表彰大会。

15 日 我校实验队在国际遗传工程机器设计竞赛(iGEM)中获得金牌,软件队获得银牌。

15~19 日 学校举办"飞跃欧罗巴"欧洲高等教育展、教职工因公出国(境)知识普及等"2021 国际周"系列活动。

16 日 我校出版社 5 个项目获 2021 年度国家科学技术学术著作出版基金资助。

16 日 学校在新一代神威超级计算机上首次实现 EAST(先进实验超导托卡马克)和 CFETR(中国聚变工程试验堆)"聚变堆全装置动理学等离子体演化模拟",入围国际戈登·贝尔奖评选的超算应用成果,这是我校首次作为第一完成单位入围戈登·贝尔奖评选。

17 日 学校党委理论学习中心组召开集中学习会,深入学习习近平总书记关于《中共中央关于党的百年奋斗重大成就和历史经验的决议》的说明。本次集中学习会是党史学习教育校领导班子第十四次专题学习,也是 2021 年度校党委理论学习中心组第十八次集中学习。

17 日 我校常务副校长、"墨子号"量子科学实验卫星首席科学家潘建伟院士为 2021 级本科生作"科学与社会"研讨课第四场主题报告。

17 日 英国《自然》杂志子刊《自然·通讯》发表我校雷久侯、祝宝友和陆高鹏教授团队合作研究成果。他们基于自主发展的地基闪电观测阵列,结合国际空间站搭载的高时空分辨率光学观测资料,首次揭示了雷暴云顶放电的光学特征及其诱发的低电离层扰动特征,提出了利用天电信号来探测雷暴云顶放电现象和研究中高层大气耦合的新思路。

17 日 美国《先进材料》杂志发表我校张颖课题组研究成果。他们首次发现强金属磷化物-磷酸盐载体相互作用,提出了解决非贵金属催化剂的催化活性、选择性、稳定性和抗氧化能力较差,特别是在水相和酸性环境中应用受限的全新方案,拓宽了强金属-载体相互作用的应用范围。

17 日 学校举行《科大人闯世界》系列英语情景剧(第一季)首映活动。

17～18 日 美国《科学》杂志子刊《科学进展》、英国《自然》杂志子刊《自然·物理学》先后发表我校中科院微观磁共振重点实验室彭新华研究组和德国亥姆霍兹研究所 Dmitry Budker 教授团队合作研究成果。他们利用本团队近期发展的量子精密测量技术,实现了对一类超越标准模型的新相互作用的超灵敏检验,实验界限比先前的国际最好水平提升至少 2 个数量级。他们利用该新技术进一步开展了暗物质的实验直接搜寻,实验结果比先前的国际最好水平提升至少 5 个数量级,并首次突破国际公认最强的宇宙天文学界限。

18 日 我校国家同步辐射实验室主任、核科学技术学院执行院长封东来教授,科教融合学院博士生导师史生才研究员、万宝年研究员当选中国科学院院士,客座教授凯瑟琳娜·科瑟-赫英郝斯当选中国科学院外籍院士。

18 日 由我校牵头承担的国家重点研发计划"文物建筑火灾蔓延机理与评估预警关键技术研究"项目第一年度工作总结暨专家组联席会议以线上线下相结合的方式召开。

18～19 日 学校举办中国科大-香港城大第十四届在线博士生学术论坛暨何稼楠学术会议奖学金颁奖典礼。

19 日 首届中国科大"寰宇杯"英文演讲比赛落幕。

19 日 我校创新创业学院联合创建的"科里科气"创新融媒体工作室揭牌仪式在合肥市广播电视台举行。

19 日 淮北市委书记张永,市委副书记、市长覃卫国率党政代表团来我校调研,就市校合作进行座谈交流。

19 日 美国《科学》杂志邀请我校王兴安教授和中科院大连化学物理研究所、南方科技大学杨学明院士合作发表题为《分子双狭缝实验》评述文章。该文深入探讨并展望了分子碰撞中的立体动力学与量子干涉现象研究。

20～21 日 学校举办 2021 年度新进教职工岗前培训研习营。

21 日 安徽省省长王清宪一行调研我校国际金融研究院。

21 日 美国《先进材料》杂志发表我校俞书宏院士团队研究成果。他们研发了一种新型的针对太空防护应用的聚酰亚胺、纳米云母复合膜材料,该材料采用了独特的仿生设计,使其力学性能和空间极端环境耐受性均得到了显著提升。

22 日 美国《物理评论快报》发表我校郭光灿院士团队李传锋、柳必恒研究组与电子科技大学王子竹教授,奥地利高小钦博士、Miguel Navascués 教授等合作研究成果。他们首次实现了高维量子纠缠态的最优检测。

23 日 美国《纳米快报》在线发表我校俞书宏院士团队研究成果。他们将原电池系统集成到基于高度稳定性和柔性的 Ag 纳米线(NWs)透明导电电极(TCE)和 $W_{18}O_{49}$ 纳米线电致变色薄膜中,成功构建了一种自供电柔性电致变色装置。

24 日 经校党委常委会会议研究决定:徐晶芝挂职担任少年班学院党总支副书记(期限一年);方黑虎任档案文博院执行院长(试用期一年);徐宏力兼任计算机科学与技术学院副院长;陈恩红兼任信息与智能学部副部长;兰荣任档案文博院副院长。

25 日 学校召开基层党组织巡视整改推进会暨科技成果转移转化工作会。

25 日 英国《自然》杂志子刊《自然·通讯》发表我校物理学院光电子科学与技术安徽省重点实验室、合肥微尺度物质科学国家研究中心张斗国教授团队研究成果。他们提出并实现了一种基于光学薄膜的平面型显微成像元件，用作被测样本的载玻片，可在常规的明场光学显微镜上实现暗场显微成像和全内反射成像，而获取高对比度的光学显微图像。

26 日 学校党委理论学习中心组召开集中学习会，学习贯彻党的十九届六中全会精神。中管高校党史学习教育第八指导组副组长盛邦跃出席会议。本次集中学习会是党史学习教育校领导班子第十五次专题学习，也是 2021 年度校党委理论学习中心组第十九次集中学习。

27 日 我校首届“与师俱进”杯师生羽毛球混合团体赛收官。

27 日 校长、碳中和研究院院长包信和院士应邀出席 2021“一带一路”清洁能源发展论坛并作主题报告。

27 日 我校中科院城市污染物转化重点实验室召开 2021 年学术委员会会议暨青年学术交流会。

30 日 学校完成包河区、蜀山区人大代表换届选举工作。我校包河选区正式代表候选人毛竹、蜀山选区正式代表候选人汪铭分别当选两区新一届区人大代表。

30 日 学校举办第四期中国科大科学文化沙龙，蔚来控股有限公司创始人、董事长李斌作主题演讲。

本月 我校制作的微视频《弘扬“两弹一星”精神 传承科教报国使命》被中宣部评为 2021 年度“优秀理论宣讲微视频”。

本月 学校开展传承“两弹一星”精神和科学家精神线上知识竞赛等系列学习活动。

本月 学校获批量子科学与技术博士学位授权点。这是我国第一个量子科学与技术方向的博士学位授权点。

本月 我校信息科学技术学院李智军教授当选电气和电子工程师协会(IEEE)会士。

本月 我校计算机科学与技术学院李诚老师荣获国际计算机协会中国新星提名奖和中国计算机系统分会(ACM ChinaSys)新星奖(全国 2 人，排名第一)，这是我校教师首次获得该类奖项。

本月 学校陆续举办 2021 年悦动青春体育系列活动。

本月 我校男团在 2021 年安徽省大学生乒乓球联赛中夺冠并实现三连冠。

12 月

1 日 美国《地质学》杂志发表我校地球和空间科学学院周鑫教授课题组与国内外同行合作研究成果。他们结合对现代降水变化时空特征和月太阳辐射变化的分析，提出月太阳辐射变化可能是降水最大期穿时变化的主要驱动因素这一新机制。

1 日 由我校与环太平洋大学联盟联合发起的 2022 年 APRU 科研副校长年会筹备会通过线上形式举行。

1 日 我校中科院材料力学行为和设计重点实验室采用线上线下相结合的方式召开 2021 年度学术会议和学术委员会会议。

1日 学校举办世界艾滋病日宣传教育活动。

2~3日 由我校主办的中国科学院第三届临床研究前沿会议在中国科大附一院召开。

3日 省委书记郑栅洁专程到我校宣讲党的十九届六中全会精神。

3日 学校开展2021年"国家宪法日"普法活动。

3日 《美国化学学会材料快报》在线发表我校俞书宏院士团队特任副研究员管庆方等研究成果。他们通过对传统宣纸的详细结构表征,探究了其高强度高韧性的微观机理,并且受宣纸制造工艺和结构的启发,研制出了一种具有多尺度结构的高雾度透明薄膜,是柔性透明电子器件基底材料的理想选择。

4日 学校举行《钱学森回信》原件捐赠暨中国光学学会"郭光灿光学优秀博士学位论文奖"签约仪式。

5日 学校举行2021年纪念"一二·九"校园马拉松长跑活动。

5日 我校研究生支教团荣获第十三届中国青年志愿者优秀组织奖。

5日 由我校牵头承担的国家重点研发计划"面向先进高分子薄膜加工与功能改性的同步辐射研究平台"项目第一年度工作总结暨专家组联席会议在线上召开。

5~6日 学校举行青年志愿者表彰大会与志愿服务嘉年华活动。

7日 学校召开第九届校学位评定委员会第七次工作会议,审议2021年冬季学位申请、兼职博士生导师资格申请、教育部博士学位论文抽检情况等议题。

8日 安徽省委常委、常务副省长刘惠到我校调研。

8日 学校党委理论学习中心组召开集中学习会,深入学习全国宗教工作会议精神。本次集中学习会是党史学习教育校领导班子第十六次专题学习,也是2021年度校党委理论学习中心组第二十次集中学习。

8日 学校先后举行福昕公司捐赠暨福昕创新实验室揭牌仪式、创新创业导师受聘仪式暨创新创业大讲堂(第四期),85级少年班校友、福昕软件开发有限公司董事长熊雨前作主题报告。

8日 《德国应用化学》杂志发表我校化学与材料科学学院袁月教授和梁高林教授课题组合作研究成果。他们通过肿瘤高表达的组织蛋白酶B(CTSB)调控小分子光声成像探针在细胞内原位自组装成不易被细胞泵出的纳米探针,从而显著增强小鼠乳腺癌肿瘤处的光声成像信号,实现CTSB高表达肿瘤的特异性光声成像。

8日 经校党委常委会会议研究决定:包信和兼任碳中和研究院院长;傅尧兼任碳中和研究院副院长;黄文任数学科学学院执行院长;魏玖长任公共事务学院执行院长(试用期一年);芮锋任公共事务学院副院长;季恒星任碳中和研究院副院长(试用期一年);樊亚芳任图书馆副馆长(试用期一年)。

9日 校党委书记、定点帮扶工作领导小组组长舒歌群带队赴金寨县调研,并参加中国科学技术大学金寨红色教育基地揭牌仪式。

9日 我校火灾科学国家重点实验室孙金华教授荣获亚澳火灾科学技术学会终身成就奖。

9日 英国《自然》杂志子刊《自然·癌症》在线发表我校张华凤课题组和高平课题组(现华南理工大学)合作研究成果。他们报道了ENO1作为RNA结合蛋白降解mRNA的机制，阐明了 ENO1 结合并降解铁调蛋白基因的 mRNA，从而调控细胞内铁离子的代谢稳态，影响铁死亡而促进肝癌的发生发展，为治疗肝癌相关疾病提供了潜在的新靶点。

10 日 学校举行首届全球科大人创新创业大赛决赛及颁奖典礼。本次大赛 5 月 16 日在浙江杭州正式启动，分设安徽、南京、成渝、上海等各赛区。

10 日 中国科大附一院荣获“十佳履行社会责任最满意单位”，并连续三年获“安徽省十二大服务行业居民满意度调查”医疗业第一名。

11 日 我校科学技术协会召开 2021 年工作总结会。

12～17 日 学校举办中国科大“第三届工程科学学院研究生学术年会”。

13 日 悉尼科技大学副校长张成奇教授访问我校。

13 日 《德国应用化学》杂志发表我校高敏锐课题组研究成果。他们利用离子交换法缩减层状二硒化钴的层间距离，成功制备了一种新型的强耦合二硒化钴催化剂。这种低成本材料在酸性介质中展现出优异的两电子氧还原电化学活性和稳定性能。

14 日 美国《物理评论-物理教育研究》杂志在线发表我校物理学院涂涛副教授、李传锋教授、许金时教授和郭光灿院士等合作研究成果。他们通过对物理学院 6 年时间周期、406 名本科生的样本数据的统计分析，研究了学生对于量子物理中束缚态和散射态的思维流程图，成功构建了 Activation-Construction-Execution-Reflection 的理论框架和基于 Overgeneralization 的思维机制模型。

15 日 美国《物理评论快报》发表我校蔡一夫教授率国际合作团队的研究成果。他们发现了婴儿宇宙处在高能物理的“沙漠”能区时，存在原初引力波共振的非线性理论现象。这个新结果可以为国际上盛行的原初引力波探测实验建设提供重要科学目标，也为搜寻超出粒子物理标准模型的高能新物理打开了一扇窗口。

15 日 学校召开第七届学术交流会。

16 日 学校召开 2022 年全国硕士研究生招生考试中国科大考点部门协调会。

16 日 中国科大教育基金会举行第六届第五次理事会。

16 日 中国中铁四局集团有限公司国际事业部总经理崔浩一行来我校访问，就国际合作开展调研交流。

16 日 学校召开离退休干部工作委员会 2021 年第二次工作会议。

16 日 我校线上参加中科院党建研究会召开的 2021 年常务理事会暨课题成果交流评选会。

16 日 我校学生项目《益＋盒子营养计划——白血病儿童专属营养餐》荣膺第八届“创青春”中国青年创新创业大赛金奖，并荣获“成思危社会企业创意奖”。

17 日 我校《1 秒摸清地震“脾气”》获“2021 年度人民网优秀校园新闻作品奖”。

17 日 《数字通信与网络（英文）》发表我校徐正元教授联合刘伟杰博士和清华大学王昭诚教授以及英国南开普敦大学 Lajos Hanzo 教授合作研究成果。他们首次提出了拍赫兹通信新框架，突破了传统肉眼视觉的光谱分段方法，将助力 6G 移动通信。

18 日 学校完成 2021 年下半年全国大学英语四、六级考试工作。

20 日 波兰共和国驻上海总领事 Marek Ciesielczuk 一行访问我校。

20 日 郑州大学党委书记、校长刘炯天一行来我校调研。

20～21 日 学校举办 2021 年新晋博士生导师培训研讨会。

21 日 我校“祖冲之二号”和“九章二号”量子计算优越性实验入选美国物理学会“2021 年物理学十大进展”。

21 日 美国《物理评论快报》发表我校物理系何俊峰课题组、乔振华课题组与美国加利福尼亚大学圣芭芭拉分校 Stephen D. Wilson 课题组合作研究成果。他们利用具有实空间分辨能力的角分辨光电子能谱，首次实现对笼目晶格表面态电子结构的探测；实验排除了材料中其他非笼目晶格原子的影响，进而观测到笼目晶格本征的特征电子结构，并与理论计算结果一致。

21 日 美国《物理评论快报》发表我校物理系袁军华、张榕京课题组研究成果。他们通过对细菌鞭毛马达在阻停时的转向动力学的精确测量，提出了马达转向别构调控的非平衡热力学新机制。

21～23 日 学校赴宁夏开展科普志愿行和支教回访活动。

22 日 校纪委举办各级教工党组织纪检委员纪检业务培训会。

22 日 学校学习贯彻党的十九届六中全会精神宣讲团团长、党委书记舒歌群作党的十九届六中全会精神学习首场宣讲报告。

23 日 美国《物理评论快报》发表我校郭光灿院士团队李传锋、黄运锋、崔金明等人研究成果。他们首次在离子阱系统中实现了单个离子的超分辨成像。

24 日 校党委副书记蒋一作党的十九届六中全会精神宣讲报告。

25 日 由我校地球和空间科学学院与合肥市科协联合创办的“九章论坛”启动仪式暨首场科普报告会在合肥市科技馆举行。

25～26 日 学校开展 2022 年全国硕士研究生招生考试工作。

26 日 我校潘建伟院士团队的“‘祖冲之号’‘九章二号’量子计算原型机研制成功”、陈秀雄教授团队的“凯勒几何两大核心猜想被证明”、杨睿智教授作为共同通讯作者参与的研究成果“我国科学家观测到迄今宇宙中最高能量光子”与地球和空间科学学院空间有效载荷研制团队参与的“我国首次火星探测任务天问一号着陆火星”同时入选 2021 年度国内十大科技新闻。

26 日 美国《先进材料》杂志发表我校俞书宏院士课题组茅瓅波副研究员等研究成果。他们从生物矿物的残余应力增强机制中获得启发，提出了一种新的仿生增韧路径，并运用于人工珍珠母的矿化生长，显著提升了仿珍珠母陶瓷块材的韧性放大效率(16.1±1.1)。

26 日 我校 s4plus-云惊队斩获第四届中国软件开源创新大赛开源项目创新赛命题组一等奖。

27 日 中管高校党史学习教育第八指导组来我校开展党史学习教育评估工作。

28 日 学校举行 2021 年度教职工表彰大会暨“黄大年式教师团队”典型事迹报告会。

28 日 《美国化学学会纳米》杂志发表我校信息科学技术学院赵刚课题组研究成果。他们提出了一种结合纳米纤维静电纺丝和液态金属模板印刷的新型柔性电子器件制备技术。

28 日 《美国化学会志》发表我校高敏锐课题组研究成果。他们控制合成了系列暴露不同 Cu(100)和 Cu(111)比例的铜催化剂，并发现 Cu(100)/Cu(111)界面相比于单一的晶面展现显著地催化C—C电化学耦联优越性。

29日 学校党委理论学习中心组召开集中学习会，传达学习习近平总书记重要指示和党史学习教育总结会议精神，学习《中国共产党章程》。本次集中学习会是党史学习教育校领导班子第十七次专题学习，也是2021年度校党委理论学习中心组第二十一次集中学习。

29日 英国《科技考古》杂志发表我校科技史与科技考古系杨玉璋教授团队与中国社会科学院考古研究所等单位合作研究成果。他们对安徽蚌埠双墩遗址(7.3～6.8 ka BP)出土部分石制工具表面提取到的残留古代淀粉粒进行了植物种属来源和损伤特征分析，首次获取到新石器时代中晚期人类植物性食物加工工具磨盘磨棒向杵臼组合工具转变的直接证据。

29日 学校举行外国专家新年音乐会。

30日 全国柔性电子领域领军人物、中国科学院院士黄维一行来我校调研。

30日 中科院召开2021年离退休干部工作视频会议，我校离退休干部工作处处长刘艳荣获“院离退休干部工作先进个人”、离退休干部工作处荣获“先进集体提名奖”。

30日 校党委常委、副校长杜江峰作党的十九届六中全会精神宣讲报告。

30日 校党委副书记、纪委书记毕金初作党的十九届六中全会精神宣讲报告。

30日 学校召开2022年度国家自然科学基金申请工作部署会。

30日 我校研究成果“利用通讯光纤网络实现大地震后的快速响应”入选2021中国光学领域十大社会影响力事件(Light 10)。

30日 我校软件学院获批首批特色化示范性软件学院，重点建设领域为新型平台软件与嵌入式软件。

30日 歼-20总设计师、中国航空工业集团有限公司副总经理杨伟院士为我校2021级本科生作第五场“科学与社会”研讨课主题报告。

31日 学校举办2022新年联欢晚会。

31日 学校举行老一辈科学家精神系列微电影《永恒的东风》首映式。本次活动是2021年度校党委理论学习中心组第二十二次集中学习，也是党史学习教育现场教学。

31日 校党委常委、副校长罗喜胜作党的十九届六中全会精神宣讲报告。

31日 校党委常委、副校长王晓平作党的十九届六中全会精神宣讲报告。

31日 校党委常委、总会计师黄素芳作党的十九届六中全会精神宣讲报告。

31日 校党委副书记傅尧作党的十九届六中全会精神宣讲报告。

31日 校党委常委、统战部部长褚家如作党的十九届六中全会精神宣讲报告。

本月 校纪委策划制作的警示教育微视频在中纪委网站发布。

本月 学校开展“粮食节约行动”主题团日系列活动。

本月 校出版社14个项目207册图书入选“十四五”国家重点出版物出版规划，其中国家重大出版工程2项，国家重点图书项目8项，国家重点音像项目4项。

本月 学校举办跃动青春文艺季系列活动。

十七、各学院、国家实验室介绍

少年班学院

一、学 院 概 况

1978年，在李政道教授等人的大力倡导下，在邓小平等党和国家领导人的支持下，中国科学技术大学按照中国科学院指示，创建了少年班。

1985年，针对高三学生创办了不分系科、强化基础的“教学改革试点班”，即现在的“理科试验班”，又称“零零班”。

2008年，少年班管委会升格为少年班学院。

2010年，经教育部批准，启动少年班“创新试点班”招生办法。

2016年，创建交叉学科英才班，实行弹性学制和个性定制培养方案。

二、党建和思政教育

学院坚持以党的十九大和十九届二中、三中、四中、五中、六中全会精神为指导，积极发挥党组织政治核心和战斗堡垒作用。院党总支包括1个教工党支部和1个师生联合党支部，共有党员44名(教工16名，学生28名)。

学院针对中央第七轮巡视发现的问题，召开专题会议，制定整改方案，狠抓落实，取得了较好的效果；加强政治理论学习，扎实开展党史学习教育，严格落实“三会一课”制度，丰富主题党日活动；加强制度建设，修订了《学院党总支理论学习中心组组织学习方案》《学院意识形态领域风险点研判处置工作预案》等文件，形成长效机制；优秀学生入党意愿较往年有大幅提高，共有114人提交入党申请书，其中100人成为入党积极分子；师生联合支部打造“人人讲党课”特色活动，6月获评校“先进基层党组织”；加强党风廉政建设，与管理骨干签订廉政承诺书。

学院“潜心立德树人”，以主题团日、班级活动等形式开展专题学习，做到28个团支部全覆盖。2021年获评7个优秀团支部、6个五四红旗团支部、2个五四红旗团支部标兵、2个“最美六有团支部”。学院团委被评为安徽省五四红旗团委，是全省获此殊荣的唯一院级团组织。

学院组织“重温红色历史、传承伟大精神”暑期实践活动，获暑期实践征文优秀组织一等奖。学院加强学生警示教育，增强纪律意识、底线意识，制定专门方案提升学生荣誉感。学院开展十八岁学生成人宣誓仪式、长三角四校荣誉学院青年峰会、四校联合支教以及助理班主任、学长传承册页《筑梦·自强·飞翔》分发给新生等传统特色活动，与后勤部门合作开设“美食与生活”劳动实践课堂，助力学生成长成才。

三、招 生 就 业

学院与招办合作，在去年开始实施的少年班复试方案基础上加以完善。2021 年共招收 341 名学生，其中少年班 43 人，理科试验班 49 人，创新试点班 249 人。对不同招生类型进行混合编班，促进不同背景学生间的融合。

学院注重生涯导航规划，强化就业服务，对申请出境、考研、就业提供精细化和个性化的指导、培训，借助校友资源促进就业落实。2021 年毕业本科生 324 人，出境深造率 16.4%，国内深造率 63.3%，直接工作率 5.3%。

四、学生培养与管理

学院推进基础与创新并重的自主化学习和研究培养，形成了基础“宽、厚、实”、专业“精、新、活”的宽口径个性化教育模式。2021 年，修订大一培养方案，设立“大一限选课”，为学生提供更多选择机会，新增大一必修的“科技写作与表达”；探索“英语提升营”教学模式，年度共有 600 余人次修读提升营课程；举办院内英语配音大赛；参加学校英文演讲比赛，获优秀组织奖；7 月举办首届“少年遇伯乐”科研实践师生交流会，全校 200 多位教授报名参加，与学生近距离互动交流；继续打造“少年班论坛”；组织 63 名学生参加第四届 ACM 中国图灵大会。

学院探索校企联合培养模式。与华为公司联合举办职业生涯教育讲座，开展创新技术课题研究，提供企业实习实践机会。有 23 名同学入选华为创新研究项目，实行校内与企业双导师制。3 月 18 日，华为轮值董事长徐直军一行，在安徽省委常委、合肥市委书记虞爱华的陪同下，与少年班学院探讨学生联合培养。7～8 月，与京东探索研究院联合举办人工智能前沿专题提升营，特邀多位人工智能领域的专家为 51 名同学做系列讲座。

在马东敏校友捐赠成立的“蔷薇基金”的资助下，首届蔷薇访学活动成功启动，160 名同学前往深圳（4 月）、北京（7 月）的高新企业和科研院所访问学习，与当地校友座谈交流，获益良多。学院设立“蔷薇奖学金”新荷、远志、奋进、奉公德育、光启五个奖项，并实施评选，倡导学生全面发展。

五、学 院 建 设

学院继续加强管理团队建设，强化宣传联络工作，推动物理空间改造，探索学院高质量发展道路。

学院规范学生管理工作，编制《少年班学院班主任工作实用手册》，梳理《少年班学院综合测评细则》，制定并执行《新生入学教育方案》；每月召开学工例会，促进班主任经验交流和学习；积极为教师创造学习交流机会，提升职业素养；改进教师工作与班级管理质量评价方案，继续评选“初心校友奖教金”。

学院建设“少年班精品课”，在哔哩哔哩网站上线“数学分析 B2”和“电磁学”精品课视频，促进教育资源的开放共享；开通学院钉钉账号，举办线上科普讲座，观看人数达 36.9 万。学院严格管理各类宣传平台，实行规范的审查和发布制度，完成新主页等保测评定级工作，上线新版学院英文主页；设计制作特色文创，打造更具影响力和更深入人心的少年班学院品牌。5 月 31 日，学院向校档案馆移交一批珍贵题词原件。学院完成楼内学生交流活动空间、计算机机房、机器人创新工作坊的装修建设，规范管理，向学生开放。

学院集合多方力量，举办各类座谈，共商发展。4 月 12 日，中国科学院院长侯建国、安徽省常务副省长邓向阳一行到学院调研创新人才选拔培养情况。7 月 6 日，教育部党组成员、副部长翁铁慧同志来校调研少年班建设及拔尖创新人才培养工作。

数学科学学院

一、党 建 工 作

学院深入学习贯彻习近平新时代中国特色社会主义思想和党的十九届六中全会精神，认真落实新时代党的建设总要求和新时代党的组织路线，扎实推进党史学习教育，进一步压实各级党组织全面从严治党和党建工作主体责任，推动基层党组织全面进步、全面过硬，在学校党委的正确领导下，学院党政领导班子积极谋划部署、实干为先，基本完成了校党委下达的各项任务和年度党建工作计划。学院现有师生党员 207 人，其中教工党员 58 人。党委下设 9 个党支部，其中 3 个教工支部，6 个学生支部。

建立贯穿教师日常教学、科学研究和社会服务全过程的师德考评制度，将师德考核和年度考核民主评议党员相结合。重视师德师风建设过程管理，对新进教师进行岗前培训与谈心谈话。建立健全教学督导工作细则，每学期举办教学座谈会，邀请学生、教学督导、专业领导参加。将师德师风、爱生敬业、教书育人、为人师表、严谨治学等纳入师德考核，不合格者年度考核评定为不合格，并在教师职务（职称）评审、岗位聘用、评优奖励等环节实行一票否决。

二、人才队伍建设

人才队伍建设方面发展稳健。拥有院士 2 人，国家高层次人才 12 人，国家级青年人才 19 人。2021 年入选海外优秀青年人才 2 人，青年长江学者 1 人，中国科学院“百人计划”B 类 1 人。引进 1 名海外正教授、1 名海外青年人才。安徽应用数学中心开始正式运行。

三、科 研 工 作

在《Ann. Math.》等国内外期刊共发表论文 190 余篇。科研经费到账 2614 万元。新增基金委项目 18 项，其中 1 项杰出青年基金，2 项优秀青年基金，1 项重点项目，1 项数学与医疗健康交叉重点专项,2 项专项基金;新增科技部国家重点研发计划青年科学家项目 1 项。1 人荣获第十八届陈省身数学奖,1 人荣获国际组合学及其应用协会 Hall 奖。

四、教 学 工 作

信息与计算科学专业获得"国家级一流本科专业建设点"认定,完成国家级一流本科专业建设点全覆盖。1 人荣获首届全国教材建设先进个人称号。

完成本科生课程"课程思政教学方案设计",实现主干课程全覆盖。积极推进教学质量工程建设,获评 11 项校级本科教学项目,其中"十四五"规划教材 4 项,课程思政项目 3 项,本科一流专业建设专项、教学团队、线上课程、教学研究项目各 1 项。发布《院教学简报》6 期。

2020～2021 学年,学院参与本科教学教师 94 人,承担 187 个课堂、14040 课时的教学任务。教授授课率近 100%。春季全校问卷数最多且教学测评分≥90 分的课程中,学院课程占 47%。

完善强基班培养方案,安排 11 位指导老师召开师生见面会,开设"数学强基讨论班"。2021 年,中法数学英才班录取 25 名学生,其中 2 名学生曾获全国数学奥林匹克竞赛银牌。

五、学 术 交 流

院刊《Communications in Mathematics and Statistics》2021 年最新 SCI 影响因子为 1.938,比去年提升 29%,在该领域国内期刊中排名第一,在全球该领域 330 本 SCI 期刊中排名 40 位,JCR 一区;截至 2021 年 12 月,下载总量超过 8 万次,SCI 总引用超 1000 次。

由分中心组织学术报告共计 7 场,吴文俊重点实验室学术报告 61 场,GAP 研讨班系列讲座 16 次,其他报告 77 次,各类学术会议及研讨班 24 次。

六、研究生部工作

推动以"课程思政"为目标的课堂教学改革,开展研究生课程思政建设。对全院 92 门研究生课程开展教材教辅排查工作"回头看",重点检视研究生学科专业类境外教材。

加强学位授予质量监控力度,提高研究生学位论文质量,全面加强博士生选拔,博士阶段分流机制,中期考核,学位论文的规范性、相关性、系统性等环节的要求。

七、学 生 工 作

强化学工队伍建设和思想政治工作。积极开展班级特色活动。结合团校要求,细化新生入学教育方案,加强新生思想政治教育,激发学生使命感、责任感和学习积极性,持续做好思想引领工作。

重视团学工作和文化建设。根据校团委的部署,积极完成各种主题团日活动,加强学生的思想引领工作。鼓励学生积极参加体育活动，引导学生树立积极向上的人生观和养成健康的生活方式。学生会编写了今年的《薪火相传》和《青空》杂志。成功复刊经典院刊《蛙鸣》，印制发放第 64 期《蛙鸣》。今年是中国共产党成立 100 周年，学院每个团支部都成立了党史党章学习小组，都积极学习了习近平总书记"七一"重要讲话精神和十九届六中全会精神。加强诚信教育、心理健康教育和感恩教育工作。

狠抓学生日常管理工作。做好新冠肺炎疫情防控期间学生教育管理服务，织密"学校-学院-班级-学生"联动网，做细学生信息精准摸排工作，做好疫苗接种工作。

注重学生创新能力培养。除了对学生日常学业加强督促指导外，积极组织学生参与数学建模等学科竞赛，鼓励学生出去交流、参与大学生研究计划、国家创新创业计划等科研实践活动。在 2021 年丘成桐大学生数学竞赛中获得 4 枚奖牌，其中银奖 2 枚、铜奖 2 枚。在第十二届全国大学生数学竞赛决赛中荣获数学类一等奖 3 项，二等奖 4 项，三等奖 1 项。

积极开展就业指导和服务工作。本科生初次就业率达 93.4%，硕士生初次就业率达 95.5%，博士生初次就业率达 100%。

八、工 会 工 作

学院分工会广泛组织开展体育活动，并积极参加学校各项体育赛事。院党委和院分工会积极组织全体教职工参加校工会组织的各项活动，各项工作得到了校工会的肯定。院分工会女工委员王莉同志获安徽省教科文卫体系统工会女职工工作先进个人。

物 理 学 院

学院坚持以习近平新时代中国特色社会主义思想为指导，深入学习贯彻党的十九大和十九届历次全会精神，贯彻落实习近平总书记关于中国科大系列重要指示精神，按照上级党组织的部署，把握发展机遇，围绕"潜心立德树人、执着攻关创新"两大核心任务，带领全体教职工团结奋进，扎实推进和落实各项工作。学院建设和发展的各项工作取得了可喜的成绩。

学院积极参与国家基础及应用研究领域的重大研究课题以及大科学工程建设，承担了大量国家级科研项目。全年到款竞争性经费总计 48574.22 万元。获批国家自然科学基金 53 项，其中"杰青"项目 5 项，"优青"项目 3 项，重大仪器项目 1 项，重大项目 2 项，重点项目 4 项。截至 2021 年 12 月，共有在研项目 646 项。发表 SCI 论文 700 余篇，高端论文亮点突出，其中《Nature》和《Science》正刊 5 篇，《Physical Review Letters》38 篇。

赵政国荣获第二届安徽省创新争先奖状；朱晓波、徐飞虎荣获第三届"科学探索奖"；郭光灿荣获李佩奖教金；朱栋培荣获 2021 年度中国老科协奖；学院参与的暗物质粒子探测卫星——"悟空号"卫星载荷与科学团队荣获第 25 届"中国青年五四奖章集体"称号；林毅恒荣获第 24 届"安徽青年五四奖章"；李传锋、许金时、黄运锋、柳必恒，郭光灿等作为主要完成人的"基于量子信息技术研究量子物理基本问题"项目获国家自然科学二等奖；杜江峰荣获安徽省2020年度重大科技成就奖；史保森团队的“面向高容量高速量子通信的基础研究”荣获2020年度安徽省自然科学一等奖；“九章”量子计算机荣获2021年Falling Walls年度科学突破，同时入选联合国Netexplo论坛全球十大创新成果；“‘祖冲之号’‘九章二号’量子计算原型机研制成功”、学院参与的“我国科学家观测到迄今宇宙中最高能量光子”入选2021年国内十大科技新闻；“中国构建天地一体化广域量子通信网”入选2021年国际十大科技新闻；潘建伟、朱晓波、陆朝阳等完成的“祖冲之二号”和“九章二号”量子计算优越性实验入选2021年国际物理学领域十项重大进展。

潘建伟团队成功验证构建天地一体化量子通信网络的可行性；成功研制出62比特可编程超导量子计算原型机“祖冲之1.0”和66比特“祖冲之2.0”与“祖冲之2.1”超导量子计算原型机；在国际上首次利用超冷原子体系实现了三维自旋轨道耦合，并构造出有且仅有一对外尔点的理想外尔半金属能带结构；李传锋、周宗权研究组利用固态量子存储器和外置纠缠光源，首次实现两个吸收型量子存储器之间的可预报量子纠缠，演示了多模式量子中继；学院参与的高海拔宇宙线观测站（LHAASO）实验在银河系中观测到迄今宇宙中最高能量光子；陈仙辉超导研究团队在笼目结构超导材料研究中取得重要进展；徐宁研究组在非平衡体系统计物理的相关研究中取得重要进展；曾长淦团队与合作者发现栅压控制的Rashba自旋轨道耦合可以有效调控零偏压电导峰所表征的相位相干多重Andreev反射；乔振华与合作者在相互作用诱导的轨道陈绝缘体理论研究中获得新进展；杜江峰、石发展等人基于金刚石固态单自旋体系在室温大气环境下实现了突破标准量子极限的磁测量；彭新华研究组与合作者在量子精密测量和暗物质探测领域同时取得重大进展；学院BESIII研究团队精确测量中子电磁结构，成果作为封面文章发表在《自然·物理》上；高能核物理团队在奇异粲介子研究中取得重要进展；蔡一夫研究团队在宇宙起源和非线性原初引力波取得突破；王俊贤研究团队和合作者发现宇宙最遥远的原初星系团；王挺贵团队首次探测到黑洞潮汐撕裂恒星事件中光学铁发射线的迟滞效应；涂涛、李传锋、许金时和郭光灿等组成的团队在量子物理教育研究领域取得新突破；孙方稳研究组在纳米尺度量子传感研究中取得重要进展，实现深亚波长电磁场的局域和检测；杨益东课题组首次提出了图像域双能图像信息矢量化分解的数学算法；蒋蔚研究组发展了氩-39同位素原子阱单原子灵敏检测技术；王少杰研究组在回旋动理学模拟程序开发、湍流输运矩阵计算上有稳步的推进。

截至2021年12月，学院共有教职员工451人，其中教授（含相当专业技术职务人员）115人，副教授（含相当专业技术职务人员）109人，讲师、助教10人，管理支撑人员44人，聘期制科研人员173人。现有中国科学院与中国工程院院士（含外聘）17人，国家级教学名师2人，教育部人才计划（含青年学者）20人，国家高层次人才特殊支持计划入选者（含青年人才）19人，国家杰出青年基金获得者42人，国家创新人才计划入选者（含青年人才）56人，国家优秀青年基金获得者32人，中国科学院人才计划学者44人。学院成功举办了中国科学技术大学第五届“墨子·云论坛——物理科学分论坛”。引进了2位教授，7位特任教授，4位特任研究员，以及20位特任副研究员。聘任王建宇院士为工程与应用物理系主任，聘任向涛院士为近代物理系主任。聘请Peter Zoller、Artur Ekert为“大师讲席Ⅱ”教授。苑震生、刘建北、殷月伟、赵瑾、石发展获国家杰出青年基金资助；徐飞虎入选“教育部人才计划”特设岗位教授；乔振华入选科技部创新推进计划科技领军人才；乔振华、项国勇入选国家高层次人才特殊支持计划中青年科技领军人才；李海欧入选国家高层次人才特殊支持计划青年拔尖人才；周小蓉、陈耕、张红欣获国家优秀青年基金资助；张云龙入选青促会会员；李海欧入选“仲英青年学者”。

学院共毕业本科生 316 人，研究生 327 人，其中博士生 101 人，硕士生 226 人。截至 2021 年 12 月，学院毕业生总就业率为 93.8%，其中硕士、博士就业率均为 100%，创历史新高。毕业生心怀“国之大者”，积极服务国家战略。研究生实际就业的 113 人中，去向类型为“国之大者”的 81 人（含国防军工、高等教育单位、重点科研机构、机关、医疗卫生单位及其他重点单位），占比 71.7%，其中，去国防军工单位 14 人，占比 12.4%。学院连续 11 年获评学校“就业工作先进集体”。

学院分工会在校工会和学院党委的领导下，积极组织教职工参加学校工会举办的各项文体活动，如庆祝中国共产党成立 100 周年教职工大合唱比赛、健身走、摄影比赛、运动会、“一二·九”长跑、知识竞赛、读书活动等等。完成职工福利采购及发放，积极采购贵州六枝、安徽金寨扶贫农产品和购买湖北滞销农产品。深入了解职工工作、生活情况，为困难职工申请补助，把党的温暖送到职工心里。

化学与材料科学学院

一、学 院 概 况

学院由化学物理系、应用化学系、化学系、材料科学与工程系、高分子科学与工程系和化学实验教学中心 6 个单位组成。李灿院士为院长，刘世勇为执行院长，闫立峰为党委书记兼副院长，邓兆祥、武晓君、杨上峰为副院长，周小东、千坤为党委副书记。

截至 2021 年底，学院有教职工（固职）213 人，其中教授 111 人，副教授 44 人，中国科学院院士 19 人（含兼任），教育部“长江学者奖励计划”特聘教授 10 人，国家杰出青年基金获得者 34 人，中组部青年拔尖人才 5 人，科技部创新推进计划 2 人，国家优秀青年基金获得者 21 人，教育部“新世纪优秀人才”19 人。

学院拥有中国科学院能量转换材料重点实验室和中国科学院软物质化学重点实验室两个中科院重点实验室，先进功能材料安徽普通高校重点实验室、生物质洁净能源安徽省重点实验室、表界面化学与能源催化安徽普通高校重点实验室、安徽省仿生材料工程实验室、安徽省功能膜材料与技术工程实验室五个省级科研机构。

学院整合研究力量，参与建立了三个协同创新中心，分别是能源材料化学协同创新中心、量子信息与量子科技前沿协同创新中心和苏州纳米科技协同创新中心。

二、党 建 工 作

学院各级党组织和全体党员深入学习贯彻习近平新时代中国特色社会主义思想，深入学习领会党的十九大和十九届二中、三中、四中、五中、六中全会精神，深入学习领会习近平总书记系列重要讲话，特别是"七一"重要讲话精神、考察清华大学时重要讲话精神、关于党史学习教育重要论述、教育和科技创新工作系列重要指示精神，引导学院师生切实增强政治意识、大局意识、核心意识、看齐意识，坚定道路自信、理论自信、制度自信、文化自信，坚决维护习近平总书记党中央的核心、全党的核心地位，坚决维护党中央权威和集中统一领导。聚焦学党史、悟思想、办实事、开新局，扎实推进党史学习教育走深走实，开展"我为师生办实事"实践活动，结合"潜心立德树人、执着攻关创新"两大核心任务，着眼解决实际问题。

截至2021年底，学院共有党支部70个(含代培生支部)，其中教工党支部11个，学生党支部59个；学生党员1224人，教工党员176人。学院党委结合巡视巡察整改，不断强化学生党支部建设、配齐配强党支部书记，选配优秀党员教师担任学生党支部书记，选拔品学兼优的学生党员担任支委会成员；要求各基层支部严肃党的组织生活，落实"三会一课"基本制度，定期进行检查。结合党团组织和工会活动切实增强师生思想政治引领，2021年发展研究生党员242人，本科生党员62人，教工党员6人。

三、教学工作

学院材料物理、高分子材料与工程专业被认定为国家级一流本科专业建设点。

获批校级本科质量工程项目33项、英文授课推进计划课程5门，校级研究生教育创新计划核心课程项目3项、研究生教育创新计划教材出版项目4项、研究生教育创新计划教学改革研究项目3项、研究生课程思政建设项目2项。完成60门本科课程的课程思政教学设计。按照教材选用程序，对学院所开设的全部本科生和研究生课程开展了教材梳理排查工作。

在第二届全国大学生化学实验创新设计竞赛全国总决赛中，童新阳、葛子健和刘煜超组成的团队荣获特等奖，在华中分赛区的初赛中，我校3支队伍获得2个一等奖和1个二等奖的优异成绩。在第十二届全国大学生化学实验邀请赛中，获得1个一等奖和1个二等奖。在第十五届上海大学生化学实验竞赛中，获得1个一等奖、2个二等奖。

四、科研成果

学院教师以科大为第一单位且为通讯作者发表SCI论文676篇，其中JCR Q1论文487篇，Q1论文123篇，高区论文比例90%；申请专利233项，授权117项。学院获批科技部国家重点研发计划牵头项目1项，经费2250万元；获批国家自然科学基金项目55项，其中杰出青年基金2项、优秀青年基金1项、重点项目2项、重大研究计划3项(集成项目1项、重点项目1项、培育项目1项)、面上项目21项、青年项目19项、国际合作4项、外国青年学者项目1项、专项项目2项，直接经费5205.93万元。今年纵向科研经费到账(除去外拨)11432万元，横向经费到账1992万元。

学院科研佳作频出，教师在《Science》正刊上发表研究论文5篇，在《Nature》子刊上发表研究论文6篇(《Nature Chemistry》1篇；《Nature Nanotechnology》1篇；《Nature Catalysis》4篇)。

五、人才引进和师资队伍建设

加强引进人才宣传工作，学院积极配合学校第五届“墨子·云论坛”活动，邀请17位优秀青年人才参加化学与材料学科墨子分论坛(线上)，分享成果、碰撞思维。大力做好引才工作，学院入选8位国家基金委优秀青年项目(海外)建议人选，引进6位中科院人才计划B类候选人和1位特任研究员。加强聘期制科研队伍建设，引进17位特任副研究员。

刘波入选教育部“长江学者奖励计划”青年学者；马明明入选“万人计划”领军人才，吴亮入选“万人计划”青年拔尖人才；王兴安、季恒星获国家基金委杰出青年基金资助；汪耀明获国家基金委优秀青年基金资助。江海龙获教育部高等学校科学研究优秀成果奖，崔华获安徽省自然科学一等奖，黄光明获第二届安徽省创新争先奖，许毓获全国高校混合式教学设计创新大赛一等奖。

六、合 作 交 流

学院成功举办了“第一届材料科学与工程前沿论坛”“中国科学技术大学-北京大学材料科学与工程学科双边研讨会”“第五届中国能源材料化学研讨会”“精准制备化学科教融合论坛”“中科大化学与材料科学学院-苏州纳米技术与纳米仿生研究所科教融合论坛”等学术会议。

学院还举办了4场“郭永怀讲坛”、1场“刘有成讲座”、31场“郭永怀讲座”、26场“化学材料学科双一流学术前沿讲座”、7场学院内部线上学术交流论坛“化山论剑”，邀请了谭蔚泓院士、李永舫院士、陈学思院士、钱逸泰院士、涂永强院士、张锁江院士等知名专家学者为师生作学术报告。

工程科学学院

一、学 院 概 况

学院成立于1998年，前身是由功勋科学家钱学森先生于1958年创建并担任首届系主任的近代力学系。目前学院由4个系组成，分别是近代力学系、精密机械与精密仪器系、热科学和能源工程系、安全工程系。2001年由钱学森先生倡导成立的中国科学院材料力学行为和设计重点实验室也归属于工程科学学院。杜善义院士为院长，吴恒安教授为执行院长。

学院设有5个本科专业，即理论与应用力学、机械设计制造及其自动化、测控技术与仪器、热能与动力工程、安全科学工程，其中理论与应用力学专业为全国仅有的两个理科力学人才培养基地之一。设有一级学科博士点3个，二级学科博士点12个，其中国家一级重点学科1个，国家重点培育学科1个，省重点学科3个；学院还设有3个博士后流动站和13个硕士点。

学院拥有一支优秀的师资队伍，目前有教授 66 人，副教授 51 人，其中“两院”院士 4 人，长江学者 1 人，国家杰出青年基金获得者 9 人，国家优秀青年基金获得者 11 人，入选国家高层次青年人才计划 15 人，中科院人才计划 24 人，国家新世纪百千万人才工程 2 人。

二、本科生工作

1. 2021 年招收本科生 232 人，毕业学生 124 人；目前在校学生 646 人；2021 年度春、夏、秋季共为学院内外开设本科生理论课程 150 多个课堂，实验课程 20000 多课时。

2. 国家大学生创新实验计划结题 12 项，申请新项目 20 项。

3. 申报省级和校级教学研究项目 25 项，其中省级一流课程 3 门，校级一流课程 6 门，国家级一流专业建设点 2 个。

4. 获批“十四五”规划教材 5 本，获中科院教学成果一等奖 1 项，获评安徽省“教坛新秀”2 人。

5. 组织学生参加第十三届全国周培源大学生力学竞赛，获安徽赛区特等奖 9 人、一等奖 7 人、二等奖 4 人、三等奖 15 人，并获安徽省本科综合组团体一等奖。

6.《高等渗流力学》获得首届全国优秀教材（高等教育类）二等奖，是我校唯一获奖教材。

7.《工程科学实践》入选教育部课程思政示范课程，授课教师入选课程思政教学名师和教学团队。

8. 承办中国科大第二十一届 RoboGame 机器人大赛，主题为投篮竞技机器人，光明网、中国新闻网、中国科学报等媒体进行了报道。

9. 积极配合教务处、研究生院和学工部做好 2018 级本科生推荐免试研究生工作，学院共推荐 57 名优秀学生免试攻读研究生学位。

三、研究生工作

1. 共招收硕士生 285 人，博士生 128 人，其中工程博士生 16 人，科研博士生 14 人，代培生 58(硕、博)人。取得硕士学位 114 人，博士学位 101 人。

2. 认真组织研究生复试工作，共招收统考生 114 人；通过网络面试及夏令营，共接收推免生 170 人，其中“双一流”以上高校生源达到 100%。

3. 开展第九届工程科学优秀大学生夏令营，经学院遴选后录取营员 190 人，成绩排名前三位（系或专业）的占 65.2%以上。

4. 申报 10 个研究生课程思政建设项目，均已立项；通过学校评审申报省级质量工程项目 5 项。

5. 梁煜、徐王淮两位博士荣获 2021 年度中科院优秀博士学位论文奖，余昊、支亮辉、潘登、杨洪伦、吴开金五位博士荣获 2021 年度中科院院长优秀奖，杨洪伦博士荣获“吴仲华优秀研究生奖”。

6. 近代力学系孙德军、罗喜胜老师和精密仪器系徐晓嵘三位老师获得 2021 年度“中国科学院优秀导师奖”。

7. “基于科教融合的动力工程及工程热物理学科创新人才培养探索与实践”获中科院教学成果二等奖。

8. 在研究生指导中，采用学位论文 5+2 盲审送审。安徽省 2020 年硕士学位论文抽检，学院被抽检论文合格率 100%。

9. 持续开展“工程科学论坛”。2021 年工程科学论坛共举办 41 场，学生参加总人次为 7246，平均单场 176 人次。2019 年至今，学术论坛总报告次数为 100 场，参加总人次 13920，平均单场 139 人次。

10. 举办“第三届工程科学学院研究生学术年会”，包含 3 个大会特邀专家报告及 40 个优秀研究生报告，参会总人次超过 1000。

四、科研工作

1. 立项纵向项目共 62 项，合同经费共 3663 万元；立项横向项目共 48 项，合同经费共 7528 万元。共到账科研经费 8343 万元，其中纵向经费 6119 万元，横向经费 2224 万元。

2. 竺长安教授牵头的“中国科学技术大学-国营芜湖机械厂航空新装备智能检测及维护创新实验室”于 2021 年 5 月成立，合同经费 2500 万元；张世武教授牵头的“中国科学技术大学-安徽爱博智能机器人联合实验室”于 2021 年 2 月成立，合同经费 2500 万元。

3. 申请专利共计 102 项，授权专利共计 85 项。

4. 以科大为第一单位共发表 SCI 收录论文 599 篇。

5. 重要科研成果：

(1) 近代力学系吴恒安教授课题组和化学与材料科学学院吴长征教授课题组合作，将电催化活性金属溶解于熔融态镓中，成功实现了非均相催化剂表面活性位点的均相化，将二氧化碳还原产物甲酸的选择性提高到 95%以上，相关成果在线发表在《自然·催化》杂志上。

(2) 近代力学系郑志军研究组在粗糙表面的弹性吸附接触力学方面取得新进展，相关研究成果发表在固体力学领域旗舰期刊《Journal of the Mechanics and Physics of Solids》上。

(3) 精密机械与精密仪器系张世武教授、金虎副研究员与国外团队合作模仿肌肉的收缩、舒张提出了一种基于电化学方法改变液态金属表面张力的液态金属人工肌肉(LMAM)，相关成果发表在《Advanced Materials》上。

(4) 精密机械与精密仪器系李保庆副教授提出并实现了一种新型的单细胞分选技术，成果发表在工程技术领域著名期刊《Lab on a Chip》上，并入选当期封面文章。

(5) 精密机械与精密仪器系赵昒课题组利用氢键诱导的可逆相变聚合物实现了在分子水平上操控声子传输，并利用该聚合物实现了能够在室温条件下工作的热存储器，相关研究成果发表在国际知名期刊《Nano Letters》上。

(6) 精密机械与精密仪器系刘诚教授团队在利用我国 TanSat 卫星反演全球 CO_2 浓度的研究中取得了新的进展，论文发表在遥感领域国际顶级期刊《IEEE Transactions on

Geoscience and Remote Sensing》上。

(7) 微纳米工程实验室在利用涡旋光检测结构手性研究领域取得重要进展，该成果发表在国际知名期刊《PNAS》上。

6. 获奖情况：

(1) 精密机械与精密仪器系孙帅帅特任研究员荣获 IFAM2021 优秀青年科学家奖。

(2) 近代力学系罗喜胜、司廷、翟志刚、丁举春主要完成的"激波冲击流体界面的演化机理与调控"被授予教育部高等学校科学研究优秀成果奖(科学技术)二等奖。

(3) 热科学和能源工程系葛新石教授荣获 2020 年度太阳能热利用科学技术杰出贡献奖。

(4) 中国科学技术大学、中国电子科技集团公司第十四研究所和北京航天长征飞行器研究所联合申报的研究成果"高热流密度热控的关键技术及应用"获得 2020 年度安徽省科学技术进步奖二等奖，热科学和能源工程系程文龙教授团队为该项成果第一完成人。

五、党 建 工 作

1. 院党委理论中心组全年共进行了 9 次集中学习。

2. 院党委加强师生思政教育，积极推动党员发展工作，全年发展党员 52 人，其中研究生党员 40 人，本科生党员 12 人，党员转正 37 人，入党积极分子 151 人。

3. 学院中科院材料力学行为与设计重点实验室党支部荣获"安徽省高校先进基层党组织"称号。学院还荣获多项校级"两优一先"表彰。

4. 为引导青年学生学党史、强信念、跟党走，进一步厚植爱党、爱国情感，组织学生在钱学森先生雕像前开展了"学党史、强信念、跟党走"特别主题团日活动及举办新党员入党宣誓活动。

5. 院党委每年为全院新任党支部书记、委员进行党务工作培训，手把手传授党务工作技能。7 月 29 日至 8 月 1 日，院党委组织各基层党支部书记、教工和学生党员代表、团委和学研两会骨干、入党积极分子和民主党派代表等 36 人赴革命圣地西柏坡开展了党史学习教育现场教学暨党务工作培训。

6. 学院组织支部开展青年学者科研经验交流会、考研经验分享会等"我为师生办实事"系列活动 7 项。

六、杰 出 校 友

1. 精密机械与精密仪器系 9809 校友陶虎团队开发的"免开颅微创植入式高通量柔性脑机接口系统"，荣获 2021 年世界人工智能大会最高奖项。

2. 精密机械与精密仪器系 789 计宇生和 929 严如强两位校友当选 IEEE(国际电气与电子工程师协会)会士。

3. 热科学和能源工程系 1989 级校友谢华清出任上海第二工业大学校长。

4. 4 月，热科学和能源工程系国际访问教授、1978 级杰出校友、佐治亚理工学院机械工程学院张卓敏教授荣获美国航空航天学会(AIAA)颁发的热物理奖(为美国航空航天学会热物理领域最高学术奖)和美国机械工程师学会(ASME)颁发的 Yeram S. Touloukian 奖(为国际热物性领域最高学术奖)。

5. 热科学和能源工程系校友(2005 级本科,其后硕博连读,2014 年获博士学位)、真迈生物系统高级工程师吴平博士荣获"深圳市五一劳动奖章"。

6. 4 月 27 日,《财富》(中文版)发布了"中国 40 位 40 岁以下的商界精英",热科学和能源工程系 9913 校友翟光龙入榜。

7. 5 月,由加拿大滑铁卢大学(University of Waterloo)主办的第 13 届国际火灾安全科学大会(13th International Symposium on Fire Safety Science)于线上召开,其间颁发了 2018～2020 年度的国际火灾研究机构主任论坛 Sjölin 奖。热科学和能源工程系杰出校友范维澄院士荣获 2018 年度国际火灾研究机构主任论坛 Sjölin 奖。

信息科学技术学院

一、学 院 概 况

学院由电子工程与信息科学系、自动化系、电子科学与技术系、微电子学院、网络空间安全学院、信息与计算机实验教学中心、信息科学实验中心等单位组成。学院拥有 1 个语音及语言信息处理国家工程实验室、1 个类脑智能技术及应用国家工程实验室、1 个未来网络国家基础设施和 7 个省部级重点实验室,即多媒体计算与通信教育部-微软重点实验室、中国科学院电磁空间信息重点实验室、中国科学院空间信息处理与应用系统技术重点实验室(与电子学研究所共建)、中国科学院无线光电通信重点实验室、网络传播系统与控制安徽普通高校重点实验室、无线网络通信安徽普通高校重点实验室、未来网络安徽省重点实验室。此外,学院还拥有中国科大-中国通服、教育部-微软重点实验室 2 个国家级工程实践教育中心。

目前,学院拥有电子信息工程、通信工程、自动化、电子科学与技术、信息安全、人工智能等 6 个本科专业,其中,电子信息工程、自动化、电子科学与技术、信息安全等 4 个专业为国家级一流本科专业。学院拥有信息与通信工程、电子科学与技术、控制科学与工程、网络空间安全、生物医学工程等 5 个国家一级学科,1 个工程博士和 4 个专业硕士学位授权点,3 个博士后流动站。

二、师 资 队 伍

学院现有正高级职称教师 79 人(教授 57 人,研究员 2 人,特任教授 10 人,特任研究员 10 人)、副高级职称教师 99 人(副教授 54 人,副研究员 1 人,高级工程师 7 人,高级实验师 2 人,特任副研究员 35 人),其中中国科学院院士 2 人,欧洲科学院院士 1 人,IEEE Fellow 6

人，国家创新人才长期项目入选者 9 人，国家杰出青年基金获得者 9 人，教育部 CJ 特聘教授 1 人、CJ 青年 4 人，国家创新人才青年项目入选者 16 人，中科院 BR 入选者 15 人，国家高层次人才特殊支持计划科技创新领军人才 8 人，青年拔尖人才支持计划入选者 2 人，科技部“创新人才推进计划”入选者 2 人，教育部新世纪优秀人才入选者 12 人，国家自然基金委员会优秀青年基金获得者 12 人，中科院卓越青年科学家计划入选者 1 人，安徽省 BR 入选者 5 人，中国科学院卢嘉锡青年人才奖获奖者 1 人，中国科学院青年科学家奖获奖者 1 人。

三、本科生教学

1. 本科教学。有 130 多位教师承担了学院开设的本科通修课、专业基础课、专业核心课及选修课共计 226 个课堂的教学，总授课 12666 学时，选课人数共计 11772 人。胡新伟、田新梅、张越一、王百宗、盛捷、白雪飞、万寿红、陈香和吴文涛等几位老师位列院系教师教学质量得分排名前 5%。“数据结构与数据库”“数字图像处理”“图像处理基础”三门课位列院系教学质量得分排名前 5%。在 2021 届全校毕业生参与投票的受益最深课程中，学院开设的“计算机程序设计”位列前 10。“计算机程序设计”和“计算机网络”两门基础课进行了慕课建设，“计算机程序设计”课程浏览总量达 275727 次，“计算机网络”课程热点视频浏览量累计超过 100 万次。

2. 新版培养方案实施。秋季学期，从 2020 级本科生开始执行新版本科培养方案。培养方案内新建课程 10 门，改建课程 7 门。“人工智能”本科专业完成首届招生。2020 级学生首次实施第三学期院内专业分流。

3. 本科生规模。学院招收一年级本科生 191 人，通过全校性专业选择接收外院转入 2020 级本科生 56 人，网络空间安全学院接收学生 44 人。目前信息科学技术学院和网络空间安全学院共有在读本科生 1120 人。学院 2021 届本科毕业生(含网安、微电子学院)287 人。本科生继续深造为 209 人，深造率为 72.8%。

4. 学科竞赛。学院组织学生参加第十三届大学生数学竞赛，21 人获一等奖，20 人获二等奖，24 人获三等奖。组织学生参加全国大学生电子设计竞赛，1 队获国家二等奖并获省一等奖，2 队获省二等奖。组织学生参加第 21 届校 RoboGame 机器人大赛，获得冠军(肉搏基姆)、亚军(EpsilonGoal)各 1 队，季军 2 队。组织学生参加恩智浦杯智能车竞赛，获得安徽赛区三等奖 1 队。

5. 科技英才班。学院有 3 个校级科技英才班：信息科技英才班、王大珩光机电科技英才班、人工智能科技英才班。网络空间安全学院有王小谟网络空间科技英才班，微电子学院 2021 年成立了中微集成电路英才班。

6. 本科质量工程。学院教师获批质量工程教学研究项目 10 项，其中省级重点项目 1 项，省级一般项目 2 项，校级项目 8 项。计算机程序设计课程组获批“计算机程序设计教研室教学团队”校级综合项目。获批安徽省教育教学成果奖一等奖 1 项、三等奖 1 项。“十四五”规划教材立项 3 项。俞能海教授获批省级教学名师，陈勋教授荣获省级教坛新秀称号。

7. 公共实验教学平台的建设。由刘勇老师牵头建立了“计算机程序设计”自主实验实训平台，张飞老师牵头建立了“人工智能实践实训平台”，陆伟老师建设了“电子设计实践”课程网站，提供给学生多渠道的学习模式。虚拟仿真实验建设中心申报的省级一流课程“基于深度学习的智能机器人抓取虚拟仿真实验教学项目”，已部署在学校实验教学平台使用，60名本科生选修并完成了实验。综合项目“虚拟仿真实验教学中心”建设也取得较大进展，处于内部测试试用阶段，功能即将上线。

8. 教学方案和教材。学院组织完成了全部本科生课程思政教学方案的设计，对全部课程的教材进行了梳理、排查工作。

四、研究生教育

1. 2021年在新冠疫情时有发生情况下，招生各类考核仍采取远程网络面试，圆满完成考核录取任务。学院共招收硕士生630人，比2020年扩招了4.8%。学院继续招收“科研经费博士计划”博士研究生；继续试点招收“硕转博”工程博士；试行通过“国家关键领域未来技术领军人才项目”招收项目制工程博士。共录取学术型博士159人，其中科研经费博士15人，工程博士74人(其中硕转博工程博士22人，领军人才项目工程博士29人)，总招收博士人数比2020年增加了19.5%，其中工程博士人数增长了近一倍。

2. 完成2022年推荐和接收免试研究生工作。为了吸收校外优质生源，今年继续举办了规模超大的信息科技夏令营，营员人数达610人，在后续的招收推免生工作中录取了177名夏令营优秀学员。学院组织完成了本校优秀本科生推荐免试和外校推免生面试录取工作，共接收2022级推免生477人，99%来自“985”“211”工程或“双一流”建设高校。其中本校推免生166人，占34.8%，外校311人，其中有65.2%为夏令营营员。

3. 春季学期，学院根据各学科培养方案安排了44门研究生课程，选课总人数达3057。绝大多数课程安排在先进技术研究院和高新校区改造的教室。秋季学期，随着高新校区图书馆教学楼的建成，大多数学生入住高新校区，开设的58门课绝大多数安排在高新校区图教楼，少量选课人数多的课程安排在先进技术研究院未来中心报告厅，选课总人数达4322。在教室容量小和选课人数多矛盾突出的情形下，动员教师承担更多教学任务，开设2个课堂，学院教师克服上课路程远、交通时间成本高等困难，圆满完成了教学任务。

4. 为全面贯彻党中央、国务院关于加强和改进新形势下大中小学教材建设的意见，按照《中国科学技术大学教材管理规定》要求，学院依照教材选用程序对所有研究生课程教材进行了三轮梳理排查工作，依次由学院党委会、教学委员会、党政联席会审议，同意通过了77门课程的教材选用。

5. 学院鼓励教师积极邀请国内外专家作高水平学术报告，充分利用研究生院的学术报告系统发布学术报告信息、组织学生参加。本年度学院共举办了45场国内外专家教授的线上线下学术讲座，举办了全校工程类研究生论坛——电子信息分论坛，开设专题系列讲座，学生踊跃参加，选课学生达到4300人次。

6. 加强对硕士、博士学位论文开题、送审、答辩的过程管理。4月初增加了一次博士开题，以满足博士学位论文开题到论文送审至少一年的要求；对正在送审准备答辩的博士学位论文，按学科组成审查小组对论文规范性进行了筛查；对答辩2年后申请学位的学生增加了聘请专家对其学位论文与学术成果的相关性进行审核认定的环节。完成2021届博士、硕士学位申请材料的审核申报工作，经学位委员会评审，学院本年度共有 116 名学生获博士学位，3 名学生获专业博士学位，166 名学生获工学硕士学位，192 名学生获专业硕士学位，9 名留学生获博士学位，2 名留学生获硕士学位。

7. 俞能海老师指导的周航同学获中科院优秀博士学位论文奖；俞能海老师指导的陈冬冬同学，周文罡、李厚强老师指导的王宁同学获中国图象图形学学会优秀博士学位论文奖；陈志波老师指导的张直政同学获中国电子教育学会高水平博士学位论文奖；3 名博士获得校优秀博士学位论文奖，1 名博士获得提名奖。

8. 经学部讨论通过，调整学科布局，电子科学与技术一级学科下的电磁场与微波技术二级学科调整到 6 系建设；23 系不再牵头建设生物医学工程一级学科，作为研究方向并入 6 系信息与通信工程学科建设。同时将 2 个学科的所有研究生学籍调至 6 系。

五、科 研 成 果

学院瞄准国际科技前沿和国家重大需求，充分发挥学校理工结合的优势，积极组织力量争取各类项目，新批准项目数保持稳定增长的态势，科研到款额同比有翻倍式增长，在承担国家层面的大项目上取得较大的进步，并取得一批重要科研成果。

学院组织了各级、各类项目的申请、评审推荐、结题工作。共组织了包括国家自然科学基金项目、国家重点研发计划项目、校青年创新基金项目等 310 余项项目的申请工作，组织了 120 余项项目的中期检查和结题工作。

学院新立项项目 153 项，大量项目的申请和立项为学院今后科研发展提供了动力。

新获批国家自然科学基金项目 35 项，获批数创学院历年来新高，其中张勇东老师获得国家基金委创新群体项目 1 项，李智军、卢汉成两位老师分别获得重点基金项目各 1 项，国际合作项目 1 项，面上基金项目 15 项，青年基金项目 16 项。

国家重点研发计划在研项目或课题共 42 项，吴曼青、李智军两位老师新获批项目各 1 项，张勇东、李智军、陈勋、廖勇四位老师新获批课题各 1 项。

中科院-战略性先导科技专项在研项目 13 项，其中先导 A 项目 2 项，先导 B 项目 3 项，先导 C 项目 8 项。

学院本年度共到款科研经费 60001.5 万元，到款额较上一年近翻倍式增长，其中纵向项目到款 48512 万元，军工到款 2480 万元，横向项目到款 4303 万元，人才科研启动经费 2916.5 万元，基地建设运行经费 1790 万元。

六、就 业 情 况

截至 2021 年 11 月，学院 2021 届毕业生（含微电子学院）共 688 人，其中，本科生 287 人，硕士研究生 325 人，博士研究生 76 人。本科生继续深造、就业人数为 243 人，就业率为 84.67%，硕士研究生就业率为 96.92%，博士研究生就业率为 96.05%。

根据统计数据，本科生由于受疫情等影响，仍然保持 72.82%的较高继续深造率，考研学生人数有所增加，共 61 位应届毕业生考取研究生，占 2017 级毕业生总数的 21%。硕士、博士研究生各项数据与往年基本一致。

注:统计结果均来源于校就业办于 2021 年 10 月上报教育厅数据,其中,待继续深造、未签三方的学生一律计入待业,延期答辩的研究生未计入。

软件学院

一、学院概况

2002 年 3 月,中国科学技术大学软件学院成立,是教育部和计委(今发改委)首批批准设立的国家示范性软件学院。学院秉承"红专并进、理实交融"的校训和"我创新故我在"的教育理念,坚持"质量优异、规模适度、夯实基础、注重实践",依托我校计算机、电子等学科的专业基础课师资力量和丰富教学资源进行办学。

2007 年 10 月 28 日,与苏州市签约共建软件学院。充分发挥苏州及长三角地区的区域优势,输送大批急需的高层次软件人才。并与美国克莱姆森大学、法国 SKEMA 商学院和日本法政大学合作,实施联合培养软件工程硕士计划。

2016 年,在开展的全国第四轮学科评估中,软件工程学科获评 A-。

2020 年,按照教育部、工信部联合印发的《特色化示范性软件学院建设指南(试行)》要求,与寒武纪、中电科 38 所、中科院空天信息创新院等单位深度合作,共同建设特色化示范性软件学院。

2021 年 12 月 30 日,我院入选首批特色化示范性软件学院,重点建设领域是新型平台软件/嵌入式软件。

二、党建工作

学院党委目前下设 32 个党支部,其中教工支部 1 个,学生支部 31 个,正式党员 328 人,预备党员 272 人。2021 年,发展党员 189 人,200 余名积极分子在培养考察中。

按照学校统一部署,学院党委开展了党史学习教育系列工作。5～6 月份学院院长、书记为全院师生上党课 2 次。各支部开展党史学习总计 200 余次。为营造学习氛围,学院党委设计并布置了《中国共产党简史大事记》宣传展板。

根据校党委对巡视整改的统一部署和要求,学院党委切实担负起巡视整改的主体责任,对照巡视反馈意见,全面梳理排查,明确整改重点工作,确保真抓实改,落到实处。

学院严守思想意识形态阵地,加强网站规范管理,完善新媒体发布审核机制,制定了《软件学院新媒体信息发布流程及管理办法》及具体流程。学院网站发布新闻稿 105 篇,向学校基层传真栏目推送稿件 30 篇。

学院开展了一系列"我为师生办实事"活动。包括举办 5 月份的"实习双选会"、10～11 月份的毕业生专场招聘宣传会、多次大型心理辅导报告会、每周的心理沙龙,以及加装教室吸音板、净水设备等改善师生工作学习环境等措施。尤其是经过艰苦的沟通和协调，将学院专业名称由“电子信息类”调整为“软件工程类”，为毕业生就业和考公务员创造了良好的条件。

学院召开党委会 15 次，党政联席会 15 次，学工例会（班主任工作例会）11 次，全体教职工大会 12 次，充分落实学院党委会、党政联席会议制度，学工例会、班主任队伍考核制度，保障学院各项工作稳步有序协同推进。

学院面向全体教职工召开了 2 次纪检工作专题会议，认真学习了十九届中央纪委五次全会精神，通报违规违纪违法典型案例。本年度和学生开展提醒谈话 4 人次。

三、招生、实习与就业

学院共录取 613 人，复试分数线为 388 分，录取平均分为 408 分，400 分以上总计 432 人，最高分 448 分。

学院加强实习就业思政引领，引导学生树立服务国家战略、主动为国担当意识，自觉将个人的成长发展同国家社会的需要紧密结合起来。学院致力于构建实习就业交流平台，引导学生前往国家重点单位、军工企业、科研院所实习或就业，组织学生开展选调经验分享，做好学生多层次就业工作。

5 月，学院面向研一学生，组织搭建实习双选平台，重点邀请了中国科学院航天科工集团、兵器工业集团、电子科技集团等科研院所以及腾讯科技、中兴通讯、寒武纪、字节跳动等著名 IT 企业共计 70 余家用人单位来苏州举行实习双选会。组织中科院上海微系统与信息技术研究所、中科院深圳先进技术研究院、中兴通讯、中汽等实习招聘专场宣讲会 22 场。

9 月，学院在苏州举办线下“软件学院 2021 届毕业生企业专场宣讲招聘会”，10 多家重点单位应邀参会。2021 届毕业生总数为 493 人，初次就业率为 96.2%（截至 2021 年 8 月底）。平均年薪约 28 万元。学院就业工作也得到学校的肯定，被授予“2021 年毕业生就业工作先进集体奖”，同时 3 位老师获得“2021 年毕业生就业工作先进个人”称号。

四、教学培养与对外合作

7～8 月份，学院搭建“数据结构”等 5 门计算机专业本科主干课程的学习平台消除新生专业背景差异。

全年度为 2020 级和 2021 级全日制工程硕士、工程博士、学术硕士合计 1279 位学生安排 95 门次课程，开设 45 门实验课程共计约 1120 学时，完成 4700 人次的实验任务，累计开放上机 2 万小时以上。

为进一步把控论文质量，学院严格执行开题报告院审、中期检查、论文会审等质量把控制度。并增加“形式审查”环节，对论文的格式和严谨性进行把控。今年共有 456 位工程硕士顺利通过论文答辩。学院已经上报博士论文盲审的方案，进一步把控博士论文的质量。

受疫情影响，学院很多国外联合培养项目开展受阻。2021 年共收到了 63 名海外申请人的材料，最终录取 2 名留学生。

五、创 新 创 业

学院创新创业实验室围绕国产化平台和先进企业技术，举办多场行业讲座与技术沙龙，包括中电科 13 所关于“PCB 国产软件自主研发”等技术沙龙。

与腾讯、字节跳动公司在 2021 年继续合作“创新模式”工程类实践项目共计 48 个，有 300 余名同学参与。2021 年，学院与字节跳动签署了《软件工程技术人才培养校企合作备忘录》与“围绕人才培养校企合作的工程实践”教育部协同育人项目；与小米公司签署了《科创人才培养教学实践基地协议》，合作共建人才培养教学实践基地。

学院创新创业实验室李利民团队荣获“赢在苏州创赢未来”第十三届苏州青年精英创业大赛决赛“未落户项目”组唯一的一等奖。学院获奖项目“基于知识图谱的高效 RFIC 智能调试技术”，正在企业进行数据采集模型训练及测试验证，如果成功应用，将大幅度提高我国射频类芯片的设计生产效率。

六、科研与教改

学院完善创新型实践型课程建设，开设了“工程化 C 程序设计”等工程实验基础课和专业课。

出版了《人工智能：寒武纪平台边缘智能实践》等教材，《领域专用计算》《Linux 操作系统分析》《高级编译原理》等 3 本教材入选研究生教育创新教材出版项目；“面向创新型软件工程专业学位研究生的层次化与实践性教学体系改革”“面向 AI 计算模式的系统芯片设计实验教学改革”入选研究生教改项目，“新工科软件工程教学改革”已申报安徽省教学成果奖。

学院教师还承担了谷歌支持中国教育部协同育人项目 1 项，安徽省质量工程 1 项，研究生课程思政建设项目 2 项，以及其他校级教学改革项目多项。承担国家重点开发计划子课题 2 项、国家自然基金多项，以及中科院先导 C 子课题 1 项，江苏省青年基金 1 项；新增国家自然科学基金青年基金 1 项。

学院与中国科学院成都光电所、OPPO 广东移动通信有限公司、苏州美能华智能科技有限公司等开展合作，共同解决企业生产中面临的实际关键“卡脖子”问题，新增横向课题多项，总合同金额超过 500 万元。

七、师 生 荣 誉

学生获得各类奖项 572 人次，国家奖学金 13 人次，学业一等奖学金 4 人次，学业二等奖学金 460 人次，校专项奖学金 15 人次，独墅湖奖学金及姑苏一等奖学金 10 人和二等奖学金 40 人，金额累计 580.7 万元。首次获评郭永怀奖学金，实现学院专业学位硕士零的突破。

学院评选校“优秀团员”共 205 人，“优秀学生干部”共 98 人，17 个团支部获得校“优秀团支部”表彰，多名同学在抗疫志愿活动中受到表彰。

4 个班级荣获校“先进班集体”，10 个毕业班入选“先进毕业班集体”。

学院两位老师分获平凡基金教育奖和江淮蔚来爱岗敬业奖。

计算机科学与技术学院

一、学 院 概 况

中国科学技术大学于 1958 年建校时就设置了计算机专业，老一辈计算机科学家夏培肃先生等亲自执教。1982 年成立计算机科学技术系，2009 年成立计算机科学与技术学院。1990 年获得计算机软件博士学位点；1995 年建成了我国第一个国家高性能计算中心；2000 年获得一级学科博士学位授予权；2003 年陈国良教授当选为中国科学院院士，并获得首届国家教学名师的称号；2007 年计算机软件与理论被评为国家重点学科；2010 年本学科进入 ESI 排名世界前 1%；2012 年全国高校学科评估中，本学科全国排名第 9；2017 年本学科入选“双一流”建设名单，学科评估 A－；2022 年入选新一轮“双一流”建设名单。

二、教学和人才培养

学院共招收本科生 128 人，硕士研究生 271 人（科学学位 154 人、专业学位 117 人），博士研究生 84 人（学术博士 54 人、工程博士 30 人）。学院把培养一流人才放在首位，努力提高教学质量，通过实施大学生创新创业实践计划、大学生研究计划，以及与华为研究院的教学类合作项目，提高本科生的实践能力。研究生招生质量不断提高，推免生 99%来自“双一流”建设高校；学院严格把关培养各个环节，保证培养质量，在 2021 年教育部、安徽省论文抽检中，学院研究生学位论文全部合格，同时还获得了 1 个中科院优秀博士，4 个安徽省优秀硕士的优秀成绩。

学院 2021 届本科毕业生 177 人，硕士毕业生 163 人，博士毕业生 26 人。学院毕业生就业率和就业质量实现双丰收，连续第 10 年获评校级“就业工作先进单位”。本科生深造率为 69.5%（留学深造率为 10.2%），深造单位包括卡内基梅隆大学、普渡大学、中国科大、北京大学、上海交大、中科院研究所、中国工程物理研究院、中国航天科工集团等海内外名校和重点科研机构；就业单位有华为、腾讯、字节跳动、国网电力等业内优质单位，硕士毕业生约 40% 入职世界 500 强企业。2021 年有 1 名博士进入部队，1 名博士入选基层选调生项目，2 名硕士入选选调生项目，为部队和基层社会服务贡献力量。

学院在教学方面取得多项突出成绩：李诚老师获得第五届安徽省青年教师教学比赛一等奖；10 位教师主持省级教学研究项目，5 位教师主持校级教学研究项目。本科生参加国内外多个科技竞赛，取得好成绩：2017 级本科生徐宇鸣、陈清源和 2018 级本科生刘逸菲、高楚晴、王章瀚获得中国计算机学会大数据与计算智能大赛决赛大数据系统 openLooKeng 性能优化赛道冠军；2018 级本科生余悉越、黄庄湫获得华为软件精英挑战赛二等奖；2018 级本科生郑龙韬获得美国大学生数学建模竞赛一等奖；2018 级本科生黄庄湫获得美国大学生数学建模竞赛二等奖；2018 级本科生陈金宝、黄庄湫、吴毓辰、王原龙组成的“Maho_Shojo”队获得 2021 年全国大学生计算机系统能力大赛编译系统设计赛(华为毕昇杯)二等奖；2018 级本科生闫超美、王志强、黄致远组成的“KK-OS”队获得中国大学生系统能力大赛首届操作系统设计赛全国总决赛功能设计赛道总决赛二等奖；2018 级本科生刘逸菲获得中国计算机学会计算与智能大赛系统赛道 openLooKeng 赛题一等奖。

三、科研与合作交流

学院在国家级人才计划申请方面取得突出成绩，新增 1 位长江讲席学者、3 位海外优秀青年、1 位“万人计划”青年拔尖人才。2 位教师晋升教授、1 位教师晋升副教授，新聘请 3 位兼职/客座教授，引进 5 位正高职称教师、2 位副高职称教师，学院师资力量得到进一步加强。

在科研项目方面，学院新立项各类项目 126 项，总合同经费 20036.8 万元，其中，纵向项目 72 项(含校内项目)，合同经费 11636.7 万元；横向项目 49 项，合同经费 6780.1 万元；人才类项目 5 项，合同经费 1620 万元。2021 年度到账总经费 8920.33 万元，其中纵向经费到账 5304.52 万元，横向经费到账 3304.81 万元，人才项目经费到账 311 万元。

学院获得 10 多项具有显示度的大项目，包括：李向阳教授的国家基金重点项目“大数据共享与交易中的数据安全可信研究”，合同经费 318 万元；徐宏力教授的国家基金重点项目“边缘侧大数据计算基础理论与技术”，合同经费 298 万元；陈恩红教授获批 2 项高技术项目，合同经费分别为 2690 万元和 1994 万元，另外他作为负责人承担 1 项科技部重点研发计划项目“面向终身学习的个性化数字教师智能体技术研究与应用”，合同经费 2460 万元；陈欢欢教授的科技创新 2030“新一代人工智能”重大项目“跨媒体因果推理与决策关键技术研究”，合同经费 500 万元；连德富教授的科技创新 2030 课题“跨媒体因果推断”，合同经费 225 万元；刘淇教授的科技部重点研发计划课题“面向终身学习的自适应教育关键技术”，合同经费 488 万元；徐宏力教授的科技部重点研发计划课题“面向设备、产品和服务的全要素资源接入技术”，合同经费 345 万元；张兰教授的科技部重点研发计划课题“多模态网络主动认知内生安全体系”，合同经费 340 万元；丁虎教授的科技部重点研发计划青年项目“面向多模态医疗影像的最优传输理论与算法研究”，合同经费 297.6 万元。

以中国科大计算机学院为第一署名单位正式发表的论文中，中国计算机学会推荐 A、B 类会议和期刊论文共 162 篇，其中，A 类期刊和会议论文 102 篇，B 类 60 篇。学院新增国家授权专利 33 项，均为发明专利，并有 100 项专利进入申请阶段，比 2020 年增加 16 项。

学院积极与企业开展横向合作，与蔚来汽车签订《共建“中国科大-蔚来智能电动汽车联合实验室”合作协议》，双方携手开展智能电动汽车相关的基础研究，前瞻性技术和关键共性技术研究，并进行产学研转化。

地球和空间科学学院

一、学院概况

地球和空间科学研究领域由地球内部延伸到行星际空间，包括这个广大区域中不同层次的结构和物质组成，以及物质的运动和各种物理化学过程，其目标是以物理或化学为基础，认识我们生活的地球及其周围的宇宙空间，了解地球本身的运动规律和其他星体对地球的影响，为更加有效地利用资源、保护环境、防灾减灾、实现可持续发展奠定科学基础。

学院前身为1958年中国科学技术大学建校时设立的应用地球物理系与地球化学和稀有元素系，经多次系科调整，于2001年12月成立学院。目前，中国科学院院士朱日祥教授担任院长，汪毓明教授担任执行院长，刘斌教授担任党委书记、副院长，倪怀玮教授、李锐教授担任副院长，熊成担任党委副书记。

二、党建工作

学院召开党委理论学习中心组学习会7次，召开党委会议19次。通过理论中心组学习和党委会议"第一议题"，学习习近平新时代中国特色社会主义思想，及时学习习近平总书记"七一"重要讲话等重要讲话精神，及时学习十九届六中全会及党的第三个历史决议等重要会议精神。

发展党员65人，其中教工1人、本科生9人、研究生55人。办理组织关系转入79人，转出61人，办理保留党籍12人，恢复党籍6人。收缴党费169616.14元，使用党费和党建工作经费191287元。

三、学科建设

学院下设地球物理与空间科学技术系、地球化学与行星科学系以及地球和空间科学实验教学中心。一级学科包含地球物理学、地质学两个博士点以及大气科学硕士点。地球物理学(含固体地球物理学和空间物理学)是国家一级重点学科，在教育部一级学科评比中排名第一；地球化学是国家二级重点学科，在地质学一级学科评比中排名第五。本科培养专业包括地球物理学、空间科学与技术、大气科学、地球化学。赵九章地球物理学拔尖学生培养基地(赵九章现代地球和空间科技英才班)是教育部首批基础学科拔尖学生培养计划2.0基地。地球和空间科学实验教学中心是安徽省级本科实验教学示范中心。

四、师资队伍

学院师资力量雄厚，现有教授52人，特任教授12人，特任研究员6人，副教授32人，其中中国科学院院士 3 人,“大师讲席”教授 4 人,国家高层次人才 4 人,国家杰出青年基金获得者 15 人,教育部“长江学者”特聘教授 3 人,教育部“长江学者”讲座教授 2 人,“四青”人才 32 人,省级教学名师 3 人。

学院持续推进人才引进和师资队伍建设工作,2021 年雷久侯入选中组部万人计划,薛向辉和姚华建获得基金委杰出青年项目资助,郭静楠入选国家人才计划。2021 年入选了 4 位海外优秀青年,2020 年引进的 2 位中国科学院人才计划青年项目入选者和 2 位中组部国家创新人才计划青年项目入选者全职到岗。2021 年多位老师因为成绩突出获奖:秦礼萍获科学探索奖,胡岩获赵九章优秀中青年科学奖和傅承义青年科技奖,郝记华获加拿大高等研究院颁发的年度全球学者奖,胡峰获傅承义青年科技奖。

五、科 研 基 地

学院拥有中国科大第二个卓越创新中心——“中国科学院比较行星学卓越创新中心”,国家级观测研究平台——蒙城“国家野外地球物理观测研究站”;有两个中国科学院重点实验室——“壳幔物质与环境实验室”和“近地空间环境实验室”;一个省级重点实验室——“安徽省全球变化与极地环境重点实验室”。

学院在 2021 年继续推进科研平台建设,启动了“地外探索与前瞻性技术前沿科学中心”的校内建设,为进一步申请教育部前沿科学中心奠定了基础;同时,作为主要力量,梳理、凝练和统筹校内研究团队,深度参与航天局、安徽省和中国科大三方共建的深空探测实验室的论证和筹建,并完成深空探测实验室“前沿科学与技术研究院”建设方案的编制,在此基础上目前已经成立新的校级科研机构“深空科学技术研究院”。

学院获批新增科研经费总额 8672.47 万元,其中纵向经费 7815.56 万元,横向经费 856.91 万元。获批立项各类纵向科研项目总计 79 项,获批立项的各类横向课题总计 27 项。

六、招 生 就 业

学院招收本科生 94 人、硕士研究生 137 人、博士研究生 100 人。硕士研究生中通过推免接收 102 人。

截至 2021 年 10 月,学院共有 2021 届毕业生 212 人,其中本科生 61 人,就业比例 88.5%;硕士生 107 人,就业比例 99.1%;博士生 44 人,就业比例 100%。

七、人 才 培 养

学院通过优化英才班、学业导师计划、开展野外实习、国际大研计划、推进实验教学中心建设、成立教研组进行教学研讨、组织教材建设及教学研究课题、创建地球和空间科学杰出讲座等多种举措,探索教学与学生培养新措施。

学院继续优化赵九章现代地球和空间科学科技英才班培养模式,探讨淡化专业的可能性。学院通过面试确定了 30 位 2020 级赵九章现代地球和空间科学科技英才班学生名单。

对2017级、2018级、2019级英才班成员进行了调整，其中2017级退出2人，2018级人员无变动，2019级进入9人、退出17人。2020年学院赵九章科技英才班入选了国家拔尖学生培养计划2.0基地。

确定了15位教授为2021级本科生学业导师；5位同学开展并完成了大学生研究计划，44位同学组成的18个小组完成了大学生创新计划项目，48位同学组成的23个小组成功申请大学生创新计划项目，受疫情影响2021年取消了支持学生出国出境参加暑期学校和研究实习的计划。

本科生培养成效显著。学院增设了“空间科学与技术”专业，“地球化学”专业入选国家级一流本科专业，《地球化学》列入国家规划教材出版计划，大学生地球物理知识竞赛纳入教务处承认范畴。

生命科学与医学部

一、学 部 概 况

中国科大生命科学与医学部的前身是1958年创校之初的13个系之一的生物物理系，由时任中国科学院生物物理所所长、中国生物物理学的奠基人贝时璋院士担任首任系主任。1978年成为生物系(8系)。1998年成为生命科学学院。2017年12月23日，在生命科学学院基础上组建生命科学与医学部，由安徽省、国家卫健委、中科院三方共建。国际知名学者程临钊教授担任创始部长、薛天教授任执行部长。安徽省立医院作为中国科大直属附属医院，成为生命科学与医学部的重要组成部分，命名为“中国科学技术大学附属第一医院(安徽省立医院)”。

生命科学与医学部现包括生命科学学院、基础医学院、临床医学院、生物医学工程学院、中国科学技术大学附属第一医院(安徽省立医院)以及生命科学实验中心和生命科学实验教学示范中心。现有生物科学、生物技术2个国家级一流本科专业，生物医学科学入选国家双一流建设学科。中国科大生命科学与医学部负责或参与合肥微尺度物质科学国家研究中心的4个研究部(分子与细胞生物物理、神经环路与脑认知、分子医学、Bio-X交叉科学)的建设，同时作为依托单位建有结构生物学、天然免疫与慢性疾病、脑功能和脑疾病、无膜细胞器与细胞动力学、分子医学、细胞动力学和化学、生物医学与健康、衰老生物医学、血细胞研究及应用9个中国科学院、安徽省及教育部重点实验室与安徽省医药生物技术工程研究中心、中国科学院临床研究医院(合肥)。拥有1个国家重点学科(生物学)和4个一级学科博士学位授权点(生物学、生态学、临床医学、生物医学工程)。

生命科学与医学部坚守“精品办学、英才教育”的办学理念，坚持“基础宽厚实、专业精新活”的优良传统，履行“潜心立德树人、执着攻关创新”的国家使命，发挥中国科大前沿学科交叉的优势，依托中国科学院实施“全院办校，所系结合”的办学方针整合优质资源，按照“高端化、精英化、国际化”的要求，构建有国际竞争力的生物医学科学家、医生科学家和卓越医生三大生命科学与医学人才培养体系，培养具有深厚理工背景和人文素养关怀的生命健康科技领域领军人才。

二、教学工作

生命科学与医学部设有研究生基本奖学金和学业奖学金(覆盖率100%)，以及十余项研究生专项奖学金；近几年培养了大量的优秀研究生。2021年，有1人获得中国科学院优秀博士学位论文，1人获得中国科学院院长特别奖，9人获得中国科学院院长优秀奖。

三、科研工作

截至2021年12月10日，共发表SCI收录论文1210篇，其中以第一单位发表SCI收录论文584篇，发表合作单位论文626篇。以第一单位在《Science》《Nature Methods》《Nature Communications》《Nature Chemical Biology》《Neuron》《Cell Research》等代表性期刊上发表Ⅰ区论文104篇，Ⅱ区论文203篇，以第一单位发表影响因子9以上论文101篇，以合作单位发表影响因子9以上论文134篇。

科学研究项目与科研经费保持较高水平。截至2021年12月10日，纵向到款总经费1.95亿元，去除外拨到款1.63亿元。新增国家自然科学基金委创新研究群体项目1人(薛天)，国家自然科学基金委优秀青年入选者2人(王朝、郑小虎)，国家自然科学基金委杰青入选者2人(瞿昆、刘强)，科技部首席科学家项目3人，其中重点研发计划首席2人(白丽、熊伟)，科技创新2030重大项目1人(张智)。

四、人才建设

校本部新引进“杰出人才”11人，分别是周少华、邱香果、占成、张凯铭、钱洪武、薛林、杨新星、包巍、王剑、刘步云、谢文兵。

五、相关奖励

1. 朱涛、薛天老师荣获2021年度中国科学院优秀导师奖。

2. 在国际遗传工程机器竞赛(iGEM)中，由生命科学与医学部教师负责组织和指导、全校本科生组成的两支队伍均取得很好的成绩，获得1枚金牌和1枚银牌。

3. 在第七届安徽省“互联网+”大学生创新创业大赛暨中国国际“互联网+”大学生创新创业大赛选拔赛中，由薛天等老师指导、才源等负责的项目《眼科疾病基因治疗药物开发》以及由沈佐君等老师指导、张娟等负责的项目《“蛛网活检”——基于飞秒激光的高性能循环肿瘤细胞分选设备》获得金奖，由薛天、金腾川等老师指导、姚艺川等负责的项目《皖科星兴——基于AAV的高效价疫苗制备》获得银奖。

六、大　事　记

1. 2021年，在首轮一流学科建设中，生物学一流学科在教育部的建设成效中“整体发展水平”的整体情况评价处于第一档（一共分三档：第一档表示显著，第二档表示比较显著，第三档表示不显著），在国内16个生物学一流学科（包括一个自定学科）中排名处于第一方阵。

2. 2021年3月，中国科学技术大学生物安全三级实验室（P3实验室）顺利通过中国合格评定国家认可委员会（CNAS）现场评审，并于5月获得国家认可委颁发实验室认可证书（证书号：BL0112）。

3. 2021年3月26日，中国科学技术大学田志刚院士、彭慧教授、孙汭教授、法国马赛大学Eric Vivier教授（4人共同通讯作者）团队在国际著名学术期刊《Science》发表题为《Liver type 1 innate lymphoid cells develop locally via an interferon-γ-dependent loop》的学术论文。该研究发现成年肝脏造血前体细胞向1型天然淋巴细胞（肝脏ILC1，即肝脏定居NK细胞）的分化潜能及调控机制，揭示天然淋巴细胞的骨髓外发育新路径。

4. 2021年3月30日至4月16日，校党委巡察组对生命科学与医学部党委进行了巡察。生命科学与医学部切实把巡察整改与中央巡视整改结合起来，形成上下联动、同频共振、自查自纠的合力，把整改成果转化为加快生命科学与医学部改革发展的强大动力，实现标本兼治，推进生命科学与医学部各项工作提质增效、创新发展。

5. 2021年4月23日，中国共产党中国科学技术大学生命科学与医学部第一次代表大会在生命科学学院一楼报告厅隆重举行。大会通过了中共中国科学技术大学生命科学学院委员会工作报告，选举产生了中共中国科学技术大学生命科学与医学部第一届委员会，建立健全党组织。

6. 2021年9月3日，生命科学与医学部临床医学院首届“安徽联合医学卓越班”开班。在安徽省委教育工委、安徽省卫生健康委的指导下，在中国科大“红专并进、理实交融”校训精神的引领下，生命科学与医学部和附属第一医院有信心与兄弟医学院校一起，共同办好“安徽联合医学卓越班”，为“健康安徽”“健康中国”事业培养出更多高水平的医学人才。

7. 2021年10月8日，合肥综合性国家科学中心大健康研究院挂牌。省长王清宪在致辞中指出，推进合肥综合性国家科学中心大健康研究院建设，是贯彻落实习近平总书记考察安徽重要讲话指示精神、加快打造“三地一区”的具体行动，也是深入实施健康中国战略的重要举措。

管理学院

一、学院概况

学院共设有工商管理、管理科学、统计与金融3个系，以及MBA（工商管理硕士）、

EMBA(高级工商管理硕士)、MF(金融硕士)专业学位教育中心,EDP 高层管理者培训与发展项目中心,新商科实验中心和招生与品牌推广中心。同时,学院还设有 USTC-UW 全球商业与金融创新研究所(教育部国家留学基金资助)、现代物流与供应链实验室(安徽省重点实验室)、工商管理创新研究中心(安徽省人文社会科学重点研究基地)、安徽省区域科技创新综合智库(安徽省重点智库)、安徽省科技金融融合综合智库(安徽省重点智库)、NUS-USTC 商业数据分析中心(教育部国家留学基金资助)、USTC-UIUC 市场营销联合实验室、USTC-City U 商业与金融科技联合实验室、USTC-UCAS 数字决策联合研究中心、决策科学实验室等研究机构;中国科学技术大学国际金融研究院(合肥市-中国科大共建,以下简称“国金院”)依托管理学院运行。

学院现有教职工 273 人,其中,专职教师 85 人,聘期制科研人员与博士后 96 人,管理支撑人员 92 人。学院现有教授 25 人,副教授 44 人。学院目前拥有国家自然科学基金委“创新研究群体”2 个,国家级领军人才 9 人(不重复计算)和国家级青年拔尖人才 15 人(不重复计算)。

国金院立足“服务一流学科建设,服务地方经济调转促”的使命,在中国科大和省市区政府的大力支持下,教学科研、创新创业及高端智库建设工作开展得如火如荼,亮点突出。

二、学院工作重要进展

1. 教学工作

全院教学管理人员恪尽职守,为教学秩序的正常开展和学生培养质量持续提高提供了有力保障,推动学院教学工作稳中求进发展,成效显著。

亮点一:三个本科专业获批国家级一流本科专业建设点。2021 年 3 月,教育部公布国家级和省级一流本科专业建设点名单,学院金融学、管理科学和工商管理 3 个本科专业成功获批该年度国家级一流本科专业建设点,至此,学院所有 4 个本科专业均成为国家级一流本科专业建设点。

亮点二:“群决策”入选国家级课程思政示范课程。授课教师杨锋、苟清龙、昂胜、杜少甫、吴杰入选国家级课程思政教学名师和教学团队。

亮点三:余玉刚教授团队获批国家区块链创新应用试点单位。在全国入选的 14 所高校中,中国科大排名第五。

亮点四:15 项教学工程项目入选 2021 年高等学校省级质量工程项目名单。在省教育厅对我校“双一流”学科建设的政策支持下,学院积极组织老师参加省级质量工程项目申报,取得了丰硕成果,共 15 项教学工程项目获批为 2021 年高等学校省级质量工程项目和成果,获批项目数在全校各单位中位居前列。

学院 3 个系 4 个专业目前在读本科生总计 411 人;16 系双学位 10 人,15 系辅修 3 人,16 系辅修 1 人,17 系辅修 58 人,本科生总体规模稳中有升。

学院在校学术型研究生 853 人,其中硕士生 458 人、博士生 395 人;专业学位研究生录取人数呈增长趋势,首次突破 800 人,达 806 人(含 4 名博士和 10 名港澳台新生);MBA 中心、EMBA 中心、MF 中心以及 MAS(应用统计硕士)中心根据校研究生院统一要求修订了

2021 版培养方案；2021 届 MF 中心毕业生就业率达 100%，就业质量相较往年也有大幅提升；2021 年学院共有 10 篇案例入库"中国管理案例共享中心"；学院加大教师与出版社合作资助力度，鼓励教师出版专著，2021 年已出版和即将出版专著 27 本，有效弥补了学院在专著出版方面的短板。

2. 科研工作

学院全年累计获批各类项目（纵向、横向、校级）62 项，经费总金额达到 1913.2 万元。

亮点一：基金委项目获批 24 项，获批项目数再创历史新高。2021 年，学院获批国家基金委项目 24 项，获批项数近五年最高；资助率远高于全国管理类平均值。此外，学院获批 1 项安徽省自然科学基金杰出青年科学基金项目。

亮点二：引入神州信息 3000 万元捐款基金，逐步推动产学研融合升级。2021 年 1 月，神州数码信息服务股份有限公司（以下简称"神州信息"）正式入驻国金院，双方共建"数字智能决策联合实验室"；2021 年 10 月，接受神州信息向中国科大教育基金会捐赠 3000 万元，用于攻关相关科研、产业试点、成果转化项目等。

亮点三：SCI/SSCI 论文发表继续 C9 领航。2021 年，全院师生发表 SCI/SSCI 论文 419 篇，继续 C9 领航。

亮点四：UTD24 及统计四大刊，论文发表排名位居 C9 高校前列。2021 年学院 UTD24 期刊论文发表 21 篇，并列 C9 商学院第 2 位；统计四大刊论文发表 5 篇，位居 C9 高校第 2 位。

3. 学科建设

亮点：加快科研平台建设，推动数字经济决策国家级实验室申报。2021 年 10 月，USTC-UCAS 数字决策联合研究中心正式揭牌成立。数字决策联合研究中心的成立，能够充分协调中国科大和国科大各方资源，形成研究合力，有助于深入开展数字经济决策领域相关研究，推动数字经济决策国家级实验室的申报。

4. 国际交流与合作

学院各部门通力合作，充分利用互联网和线上平台，不断探索和拓展全院师生国际交流的渠道和途径，为师生搭建多种形式国际交流的桥梁。

亮点一：国际化招生荣获全校特等奖。2021 年，学院国际化招生工作克服疫情影响，在生源结构优化、生源质量提高、宣传手段创新、面试环节把控等方面推陈出新，招生取得优异成绩，并荣获全校特等奖。

亮点二：学院两项科研成果获得 2021 年美国管理学年会论文大奖。博士生朱建涛（导师：刘和福教授）的论文获"组织沟通与信息系统"领域最佳论文，并获得"组织沟通与信息系统"领域 Carolyn Dexter Award。夏崇武副教授与欧洲工商管理学院（Insead）Philipp Meyer-Doyle 副教授合作的论文获得战略领域杰出论文奖 Distinguished Paper Award。

亮点三：联合 MSOM 协会，举办数据驱动全球大赛。余玉刚教授课题组和宾夕法尼亚大学沃顿商学院教授 Gad Allon 与海尔集团旗下子公司日日顺物流合作，为 INFORMS 协会 MSOM 分会组织的 2021"制造与服务运营管理"数据驱动型研究难题挑战提供了数据支持。The 2021 MSOM Data Driven Research Challenge（海尔日日顺数据）已于 2021 年 6 月

8 日正式向全球发布。

5. 其他(人才引进与教师培养)

截至 2021 年,学院共有教师 85 人,其中包括国家级领军人才 9 人,国家级青年拔尖人才 16 人。总计人才头衔达 25 人,精度达 29%,均位居 C9 商学院前列。

亮点一:人才头衔持续增长,新增国家级人才数位居全国商学院最前列。2021 年,学院新增人才头衔 3 人,包括 1 位国家级领军人才(王学钦)和 2 位国家级青年拔尖人才(郑权、曹平),新增国家级人才数位居全国商学院最前列。

亮点二:3 位老师入选省级人才项目。毕功兵教授入选第八批省学术和技术带头人,金百锁教授获得安徽省杰出青年科学基金项目,张曙光教授团队入选"115"产业创新团队。

亮点三:全年引进海内外高端人才 11 人。包括统计(刘行,兰卡斯特大学)、金融(赵朕领,香港城市大学)、管理信息系统(李涛,清华大学;秦娟,华盛顿大学 Foster 商学院;乔梦柯,新加坡国立大学)、运营管理(侯成凡,清华大学;薛梦莹,清华大学)、运筹(逯兰,香港科技大学)、市场营销(梁一龙,明尼苏达大学卡尔森商学院)、会计(付思文,香港城市大学;梁鹏,西安交通大学)。

公共事务学院

一、学 院 概 况

学院成立于 2010 年,是学校为实施"双一流"建设发展战略,提升高校服务社会功能,促进经济社会发展和公共管理创新而设立的新型特色学院。学院致力于培养基础扎实、思维创新、视野广阔的复合型高层次公共事务管理人才。

学院拥有公共管理和法学 2 个一级学科硕士学位授权点,有公共管理硕士(MPA)、法律硕士(JM)2 个专业学位授权点,设有公共管理硕士(MPA)教育中心与法律硕士教育中心。学院有科技创新与区域发展研究中心、知识产权研究院等研究机构。学院承办的《科技与法律》杂志是科技法领域的重要期刊,2019 年入选 CSSCI 扩展版来源期刊。公共管理学科主要包含公共行政管理、科技创新与科技政策、应急管理与风险治理、低碳经济与环境政策、知识产权管理、教育经济与管理等方向,已形成了与国家治理现代化战略相适应,与学校整体学术导向相匹配的特色研究领域;法学学科主要包含知识产权法、科技法、民商法、社会法、经济法等方向。公共管理硕士(MPA)是中国科学技术大学首批获得 MPA 教育办学权的 24 所试点院校之一。2006 年以"优秀"通过国务院学位办组织的"全国首批 MPA 培养院校 MPA 教学合格评估",教育品牌步入国内一流。截至 2021 年,累计招收学员 3500 多人。法律硕士(JM)秉承中国科大"质量优异,特色鲜明,规模适度,结构合理"的精品办学指导方针,以传统法学教育为根本,聚焦新兴法律领域和交叉学科,致力于打造高科技领域及知识产权、专利代理、互联网金融等特色行业或法律机构等社会急需的复合型、应用型人才的培养体系。

学院积极投身于地方经济建设与社会发展，依托国家专业技术人才培训基地、国防高级人才培训基地、安徽省干部教育培训高校基地、合芜蚌创新人才培训基地等，与中国科学院、安徽省政府、国防系统等单位合作开展了一系列培训项目，培养了大量专业人才，取得了良好的社会影响和成效。学院坚持国际化办学理念，积极开展国际交流与合作，与国外名校和科研机构建立了良好合作关系，面向全球招收公共管理专业留学生，吸引来自“一带一路”国家的优秀留学生学习深造。

学院将秉承“红专并进、理实交融”的校训精神，围绕“潜心立德树人、执着攻关创新”的核心任务，不断提升科学研究和学科建设水平，积极发挥社会服务功能，为培养复合型、高层次公共事务管理人才，建设具有中国特色的世界一流大学作出新的贡献。

二、党建与思政工作

学院党委全面加强党的政治建设，认真开展党史学习教育，举办多场“我为师生办实事”活动，扎实做好中央巡视整改工作，认真落实党委会会议议事规则和党政联席会议议事规则，落实党委会“第一议题”制度。学院党委研究制定《公共事务学院党委与新进人员谈心谈话机制》《公共事务学院意识形态阵地管理办法》等，调整学院意识形态工作领导小组、师德师风建设委员会、学生工作委员会等，优化与调整学院内设机构及其负责人。

学院现有师生党员 158 人，其中教工党员 47 人，学生党员 111 人，党委下设 8 个党支部，其中 2 个教工党支部，6 个研究生党支部。学院党委扎实推动党支部认真落实“三会一课”制度和主题党日活动，严格把关党员发展质量。学院党委召开团员推优与党员发展培训会，把团员推优入党培训与党员发展工作落实落细；召开新发展党员与支部委员培训会，加强党员队伍建设，帮助新党员提升党性修养，确保新发展党员质量，提升各支部党建工作水平。

三、教 学 工 作

在教学形式上，MPA 中心采取理论教学为主，案例教学为辅的教学模式，法律硕士中心采取理论教学和实践教学等相结合的教学模式。在教学内容上，学院对两个中心所使用的教材进行了认真梳理，加强对教材政治性、时效性、学术性等方面的审查，对其中的 24 门课程，要求任课老师在教学中使用马工程教材和国家规划教材，并为其配备到位，使教育部规定的马工程教材在相关课程教学中的使用率达到 100％。在培养方案上，按照研究生院统一部署，学院对各自专业学位硕士研究生培养方案进行了修订，并经管理人文类专业学位分委员会讨论通过，新版培养方案已从 2021 级专业学位硕士研究生开始施行。

2021 年 8 月，MPA 教育中心案例研究中心成立。MPA 中心组织开展中国科大公共管理案例大赛，推进学院公共管理案例库建设，同时鼓励全院师生积极参与第六届中国研究生公共管理案例大赛。研究制定《中国科学技术大学公共事务学院公共管理案例建设管理暂行办法》。为提高师生的法律运用能力和意识，法律硕士中心先后多次邀请资深法律人来校举行探讨法律实务的讲座，以开拓师生的视野。

学院成功举办第四届知识产权夏令营。累计 900 余人报名知识产权夏令营，从中遴选 60 名营员，最终发放面试合格证 54 人，通过夏令营提前锁定了一批优质生源。学院成功举办了中国科学技术大学第一届管理人文创新实践论坛——公管与法律分论坛。论坛共邀请 7 位校外知名学者和专家，通过做主旨演讲或作为点评专家，大大促进了学术交流，开拓了师生研究视野，论坛取得圆满成功。

教学成果显著。多名学生荣获光华奖学金、非洲校友会周芷莉奖学金、杨亚基金奖学金，同时还有一批学生荣获学校优秀学生干部、优秀共青团员荣誉称号。法律硕士中心与律师事务所合作专为法硕学生单独设立的奖项，包括盈科优秀毕业生奖（11 人）、盈科学业奖（21 人）、国誉新生奖（10 人），3 项共计发放奖学金 14 万元。

四、科 研 工 作

学院共有 7 项纵向科研项目立项，累计项目经费 81.8 万元，其中国家自科青年基金 1 项，中科院项目 1 项，教育部人文社科项目 1 项，安徽省项目 4 项。2 项横向科研项目立项，累计项目经费 135.6 万元。除纵向项目和横向项目外，还有一批科大新文科、科大新医学、校级科研项目等立项。新冠疫情发生后，积极向政府部门报送政策建议或研究报告 10 份，其中多份政策研究建议报告被采纳或获批示。

2021 年 11 月 4 日，《光明日报》第 12 版（智库版）以“编者按”的形式头条发表了学院魏玖长教授与其他老师合作撰写的理论文章《保安全、促发展　应急管理难题如何破解》。光明网的理论学术动态栏目以《协同联动应对自然灾害新变化》导读的形式作为当期头条予以重点介绍。

学院不断完善我校“科技创新与区域发展研究中心”安徽省重点智库建设和管理，提高智库科技创新战略、科技政策与管理、创新创业和新兴产业、科技成果产业化与区域发展等应用型公共政策研究水平。

五、人 才 工 作

学院共吸引人才申请学院各类岗位 20 人次，其中正高岗位 6 人（含聘期制特任研究员），固定编制副高岗位 1 人，聘期制博士后和特任副研究员岗位 16 人。申请人博士均毕业于世界名校或国内“双一流”建设大学，如清华大学、威斯康星大学麦迪逊分校、代尔夫特理工大学、西安交通大学、上海交通大学和复旦大学等。学院引进特任副研究员 3 人、博士后 2 人（包括外籍博士后 1 人）。学院协助老师申请各类人才计划 7 人次，包括中科院青促会会员、中科院情报信息优秀人才和中科院墨子特资津贴等计划等。

学院多次以院内学术交流会、青年教师午餐会等方式与青年教师及院聘人员进行交流，及时了解并努力解决青年教职工在工作与生活中遇到的问题，提升青年教职工的凝聚力。

六、高端培训工作

学院 2021 年共完成培训项目 50 项，培训学员 3177 人次，培训收入 4625943 元（部分增加的项目未来得及列入)。培训项目具体来源:知识产权 17 项,科学院 2+1 项(联想学院 1 项未完成),军队专项 5 项,学校管理 1 项,医院管理 2 项,政府委托 13 项,扶贫培训 1 项。与 2020 年度相比,无论是培训项目数,还是接受培训的人次方面,均有一定程度的增长。但受疫情影响,培训期数和经费总额有所减少。2021 年,学院整合了分散在各部门的培训资源,组建大培训管理办公室,统筹管理学院培训事务,建立健全相关规章制度。

学院过去一年取得了一定成绩,未来仍面临困难和挑战。长期以来学院人才队伍建设匮乏、师资不足严重制约学科未来发展。今后学院将不断加大人才引进力度,夯实师资队伍建设,不断提升研究生培养质量,为学院发展打好坚实基础。

人文与社会科学学院

一、学 院 概 况

学院设有科技史与科技考古系、科技传播系、科技哲学系、心理学系(筹)、语言科学交叉研究中心、艺术与科学研究中心。在编教职工 84 人(教授 12 人),聘期制科研人员 31 人(特任研究员 5 人),各类研究生 627 人,本科生 28 人。设有 2 个本科专业,1 个 A+学科,2 个博士点,4 个硕士点,3 个专业学位硕士点,1 个"985"二期国家文科培养基地,1 个省级重点学科,2 个安徽省文科科研基地,1 个安徽省级本科特色专业。

院党委有 4 个党总支、1 个院属党支部,辖 7 个教工党支部、8 个学生党支部,党员 292 人(教工 64 人,学生 228 人)。教工党支部书记 100%达双带头人要求。

二、政治思想工作

组织开展 9 个专题的党史学习教育活动、6 个专题的科学家精神系列报告、6 次党建专题报告会、3 次实地研学;学生党支部严格按照"三会一课"制度开展主题教学,校党委常务副书记蒋一为全体党员开展了 3 次党课报告会。6 月 17 日开始举办庆祝建党 100 周年主题特展"美术经典中的百年党史——以当代艺术名家的百幅经典作品展现中国共产党的百年历程",本展意义非凡,受到校内外观众高度评价。党委、团委贯彻习近平总书记重要讲话精神,围绕庆祝建党 100 周年学习党史,深入推进青年大学习。

三、行 政 工 作

建章立制,制定《党政联席会议事规则》《内设机构负责人推选实施办法》,修订《"三重一大"决策制度实施细则》、教职工《出差审批实施细则(修订本)》;完善内设机构,建立建全人才引进委员会、教授委员会、教学委员会、学生工作委员会、留学生工作委员会、安全工作委员会、教学督导委员会、教材排查工作小组;围绕新文科的总体目标瞄准前沿,面向重大需求和文化传承，坚持文理交叉制定“十四五”规划纲要。成立当代中国科技史研究所、跨文化科技交流与丝路文明研究中心、计算社会科学与融媒体研究所、少年大学生认知发展研究所、前沿科技伦理与治理研究中心、物理哲学研究中心 6 个院级科研机构；院级行政机构调整为党务、行政、教学、科研四大模块；改革统筹经费使用规则，制定使用方案，此工作获全院教职工高度评价。

四、教 学 工 作

开设本科课程 46 门次，66 个课堂，选课学生 3057 人次；研究生课程 82 门次，127 个课堂，选课学生超过 11100 人次。审核 161 门（本科 60 门，研究生 101 门）课程教材；获省级质量工程 7 项，校级质量工程 9 项。

本科毕业 12 人（均为传播学），硕士毕业 103 人（哲学 8 人，科学史 4 人，考古学 6 人，英语笔译 30 人，文物与博物馆 11 人，新闻与传播 44 人），博士毕业 16 人（哲学 10 人，科学史 6 人）。

五、科研与学科建设工作

承担纵向科研项目 68 项，经费 1831.55 万元（新增 30 项），新增国家级项目 7 项（国家社科重大项目 1 项）；承担横向项目 20 项，经费 636.42 万元（新增 10 项）。

发表国际期刊论文 51 篇（第一作者 32 篇，含通讯作者 13 篇），国内学术期刊论文 114 篇（第一作者 98 篇，含通讯作者 45 篇）。

科学技术史学科完成第五轮学科评估材料的提交和公示，参与周期评估，达到了首轮建设目标，确立新一轮建设方案；翻译、新闻与传播、文物与博物馆学位点参加了全国专业学位水平评估。2 月教育部审批备案网络与新媒体本科专业，7 月校内分流招生 13 人。

六、对外交流与合作工作

与四川省考古研究院签署合作协议开展三星堆研究，与南海博物馆签署合作建立中国科大海洋文物工作站，与科大讯飞合作推进“中科大新文科”系列战略规划项目，与中科院心理所合作开展超常儿童研究，与法国斯特拉斯堡大学休佳诺伊教授合作研究阿尔兹海默症与脑卒中患者语音的气动与频谱特性；举办或协助举办 Knowledge of the heavens in transcultural perspectives: the circulation of astronomy and astrology between civilizations、第一届 ICA 第 71 届学术年会中国分会场、观天与经世——文明史视野下的古代天文历数研究工作坊、方以智与明清学术思想的转型、中国科技新闻学会科技传播理论研究专委会 2021 年常务理事会议、中国科大“科技传播”高峰论坛、第十届中国（芜湖）科普产品博览交易会、青少年科学教育发展论坛之青少年科学教育校长论坛、第五届罗梭江科学教育论坛、第五届全国物理学哲学学术研讨会、安徽省自然辩证法研究会 2021 年学术年会等 10 场学术会议；举办学术报告 30 场，“中国科大传播论坛”系列讲座、科技・历史・遗产沙龙报告 40 余场，潘建伟、包信和等院士做客“科学文化沙龙”；新增 4 位兼职教授。

七、学 生 工 作

招生本科新生24人(含分流13人),学硕37人(含留学生3人),专硕100人,博士生28人(含留学生7人);博士生就业率连续五年100%,硕士生就业率92.2%,本科生就业率84.6%;获就业工作特色奖,多位老师获就业工作先进个人、优秀班主任,3个班级获“先进班集体”,3个团支部或团员获“五星级团支部”“2020～2021学年优秀院级团组织”“优秀团员”称号;获2020年暑期实践征文校级优秀组织一等奖;24名同学参加青马班团校培训;26人参加校运动会,获多个单项奖和多项团体赛名次奖励。严格遵守疫情防控要求控制出访、境外研学活动,多名学生获“抗疫优秀志愿者”称号。

八、获 奖 情 况

张居中主持了7次发掘的河南舞阳贾湖遗址入围全国“百年百大考古发现”;汤书昆团队《中国手工纸文库》获第五届“中国出版政府奖图书提名奖”;周荣庭入选中组部“万人计划社会科学领军人才”、中宣部“文化名家暨四个一批人才”;朱孟潇、何晓松入选中科院百人计划B类择优支持、安徽省“百人计划”创新人才;纪娇娇入选中科院文献情报领域引进优秀人才;李为亚获中科院特别研究助理资助项目。

张燕翔、刘欢、博士生柏江竹的5部作品获“全国优秀科普作品”;刘欢的《流感病毒:躲也躲不开的敌人》获第五届“中国出版政府奖图书提名奖”;梁琰获中科院“十三五”科普工作先进个人;刘锐获安徽省第一届普通高校青年教师教学二等奖、安徽省优秀科普作品一等奖、两次获智慧树网混合式精品课程奖。

多名同学获“跨学科视域下的外国语言文学学术研讨会”优秀奖、第三届创新英语综合能力赛决赛二等奖和学校第一届管理人文类研究生创新实践论坛新传、文博与翻译分论坛优秀报告奖。

马克思主义学院

一、学 院 概 况

学院成立于2016年3月10日,由中国科学技术大学与中共安徽省委党校(安徽行政学院)联合共建。共建双方定期召开工作联席会和业务研讨会,任课教师实行双聘制,共建课程教学由双方教师合作开展,校内外教育教学基地实行共享,并合作开展教学研究与学术研究。学院现设6个课程组(教研室),分别承担本科生和研究生思政课,以及学院研究生专业课的教学任务。

二、党政工作

学院党总支坚持以习近平新时代中国特色社会主义思想为指导，深入学习贯彻党的十九大和十九届历次全会精神，以校内巡察和中央巡视整改为契机，认真落实党中央和上级党组织重大决策部署，扎实开展党史学习教育，进一步加快学院建设发展步伐。

3月22日，校党委巡察组向学院反馈了巡察意见。学院先后召开11次党总支会议和党政联席会议进行研究部署，统筹推进整改落实工作，26项任务如期全部销账。

以中央巡视整改为契机，学院先后召开10次党总支会议和党政联席会议，研究制定学院整改工作方案，先后制定实施教学提升类方案和措施11个、教师队伍建设计划和办法2个、职称评价标准1项、意识形态管理制度3项，解决了一些长期想解决而没有解决的难题。

深化党史学习教育，悟思想、办实事、开新局。学院党总支和师生党支部全年共举办党史辅导报告会12场、专题研讨座谈会14场、“七一”重要讲话精神宣讲及专题党课28次、实地研学2次。11月18日，校党委召开党委常委会专题研究学院建设，决定将东校区学生服务中心调配给学院使用。

坚持全面从严治党，落实党建工作责任。严格落实党总支委员会会议、党政联席会议两个议事规则和“三重一大”决策制度；每季度召开一次党支部书记工作例会，加强对师生党支部工作的指导。原理纲要教工党支部作为校级样板支部，率先开展“党员过政治生日”活动，该工作入选学校党史学习教育首批主题党日活动优秀案例。

三、教学工作

学院顺利完成思政课和研究生专业课教学任务，其中本科生思政课4640学时，硕士研究生思政课720学时，研究生专业课1160学时。

制定实施《马院关于“深化思政课改革创新、提高思政课教学质量”的工作方案》和“思想道德与法治”等5门思政课建设方案，充分发挥思政课教学主渠道作用。

成立研究生思政课课程组和“形势与政策”课教研室，制定《马院课程组建设实施细则(试行)》，为思政课建设方案的实施和思政课改革创新提供制度保障。成立教学督导委员会，有计划开展教学督导和帮扶。在学校组织的2021年春季学期教学测评中，全校855个理论课堂，测评分≥90分且问卷数90份以上的共36个，其中学院思政课教师9个，占四分之一。

秋季学期，引进党史教育在线课程“新青年·习党史”，作为“四史”选择性必修课。推动以党史教育为重点的“四史”教育相关内容有机融入思政课教学。

继续与中共安徽省委党校(安徽行政学院)开展共建教学。中共安徽省委党校(安徽行政学院)选派14位老师承担3门8个课堂的本科生思政课教学任务，1位老师承担1个课堂的硕士研究生“科学社会主义”课教学任务。举办7场“习近平新时代中国特色社会主义思想”系列讲座、1场“英模·大师进思政课堂”主题报告会。

积极开展教学研究，获批 2021 年度安徽省质量工程教学研究项目 2 项，“思想道德与法治”等 3 门课程获 2021 年度省级质量工程课程建设项目支持。

四、学科建设与科学研究

坚持学科导向与教学导向相结合，推进马克思主义理论学科建设。9 月 22 日，《马克思主义理论一流学科建设方案》通过专家论证。10 月，马克思主义理论一级学科列入学校“一流学科”建设。本年度招收 15 名马克思主义理论硕士研究生，共有在校研究生 36 人。

组织开展科研项目申报工作。获批教育部人文社会科学研究青年基金项目 1 项、安徽省哲学社会科学规划青年项目 1 项、校级本科质量工程 4 项、校级马理论研究专项项目 4 项、校青年创新基金项目 1 项、校党建与思想政治工作研究会理论研究项目 1 项、校研究生教育创新项目 2 项、校研究生课程思政项目 1 项。为培育高级别科研项目，学院设立马克思主义与当代中国研究中心科研基金项目 7 项。

五、教师队伍建设

继续开展面向优秀博士毕业生的常态化思政课专职教师招聘、优秀人才引进和校内管理岗遴选转入工作。招聘博士毕业生 4 人，已入职 2 人；引进教授 3 人、副教授 1 人，已入职 1 人；从校内管理岗遴选调入 3 人；会同有关部门从专任辅导员和从事学生工作的相关学科教师中选聘 58 人，担任“形势与政策”课教师。

选派教师参加教育部、安徽省教育厅等组织的学习培训和研修活动 22 人次，参加高端学术交流 6 场。11 月 20～21 日，组织思政课教师前往安徽金寨干部学院参加党史学习教育暨十九届六中全会精神学习研讨培训班。

王挺在安徽省高校思想政治理论课教师党史说课暨教学展示比赛中获二等奖，赵琼在安徽省第五届普通高校青年教师教学竞赛中获思政课专项组三等奖。

六、学 术 交 流

为加强研究生学术训练，学院秋季学期专门举办 4 期研究生读书会和信息素养培训暨研究生科研经验分享会。

12 月 11 日，成功举办“迈向伟大复兴的新征程：理论自觉与行动自觉”2021 年度中国科大-合工大-安大马克思主义理论研究生学术论坛。

七、团 学 工 作

持续开展“青年大学习”网上主题团课，保持“青年大学习”学习率位居全校前列。以庆祝建党 100 周年为契机，组织广大团员青年开展“学党史、强信念、跟党走”系列主题团日活动，学院研究生团队在学校党史诵读演绎比赛中荣获三等奖。

组织研究生团队参加由教育部高校思想政治理论课教学指导委员会主办、南开大学承办的“百年辉煌路·奋斗正当时”——第五届全国高校大学生讲思政课公开课展示活动，荣获三等奖。

2019 级硕士班荣获校级“先进毕业班集体”创建资格，2020 级硕士班荣获 2019～2020 学年度“先进班集体”。

环境科学与工程系

一、系况简介

环境科学与工程系于 2019 年 8 月成立，拥有环境科学与工程国家一级学科，环境科学与工程本科专业，1 个工程博士学位授权点及 1 个博士后流动站，研究方向特色鲜明，涉及大气污染监测、极地环境、水污染控制等重点领域。主任为刘文清院士，执行主任为俞汉青，党总支书记为张文真。

目前，我系拥有大气环境监测技术与装备国家工程实验室、中国科学院城市污染物转化重点实验室、安徽省极地环境与全球变化重点实验室、安徽省废水资源化利用工程实验室，以及全球环境变化与大气污染成因解析平台和水污染控制微观分析平台两个双一流学科平台。

二、党建工作

环境科学与工程系党总支(以下简称“系党总支”)以习近平新时代中国特色社会主义思想为指导，组织全系师生深入学习领会习近平总书记系列重要讲话，特别是习近平总书记“七一”重要讲话精神和党的十九届六中全会精神，全面提升师生的思想政治觉悟。系党总支积极履职尽责，贯彻落实“院级两会议事规则”等各项制度，切实做好党风廉政建设、师德师风建设、统一战线工作、意识形态专项工作和基层党支部的建设工作，以实际行动促进单位发展。

2021 年是中国共产党成立 100 周年。围绕党史学习教育这一主题，系党总支整合各类资源、用好各类平台、创新活动方式，形成了“红色班子，带头示范”“红色研学，传承基因”“红色党课，启迪人心”“红色比赛，你追我赶”“红色实践，立足服务”“红色表彰，先锋模范”的学习格局，扎实开展“我为师生办实事”系列活动，全年累计在学校党史学习教育专题网站上投稿 35 篇。

2021 年，系党总支进行了两次政治体检，分别是中央巡视与校内巡视。在两轮巡视过程中，系党政领导班子高度重视，认真准备各类材料，全力配合、支持巡视工作，根据要求制定巡视整改清单并狠抓落实，实现了以巡视整改促单位发展的实效。

系党总支高度重视党员发展工作，利用“红启工程”吸引优秀学子加入党组织，截至 2021

年底共有四个基层党支部，正式党员 82 人，预备党员 7 人和入党积极分子 48 人(其中本科生入党积极分子 22 人)。

三、师资队伍建设

环境科学与工程系充分利用学校、系招聘宣传渠道和老师自身人脉资源，积极吸纳海内外优秀青年学者，优化师资队伍。2021 年 4 月举办了环境科学与工程系墨子云论坛，邀请了 9 位海内外学者参加。2021 年度，依托国家各类人才计划，我系推荐的 4 位人选已经通过“国家海外引才计划”评审，5 位中国科学院人才计划 B 类特任研究员和 2 位特任研究员人选已通过学校优秀人才引进委员会评审，其中 4 位已到岗工作。

在做好高层次人才引进工作的同时，环境科学与工程系高度重视青年教师梯队的培育和选拔，2021 年已有 1 位特任研究员入选国家自然科学基金——优秀青年基金资助，2 位特任研究员分别获安徽省海外引才计划(创新人才项目和青年项目)资助，另有 4 位特任副研究员和 10 位博士后入职，充分加强了我系后备师资力量。

截至 2021 年底，我系有教职工 57 人，其中教学科研人员 49 人，教授 12 人，副教授/副研究员 3 人，特任研究员 4 人，特任副研究员 7 人，博士后 23 人，其中，中国工程院院士 1 人，教育部“长江学者奖励计划”特聘教授 2 人、青年学者 2 人，国家杰出青年科学基金获得者 4 人，国家海外引才计划入选者 4 人，国家优秀青年科学基金获得者 6 人，中科院人才项目入选者 6 人，科技部中青年科技创新领军人才 2 人，国家创新人才计划(青年)入选者 2 人。

四、本科生教学

为支持环境科学与工程科技英才班的建设，我系积极联系社会力量、寻求校企合作，自 2021 年起，设立“城环英才新生奖学金”和“水之革英才新生奖学金”。

在教学课程方面，为提升学生对环境学科的兴趣，我系面向所有本科生制定了科学探索计划，提供了各类实践学习机会，并依托优质平台资源，于 2021 年 7 月首次组织本科生前往位于山东青岛的自然资源部海洋第一研究所参加校外实习。为推动建设高质量育人体系，建设精品教材，我系经过多次研讨会议，制定了教材建设的长远规划。

在教学研究项目上，我系俞汉青老师、谢周清老师分别获得课程思政研究项目、本科一流专业建设专项和教学团队三项校级质量工程项目立项，花正双老师、康辉老师、刘东风老师分别获得重点质量工程项目立项。

在课程思政建设方面，完成了 19 门专业课的思政方案，覆盖了我系开设的全部课程。

我系本科生共计 13 人获得我校评选的各类奖学金，1 人获国家励志奖学金；在校内竞赛方面，我系本科生组成的“唐颖欣团队”在第七届中国科大节能减排大赛中获得校赛二等奖；在“科技英才班”秋季短程马拉松比赛中，我系有 4 位同学最终获得个人优胜奖。

五、研究生工作

为吸引全国优秀大学生来我系攻读研究生，我系加大研究生招生宣传力度，开展了由研究生院主办、我系承办的“中国科大第五届环境科学与工程暑期夏令营”，来自全国多所著名高校环境科学与工程学科的几百名大三学生参加了夏令营活动。

在研究生招生录取工作方面，3 月份根据学校相关工作要求，完成了 2021 级研究生复试相关工作。4 月份完成了硕转博、申请-考核制博士以及工程博士进行笔试及相关复试工作。11 月份我系根据学校要求完成了研究生专业课命题工作。此外，我系刘贤伟老师协助校国合部首次将国际留学生生源拓展到白俄罗斯，所在招生组获留学生招生团队二等奖。

在研究生教学培养方面，我系盛国平老师获得研究生课程思政建设项目 1 项；在研究生创新计划项目支持下，我系半年时间内邀请了国内外专家 8 人次为师生们举行了双一流学术前沿讲座。12 月份，我系举办了第二届环境科学与工程专业研究生学术年会，邀请了企业及外校专家参加，多名研究生也参与其中。

我系共 15 名研究生完成答辩，顺利毕业，其中博士生 12 人，硕士生 3 人。1 名硕士生和 2 名博士生获得国家奖学金。

六、科研成果

我系俞汉青老师、盛国平老师的科研成果获国家科技进步二等奖。我系仅 20 余名教工（不含博后），以中国科大为第一单位发表 SCI 论文 86 篇，其中 JCR Q1 论文 61 篇，包括：《Nature》子刊 1 篇，《Chemical Society Reviews》1 篇，以及环境领域高影响力期刊《Water Research》5 篇和《Environmental Science & Technology》6 篇。除此之外，我系共获授权发明专利 12 项，申请发明专利 32 项，与多家环保公司签订专利许可合同。

我系获批国家自然科学基金重大项目 1 项，合同经费 1500 万元；获批国家自然科学基金区域联合基金项目 1 项，优秀青年基金项目 1 项、面上项目 6 项、青年基金项目 7 项，合同经费 763 万元；获批科技部重点研发计划课题 1 项，合同经费 575 万元；获批安徽省重大项目 1 项、重点研发项目 1 项、高校教育创新平台项目 1 项、安徽省青年基金项目 1 项等，合同经费 905 万元；获批校创新团队项目 1 项、校青年创新重点基金项目 2 项，合同经费 200 万元。我系纵向科研经费到账 2845 万元，横向经费到账 18.1 万元。

七、主要荣誉

1. 张文真老师获 2021 年度中国科学技术大学优秀党务工作者。
2. 刘武军老师获国家自然科学基金——优秀青年基金资助。
3. 吕兴霖、刘江涛和花正双老师获国家海外引才项目（青年）资助。
4. 刘贤伟老师获校“学术领军人才培养计划”资助。

5. 吕兴霖老师获安徽省海外引才项目——创新人才项目资助。
6. 杨一老师获安徽省海外引才项目——青年项目资助。
7. 盛国平老师获中国科大-海外校友基金会青年教师成就奖。
8. 张信和谈广才老师获2021年第一批中国科学院"墨子杰出青年特资津贴"资助。

环境科学与光电技术学院

一、学院概况

学院是中国科学院领导在践行科教结合、教育创新的基础上，进一步推进"寓教于研"的重要举措。学院经中国科学院批准，由中科院合肥物质科学研究院和中国科学技术大学共同筹建，由中科院安徽光学精密机械研究所为主，负责落实中国科大环境科学与光电技术学院的合作事宜，以培养环境科学与光电技术交叉学科方面具有实际科研能力的高层次精英人才和领军人才为目标。

中科院合肥物质研究院与中国科大在物质科学研究领域具有深厚的基础和优势，其中安徽光学精密机械研究所(安徽光机所)拥有大气光学、环境光学及环境遥感监测技术、激光技术等有特色、有优势的学科领域，现有国家"863"计划大气光学重点实验室、中科院通用光学辐射定标与表征技术创新重点实验室、中科院环境光学与技术重点实验室、安徽省环境光学监测技术重点实验室，形成了在国内具有较鲜明特色的一流科研团队。

2011年9月28日，白春礼院长出席环境科学与光电技术学院揭牌仪式并为学院题名。学院将按照科教结合的崭新方式，对学生进行个性化的培养。在中国科大完成基础课和专业基础课教育，在科学岛完成专业方向课学习，并依托科学岛相关研究单元雄厚的科研能力和条件完成毕业论文。研究院所将选派相关领域专家承担相应的教学任务，学生将深入研究院所进行专题讨论和科研实习。在校期间，学院还将选派有丰富经验的教授作为学生的学业导师，并聘请国内院士、专家亲自指导学生的学习和科研工作。

二、学院建设基本思路

以"科教结合、协同创新"为宗旨，发挥中国科大和合肥物质科学研究院综合优势，面向国家环境科技需求和光电技术前沿，探索科技创新与人才培养紧密结合、协同发展的运行机制，培养和造就具有国际视野、立志造福社会，既掌握环境科学又拥有光电技术的高科技综合型实用人才。

三、专业设置

学院现有两个一级学科：物理学、环境科学与工程。

物理学目前的主要专业方向有环境光学、大气光学、光学遥感、光电子技术、激光技术等。

环境科学与工程目前的主要专业方向有大气物理化学、环境毒理学。

四、师资队伍

学院师资力量雄厚，现有教授22人，工程院院士2人，各类人才计划获得者6人。

五、研究生工作

学院招收29名硕士研究生（其中学硕10人、专硕19人），17名博士研究生（其中学术型博士14人、工程博士3人）。

学院毕业18名硕士研究生，转博7人，直接就业11人，就业率达100%。毕业4名博士研究生，就业率达100%。毕业生大多进入国内的高新技术企业工作，部分选择做博士后，进入中国电子科技集团38所、中兴通讯及高校等，深受用人单位青睐。

六、科研成果

学院目前承担的科研项目如下：

国家基金联合基金项目：大气关键成分立体探测新方法及江淮地区二次污染形成机制研究（刘文清）；国家自然科学基金专项项目：北极大气多要素的协同观测与变化研究（刘建国）；中科院B类先导科技专项培育项目：大气氧化性物种外场观测仪器的优化（谢品华）；民用航天项目：星载激光雷达（王英俭）；国家重点研发计划项目：太阳反射谱段空间辐射基准载荷技术（郑小兵）；空间基础设施重大专项项目：大气环境监测卫星高精度偏振扫描仪POSP和DPC（洪津）。

学院获得的荣誉包括航天产品质量保障团队荣获“省直机关巾帼文明岗”称号，魏合理荣获第五届省直机关敬业奉献类道德模范。

材料科学与工程学院

一、学院概况

学院的成立是学校按照中国科学院“率先行动”计划部署，深化科教融合、协同创新，丰富“全院办校、所系结合”的新形式和新内涵的重要举措。学院经中国科学院批准，由中国科学技术大学和中国科学院金属研究所（以下简称“金属所”）共同建设，于2015年9月2日正式成立，以培养材料科学与工程学科研究生和高年级本科生为目标。

金属所所长左良教授任学院院长，副所长刘岗研究员任常务副院长，刘世勇教授、李扬任副院长。2016 年 2 月 22 日成立中国科学技术大学金属所学位评定分委会，现任主任为左良教授，副主任为刘岗研究员。

金属所成立于 1953 年，是新中国成立后中国科学院新创建的首批研究所之一，是涵盖材料基础研究、应用研究和工程化研究的综合型研究所，创建者是我国著名的物理冶金学家李薰先生。金属所以“创新材料技术，攀登科技高峰，培育杰出人才，服务经济国防”为使命，在高温合金、钛合金、特种合金、钢铁、铝合金、镁合金、金属基复合材料、陶瓷等先进结构材料领域和纳米材料、碳材料、磁性材料、生物材料、能源材料等新型功能材料领域，开展材料的成分设计、结构表征、制备加工、性能测试和使役行为研究。

金属所加快综合性科技创新平台建设，在基础研究领域，2017 年，国家科技部依托金属所建立沈阳材料科学国家研究中心，这是我国首批组建的 6 个国家研究中心之一。在高技术研究领域，2019 年，金属所贯彻中国科学院党组的决策部署，在国防科工局大力支持下，联合所内外优势创新力量，成立师昌绪先进材料创新中心，致力于提升我国重点工程先进材料自主创新能力和自主可控制备能力。2020 年成立材料腐蚀与防护中心，重新整合力量开展材料腐蚀基础研究及重大工程腐蚀防护技术研究。此外，金属所还拥有 2 个国家级工程技术中心、2 个中国科学院重点实验室、1 个中国科学院工程实验室。这些平台共同构筑形成了开放融合、多元协同的材料学科全链条、全要素、贯通式科技创新体系。

二、专 业 设 置

学院按材料科学与工程一级学科培养硕士、博士研究生，设材料物理与化学、材料学、材料加工工程、腐蚀科学与防护（自主增设）4 个二级学科和材料与化工 1 个专业学位类别。

三、师 资 队 伍

截至 2021 年底，金属所共有在职职工 1697 人，包括“两院”院士 5 人，博士生导师 108 人，硕士生导师 270 余人，新增博士生导师 8 人。现共有院级引进人才计划项目入选者 27 人，候选人 8 人，2021 年新引进院级人才计划项目候选人 7 人。现有“引进优秀学者”33 人，2021 年新增 2 人；入选国家“WR 计划”24 人，其中杰出人才 1 人，科技创新领军人才 19 人，青年拔尖人才 3 人，2021 年新获得科技创新领军人才 3 人，青年拔尖人才 2 人。获得国家杰出青年基金资助 18 人，2021 年新增 2 人。国家优秀青年基金资助 10 人，2021 年新增 3 人。2021 年新增中科院青年科学家奖 1 人，“辽宁杰出科技工作者”2 人，辽宁青年科技奖获得者 2 人。

四、课 程 教 学

本年度共开设研究生课程 55 门，其中线上课程 13 门，开课 3200 余学时。聘用教师 60 余人，包括外籍教师 6 人。送 50 名学生到校本部上课。

五、招 生 就 业

2021 年招收硕士生 180 人，招收国内博士生 148 人，博士留学生 7 人。截至 2021 年底，在学研究生 1143 人，其中博士生 639 人(含留学生 41 人)，硕士生 504 人。全年毕业博士生 109 人，硕士生 41 人，年终就业率 98%。利用线上线下相结合的招生宣传方式，灵活应对疫情，提高招生宣传效率和质量。为吸引优秀生源，在夏令营中增设“优秀新生奖颁奖典礼”“科研初体验”和优秀新生奖宣贯活动，增进导师与考生之间的互动。今年共吸引 499 人报名，252 人参加考核，录取 80 名推免生。此外本年度继续利用 QQ 群、微信公共平台、论坛等新媒体平台开展招生宣传。招生质量不断提高，实现学校教育资源共享，实现课程教学等多方面与中国科大的深度融合。

六、培 养 学 位

为保证培养质量，2021 年进一步完善研究生培养体系，新增年度进展、教学实践、预答辩等培养环节；与第三方合作共建平台，盲审学位论文 61 篇，更新修改后硕博学位论文共计 225 份；组织新上岗博导培训及研究生教育与基础研究研讨会工作，强化师风师德，加强导师队伍建设；加强研究生创新能力培养，10 人获得研究生创新项目资助，1 人获得中国科大博士论文创优支持计划资助；推荐优秀研究生参加第四届中科大化材学院-科教融合学院学术年会及第九届全国高校材料学科研究生凌峰论坛，研究生分别获优秀报告一等奖、二等奖、三等奖及最佳墙报奖。

2021 年有 1 名博士研究生的毕业论文获得中科院优秀博士学位论文，7 名博士研究生获得中科院院长奖。

七、合 作 交 流

积极与地方政府、企业开展了多元化、深层次的政产学研合作。全年科技成果转化合同额已超过 6.48 亿元(现金收入超 5 亿元)，创历史新高。

持续推进先进适用科技成果转移转化。经费收支继续保持快速增长态势，截至 2021 年 11 月底，经费收入合计已超过 20 亿元，较去年同期增加 36%。

八、重大科技任务和重大成果产出

面向世界科技前沿，原始创新成果持续涌现。其中，在《Science》《Nature》及其子刊发表学术论文 18 篇(正刊 3 篇)，“光催化材料的能带与微观结构调控”荣获国家自然科学二等奖。

面向国家重大需求，提供关键材料技术支撑保障。研制的钛合金和高温合金部件成功应用于航天运载火箭发动机；研发的铝基复合材料成功应用于“祝融”号火星车车轮、“嫦娥五号”月壤钻取、“天和”号核心舱等；研制的系列高温合金、钛合金关键材料列装国产发动机，实现首飞。

面向国民经济主战场，助力企业解决材料技术难题。承担的“高端轴承自主可控制造”C类先导专项进展顺利，研制的高档数控机床主轴承具备替代进口能力，Φ3 m级盾构机主轴承已成功装机并即将用于沈阳地铁施工。

创新创业学院

一、建设思路

学院成立于2019年11月19日，以铸造学生创新灵魂、提升学生创新能力和创业意识、培养顶尖科技创新创业人才为目标，致力于打造具有我校特色的创新创业教育培养体系，建立多元化、高层次创新创业教育师资队伍，搭建全覆盖、立体化创新创业教育实践平台，汇聚校内外创新创业教育资源形成特色品牌。

二、校企深度合作，建设“金课”课程体系

学院按照“分段教育、分类指导、校企结合、面向实战”的原则，以制订并完善我校创新创业课程体系规划为龙头，打造以前沿科学和高新技术创新创业为特色的科大学子终身学习教育体系。

学院目前已开设16门创新创业课程，40多家科创企业参与课程建设，涵盖通识教育、专业提升和实践训练三大模块，其中“设计创新”荣获首批“国家级一流本科”课程认定。出版了《创新创业实战教程》《破土：中国科大“新苗计划”创业案例》等教材。

2021年9月，在校研究生院的支持和批准下，学院与先进技术研究院共同开办我校首届“科创试点班”，首期学员共18名，包括3名博士生、15名硕士生。

三、遴选优质导师，组建“金牌”师资团队

学院按照“内外协作、专兼结合、德才兼备、热情奉献”的思路，以课程讲座、项目辅导和技术指导为牵引，逐步(分批)建立由校内外专家教授、成功企业家、经济管理学家、政府管理者、创业投资者、孵化服务者等组成的师资力量，打造“金牌”导师队伍。先后聘任化学与材料科学学院俞书宏院士、华米科技董事长黄汪校友、福昕软件董事长熊雨前校友等50位校内外专家担任“中国科大创新创业导师”。

四、重在人才培养，培育“金奖”项目团队

学院面向产业需求和学科前沿，按照“以赛促教、以赛促学、以赛促创、以赛促改”的思

路，积极探索“金奖”项目培育模式。认真组织学生和校友项目团队参加国内外重点双创赛事，并通过赛前辅导、赛中指导和赛后复盘等方式促进参赛学子创新能力提升。

2021 年，全校共 113 支创新创业团队参加“互联网+”“挑战杯”等双创赛事，累计荣获国赛 3 金 5 银 6 铜，取得历史最好成绩。

2021 年 5～12 月，首届“全球科大人创新创业大赛”按照“初赛、复赛、决赛”的比赛模式在全国各地及学校本部举办。来自全球的科大优秀校友、师生共报送创新创业项目 242 个，围绕制造业、信息技术服务、社会服务、生态环境、智慧医疗、能源化工、文化创意服务等领域，同场竞技，纷纷亮出“金刚钻”，拿出“真本领”，充分展现出科大人的硬核实力，获得了社会各界的广泛关注和高度赞誉。

五、汇聚多方资源，打造“金字”教育品牌

学院积极汇聚校内外资源、调动各方面积极性，建立面向学生和校友的公益性创新创业基金、实践基地，为我校创新创业教育提供长期发展资源。

1. 设立公益性基金，鼓励学生探索创新

在校内外多家单位、校友企业的大力支持下，学院先后设立 3 项公益性创新创业基金——“中国科学技术大学基本科研业务费学生创新创业基金”（简称“双创基金”）、“中国科学技术大学华米创新创业基金”（简称“华米基金”）和“中国科学技术大学福昕创新创业基金”（简称“福昕基金”），专项支持我校学生及校友的创新创业项目。通过公开申报、公正评审、公平竞争、无偿支持，持续培育学校本科生、研究生的创新创业项目，让同学们在创新实践中感悟和思考，培养他们的创新自觉性和主动性，进而培养科研志趣、树立创新意识。

2. 打造国内高校首支学生基金管理团队，开创“科大模式”

为培养并发挥学生在创新创业教育中的自我培养、自我管理、自我服务能力，探索科技创业投资、基金管理人才培养的模式，校长包信和院士亲自倡议并推动了学生基金管理团队的组建，由学生团队管理创新创业基金的创新模式。面向全校学生公开招募、组建的学生基金管理团队，负责对所有申报项目组织立项评审、确定支持项目、开展培训服务、实施过程管理、组织项目考核等工作。创新的基金管理模式，把项目遴选变成了科技创投人才培养课堂，把基金管理变成了同学们学习提升的实践课堂。这项把创新创业项目培育和创投人才培养融为一体的创新举措，在国内高校双创教育工作中属首创，被众多双创专家和教育专家称为“科大模式”。不到两年的时间，学生基金管理团队共遴选支持了 140 个项目，其中有 123 个项目获得了国赛金奖等省部级以上赛事奖项，成立了 15 家科创型公司。

3. 建设双创实践平台，推进项目团队培育孵化

建设校内外线上线下相结合的实践基地、实践空间，并与课堂教学、实践课程、实践活动、创业实践相结合，形成综合性实践平台，助力“金奖”项目加速成长。学院已先后与先进技术研究院、华米科技、中安创谷等共建我校大学生创新创业实践基地；与工程科学学院共建首个“创新创业开放实验室”；与合肥市广播电视台共建“科里科气”创新融媒体工作室；与福建福昕软件开发股份有限公司共建“福昕创新实验室”等双创实践平台。

六、学院大事记

1月16日 我校首本创新创业教材《创新创业实战教程》，由机械工业出版社正式出版发行，校长包信和院士撰写序言。

4月24日 我校首期华米创新创业基金立项评审，从57个在校学生及校友项目中确定立项支持"高精度运动感知和定位系统"等7个项目。

5月9日 我校首本创新创业案例集《破土：中国科大"新苗计划"创业案例》正式出版发行，校党委书记舒歌群撰写序言。

5月24日 2021年度学生创新创业基金从154个在校学生申报项目中确定立项资助"小型化在线光谱水质监测系统"等54个项目。

6月22日 我校首个校外大学生创新创业实践基地——"中安华米硬客社区"正式揭牌成立。

7月9日 我校首个"创新创业开放实验室"揭牌，由我院和工程科学学院按照"开放共享、服务师生"的原则共同建立。

8月29～31日 我校学生创新创业团队在第七届安徽省"互联网＋"大学生创新创业大赛中斩获26个金奖、9个银奖、17个铜奖，同时有6个项目晋级国赛。在金奖总数、奖牌总数、晋级国赛项目数上均创我校在该赛事上的历史最好成绩。

9月22日 我校首期"科创试点班"正式开班，通过专业化培养平台、模块化课程体系、实战化锻炼平台，努力探索"专创融合、理实融合、产教融合"的创新创业人才培养模式。

10月12日 在第七届中国国际"互联网＋"大学生创新创业大赛全国总决赛上，我校荣获1金3银4铜的优异成绩，奖牌总数创我校在该赛事上的历史最好成绩。

11月19日 我校首个市校合作育人平台——"科里科气"创新融媒体工作室揭牌仪式在合肥市广播电视台举行。

12月8日 我校首个校企合作创新实验室——"福昕创新实验室"揭牌成立，实验室围绕学习、活动、资源和培育4个功能板块搭建创新平台，从创意、创新和创业3个维度开展和推进一系列创新人才培养工作。

12月10日 首届"全球科大人创新创业大赛"决赛暨颁奖典礼成功举办，大赛以"勇乘东风、敢闯会创"为主题，由我校与合肥市人民政府共同主办，推动参赛项目与政府、企业、资本对接，促进科技经济融合，加快技术成果转化应用。

国家同步辐射实验室

一、基 本 情 况

国家同步辐射实验室（"NSRL"）是1983年我国批准建设的第一个国家级实验室，建有我国第一台从红外到软X射线的专用同步辐射光源（“合肥光源”）和我国第一台用户型红外自由电子激光装置，同时积极推进世界上综合性能最先进的低能区第四代光源——合肥先进光源的建设，目标是形成先进光源集群，推动多学科集聚、顶尖科学家集聚、一流创新群体集聚、高新产业研发集聚，助力国家科技战略布局。

合肥光源是国家“七五”重点建设工程，于1984年动工建设，1991年通过国家验收。后历经二期工程建设（1999～2004年）和重大维修改造（2012～2016年），极大提升了整体性能。建有800 MeV直线加速器注入器、800 MeV电子储存环和10条光束线及相关实验站。目前装置性能良好，运行水平先进。

“基于可调谐红外激光的能源化学研究大型实验装置”是由厦门大学牵头，联合我校等单位建设在国家同步辐射实验室的国家重大仪器研制专项，于2022年5月通过国家自然科学基金委员会验收，即将投入开放运行。装置建有一套具有国际先进水平的波长连续可调、覆盖中红外到远红外波段的可调谐红外自由电子激光光源和五条实验线站。

作为国家大科学装置及合肥综合性国家科学中心的重要组成部分，NSRL将继续面向世界科技前沿、面向经济主战场、面向国家重大需求、面向人民生命健康，提供长期、可靠、稳定的技术支撑。

同时作为高层次人才培养基地和科普宣传基地，NSRL全方位践行“两弹一星”精神，弘扬“自强、拼搏、卓越”的大科学装置精神，在中国共产党建党百年之际入选“全国爱国主义教育示范基地”和“全国科普教育基地”。

二、工 作 进 展

1. 队伍建设

继续施行《国家同步辐射实验室队伍建设总体实施方案》，进一步探索适应大科学装置建设及发展需求的队伍结构和评价激励机制。多渠道、多模式引进关键岗位人才，逐步优化队伍结构。截至2021年12月，实验室职工总人数205人。2021年引进和招聘各类人员总计28人，包括正高职称人才2人，副高职称人才11人，博士后12人，项目聘用3人。

实验室还充分发挥现有高端人才力量，注重现有人才培养，实验室主任封东来教授当选中国科学院院士，另新增国家高层次人才特殊支持计划领军人才1人、国家优秀青年科学基金获得者1人、中国科学院关键技术人才1人、中国科学院青年创新促进会会员2人、中国科学院百人计划B类入选者1人、安徽省百人计划创新人才项目获得者2人、安徽省百人计划青年项目获得者1人。此外，7人入选“2021年高被引科学家名单”（科睿唯安科学信息研究所发布）。

2. 合肥光源高水平运行开放

(1) 运行开放

合肥光源2021年运行7236.84小时，供光5647.37小时，圆满完成了年度运行计划。光源运行有效机时率(availability)达到99.55%，平均两次故障间隔时间(mean time between failures)为152.95小时，平均故障修复时间(mean time to repair)降低到0.71小时，运行水平处于世界同步辐射用户装置最优行列。

10 条光束线及实验站正常稳定向国内外用户开放，疫情防控常态化下，实验室针对性创新完善服务，帮助用户远程完成实验。共执行用户课题 532 个，累计实验机时 47081.11 小时，课题涉及物理学、化学、生物学、医学、能源、环境科学技术、材料科学与工程等多个领域。

(2) 成果产出

瞄准国际前沿和国家需求，凝练科学目标和研究领域，联合高水平用户，取得了一系列重要成果。2021 年基于合肥光源发表论文 429 篇，其中Ⅰ区 310 篇，占 72%以上，发表在《Science》《Nature Energy》《Nature Nanotechnology》《Nature Catalysis》《Chem》《Physical Review Letters》等国际著名期刊上。

(3) 装置发展和性能提升

完成光电子能谱光束线改造，提高了光通量和能量分辨率，可以对材料的表界面微观结构开展多维度表征研究，为材料、能源以及催化领域的研究提供先进的谱学研究平台。

3. 合肥先进光源项目推进

合肥先进光源(Hefei Advanced Light Facility，HALF)是我校瞄准我国在量子信息、集成电路、生命健康、脑科学等前沿基础研究领域，以及新一代信息技术、生物技术、新能源、新材料、新能源汽车以及航空航天等国民经济领域的重大需求，建设的低能量区的第四代同步辐射光源，其发射度和亮度的设计指标世界领先，建成后将是全世界最先进的低能区衍射极限储存环光源。

2021 年 10 月，HALF 正式列入国家规划；2021 年 12 月，完成《合肥先进光源可行性研究报告》，并在省、市各级政府和主管部门的全力支持下，完成稳评、能评、用地预审与选址意见书等要件审批工作。

我校成立校内 HALF 工程领导小组，开工前的各项工作积极推进。工程方案进一步深化；通过揭榜挂帅，遴选项目总体及系统负责人；通过项目实施管理计划制订和工程信息化管理平台建设，加强工程管理。

4. 科研及成果转化

2021 年国家同步辐射实验室主持的在研项目 190 项(其中纵向科研项目 152 项，横向科研项目 38 项)；2021 年到账经费 7639.7 万元(其中纵向科研项目经费 6513.49 万元，横向科研项目经费 1126.21 万元)；2021 年新增国家和省部级各类项目 26 项，批准经费合计 9111 万元。

2021 年实验室作为第一单位发表的论文 181 篇，其中 SCI 收录 140 篇，Ⅰ区论文 54 篇，出版专著《自由电子激光物理导论》。申请专利 50 项，其中发明专利 45 项，实用新型专利 4 项，专利合作条约(PCT)申请 1 项；授权专利 36 项，其中发明专利 24 项，实用新型专利 12 项。荣获安徽省一等奖两项，自然科学奖和科技进步奖各一项。

大口径高阈值光栅项目成果落地转化第一年即突破千万元销售收入，创业项目入选首批合肥综合性国家科学中心重大科技成果转化项目库，荣获第十届中国创新创业大赛安徽赛区初创组一等奖等。

软物质科研团队依托我校先研院，与皖维集团合资成立安徽皖维先进功能膜材料研究院有限公司，以期加速实现 TFT-LCD 领域高端 PVA 光学膜、汽车前挡玻璃 PVB 安全窗膜研究成果的产业化。

5. 学生培养

实验室依托大科学装置的办学优势和特色，加强核科学技术学院加速科学与工程物理系的建设，面向国家重大战略需求和高新产业的迅猛发展，培养具有创新思维、坚实数理基础和全面实验能力的复合型领军人才。

2021 年实验室共招收硕士研究生 79 人，博士研究生 73 人；毕业博士研究生 36 人（含 3 名外国留学生），硕士研究生 18 人，毕业生就业率达 100%。

思政教育贯穿学生培养全过程，人才培养工作进步显著。实验室团委获 2021 年度校“优秀团委”，黄建民荣获“中科院院长特别奖”，王涛和曹林林 2 人的毕业论文入选“中科院优秀博士学位论文”，董少祥荣获 2021 年度我校最美“六有”大学生荣誉称号，葛晓琴荣获“郭永怀奖”等。

6. 科普活动及国内外合作与交流

2021 年，应对全球新冠疫情的影响，采用了线上、线下相结合的形式开展科普宣传及国内外交流合作。

5 月 23～29 日科技活动周、8 月 29 日公众科学日期间，实验室适时推出网络直播，实现了实验室的“云开放”。举办“启明论坛”系列高水平讲座，与核科学技术学院合办“王淦昌大讲堂”系列专题报告会，举办第十一届光子科学夏令营等活动。

鼓励外国专家“引进来”：获批 2 项国际访问教授和英文授课计划项目，来自美国马赛诸塞大学的 Murugappan Muthukumar 教授在线讲授全英文高分子物理课程并作系列学术报告，来自日本名古屋大学的 Masahito Hosaka 教授克服疫情影响抵达实验室，正式开展合作研究；获批中科院国际合作局国际人才计划项目（PIFI）1 项；获批 ANSO 大科学装置访学计划，将引进 5 位专家学者开展合作研究。

坚持实验室人员“走出去”：5 人获批国家基金委创新型人才国际合作培养项目及公派访问学者项目；以在线形式参加国际会议，多人受邀作大会报告；多种形式积极开展对外交流合作等。

合肥微尺度物质科学国家研究中心

2017 年 11 月，科技部正式发布《关于批准组建北京分子科学等 6 个国家研究中心的通知》（国科发基〔2017〕358 号），批准组建包括合肥微尺度物质科学国家研究中心（以下简称“国家研究中心”）在内的 6 个国家研究中心。

2018 年 3 月，国家研究中心建设运行实施方案通过专家论证。

至此，国家研究中心以全新的结构和面貌，清晰定位，面向世界科技前沿、面向经济主战场、面向国家重大需求，聚焦未来信息、新能源和生命健康等重大创新领域，继续以纳米科技、生物科技、信息科技和认知科学的多学科交叉创新为导向，开展微尺度物质体系的基础和应用基础研究，汇聚一流创新资源，完善协同创新体制机制，抢占科学研究制高点，产出一批源发性创新成果，将建设成为微尺度物质科学领域科研与人才培养高地。

国家研究中心现包含 11 个研究部，2 个高水平的公共科研创新支撑平台和 6 个交叉型高端研究平台，涵盖物理、化学、生物、材料、信息 5 大学科。国家研究中心以多学科交叉融合为指导思想，聚集微观尺度科学并产生重大原创性成果，在光与冷原子物理、单分子物理与化学、低维物理与化学、纳米材料与化学、纳米催化与能量转化、分子与细胞生物物理、神经环路与脑认知、分子医学、Bio-X 交叉科学、理论与计算科学和尖端测量仪器等 11 个重要研究领域开展基础性研究。

"国家发展靠人才，民族振兴靠人才。"习近平总书记在中央人才工作会议上对新时代人才工作做了重要论述，国家研究中心深入贯彻落实习近平总书记关于人才工作的系列重要讲话精神，把服务国家战略需求作为最高追求，坚持人和事相结合、放和管相协调，支持青年人才挑大梁、当主角，创新人才管理制度，打造一流科技领军人才和创新团队。目前，国家研究中心人才队伍包括 16 位院士，9 位国家创新人才计划长期项目获得者，20 位长江特聘教授，78 位国家杰出青年基金获得者，29 位国家高层次人才特殊支持计划获得者，108 位国家创新人才计划青年项目获得者，68 位中科院人才计划获得者，54 位国家优秀青年基金获得者以及 12 支基金委创新研究群体。

国家研究中心已在国家"重大研究计划"中领衔承担项目 20 项，名列国内研究机构前列；承担国家"重点研发计划"42 项。另外，还承担了科技部重大专项，基金委重大科研仪器项目、重大项目，中科院 A 类、B 类先导专项、科研仪器设备研制项目及多项知识创新工程重大项目和国家有关军工重大项目等。国家研究中心支撑的"量子信息与量子科技前沿卓越创新中心"成为中国科学院首批启动的 5 个卓越中心之一；2017 年中国科学院量子信息与量子科技创新研究院正式成立，聚焦国家长远目标和重大需求开展大体量大协作的技术攻关，为我国在第二次量子革命中赢得战略主动权奠定坚实基础。

2021 年，国家研究中心承担和参与的纵向项目共 854 项，累计已到位经费约 8.2 亿元，按项目来源统计如下：科技部项目（课题）等经费约 12585 万元，占 15%；国家自然科学基金委项目（课题）的经费约 23335 万元，占 28%；中科院战略性先导科技专项等经费约 29358 万元，占 36%；省部级及其他项目（课题）经费约 16804 万元，占 21%。承担横向项目 53 项，到位经费 4162 万元。

本年度，"基于金属有机框架的复合材料构建与功能化"获高等学校科学研究优秀成果奖（科学技术）一等奖，"人工光合成体系的精准调控方法及其机制""低维体系拓扑态的研究"和"视觉神经系统的基础与转化研究"3 项成果获得安徽省自然科学奖一等奖，"电子顺磁共振技术与产业化"获得安徽省科技进步奖一等奖。此外，国家研究中心研究人员获授权发明专利 112 项。

2021 年度，国家研究中心发表 SCI 收录论文 1611 篇（独立完成或第一单位的文章计 715 篇），其中按中科院分区Ⅰ区论文有 722 篇（独立或第一单位 336 篇），占发表总量的 45%。其中发表在国际顶级期刊情况：《Cell》2 篇，《Science》10 篇，《Nature》3 篇，《Nature》子刊 82 篇。

2021 年，国家研究中心在师资培养方面硕果累累，新增 1 位中科院院士，11 位国家杰出青年基金获得者，2 位长江特聘教授，3 位国家创新人才计划青年项目获得者，2 位中科院人才计划入选者，4 位国家优秀青年基金获得者。本年度，共有 23 位博士后入选国家研究中心杰出/优秀博士后资助计划。

2021 年，国家研究中心成员收获多项表彰和奖励：合肥微尺度物质科学国家研究中心党委荣获“全国先进基层党组织”称号；“九章”光量子计算原型机研制团队荣获第 25 届“中国青年五四奖章集体”称号；林毅恒教授荣获第 25 届“安徽青年五四奖章”称号；俞书宏院士荣获中国科学院杰出科技成就奖；杜江峰院士荣获安徽省重大科技成就奖等。

2021 年，国家研究中心共招收博士生 158 人，硕士生 127 人。2021 年在籍研究生 691 人(博士生 431 人，硕士生 260 人)。2021 年国家研究中心教师承担了学校 8 门研究生课程的讲授和实验课，总学时为 603 学时，听课人数 1531 人。

平台建设是学科交叉和科研创新的必要支撑。2021 年，购置仪器设备价值约 6505 万元；综合表征与测试平台总测试机时超过 14 万小时，新启用扫描电镜-拉曼关联成像系统等大中型仪器 10 台(套)，还开展了技术讲座 8 次，参加人数 491 人，培训上机人数达到 398 人；先进材料制备与微纳加工平台培训课程 115 次，培训研究生 1584 人，总学时 8019.5 小时；支撑课题组 321 个，各类科研项目 446 项。

2021 年，受疫情影响，国家研究中心采用线上、线上＋线下等多种方式开展科普活动和公共服务。线下严格按照疫情防控要求，共接待 100 余位专家领导、学者来国家研究中心参观访问，开展合作研究与学术交流；开展了 3 场线上科普及 13 场线下科学类报告，主要面向全国高校大学生，吸引了物理、化学、材料类专业 2000 余名学生参与宣讲活动；承办了中国科大全国优秀大学生夏令营，参加微尺度分营的优秀大学生共计 800 余名。国家研究中心科研成果亮点频出，得到主流媒体的广泛深入报道。据不完全统计，本年度《人民日报》、新华社、中央电视台、《光明日报》、《科技日报》、《中国科学报》等国内外主流媒体报道国家研究中心各类新闻、科研成果 340 余次。

附录　新闻媒体有关我校的报道索引

国际新闻媒体有关我校的报道索引

媒体名称	时间	文　章　标　题
Scienmag	1.4	Scientists reach limit of multi-parameter quantum measurement with zero trade-off
Tech Xplore	1.5	Multifunctional lens sensor system could revolutionize smart contacts
Nanowerk	1.6	A breakthrough manufacturing process of ultra-thin sensor for smart contact lenses
Infosurhoy	1.6	China builds the world's first integrated quantum communication network
Science Daily	1.6	Manufacturing process of ultra-thin sensor for smart contact lenses
Science Codex	1.6	Surrey unveils breakthrough manufacturing process of ultra-thin sensor for smart contact lenses
Phys.org	1.6	The world's first integrated quantum communication network
Scienmag	1.6	The world's first integrated quantum communication network
UrduPoint	1.7	China realizes secure, stable quantum communication network spanning 4600 km
Europa Press	1.7	China establece la primera red de comunicación cuántica integrada
Physics World	1.7	Quantum cryptography network spans 4600 km in China
Phys.org	1.7	Researchers achieve on-demand storage in integrated solid-state quantum memory
Technology Times	1.8	China's secure, stable quantum network spanning 4600 km
Business Insider España	1.8	Establecen la primera red de comunicación cuántica integrada del mundo
Science Codex	1.8	Researchers realize efficient generation of high-dimensional quantum teleportation
Scienmag	1.8	Researchers take key step toward cleaner, more sustainable production of hydrogen
Science Codex	1.8	USTC develops ultrahigh-performance plasmonic metal-oxide materials
Agence France-Presse	1.8	中国量子コンピューター「九章」、世界トップの計算力を実現
Infosurhoy	1.11	key step toward cleaner, more efficient mass-production of hydrogen from water

续表

媒体名称	时间	文 章 标 题
Science Codex	1.12	Researchers find wildfire smoke is more cooling on climate than computer models assume
EurekAlert!	1.12	USTC obtains Pd-Pt tesseracts for oxygen reduction reaction
Science Daily	1.12	Wildfire smoke is more cooling on climate than computer models assume
EurekAlert!	1.14	Bio-inspired spiral hydrogel fiber qualified to be surgical suture
Phys.org	1.14	Researchers conduct security analysis and improve quantum random number generation
Scienmag	1.14	USTC makes security analysis and improvement of quantum random number generation
Eurasia Review	1.15	Wildfire smoke is more cooling on climate than computer models assume
La Nación	1.18	China estableció la primera red mundial de comunicación cuántica integrada
Rambler	1.20	Первая в мире сеть квантовой связи
Science Codex	1.21	Researchers make domestic high-performance bipolar membranes possible
EurekAlert!	1.28	Dalian coherent light source reveals the origin of interstellar medium S2 fragments
Scienmag	1.28	Senquan Liu named STEM CELLS Young Investigator of 2020
EurekAlert!	2.2	The morphological characteristics of precipitation areas affects precipitation intensity
Digital Trends	2.6	Las alpacas pueden ser clave para erradicar el COVID-19
EurekAlert!	2.11	Handcuffing the culprit cancer (image)
Phys.org	2.12	Study of europium in crystals suggest Earth's middle ages were a time of flatlands
Newsweek Japan	2.13	グーグル「シカモア」、中国「九章」 量子コンピュー…
EurekAlert!	2.18	Giving oxygen to the question of air quality
Scienmag	2.18	Handcuffing the culprit cancer: Immunotherapy for cold tumors with trispecific antibody
Scientific American	2.20	Physicists need to be more careful with how they name things
Spektrum	2.20	Wird ein weiteres versprechen der wissenschaft schon bald realität? - Wie steht es um den quantencomputer?

续表

媒体名称	时间	文章标题
The Frontier Post	2.21	How the next National Defense Strategy can get serious about emerging technologies
Quotidiano	2.22	La benzina inquina anche quando l'auto è spenta
Al Jazeera	2.24	على مدى أكثر من مليار عام.. عندما كانت الأرض مسطحة بلا تضاريس
EurekAlert!	2.25	Building bridges between atoms and making catalysts of high quality
Science Daily	2.25	Scientists induce artificial "magnetic texture" in graphene
EurekAlert!	2.25	Scientists probe electronic angular momentum to a chemical reaction for the first time
ITmedia	2.26	AirPodsで手の動きをリアルタイムトラッキングする「EarphoneTrack」: Innovative tech
Science Codex	2.26	Chiral amines synthesized by nickel-catalysed asymmetric reductive hydroalkylation
Phys. org	3.1	Interesting pattern in cross-sections observed in F + HD → HF + D reaction
Phys. org	3.2	Researchers detects chiral structures using vortex light
University at Buffalo	3.2	Scientists induce artificial "magnetic texture" in graphene
Phys. org	3.3	Researchers investigate "imaginary part" in quantum resource theory
Scienmag	3.3	Researchers investigate imaginary part in quantum resource theory
EurekAlert!	3.3	Researchers realize the ice inhibition for cryopreservation
Phys. org	3.3	Study shows a sharp rise in detection rate of broad absorption line variations
EurekAlert!	3.3	USTC detects a sharp rise in detection rate of broad absorption line variations
朝日新聞	3.3	「デジタル分野の核兵器」急ぐ中国　桁違いの計算能力
Phys. org	3.6	Using a radical to break C-F bonds one at a time
EurekAlert!	3.8	Meet turing structures in manmade interface
EurekAlert!	3.9	Bridge built between Kähler-Einstein and Chen-Ning Yang's Equations
EurekAlert!	3.10	Scientists report gastrointestinal manifestations and mechanisms of COVID-19
Physics World	3.14	New Floquet maser is very good at detecting low frequency magnetic fields
EurekAlert!	3.15	Demonstration of the universal quantum error correcting code with superconducting qubits

续表

媒体名称	时间	文章标题
Phys.org	3.15	Efficiency in photocatalysis found to be site-sensitive
News24	3.16	Covid-19：How gut symptoms manifest in patients
EurekAlert!	3.16	Photocatalytic efficiency in photocatalysis found to be site sensitive
Science Codex	3.16	Practical nanozymes discovered to fight antimicrobial resistance
The Economist	3.17	How to see what is hidden from view
EurekAlert!	3.17	Researchers develop acid-sensitive nanoparticles as new treatment for pancreatic cancer
Physics World	3.17	Three-node quantum network makes its debut
EurekAlert!	3.20	Pain differs：Researchers unveil distinct neural circuits
EurekAlert!	3.20	Researchers use AI to estimate focal mechanism parameters of earthquake
Agence France-Presse	3.20	中国製人工知能システム、1秒以内で震源メカニズムパラメータを算出
EurekAlert!	3.24	Researchers realized homogenization of surface active sites of heterogeneous catalyst
Phys.org	3.24	Understanding the structural and chemical heterogeneities of surface species at the single-bond limit
Starctmag	3.25	Researchers first realized real-time GW-BSE investigations on Spin-Valley exciton dynamics
EurekAlert!	3.25	Scientists first realized real-time GW-BSE investigations on Spin-Valley exciton dynamics
Phys.org	3.25	Scientists realize real-time GW-BSE investigations on spin-valley exciton dynamics
Scienmag	3.25	The imaginary part of quantum mechanics really exists!
Scienmag	3.26	High-loading atomically dispersed Ir/MoC catalyst for hydrogenation reaction
Journal of Materials Science	3.29	New strategy to construct atomically dispersed Ir/MoC catalyst for hydrogenation reaction
Scientific American	3.30	Quantum network is step towards ultrasecure internet
Scienmag	3.31	Pathways leading to the extramedullary development of tissue-resident lymphocytes found
Infosurhoy	3.31	Pathways leading to the extramedullary development of tissue-resident lymphocytes found

续表

媒体名称	时间	文　章　标　题
news-medical. net	3. 31	Researchers reveal pathways that lead to the development of tissue-resident lymphocytes
EurekAlert!	4. 1	Researchers realize synthetic gauge fields in single optomechanical resonator
Scienmag	4. 1	Spin-to-charge conversion achieves 95% overall qubit readout fidelity
Phys. org	4. 5	Scientists achieve single-photon imaging over 200 kilomters
Scienmag	4. 5	See further：Scientists achieve single-photon imaging over 200 km
SpaceDaily	4. 6	Scientists achieve single-photon imaging over 200 km
Europa Press	4. 9	Aerosoles ricos en níquel implicados en la mayor extinción de la Tierra
Clarín	4. 9	Ciencia. -Aerosoles ricos en níquel implicados en la mayor extinción de la Tierra
Agence France-Presse	4. 14	中国の研究チーム、ペルム紀末大量絶滅に新仮説
Scientific American	4. 19	Quantum astronomy could create telescopes hundreds of kilometers wide
World News	4. 21	Significant advances in quantum simulation：The University of Science and Technology of China for the . . .
Miragenews	4. 23	Researchers realize high-efficiency frequency conversion on integrated photonic chip
Scienmag	4. 23	Researchers realize high-efficiency frequency conversion on integrated photonic chip
EurekAlert!	4. 25	Researchers complete high-precision time-frequency dissemination
Technology Times	4. 26	Researchers complete high-precision time-frequency dissemination
Infosurhoy	4. 27	Physicists prove that the imaginary part of quantum mechanics really exists!
EurekAlert!	4. 28	Researchers develop comprehensive pregnancy care management plan among Chinese pregnant women type 1 diabetes
imagenpoblana. com	5. 1	Científicos chinos convierten CO_2 en combustible líquido limpio
Miragenews	5. 7	USTC realizes coherent storage of light over one-hour
Danfe TV	5. 9	Chinese team designs quantum computer with world's largest number of superconducting qubits
Cyprus Mail	5. 9	Robot arm for delicate tasks—made in China
Live Science	5. 10	"Imaginary" numbers are real (sort of)

续表

媒体名称	时间	文　章　标　题
MDZ Online	5.10	Crean el procesador con el mayor número de bits cuánticos superconductores
ElDia	5.10	Diseñan un procesador con el mayor número de bits cuánticos superconductores del mundo
Scienmag	5.10	Researchers achieve 50 dB noiseless at all optical isolation
Scienmag	5.10	USTC realizes coherent storage of light over one-hour
Agence France-Presse	5.10	中国、62ビット量子コンピューターの開発に成功
aeiou. pt	5.11	Afinal, alguns números imaginários são reais
World News	5.11	Equipe chinesa desenvolve processador quântico com o maior número de qubits supercondutores do mundo
EurekAlert!	5.14	Emergence of a new heteronanostructure library
Agence France-Presse	5.15	中国の科学者、量子情報のマスキングを実現
Agence France-Presse	5.15	超伝導量子コンピューターのプロトタイプ「祖冲之号」の開発に成功 中国
Journal of Materials Science	5.17	New class of heteronanostructures allow vast material combinations
Phys. org	5.17	Optimized multi-scale structure and chemical gradients in exoskeletons of mantis shrimp, hermit crabs
EurekAlert!	5.18	Researchers first achieve quantum information masking experimentally
EurekAlert!	5.18	Study shows optimized multi-scale structure and chemical gradients in exoskeletons of mantis shrimps
Infosurhoy	5.23	Coherent storage of light over one-hour achieved-great stride towards the application of quantum memories
Scienmag	5.24	Researchers first synthesize conjoined bismacrocycle with all phenylene units
EurekAlert!	5.25	LHAASO detect dozen sources of ultra-high energy gamma-rays
Miragenews	5.26	Zeolitic imidazolate framework-L membrane improves separation efficiency of H_2/CO_2
Phys. org	5.26	Zeolitic imidazolate framework-L membrane improves carbon dioxide separation efficiency

续表

媒体名称	时间	文　章　标　题
EurekAlert!	5.27	Direct evidence of segregated oceanic crust trapped within the mantle transition zone
Scienmag	5.28	Cheap alloy rivals expensive platinum to boost fuel cells
Phys.org	5.28	Direct evidence of segregated oceanic crust trapped within the mantle transition zone
Bioengineering	5.28	The dark matter particle explorer has measured high-precision cosmic ray helium energy spectrum
Infosurhoy	5.29	Dark matter particle explorer has measured high-precision galactic cosmic ray energy spectrum
Journal of Materials Science	5.31	Multiple-element alloy composed of cheap metals rivals platinum as electrocatalyst for fuel cells
Eurasia Review	6.1	Dark matter particle explorer measured high-precision cosmic ray helium energy spectrum
Science Codex	6.1	Early-life inflammation induces depression in adolescence
EurekAlert!	6.2	USTC constructs a multiplexed quantum repeater based on absorptive quantum memories
Agence France-Presse	6.4	中国の研究者、量子ノードを「つなぐ」技術で通信速度を4倍に
Live Science	6.9	Hunks of oceanic crust are wedged inside Earth's mantle
Phys.org	6.9	Researchers realize unconventional coherent control of solid-state spin qubits
Live Science	6.10	Physicists link "quantum memories" in early step toward quantum internet
Newswise	6.11	Capturing the chemistry of light-activated cancer drugs with Ruomei Gao
Physics World	6.11	New quantum repeaters could enable a scalable quantum internet
Science Daily	6.15	Researchers 3D print rotating microfilter for lab-on-a-chip applications
EurekAlert!	6.16	Hydrophobic copper catalyst to mitigate electrolyte flooding
EurekAlert!	6.17	Researchers reveal defect properties in Sb_2S_3 material
Tech Xplore	6.17	Researchers reveal defect properties in photovoltaic material
New Scientist	6.21	Quantum data link established between two distant Chinese cities
Sci-news	6.22	Siberian volcanic eruptions triggered end-permian mass extinction, new study confirms

续表

媒体名称	时间	文 章 标 题
EurekAlert!	6.27	Researchers perform metabolomic profiling of individual enlarged lysosomes
EurekAlert!	6.27	USTC realizes the first on-chip valley-dependent quantum interference
Agence France-Presse	6.30	中国の科学者、野外光ファイバー量子通信で世界記録
New Scientist	7.5	China beats Google to claim the world's most powerful quantum computer
EurekAlert!	7.5	Researchers discover unusual competition between charge density wave and superconductivity
EurekAlert!	7.5	Researchers shed light on memory effects in multi-step evolution of open quantum system
Cosmos	7.6	China demonstrates most powerful quantum computer
La Nación	7.6	China vuelve a superar a Google: Crean una computadora cuántica capaz de resolver un cálculo complejo en poco más de una hora
Agence France-Presse	7.6	中国の科学者、世界最速の量子乱数生成器を開発　毎秒 188 億個
El Periódico	7.7	China alcanza la supremacía cuántica
aeiou. pt	7.9	Investigadores chineses destronam a Google e criam computador quântico mais poderoso do mundo
Interia	7.11	Chińczycy zbudowali najpotężniejszy komputer kwantowy na świecie
Phys. org	7.12	Chinese achieve new milestone with 56 qubit computer
Science Codex	7.13	Researchers build the fastest real-time quantum random number generator
EurekAlert!	7.13	Researchers improve lab constraint on exotic spin interaction
Phys. org	7.14	Improving lab constraint on exotic spin interaction
Scienmag	7.14	New method makes vital fertilizer element in a more sustainable way
ScienceAlert	7.14	Record-breaking Chinese supercomputer marks new quantum supremacy milestone
EurekAlert!	7.15	Researchers find new protein conducting piRNA expression
La Nación	7.17	China reclama la supremacía cuántica con su procesador Zuchongzhi
Scienmag	7.19	The era of single-spin color centers in silicon carbide is approaching
Polska Agencja Prasowa SA	7.25	Stan zapalny w niemowlęctwie-depresja w okresie dojrzewania

续表

媒体名称	时间	文 章 标 题
EurekAlert!	7.29	New solid electrolyte promises cheaper, better all-solid-state li batteries
Tech Xplore	7.29	New solid electrolyte promises cheaper, better all-solid-state lithium batteries
每日星报	8.1	Scientists could unlock secrets of human brain with first high-res image of monkey brain
美国科学促进会	8.4	Engineered electrode material moves battery research closer to "holy grail" (VIDEO)
物理学家网	8.4	Researchers determine active sites of Cu-ZnO catalysts for water gas shift and CO hydrogenation reactions
美国科学促进会	8.4	Researchers reveal quality control mechanism of cell renewal
PV-magazine	8.5	Novel plant design for agrivoltaics
物理学家网	8.5	Sediments reveal monsoon precipitation mechanism in central eastern China
美国科学促进会	8.5	USTC designs near-infrared-active lattice-matched morphological photoanodes
美国科学促进会	8.6	Researchers develop dynamic trimer catalyst for highly efficient hydrogenations
美国科学促进会	8.9	"Cool" kids in the cosmos may not be so unique
物理学家网	8.9	3D ordered channel enhances electrocatalysis
每日科学	8.9	Small stars share similar dynamics to our sun, key to planet habitability
Mercom India	8.14	Researchers claim a new material can lower production cost of lithium batteries
美国商业资讯	8.15	Smart mobility leads the future-brightway launched the electric kick scooter NAVEE N65
美国科学促进会	8.16	Effective temperatures connect equilibrium and nonequilibrium systems
美国科学促进会	8.16	Locations of Riemann Zeros accurately measured
美国科学促进会	8.16	Optical fibers successfully detect earthquakes
美国科学促进会	8.16	Researchers design dinuclear-site catalysts and reveal the underlying mechanism
美国科学促进会	8.16	Researchers realize non-line-of-sight imaging with picosecond temporal resolution
美国科学促进会	8.16	Researchers reveal mechanisms of enhanced evaporation flux through nanochannels

续表

媒体名称	时间	文 章 标 题
物理学家网	8.16	Scientists realize noiseless photon-echo protocol
News Ghana	8.17	Pudong New Area drives key technological breakthroughs with large-scale scientific facilities
日经 xTECH	8.17	中国が第4の固体電解質材料系を開発、コストと耐湿性で対抗
Medical Xpress	8.18	Scientists discover novel mechanism of CircRNA inhibiting gastric cancer metastasis
美国科学促进会	8.19	NTU Singapore scientists develop "greener" way to make fertiliser
Miragenews	8.19	Novel covalent organic framework membranes accelerate desalination from seawater
Miragenews	8.19	Researchers find circular RNA can inhibit metastasis of gastric cancer
美国科学促进会	8.19	Researchers find circular RNA can inhibit metastasis of gastric cancer
每日科学	8.19	Scientists develop "greener" way to make fertilizer
The Engineer	8.20	Electrocatalysis improved for green urea production
Eurasia Review	8.20	Scientists develop "greener" way to make fertilizer
美国商业资讯	8.24	Li-cycle welcomes lithium industry veterans to board of advisors
Miragenews	8.25	Fully-gapped pairing in new vanadium-based Kagome superconductors
美国科学促进会	8.25	Fully-gapped pairing in the new vanadium-based Kagome superconductors
美国科学促进会	8.25	USTC improves anyonic photonic quantum simulation
美国科学促进会	8.26	Researchers develop carbon spring with high compressibility and stretchability
美国科学促进会	9.4	Researchers prove global smoothness for Monge-Ampère equation
美国科学促进会	9.4	Researchers reveal suboptimal conditions of platform bundling strategy
美国科学促进会	9.6	Buttes on Mars may serve as radiation shelters
ScienceAlert	9.8	Mars is bombarded with radiation, but we may have just found natural ahelter
科技时报	9.9	Martian buttes can provide protection from high-energy particles
机密报	9.11	Descubren la llave para hacer ordenadores cuánticos a gran escala
Teller Report	9.13	3 professors of the University of Science and Technology of China won the "Science Exploration Award" in 2021
美国科学促进会	9.16	Researchers identify tube-forming proteins in mycobacterial outer envelope

续表

媒体名称	时间	文　章　标　题
物理学家网	9.16	Researchers observe enhanced yield ratio between strange and nonstrange open-charm mesons
Scitechdaily	9.16	Scientists realize noiseless photon-echo protocol-key to long-distance quantum Communication
Miragenews	9.17	High-spatial-resolution interferometry enters multi-wavelength era
美国科学促进会	9.17	High-spatial-resolution interferometry enters the multi-wavelength era
Big News Network	9.19	China Focus: China advances industrial application of quantum technology
加利福尼亚州新闻网	9.19	China advances industrial application of quantum technology
西班牙欧洲通讯社	9.21	Excrementos revelan cambios en la circulación oceánica en la Antártida
Miragenews	9.21	Preserved penguin poo reveals past Antarctic Ocean circulation changes
阿贝赛报	9.22	China reafirma su "supremacía cuántica" tras actualizar su procesador Zuchongzhi
Lavoz	9.22	Excrementos de pingüinos pueden revelar cambios en la circulación oceánica en la Antártida
安莎通讯社	9.23	Cina: Nuove scoperte per l'energia a idrogeno
Journal of Materials Science	9.23	Researchers synthesize a novel COF membrane with sub-2-nanometer channels
科技时报	9.23	USTC constructs covalent organic framework membranes with sub-2-nanometer Channels
Chemeurope	9.24	USTC constructs covalent organic framework membranes with sub-2-nanometer channels
科技时报	9.25	The everyday liquid that could fuel china's race to green car targets
马来西亚星报	9.25	The everyday liquid that could fuel China's race to green car targets
美国科学促进会	9.27	Researchers reveal molecular mechanism of nucleolar RNA
物理学家网	9.27	Revealing the molecular mechanism of nucleolar RNA
Miragenews	9.27	Scientists reveal molecular mechanism of nucleolar RNA
Asian Scientist	9.27	The quantum leap from lab to life
News-Medical	9.28	La investigación revela la interferencia del nucléolo del RNA basada en elegans de la C. como organismo modelo
News-Medical	9.28	Research reveals nucleolar RNA interference based on C. elegans as a model organism

续表

媒体名称	时间	文　章　标　题
Life Sciences News	10.1	Study unravels factors involved in risiRNA generation
Medical Xpress	10.11	Synaptic regulation of corticotropin-releasing hormone neurons involved in depression pathology
Tech Xplore	10.12	A strategy to manipulate photocurrent direction in p-n heterojunction nanowires
Scienmag	10.12	Creating smart nanomachines to detect highly invasive cancer after surgery and prevent recurrence-cancer metastasis and recurrence prevention
美国科学促进会	10.12	Creating smart nanomachines to detect highly invasive cancer after surgery and prevent recurrence-cancer metastasis and recurrence prevention
Scientific American	10.13	FAST, the world's largest radio telescope, zooms in on a furious cosmic source
美国科学促进会	10.15	The Silurian-Devonian boundary in East Yunnan (South China) and the minimum constraint for the lungfish-tetrapod split
美国科学促进会	10.17	Researchers reveal mechanism and evolution process of supercritical fluid
美国科学促进会	10.17	Researchers reveal mechanism of accurate spindle positioning
美国科学促进会	10.20	Exploring Antarctic ocean circulation from penguin guano
美国科学促进会	10.20	Researchers observe enhanced bulk photovoltaic effect in 2D ferroelectric material
Eurasia Review	10.21	Exploring antarctic ocean circulation from penguin guano
美国科学促进会	10.21	Photon-counting distributed free-space spectroscopy
美国科学促进会	10.21	Researchers develop catalyst for stable reduction of carbon dioxide
美国科学促进会	10.21	The next big thing: How do scientists bring hydrogen fuel cells from laboratory to public life?
AZO Clean Tech	10.22	Analysis of penguin guano reveals link between antarctic ocean circulation and ecosystem changes
Miragenews	10.22	How do scientists bring hydrogen fuel cells from laboratory to public life?
材料科学	10.22	New sulfur-anchoring technique could lead to economical hydrogen fuel cells
材料科学	10.25	Researchers stabilize the catalyst structure by strengthening the material's covalent property

续表

媒体名称	时间	文章标题
法新社	10.25	中国の科学者、白金触媒の新製法開発　燃料電池のコスト削減に期待
西班牙欧洲通讯社	10.26	China presenta computadora cuántica 10.000 millones de veces más rápida
TotalNews Agency Argentina	10.26	Ciencia.-China presenta computadora cuántica 10.000 millones de veces más rápida
Correo del Orinoco	10.26	Diseñan una computadora que logra la supremacía cuántica
今日俄罗斯	10.26	Diseñan una computadora que tardaría un milisegundo en resolver tareas que llevarían al ordenador más potente 30 billones de años
Physics World	10.26	Quantum advantage takes a giant leap in optical and superconducting systems
物理学家网	10.26	Researchers develop recursively embedded atom neural network model
数位记者报	10.27	Así es la computadora cuántica presentada por China：10.000 millones de veces más rápida
数位记者报	10.27	China diseña una computadora que resuelve en un milisegundo tareas que llevarían al ordenador más potente 30 billones de años
Allusanewshub	10.27	China says it has a quantum computer a million times more powerful than Google's
IndiaTimes	10.27	China's built world's fastest quantum computer, 10 million times faster than google's
ATB 电视台	10.27	Diseñan una computadora que tardaría un milisegundo en resolver tareas
Telesur	10.27	En nueva victoria sobre EE. UU. China lanza las computadoras cuánticas más rápidas del mundo
slashdot.org	10.28	China's new quantum computer has 1 million times the power of Google's
加泰罗尼亚晨报	10.28	China alcanza la corona de la supremacía cuántica
美国科学促进会	10.28	Researchers demonstrate graphene-based nanoelectromechanical periodic array with tunable frequency
法新社	10.28	中国、量子コンピューター試作機「九章 2 号」の開発に成功
fudzilla.com	10.29	China makes a quantum computer streets ahead of the US
阿贝赛报	10.30	China quiere liderar en computación cuántica, la tecnología que nos permitirá tener trenes que levitan

续表

媒体名称	时间	文章标题
ナショナルジオグラフィック	10.31	2015年に小笠原沖で起きた余震、深さ751キロで世界最深だった
先锋报(西班牙)	10.31	China tiene una computadora cuántica que supera (y por mucho) a la de Google
印度斯坦时报	10.31	Surprise! China beats US, gets fastest computers in the world

国家级新闻媒体有关我校的报道索引

综合报道篇

媒体名称	时间	文章标题	作者
中国科学报	1.4	国内首个量子计算双创平台启动建设	赵广立
人民日报	1.4	努力实现科技自立自强	余建斌 冯 华 吴月辉 喻思南 刘诗瑶 谷业凯
科技日报	1.5	2020 高光科技时刻	
科技日报	1.6	2020"科技大年" 砥砺前行矢志创新	王延斌 张 晔 刘志伟 吴长锋 史俊斌 华 凌 过国忠 王祝华
中国教育报	1.6	扎根江淮大地 攀登科学高峰——中国科大与合肥半个世纪的情缘	王志鹏
光明日报客户端	1.19	合肥先进光源预研项目通过工艺验收	常 河 桂运安
中国科学报	1.19	合肥先进光源预研项目通过工艺验收	桂运安
中国科学报	1.21	两院院士评选2020年中国、世界十大科技进展新闻揭晓	柯 讯
中国科学报	1.21	2020年中国十大科技进展新闻	
人民日报	1.29	创新,瞄准科技自立自强	刘诗瑶 冯 华
中国教育报	2.3	科教扶贫疏通贫困区发展梗阻点	方梦宇 刘爱华
人民日报	2.17	典赞·2020科普中国·特别报道	
人民日报	3.2	创新引擎更强劲	

续表

媒体名称	时间	文　章　标　题	作　者
科技日报	3.4	潘建伟委员:在这些方面发力,抢占战略制高点	
科技日报	3.4	量子科技:既要稳坐金字塔尖,也要走向普罗大众	陆成宽
光明日报	3.6	以科技创新驱动高质量发展	
CCTV13	3.9	安徽合肥　创新引领　前沿科技产业聚集	
中国纪检监察报	3.9	科技创新驱动高质量发展	
科技日报	3.9	做大基础研究"蛋糕"　激活创新源头活水	吴长锋
人民日报	3.9	创新引领　发展动力更强劲(奋斗"十四五"　奋进新征程)	谷业凯　王　珂　马　晨　钱一彬　原韬雄　韩　鑫　罗珊珊
光明日报	3.9	书写科技高水平自立自强的中国答卷——代表委员谈科技创新	张亚雄　崔兴毅
人民网	3.9	全国人大代表牛朝诗:建设"能医善防"复合型疾控人才队伍	
ChinaDaily	3.9	China's quantum communication to be strengthened, CPPCC adviser says	
解放日报	3.9	总书记重要讲话,说到了我们心坎里——习近平总书记重要讲话引发在沪全国政协委员强烈共鸣	张　骏　黄尖尖　舒　抒　顾　杰　吴　頔　洪俊杰
中国青年报	3.9	葛均波委员:对科研贡献最大的人,未必是那批死背课本的"听话学生"	范彦萍
中国青年报	3.9	葛均波:加强管控劣迹公众人物　树立青少年正确价值观	范彦萍
新华网	3.9	牛朝诗:推动长三角医疗卫生服务协同发展	
中国科学报	3.10	让科技成果转化鸿沟变通途	
中国纪检监察报	3.10	抢占量子科技制高点　访全国政协委员、中国科学院院士潘建伟	陈　昊
光明日报	3.11	中国科学院院士郑永飞委员:下苦功啃基础理论问题"硬骨头"	丁一鸣　常　河
新华网	3.11	包信和:大学有责任发挥资源优势　与中学共同培育科技创新人才	郭亚丽
中国科学报	3.12	碳中和:从时间表到行动	冯丽妃　甘　晓　李晨阳

续表

媒体名称	时间	文章标题	作者
光明日报	3.16	周又元院士逝世	
新华每日电讯	3.17	量子护肤、量子肥料、量子水、量子项链……一年冒出2000多家的“量子企业”都是啥来路	徐海涛　陈　诺 汪奥娜
中国新闻网	3.19	最新自然指数:中国已成为亚太地区科研增长引擎	孙自法
光明日报	3.19	自然指数显示:中国在亚太地区科研及合作中的主导地位不断增强	张　蕾
新华网	4.1	“樱”你倾城　云赏中国科大樱花大道	
中国之声	4.13	科技自立自强　全面塑造发展新优势	朱　敏　王　利
中国科学报	4.15	侯建国调研合肥研究院和中国科大	高雅丽
科技日报	4.19	十大数字创新技术出炉　中国“九章”榜上有名	
中国科学报	4.20	中国科大摘得多项安徽科技大奖	桂运安
中国科学报	4.22	首个量子金融应用联盟成立	赵广立
人民网	4.27	中国科大先研院五年孵化国家级高新技术企业54家	韩震震
工人日报	4.27	多家金融机构“牵手”量子计算产业	陈　华　杨　夏
新华网	4.27	“四院一谷”签订战略合作协议	周雨濛
ChinaDaily	4.30	Central region growth is focus of new guideline	ZHANG YUE
ChinaDaily	5.10	Tech fair reveals head-turning gadgets	ZHU LIXIN
中国科学报	5.12	“施予受”器官捐献志愿登记宣传基地落户合肥	桂运安
中新社	5.12	做中国量子产业的“探路者”	张　俊
CCTV13朝闻天下	5.12	十九届中央第七轮巡视·中央第二巡视组进驻中国科学技术大学和浙江大学	
中新社	5.13	中科大-紫金山天文台2.5米大视场巡天望远镜项目在青海开建	孙　睿
中国科学报	5.17	我国2.5米大视场巡天望远镜在青海开建	桂运安
新华社	5.18	中国传统产粮大省培厚科创“新土壤”	汪海月　马姝瑞 杭泽波
新华日报	5.19	三院士畅谈物理学前沿科技	王　拓
人民网	5.24	中国科大2021年少年班将于6月11日开考	汪瑞华
中新社	5.27	《自然》增刊:中国在化学领域贡献份额全球最高	孙自法

续表

媒体名称	时间	文　章　标　题	作　者
科技日报	5.27	火星磁强计伸杆在轨展开　天问一号开启火星空间磁场探测之旅	吴长锋
人民网	5.27	中国科大少年班招生考试明起申领健康码	汪瑞华
光明日报	5.30	肩负起时代赋予的重任——习近平总书记在两院院士大会中国科协十大上的重要讲话引起热烈反响	崔兴毅　张亚雄　詹　媛
人民日报	5.30	坚持把科技自立自强作为国家发展的战略支撑——习近平总书记在两院院士大会中国科协十大上重要讲话引发热烈反响	吴月辉　刘诗瑶　喻思南　谷业凯　冯　华　赵永新
中国教育报	5.30	努力造就一批顶尖科技人才——习近平总书记在两院院士大会中国科协第十次全国代表大会上的重要讲话在两院院士和参会代表中引起热烈反响	黄璐璐
ChinaDaily	6.1	China speech valley is the last word in AI development	ZHU LIXIN
ChinaDaily	6.1	Province is new quantum hot spot	ZHU LIXIN
ChinaDaily	6.2	Hefei one of foreigners' favorite cities in China	ZHU LIXIN
中国科学报	6.4	新一代 4G 智能地震仪服务云南漾濞余震观测	桂运安
新华社	6.8	考前怎么能睡好? 听听医生来支招儿	徐海涛
中国新闻网	6.8	安徽合肥:"量眼订制"受追捧　眼科专家给出"爱眼攻略"	储玮玮　张　俊
人民日报	6.15	中管高校深入推进党史学习教育——用好红色资源　潜心立德树人	赵婀娜　江　琳
科技日报	6.23	量子通信:架起天地一体万里通信网	吴长峰
ChinaDaily	6.23	"Future technology schools" get green light	ZOU SHUO
中国日报网	6.29	"科里科气"的老科学家们在舞台上"可可爱爱"	朱立新
新华社	7.2	镜头里的中国	
新华社	7.2	新华全媒+丨看今日中国	张　端
光明日报	7.2	赓续光辉历程　奋进复兴伟业——习近平总书记在庆祝中国共产党成立一百周年大会上的重要讲话在各地引发热烈反响	常　河　马荣瑞　赵秋丽　冯　帆　王胜昔　丁　艳　王　瑟　王艺钊　宋喜群　王冰雅
中国青年报	7.2	安徽高校师生掀起学习习近平总书记七一重要讲话精神热潮　以党的百年历史砥砺初心,以赤子之心育国之英才	王海涵　王　磊

续表

媒体名称	时间	文　章　标　题	作　者
光明日报	7.5	“七一勋章”获得者、全国“两优一先”表彰对象共话中国共产党的精神之源——将伟大建党精神镌刻于心、落实于行	张　胜　王斯敏　赵秋丽　冯　帆　王建宏　张文攀　常　河　王胜昔　杨亚锋
人民日报	7.6	坚定信念　不懈奋斗——电影《革命者》引发热议	刘　阳　黄　超　李龙伊　孟祥夫　杨　昊　吴　月　徐　靖
人民网	7.7	中科大校长包信和:在可为的时代做有为的青年	周　琳　徐海涛　谭元斌　刘扬涛　李黔渝
新华每日电讯	7.8	激发各类人才创新活力　各地持续推进高水平科技自立自强	
焦点访谈	7.12	铮铮誓言　一生承诺	
CCTV 新闻联播	7.12	新党员代表入党宣誓活动在北京等地举行	倪思洁
中国科学报	7.12	那些点亮中国的“超级显微镜”	
央广网	7.19	首次公开！钱学森回复中科大教授的亲笔信件曝光	徐　鹏　张梦怡
中国科学报	7.21	尘封 23 载信件里的中国量子计算故事	赵广立
中国新闻网	7.22	中国科大首批录取礼盒送达　老师解读“科学家”等创意奖章	张　俊　储玮玮
中国科学报	7.22	从合成蛋白质到合成核酸	熊卫民
人民日报客户端	7.22	中国科大发出首批录取通知书	徐　靖
中国科学报	8.23	多国森林在燃烧！专家呼吁:加强预警　把火苗扑灭在摇篮里	刘如楠
光明日报	8.25	全英文版量子计算学习系统上线　让全球用户习惯我国自主研发的量子计算软件	常　河　张梦怡　杨　夏
科技日报	9.6	加强知识产权分析评议,规避科学中心运营风险	高　亮
CCTV10 科教频道	9.8	《跟着书本去旅行》　纸寿千年	
CCTV11 科教频道	9.8	《跟着书本去旅行》　宣纸的秘密	
CCTV13 朝闻天下	9.13	北京 2021 年世界机器人大会今天落幕　贡献青年智慧世界机器人大赛新品迭出	
中国新闻网	9.16	中国多个大学校长寄语:做“先锋”不做“看客”成“梦想派”更成“行动派”	吴　兰

续表

媒体名称	时间	文 章 标 题	作 者
人民网	9.20	中国科大2022年少年班今日起开始报名	汪瑞华
中国新闻网	9.20	2021量子产业大会在安徽合肥开幕	吴 兰
新华社	9.20	新华全媒+｜未来不可限"量"——盘点2021量子产业大会上的黑科技	
新华社	9.21	从普朗克到"九章" 量子科技跨越百年奔向未来	徐海涛 汪海月 王 菲
中国科学报	9.27	传承红色基因、赓续科大精神 侯建国为中国科大本科新生讲授"开学第一课"	陈欢欢
光明日报	10.2	为党和人民事业建功立业——专家人才热议习近平总书记中央人才工作会议重要讲话	罗 旭
人民日报	10.2	砥砺奋进，加快建设人才强国——习近平总书记中央人才工作会议重要讲话引发热烈反响	张 洋 赵婀娜 吴月辉 喻思南 王昊男 曹玲娟 贺林平 龚仕建 范昊天 徐 靖 肖家鑫
人民网	10.2	全国多所高校举行国庆升旗仪式 庆祝新中国成立72周年	李依环 熊 旭 郝孟佳 温 璐 孙 竞
科技日报	10.11	祖国的这两件事 李政道心之所系	陆成宽
中国科学报	10.12	"打卡"国家"十三五"科技创新成就展 重大成果一览无余	李晨阳
科技日报	10.22	从"试错"到"设计" 中国学者探索合成生物学发展之路	张佳星
人民日报	10.29	科技创新，多些"长情陪伴"	吴 焰
中国青年报	11.1	中国科大驻村工作队：当好产业向导 守护民生冷暖	王海涵 王 磊
人民日报客户端	11.4	国家科学技术奖揭晓，安徽12个项目获奖！	
新华社	11.15	以咬定青山不放松的执着奋斗不息——中管企业、中管金融企业、中管高校广大干部职工热议党的十九届六中全会精神	周 玮 李延霞 戴小河 王 鹏 王 希 于文静 谭谟晓 张千千 吴振东 徐海涛 周 畅 盖博铭
新华社	11.26	中科大5名学生实验室凌晨"抢险"获12万元奖励	周 畅 张紫赟

续表

媒体名称	时间	文 章 标 题	作 者
人民网	11.27	及时处置实验室险情 中科大5名学生获奖12万元	孙 竞 李依环
光明日报	11.29	首个量子科技博士点落户中国科大	常 河 桂运安
新华社	11.29	中科大获批设立量子科技博士点	徐海涛
中国青年报客户端	11.29	我国设立首个量子科技博士点	桂运安 王海涵 王 磊
中国新闻网	11.29	全国首个量子科技博士点落户中国科大	吴 兰
新华社公众号	11.29	5名学生凌晨救了实验室被重奖！网友扒出了一个秘密……	周 畅 张紫赟 李永锡
人民日报公众号	11.29	5名学生凌晨救了实验室被重奖！网友扒出一个秘密……	周 畅 张紫赟 李永锡
中国科学报	12.1	全国首个量子科技博士点落户中国科大	桂运安
解放军报	12.4	量子计算机进入2.0时代	吴 兰 刘爱华
中国新闻网	12.6	中国科大:用心用情用力 办实办细办好	徐 鹏
央广网	12.7	这封钱学森的亲笔回信,已捐赠给中科大	张梦怡 孙 超
中国新闻网	12.7	郭光灿院士将钱学森手书信件捐赠给中科大	陈 诺
新华社	12.13	钱学森23年前的这封回信,预见了中国力“量”	
中国新闻网	12.14	中科大量子专家、教授郭国平走进小学校园给孩子们讲量子计算	张 俊
光明日报	12.19	中国实现“量子优越性”的里程碑 量子计算机“九章”	常 河
新闻联播	12.19	“学党史 悟思想 办实事 开新局”围绕国家需要 践行初心使命	都 芃
科技日报	12.20	这一年,我们不断拓展知识的疆域	
中国新闻网	12.22	科技指数级进步是时代的大画面 T7创新者会合肥圆桌汇召开	吴 兰
央广网	12.22	我国量子计算优越性实验入选国际物理学十大进展	张宣剑
中国青年报客户端	12.22	中国量子计算成果入选国际物理学十大进展	桂运安 王海涵 王 磊
中国新闻网	12.22	我国量子计算优越性实验入选国际物理学十大进展	吴 兰

续表

媒体名称	时间	文　章　标　题	作　者
中国科学报	12.23	我国量子计算优越性实验入选国际物理学十大进展	桂运安
新华每日电讯	12.24	百年初心成大道　万里征程作雄行——以习近平同志为核心的党中央领导开展党史学习教育纪实	朱基钗　王子铭 黄　玥　刘　硕 熊　丰
人民日报	12.24	百年初心成大道　万里征程作雄行——以习近平同志为核心的党中央领导开展党史学习教育纪实	朱基钗　王子铭 黄　玥　刘　硕 熊　丰
人民日报	12.26	以更高水平开放促进更高质量发展——新时代推进高水平对外开放述评(中)	欧阳洁　林丽鹂 齐志明　原韬雄 肖家鑫　钟自炜 谢卫群　方　敏 周亚军　徐　靖

科学研究篇

媒体名称	时间	文　章　标　题	作　者
光明日报	1.1	按需式读取的可集成固态量子存储器问世	常　河　桂运安
新华社	1.1	我国学者成功研制“按需式读取”的可集成固态量子存储器	徐海涛
央视新闻客户端	1.2	重要进展！中科大科学家成功研制“按需式读取”的可集成固态量子存储器	张腾飞
人民日报海外版	1.2	按需式读取可集成固态量子存储器研制成功	徐　靖
中国科技网	1.3	我国科学家研制成功可集成固态量子存储器,可“按需读取”	吴长锋　桂运安
科技日报	1.4	我学者实现量子超表面图像边缘探测	吴长锋
中国科技网	1.4	我科学家实现三参数同时达到海森堡极限的量子精密测量	吴长锋　桂运安
中新社	1.4	中国科学家在量子精密测量领域获重要进展	吴　兰
中国科学报	1.5	按需式读取的可集成固态量子存储器问世	桂运安
人民日报	1.5	中科大在量子精密测量领域获重要进展	徐　靖
中国科技网	1.5	我国科学家制出可规模化制备的高性能双极膜	吴长锋　桂运安
中国新闻网	1.5	中国科学家研制出低成本高性能双极膜	吴　兰

续表

媒体名称	时间	文　章　标　题	作　者
新华社	1.5	我国科学家研究量子精密测量获重要进展	徐海涛
中国科学报	1.6	中国科大等实现多参数同时最优量子精密测量	桂运安
解放军报	1.6	我国科学家研究量子精密测量获重要进展	徐海涛
科技日报	1.7	我科学家制出可规模化生产的高性能双极膜	吴长锋　桂运安
中国科学报	1.7	中国科大研制出高性能稳定性双极膜	桂运安
中国科学报	1.7	科学家成功组建天地一体化量子通信网络	桂运安
新华社	1.7	中国构建全球首个星地量子通信网	徐海涛　刘方强
中国青年报客户端	1.7	跨度达 4600 公里！我国科学家成功构建天地一体化量子通信网络	王　磊　王海涵
ChinaDaily	1.7	Progress in quantum network realized	ZHANG ZHIHAO
中新社	1.7	中国科研人员成功验证构建天地一体化量子通信网络的可行性	吴　兰
央视新闻客户端	1.7	我国成功组建天地一体化量子通信网络	
CCTV13 朝闻天下	1.7	我国成功组建天地一体化量子通信网络	
中国青年报	1.8	跨越 4600 公里　我国科学家构建天地一体化量子通信网络	王　磊　王海涵
科技日报	1.8	我国成功构建世界首个天地一体化量子通信网络	吴长锋
中国之声	1.8	我国构建天地一体化广域量子通信网雏形	
光明日报	1.8	我国构建全球首个星地量子通信网	常　河　丁一鸣
人民日报海外版	1.8	中国构建全球首个星地量子通信网	游　仪
人民日报	1.8	我国构建全球首个星地量子通信网　量子密钥分发跨越 4600 公里	徐　靖　游　仪
经济日报客户端	1.8	再登《自然》:跨越 4600 公里的天地一体化量子通信网络	
CCTV13 新闻直播间	1.8	我国成功组建天地一体化量子通信网络	
CCTV2 正点财经	1.8	我国成功组建天地一体化量子通信网络	
CCTV2 天下财经	1.8	我国成功组建天地一体化量子通信网络	
CCTV4 中国新闻	1.8	我国成功组建天地一体化量子通信网络	
CCTV1 晚间新闻	1.8	我国成功组建天地一体化量子通信网络	
CCTV13 今日头条	1.8	我国成功组建天地一体化量子通信网络	
CCTV4 今日环球	1.8	我国成功组建天地一体化量子通信网络	

续表

媒体名称	时间	文　章　标　题	作　者
ChinaDaily	1.11	China makes quantum leap in communication	ZHANG ZHOUXIANG
央广网	1.11	中国成功组建天地一体化量子通信网络	
中国新闻网	1.11	中国科大实验研究首次实现“宇称-时间”对称增强型量子传感器	吴　兰
光明日报客户端	1.11	“天地一体化量子通信网络”价值重大	袁岚峰
中国高新技术产业导报	1.11	按需式读取的可集成固态量子存储器问世	
中国科学报	1.12	“宇称-时间”对称增强型量子传感器问世	桂运安
中国新闻网	1.12	中国科大团队研制出一种新型燃料电池阴极催化剂	吴　兰
光明日报	1.12	“天地一体化量子通信网络”价值重大	袁岚峰
光明日报	1.13	我科学家实现 11 公里远距离量子纠缠纯化	常　河　桂运安
人民日报	1.13	我国科学家实现 11 公里远距离量子纠缠纯化	徐　靖
央视新闻客户端	1.14	提升 6000 多倍！我国科学家首次实现 11 公里远距离量子纠缠纯化	帅俊全
CCTV13 朝闻天下	1.14	我科学家实现 11 公里远距离量子纠缠纯化	
解放日报	1.15	我国已构建起广域量子保密通信网络雏形，专家解析“原理上无条件安全”的通信方式 “京沪干线”如何抵御所有黑客攻击	黄海华
中国新闻网	1.15	受“藕断丝连”启发　中国科大研制出新型仿生手术缝线	吴　兰
新华社	1.18	我国科学家用新技术实现 11 公里量子纠缠“纯化”	徐海涛
中国科学报	1.18	中国科学技术大学等首次实现 11 公里远距离量子纠缠纯化	桂运安
科技日报	1.19	光纤与星地链路接力，创量子通信新纪录	吴长锋
科技日报	1.19	恒星离奇“消失”或源于一场失败的爆发	
科技日报	1.20	受“藕断丝连”启发　科学家制出新型仿生手术缝线	吴长锋
中国科学报	1.21	科学家研制出仿莲丝手术缝线	桂运安
中国科技网	1.22	我国科学家探测到超大质量黑洞辐射响应的关键突变信号	吴长锋
解放军报	1.22	量子计算的里程碑——“九章”横空出世	张　媛　纪小柠 汪冬立

续表

媒体名称	时间	文章标题	作者
新华社	1.22	我国科学家受“藕断丝连”启发研制手术缝线新材料	徐海涛
工人日报客户端	1.27	我国科学家领衔发现最遥远的原初星系团	陈 华 桂运安
中新社	1.27	中国科学家领衔发现最遥远的原初星系团	吴 兰
中国科学报	1.27	最遥远原初星系团7.7亿岁	桂运安
中国科学报	1.27	裸眼3D揭秘万米海底	桂运安
光明日报	1.27	已知最遥远的原初星系团被发现	常 河 桂运安
CCTV13新闻直播间	1.27	科研团队发现宇宙最遥远的原初星系团	
光明日报客户端	1.29	新技术实现大面积制备钙钛矿LED	桂运安 常 河
中国科学报	2.1	中国科学技术大学新技术制备出大面积钙钛矿LED	桂运安
ChinaDaily	2.1	Progress in quantum network realized	ZHANG ZHIHAO
ChinaDaily	2.1	China makes quantum leap in communication	ZHANG ZHOUXIANG
中国新闻网	2.3	中国科大新成果:为解决全球红细胞紧缺难题提供新思路	吴 兰
工人日报客户端	2.3	中国科大新成果解决血源紧缺瓶颈性问题	陈 华 桂运安
中国科学报	2.4	体外生产红细胞有望缓解血源紧缺	桂运安
科技日报	2.4	体外生产红细胞助力解决血源紧缺世界难题	吴长锋
科技日报	2.4	永远测不准的量子 推动测量精度走向极限	吴长锋
科技日报	2.6	阿尔茨海默症致病全新机制揭示	吴长锋
中国新闻网	2.6	中国学者设计一种纳米笼 能高效“解毒”杀菌	吴 兰
CCTV13朝闻天下	2.8	科学家揭示阿尔茨海默症致病新机制	
新华社	2.11	我国科学家发现阿尔茨海默症“致病蛋白”新机制	徐海涛
中国科学报	2.11	中国科学技术大学特殊纳米笼高效安全灭菌	桂运安
中国国际电视台	2.18	Tech It Out: Find super battery-new electrode material aimed at ultra-fast charging	Yang Zhao Wang Yue
中国科学报	2.22	科学家实现单分子多维度内禀参量精密测量	桂运安
中新社	2.22	中国科研团队在单分子精密测量中取得重要进展	吴 兰
中国科学报	2.23	研究发现特殊天文事件中铁线迟滞效应	桂运安
人民日报海外版	2.23	中科大在阿尔茨海默病研究领域取得重要进展	徐 靖
科技日报	2.23	引力波速度振荡新机制 可更精准检验广义相对论	娄玉琳

续表

媒体名称	时间	文　章　标　题	作　者
科技日报	2.24	新冠感染导致肠道症状的可能机制揭示	吴长锋
中国青年报	2.25	科学家探讨新冠感染导致肠道症状的机制	桂运安　王　磊
科技日报	2.27	厉害！中科大26岁数学家攻克复微分几何领域世界难题	吴长锋
科技日报	2.27	活细胞深低温冷冻保存中的协同抑冰首次实现	吴长锋
科技日报	2.27	“超海森堡极限”与海森堡极限的量子精密测量可同时实现	吴长锋
科技日报	2.28	中国科学家发现化学反应中自旋轨道分波的量子干涉现象	吴长锋
科技日报	3.1	我科学家首次发现电子角动量对化学反应的影响	郝晓明　吴长锋
新华社	3.1	26岁中科大特任教授用数学在相对论与量子力学间架起“新桥”	徐海涛　金　剑
科技日报	3.2	铁发射线的迟滞效应　帮助人们理解活动星系核	吴长锋
中国科学报	3.2	我国青年学者攻克复微分几何领域两大世界难题	桂运安
中国科学报	3.2	中国科学技术大学等探讨新冠感染导致肠道症状机制	桂运安
中新社	3.4	中外学者验证复数在量子力学中具有重要作用	吴　兰
科技日报	3.4	它只用了200秒　就完成了超算6亿年的计算量	陆成宽
中国新闻网	3.5	科研新成果：新型微波激射器有望探测超轻暗物质	吴　兰
中国科技网	3.5	科学家发现复数在量子力学中具有重要作用	吴长锋
中新社	3.6	中国学者实验实现1.43公里远距离非视域成像	吴　兰
经济日报	3.8	《科学》：中国科学家开发出制备双单氟化合物的全新合成方法	佘惠敏　赵小娜　范　琼
中国科学报	3.10	非视域成像进入“公里级”	桂运安
中国科学报	3.11	人工智能系统一秒内算出震源机制参数	桂运安
中国新闻网	3.15	中国科大课题组用纳米医药新技术为治疗胰腺癌提供新方案	吴　兰
中国新闻网	3.15	世界首个人工智能地震监测系统：实时预警反馈提高1秒钟	刘鸿鹤　储玮玮
CCTV13 朝闻天下	3.15	人工智能系统一秒内算出震源机制参数	
ChinaDaily	3.15	Scientist eyes bigger quantum tech role	ZHANG ZHIHAO

续表

媒体名称	时间	文　章　标　题	作　者
中国青年报客户端	3.16	中国科大纳米医药研究为胰腺癌患者带来新曙光	桂运安　王海涵　王　磊
人民日报	3.16	我国科学家实现新型微波激射器	徐　靖
中国科学报	3.18	中国科学技术大学开发治疗胰腺癌纳米医药新技术	桂运安
中国科学报	3.18	人工智能引领地震监测迈入新时代	张双虎
科技日报	3.22	人工智能出手　地震震源机制参数立等可取	吴长锋
中国青年报	3.23	零距离　跨越千年的科研“接力”　1秒摸清地震“脾气”	王海涵　王　磊　范　琼
光明日报	3.24	我国实现超过200公里远距离单光子三维成像	丁一鸣　桂运安
科技日报	3.24	新型纳米颗粒　有望成胰腺癌治疗前药	吴长锋
科技日报	3.24	科学家实现真实单光子非互易传输	吴长锋
科技日报	3.25	我科研人员发现　催化剂均相化新思路	吴长锋
科技日报	3.25	中外科学家实现量子纠错“完美编码”	吴长锋
科技日报	3.25	我国实现200公里单光子三维成像	吴长锋
中国科学报	3.26	中国科学技术大学等　实现百兆赫兹带宽单光子非互易传输	桂运安
中国科学报	3.26	单光子三维成像距离首次达200公里	桂运安
科技日报	3.28	我国学者实现二维石墨烯的室温铁磁性	吴长锋
中国青年报客户端	3.31	科学家首次发现天然淋巴细胞骨髓外发育路径	桂运安　王　磊　王海涵
中国科技网	3.31	科学家“解密”地球下地幔底部大型结构体成因	吴长锋
人民网	3.31	中国科大:樱花正浓春满园	王晓飞　王　锐
央广网	3.31	肝脏为啥免疫力强大? 中法科学家联手揭开谜底	刘　军
光明日报	3.31	我科学家首次发现天然淋巴细胞骨髓外发育路径	桂运安
科技日报	3.31	科学家“解密”地球下地幔底部大型结构体成因	吴长锋
科技日报	4.1	磁性金属原子精确可控掺杂策略　实现二维石墨烯室温铁磁性	吴长锋
中国科学报	4.1	天然淋巴细胞骨髓外发育路径获揭示	桂运安
新华社	4.2	中美学者“解密”下地幔底部大型结构体形成原因	徐海涛
中国科学报	4.6	中国科学技术大学实现二维石墨烯室温铁磁性	桂运安

续表

媒体名称	时间	文章标题	作者
中国科学报	4.7	中国科学技术大学等发现下地幔底部大型结构体形成机理	桂运安
中国青年报	4.8	我科学家揭示二叠纪末生命大灭绝新机制　罪魁祸首或是含镍气溶胶	桂运安　王海涵　王　磊
中国科学报	4.8	中国科学技术大学　提出二叠纪末生命大灭绝新成因	桂运安
人民日报	4.8	我科学家发现天然淋巴细胞骨髓外发育新路径	徐　靖
科技日报	4.8	含镍气溶胶或致　二叠纪末生命大灭绝	吴长锋
科技日报	4.8	攥得紧就一定拿得牢吗　科学答案来了	吴长锋
光明日报	4.11	我国实现远距离高损耗自由空间高精度时频传递	常　河　桂运安
中国科学报	4.12	中国科学技术大学实现远距高耗自由空间高精度时频传递	桂运安
中国科学报	4.12	集成光学芯片实现高效光子频率转换	桂运安
新华社	4.12	中科大课题组:2.5 亿年前地球生命大灭绝或因“镍雾霾”	徐海涛
光明日报	4.12	科学家提出二叠纪末生命大灭绝新观点	常　河　桂运安
中国科学报	4.13	中国科学技术大学等让 1 型女性“糖友”孕育健康宝宝	桂运安
科技日报	4.13	我实现远距离高损耗自由空间高精度时频传递	吴长锋
新华社	4.13	我国科学家实现“高精远”自由空间时频传递	徐海涛
科技日报	4.14	糖尿病妊娠期疾病综合管理取得重要进展	吴长锋
科技日报	4.14	设备无关量子随机性扩展实验首次实现	吴长锋
中国科学报	4.16	科学家实现设备无关量子随机性扩展实验	桂运安
中国新闻网	4.17	中科大研发柔性机器人:可为女生拧瓶盖	刘鸿鹤
中国科学报	4.19	突破！真正柔软的机器人手臂来了	陈欢欢
科技日报	4.19	软体机器人手臂如象鼻一样灵活有力	吴长锋
光明日报	4.20	外尔物理量子模拟取得重要进展	常　河
中国青年报	4.20	中国科大年轻科研团队结硕果　十年磨一剑造出机器人“柔性手臂”	
科技日报	4.21	科学家提出分级孔金属有机骨架制备新法	吴长锋
中国科学报	4.21	超冷原子体系助力构造理想外尔半金属	桂运安
科技日报	4.22	超冷原子体系　首次实现理想外尔半金属态	吴长锋

续表

媒体名称	时间	文章标题	作者
中新社	4.27	中国科学家将光存储时间提升至1小时　刷新世界纪录	吴　兰
新华社	4.27	“留光”1小时！我国科学家刷新世界纪录迈向“量子U盘”	徐海涛
中国科学报	4.27	1小时！光存储破纪录有望实现量子U盘	桂运安
中国之声	4.27	我国科研人员将光存储时间提升至1小时　刷新世界纪录	孔　颖　王　利
人民日报	4.27	我国科学家“留光”1小时	徐　靖
CCTV13朝闻天下	4.27	我国科学家将光存储时间提升至1小时	
光明日报	4.28	我科学家将光存储时间提升至1小时	常　河　桂运安
科技日报	4.29	粒子物理新发现频出　标准模型能否“守擂”成功	
央视新闻客户端	5.6	我国科学家首次实验实现量子信息掩蔽	帅俊全
人民日报	5.6	量子信息掩蔽首次实验实现	徐　靖
中国科学报	5.6	新方法优化硅基自旋量子比特操控	桂运安
科技日报	5.6	“量子U盘”就要来了　光存储时间提升至1小时	吴长锋　桂运安
科技日报	5.6	量子信息掩蔽首次通过实验实现	吴长锋
新华社客户端	5.6	“留光”1小时　我国科学家刷新世界纪录迈向“量子U盘”	徐海涛
CCTV13新闻30分	5.9	超导量子计算原型机“祖冲之号”研制成功	
CCTV13新闻直播间	5.10	超导量子计算原型机“祖冲之号”研制成功	
CCTV13朝闻天下	5.10	超导量子计算原型机“祖冲之号”研制成功	
中国科学报	5.10	超导量子计算原型机“祖冲之号”问世	桂运安
科技日报	5.10	62比特可编程超导量子计算原型机“祖冲之号”研制成功	吴长锋
新华社	5.10	我国成功研制62比特量子计算原型机“祖冲之号”	徐海涛
人民日报海外版	5.10	量子计算原型机“祖冲之号”问世	徐海涛
中新社	5.10	中国科学家成功研制超导量子计算原型机“祖冲之号”	吴　兰
光明日报	5.10	超导量子计算原型机“祖冲之号”研制成功	常　河　桂运安
科技日报	5.11	螳螂虾、寄居蟹助力制备高强高韧仿生材料	吴长锋
科技日报	5.11	半导体量子芯片比特获得高灵敏测量	吴长锋

续表

媒体名称	时间	文 章 标 题	作 者
中国科学报	5.11	量子信息掩蔽首次实验实现	桂运安
新华社	5.11	中国学者实验实现量子信息掩蔽	周 畅
科技日报	5.13	量子密钥分发与后量子算法实现融合应用	吴长锋
中国科学报	5.17	虾“矛”蟹“盾”启发制备高强高韧仿生材料	桂运安
科技日报	5.21	深埋地下的对撞机 怎样洞悉微观世界的秘密	孙自法
中国科学报	5.28	科学仪器要从“零”到“万”——记“多波段脉冲单自旋磁共振谱仪”研制历程	张双虎
科技日报	6.4	我探测到半导体量子点受微波驱动调制干涉新现象	吴长锋
科技日报	6.4	我科学家首次实现多模式量子中继	吴长锋
新华每日电讯	6.4	中国“量子鹊桥”可将量子通信“提速”四倍	徐海涛
人民日报	6.4	“天问一号”火星磁强计开启在轨探测	徐 靖
中国新闻网	6.4	中国科大团队首次实现多模式量子中继	吴 兰
人民网	6.4	中科大再突破！我国科学家首次实现多模式量子中继	杨赛君
光明日报	6.4	我科学家首次实现多模式量子中继	常 河
央视新闻客户端	6.4	我国科学家首次实现多模式量子中继	帅俊全
中国科学报	6.4	我国科学家首次实现多模式量子中继	桂运安
科技日报	6.10	新型固态自旋量子相干操控 可用于量子信息处理	吴长锋
中国科学报	6.22	120度“鱼叉”实现高可见度双光子干涉	桂运安
中国科学报	6.22	紧凑环注入磁约束等离子体实验首获成功	桂运安
科技日报	6.23	国内首次紧凑环注入磁约束等离子体实验成功	吴长锋
科技日报	6.24	利用过程张量方法 我科学家证明量子记忆效应	吴长锋
中国科学报	6.24	中国科学技术大学新型笼目结构超导体研究获突破	桂运安
中新社	6.24	突破500公里量级 中国科学家创造现场光纤量子通信新世界纪录	吴 兰
新华社	6.24	突破500公里！我国科学家创造现场光纤量子通信新世界纪录	徐海涛
中国科学报	6.25	超500公里！现场光纤量子通信新纪录诞生	桂运安
光明日报	6.27	超过500公里 我国科学家创造现场光纤量子保密通信新纪录	常 河 桂运安

续表

媒体名称	时间	文　章　标　题	作　者
中国科学报	7.1	科学家在新奇自旋相互作用研究中取得突破	桂运安
中国新闻网	7.2	中国科学家在新奇自旋相互作用研究中取得重要进展	吴　兰　桂运安
中国青年报	7.2	我国科学家在新奇自旋相互作用研究中取得重要进展	桂运安　王海涵　王　磊
中国科技网	7.4	我科学家实现迄今最快的实时量子随机数发生器	吴长锋
央视网	7.4	我国科学家实现迄今最快的实时量子随机数发生器	帅俊全
中新社	7.4	中国科学家实现迄今最快的实时量子随机数发生器	吴　兰
科技日报	7.5	我科学家实现世界最快实时量子随机数发生器	吴长锋
光明日报	7.5	世界最快实时量子随机数发生器问世	常　河　桂运安
新华社	7.5	每秒产生 188 亿个！中国科学家实现世界最快实时量子随机数发生器	徐海涛
中国科学报	7.5	研究实现迄今最快实时量子随机数发生器	桂运安
新华社客户端	7.7	揭秘“血管守护者”！科学家提出诊治高血压和糖尿病等新思路	徐海涛
科技日报	7.8	比以往严格 4 个数量级　新奇自旋相互作用迎新实验限定	吴长锋
中国新闻网	7.8	中国科学家提出诊治“泛血管疾病”新思路	吴　兰
中国科学报	7.9	中国科学技术大学等提出诊治“泛血管疾病”新思路	桂运安
中国青年报客户端	7.9	中国科大团队助力拉索精确测量高能“标准烛光”亮度	王海涵　王　磊　桂运安
科技日报	7.9	登上《科学》　拉索精确测量高能“标准烛光”亮度	吴长锋
光明日报	7.9	高能天文学“标准烛光”蟹状星云亮度测定	常　河　桂运安
科技日报	7.12	我科学家实现氪-81 的单原子探测	吴长锋
中国科学报	7.14	全光激发探测稀有同位素氪-81 单原子	桂运安
科技日报	7.14	脐血移植后并发症　发生机制获揭示	吴长锋
央视新闻客户端	7.14	我国科学家运用全光激发实现氪-81 的单原子探测	帅俊全
科技日报	7.15	我学者利用通讯光纤网络实现大地震后的快速响应	

续表

媒体名称	时间	文　章　标　题	作　者
中国科学报	7.15	碳化硅色心自旋操控研究取得进展	桂运安
科技日报	7.15	我科学家发现并命名一个新颖的着丝粒功能蛋白	吴长锋
中国科学报	7.19	中国科学技术大学等揭示脐血移植后植入前综合征发生机制	桂运安
中国科学报	7.21	“降噪”99.85%　科学家实现高保真度固态量子存储	桂运安
人民日报	7.21	我国科学家实现原创性量子存储方案	徐　靖
中新社	7.21	中国科学家实现新量子储存方案　降噪 99.85%	吴　兰
人民日报	7.21	我国科学家实现原创性量子存储方案	徐　靖
新华社	7.21	“降噪”99.85%！我国科学家实现原创性量子存储方案	徐海涛
CCTV13 新闻	7.22	我国科学家实现高保真度固态量子存储	
新华社	7.26	江淮地区过去千余年降雨量怎么变？科学家研究发现总体“先干后湿”	徐海涛
中国科学报	7.26	电解质原材料成本骤降　新材料加速固态锂电池商业化	桂运安
科技日报	7.27	我科学家大幅提升利用太阳能制氢效率	吴长锋
科技日报	7.27	猕猴大脑三维结构解析进入微米级	吴长锋
中国科学报	7.27	仅用 100 小时！高清猕猴大脑三维地图绘就	田瑞颖　刁雯蕙
CCTV-13 新闻直播间	7.29	科学家实现猕猴大脑微米级三维结构解析	
科技日报	8.2	我学者通过电子云调控发现石墨相变新机制	吴长锋
中国科学报	8.3	科学家实现毫米级非视域三维成像	桂运安
中新社	8.4	中国科学家提出一种新型固态原子钟方案	吴　兰
科技日报	8.4	质优价廉固态电解质问世　安全“锂”想电池不再遥远	吴长锋
科技日报	8.4	江淮地区过去千年降水变化呈“暖干-冷湿”态	吴长锋
科技日报	8.4	我科学家提出新型固态原子钟方案	吴长锋
中国科学报	8.4	我国科学家提出新型固态原子钟方案　适合在低温、高压等复杂环境下工作	桂运安
科技日报	8.5	高分辨率大气模拟有助预报夏季强降水和洪涝	吴长锋
科技日报	8.5	我科学家首次观测到源自纯能量的物质/反物质对产生	吴长锋

续表

媒体名称	时间	文　章　标　题	作　者
中国科学报	8.7	新型高密度抗积碳催化剂问世	桂运安
光明日报	8.7	我科学家成功研制分布式光纤地震传感设备	常　河　丁一鸣
中新社	8.7	中国团队成功研制一款地震传感设备　监测长度达 40 公里	吴　兰
中国科学报	8.10	中国科学技术大学研制出分布式光纤地震传感设备	桂运安
科技日报	8.11	我科学家展示实现拓扑量子计算新方法	吴长锋
科技日报	8.16	我首次在固态体系实现突破标准量子极限的磁测量	吴长锋
中国科学报	8.17	中国科学技术大学成功量化抑制催化剂烧结临界颗粒距离	桂运安
光明日报	8.17	我科学家首次在固态体系实现标准量子极限的磁测量突破	常　河
科技日报	8.18	科学家揭示调控植物干细胞命运的新机制	吴长锋
科技日报	8.18	火星岩石用处多:既能遮风尘　也可挡辐射	吴长锋
科技日报	8.18	抑制催化剂烧结的临界颗粒距离被成功量化	吴长锋
光明日报	8.23	我科学家研制出一种“碳弹簧”	常　河
科技日报	8.23	仿生超弹性碳材料“碳弹簧”问世	吴长锋
科技日报	8.30	新型催化剂燃料电池实现 3 万次循环高功率放电	吴长锋
中国科学报	8.31	中国科学技术大学研制出耐极端温度仿生超弹性“碳弹簧”	桂运安
中国科学报	8.31	新型催化剂实现燃料电池 3 万次循环高功率放电	桂运安
中国科学报	9.1	中科大团队在奇异粲介子研究中获重要进展	桂运安
中国新闻网	9.5	中国科大在机器学习提高超导量子比特读取效率上取得重要进展	
中国新闻网	9.5	中外学者合作实现高空间分辨成像　超单望远镜衍射极限 40 倍	吴　兰
中国科技网	9.5	机器学习可有效提高超导量子比特读取效率	吴长锋
新华社	9.6	我国学者合成质子交换膜燃料电池高效催化剂	徐海涛
中国科学报	9.6	颜色擦除强度干涉仪实现高空间分辨成像　超过传统衍射极限 40 倍	桂运安
科技日报	9.9	1 公里外分辨相距 4.2 毫米的光源　颜色擦除强度干涉技术做到了	吴长锋

续表

媒体名称	时间	文　章　标　题	作　者
中新社	9.14	中外科学家合作在高噪声环境下实现高效的高维量子通信	吴　兰
科技日报	9.14	我实现高噪声环境下高效高维量子通信	吴长锋
光明日报	9.14	我科学家在高噪声环境下实现高效的高维量子通信	常　河　丁一鸣
中国科学报	9.15	科学家在高噪声环境下实现高效高维量子通信	桂运安
CCTV13 新闻	9.15	我国科学家实现高噪声环境下高维量子通信	
中国新闻网	9.16	中外学者研制出超强液态金属人工肌肉	吴　兰
科技日报	9.16	石墨烯超导可控性不强？　试试换个角度多“叠”几层	
科技日报	9.16	液态金属人工肌肉驱动机器鱼游了 40 分钟	吴长锋
新华社	9.16	超轻超弹耐极温！中国科学家研制有望用于外太空探测的“碳弹簧”	徐海涛
中国科学报	9.16	中外学者研制出超强液态金属人工肌肉	桂运安
科技日报	9.22	我国选择性分离膜精密构筑取得新进展	吴长锋
中国科学报	9.29	中国科学技术大学等抑郁症发病机制研究获进展	桂运安
科技日报	9.30	南极苔原年排放三氯甲烷约 100 吨	吴长锋
科技日报	9.30	兴奋性突触后蛋白 PSD-93　在抑郁症发病中具重要作用	吴长锋
中国青年报	10.11	中科大团队为干预幽门螺杆菌引起癌变提供新策略	桂运安　王海涵　王　磊
光明日报	10.12	“企鹅粪”暗藏生态“密码”	常　河　桂运安
中新社	10.12	中国科学家揭秘 6000 年来南大洋环流变化影响企鹅种群	吴　兰
中国青年报	10.12	“企鹅粪”暗藏生态“密码”　我国科学家破解南大洋环流变化与企鹅兴衰的关系	王海涵　王　磊　桂运安
中国科学报	10.13	科学家揭示细胞更新质量控制新机制	桂运安
中国科学报	10.13	6000 年来绕极深层水影响企鹅种群兴衰	桂运安
科技日报	10.14	地质流体演化新机制　或有助岩浆热液矿床形成	吴长锋
科技日报	10.14	企鹅粪便沉积物　揭示大气环流变化秘密	吴长锋
科技日报	10.20	可视化三维胃类器官揭示细胞更新质量控制新机制	吴长锋

续表

媒体名称	时间	文章标题	作者
中国科学报	10.22	新型催化剂含“金”量低　助力氢燃料电池降低成本	田瑞颖　桂运安
中国青年报客户端	10.22	我国科学家发明“高温固体胶”有望大幅降低燃料电池成本	桂运安　王海涵　王　磊
中国新闻网	10.22	中国科大团队发明“高温固体胶”　降低氢燃料电池成本	吴　兰
新华社	10.22	中国科学家发明“高能催化法”有望突破“氢电池”成本瓶颈	徐海涛
科技日报	10.25	光纤变身　从信号传输的“血管”到监测的“神经”	张盖伦
中国新闻网	10.26	中国科学家成功研制“祖冲之二号”　比“悬铃木”提高6个数量级	吴　兰
中新社	10.26	比超级计算机快亿亿亿倍　中国科学家成功研制“九章二号”	吴　兰
新华社	10.26	求解特定问题比超算快亿亿亿倍！中国成功研制“九章二号”量子计算原型机	屈　彦　徐海涛　张紫赟
新华社	10.26	成功研制“祖冲之二号”！中国在两条技术路线上实现“量子优越性”	徐海涛
CCTV13 新闻	10.26	我国量子计算优越性研究取得重要进展	
科技日报	10.27	Lon蛋白酶完整三维结构获解析　有助理解相似酶结构	吴长锋
科技日报	10.27	113个光子的量子计算原型机“九章二号”研制成功	吴长锋
科技日报	10.27	“祖冲之二号”实现超导体系“量子计算优越性”	吴长锋
解放日报	10.27	中国达到量子计算优越性里程碑	黄海华
中国科学报	10.27	“九章二号”量子计算原型机问世　求解特定问题比超算快亿亿亿倍	桂运安
中国科学报	10.27	“祖冲之二号”实现量子计算优越性	桂运安
光明日报	10.27	我国在两种物理体系实现量子计算优越性	常　河　丁一鸣　桂运安
人民日报	10.27	我国在两种物理体系实现“量子计算优越性”	徐　靖
科技日报	10.29	新型钴-氢催化体系　可高效合成单一手性异构体	吴长锋

续表

媒体名称	时间	文　章　标　题	作　者
中国新闻网	11.2	中国团队成功证明国际数学界 60 多年未解核心猜想	吴　兰
科技日报	11.2	“九章”“祖冲之”双升级　量子计算的未来来了吗	吴长锋
光明日报	11.3	中国团队成功证明数学界两大核心猜想	常　河
中国科学报	11.3	中国科学家证明凯勒几何两大核心猜想	桂运安
科技日报	11.3	悬而未决 60 年　我科学家证明凯勒几何两大核心猜想	吴长锋
中国科学报	11.5	科学家建立纳米催化剂抗烧结稳定性理论	桂运安
光明日报	11.6	量子计算优越性,看中国!	常　河
中国新闻网	11.6	我国科学家建立纳米催化剂抗烧结稳定性理论	吴　兰
新华社	11.6	如何控制纳米催化剂材料生长? 中国科学家提出纳米催化剂抗烧结的稳定性理论	徐海涛　陈　诺
光明日报	11.6	我科学家建立纳米催化剂抗烧结稳定性理论	常　河　桂运安
新华社	11.8	我国学者新发现揭示哺乳动物“吓一跳”的科学机制	徐海涛
科技日报	11.10	我首次实现超越 No-go 定理的超辐射相变模拟	吴长锋
人民日报	11.10	中科大团队证明凯勒几何两大核心猜想	田先进
科技日报	11.11	科学家鉴定的这条神经环路　让你受到刺激“吓一跳”	吴长锋
中国科学报	11.12	科学家找到哺乳动物惊跳反射神经环路	桂运安
中新社	11.19	中国科学家首次揭示雷暴云顶放电的光学特征	吴　兰
中国科学报	11.22	中国科学技术大学　首次揭示雷暴云顶放电的光学特征	桂运安
中国科学报	11.23	科学家展望分子碰撞中量子干涉现象研究	桂运安
科技日报	11.23	量子精密测量为暗物质搜寻提供新手段	吴长锋
光明日报	11.23	新技术为暗物质搜寻提供变革性手段	常　河　桂运安
中新社	11.23	中德科学家联手开发新技术搜寻暗物质　首次突破宇宙天文学界限	吴　兰
中国青年报客户端	11.23	中德科学家研发新技术为暗物质搜寻提供变革性手段	桂运安　王海涵　王　磊
新华社	11.23	中国科学家“超灵敏量子技术”为搜寻暗物质提供先进手段	徐海涛

续表

媒体名称	时间	文章标题	作者
中国科学报	11.24	“超灵敏量子技术”为暗物质搜寻提供变革性手段	桂运安
科技日报	11.25	雷暴云顶放电现象　有助研究中高层大气耦合	吴长锋
中国青年报客户端	11.26	中外科学家首次实现　高维量子纠缠态最优检测	桂运安　王海涵　王　磊
科技日报	11.26	我科学家实现高维量子纠缠态最优检测	吴长锋
中国新闻网	11.26	中外科学家合作首次实现高维量子纠缠态最优检测	吴　兰
光明日报	11.27	中外科学家首次实现高维量子纠缠态最优检测	常　河　桂运安
新华社	11.27	中外科学家实现高维量子纠缠态最优检测	徐海涛
中国科学报	11.29	中外团队首次实现高维量子纠缠态最优检测	桂运安
人民日报	11.29	中科大发布新成果　为搜寻暗物质提供超灵敏量子精密测量技术	田先进
中国青年报客户端	11.29	中科大研制出基于光学薄膜的平面型显微成像元件	王海涵　王　磊　桂运安
人民日报公众号	11.29	中科大发布新成果!	田先进　胡洪江　赵雅娇
中国科学报	12.1	元件同时实现暗场显微成像和全内反射成像	桂运安
中国科学报	12.1	科学家研制出新型航天器外层防护材料	桂运安
新华社	12.1	我国科学家仿天然珍珠母研制出太空防护新材料	徐海涛
科技日报	12.1	仿生复合膜或成航天器防护“新装”	吴长锋
科技日报	12.6	研究揭示东亚季风区全新世降水时空变化新机制	吴长锋
中国科学报	12.6	首次实现聚变堆全装置动理学等离子体演化模拟	桂运安
新华社	12.6	我国学者研制出可拓展成像质量的新型光学元件	徐海涛
中国青年报客户端	12.6	科学家揭示东亚季风区全新世降水时空变化新机制	桂运安　王海涵　王　磊
中国科学报	12.8	中国科学技术大学等揭示东亚季风区降水受月太阳辐射驱动	桂运安
人民日报海外版	12.9	中国学者研制出可拓展成像质量的新型光学元件	徐海涛
中国新闻网	12.13	中科大团队发明碳捕捉微胶囊:可高效吸附烟气中二氧化碳	张　俊
人民日报客户端	12.15	中科大研制出新型智能变色“玻璃”	
光明日报客户端	12.15	中国学者研制出新型智能变色“玻璃”	常　河　桂运安

续表

媒体名称	时间	文　章　标　题	作　者
人民日报	12.17	我科学家研发二氧化碳高效转化新机制	徐　靖
中国科学报	12.17	新型智能变色“玻璃”研制成功	桂运安　李　想
光明日报	12.20	二氧化碳“变身”纯甲酸液体燃料	常　河　桂运安
科技日报	12.20	“婴儿宇宙”新理论助力捕捉原初引力波	吴长锋
中国新闻网	12.20	中国学者研制出新型智能变色“玻璃”	吴兰
中新社	12.20	中国科学家将二氧化碳“变身”成高价值液体燃料	吴兰
中国青年报客户端	12.20	我国科学家研制出新型智能变色“玻璃”	桂运安　王海涵　王　磊
中国青年报客户端	12.20	新突破！我国科学家将二氧化碳“变身”纯甲酸液体燃料	桂运安　王海涵　王　磊
中国科学报	12.22	“婴儿宇宙”新理论助力“捕捉”原初引力波	桂运安
光明日报	12.22	“婴儿宇宙”新理论助力“捕捉”原初引力波	常　河　桂运安
光明日报客户端	12.22	中国学者研制出新型智能变色“玻璃”	常　河　桂运安
CCTV13	12.26	战略科技　创新力量　量子计算“双子星”　量子信息领域新突破	
科技日报	12.28	探寻婴儿宇宙的原初引力波　在高能物理“沙漠”中寻找“绿洲”	
科技日报	12.28	我国科学家实现单离子超分辨成像	吴长锋
中国科学报	12.30	中国科学家实现单离子超分辨成像	桂运安
中国科学报	12.30	二氧化碳“变身”纯甲酸液体燃料	桂运安

人才培养篇

媒体名称	时间	文　章　标　题	作　者
中国科学报	1.4	年轻人需要怎样的成长环境?	任芳言
中国青年报	1.22	中国科大:“教学管”联动创新育人体系	
中国教育报	1.29	“严济慈班”的成长密码——中科大物理学院“拔尖计划”十年记	王志鹏
中国科学报	2.9	实质上的教育公平应是更高追求	杨　凡
科技日报	3.3	我国高校新增量子信息科学、柔性电子学等本科专业	张盖伦

续表

媒体名称	时间	文　章　标　题	作　者
科技日报	3.18	最好的教育就是唤醒学习内驱力	陈　曦
新华社	5.28	未来技术学院什么样?	胡　浩　赵　旭　周　畅
中国青年报	5.31	中国科大:“第二课堂”强化三全育人格局	
中国科学报	6.4	首批未来技术学院公布	辛　雨
科技日报	7.5	本科设“量子信息科学”专业　国之所需,少年所行	吴长锋
光明日报	7.12	让红色成为育人的最亮底色	丁一鸣　崔　劼　汪　勇
光明日报	7.12	心怀理想迈向新征程——中国科学技术大学开展党史学习教育纪事	丁一鸣　常　河　曾　皓　汪　勇
科学网	9.21	叶邦角:教学改革探索者	刘爱华
ChinaDaily	12.14	Grad student from HK finds best options in Anhui	Zhu Lixin
光明日报	12.19	中国科学技术大学合肥微尺度物质科学国家研究中心:“当国家队,染国家色,履国家责”	丁一鸣　常　河
人民日报	12.27	中国科学技术大学坚持“使用就是最好的培养”的理念,给青年人压担子	喻思南

校园文化篇

媒体名称	时间	文　章　标　题	作　者
中国新闻网	1.4	微电影《月是故乡明》上映　展现著名物理学家钱临照家国情怀	吴　兰
中国青年报	1.18	纪念严济慈先生诞辰 120 周年　两份 41 年前的《中国青年报》被赠予中国科大、国科大	孙庆玲
光明日报	2.4	用精致艺术向科学家精神致敬——《今夜星辰》再现郭永怀与李佩的家国情怀	常　河
人民网	2.6	宠学生新操作　中国科大晒年夜饭菜谱	汪瑞华
中国之声	2.6	中国科大晒春节菜谱,留校生免费吃三天	王　利
中国新闻网	2.6	中国科技大学晒年夜饭菜谱	张娅子
中国新闻网	2.8	别人家的学校!中国科学技术大学晒年夜饭菜谱	张娅子　李佳励
中国青年报	2.8	留校过年	

续表

媒体名称	时间	文　章　标　题	作　者
人民日报海外版	2.17	留校过年　别样温暖	刘　峣
光明日报	2.18	疫情之下,新年俗新风尚	常　河　王　瑟 曹继军　王胜昔 丁　艳　曾　毅 苏　雁　陆　健 任　爽　张士英 丁一鸣
ChinaDaily	3.1	Overseas students enjoy Lunar New Year celebrations	ZHANG YU ZHU LIXIN
人民网	3.15	合肥:植下"希望树"	
中国科学报	4.23	"学霸"爱读什么书?　中国科大公布年度图书资源使用报告	桂运安
新华网	6.29	微电影《科学之光》首映　致敬严济慈追"光"一生	李东标
中国科学报	10.26	看!机器人在投篮!	刘爱华

科大学人篇

媒体名称	时间	文　章　标　题	作　者
科技日报	1.4	量子计算正从"玩具"变成"工具"——访中国科学院院士、中国科学技术大学教授潘建伟	毕文婷
人民日报	1.7	做跳起来才够得着的科研	喻思南
中国科学报	1.15	2020年中国科学院年度人物和年度团队 2020年中国科学院年度创新人物——中国科学技术大学教授陆朝阳	
新华社	1.18	"院士医生"的长三角"医疗融合"之旅	徐海涛
新华社	1.27	科学家郭国平:为中国"量子算力"奋斗	代　群　徐海涛 陈　诺
中国科学报	1.27	我心似水志如舟——纪念严济慈先生诞辰120周年	史晓雷
中国科学报	2.8	葛新石获太阳能热利用杰出贡献奖	秦志伟
央广网	2.23	安徽医生这项创新发明获全国一等奖	
光明日报	3.1	二十六岁特任教授陈杲攻克世界难题	常　河
中国青年报	3.3	严济慈:科学之光	孙庆玲

续表

媒体名称	时间	文章标题	作者
解放日报	3.31	在这里"蛮好的"——访中国科学技术大学校长包信和	陈抒怡
新华网	4.6	科学之光耀中华！来听中国科大人讲述老校长严济慈的故事	
新华社	5.5	"五一"劳动节，他在实验室"与光共振"	徐海涛
新华每日电讯	5.5	青春正当时：十位青年的追梦"交响曲"	徐海涛 林凡诗 周 畅 王 靖 盖博铭
中国科学报	5.6	永怀爱国之心——纪念"两弹一星"元勋郭永怀	李 波
中国青年报	5.8	这群年轻人正用类脑技术改变我们的生活	王 磊
科技日报	5.18	他用一个一个原子　垒起中国量子算力	代 群 徐海涛 陈 诺
中国新闻网	5.27	中国大陆学者首获 Mac Van Valkenburg 奖	吴 兰
中国科学报	6.4	中国大陆学者首获 Mac Van Valkenburg 奖	桂运安
学习时报	6.10	郭永怀：把生命献给我国核事业	董大伟
新华每日电讯	6.22	祖国夜空中闪亮的星	王立彬
科技日报	6.23	潘建伟：给量子科学实验卫星　取名"墨子"是为展现我国科研自信	
光明日报	7.12	"大国重器"的建设史，正是党领导下的奋斗史 讲述人：中国科大国家同步辐射实验室党委书记李良彬	丁一鸣 桂运安
中国科学报	7.30	在加拿大访学的郭光灿	
新华社	8.7	感受科技创新"她"力量：花儿为什么这样红？	王炳坤 王 莹 邹明仲 董小红 刘梦琪 何曦悦 屈 彦
中国新闻网	8.18	中国量子信息科学奠基人郭光灿：愿做年轻人乘凉的"大树"	张 俊 张梦怡
人民网	8.23	中国科大附一院徐晓玲荣获"安徽省最美医生"称号	
中国新闻网	9.13	中国科大 3 位教授获 2021 年"科学探索奖"	
人民网	9.14	他们才是最该追的"星"	
中国科学报	9.16	郭光灿：我在中国科大的量子"第一课"	赵广立

续表

媒体名称	时间	文　章　标　题	作　者
中国青年网	9.27	2021“强国青年科学家”:中国科学技术大学　陆朝阳	王一迪
解放军报	9.30	一只皮质的公文包	程　雪
中国之声	10.4	探量子世界　攀科学高峰	江晓晨　刘　军
光明网	11.16	院长对话|刘连新:科学之外,新医学的“有所为”与“所不为”	张　瑜　王安铁 林思纯　范　煜
中国教育报	12.13	中国科大首届学生眼中的钱学森	陈　曦
科技日报	12.23	这一年,我们被青年力量带动向前	